《宝库山世界历史研究指南》
编辑委员会

图像研究与编排	安娜·迈尔斯（Anna Myers）
设计者	安娜·迈尔斯（Anna Myers）
封面艺术设计	莉莎·克拉克（Lisa Clark）
编制与索引	新源成像系统公司（Newgen Imaging Systems, Inc.）
印刷者	汤姆森－肖尔公司（Thomson-Shore, Inc.）
中文版主编	陈　恒　俞金尧　刘　健　郭子林　黄艳红　刘文明
项目主持	王秦伟　成　华

译校者

第一卷	陈　恒　蔡　萌　刘招静　焦汉丰　屈伯文 张忠祥　常　程　李　月　赵文杰　张泽丹
第二卷	俞金尧　陈黎黎　尹建龙　侯　波
第三卷	刘　健　邢　颖　李　军　王超华
第四卷	郭子林　毛　悦　张　瑾
第五卷	黄艳红　马行亮　王　超　赵揾彬
第六卷	刘文明　王晓辉　高照晶　邢　科　汪　辉 李磊宇　魏孝稷　刘凌寒　张小敏　张娟娟

BERKSHIRE
ENCYCLOPEDIA
of
WORLD HISTORY

宝库山

世界历史研究指南

第六卷

生活·讀書·新知 三联书店

本作品中包括地图在内的所有插图均来自原文。

图书在版编目(CIP)数据

宝库山世界历史研究指南/(美)威廉·麦克尼尔主编;陈恒译.—北京:生活·读书·新知三联书店,2024.1
ISBN 978-7-108-07348-8

Ⅰ.①宝… Ⅱ.①威… ②陈… Ⅲ.①世界史—研究 Ⅳ.①K107

中国版本图书馆 CIP 数据核字(2022)第 016005 号

第一卷	Abraham to Byzantine Empire 亚伯拉罕～拜占庭帝国	1—406
第二卷	Caesar，Augustus to Ethnology 奥古斯都·凯撒～民族学	407—854
第三卷	Eurasia，Inner to Kongo 欧亚内陆～刚果	855—1290
第四卷	Korea to Philosophy，Greek and Roman 朝鲜～希腊罗马哲学	1291—1718
第五卷	Philosophy，Modern to Television 现代哲学～电视	1719—2134
第六卷	Terrorism to Zoroastrianism 恐怖主义～琐罗亚斯德教	2135—2498

T

Terrorism 恐怖主义

2484 恐怖主义是一种旨在对特定人群进行恐吓的有组织的暴力活动，常常以推动某种宗教、政治或社会目标为目的。恐怖主义活动在人类的历史记录中显而易见。恐怖主义在1948年以色列建国后的中东地区出现了新的剧烈程度，并在2001年发生于美国的“9·11”袭击中达到顶峰。

“恐怖主义”一词指的是由恐怖分子及其支持者进行的有组织的暴力行为，旨在恐吓他人和对过去发生或主观感受的不公正遭遇进行报复。历史上针对仇敌或不公正统治者的袭击事件由来已久，但是，只有从事这种行为的人在其受害同伴（他们希望其事业从恐怖主义引发的恐慌中受益）的支持下这样做时，才称其为恐怖行动。

在《圣经》中或许可以发现有关恐怖主义的最早记载。《撒母耳记》和《历代志》中曾提到信仰耶和华的游荡的先知们，在扫罗军队反抗非利士人（Philistines）和其他对手的战斗中起到了核心的作用（《撒母耳记》上10：26）。他们为耶和华以及沙漠地区的宗教而战，并受到了巴力（baals）崇拜的挑战——巴力是一些已经在迦南地区受到信仰的农业神灵。扫罗彻底消灭了亚玛力人（《撒母耳记》上15：20）。最终，在对亚玛力人等仇敌不断的恐怖袭击的支持下，对耶和华的信仰占了上风。

在古代希腊，哈莫迪乌斯（Harmodius）与阿里斯托吉通（Aristogeiton）于公元前514年暗杀了雅典僭主希帕库斯（Hipparchus）。他们两人随后被誉为民主卫士，还被塑立雕像以示纪念，但他们这么做的动机却很有可能只是出于私心。在古代罗马，尤里乌斯·恺撒于公元前44年被暗杀。这件事在那个保卫共和政体的时代也被认为是合理的。作为恺撒的继承人，奥古斯都竭力压制这种对其养父之死的解释，但尽管如此，历史学家塔西佗（Tacitus）仍明确表示恺撒之死与元老院成员脱不了干系。

暗杀

在其他历史时期以及不同地区，数不尽的国王和首领被他们身边的人所杀害。但当这些行为的动机只是出于个人憎恶或恩怨时，历史学家并不将其纳入恐怖行动的范畴。历史上首例可以确认的持续时间久远且秘密行事的恐怖主义活动，发生在塞尔柱突厥人统治地区。当时，以现今伊朗和叙利亚为中心的一些数量不多的什叶派穆斯林，不承认塞尔柱突厥人的统治，他们将希望寄托在一个“隐遁”的伊玛目上，并认为只有他才是唯一合法的统治者。1090年，该教派夺取了位于伊朗山区的一个城堡，并以此为据点展开了对当局高级官员的惊人的暗杀活动。该教派对此地区的统治一直持续到1256年。在这一年，蒙古人攻占了该城堡并屠杀了所有居民。该教派最初在这一地区曾得到人民的广泛拥护，但在其领导人劝说那些充满热情的青年人尽可能以各种公然的方式牺牲自己去刺杀当局官员之后，人们的态度逐渐发生
了转变，并转而开始反对他们。基督徒十字军随 2485
后将该教派称为“刺客”——该名称源于一种印度大麻制剂的阿拉伯语名字。

宗教与政治

随后，其他一些宗教和政治原因也激起了

为受害者祈祷的烛光将位于西班牙首都马德里的阿托查(Atocha)火车站映得通红。2004 年 3 月 11 日,恐怖分子袭击了火车站的通勤列车系统。Phaestus (www. morguefile. com)

有目的的暴力行为的发生。纵贯整个中世纪时期,犹太人在基督教地区所扮演的商业及金融放贷人的角色,引起了这两个团体之间的紧张关系,有时甚至发展到了类似恐怖主义的程度。尽管有成千上万的人在冲突中丧生,但那些急需贷款的统治者仍常常会恢复一定的安宁和秩序。类似法国南部的卡特里派(Cathari)那样,异教徒也会成为被攻击和灭绝的目标。佛教教派甚至在最近的 18 世纪,还在中国和日本扮演着类似的反抗者角色。同样,印度教团体也并非一贯都是平和温顺的。但是,所有这些宗教摩擦都没有达到有组织、不间断地对位高权重者加以暗杀,并以激起恐怖气氛和改变公众态度为特征的程度。类似的情况在西欧地区爆发宗教改革后也开始出现,当时天主教和新教之间的竞争催生了数不清的针对统治者的暗杀图谋。例如,1584 年一个信奉天主教的刺客射杀了尼德兰的"沉默者"威廉(William the Silent),当时手枪的出现使得远距离暗杀相比以前更加容易。而英格兰的伊丽莎白一世(Elizabeth I)和苏格兰的玛丽女王(Mary Queen)之间由于宗教迫害而产生的对立,也催生了各种针锋相对的暗杀密谋(导致玛丽于 1587 年被送上断头台)。这种宗教迫害和不确定性长达一代人之久。

近代以来,基督徒和穆斯林之间的冲突在奥斯曼帝国内部民族主义的上升中起到了主导作用。得益于外部势力如俄国和西方强国的支持,这种冲突早在 1768 年即已出现,并在 1803 年之后的塞尔维亚以及 1821 年之后的希腊取得了部分成功。冲突的双方都采用了恐怖主义的策略。19 世纪末,当亚美尼亚人的民族独立运动没有得到国际社会的支持时,部分恐怖分子对土耳其人发起了恐怖袭击。而随后,在第一次世界大战期间,土耳其政府决定将成千上万没有逃亡俄国的亚美尼亚人驱离家园并对其展开了大屠杀。发生于 1916 至 1918 年间的亚美尼亚大屠杀,至今仍是两国关系间一个非常棘手

> 每个人都在为阻止恐怖主义而担忧。那么，一条非常便捷的途径就是：停止参与恐怖主义。
> ——诺姆·乔姆斯基(Noam Chomsky，1928—)

的问题。

2486 19 世纪，宗教差异在欧洲不再导致对某一宗教的绝对忠诚，但一些世俗的因素却开始挑起恐怖主义行动。为达目的，一些失败的民族主义者、无政府主义者将该手段诉诸对政府官员和统治者的暗杀，或挑起其他形式的暴力行为。出于对恐怖袭击的担心，成功的恐怖主义活动(像 1948 年以色列建国以前出现的一些事例)很少得到官方的认可。而与此相比，那些失败的恐怖主义活动的影响则持续得更加长久，即使其最终已消散于历史长河之中，仍可能会给后人留下史诗般的记忆。

北爱尔兰

1920 年爱尔兰自由邦建立后，北爱尔兰地区(阿尔斯特[Ulster])仍归属英国统治。某位对此感到愤怒的人士组建了一个非法的组织——爱尔兰共和军(IRA)，旨在为一个统一的爱尔兰而战斗。1922 年，爱尔兰共和军遭到了军事上的挫败，并失去了武装占有领土的能力。但尽管如此，在此后长达 8 年多的时间内，该组织仍然通过有目标的暗杀和使用定时炸弹爆炸的方式，对在大不列颠和北爱尔兰的英国人展开恐怖活动。最终，支持爱尔兰共和军活动的怒火逐渐平息，爱尔兰共和军的领导人也在 1998 年同英国国会的两个最大党派达成了一项停火协议。2002 年，当新芬党(Sinn Fein party)内部的一个爱尔兰共和军间谍网被发现后，民主统一党暂停了一项于 1999 年实施的权力分享协议。之后双方一直没有就和平协议重新进行磋商，直至 2005 年爱尔兰共和军交出他们的武器并正式下令放弃武装斗争为止。极端的民主统一党(DUP)仍然不相信爱尔兰共和军真正放弃了暴力。而北爱尔兰的一些死忠分子也自称“真爱尔兰共和军”(real IRA)，并不时进行爆炸袭击和杀害警察行动。可是不管怎样，北爱尔兰各党派之间的合作仍在持续。2007 年，民主统一党和新芬党组成联合政府共同分享权力，并对作为英国一部分的北爱尔兰进行治理。至此，由这两党构成的治理体系最终确立，尽管基础并不牢靠，但维持到了 2009 年之后。

1959 年，西班牙和法国的巴斯克民族主义者(Basque nationalists)为追求完全独立，发起了一场类似的恐怖主义运动。尽管该组织仍在坚持活动，但近年来该组织策划的爆炸活动已非常少，它发起的恐怖主义活动可能也正趋于平缓。在世界其他地区，第二次世界大战后亚洲及非洲地区的恐怖主义活动加速瓦解了欧洲帝国在这些地区的统治。而当殖民者不愿放弃权力时，就会像在阿尔及利亚及越南曾经经历的那样，爆发残酷的全面战争。这些战争的一个重要特点就是双方都会诉诸恐怖主义活动方式。后殖民主义时代的亚洲、非洲和拉丁美洲都没能逃脱恐怖主义的浩劫。这些恐怖主义活动不仅发生在国家边界内，也发生在国家和地区之间。1994 年，种族冲突在卢旺达引燃了一场大规模的恐怖主义活动，而同样的暴力冲突事件在刚果和苏丹也并不鲜见。随着泰米尔猛虎组织(Tamil fighters)在 2009 年的投降，斯里兰卡长达 26 年的恐怖活动似乎终于可以画上句号。在美洲，哥伦比亚和墨西哥仍然饱受那些向美国贩运可卡因及其他毒品的贩毒集团组织的恐怖活动的困扰。

只要操不同语言和风俗习惯的人们仍生活在一个统一的政权下，民族主义运动都有可能引发恐怖主义活动。当大规模移民进入世界大城市给族群混合增加新的成分时，城市中族群之间的斗争与以前理所当然地自愿忠于一个共同的民族认同相比，会变得更加激烈。

社会改革

近代无政府主义思想起源于皮埃尔-约瑟

夫·蒲鲁东(Pierre-Joseph Proudhon),他在1840年提出了这一术语。米哈伊尔·巴枯宁(Mikhail Bakunin,1814—1876)将无政府主义的思想转化为一种运动,他主张取消政府及各种权力当局的做法得到了一些西班牙和意大利
2487 工人的大力支持。巴枯宁大肆鼓吹暴力活动,在1894至1914年间,无政府主义者成功刺杀了众多显要人士,其中包括法国总统、意大利国王以及美国总统威廉·麦金莱(William McKinley)。但在第一次世界大战期间,作为一项有组织运动的无政府主义解体了。

自称“民意党”(the People's Will)的一些俄国革命者在1878年发起了类似的政治暗杀活动。该组织在接连杀害了数名政府官员之后,其活动于1881年达到了顶峰。在此之前,该组织一直试图杀害沙皇亚历山大二世,但多次尝试均告失败。终于在1881年,该组织的一名成员取得了成功,他用一枚炸弹刺杀了沙皇,同时也结果了自己。事后,当局随即展开了对有嫌疑的革命分子的拘捕以及处死。但在远东地区同日本战事的失利使当局日益失去威信,人民对当局的不满情绪在1905年已表现得非常明显。12年后,俄国政府在第一次世界大战中伤亡惨重。1917年,十月革命取得了成功。

9·11事件

2001年9月11日,恐怖分子劫持了4架民航客机,两架从波士顿起飞的飞机撞向位于纽约世界贸易中心的“双子塔”,彻底摧毁了该建筑;从杜勒斯国际机场(Dulles International Airport)起飞的第三架飞机撞击了位于华盛顿的五角大楼,并造成人员重大伤亡;从新泽西州纽瓦克市出发的第四架客机很可能原本准备撞向白宫,但由于该班飞机的乘客奋力从已经占领了驾驶舱的恐怖分子手中夺回飞机的控制权,这架飞机在宾夕法尼亚州尚克斯维尔小镇(Shanksville)的一处田野坠毁。“9·11”恐怖袭击,这起现代历史上最成功的恐怖主义事件,共造成2973名平民以及19名劫持者的死亡。

“9·11”事件在美国人中引起的愤怒和恐 2488
惧,无论怎么形容都不过分。数千人的死亡以及电视屏幕上播放的双子塔浓烟滚滚并最终垮塌的画面让人触目惊心,给人留下了难以磨灭的印象。一个之前形象模糊的组织——基地组织(al-Qaeda)——策划实施了这起袭击事件。该组织的领导人是一个富有的沙特阿拉伯人,名字叫作奥萨马·本·拉登(Osama bin Laden)。袭击发生之时,他正作为塔利班组织(Taliban)的座上宾在阿富汗活动。塔利班组织当时已控制了阿富汗,并已开始在那里实行极端的伊斯兰法律和行为规范。

反恐战争

作为对“9·11”恐怖袭击事件的反应,乔治·布什(George W. Bush)总统随即宣布将发动一场“反恐战争”,并在数月之内将军队派往阿富汗。美国军队在阿富汗击溃了塔利班,但拉登却逃脱了。在未经正式审判的情况下,美国政府关押了数百名被称为“敌方战斗人员”的嫌疑分子,并授权对他们施加一些有争议的审讯手段。这些手段往往被视为非人道的酷刑。

在伊拉克,布什政府以其掌握有大规模杀伤性武器为由推翻了当地政权,而如今这些情报却被证明是失实的。最重要的是,塔利班已经重返阿富汗的部分地区,受美国支持的伊拉克与阿富汗执政当局的统治并不稳固,基地组织也仍在阿富汗和巴基斯坦的交界地区活动。

因此,反恐战争看不到要结束的迹象。考虑到种种可能激发恐怖主义活动的不满(自杀式炸弹袭击是其中最新出现,也最让人恐惧的战术),而胜利意味着结束这种行为,那么胜利从根

本上来说是彻底无望的。相反,更多的恐怖主义行为几乎突然就出现在了世界上的每一个国家。恐怖主义已存在了千年之久,在过去的一个世纪,人类数量激增了 4 倍,而对当下状况感到不满的人也不可胜数。一些今天受到挫折的人,可能第二天就会倾向于诉诸恐怖主义行动。他们已经准备好,甚至正热切地盼望着用充满仇恨的抵抗行为去结束他们不快乐的生活。

进一步阅读书目:

Beckett, I. F. W. (2001). *Modern Insurgencies and Counter-insurgencies: Guerillas and Their Opponents since 1750*. New York: Routledge.

Campbell, B. B. & Brenner, A. D. (Eds.). (2000). *Death Squads in Global Perspective: Murder with Deniability*. New York: St. Martin's Press.

Chaliand, G., & Blin, A. (Eds.). (2007). *The History of Terrorism: From Antiquity to al Qaeda* (E. Schneider, K. Pulver, & J. Browner, Trans.). Berkeley: University of California Press.

van Creveld, M. L. (Ed.). (1996). *The Encyclopedia of Revolutions and Revolutionaries: From Anarchism to Zhou Enlai*. New York: Facts on File.

Elliot, P. (1998). *Brotherhoods of Fear: A History of Violent Organizations*. London: Blandford.

Hodgson, M. G. H. (1955). *The Order of Assassins*. The Hague: Mouton & Co.

Laqueur, W. (2004). *Voices of Terror: Manifestos, Writings and Manuals of Al Qaeda, Hamas, and other Terrorists from around the World and throughout the Ages*. New York: Reed Press.

Sabasteanski, A. (Ed.). (2005). *Patterns of Global Terrorism*, 2 vols. Great Barrington MA: Berkshire Publishing Group.

威廉·麦克尼尔(William H. McNeill) 文

王晓辉 译,刘文明 校

Textiles 纺织品

2489 纺织品是一个含义广泛的术语,它指一系列以纤维、布料抑或细绳为原料,经由编织、捆扎、缝纫、黏合、镶边及其他程序所织就的实物。从史前时代起,纺织品就已成为人类文化的一个组成部分。对纺织品的研究,不仅可以用来推断一个人的审美情趣及其成长状态,而且可以从中洞察政治、经济及文化的方方面面。

在史前时代,遍布世界各地的早期人类都曾将取自动植物的纤维捻成绳索,并用以捆绑物品、编制渔网、缝合兽皮以及串珠子等。一些地区的早期人类还将这些绳索织成面料,并用于实用和装饰。他们对织物的结构加以设计,或者给其表面饰以花边和颜色。在面临恶劣天气、蚊虫叮咬甚或恶灵的侵扰时,穿上由这些面料做成的衣物就可以给其提供保护。此外,这些衣物也为彰显穿者的身份和个性提供了可能。

考古学和语言学为早期纺织生产的发展状况提供了证据。许多地区的早期纺织者用动物毛发或取自植物茎叶的纤维制成绳索或纱线。他们发明了纺锤(一种特定形状的木棒,以较粗

罗得岛桑德斯敦(Saunderstown)编织学校的四综纺落地式织布机

一端的重量作为砝码)以使捻制的纤维更加均匀,而且它还可以用来缠绕纱线。尽管考古学家很少发现这种纺锤棒,但用黏土或石头制成的纺锤式重物却得以保存下来。如今,许多国家的纺织者仍然在用纺锤手工纺线,而且还有人仍然像他们的祖辈那样在裸露的大腿上将植物的长纤维捻成纱线。

织布机

早期人类发明了很多方法将纱线纺成面料。在以色列纳哈尔·海马尔(Nahal Hemar)的一个洞穴以及土耳其加泰土丘(Catal Huyuk)的考古发现是现存的最早例证,其历史可以追溯至公元前6000年左右。从以上两地以及其他一些早期遗址发现的织物所含纤维,都取自植物的茎(如亚麻)。

2490 幼发拉底河和底格里斯河流域的美索不达米亚织工们,在横织机上织造亚麻面料。古墓上的壁画和三维葬礼模型显示,古代埃及人也是在横织机上使用结实的亚麻纱线。这种织布机基本上都有两根用来将前后缠绕的纺线分开的木梁,木梁用钉子固定在地面上。该套纱线被称为经纱。为编制织物,埃及人在紧绷的经纱上下又设置了另外一组纱线。这种横向交叉的纱线被称为纬纱。织布机的长度和宽度决定了织物的大小。绝大多数植物所含的纤维素都不容易上色,因此埃及人一般都使用不染色的亚麻制品。他们借由布料的细度和洁白度来彰显其财富与威信。

地中海北部的早期纺织者发明了一种立经式织布机。这种织布机有一个两端固定的横梁,经纱被悬置在横梁上,纱线从横梁上垂下。为了保证织物的方向和密度,织工将经纱的下端系在用黏土或石头制成的砝码上,然后织工就在这种立经式织布机的上端编织纬纱。考古学家发现,早在新石器时代,这种织布机用的砝码就存在于希腊、瑞士、匈牙利、罗马尼亚、保加利亚以及南斯拉夫。考古学家曾在克里特岛两个柱坑间发现了一排纺锤,有力地证明了即使没有纱线或织物留存下来,当时人们已经在用垂直织布机织造织物。

保加利亚的刺绣制品。罗得岛大学纺织品与服饰收藏品,维特洛克(Whitlock)收藏品,1962.99.293

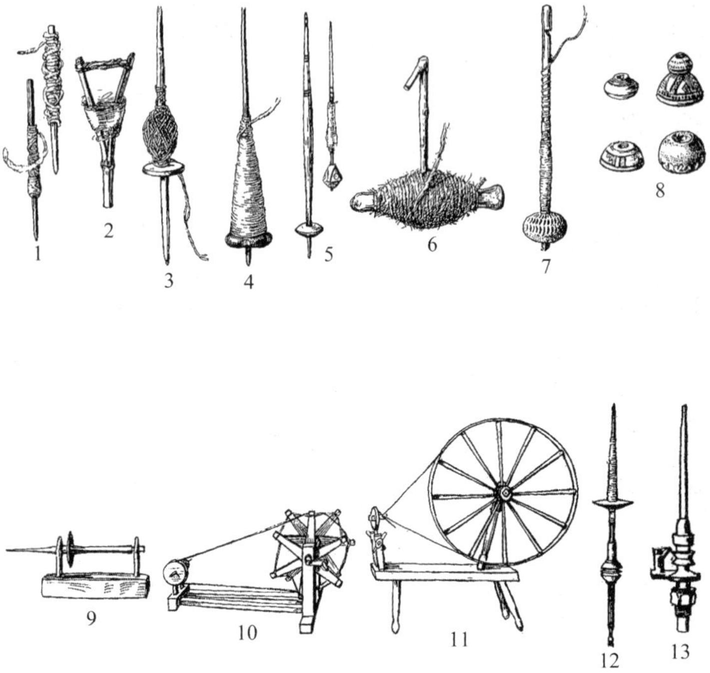

这一系列图片展示了不同文化的国家和地区在不同时期对各种纤维进行加捻拉伸的工具：(1)木栓；(2)络丝器(中国)；(3)锭盘(不列颠哥伦比亚省的印第安人)；(4)纺锤(中美洲)；(5)纺锤(秘鲁)；(6)牦牛绒纺锤(中国西藏)；(7)纺锤(中国西藏)；(8)简易纺纱轮；(9)早期机械纺锤(芬兰)；(10)飞轮纺锤(中国)；(11)简易棉花和羊毛纺车；(12)一架纺车上的撒克逊纺锤；(13)19世纪棉纺机器上常用的纺锤(美国)

人们在从埃及到中国的广大地区发现了诸多的雕像、壁画、垂饰以及遗存下来的纺织品，这些发现证明了其他不同种类纺织机的发展。由于妇女可以在纺织之余照看儿童，这些文物中展现的纺织者和织工往往都是女性。许多地方的女性纺织者进行纺织的主要目的，都是为了补贴家用。而随着时间的推移，当纺织逐渐变得有利可图时，男性也越来越多地加入进来。自古以来，纺织品就是一种主要的贸易商品，它为许多地区的经济发展做出了卓越的贡献。

纤维

随着公元前4000年左右人类开始饲养绵羊，羊毛纱线也开始出现在纺织品中。苏美尔人的泥板文书中有用楔形文字记载的有关绵羊种类的内容。羊毛是一种蛋白纤维，并且非常容易上色。发现于美索不达米亚的雕塑和壁画显示出当时已存在彩色织物。在古王国时期，羊毛制品在古代埃及的使用还受到诸多限制。但到了新王国时期，埃及人已在亚麻织物中加入了带有象形文字的花纹。图特摩斯四世(Thutmose IV)陵寝中的一件提花织物就使用了纬纱进行纺织，并将其染色图案间断地点缀其中。这些织物被压制得非常紧密，以至于经纱看起来不太明显。随后，信仰科普特基督教的埃及织工非常熟练地将这种间断纬纱纺织技术应用于带图案的纺织品织造中。埃及人的这种做法对此后叙利亚、拜占庭以及波斯的纺织品制造都有非常明显的影响。远东地区的织工也发明了提花织物的织造方法，但他们使用的却是不同的纤维。

中国的纺织者用于织造的纤维取自大麻类植物的茎。欧洲人也种植大麻，但是他们是否将其用于捻制绳索抑或吸食则仍然不能确定。野生蚕在欧亚大陆的许多地方都存在，但由于蛾在破茧而出时往往会将长丝弄断而只剩下非常短的纤维，这就使得要将其纺成纱线变得非常困难。在养蚕取丝的过程中，中国人在家蚕能够破坏蚕丝之前就将其杀掉，从而能从没有被破坏的蚕蛹中抽取数码长的蚕丝。饲养家蚕并用桑叶给其喂食是一项劳动强度很大的工作，这个过程就被称为养蚕。

早在公元前5世纪，这些色彩斑斓的丝织品就在中国的广大地区用来贸易，并向西不断扩展。这些贸易路线也逐渐发展为著名的丝绸之路。中国商人只是从事丝织品贸易，而对蚕丝的生产秘密则守口如瓶。但即使如此，6世纪时拜占庭帝国的织工也已开始生产丝织品，这引起了其他欧洲国家的无比艳羡。考古学家在意大利拉韦纳发现的镶嵌画表明，在查士丁尼一世及其皇后狄奥多拉的宫廷中就存有大量带有各种图案的丝绸制品。

桑蚕正在吃桑叶。保罗(Paul)和柏妮丝·诺尔(Bernice Noll)摄

棉布是另一种在东西方无论男女老少贫富贵贱都经常穿着的衣服用料。棉花是一种灌木或树木(棉属)的种子纤维，人类对它的使用发端于公元前3000年的印度河谷。像丝绸一样，商人也将棉制品贸易不断向西拓展。考古学家在埃及以及美索不达米亚的遗址中都发现了棉制品的遗存。许多古典作家都曾记载过这种可以长出“羊毛”的植物，并阐释说园丁之所以要对棉株进行选择，是因为成熟度不同的棉花会开出两种不同颜色的花。棉花可以长出多种颜色，而且相对亚麻来说也更易染色。印度染色工将棉花染色技术发展得炉火纯青，他们制作的棉布可以永不褪色。早在公元前2000年以前，印度染色工就已开始用媒染剂和金属盐对棉花进行上色，从而使棉布在经历曝晒和洗涤
2492 之后能最大限度不褪色。其他早期文明地区的纺织工人共享了有关媒染剂的知识，他们在染色时使用更多的是铁盐和铝盐。

温斯洛·荷马(Winslow Homer)的《采棉人》(*The Cotton Pickers*,1876)，布面油画。洛杉矶郡立美术馆

染料

大规模的颜料贸易也出现在丝绸之路以及其他一些旧世界的贸易路线上。对羊毛、丝绸、棉布以及其他面料染色的需求，使得颜料贸易变得越来越有利可图。由于发酵所需的植物染料以及使用的尿液和粪便在染色和印刷过程中会散发出难闻的气味，染色工的住所以及他们的作坊往往不得不位于定居点的边缘。但尽管如此，染色工在纺织品的生产过程中仍占有核心地位。早期的植物染料有茜草——取决于媒染剂的不同，可以调成从橙红一直到紫色、靛蓝——蓝色、红花——红色或黄色、藏红花——黄色、黄木樨草——黄色。像桑树一样，茜草属和槐蓝属植物都曾具有巨大的商业价值，但如今都已失去了往日的荣光而遍布野外乏人问津了。

从两种动物染料——一种地中海蜗牛以及生活在树木上的雌性盾虱

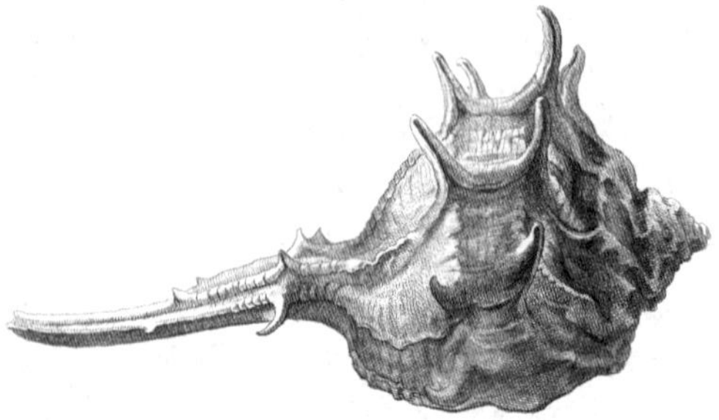

一只骨螺壳的插图，这种骨螺壳是最早由腓尼基人发明的紫红色染料的来源。多伦多大学文西斯劳斯数字馆藏

(shield louse)上，可以提取出鲜艳的红色。腓尼基人由于其掌握的紫色染料而美名远扬，该种染料也被冠以提尔紫的称号，但将这种染料发展完善的却很可能是克里特的米诺斯文明。而且可以肯定的是，正是米诺斯人将这种从海蛇中提取的染料传播到了地中海沿岸地区。古代世界最昂贵的染料与皇帝和宫廷有着密切的联系。从盾虱中提取的盾虱虫粉(kermes)适合于对丝绸和羊毛进行染色。中南美洲的染色工也使用两种类似的染料。他们从海蛇的液囊以及生活在仙人掌上的一种寄生虫中提取染料，使得染色工艺日益完善。不久，这种寄生于仙人掌上的胭脂虫(cochineal)逐渐取代盾虱虫粉而日益用于对织物进行染色，直至 19 世纪下半叶合成染料取代天然染料之前，它都是新大陆最有价值的出口商品之一。

柬埔寨的纬纱花纹布。罗得岛大学纺织品与服饰收藏品，洛伊丝·波尼(Lois Berney)收藏品，1999.05.01

在历史上，染色并不只是将布料放进染缸那么简单。将织物置于阳光下进行晾晒以使其褪去天然的米白色需要时间和空间。染料和媒染剂也需要时间进行准备，完成全部的染色工艺需要花去好几天时间。从这种意义上来说，染色工可以被称作最早的化学家中的一员，同时他们也是最早的草药医生和艺术家。他们不仅对一件件衣服进行染色，还将染色后的一束束纱线编织成各种色彩缤纷的造型和图案。

花纹面料

几个世纪以来，不少文明地区的染色工都曾通过在布料的特定地方设置防染剂以制作花纹面料。防染剂可以围绕在面料的周围，或将之固定在面料中。印尼语中的“伊卡特”(*ikat*)就是指用纱线织成的图案织物被分块包裹起来以防止染料渗透。亚洲人、非洲人以及危地马拉人的“伊卡特”制品如今在全世界流行。日本染色工开发出了一种被称为“绞染”的具有重大市场价值的产品——一种专业化的带有图案的扎染服装。

非洲染色工首创了大规模扎染法， 2493
这在当今 T 恤衫的制作中非常流行。蜡或糨糊可以避免着色。在染色前将蜡或糨糊涂于衣物表面再将之染色的话，就会制作出一件有图案的织物。印度尼西亚语将这种制成品称为“蜡染花布”(*batik*)。印度尼西亚人历来都用蜡来制作蜡染花布，非洲人用的是树薯糨糊，日本人用的则是米糊。到了 18 世纪，用来阻止上色的防染糨糊中开始加入一些化学成分，以防止染料不慎留存在布料上。用靛蓝防染剂制成的印花布曾经在美洲殖民地风行一时，它的

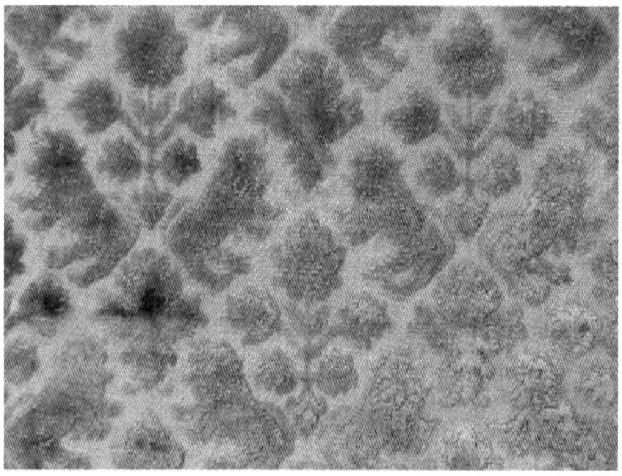

意大利丝绒(约 1500)。罗得岛大学纺织品与服饰收藏品,维洛克(Whitlock)收藏品,1962. 99. 331

许多花色和图案受到了从印度进口的白棉布的影响。

一块印花布,甚至只是一块格子布,都有助于引起销售上的变化。从很早的时候起,在织机的经纱间插入纬纱之前,纺织工就想出各种方法来提升起一组经纱。当一个织工提升起每一根经纱,将纬纱横穿整个织物插入其中,然后提升起另一组交替的经纱,再把另一根纬纱放置其中,就生产出了一张平纹布。通过改变每一组经纱的方式,可以生产出像斜纹布这样不同编织的织物。用于选择性提升经纱的最早手工织机,是一根交替经纱环绕起来的线,它把经纱连接到一根木棒上,而这根木棒可以将经纱向上拉,使它们与另一组纱线分开。这种控制经纱的线圈,在专业上被称为"综线"(*heddles*)。随着时间的推移,人们对综线不断改进,使得织工可以织出花色更加复杂的纺织品。

尽管中国人经常被认为是创造者,但能对经纱图案进行精密控制和操作的织布机实际上却是在中东和远东地区臻于完善的。要想操作这种被称为拉花机(*drawloom*)的织布机需要两个人:一人操纵机架或绑有综线的吊带,使织机平稳运行,并插入纬纱;另一人则坐在织机上控制编织图案的经纱。第二个人通常是名儿童;不论是在家里、作坊还是工厂,对童工的使用在全球的纺织业中都曾普遍存在。

挂毯编织物(Tapestry-woven fabrics,如克什米尔开司米披肩)的制作需要高强度的劳动,而且机器无法取代。与织造挂毯相比,机制花样可节省更多的时间,而且其生产出的产品尤其是丝绸制品更是有着巨大的商业潜力。数千年来,尽管所用的拉花机可能款式各异,但遍布中国、日本、叙利亚、拜占庭以及波斯的手工作坊都在生产着具有异域情调的丝绸制品。这些地区的地位也受到了巴勒莫(西西里)以及卢卡(意大利)的挑战。巴勒莫和卢卡于 13 世纪前从佛罗伦萨和意大利的其他邦国引进了纤维织物并进一步演化成了意大利文艺复兴时期的奢华天鹅绒织物。15 世纪的画作和挂毯中有许多关于这种织物的体现。

意大利人在整个 16 世纪都是提花丝织品的霸主。当时一种彩色的辅助性纬纱被发明出以

带有辅助性纬纱的织锦头带(*cinta*)。罗得岛大学纺织品与服饰收藏品,危地马拉的圣·马丁·萨卡特佩克斯(San Martin Sacatepequez),1997. 99. 17

塞内加尔用天然色素染色的印花棉布。罗得岛大学纺织品与服饰收藏品，2008.04.02

后，时髦的带有图案的丝绸制品取代了天鹅绒的地位。在路易十四（Louis XIV）的财政大臣让·巴蒂斯特·柯尔培尔（Jean-Baptist Colbert）的引领下，拉花机的使用在里昂大规模扩散开来。

2494 至18世纪，里昂产的锦缎和织锦已经超越了意大利产品，而只是受到位于伦敦外围的斯皮塔费德的织工的竞争。《南特敕令》（Edict of Nantes）在法国被撤回之后，许多斯皮塔费德的织布工人为躲避迫害而被迫逃离。与此类似，巴勒莫、西班牙以及佛罗伦萨纺织业的消亡也是由政治动乱或宗教迫害所引起的纺织工人大迁徙而造成的。

19世纪英国人发明了提花装置，对丝织业、地毯业、仿克什米尔披肩的制造、床单被罩的制造、针织品制造以及花边制造都带来了革命性的影响。由于这种提花机都很高，因此，为了存放以及采光的需要，里昂的公寓型建筑的顶层一般都有着夸张的高度。早期的电脑化系统可以通过一系列穿孔卡片操作某束经纱起落，从而织出特定的图案。这种基本的操作系统今天仍然在织布机、花边机以及缝纫机上发挥着作用。

在16世纪，纺织品上花边的缝制都是纯手工的。提花织物发明后这一状况有了改观。诸如提花丝绸、梭织花边以及针绣花边等，都是为了有钱人的炫耀和挥霍。在对更加复杂的仿手工花边机进一步发展和完善前，英国人已对针织机（16世纪）以及细筛网进行了改进。带有提花装置的列维斯花边机（Leavers lace machines）制作出的纺织品在英法两地都是最精美的，这一地位至今仍没有被超越。而由于其循环结构，拉舍尔花边机（raschel knitting machines）织出的花边没有其他的耐用，因此它在当代的花边中也是最便宜的。

19世纪中叶的花筒印花棉布连衣裙（以一种茜草植物染料上色）。罗得岛大学植物染料纺织品展览藏品

写作一篇好散文要经过三个台阶：宛如作曲时的音乐阶段，宛如筑瓦造屋的构建阶段以及宛如织布时的编织阶段。
——沃特尔·本雅明（Walter Benjamin，1892—1940）

印花布

17世纪，还有一种面料制作的衣物也像提花织物和绸缎一样变得价值不菲。色彩鲜艳的印度印花布对欧洲消费者有着巨大的吸引力，于是欧洲各贸易公司纷至沓来，纷纷在东印度开工设厂生产这种印花棉布。为了在这一贸易中分一杯羹，英法的企业家开始进口印度白棉布并将之印染加工。进口以及在国内印染的棉布的盛行引起了传统的丝绸和羊毛产品制造商的不安，他们被迫寻求立法保护以限制印花棉布的进口和生产。尽管这一禁令直到18世纪中叶才被撤销，但在此期间印花布的印染技术已经得到了进一步的发展和完善；而且禁令并没有阻止民众对印花布的热情，一俟禁令解除，他们就又开始大量购买印花布。

虽然美其名曰“禁奢令”，但通过立法手段控制消费的做法却很少奏效，在对印花棉布、印花制品以及提花丝绸的控制上更是如此。是否要通过限制消费的手段保护本地产品（像本例中那样）抑或维持社会秩序，应该视利益状况具体而定。同样，限制世俗社会的奢靡行为应是宗教团体的责任。寄希望于强制性的立法不仅于事无补，还会迫使消费者通过非法手段去购得违禁物品。

克里斯托弗·菲利普·奥柏卡姆普夫（Christophe-Philippe Oberkampf），这名巴黎郊外朱伊（Jouy）小镇的印染工，是当时最成功的印花布制造商。快速印染法以及良好的剪裁使得他的工厂声名鹊起，巨额财富也随之滚滚而来。为加速印染过程，19世纪晚期的不少印染工匠都做了大量实验，克里斯托弗·菲利普·奥柏卡姆普夫也是其中之一。在不断尝试下，一种表面刻有图案的雕刻凹铜版被发明了出来。这种雕刻铜版可以大规模印染单色图案，而且印刷出来的图案线条非常纤细，这是之前的木版印刷所无法企及的。在印刷工艺中对速度的追求是无止境的，发明家最终发明出了一种铜质的雕花滚筒印染机。截至19世纪20年代，欧洲和美洲的商店里在售的印花布价格已非常低廉，几乎每个民众都可以承受。约翰·凯（John Kay，1733）、詹姆斯·哈格里夫斯（James Hargreaves，1767）、理查德·阿克莱特（Richard Arkwright，18世纪70年代）以及塞缪尔·克朗普顿（Samuel Crompton，1779）等英国人的发明大大提高了英国精纺棉纱的产量。此外，两个美国人的发明创造也为纺织业的发展做出了贡献。他们分别是伊莱·惠特尼（Eli Whitney）和塞缪尔·斯莱特（Samuel Slater）。伊莱·惠特尼于1793年发明了轧棉机，使得大规模生产棉布变得经济可行。曾经为阿克莱特工作过的塞缪尔·斯莱特则与（罗得岛州普罗维登斯的）两名商人合作在波塔基特（Pawtucket）建立了一个棉纺厂。这个工厂（如今的斯莱特工厂历史遗址）的建立标志着美国工业革命大幕的开启。

19世纪及以后 2495

从19世纪初开始，纺纱这一必不可少的工序已经不再成为影响服装生产速度的障碍。在英格兰和南方的新英格兰纺纱厂里，数以万计的纺织工人在辛勤劳作。1815年后，水力织布机得到了进一步完善，滚筒印花技术在1820年代也得到了长足的发展。这些都使得在一个世纪前还只有富人才买得起的印花棉服装价格暴跌，每码只售卖10美分。在此情况下，手工织物在西欧和美国的市场地位日渐衰落。在此期间染色技术也与其他发明并驾齐驱，取得了长足的发展。其中威廉·帕金（William Perkin）发明的世界首例合成染料苯胺紫（mauve）更是其中的翘楚。至19世纪末，大多数在现代被确认分类的染料都已被发明了出来。从19世纪中叶开始,滚筒印染技术一直没有多大的发展,而该技术也一直都是纺织工业的中流砥柱。直至20世纪90年代,轮转丝网印染(rotary screen printing)的出现才取代了其地位。

此外,另外一项与染料相关的技术也在这一时期取得了突破。但由于染色剂的水溶性很差,因此改善染料配方的支出大大提高了纺织行业的成本。这种状况在21世纪才有了改观:附着染料的轮转丝网印染的出现,不仅降低了纺织业的成本,而且也更为环保。

2496 1910年左右,一种从纤维素中还原的单纤维开始商业量产。这种如今被我们称为人造纤维的东西,使纺织品世界发生了翻天覆地的变革。长久以来人们一直都在寻找一种与丝绸类似的纤维,而随着人造纤维强度的不断改进以及醋酸纤维在20世纪20年代的面世,这一愿望终于得以实现。30年代末,科学家在偶然中发现了尼龙,它不仅是人类使用的第一种合成纤维,而且它还在第二次世界大战中发挥了重要的作用。聚酯纤维于50年代早期被发明出来,它与稍早前出现的棉织物防皱整理剂(wrinkle-resistant finishes on cotton)一起,使纺织品彻底进入了"易洗免烫"的时代。此后,一系列新的纤维、染色剂和改变衣物品质的表面材料层出不穷,它们的出现给纺织品市场带来了勃勃生机。新的聚合物和表面材料的应用使纺织品具有了诸如高弹性、高强度、抗菌、防辐射、防火、防污、防水以及耐冲击等特性。因此,纺织品不仅在大众消费领域有着光明的前途,而且在诸如医学、航空学、电子学以及土工织物(geotextiles)等领域也可以大展拳脚。

纺织品对人类社会的经济、科技、艺术、宗教、政治、风俗习惯以及其他众多事物,都产生了深远的影响。就像一面镜子一样,纺织品的生产、设计和使用也映射出人类历史的发展和演变。

进一步阅读书目:

Balfour-Paul, J. (1998). *Indigo*. London: British Museum Press.

Barber, E. J. W. (1991). *Prehistoric Textiles: The Development of Cloth in the Neolithic and Bronze Ages*. Princeton, NJ: Princeton University Press.

Barber, E. W. (1994). *Women's Work: The First 20000 Years*. New York: W. W. Norton.

Brédif, J. (1989). *Printed French Fabrics: Toiles de Jouy*. New York: Rizzoli.

de'Marinis, F., ed. (1994). *Velvet: History, Techniques, Fashions*. New York: Idea Books.

Collier, B. J., Bide, M. J., & Tortora, P. G. (2009). *Understanding Textiles*. Upper Saddle River, NJ: Pearson Prentice Hall.

Geiger, A. (1979). *A History of Textile Art*. Leeds: W. S. Maney & Son.

Harris, J., ed. (1993). *Textiles: 5000 Years*. New York: Harry N. Abrams.

Phillips, B. (1994). *Tapestry*. London: Phaidon Press.

Sandberg, G. (1994). *The Red Dyes: Cochineal, Madder, and Murex Purple, A World Tour of Textile Techniques*. Asheville, NC: Lark Books.

Schoeser, M. (2003). *World Textiles: A Concise History*. New York: Thames & Hudson.

Seiler-Baldinger, A. (1994). *Textiles: A Classification of Techniques*. Washington, DC: Smithsonian Institution Press.

Toomer, H. (2001). *Antique Lace: Identifying Types and Techniques*. Atglen, PA: Schiffer Publishing.

Wada, Y., Rice, M. K. & Barton, J. (1983). *Shibori, The Inventive Art of Japanese Shaped Resist Dyeing: Tradition, Techniques, Innovation*. Tokyo: Kodansha International.

Wilson, K. (1979). *A History of Textiles*. Boulder, CO: Westview Press.

玛格丽特·奥多涅兹(Margaret Ordoñez) 文
王晓辉 译,刘文明 校

Thomas Aquinas, Saint 圣托马斯·阿奎那

圣托马斯·阿奎那(约 1225—1274)代表了哲学和神学在欧洲中世纪的最高成就。他对之后几代西方哲学家和基 2497
督教神学家产生了深远的影响。

圣托马斯·阿奎那是意大利哲学家和神学家，他非常推崇希腊哲学家亚里士多德的哲学。阿奎那试图全方位地调和理性与宗教信仰。在他之前，也有一位天主教思想家做过类似的尝试。

阿奎那是意大利南部的一名贵族，他的父亲是阿奎诺的兰杜尔福伯爵（Count Landulf of Aquino）。阿奎那出生的罗卡塞卡（Roccasecca）位于罗马和那不勒斯之间，他在附近的卡西诺修道院（monastery of Monte Cassino）接受了启蒙教育。1239 年，托马斯的父母将他送进那不勒斯大学（University of Naples）。在那里，他在爱尔兰学者彼得（Peter）的指导下，首次深入研究了亚里士多德。在那不勒斯求学的岁月里，阿奎那做出了两个重要决定：第一是将其余生奉献给哲学和神学，第二是成为一名多明我会修士。这两个决定是有关联的，因为不少多明我会修士都是当时首屈一指的学者。当阿奎那成为一名修士的时候，他于 1244 年获准离开那不勒斯，赴巴黎求学，师从多明我会著名的哲学家和科学家阿尔伯特（Albert the Great，约 1195—1280）。

阿奎那的巴黎之行受到了家人的反对，他们希望阿奎那成为一位主教，或成为一位知名修道院的院长。在向北穿越意大利的路上，他的家人扣押了他。阿奎那在罗卡塞卡被关押了一年，之后他的家人才允许他走自己选择的路。

在阿尔伯特的指导下，阿奎那先后在巴黎和科隆求学。1248 年，阿尔伯特前往科隆，并创建了一所多明我会的文科学院。阿奎那是他的助手之一，教授讲解《圣经》的导论课。1252 年，阿奎那的学业告一段落。他回到巴黎，成为一名讲师，教授《圣经》和意大利神学家彼得·伦巴德（Peter Lombard，约 1095—1161）的《语录》（*Sentences*）。《语录》是神学课程中的核心教材。他也开始出版自己的作品，并于 1256 年获得硕士学位，这是他所能获得的最高学位。

1259 年，阿奎那回到意大利，并在那里生活到 1268 年。在此期间，他在多明我会的修道院以及那不勒斯、奥维多（Orvieto）和罗马的学院中授课。他经常作为宣道者和礼拜仪式的权威出席教廷活动。在声望达到顶峰的时候，阿奎那回到巴黎。但他很快发现，自己卷入了一场关于哲学与神学关系的论战。

阿奎那的第一部重要著作是一本解释、评论伦巴德《语录》的书，其中引用亚里士多德的作品 2 000 余次。早在执教初期，他就定好了研究计划：在哲学与神学之间建立起适当关系。为了达到这一目标，他不但会运用基督教神学家和古代希腊罗马思想家的著作，而且会参考穆斯林和犹太哲学家的作品，如伊本·西那（Ibn Sina，980—1037）、伊本·鲁世德（Ibn Rushd，
1126—1198）和伊本·伽比罗（Ibn Gabirol， 2498
1021—1058）的著述。阿奎那认为，对于研究神学而言，哲学和信仰都是必不可少的，因为逻辑争论会使宗教知识更加精确和完整。阿奎那进一步指出，即便基督教的启示中不包含信仰，人类的思想也可以通过 5 种感觉，借助理性分析的

控制自己的行为是生命的最高表现，走上歧途就或多或少意味着死亡。

——圣托马斯・阿奎那

维托雷・卡尔帕乔(Vittore Carpaccio)的《在圣马可和图卢兹的圣路易陪伴下，圣托马斯・阿奎那享受荣耀》(1507)。布面蛋彩画。德国公立画馆

方法来理解上帝的存在和宇宙中的自然法则。尽管这些理解并不完整，但却仍然具有广泛性。

当阿奎那在意大利的时候，一群被称为“阿维罗伊主义者”(Averroists，意为伊本・鲁世德的追随者)的学者正在宣传他们的观点。他们认为，虽然哲学真理和宗教真理是同等正确的，
2499 但两者也存在明显的差异；因为哲学知识单纯地来自人们对经验的理性分析，而神学知识则完全来自神的启示。1270 年，巴黎主教史蒂芬・唐皮耶(Stephen Tempier)对阿维罗伊主义者的观点表示强烈反对。由于阿奎那推崇亚里士多德，因此保守主义批评家将他同阿维罗伊主义者联系在了一起。以致到了晚年，阿奎那不得不花费大量的精力，小心翼翼地将自己的观点同阿维罗伊主义者的主张区分开来。

1272 年，多明我会派阿奎那到那不勒斯创建一所学院，但此时他的健康状况已经开始恶化。阿奎那受教皇之邀参加一次宗教会议，在从那不勒斯前往里昂的路上，在福萨诺瓦(Fossanova)的西多会修道院去世。

圣托马斯・阿奎那的主要著作包括：《辩论》(*Disputed Questions*，1256—1272)；《反异教大全》(*Summa Contra Gentiles*，1259—1265)，这本书详细论证了基督教信仰在哲学上的正确性；《神学大全》(*Summa Theologiae*，1268 年开始创作，但生前并未完成)，这本书全面反映了阿奎那对天主教教义的理性研究和逻辑论证。1277 年，唐皮耶再次谴责阿维罗伊主义者的观点，同时也将矛头明确指向了上述著作中的部分内容。但阿奎那也拥有许多支持者，其中包括阿尔伯特和意大利诗人但丁。在《神曲》中，但丁为阿奎那在天堂安排了一个荣耀的位置。1323 年，教皇若望二十二世(Pope John XXII)封阿奎那为圣人。在 16 世纪，阿奎那的《神学大全》取代彼得・伦巴德的《语录》，成为欧洲大学神学课程中的标准教材。在大学里，他的著作到 17 世纪时仍具影响。1879 年，教皇发布诏书，鼓励人们研读阿奎那的著作。得益于此，19 世纪晚期之后，托马斯主义(Thomism)再度

流行起来。圣托马斯·阿奎那对亚里士多德的严谨研究也引起了21世纪哲学家的关注。

进一步阅读书目:

Chenu, M. D. (1964). *Toward Understanding Saint Thomas*. Chicago: H. Regnery.
Dyson, R. W. (2002). *Aquinas: Political Writings*. Cambridge, U. K.: Cambridge University Press.
Kretzmann, N., & Stump, E. (1993). *The Cambridge Companion to Aquinas*. Cambridge, U. K.: Cambridge University Press.
McInerny, R. (1998). *Thomas Aquinas: Selected Writings*. London: Penguin Books.
Persson, P. E. (1970). *Sacra Doctrina: Reason and Revelation in Aquinas*. Philadelphia: Fortress Press.
Rosemann, P. (1999). *Understanding Scholastic Thought with Foucault*. New York: St. Martin's Press.
Tugwell, S. (1988). *Albert and Thomas: Selected Writings*. New York: Paulist Press.

斯科特·韦尔斯(Scott C. Wells) 文
邢 科 译,刘文明 校

Thucydides 修昔底德

修昔底德(约卒于公元前401年)是古代历史学家中最富有洞察力的一位。他以超然的态度和惊人的准确性分析了伯罗奔尼撒战争(前432—前404)对古代希腊社会产生的影响,不过他冷静的笔调下掩盖了一种对雅典的偏袒以及对雅典战败的失望。修昔底德的叙事散文风格简练直率,但也以记录辞藻极为华丽的演说词而著称。 2500

古代希腊历史学家修昔底德所著的历史记述了公元前5世纪雅典人与斯巴达人之间的一场战争,他本人及其著作不仅影响了古代希腊罗马世界中追随他的历史学家,而且对19世纪的学者也产生了影响,如利奥波德·冯·兰克(Leopold von Ranke, 1795—1886)根据实证主义原则奠定了近现代历史职业化研究的基础。

修昔底德没有告诉我们关于他自己的事,我们对他所知甚少。他说战争爆发的时候,他就开始撰写其历史。他虽然提到了战争的结局,但并未在有生之年完成他的著作。今天所知的《伯罗奔尼撒战争史》,其叙事原文到公元前411年的年中突然中断了,这一点使得古时的传记作家推测修昔底德是猝死的。大多数学者断定修昔底德死于公元前401年左右,不过有一些尚存争议的证据表明,迟至公元前397年他还在写他的历史。他出生的日期也是推测而来的。旁菲拉(Pamphila)告诉我们,根据修昔底德自己的话,伯罗奔尼撒战争爆发之初,他40岁,这一推断也许是合理的。修昔底德声称他的年龄已经相当大了,足以掌握战争的全过程,而且他被雅典人选为在色雷斯作战的将军;然而他未能解救安菲波利斯城(Amphipolis),遭到了流放。在色雷斯地区,他拥有金矿,并广受尊敬。公元前430年到前426年间爆发的瘟疫,他有过详细的记载,他自己也患了这种病,不过幸免于难。修昔底德的父亲是哈利穆(Halimous)德莫(deme,雅典最小的政治单位,用以确定公民身

幸福的秘密是自由，自由的秘密是勇气。

——修昔底德

修昔底德半身像，历史学家和古代希腊将军。安大略皇家博物馆

份）的奥罗路斯（Olorus）。马尔切利努斯（Marcellinus）说修昔底德的母亲名叫赫泽息帕尔（Hegesipyle），他父亲的名字和一位色雷斯国王的名字相同，这个国王有个女儿也叫赫泽息帕尔，而且她嫁给了一个名叫米太雅德（Miltiades）的地位很高的雅典贵族。因此，修昔底德与色雷斯显贵成员以及雅典贵族，包括与他同名的麦列西阿斯（Melesias）的儿子修昔底德在内，都有亲属关系。普鲁塔克说修昔底德的墓在雅典城郊的科伊利麦立提亚门地区（Koile Meletides），靠近米太雅德家族成员和赛蒙（Cimon）的妹妹厄尔品尼克（Elpinice）的墓。修昔底德有一个儿子，即我们知道的蒂莫托伊斯（Timotheus）。

《伯罗奔尼撒战争史》为编年体结构，用夏季和冬季指代每一年。自希腊化时代以来，这部著作被分为8卷（不过古时也有其他分法，如分其为13卷）。第1卷包括考古、对直至希波战争的希腊历史的简要概述、本特康德提亚（Pentecontaetia，希腊原文意为“50年间”，指希波战争至伯罗奔尼撒战争之间的50年）、希波战争结束到伯罗奔尼撒战争爆发之间一些重大事件的概述以及对战争起因的长篇介绍。第2至第4卷记载了战争爆发后最初的10年，即阿希达穆斯战争（Archidamian War）的始末。第5卷记述了《尼西阿斯和约》（the Peace of Nicias）、门丁尼亚战争（the Mantinean War）以及征服米诺斯（Melos）的情况，其中包括米诺斯人的辩论（the Melian Dialogue）。第6至第7卷描述了雅 2501
典人的西西里远征及阿提卡半岛战争。第8卷记载了爱奥尼亚战争以及雅典联盟的叛乱。古代希腊历史学家色诺芬在修昔底德遗稿基础上继续编撰，最终完成了整部《伯罗奔尼撒战争史》。

修昔底德的叙事散文写作风格精炼直率，其撰史方法新颖独到。他将自己的研究方法与前人加以区别，指名批判了赫拉尼库斯（Hellanicus），而对希罗多德也提出了较为含蓄的批评。他说他极为注意通过寻找可靠的目击者以弄清事情的真相；而且考虑到自己的观察也许是非常不可靠的，会偏袒某一方，他甚至不相信自己亲眼看到的东西。他宣称其史书是为后代而撰，并不仅仅是为了取悦听众（当时，历史是朗读给公众听的），也不是为了赢得某项比赛。

修昔底德因其历史作品中载有大量演说词而闻名。这些演说词辞藻绚丽、夸张抽象的表达方式以及正反对照法的运用，常使其含义模糊不清。我们知道这是他受教于辩论家安蒂丰（Antiphon）的结果，在修辞方面也受到了诡辩家高尔吉亚（Gorgias）的很大影响。有争议说这些演说词是修昔底德本人肆意编造的，即他所认为的在某些场合下演说者应该说什么。但修昔底德本人一方面宣称这些演说词是真实的演讲，另一方面又承认是他让每个发言者说出了他认为他们本该说的话，而这是自相矛盾的。

修昔底德的历史焦点在战争和政治方面，为历史学确立了最初及最主要的主题。同时，其书中描绘了战争引起的苦难，叙述了战争是如何破坏社会道德的。修昔底德将对特定事件的叙述提升到对人性的一般探索，正是这一点使其历史作品始终都是一笔宝贵的财富。

进一步阅读书目：

Blanco, W., & Roberts, J. T. (Eds.). (1998). *Thucydides: The Peloponnesian War.* New York: Norton.

Cartwright, D., & Warner, R. (1997). *A Historical Commentary on Thucydides: A Companion to Rex Warner's Penguin Translation.* Ann Arbor: University of Michigan Press.

Cawkwell, G. (1997). *Thucydides and the Peloponnesian War.* London: Routledge.

Connor, W. R. (1984). *Thucydides.* Princeton, NJ: Princeton University Press.

Crane, G. (1996). *The Blinded Eye.* Lanham, MD: Rowman & Littlefield Publishers.

Crane, G. (1998). *Thucydides and the Ancient Simplicity: The Limits of Political Realism.* Berkeley: University of California Press.

Finley, J. (1942). *Thucydides.* Cambridge, MA: Harvard University Press.

Gomme, A. W., Andrewes, A., & Dover, K. J. (1945–1981). *An Historical Commentary on Thucydides.* Oxford, U.K.: Oxford University Press.

Hornblower, S. (1987). *Thucydides.* Baltimore: Johns Hopkins University Press.

Hornblower, S. (1996). *A Commentary on Thucydides* (2nd ed.). Oxford, U.K.: Oxford University Press. 2502

Orwin, C. (1997). *The Humanity of Thucydides.* Princeton, NJ: Princeton University Press.

Stadter, P. A. (Ed.). (1973). *The Speeches in Thucydides.* Chapel Hill: University of North Carolina Press.

Stahl, H.-P. (2003). *Thucydides: Man's Place in History.* Swansea, U.K.: Classical Press of Wales.

Strassler, R. B. (Ed.). (1998). *The Landmark Thucydides.* New York: Simon & Schuster.

Thucydides. (1928). *Thucydides: History of the Peloponnesian War* (C. F. Smith, Trans.). Cambridge, MA: Harvard University Press.

Thucydides. (1972). *Thucydides: History of the Peloponnesian War* (R. Warner, Trans.). Harmondsworth, U.K.: Penguin.

兰·普朗特(Lan Plant) 文
汪辉 译，刘文明 校

Timber 木材

木材或木料是一种在生产建筑材料或纸浆的过程中，从砍伐到加工的每一阶段都可利用的树木。木材曾经是世界 2503
上长达几个世纪用于加工制造各种物品和用具(从住房到船只、桌子、牙签等)的资源。

自新石器革命以来，木材因其用途广泛而在社会生活的发展中成为一种重要商品。至少

1898年在华盛顿州的伐木现象。纽约公共图书馆

从公元前3000年以来的人类历史中，可利用的森林一直被用来满足这个不断进化的世界的需要。从早期城市社群起，如在埃及、美索不达米亚和哈拉帕等，木材就一直是经济生活中一个固定的角色。木材以其各种形式用作燃料和建筑、造船的基本材料，还用于贮藏物品（如木桶）。除了这些用途之外，木材对于人类活动的其他方面也很重要，例如在制造业和煤炭、矿石的开采中（木梁用于支撑矿井）。木材利用的水平与城市、商业和人口的增长相一致。城市社群的日益扩大和人口的增长，导致需要经常给古代世界不断发展的人口中心运输资源。航运是运输这些资源的通常方式。随着贸易级别的提高，海运的增加导致了更多的木材消费。各种生活方式也发展起来，由此导致了修建宫殿、寺庙等奢华建筑对木材的需求。

这种趋势可追溯到4 500年前。在美索不达米亚和印度河谷地区，美索不达米亚人和哈拉帕人砍伐了他们的山林，并且对其邻居采取军事手段和贸易来保障木材供应，以满足其经济需要。又如，埃及人就在邻近的黎巴嫩和叙利亚沿海地区寻求木材。

在世界的其他地方也同样大量使用
木材。大约在公元前2500年的中国北方 2504
黄河流域和东南亚，木材用来满足社会经济的需要。随着城市化进程在全球的发展，木材的运用进一步强化，内陆地区向经济上改变更大的文明、帝国和部落、国家提供其所需要的木材。在不同的时期，地球上的某些地区实际上是另一些地区的贮林场。例如，17世纪中叶，北美和波罗的海沿岸的森林为西北欧提供木材。到20世纪晚期，非洲、亚洲、拉丁美洲、北欧和俄罗斯的部分地区成为主要的木材来源地。

随着农业的出现和城市革命，砍伐森林成为一种常态至少持续了5 000至6 000年。它简

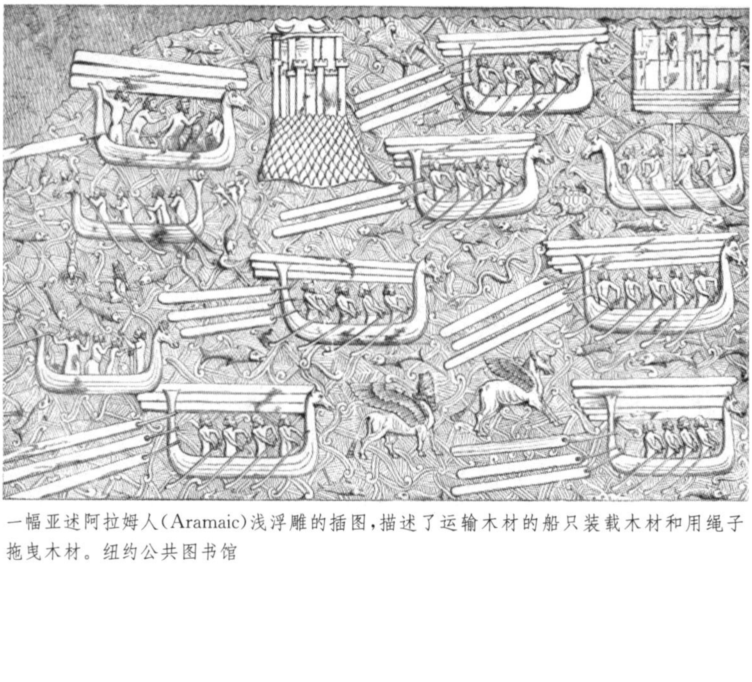

一幅亚述阿拉姆人（Aramaic）浅浮雕的插图，描述了运输木材的船只装载木材和用绳子拖曳木材。纽约公共图书馆

> 取自木材的东西是如此弯曲，人也像由曲木制成，不可能雕刻出任何完全笔直的东西。
> ——伊曼纽尔·康德(Immanuel Kant，1724—1804)

直就像山丘一样古老。砍伐森林的水平到20世纪末达到了创纪录的水平。世界上的森林面积减少了近一半，从8 000年前的60亿公顷减少到目前的36亿公顷。根据森林和可持续发展世界委员会的统计，森林在25个国家实际上消失了，18个国家失去了超过90%的森林，还有11个国家失去了大约90%的森林。在减少森林采伐和降低砍伐用材林对环境影响的努力中，一些国家和木材生产者专门种植速生林并建立了专用林场，以使这些树木能够被伐作木材。为了建设这种环境上可持续的林场，在树木被砍伐后便要栽上新树苗。在各种树龄的森林中选择性地砍伐成材林是另一种维护森林采伐的方法。

森林砍伐会给人类带来恶果现在已成为共识。我们所见证的水土流失和气候变化等负面后果在历史上也发生过。水土流失导致洪灾和河流及运河淤塞这种“现代”问题，在早期的美索不达米亚也曾发生过，并且对经济生产造成了严重的影响。水土流失的影响及其后果也出现在印度西北部、中国、迈锡尼时期的希腊和米诺斯时期的克里特，对这些社会和文明造成了压力。森林砍伐也加剧了气候变化。森林的减 2505
少使得低层大气变凉而地面变暖，蒸发的减少又引起干旱。森林减少也意味着作为树木固定碳和新陈代谢碳化合物的碳封存的减少。这种减少加剧了全球变暖的过程。最近的研究表明，这一过程从造成森林砍伐的农耕扩散开来之后就出现了，已经持续了至少6 000年。

进一步阅读书目：

Chew, S.C.(2001). *World Ecological Degradation (Accumulation, Urbanization, and Deforestation) 3000 BC-AD 2000*. Walnut, CA: Alta Mira Press.

Perlin, J.(1989). *A Forest Journey*. Cambridge, MA: Harvard University Press.

Marchak, P.(1995). *Logging the Globe*. Kingston, Canada: McGill/Queen's University Press.

Williams, M.(2003). *Deforesting the Earth*. Chicago: University of Chicago Press.

World Commission on Forests and Sustainable Development.(1999). *Our Forests, Our Future*. New York: Cambridge University Press.

辛·丘(Sing C. Chew) 文

刘凌寒 译，刘文明 校

Time, Conceptions of 时间概念

如果想了解文化意义和科学意义时间(线性时间和循环时间)观念及其多样性和演化轨迹，我们就要进行一次长途 2506
历史旅行，以便探索不同的文化是怎样认识和衡量时间的。用计时装置衡量时间的实践水平与时间本身的抽象观念之间的相互作用，是本文讨论的主题。

我们都生活在时间里，但是几乎不去追问它的本质。而且，业已完成工业化的西方人也没有意识到他们的具体表现为一套假设(比如线性的“流”，这套假设已经发生了极大的变化)

的时间认识，并不被其他文化所分享，甚至与现代的科学也格格不入。

时间的文化意蕴

有多少种文化就有多少种时间概念，但是一般而言可以分为两种时间观：一是线性时间观，即一种从久远过去走向遥远未来的进步认识。一些人认为，这种观点本于基督教，因为在基督教的教义里面，时间开始于上帝造万物，终结于基督再次降临；还有一些人认为，这是基于科学，因为科学假设知识和人类生活的进化去向。另一种时间概念是循环时间，在这里，计时装置或者星星的循环运行不仅仅划分出不变的时间区间，而且也指示人类的经历和历史循环往复。然而，截然区分线性时间和循环时间显得过分简单化了，就像人们认为线性时间概念是西方的而循环时间是东方的一样。我们要避免这种本质化的过度解读，例如早期中国的文献中就区分了“继”和“历”，前者指代从祖先到子裔的线性承续，后者指代自然万物的生死循环。

线性时间和循环时间还可以在很多历法中找到，这些历法不仅表示某一社会计算日期的方法，也能体现该社会怎样理解时间本身。例如，格列高利历(Gregorian calendar)的发展就是一部令人着迷的历史——优先配置权、论争和人类决策都体现在每一个细节上：月的命名、复活节的日期，以及需要与地球轨道保持同步的迂曲。玛雅历由很多交叠的周期组成，包括以365天为周期的哈布历(*haab*，属季节年)和以260天为周期的卓尔金历(*tzolkin*，它由13个不断循环的20天构成)；在历法上列出吉凶的日子，以便开展世俗和宗教的事务。印度的历法由一个递增的时间尺度序列构成，造物主梵天一生中的一天就几乎等于人间900万年。

我们也可以划分出第3种时间概念，这普遍存在于像澳大利亚、北美、北冰洋的原住民社会当中。有些人依据极其稀少的语言学证据轻率地认为这些社会是没有时间概念的，但是这些社会的时间可能要比计时时间更为复杂，包含对自然界循环的复杂认识，还要加上社会、空间、精神甚至永恒的维度。

时间的价值

早期的农业和航海社会在陆地和海洋上进 2507
行着夜以继日、年复一年的劳作，不太需要外部时间或者绝对时间。农民和渔民只需要懂得适时劳作的知识以及将劳作的时序跟上自然的节律，如播种与收获或者潮起与潮落，就可以了。间隔时间不可能用小时、分钟、秒来计算，而是通过与相同的经验做比较：鸡蛋煮熟的时间，做完一次祷告的时间，或者完成一项身体功能的时间——例如“撒泡尿的工夫——这个相当随意的时间测量”(Thompson 1991)。

人们经常认为公共时间意识始于欧洲中世纪修道院的日课时间“小时”。这种每日7次定时的礼拜功课以钟声为号，并深深地影响了机械钟的演变。但是小时的概念却是起源于埃及，埃及人首次将夜和日分别分为12个时段。中世纪的僧侣仅仅是继承了由希腊人和罗马人转接而来的传统。希腊人、罗马人为使他们的社会井然有序，还发明了日晷和漏壶(水钟)。即使是现代人抱怨时钟的专制，也不是什么新鲜的事，“神明肯定憎恨那个第一个划分小时的家伙，也肯定憎恨在这个地方建立日晷的混蛋，把我的日子砍得支离破碎！”(提图斯·马克基乌斯·普劳图斯[Titus Maccius Plautus]，约前254—前184)

经过西方主导的工业化，时间压力加大了。这主要归于3种关键因素。第一是劳工阶层的出现，雇主和雇工都认识到了每小时工作的新价值，而且将工作时间和私人时间做了界分。第二是钟表和手表的普及，17世纪末钟表从只有富贵人家才能用得起的奢侈品，变成了所有人

> 现时与往昔，或许皆可呈现于未来，而未来蕴含于往昔之中。
>
> ——艾略特的《四首四重奏》之第一首《烧毁的诺顿》

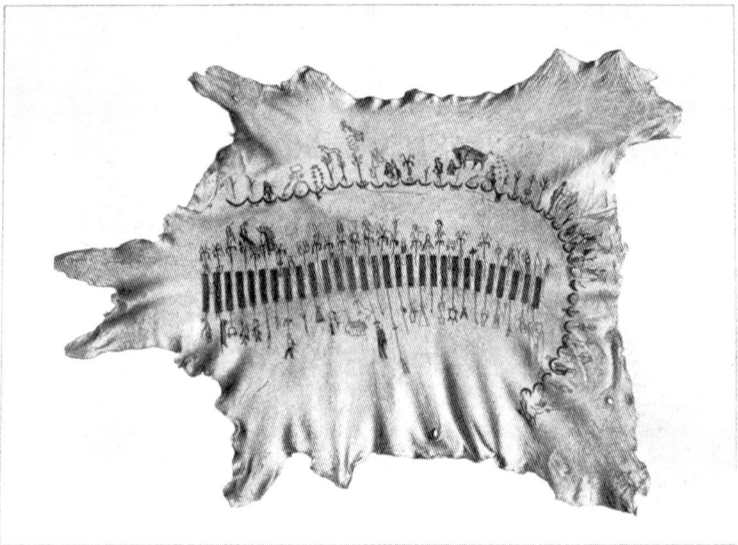

画在野牛皮上的基奥瓦人的（美洲原住民）象形日历。中间的条形和图画构成一个冬季纪年法，每个条形代表一年，而接近边缘的图画描述了19世纪90年代期间一段37个月的历史

都能消费得起的日常用品。第三是工作伦理的兴起，勤劳惜时、厌弃懒惰被赋予了道德、营利甚至神学意义上的价值。本杰明·富兰克林对此最言简意赅也最著名的表述是"时间就是金钱"：时间不仅仅是我们如何选择度过的流程，挥霍时间则意味
2508 着金钱从身边溜走。不过也有人会说，这种观点神圣化了资本主义的男人主导的时间观，低估了家庭妇女的劳动和时间，她们被持续不断的、堆积如山的家务包围，却不是为了金钱。

从太阳时到协调的世界时间

甚至到18世纪与19世纪之交，我们唯一使用的时间还是地方时间。每一个城镇有其自己的时间：太阳处于最高位置时的正午点，（在伦敦的纬度上）每分钟大约向西移动12英里（19千米）。而且，由于地球椭圆形的运行轨道和倾斜的地轴的存在，这种视太阳时（apparent solar time）也是在不断变化的，有时早于、有时晚于固定的钟表时间。

18世纪初，随着平太阳时（mean solar time，取视太阳时的平均数，以时钟计时）的使用，以太阳作为基本计时道具的方法逐渐被放弃了，铁路的发展则使这一过程加速。在铁路未出现之前，只有邮递员每天出行到很远的地方，遇到很多不同的地方时间。而铁路时代带来了大众旅行、时间表和电报电缆，这使得时间的标准化成为必要，也成为可能。铁路公司推出了自己的标准时间，并且很快就被运用到公共时钟上。法定的统一时间标准要在几十年之后才被推广。具体的情况在很多国家也十分复杂，比如在美国就面临很多利益纷争，这也造成了地理学的跃进。

现在我们已经习惯于时区的概念，然而很难想象其在开始制定时的激烈博弈，各个公司和城市为争夺经济与政治霸权而纷纷提出自己的方案。查理·多德（Charles Dowd）是一位来自威斯康星州的教育工作者，他在1872年向美国铁路公司提出了一个分区制度，但是直到1883年美国参议员威廉·艾伦（William Allen）向国会提交议案，分区制度才最终得以施行（面积小得多的英国早在1840年就已经采用了统一的格林尼治时间）。桑福德·弗莱明（Sandford Fleming）是一个苏格兰裔加拿大发明家和工程师，他在1876年提出一种合理化世界时间的法案，与我们今天实行的时区制度非常接近。不可避免，同样激烈的争执在国家之间展开，高潮就是1884年召开的本初子午线国际大会，在大会上最终采用了国际标准时区制度。更关键的是选择格林尼治天文台的经线作为本初子午线或

佛教的“轮回”之轮显示了六种转世之道。众生皆在世间生死往复

者参考子午线。值得一提的是，贸易势力在很大程度上决定了这种选择，特别是不可动摇的基于格林尼治坐标的航海图，而这要追溯到17世纪，当时英国的天文学家和钟表商争着解决关键性的经度问题。

到了20世纪，越来越精确的时钟开始能够显示地球自转的不规则性。第一批原子钟出现于20世纪50年代；1967年铯原子钟的发明改变了秒的国际定义，现在是我们基本的计时工
2509 具。协调的世界时间是格林尼治平均时的现代继承者，但主要是指原子钟的国际网络。今天我们获知时间不需要看太阳，当从这个时区飞到另一个时区的时候会遇到时差，而且我们不但知道这个地方的时间，还知道其他地方的时间：我们既知道纽约或者东京的股票交易市场何时开盘，也知道伦敦和巴黎的时差。

从绝对时间到相对时间

关于时间与运动关系的研究至少可以追溯到古代希腊的哲学。例如，在柏拉图那里，时间是静止的永恒之“运动着的映像”，它通过天体的运行表现出来，甚至使自身存在。而亚里士多德质疑老师的观点，他将时间看作运动的“数”，依赖于感知变化。奥古斯丁吸收了亚氏的观点，他认为这种感知意味着一个观察者通过记忆和期待可以获知一个明显的事实，即当下无论怎么说都是真实的。

正像公共时钟在14世纪晚期被发明出来的时候能够令人惊奇地标识月相变化和行星的运行，机械钟的发明使得这个小小的装置形象而直观地呈现出了规律性的天体运动。紧接着，一种观点认为，整个宇宙像一个时钟机械，开普勒和波义耳就持这种观点，这是17世纪科学革命的关键成果。牛顿发展了艾萨克·巴罗(Isaac Barrow)的观点，在《自然哲学的数学原理》(*Principia*)一书的开端写道：“绝对的、真实的和数学的时间，它自身以及它自己的本性与任何外在的东西无关，它均一地流动。”星星和钟表只不过是以数的形式表达绝对时间的流动，而在几何学的时间轴上可以用两点表达一个单一的时间段。

抛开哲学的争论不谈，牛顿的定义沿用了200多年，没有遭到任何质疑，直到爱因斯坦。爱因斯坦的相对论始于两条基本假设：物理规律不依赖于观察者的任何运动；对所有观察者来说，光速是不变的。第二条假设与我们的日常经验不相协调：当一辆汽车加速驶离一个静止的物体时，它的对地速度是增加的，但汽车的前头灯的光速没有增加。相对论产生了一个意义深远的后果。设想你正站在体育场的中央，正当

什么是时间？谁能既通俗易懂又言简意赅地解释它？……假如没人问我，我知道它是什么。如果让我向一个询问者做出解释，我说不出。

——圣奥古斯丁(Saint Augustine，354—430)

灯打开的时候我从你身边跑过。你会看到四周的灯同时打开——当然这是瞬间之后的事情，因为灯光进入你的眼帘需要时间。但是这时我已经跑到了体育场的对面，我会先看到对面的灯打开，因为光速在恒定的情况下，传播到我这里的距离更短。第三个人从不同的方向从你身旁跑过，你们经历的事件顺序也是不同的。相对论带给我们的深奥知识是相对运动——一个观察者相对另一个观察者运动——不可避免地产生相对时间，也就是不存在唯一的、正确的或者绝对的时间顺序。相对论还产生了更加令人惊奇的后果。对一个运动着的观察者来说，时间流动的速率会慢一些；如果一对双胞胎兄弟中的一员乘着火箭旅行，当他回来的时候会比他的兄弟年轻，而且他旅行的速度越快他就越年轻。同样的，当重力增加时，时间的流动会减速，所以时钟的运行在地上要比在空间轨道上慢。爱因斯坦的这些令人惊奇的预言已经通过实验得到精准的验证，它们甚至影响到了我们的现代生活，例如，全球定位系统(GPS)为了能提供精确的导航，导航卫星上的原子钟必须校正相对论效应产生的误差。

时间的尺度

科学已经彻底改变了我们对时间的尺度及其本质的理解。在上古时期，比心跳短的事物由哲学来探讨，比生命长的事物由历史学、宗教和神话去探究；两者的界限泾渭分明。中世纪《复活节计算表册》(*computus*)的作者们(尤其是本笃会的僧侣彼得)思索过一天可以被分割的最小时间单位是什么，但他们主要关心的还是复活节日期的计算。另外，阿尔马的詹姆斯·厄舍尔(James Ussher of Armagh)大主教
2510 在1650年左右推测出，上帝创造世界的时间是基督诞生前4004年的10月23日，周六下午6点。其他文化共同体的年代学含有更长一些的时期单元，例如我们上面已经谈到的玛雅文明和印度文明的时间周期，但是这些数字仍然属于短尺度日历的简易数学级数。

今天时间区间的范围已经大大拓宽了。现代技术也能更加精细地分时：比赛计时可以精准到千分之一秒级；全球的原子钟同步运行，误差可以减少到十亿分之一秒；而最快的激光脉冲又为时间尺度缩小到飞秒(femtosecond，千万亿分之一秒)提供了可能。在“深邃时间”的领域里，宇宙的寿命据认为有大约130亿年，地球的年龄大概有45亿年，人类的祖先出现于700多万年前(随着新化石的发现这个结论可能还会变化)。这些数算得益于地质学、古生物学、天文学和宇宙论在近200年里的发展。

个人时间

19世纪晚期，科学家开始试图解释我们个人时间意识的生理过程。并且在解释人类生理周期方面取得重大进步，包括我们所熟知的昼夜节律——也就是接近一天的生命周期。我们用这种知识为我们服务，比如药物治疗的效力在一天中是在不断变化的。支撑大量个人“时钟”的细胞和生理过程也正在敞开它们的秘密，例如人们已经了解到身体机能与环境同步的机制(内置时钟)以及估测逝去时间的独立计时器(内置码表)。神经学研究能够识别对人类记忆十分重要的脑区，在这片脑区里，时间印记(time stamp)与具体的事件附着在一起，而基于这些时间印记的时间次序就可以被储存和检索。

不过，真正理解人类的时间意识——特别是我们主观感知时间流逝的速度存在极大差异——仍然有困难。而且格外讽刺的是，当我们的身体越来越偏离自然周期的时候——比如，倒班、24小时的购物、空调系统和电气照明紊乱了人与环境时间的联系——我们才幡然醒悟。

未来

我们测量时间的技术在以近乎指数增长的速度进步。现在的一天与往常是一样的长短(至少非常接近),但快速的社会变迁使我们常常感到捉襟见肘、时间短促,所以时间变得更加宝贵。很多人说我们应该从钟表时间的奴役中解放出来,这种呼唤早在罗马时期就已经出现了,从那时起人们不断发出这种声音,现在做的仅仅是重复而已。

时钟已经成为很多现代基础设施的强力支撑,从电子通信到电子商务,到电力分配,再到卫星导航。我们把精确地掌握时间当作理所当然,但是时间最终还像以前那样神秘。正像社会学家米歇尔·扬(Michael Young)所说的那样:"我们能够欺骗自己说知道什么是时间,因为我们知道现在几点钟了。"可以确信,未来的时间与过去一样,仍会精彩纷呈、变化多端。

进一步阅读书目:

Saint Augustine. (1991). *Confessions Book XI: Time and Eternity* (H. Chadwick, Trans.). Oxford, U.K.: Oxford University Press.

Blaise, C. (2000). *Time Lord: Sir Sandford Fleming and the Creation of Standard Time*. London: Weidenfeld and Nicolson.

2511 Cipolla, C. M. (1978). *Clocks and Culture 1300 - 1700*. New York: Norton.

Dohrn-van Rossum, G. (1996). *History of the Hour: Clocks and Modern Temporal Orders* (T. Dunlap, Trans.). Chicago: University of Chicago Press.

Duncan, D. E. (1998). *The Calendar*. London: Fourth Estate.

Galison, P. (2003). *Einstein's Clocks, Poincaré's Maps*. London: Sceptre.

Gould, S. J. (1987). *Time's Arrow, Time's Cycle: Myth and Metaphor in the Discovery of Geological Time*. Cambridge, MA: Harvard University Press.

Griffiths, J. (1999). *Pip Pip: A Sideways Look at Time*. London: Flamingo.

Hawking, S. (1988). *A Brief History of Time*. London: Bantam.

Howse, D. (1980). *Greenwich Time and the Discovery of the Longitude*. Oxford, U.K.: Oxford University Press.

Landes, D. S. (2000). *Revolution in Time: Clocks and the Making of the Modern World* (Rev. Ed.). London: Viking.

Lippincott, K. (Ed.). (1999). *The Story of Time*. London: Merrell Holberton.

A Matter of Time. (2002, September). *Scientific American*, *287*(3).

McCready, S. (Ed.). (2001). *The Discovery of Time*. London: MQ Publications.

Sobel, D. (1996). *Longitude*. London: Fourth Estate.

Thompson, E. P. (1991). *Time, Work Discipline and Industrial Capitalism, in Customs in Common*. London: Penguin.

Waugh, A. (1999). *Time*. London: Headline.

Whitrow, G. J. (1988). *Time in History: Views of Time from Prehistory to the Present Day*. Oxford: Oxford University Press.

Young, M. (1988). *The Metronomic Society-natural Rhythms and Human Timetables*. London: Thames and Hudson.

布鲁斯·沃灵顿(Bruce Warrington) 文
魏孝稷 译,刘文明 校

Timur 帖木儿

突厥征服者帖木儿（1336—1405）以辩论高手、精通多种语言的演说奇人和最后一位伟大的游牧勇士等身份而载入 2512
史册。他组织了从印度到土耳其的一系列大屠杀，留下了堆积如山的白骨来见证他的征服事业。

“跛子”帖木儿（Timur the Lame，英语中也称为 Tamerlane 或 Tamburlaine）是游牧世界最后一位伟大的皇帝。在年轻时的一次劫掠行动中，他的右臂和右腿受了箭伤而留下了后遗症，所以后来的批评者给他起了这个“跛子帖木儿”的诨名。然而，在他统治时期，他却以“帖木儿大酋长”（Emir Timur）的威名为人所知。在戎马生涯中，他征服了从印度到土耳其广袤的土地，并撼动了几个帝国的基础。

帖木儿于 1336 年出生在撒马尔罕（Samar-kand）附近的渴石（Kesh，今乌兹别克斯坦的沙赫里夏勃兹[Shakhrisabz]）一带，父亲塔拉盖（Taragai）是巴鲁拉思（Barlas）部族的头目，这个部族本是蒙古人的一支，但到了帖木儿的时代已经完全突厥化了。14 世纪中叶的中亚动荡不安，帖木儿在这种环境下成长起来，起初做一名低级军官，经常带着队伍干些劫掠的勾当。

蒙古四大汗国之一的察合台汗国这个覆盖大部分中亚地区的国家崩溃之后，新的机会出现在帖木儿面前。帖木儿审时度势娶忽辛（Husain）的妹妹为妻，并成为忽辛的得力副将。两人控制了锡尔河和阿姆河中间的河中地区（Mawarannahr 或者 Transoxiana），但是，1370 年的一次争吵埋葬了他们之间的合作关系，最终帖木儿在战争中击败了忽辛。

帖木儿在指挥军队

在成为河中地区的统治者之后，帖木儿花费 10 年时间巩固所控制的领地，多次击溃前来袭击的察合台汗国残余力量。1380 年帖木儿应脱脱米失（Toqtamysh）这位金帐汗国（另一个蒙古汗国，统治今天的俄罗斯和乌克兰一带）王子的请求，帮助其获得金帐汗国的统治权。

到了 1383 年，帖木儿开始不满足于河中地 2513
区，着手向外扩张，这一年他的铁骑跨过阿姆河

这张波斯微型画出自谢拉夫丁·阿里·亚兹迪的《胜利之书》(*Zafarnama of Sharaf Al-Din'Ali Yazdi*, Book of Victory),作于1595至1600年之间,描绘了在1397年至1398年之交的冬天,德里苏丹被帖木儿打败的故事

进入波斯。1385年吞并呼罗珊(今伊朗东北部及阿富汗周边地区)、阿富汗、波斯东部,1394年征服法尔斯(Fars,今伊朗西南部)、伊拉克、阿塞拜疆、亚美尼亚、格鲁吉亚。帖木儿不仅仅在新获得的领土上建立了一套高效的行政机构,他也乐意在这些地区掠夺战利品以服务于他强有力的统治。

这时候,金帐汗国的统治者——处在帖木儿阴影下的脱脱米失,决定挑战他的权威。作为成吉思汗的后裔,脱脱米失认为自己是蒙古帝国曾经征服过的所有土地上的合法统治者。他在1385年和1388年两次侵略帖木儿的领地,并打败了帖木儿的军队。作为报复,帖木儿在1391年入侵俄罗斯草原。帖木儿战胜了脱脱米失并将他赶下汗位,但是1395年脱脱米失重新获得权力并且再次大举入侵帖木儿帝国。帖木儿进行了反击,在库尔河畔(Kur River)彻底击败脱脱米失,并将自己的权力渗透到金帐汗国。

帖木儿并没有兼并金帐汗国,而是扶植了一个傀儡统治者。在波斯和俄罗斯草原的胜利进一步刺激了他的扩张野心,1398年他像往常一样以宗教原因为借口出兵印度。这次进攻德里苏丹国,他给出的理由是马哈茂德·图格鲁克苏丹对他的印度臣民过于仁慈了。随后,帖木儿的军队洗劫了德里,将大量财富带回首都撒马尔罕。

帖木儿并没有在撒马尔罕待很长时间,1399年,他继续向西进军,将目光盯上了马穆鲁克王朝(今埃及和叙利亚)和奥斯曼帝国(在安纳托利亚,现在的土耳其)。这两个国家或者支援了他的敌人,或者威胁到了他的附庸国。在镇压了阿塞拜疆的叛乱之后,他在1401年入侵叙利亚,并打败了马穆鲁克王朝,两座繁荣的城市阿勒颇和大马士革被洗劫一空。然后他兵锋指向安纳托利亚,1402年在安卡拉(Ankara)战胜奥斯曼帝国的军队,并俘获了苏丹巴耶济德一世(Sultan Bayezid I),而留给奥斯曼帝国的只有混乱的秩序。

帖木儿用2年时间安定了西部边境,于 2514
1404年回到撒马尔罕。接着他制定了入侵明朝政权的计划,但是入侵计划永远终结了,1405年他驾崩于讹答剌(Otrar)。他的帝国是靠他的权力维系着的,随着他的死去,这个帝国分裂成由他的儿孙们各自统治的诸多小国。

人们提起帖木儿多是他的征服和残忍。他精心设计了一系列的大屠杀,留下了堆积如山的白骨来见证他的征服大业。尽管帖木儿目不识丁,可是他却机敏过人,熟谙棋道,精通多种语言,还以雄辩见长。而且,他深刻地影响了 5 个国家的命运。在帖木儿征服奥斯曼帝国之前,巴耶济德苏丹正准备攻取君士坦丁堡,所以巴耶济德的被俘可能让拜占庭帝国侥幸多存活了半个世纪。尽管没有彻底摧毁马穆鲁克王朝,但对它的袭击暴露出马穆鲁克王朝这支昔日强盛的军事力量愈来愈腐败不堪。帖木儿击败脱脱米失也打击了金帐汗国的统治力量,同时加速了游牧势力对俄罗斯各公国统治的灭亡。虽然他洗劫了当时还处于小镇规模的莫斯科,但脱脱米失的惨败却有利于莫斯科公国的兴起。另外,他摧毁德里,等于是敲响了德里苏丹国的丧钟。帖木儿帝国在他去世之后就解体了,但是他的后裔在印度取代德里苏丹建立了新的莫卧儿帝国政权。

进一步阅读书目:

Arabshah, A. (1936). *Tamerlane or Timur the Great Amir.* Lahore, India: Progressive Books.

Clavijo, G. (1928). *Embassy to Tamerlane.* London: George Routledge & Sons.

Hookham, H. (1962). *Tamburlaine the Conqueror.* London: Hodder & Stoughton.

Manz, B. F. (1991). *The Rise and Rule of Tamerlane.* New York: Cambridge University Press.

Nicolle, David. (1990) *Mongol Warlords Ghenghis Khan, KublaiKhan, Hulegu, and Tamerlane.* New York: Sterling.

蒂莫西·梅(Timothy May) 文

魏孝稷 译,刘文明 校

Tobacco 烟草

烟草是一种烟草属植物,其中含有一种使人上瘾的药物——尼古丁。烟草的叶子经过加工处理后,可用来燃熏、咀嚼或吸食。烟草起源于美洲,16 世纪传入欧洲,人们使用烟草的历史长达数个世纪。直到 20 世纪 30 年代医生们才发现烟草对身体健康的不利影响。 2515

烟草是茄科烟草属类植物中的一种。其纤维粗糙,叶大,是多年生草本植物,生长在气候温暖、肥沃且排水性良好的土壤中。对于人们来说,尼古丁是烟草的主要成分,其叶子中含有 2%到 7%的尼古丁。浓缩的尼古丁可用作杀虫剂和药品。它主要对人的自主神经系统起作用,服食小剂量的尼古丁可以提高人的敏锐度并带来愉悦感。尼古丁在生理上能使人上瘾,这也许正是烟草得以在全球传播开来的主要原因。

早期历史

烟草最早生长在前哥伦布时代的美洲,由当地土著居民种植。一般认为秘鲁的安第斯地区是最早种植烟草的地方，该地区的烟草被用在医药和宗教仪式中。从这里开始烟草的传播遍及整个大陆。有证据显示，阿兹特克人将烟叶塞入空心的芦苇中进行吸食，美洲中部和北部的土著居民则用棕榈叶和玉米皮包裹着烟叶来吸食。由于烟草成为联系自然和超自然世界的一种媒介，萨满教的巫师们会在宗教仪式和医疗仪式中使用大量的烟草。例如，为了缓解某种病痛，萨满巫师们把烟草放在病人的皮肤、眼部、牙齿和舌头上，或者让病人服用煮过烟叶的液体。

虽然烟草早在200年就从中美洲传入北美，但直到许多世纪后欧洲人才接触到它。克里斯托弗·哥伦布抵达西印度群岛时，看到古巴当地人用鼻孔吸食小卷烟，就注意到了烟草。他带了一些烟草种子和烟叶回西班牙。最初，由于烟草商品极为稀少难得，吸烟成为社会地位和财富的象征。直到16世纪中叶，大多数欧洲人才第一次尝到烟草的芬芳，当时的旅行家和外交官们，如英国人沃特尔·雷利爵士（Sir Walter Raleigh）和法国人让·尼古丁（Jean Nicot，尼古丁由此得名）普及推广了烟草的用途。到17世纪早期，烟草已传遍南美大部分地区、欧洲、加勒比海地区以及北美殖民地。

美国南方的烟草

很快烟草在欧洲成为一种重要的商品，然而在美洲的殖民地，烟草更加重要。18世纪以及19世纪初期，烟草几乎成为弗吉尼亚、马里兰和北卡罗来纳的经济支柱；作为经济作物的烟草，其收割后被运往欧洲市场与美国北部的殖
2516 民地市场。事实上，烟草成为南部殖民地经济、政治和社会生活发展中最重要的因素。

英国人约翰·罗尔夫（John Rolfe）观察美洲土著人种植不同品种烟草的方式，并于1612年在弗吉尼亚成功培育出第一批烟草经济作物。

烟草绘图（育植的烟草），摘自《烟草的历史及其他：性状、处理方法以及各个时代各地的使用方式》（*Tobacco, Its History and Associations: Including an Account of the Plant and its Manufacture; with its Modes of Use in All Ages and Countries*），弗里德里克·威廉·费尔霍尔特（Frederick William Fairholt，1814—1866）著

实际上，美洲土著公主波卡洪塔斯（Pocahontas）才是烟草的首位“代言人”，她与罗尔夫的婚姻保护了殖民地詹姆斯敦及其新种植的经济作物免遭土著人的袭击与毁坏。到17世纪20年代，烟草已成为弗吉尼亚的主要农作物。

弗吉尼亚的烟草业刚刚起步，对土地和劳动力的需求量巨大。烟草吸收土地中的氮和钾，并生成留下有毒的物质，从而耗尽土地肥力，因而农民在同一块土地上种植烟草的次数几乎不会超过三到四次就改种玉米和小麦了。因此，殖民地的烟草种植者们不断地毁林开荒，开拓种植烟草的新土地，并开始在更远的内陆地区建立大型的种植园。

在接下来的两个世纪，属于劳动密集型的烟草种植加剧了对劳动力的需求，尤其是促进

了非洲黑奴的输入。暮春时节，将种子撒入土地，开始一季烟草的种植；初秋时候，将成熟的烟草株收割起来，挂在木桩上，放入通风的烟草房风干一个月或者更久。然后把烟叶摘下，捆成束，用船运到英格兰或其他殖民地。最初，种植园主依靠从英国来的契约工人从事这些劳动。然而18世纪以后，更加常见的是几十名或更多的非洲黑奴在种植园中劳作。到18世纪90年代，烟草种植园中的黑奴劳动力总人数超过65万。到美国内战时期，南方的农业经济所依靠的劳动力中非洲黑奴数量超过400万。

然而，到19世纪30年代，烟草市场的不稳定性，加上土地肥力的枯竭，使得烟草的扩张受到影响。在弗吉尼亚、马里兰及北卡罗来纳等原来种植烟草的地区，许多农民改种其他农作物，烟草种植中心向西部转移。19世纪中叶，美国北方经济高速发展，而南方仍保留着传统的农耕方式；到19世纪晚期，短纤维棉花取代烟草成为该地区主要的农作物。

雪茄、香烟与癌症

最初种植出来的烟草分为烟斗烟、嚼烟和鼻烟等烟种。原始的雪茄烟和香烟早在17世纪早
2517 期就已存在，
但到19世纪初期雪茄才流行起来，而香烟的普及则要到19世纪60年代。一种产于弗吉尼亚和北卡罗来纳的金黄色烟叶的“淡色烟草”(bright tobacco)，19世纪80年代结合机器加工香烟的工艺，开拓出新的香烟市场。同样，烟草种植和加工过程中技术的不断提高，减少了烟草中的酸性物质成分，使香烟更能迎合大众的吸烟偏好。

起初人们并不知道烟草有害健康。实际上，许多看过土著人使用烟草的医生还倡导将烟叶用于医疗中。但是，20世纪初期科学家和医生们开始公开宣传烟草对健康的不利影响。1930年，德国研究者通过数字统计，发现癌症与吸烟有关系。随后的10年里，美国癌症协会将吸烟与癌症联系起来。1952年《读者文摘》上发表的一篇文章中描述了吸烟的危害及其对吸烟人群的巨大影响。随后，烟草的销售开始衰减。针对这一现象，烟草行业宣称尽管尼古丁与癌症有关系，但是能生产出更为“健康”的香烟品种，如装有过滤器的低焦油配方的烟。20世纪60年代，美国卫生局局长顾问委员会出台了一份关于吸烟与健康的报告，提出通常一个吸烟者比不吸烟者患肺癌的可能性高出10倍，这又一次

吸烟的男人们吞云吐雾，女士们则将脸掩藏在巨大的帽子和手帕后面。引自《烟草的历史及其他：性状、处理方法以及各个时代各地的使用方式》，弗里德里克·威廉·费尔霍尔特著

为了你，烟草，除了死，我愿不惜一切。

——查理·兰姆（Charles Lamb，1775—1834）

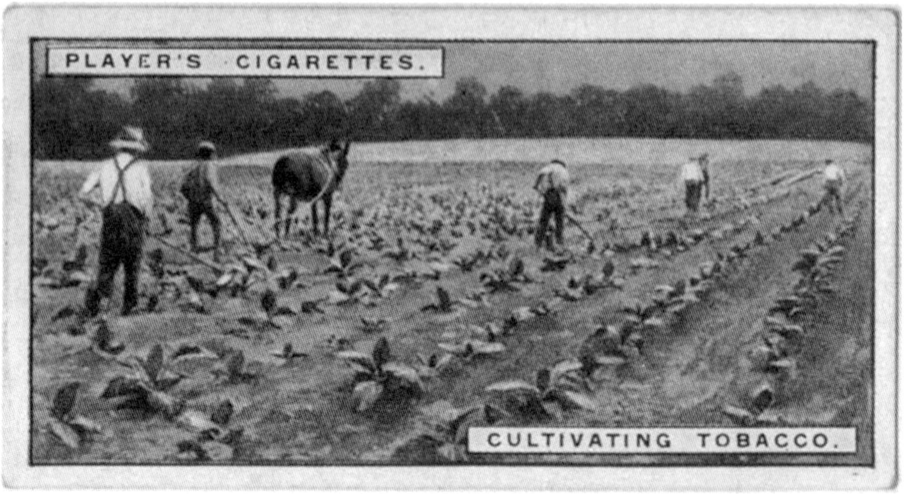

"种植烟草"。来自阿伦兹烟卡（the Arents Cigarette Cards）系列第963号（该烟卡系列收集于1922至1939年间）

威胁到大烟草公司的利益。2008年世界卫生组织宣布，烟草所引发的疾病是世界上主要的可预防的死亡诱因，2004年多达540万人死于吸烟。纵览20世纪，吸烟有可能导致多达1 000万人的死亡。

自20世纪60年代以来，烟草行业就因标签说明是否恰当、广告与销售问题，陷入与政府、公民团体的博弈之中。1971年美国禁止广播所有烟草广告，曾经某著名女高音为香烟做广告，在广播中高呼"我之娇嗓，好彩来护"（好彩牌香烟[Lucky Strikes]是美国一个著名香烟品牌——译者注）的岁月一去不复返了。烟草行业遭遇的首次法律上的严峻挑战是在1993年，当时一名叫罗斯·奇普洛尼（Rose Cipollone）的女烟民死于肺癌，去世前她控告林吉特集团（Liggett Group）未告知自己烟草对健康的危害，判决中她赢得公司40万美元的赔款，但是后来这一判决被推翻了。1994年，22个州中的密西西比州首先提出诉讼，要求烟草公司为烟民提供数百万美元的医疗费用补贴。

2518

虽然估计中的烟草的生产量和消费量千差万别，但实际上是上升的。据说世界烟草产量从1971年的420万吨开始增长到1998至2000年间的年均690万吨。中国、印度和巴西是三个最大的烟草生产国。

发达国家的吸烟率基本持平或稍有下降；而在发展中地区，特别是经济高速发展的国家，吸烟率却在上升。世界上大约有12.2亿烟民，其中10亿在发展中国家。现今许多西方国家禁止在公共场合，如饭店之类的地方吸烟。

进一步阅读书目：

Brandt, A. M. (2007). *The Cigarette Century: The Rise, Fall, and Deadly Persistence of the Product that Defined America*. New York: Basic Books.

Breen, T. H. (1985). *Tobacco Culture: The Mentality of the Great Tidewater Planters on the Eve of Revolution*. Princeton, NJ: Princeton University Press.

Burns, E. (2007). *The Smoke of the Gods: A Social History of Tobacco*. Philadelphia, PA: Temple University Press.

Craven, A. O. (1965). *Soil Exhaustion as a Factor in the Agricultural History of Virginia and Maryland, 1606* -

1860. Gloucester, MA: Peter Smith, Publishers.

Daniel, P. (1985). *Breaking the Land: The Transformation of Cotton, Tobacco, and Rice Cultures since 1880*. Urbana: University of Illinois Press.

Gately, I. (2003). *Tobacco: A Cultural History of How an Exotic Plant Seduced Civilization*. New York: Grove Press.

Glantz, S. A. (1992). *Tobacco, Biology & Politics*. Waco, TX: Health Edco.

Goodman, J. (1993). *Tobacco in History: The Cultures of Dependence*. London: Routledge.

Prince, E. E. (2000). *Long Green: The Rise and Fall of Tobacco in South Carolina*. Athens, GA: University of Georgia Press.

Wilbert, J. (1987). *Tobacco and Shamanism in South America*. New Haven, CT: Yale University Press.

杰西卡·泰施(Jessica B. Teisch) 文

汪 辉 译,刘文明 校

Tourism 旅游

第一批旅行者游走在古老的大地上,去参观宗教场所或那些纪念祖先的庆典和场所。到 15 世纪晚期,社会上层的男士们为了学习和科学研究,开始在世界各地游学观光。随着交通方式的进步,如轮船、汽车和火车等的出现,交通变得愈加便捷高效,现代旅游业随之发展起来。 2519

历史学中,有关旅游的研究是一个相对较新的研究领域。然而,旅游与社会、文化和经济的历史趋势存在关联,意味着它是一个有价值的研究领域。学者们一般将旅游定义为人们在其日常活动环境之外的地方游览观光,主要目的是休闲放松;不过这一术语也可以用来暗指具有其他意图的此类活动。虽然"旅游"一词于 19 世纪初期才被第一次提出来,但其行为活动有着更为悠久的历史渊源。数世纪以来,科技促使旅游不断发生变化,并且从古时开始,在观光休闲、贸易往来、朝觐之行以及大帝国的建立当中,人们跨地区、跨文化旅游来往,塑造着彼此间的联系和交往。从其作为一种休闲方式为社会上层所特享,到 21 世纪成为一种特定的产业,纵观旅游的历史,我们可以发现几个世纪以来,其中的变革只是在必要时才会发生。

贸易

许多资料都表明苏美尔人(巴比伦人)及其在公元前 4000 年左右发展起来的贸易是旅行诞生的标志(Goeldner and Ritchie 2009)。最初商人只是在本地旅行,船舶技术发展起来后,他们走向更远的地方,如穿越地中海和印度洋(Casson 1994)。对于旅行者来说,若干世纪以来,贸易及在 15 和 16 世纪形成的一些巨大的贸易网络都是其旅行主要的动力。虽然当时的旅行不同于我们今天所认为的旅游,但贸易中的旅行却常常是跨区域、跨文化的行为。在这里,丝绸之路是一个极好的案例,旅行者们通过若干条不同的路线从欧洲达到中国。从公元前 4 世纪开始,丝绸之路的贸易往来、军事活动和宗

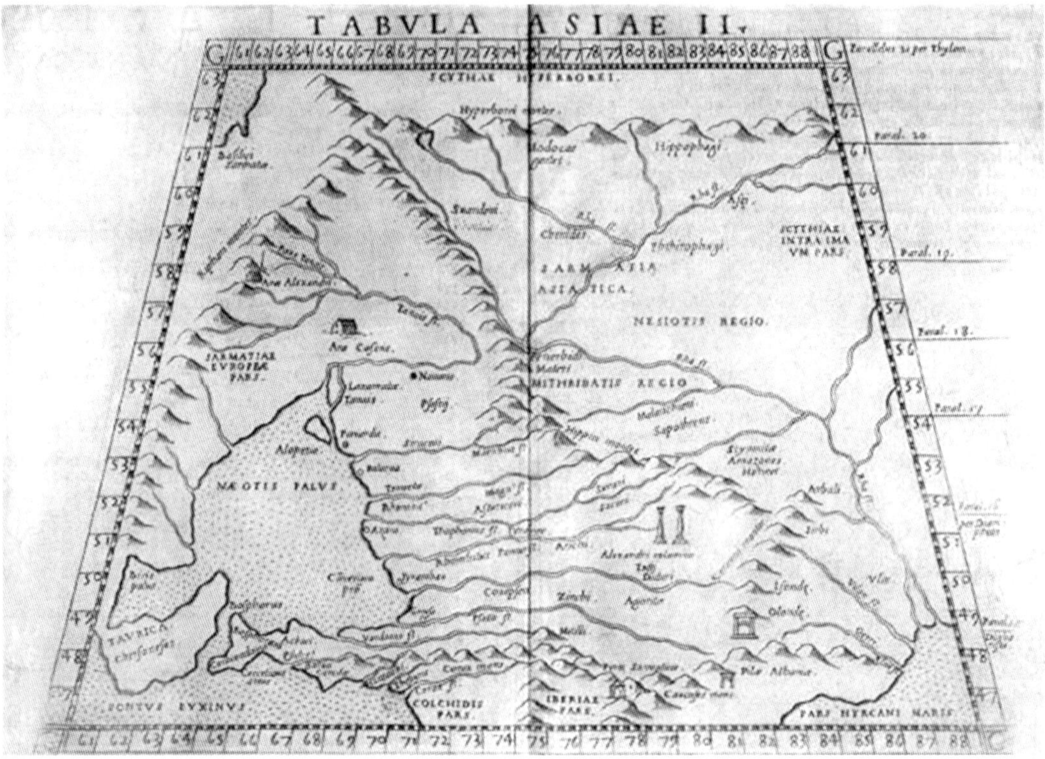

拉斯切利(Ruscelli)所绘的丝绸之路路线图(16 世纪)。这条古商道上人们的艰苦跋涉,开始是为了赶赴宗教庆典或前去朝觐,后来逐渐变成一种旅行,与现代的旅游类似

教传播,将亚洲和地中海世界联系在一起。那时的旅行是艰苦危险的,人们只有在迫不得已时才会进行该活动。贸易、军事以及行政目的仍然是旅行的主要动力,不过宗教庆典、朝觐之行和其他闲暇观光等现象也十分突出,并且更能表现现代旅游。

朝觐

从古代埃及人那时起,朝觐行程和庆典节日就开始引导着人们跨越边界,前往各地旅行。在埃及,从公元前 1500 年至今,旅游业,即以闲暇观光为目的的旅行,一直是存在的。金字塔是埃及人的一个朝觐目的地,而且尽管这类旅行是相对地方性的行为,但它们说明了在早期旅行中朝觐所发挥的重要作用。以朝觐为目的的旅行在许多亚洲国家中也较为常见,特别是在中国,从较早的时候(前 1350—前 1050)开始,人们就到山水之间去祭拜祖先神灵,旅行的文化随处可见(Sofield and Li 1998)。不过,旅行 2520
仍然是一项离群的活动,长途跋涉更是一个危险的任务。

罗马帝国时期,道路的修造为旅行催生出一种新的媒介。至公元前 1 世纪时,罗马所修建的道路长约 5 万英里(8 万多千米),它们构成了一个道路网,散布在帝国各地。罗马的道路使得旅行者们可以横穿不列颠和德意志等北欧地区,到达南欧直至埃及。结果,以休闲为目的、穿越欧洲的旅行开始得到罗马人的青睐,而且新的交通工具意味着可以用更快的速度到达更远的地方。罗马人在其国内穿行,游览各个名胜古迹,其中也包括金字塔和希腊的一些景点。但是这一趋势并未延续下去,罗马帝国崩溃之后,欧洲四分五裂,这些道路再也无法维持下去了,旅行又一次变得艰辛和危险。

中世纪时，欧洲范围内的朝觐之行仍维持了下来，旅行的人们跨地区走访各地的教堂、古迹和其他具有宗教意义的场所。因此，教堂和修道院就成了路途中主要的歇脚之地，它们使得旅行者们可以克服途中的危险。现在还存留着的许多的朝觐日记和指导手册，为当时的人们提供了信息和指引。朝觐行程往往将旅行者们带离其生活的边界，使他们能与别的文明接触，这些文明都是他们通常无法接触到的。有时候朝觐旅行也会引发冲突，宗教主导的旅行最终退出了舞台，让位于一种以获取知识和研究文化为目的的旅行。

大游历

在欧洲，从早期近代开始，游历和旅行就被视为一种拓展和获取知识的方式。从 15 世纪末开始，社会上层的子弟们被送到国外游历，成为他们完成教育的一种手段。导师带着男学生游览文化古迹，这种方式首次引入绅士阶层。17 世纪末，这一行为为众人所知，大游历流行起来。17 世纪和 18 世纪，成千上万的英国人、德国人、法国人和俄国人前往欧洲大陆各地旅行游览，但主要集中在法国、意大利、瑞士和德国。一些富有的英国人迷恋景色如画的自然景观，加上埃德蒙·伯克（Edmund Burke）的著作《关于崇高与美两种观念起源的哲学探讨》（*Philosophical Enquiry into the Origin of our Ideas of the Sublime and Beautiful*，1757）的激发，他们在山川和一些重要的名胜古迹之间游览观光，这些地方在当时的旅行指南中都有介绍（18 世纪末，英文词汇中首次出现“旅行者”一词，用以指
代并描述这些人）。旅行中，游客常常会带回一 2521
些纪念品。在欧洲各地，有钱人的家中常常能见到收集来的地质的、考古的或其他收藏品（*wunderkammer*［珍奇柜］一词用来描述这类收藏）。大游历引发了一场刻意去探访文化遗迹的

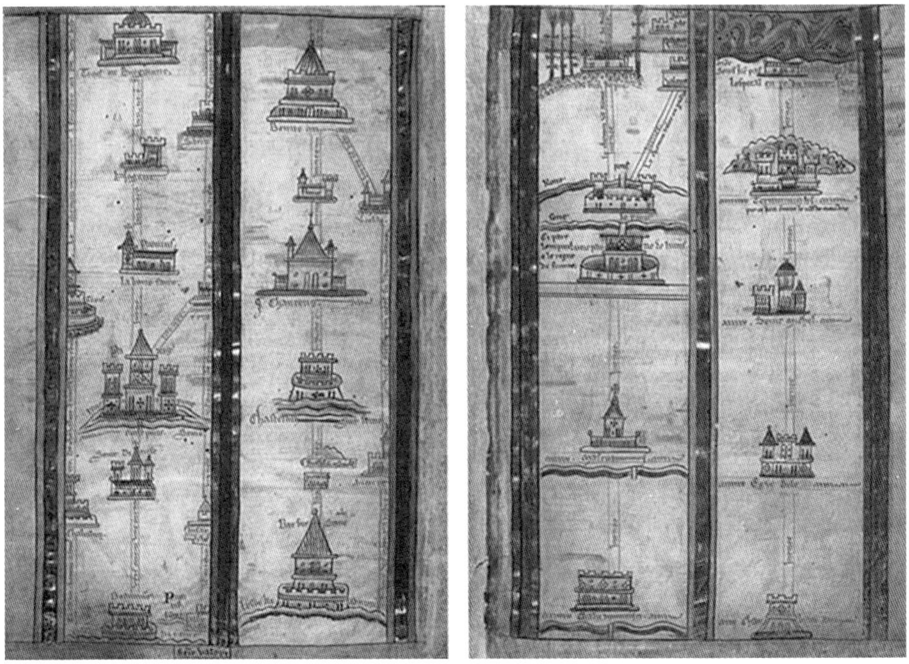

这篇旅行记录描绘了从伦敦到耶路撒冷的朝觐旅程，由 13 世纪的历史学家马修·帕里斯（Matthew Paris）所作，他是圣奥尔本斯的本笃会修道院修士

埃米尔·布拉克（Emil Brack，1860—1905）所绘《筹划大游历》（*Planning the Grand Tour*，出版日期不明），布面油画。大游历引发了一场刻意去探访文化遗迹的风潮，人们试图以此扩大眼界

风潮，人们试图以此扩大眼界。

18 至 19 世纪在科学考察和探险的镜头下，旅行愈发频繁起来。启蒙运动时期，自然科学的研究方法有所改变，科学家们尤其是自然科学家和植物学家，专业的或是业余的爱好者，他们到世界各地旅行、搜集新信息，在新的生态体系中寻求重新定位现有物种。英国、法国、德国和美国等国的人前往亚洲和非洲探险考察，收集信息。欧洲人到其殖民地考察动植物的新品种，在这一活动中帝国扮演着重要角色：国家告知他们当地的风俗文化，为他们提供疆域地图。先不论 18、19 世纪人们对发现新文化始终持有的好奇心，旅行亦成为掌控当地局势和人民的一种手段，尤其是在非洲、亚洲和南美洲等殖民地区。旅行仍是一种社会上层的特权，但是到19 世纪，这种情况发生了改变。

火车和汽船

工业革命对技术和工作模式的影响，也使英国和北欧的旅游业随之发生改变。尤其是交通技术的进步和旅游行业的出现，使观光旅游对更广泛的人群开放，并且旅游过程也更为有组织。

铁路首先出现在英国，随后是欧洲其他地方和北美洲，借助铁路，人们能以更快的速度到达目的地。1841 年，托马斯·库克（Thomas Cook）组织人们从莱斯特到拉夫伯勒旅行，这是大规模铁路旅行观光的开端。在新出台的法规规定的节假日里，英国工业中心的工人们能够乘坐特别修建的铁路前往海边景区观光游览。在北美，这种趋势也同样显著。随着 19 世纪美国人口的向西扩展，公路和铁路也修建起来，便利了国内旅行。汽船取代帆船后，不管是出于贸易或是科学考察的目的，还是为了休闲放松，人们在世界 2522
各地的行走都更为便利了。其他方面的发展也推动了海外旅游的发展，例如 1869 年苏伊士运河的开通。从 19 世纪末开始，欧洲富人们所钟爱的一项活动就是去美洲和澳大利亚旅行。在大游历过程中，人们游览一些主要的景点和名胜古迹。工业革命催生出的技术以及旅游业的出现，都将世界呈现在游客们的眼前。英国和美国出现的一些旅行承办商和代理机构，尤其是托马斯·库克（英国）和美国运通公司的国际金融服务（于 1891 年开始发行旅行支票），将旅游业进一步组织化。在英国，托马斯·库克组织团队到温泉小镇、海滨景点旅游，之后他于 1855 年将旅行范围扩大到整个欧洲乃至更远的地方，并最终于 19 世纪 80 年代开始提供前往澳大利亚和新西兰的旅游服务。19 世纪的这些发展使旅行时，你要记住异乡不会设法让你舒服，而会设法让其自己的人民舒服。

——克里夫顿·费迪曼(Clifton Fadiman, 1904—1999)

得更广泛的社会阶层能够接触到旅行，并为20世纪旅游业的发展奠定了基础。

汽车和飞机

19世纪末欧洲的环境相对较为和平，这意味着旅游业中上述这些趋势能得以持续下去。第一次世界大战之前，旅游业的发展迎来一次高峰。第一次世界大战之后，汽车成为主导旅游业的新技术。乘车旅行在美国流行起来，20世纪20年代至30年代传到欧洲。大游历之风一旦与其联合，旅行者们就开车度假，出去探访风景名胜。与欧洲相比，美国汽车的优势地位更加显著，20世纪上半叶，汽车成为主要的交通运输方式，而高速公路和汽车旅馆的修建助长了人们对这种旅行的渴望。绝大多数的旅行都在国内，动摇着火车的统治地位。20世纪中叶航空客机出现后，长途旅行的交通方式从陆路快速转向空中。

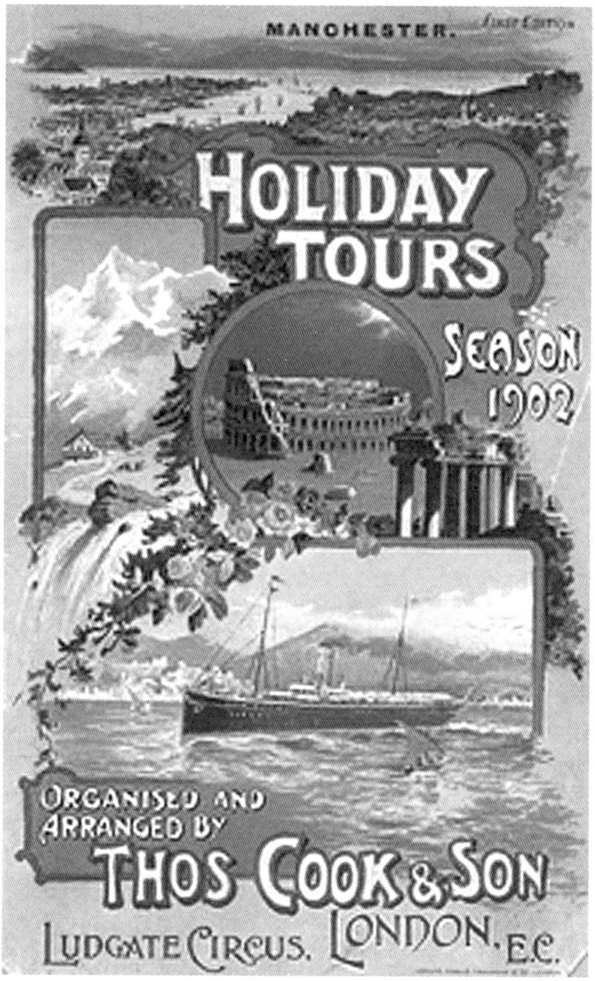

1902年托马斯·库克旅行社的旅行广告海报，20世纪许多旅行社视之为"典范"。托马斯·库克档案馆

如同之前的公路、蒸汽机和汽车一样，飞机同样也改变了人们的旅行方式，并且为旅游业开辟了新的地区、文化和人群。最初，飞机用于商业目的，20世纪20年代，飞机开始运载乘客。第二次世界大战之后，随着喷气式发动机的发展，它提高了飞机飞行的速度，扩大了航行的范围，旅行用途的飞机快速发展起来，使得跨国旅行更具可行性。20世纪50年代之后，旅游业对大西洋两岸产生了巨大的影响，为了应对人们出国旅行的要求，旅游行业推出了低价的团体旅游项目。这预示着该行业的工业化和20世纪下半叶大众旅游的开始。

21世纪

2523 21世纪的旅游业发生了根本性的转变，主要是因为互联网的作用，以及利用旅游发动袭击成为恐怖主义的一个目标。2001年9月11日的恐怖袭击事件对国际旅游业产生了极大的影响，催生出了旅游安全这样一个新机制。全球化意味着，一方面旅游行业的种种历史趋势将会持续下去；另一方面正在兴起的新参与者，正在努力成为世界上最大的国际旅游推动者。这些趋势都与以下现状相悖：(1)2008年以来的全球经济衰退造成人们旅行的愿望在短期内有所衰减；(2)旅游业会对环境产生影响，例如对一些敏感地区的动植物产生影响，目前这样的担忧还不为人们所接受；(3)对气候变化和天气的担忧长期存在，事实上旅游业的一个重要后果就是加剧了二氧化碳的排放，因而仍无法确定旅游业究竟该不该持续下去。当然，21 世纪的旅游业正在试图淡化这些影响，通过推行其他旅游模式，如生态旅行、可持续旅行等，这些趋势在未来会得到强化。

暂且不论今天旅游业中存在的巨大差异，旅行的历史可以追溯到古代。几个世纪以来，科技、社会趋势和社会风尚的变化使得人们的旅行方式也在不断变更。从古代历史的初期开始，无论是通过贸易或是朝觐，或是出于知识的寻求、外出考察、闲暇观光，在旅行中都能见到思想观念、民族之间和社会风尚的交流互动。

进一步阅读书目：

Black, J. (1997). *The British Abroad: The Grand Tour in the Eighteenth Century*. Gloucestershire, U.K.: Sutton Publishing.

Borsay, P. (2006). *A History of Leisure: The British Experience since 1500*. Basingstoke, U. K.: Palgrave Macmillan.

Brennan, M.G. (2004). *The Origins of the Grand Tour: The Travels of Robert Montagu, Lord Mandeville (1649 - 1654), William Hammond (1655 - 1658), Banaster Maynard (1660 - 1663)*. London: The Hakluyt Society.

Buzard, J. (1993). *The Beaten Track: European Tourism, Literature, and the Ways to "Culture" 1880 - 1918*. Oxford, U.K.: Clarendon Press.

Casson, L. (1994). *Travel in the Ancient World*. Baltimore: JHU Press.

Cormack, B. (1998). *A History of Holidays, 1812 - 1990*. London: Routledge.

2524 Fussell, P. (1980). *Abroad: British Literary Travelling between the Wars*. New York: Oxford University Press.

Goeldner, C.R., & Ritchie, J.R. Brent. (2009). Tourism through the Ages. In Charles R. Goeldner & J.R. Brent Ritchie. *Tourism: Principles, Practices, Philosophies* (11th ed., pp. 35 - 64). Hoboken, N.J.: John Wiley & Sons.

Hallam, E. M. (1989). *Chronicles of the Crusades: Eye-witness Accounts of the Wars between Christianity and Islam*. London: Weidenfeld and Nicolson.

Hardy, D. (1990). Sociocultural Dimensions of Tourism History. *Annals of Tourism Research*, *17*(4), 541 - 555.

Holloway. J. (2006). The Development and Growth of Tourism to the Mid-twentieth Century. In J. Holloway, *The Business of Tourism* (7th ed., pp. 20 - 47). Harlow, U.K: Pearson Education.

Holloway, J. (2006). The Era of Popular Tourism: 1950 to the Twenty-first Century. In J. Holloway, *The Business of Tourism* (7th ed. pp. 20 - 47). Harlow, U.K.: Pearson Education.

Page, S. J. & Connell, J. (2009). The Evolution and Development of Tourism. In J. P. Stephen & J. Connell, *Tourism: A Modern Synthesis* (3rd ed., pp. 24 - 48). Andover, MA: Cengage Learning.

Sofield, T. & Li, S. (1998). Tourism Development and Cultural Policies in China. *Annals of Tourism Research*, *25* (2), 362 - 392.

Towner, J. (1996). *Historical Geography of Recreation and Tourism in the Western World: 1540 - 1940*. Chichester, U.K.: John Wiley and Sons.

Towner, J. (1988). Approaches to Tourism History. *Annals of Tourism Research*, *15*(1), 47 - 62.

Walton, J. K (Ed.) (2005). *Histories of Tourism: Representation, Identity and Conflict*. Clevedon, U.K.: Channel View Publications.

罗宾·库珀(Robyn Cooper) 文
汪辉 译，刘文明 校

Trade Cycles 贸易周期

贸易周期是指贸易在繁盛和衰退之间的波动起伏。纵观历史，战争、石油危机、新科学技术的冲击，或是投资者的 2525
乐观或悲观情绪，都会引起这种贸易波动。经济增长不曾是将来也不会是均衡平稳的，而是围绕着一个大的趋势波动增长。

《旧约》时期，约瑟向埃及法老预言说埃及将会经历7个丰年，随后会是7个灾年。从那时起，经济活动就呈现出波浪式的节奏、长期发展趋势和不规则的波动等特征。经济发展和增长的繁荣时期过去之后，到来的是萧条和衰退，之后，后者又会让位于经济的复兴和新的繁荣。在前工业化时期的社会中，气候的循环和变化影响着农作物的收成，进而对经济繁荣有着最为重大的影响；同时，生活中的方方面面都受到季节周期循环的影响。在欧洲，14世纪的"小冰河期"，经济就处于衰退阶段。19世纪70年代，经济学家和哲学家威廉·斯坦利·杰文斯(William Stanley Jevons)认为太阳黑子11年一个循环能引起气候、农作物收成、经济活动中同样长度的周期变化，然而这一理论完全不为人们所接受，因而在今天的宏观经济学中，"太阳黑子"一词被用来代指那些本质上毫无关联的变量。

除了气候和季节的变化之外，前工业化时期经济活动中的周期和波动的诱因包括一些实际的冲击(战争、新发明和瘟疫，如1348至1351年的黑死病，或者是贸易路线的发现，如绕过好望角到达亚洲香料群岛的海上航线的发现)，或是货币上的冲击(如"16世纪价格革命"，白银从西班牙的新殖民地墨西哥和秘鲁流入欧洲，提高了欧洲货币的储量，其价格上涨了4倍)。黑死病杀死了欧洲1/3的人口，欧洲人均耕地面积扩大，工资随之提高长达半个多世纪。金融上的冲击，如佛罗伦萨的巴尔迪银行家族(the Bardi)和佩鲁奇家族(the Peruzzi)因英王爱德华三世拒绝偿还贷款而陷入破产，影响波及意大利北部各个商业城市和佛兰德斯以及它们在地中海和波罗的海地区的贸易合作伙伴。19世纪40年代银行家欧弗斯顿勋爵(Lord Overstone)提出了"贸易周期"一词；另外，1862年经济学家克莱门特·尤格拉(Clément Juglar)出版了具有开拓性的著作，论述了英国、法国和美国商业危机的历史及其形成的周期(其中还涉及法国经济周期的孕育、形成和消失)。周期现象本身要古老得多：经济学家托马斯·阿什顿(Thomas Ashton)发现8世纪英国出现了22次经济波动，并且其根源在于英国的战争、7次金融危机和11次农业歉收。

长周期

1925年，经济学家尼古拉·D. 康德拉季耶夫(Nikolai D. Kondratieff)注意到工业革命以来，英、法、美等国的产量、价格、工资和利率的数据上存在着50至60年的长周期(20至30年的经济快速发展期，之后是时间同样长的缓慢发展期)。这一分析报告使他在斯大林的"大清洗" 2526
时期，在莫斯科商业环境研究所(Moscow Business Conditions Institute)的职务被解除，遭逮捕并被处决，因为根据他的理论，1929年华尔街金融破产之后的经济大萧条并不是资本主义最终的危机，而仅仅是一场严重的经济衰退；资本主义将会走出低迷，迎来新的上升发展。

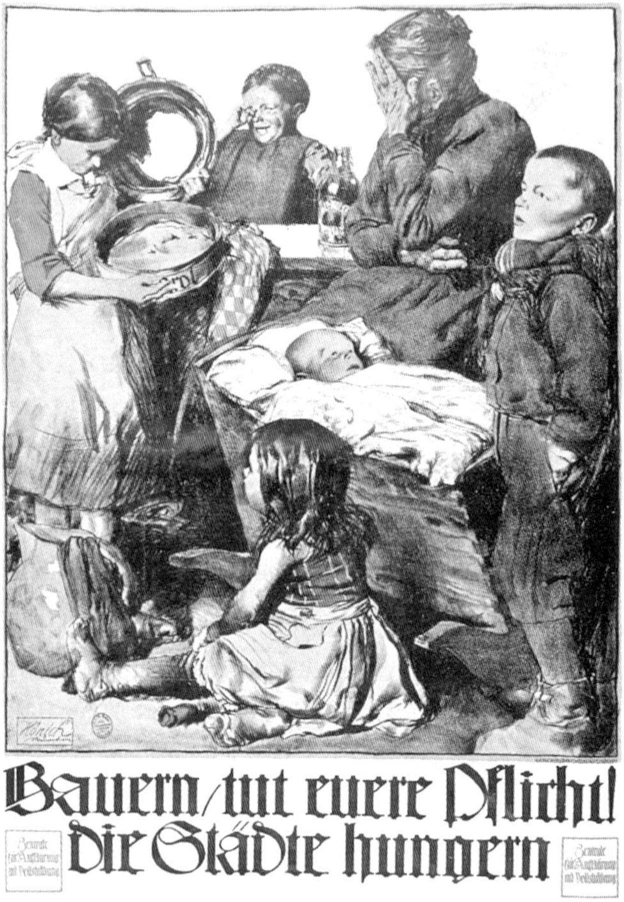

1932 年德国有超过 2/5 的工人失业。这张海报画着一个忧心如焚的母亲和她饱受饥饿的孩子们。下面的大字写着："农民啊，担起你的责任！城市正在挨饿。"

政治经济学家约瑟夫·熊彼特认为每个康德拉季耶夫周期开始之时经济膨胀，其动因是技术创新。技术创新既能提高生产率，又能拉动投资的高涨：18 世纪 80 年代（工业革命），水力、棉纺织（珍妮纺织机、动力织布机、轧棉机）和冶铁业中的技术创新，带动经济出现了第一个康德拉季耶夫周期；19 世纪中叶，蒸汽机、铁路和钢铁行业中的技术创新，催生出第二个康德拉季耶夫周期；第三个周期则开始于 19 世纪 90 年代的化学、电力和汽车行业。后来的学者们强调，第四个康德拉季耶夫周期的技术创新主要集中在电子、石化和航空业方面；第五个则是电脑和网络。这些技术和组织上的成就与突破，正是"创造性破坏"的实例，它们使得先前生产工艺中的物质和人力资本遭到淘汰。

熊彼特认为经济上的波动是以下 2527
三个重叠周期相互组合、相互作用的结果：平均 24 个月的短暂的基钦周期（存货周期），9～10 年的尤格拉周期；长达 48～60 年的康德拉季耶夫周期；其中后者是由一系列重要的发明创新孕育和推动的。与其相反，经济学家索罗莫斯·索洛莫（Solomos Solomou）认为，产量或价格方面并没有证据可以证明康德拉季耶夫周期的存在，主要的工业经济并未经历长周期中相应的繁荣和衰败阶段，技术发明创新也没有像熊彼特所暗示的方式那样扎堆出现。然而，索洛莫却发现了更多的证据去支持库兹涅茨周期（Kuznets cycle）的存在，其周期的平均长度为 20 年（从 15 到 22 年不等）。但与此同时，其他学者却认为库兹涅茨周期是滤波技术（the filtering techniques）下的人工制品，它将时间序列分割成了一段段趋势、周期和无规则的波动。经济学家和经济史学家对于是否存在真正的经济周期持有疑虑，且该疑虑与日俱增，如经济周期的固定节奏、其平均长度以及规模是否不变；除此之外，他们也认识到应对实际的或货币的冲击可以是因时制宜的，即通过经济扩张与收缩的连续阶段来制定对策，而逐渐放弃了针对个别冲击就立即做出回应的方式。

经济萧条

1873 至 1896 年的经济萧条持续时间较长，其间商品价格逐渐下降，货币购买力提高，导致对实际货币余额的需求快速增长，超过了世界黄

1929 年 10 月 28 日，华尔街的“黑色星期一”，股市急跌 12.8%，而第二天的跌幅几乎同样剧烈

金的供应量。当时人们认为这一价格水平的衰减导致了工业和商业的萧条，但是后来回顾 1873 至 1896 年这段时期，人们都认为它只是一场价格和名义利率方面的不景气，而非实际产量。南非和克朗代克地区发现的金矿，以及从低品级矿石中提取黄金的氰化法的发明，缓解了这场通货紧缩。1929 年 10 月华尔街的崩溃，导致美国 20 世纪 20 年代晚期以来股票市场泡沫的破灭；随后而至的 30 年代经济大萧条，不仅是实际产量和就业率方面的大萧条，还是价格方面的大萧条。到 1932 年，美国有 1/4、德国有超过 2/5 的工人失业，英国到 1931 年时则有超过 1/5 的工人失业。银行倒闭以及其他与银行可能倒闭引发的担忧，加之存款保险制度还没有建立起来，都使得存款人纷纷从银行提取现金，银行不得不动用更多的储备金来应对其存款者，这引起美国货币供应量和价格水平衰减了 30%，甚至更多。金本位制要求将国家货币兑换成黄金，并且国家之间的货币以固定的汇

率兑换。该制度被视为是把经济萧条从一国推 2528

及另一国的动力，结果国家中央银行在面对黄金外流时不得不缩减自身的货币供应量以维持汇率。当贸易伙伴国和竞争对手国的商品价格下跌时，一国只能以同样的跌幅降低其商品价格，如此才能维持汇率的稳定。这些压力，加上英国于 1931 年 9 月、美国于 1933 年对金本位制的废弃，导致了金本位制的崩溃。另一后果就是国际贸易遭到了削弱，致使其发展走向与全球经济一体化相悖，各国为了应对上涨的失业率和不断下滑的生产能力而采取征收关税、实行进口限额制以及补贴出口等措施。这些行为加剧了国家间的摩擦冲突，加之居高不下的失业率，尤其是在德国，它们进一步侵害着民主和世界和平，年复一年，最终把人们引向第二次世界大战。同样，从 1950 年（马歇尔计划以及与其类似的美国对日本战后重建的援助计划之后）开

> 商业对最具破坏性的偏见有治愈之效。
>
> ——查理·德·孟德斯鸠(Charles de Montesquieu, 1689—1755)

始直到1973年的第一次石油危机，这期间西欧、北美和日本很大程度上实现了经济的持续繁荣，而这段“黄金时期”促进了民主制度的发展和世界的稳定。

目前和未来的贸易周期

商业周期仍然存在吗？经济繁荣增长时期之后经济衰退仍会随之而来吗？20世纪30年代的经济大萧条以及随之兴起的凯恩斯宏观经济学(从英国经济学家约翰·梅纳德·凯恩斯的经济和货币理论发展而来)，使主要工业国家认识到国家政权在稳定经济方面的责任：制定货币和财政政策控制总需求，从而平复产量和就业的波动。政府开支在经济中所占份额越来越大，政府成为一种自动稳定器。因为经济衰退时个人消费和投资减少，而政府开支仍可以保持不变；同时像存款保险等结构上的革新，使得金融体系不再轻易受到那些焦虑的存款人的左右，从而能持续运行下去。1987年10月美国股市暴跌，联邦储备机构及时采取措施，避免了像1929年股市崩盘引发的广泛影响。即便经历了1973年和1979至1980年两次石油输出国组织石油抬价的冲击，第二次世界大战以来世界经济也要明显比两次世界大战之间稳定得多。然而，经济学家克里斯蒂娜·罗默(Christina Romer)却提出了一个颇有争议但影响广泛的观点。她认为“二战”后美国经济表现出来的显著稳定性更胜“一战”前夕，但这种稳定性只不过是统计数据上人为制造的现象，以此方式形成了1914年之前美国的国民经济核算的数据。许多人认为2007年至2010年的全球金融危机是继经济大萧条以来最严重的全球金融危机，很多证据表明主要是美国房地产泡沫破灭引起的这次危机。

全球金融危机之前，从20世纪80年代开始，凯恩斯学派的观点——认为政府应该负责稳定产量和就业率来平复商业周期的波动——对政府的影响就已减弱了。人们更加强调限制通货膨胀、制定公共政策，进而谋求生产能力的长期增长。经济繁荣和衰退仍会继续轮番登场，在全球经济一体化进程日益推进的情况下，它们通过贸易和投资的世界流动在各国传递，但是不同国家在同一时期内所经历的周期阶段会有所不同。自从1973年汇率固定的布雷顿森林体系崩溃以来，伴随着经济增长和国际支付的波动，汇率的波动也开始出现。(欧元的推行最初是由11个欧洲国家于1999年发起的，此举减少了汇率和兑换货币的数量，因此也降低了各种波动的可能性。)现代经济学家用“贸易周期”或“商业周期”一词代指经济中出现的起伏波动，但其中并没有任何有关周期的固定期限的含义。

纵观历史，经济繁荣和萧条的波动模式一直对社会生产有着深刻的影响，并且这种波动将会不断再现。各种冲击，如石油输出国组织这 2529
类石油联盟的建立、一项新发明的诞生、战争的爆发、气候因素等，或是弥漫在投资者中的乐观或悲观情绪，都会引起波动。经济增长过程不曾是将来也不会是一帆风顺和平稳的，而是会一直围绕某个大的趋势波动增长。

进一步阅读书目：

Ashton, T.S.(1959). *Economic Fluctuations in England, 1700－1800*. Oxford, U.K.: Clarendon Press.

Ferguson, N.(2008). *The Ascent of Money: A Financial History of the World*. London: Allen Lane.

Friedman, M., & Schwartz, A.J.(1963). *A Monetary History of the United States, 1867－1960*. Princeton, NJ: Princeton University Press for National Bureau of Economic Research.

Gayer, A.D., Rostow, W.W., & Schwartz, A.J.(1953). *The Growth and Fluctuations of the British Economy,*

1790 – 1850. Oxford, U.K.: Clarendon Press.
Glasner, D. (Ed.). (1997). *Business Cycles and Depressions: An Encyclopedia*. New York and London: Garland.
Hagemann, H. (Ed.). (2001). *Business Cycle Theory: Selected Texts, 1860 – 1939*. London: Pickering & Chatto.
James, H. (2001). *The End of Globalization: Lessons from the Great Depression*. Cambridge, MA: Harvard University Press.
Keynes, J.M. (1936). *The General Theory of Employment, Interest and Money*. London: MacMillan and Co.
Kindleberger, C.P. (1989). *Manias, Panics, and Crashes: A History of Financial Crises* (Rev. ed.). New York: Basic Books.
Kindleberger, C. P., & Laffargue, J.-P. (Eds.). (1982). *Financial Crises: Theory, History and Policy*. Cambridge, U.K.: Cambridge University Press.
O'Brien, D.P. (Ed.). (1997). *The Foundations of Business Cycle Theory*. Cheltenham, U.K.: Edward Elgar.
Sherman, H. J. (1991). *The Business Cycle: Growth and Crisis under Capitalism*. Princeton, NJ: Princeton University Press.
Solomou, S. (1987). *Phases of Economic Growth, 1850 – 1973: Kondratieff Waves and Kuznets Swings*. Cambridge, U.K.: Cambridge University Press.
Solomou, S. (1998). *Economic Cycles: Long Cycles and Business Cycles since 1870*. Manchester, U.K.: Manchester University Press.

罗伯特·戴蒙德(Robert W. Dimand) 文
汪 辉 译,刘文明 校

Trading Companies, Iberian 伊比利亚贸易公司

15、16世纪,建立起近代早期第一批全球商业网络的欧洲商业帝国是伊比利亚半岛上的西班牙和葡萄牙。但是这两国的贸易公司的产生,晚于其欧洲的竞争对手荷兰和英国,并且还是在回应后者挑战的过程中建立起来的。 2530

伊比利亚半岛上的西班牙和葡萄牙建立起来的贸易网络给它们带来巨大的经济利益,这激起了其他欧洲竞争对手的觊觎之意,后者开始介入美洲、亚洲和非洲等利润丰厚的市场,如向这些地区输入欧洲的马匹、皮革、纺织品、胡椒、苏丹象牙、金属制品,换取诸如黄金等奢侈品和奴隶。因为伊比利亚国家开始建立这些经济机构时没有遇到其他欧洲对手,且在其中占有优势地位,因此就没有必要建立伊比利亚贸易公司,至少最初是不需要的。西班牙和葡萄牙两国的贸易公司沿袭了其竞争对手荷兰与英国17和18世纪的贸易公司的模式。

探索和贸易扩张

驱使葡萄牙人和西班牙人进行航海探险的动力是能够获利的商机,同时航海探险也是他们从中世纪沿袭下来的传统。例如中世纪的两次航海,一是13世纪中叶效忠于葡萄牙的热那亚水手重新发现加那利群岛的航行;二是1291年乌格里诺(Ugolino)和瓦第诺·迪·维瓦尔第(Vadino di Vivaldi)的航行,他们试图环航非洲,

在摩洛哥的萨非附近消失了踪影。从15世纪初开始，葡萄牙人开展了一系列航海活动，范围达到西非，扩大了其自身在大西洋的影响力。葡萄牙人向北非输入伊比利亚的农产品，换取当地的黄金、鱼类和奴隶。他们还在诸如亚速尔群岛和马德拉群岛等地区建立殖民地和甘蔗种植园，使葡萄牙人获得了日后进一步在非洲寻找经济机会的地理据点。

葡萄牙人建立了坚固的贸易要塞，这对其经济帝国的发展具有重要意义。位于加纳的圣乔治城堡(São Jorge de Mina，现名为埃尔米纳)就是其中的一个要塞，在那里，葡萄牙人用欧洲的马匹、皮革、纺织品、胡椒、苏丹象牙、金属制品，换取奢侈品如黄金，还有奴隶。这种贸易中的利润推动了葡萄牙人向其南部海岸的进一步扩张。葡萄牙人入侵新的地区后，所建的要塞很快就成了控制贸易路线的工具。凭借其军舰和火炮方面的军事优势，葡萄牙人力图使其他商船在这些要塞港口停泊，并向这些商船征收关税。到17世纪中叶，葡萄牙拥有50多个港口要塞，分布范围从西非到东亚。不过，由于伊斯兰国家、印度和马来西亚商人的阻力，加之葡萄牙船只的不足，葡萄牙对印度洋航线的控制成了一个可望而永不可及的梦想。

尽管西班牙在远东地区的经济影响力始终
2531 显著，但其商业中心大部分还是在美洲地区。西班牙的商业帝国在陆路上，而不像葡萄牙那样建立在一系列贸易港口上。1545年波多西这一巨大的银矿在今天的玻利维亚发现，这是西班牙帝国历史上的一个转折点。在西属美洲的疆域内，采矿业成为一个非常重要的行业，运输白银的大帆船往来于阿卡普尔科和马尼拉之间，这对西班牙的政治和商业至关重要。中国经济的主要货币是白银，因而亚洲市场对白银的需求量巨大。1570至1780年之间，横跨太平洋运到亚洲的白银约有4000吨到5000吨。西班牙王侯抽取了金银的1/5，因而无论是在大西洋还是太平洋地区，黄金和白银的贸易都是利润丰厚的。

贸易公司

虽然葡萄牙和西班牙的贸易公司不像同时代英国和荷兰的贸易公司，如英国的东印度公司和荷兰的联合东印度公司那样声名远播，但是在近代早期，伊比利亚特许建立的贸易公司确实发挥了很大的作用。1685年，葡萄牙建立了一个公司经营奴隶贸易，即跨大西洋贸易中利润较高的一项贸易。西班牙直到18世纪才正式授权建立了几个贸易公司，从事其在印度群岛的贸易。1728年成立的加拉加斯吉普斯夸皇家公司(the Royal Guipuzocan Company of Caracas)将委内瑞拉和西班牙的巴斯克地区联系起来，并在1780年之前一直垄断着可可市场。除此之外，西班牙的贸易公司还有：1749年成立的哈瓦那皇家公司(the Royal Company of Havana)，旨在激发人们对古巴农业和贸易的兴趣；塞维利亚的圣费尔南多皇家公司(the Royal Company of San Fernando of Seville)，主要关注南非贸易中那些还未被其他贸易公司占领的部分；1756年成立的巴塞罗那皇家公司(the Royal Company of Barcelona)，主要负责与圣多明哥、波多黎各、玛格丽塔(Margarita)等岛的贸易。这些贸易公司成立的目的是为了振兴西班牙舰队，驱逐外国商人，但是在加勒比海地区，它们的贸易垄断并未持续很长时间。“七年战争”(1756—1763)期间，西班牙政府将西班牙港口的贸易对外开放，其贸易对象不再局限于官方贸易公司的合作伙伴。1778年西班牙政府开始允许部分外国船队驶入印度洋群岛，并于1789年完全取消种种限制，实行自由贸易。

进一步阅读书目：

Abu-Lughod, J. L. (1989). *Before European Hegemony: The World System, A. D. 1250 – 1350*. New York: Oxford University Press.

Chaudhuri, K. N. (1985). *Trade and Civilization in the Indian Ocean: An Economic History from the Rise of Islam to 1750*. Cambridge, U. K.: Cambridge University Press.

Cipolla, C. (1965). *Guns, Sails, and Empires: Technological Innovation and the Early Phases of European Expansion, 1400 – 1700*. New York: Pantheon Books.

Curtin, P. D. (1984). *Cross-cultural Trade in World History*. Cambridge, U. K.: Cambridge University Press.

Elliott, J. H. (1963). *Imperial Spain 1469 – 1716*. New York: Penguin Books.

Fernández-Armesto, F. (1987). *Before Columbus: Exploration and Colonization from the Mediterranean to the Atlantic, 1229 – 1492*. Philadelphia: University of Pennsylvania Press.

Frank, A. G. (1998). ReORIENT: *Global Economy in the Asian Age*. Berkeley: University of California Press.

Hamilton, E. J. (1934). *American Treasure and the Price Revolutionin in Spain, 1501 – 1650*. Cambridge, MA: Harvard University Press.

Hussey, R. D. (1934). *The Caracas Company, 1728 – 1784: A Study in the History of Spanish Monopolistic Trade*. Cambridge, MA: Harvard University Press.

Pearson, M. N. (1987). *The Portuguese in India*. Cambridge, U. K.: Cambridge University Press.

Pomeranz, K. (2000). *The Great Divergence: China, Europe, and the Making of the Modern World Economy*. Princeton, NJ: Princeton University Press.

Phillips, C. R. (1990). Trade in the Iberian Empires, 1450 – 1750. In J. D. Tracy (Ed.), *The Rise of Merchant Empires: Long-distance Trade in the Early Modern World, 1350 – 1750* (pp. 34 – 101). Cambridge, U. K.: Cambridge University Press. 2532

Phillips, C. R., & Phillips, W. D., Jr. (1997). *Spain's Golden Fleece: Wool Production from the Middle Ages to the Nineteenth Century*. Baltimore, MD: Johns Hopkins University Press.

Subrahmanyam, S. (1997). *The Career and Legend of Vasco da Gama*. Cambridge, U. K.: Cambridge University Press.

Vicens-Vives, J. (1969). *An Economic History of Spain*. Princeton, NJ: Princeton University Press.

迈克尔·瑞恩(Michael A. Ryan) 文

汪辉 译,刘文明 校

Trading Patterns, Ancient American 古代美洲贸易模式

古代的新世界各个地区,从最早的狩猎-采集社会到诸如阿兹特克、印加这样的史前帝国社会,商业贸易活动在复杂程度各不相同的所有社会中广泛开展。但由于陆上人员交通往来所需付出的代价高昂,这一地区长途贸易的数量要少于许多其他古代社会。 2533

欧洲人入侵以前,新世界的土著民族中显示出来的贸易模式极为多样化。绝大多数的美洲古代社会,贸易交换深深根植于社会制度和实践行为中。考古学家们所认定的长途贸易通常是社会互动过程中的一个部分,这一社会互动过程的范围更加宽泛,包括观念和信息的交

> 不，你得做一个哥伦布，寻找你自己内心的新大陆和新世界；开峡劈海，并不是为了做生意，而是为了思想的交流。
>
> ——亨利·大卫·梭罗(Henry David Throreau, 1817—1862)

俄勒冈的卡尤塞妇女佩戴着圆形贝壳耳环、贝壳珠项链和贝壳珠串，这些物品自古就是贸易的商品和陪葬品。爱德华·柯蒂斯 1910 年摄。美国国会图书馆

换、战争、外交、联姻和人口迁徙等内容。只有到中美洲(Mesoamerica，墨西哥和中美洲北部)的后期阶段，贸易才取得独立的商业地位。

最早的居民

首批居民移居新大陆的时间极具争议。然而不论其实际时间为何，在北美和南美最早的考古遗迹中证实了长途贸易的低水平发展。这一时期，即古印第安时期(约前 15000—前 8000)，一小群狩猎者和采集者在适当的范围内贸易，买卖抛掷箭镞、用优质黑硅石(各种各样的硅土)制成的工具和其他各种石器。克洛维斯(clovis)箭镞制作精良，独具特色，使用范围覆盖了北美多数地区。这些物品分布在不同地区加工制作，但它们的相似性源于共有的技术，证明了贯穿北美的长途互动。黑曜石是一种火山玻璃，可以制成十分锋利的切割工具，古印第安时期，它首次出现在贸易商品之列。黑曜石的地理分布范围仅限于北美的西部地区、中美洲和安第斯地区的一些山区中。每一处分布地区都会产生一个特别的化学“指纹图谱”和一定数量的微量元素。对一件黑曜石的制成品进行技术分析时，测量其微量元素就可以找到它的地理原产地。

新大陆的多数地区在古印第安时期之后进入古风时期(始于公元前 8000 年，结束时间因地而异)。这一时期人口增长，对粮食种植和技术进步的依赖也在增加。古风时期有证据证明石器工具的长途贸易在不断增长。尽管古印第安时期和古风时期的证据清楚证实了贸易的存在，但总体上交换的数量仍是不高的，人们多是在其所在地获取多数产品。贸易可能只是群体之间的以物易物，不存在商人或是长途的贸易远行。就如考古学家所称，组织进行的贸易可能只是“纯粹的贸易”。

北美洲

古风时期走入尾声之际，北美洲长途贸易 2534
的商品名录有了惊人的增长，有海贝、陶器以及铜、铅、黑曜石等制品和其他别具特色的石器品种。从外部输入商品的频率通常远高于古印第安时期和古风时期。北美东部的遗址中发现了黑曜石，在偏远的内陆地区发现了贝壳饰品，这说明长途贸易的距离之远。后来的几个文化中，大量的进口商品值得关注。例如，北美中西部的霍普韦尔文化最为人所熟知的是其复杂的公共仪式，该仪式在该地区东部的高地和开阔的广场上举行。一些霍普韦尔的墓葬和祭品中有数以千计的饰物和其他手工制品，其中许多是从遥远的地方进口的。其进口的陪葬品至少有 10 种：天然铜饰品、精致的双刃石制工具、黑曜石制品、镜子、陶土和石制的烟管、人骨饰品和熊齿、

玛雅人的墓葬。考古学家勘察陪葬祭物和其他出土物时，发现了奢侈品进口的证据。阿图罗·德尔芬（Arturo Delfin）摄

鹿骨工具、石英水晶、贝壳珠和银器。

在霍普韦尔以及北美其他文化中，饰品占相当大的比重，说明了是社会因素而不是严格意义上的经济因素对刺激贸易起着重要的作用。精雕细琢的饰品和独具特色的商品最有可能用于仪式和其他公共集会中（用作祭物之前），以此来交流社会身份和地位的信息。它们可能是社会上层人士声望的象征。在北美文化以及位于北美东南部和中西部的密西西比文化中，上述格局在这两个政治更为复杂、范围更加广阔的文化中延续了下来。

密西西比文化的考古学遗址比那些早期文化的规模更大、数量也更多。卡霍基亚（Cahokia）是密西西比文化中一个最大的遗址，它是一个真正的城市中心，拥有大量的人口、纪念性建筑物和强有力的统治者以及各色手工匠人。很多考古学家将卡霍基亚划归为政治组织中酋长制的典型代表。卡霍基亚位于美国低地地区（地处伊利诺伊州，正对圣路易），即密西西比河沿岸富饶的最大冲积泛滥平原。这一地区居住着大量的密西西比人，全部从事农业生产，许多人还从事手工业生产。无论是在地区层面（联系着美国低地的各遗址点），还是在大的区域层面，这里的交流都十分广泛，考古发掘中各种外来进口商品的发现证实了这一点。尽管一些实用物品被广泛贸易买卖，尤其是黑曜石制成的农用锄头，但是绝大多数密西西比人贸易的商品是饰物、礼器和用于制造它们的原材料 2535
（包括铜、贝壳和各种贵金属）。密西西比人的贸易组织可能包括纯粹的贸易、社会精英间的礼尚往来和臣服人口的税贡。

中美洲

中美洲作为一个文化区域，其为数众多的部落族群和文化共同形成了一系列多种多样的特点和习俗。包括物品和观念交流交换的远距离互动系统维持着中美洲的共性，这些共同特征阐释了中美洲的内涵。虽然长途贸易可以追溯到墨西哥和危地马拉最早的居民那里，但是把中美洲塑造和定义成为一个独特文化区域的是一些特殊的交换体系，这些体系在形成时期（约公元前 1600 年）开始后才发展起来。在文化方面，形成时期中根植于农业生产的生活方式、

2536 定居观念（全年定居的村落）和陶器传播扩散开来。酋长制在中美洲许多地区发展起来，其中有太平洋沿岸地区、瓦哈卡山谷地区、墨西哥中部以及墨西哥沿岸地区（奥尔梅克文化的发源地）。这些地区的政治首领互相交换大量的商品，有玉石、蛇纹石和其他贵重的矿石，还有黑曜石制品、陶器、铁制镜子、贝类饰物和用于礼节仪式的各种动物制品，如黄貂鱼骨和龟壳。正如北美的霍普韦尔文化和密西西比文化一样，大多数贸易交换的物品是用于炫耀和礼节仪式的奢侈品，物品的交换和消费可能受控于首领与社会精英。

中美洲的古典时期（约250—900）的显著特征就是在多数地区崛起了强大的国家。在危地马拉和墨西哥地区的雨林低地，玛雅国王统治着城市国家，城市中心有大量的纪念建筑。在公共活动和统治者们奢华的生活中，奢侈品的进口是不可或缺的。国王们常用进口的宝石（如翡翠和黑曜石）和热带禽类羽毛制成的头饰装扮自己。他们赞助举行奢华的上层宴会，所享用的食物如可可和其他美食，都用绘有精美图案的陶器装盛，所以不得不从很远的产地进口黑曜石。古典时期的多数玛雅黑曜石制品都用在社会炫耀和礼节仪式中了。

墨西哥中部的特奥蒂瓦坎与玛雅处于同一时代，却呈现出与后者不同的文化和经济特点。特奥蒂瓦坎的统治者们比玛雅的少了几分炫丽浮华，更加关注贸易和手工生产的效益。特奥蒂瓦坎所处的地理位置靠近黑曜石产地，控制了中美洲北部黑曜石制品的制作和贸易。考古发掘中发现了大量的手工作坊，这些特奥蒂瓦坎的房子中加工过从中美洲各地进口来的商品。所发现的特奥蒂瓦坎的出口商品遍及中美洲，其中除了黑曜石之外，还有陶器。特奥蒂瓦坎和位于瓦哈卡的蒙特·阿尔班城之间存在着某种特殊的经济和外交关系，在特奥蒂瓦坎城中发现了一个后者的商人侨居点。

中美洲多数地区经济活动的显著增长标志着进入了向后古典时期（约900—1520）的过渡阶段。这一时期的书面史料记载补充了考古学上的证据，清楚地说明了高度商业化的长途贸易的繁荣发展。

加勒比群岛

加勒比群岛上最初的居民很可能是从墨西哥内陆迁居过来的，他们与南美洲东北地区的部落进行贸易，以获得水晶和其他礼节仪式用品。其中一次主要移民开始于公元前2000年左右，人口来自南美洲，新来的人口到达小安的列斯群岛，并最终抵达加勒比的多数地区。这些“撒拉都伊德人”（Saladoid）是泰诺人的祖先，他们通过贸易交换各种物品来保持与南美洲的联系。从一开始，加勒比人就是熟练的航海者，他们乘着独木舟航行在当地和远方之间。岛屿间的和毗邻岛屿间的贸易在各个时期均有广泛开展，但长途贸易的范围则随时空变换而变化。

加勒比地区考古遗址中发现的主要贸易商品，有黑硅石（用于制作薄片的石器工具）、陶器、火山灰陶器、各种特色石材制成的珠子（如石英晶体、紫水晶和闪长岩）和石头雕刻的饰品（包括一种奇特的石杵）。哥伦布到达加勒比地区时，该地与南美洲的贸易来往联系仍十分牢固。他注意到泰诺人的首领们佩戴着一种金铜合金饰物，而当地虽然生产黄金，但泰诺人不会铸造金属，这些饰品一定是通过与南美洲内陆的贸易获得的。

南美洲

如同北美洲和中美洲，南美洲的长途交换 2537
也兴起于古印第安时期最早的狩猎-采集部落。在大部分时间里，贯穿亚马孙盆地的贸易交换可能是广泛存在的，但是贸易中大量的物质文化是由易腐的商品构成的，因而很难有考古学上的遗迹保留下来。早期的探险者和旅行家记述了河域活跃的交换体系，一些学者将这些体系视为早期交换模式。因为诸多的因素，对安第斯地区的贸易进行考古学研究更为容易些。安第斯地区的酋长制和国家发展起来之后，有限的几种商品被广泛贸易买卖，涉及的距离极为遥远。这些商品中，黑曜石和贝壳的贸易十分突出。相比于中美洲，安第斯地区几乎没有黑曜石的天然矿藏，但是安第斯人却一直在有效地利用着这种石材优良的切削性能。安第斯地区另一项重要的贸易物品是贝壳。带刺牡蛎（海菊蛤属物种）的彩色贝壳尤为贵重，人们常常将其制成饰品和礼器。这些天然的贝壳只产于厄瓜多尔和中美洲的太平洋沿岸地区，它们出现在安第斯地区的遗址中，应归因于当地与北部人口的长途贸易。金属冶炼在安第斯早期（约公元前 1800 年）就发展起来，贸易中的金银铜制品十分普遍。

整个安第斯地区被联结成一个单一的文化和经济系统，历经了三个时期，考古学家称之为“时期”（horizons）。早期文化时期（the Early Horizon，前 800—前 200）中查文文化占主导地位。查文 · 德 · 万塔尔（Chavín de Huántar，位于今天中部秘鲁的西部）是该文化的中心聚居区，在这里发现了其与亚马孙低地和太平洋沿岸交换往来的考古学证据。长途互动的结构中既包括物品的交换，也包括查文艺术风格的传播；后者很可能是一种共有信仰体系的物质表现方式，这种宗教体系将当地众多小的政治团体联系在一起。中期文化时期（600—1000）见证了两种主要艺术类型的传播，分别以瓦里（Huari）和蒂瓦纳库（Tihuanaco）两个城市为中心（二者分别位于安第斯中部和南部）。瓦里是一个区域性帝国的首都，其国家政治上的统一和管理促成了其贸易和帝国艺术的风格类型。晚期文化时期（1400—1530），印加帝国快速扩张，几乎控制了整个安第斯地区和太平洋沿岸地区。

安第斯地区的部族群体所运用的一系列独特的贸易模式，与中美洲和北美洲迥然不同。其中最重要的不同之处是其乡村和政治团体所表现出来的强烈的自给自足愿望。由于海拔高度的不同，安第斯地区的环境也多种多样，且常常密切共存。各个乡村和政治团体不是在其村落地区内专门生产当地的产品，然后与其他村落进行贸易交换（像中美洲那样），而是向外派遣临时居住者以探察不同地区，因而可以通过控制其他地区的生产和资源，从而实现自身所在社会单元的自给自足。人类学家、历史学家约翰 · 穆拉（John Murra）首次描述了这一现象，他称之为“垂直型”贸易。印加统治者将自给自足和“垂直型贸易”纳入本国，结果产生了一种国有的官僚经济。不但向劳动者征税，还征收商品税。统治阶层组织劳动人员，掌握着原材料、骆驼、羊驼、牲畜、粮食和手工制品的贮藏和流通。印加帝国中并不存在货币、市场和独立的商人阶层，不过这些机构组织确实在一些远离帝国势力范围的其他安第斯聚落中产生了。

古代美洲贸易模式

在北美洲、加勒比地区和早期中美洲的土著居民中，进行贸易的商品多是礼器和奢侈品，前两个地区的数量较少，中美洲则多些。晚期中美洲人建立起了商业交换制度，提高并扩大了贸易规模和商品交换的种类。在安第斯地区，在自给自足愿望的驱使下，形成了一种独特的贸易体系。总之，陆上人员交通往来所要付出的代价巨大，致使这一地区的长途贸易总量远低于古代许多其他地区。

2538 进一步阅读书目：

Baugh, T.G., & Ericson, J.E. (Eds.). (1994). *Prehistoric Exchange Systems in North America*. New York: Plenum Press.

Burger, R.L. (1992). *Chavín and the Origins of Andean Civilization*. New York: Thames & Hudson.

Burger, R.L., Mohr Chávez, K.L., & Chávez, S.J. (2000). Through the Glass Darkly: Prehispanic Obsidian Procurement and Exchange in Southern Peru and Northern Bolivia. *Journal of World Prehistory*, *14* (3), 267–312.

D'Altroy, T.N., & Hastorf, C.A. (Eds.). (2001). *Empire and Domestic Economy*. New York: Plenum.

Earle, T. (2002). *Bronze Age Economics: The Beginnings of Political Economies*. Boulder, CO: Westview Press.

Gaxiola G.M., & Clark, J.E. (Eds.). (1989). *La obsidiana en Mesoamérica* [Obsidian in Mesoamerica]. Mexico City, Mexico: Instituto Nacional de Antropología e Historia.

Hegmon, M. (Ed.). (2000). The Archaeology of Regional Interaction: Religion, Warfare, and Exchange across the American Southwest and beyond (*Proceedings of the* 1996 *Southwest Symposium*). Boulder: University Press of Colorado.

Lee, T.A., Jr. & Navarrete, C. (Eds.). (1978). *Mesoamerican Communication Routes and Cultural Contacts. Papers, Vol. 40*. Provo, UT: New World Archaeological Foundation.

Masson, M.A., & Freidel, D.A. (Eds.). (2002). *Ancient Maya Political Economies*. Walnut Creek, CA: Altamira.

McKillop, H. (2002). *Salt: White Gold of the Ancient Maya*. Gainesville: University of Florida Press.

Muller, J. (1997). *Mississippian Political Economy*. New York: Plenum.

Murra, J.V. (1980). *The Economic Organization of the Inka State*. Greenwich, CT: JAI Press.

Nassaney, M.S., & Sassaman, K.E. (Eds.). (1995). *Native American Interactions: Multiscalar Analyses and Interpretations in the Eastern Woodlands*. Knoxville: University of Tennessee Press.

Rouse, I. (1992). *The Tainos: Rise and Decline of the People Who Greeted Columbus*. New Haven, CT: Yale University Press.

Salomon, F. (1986). *Native Lords of Quito in the Age of the Incas: The Political Economy of North-Andean Chiefdoms*. New York: Cambridge University Press.

Smith, M.E. (2003). *The Aztecs* (2nd ed.). Oxford, U.K.: Blackwell Publishers.

Smith, M.E. (2004). The Archaeology of Ancient State Economies. *Annual Review of Anthropology*, *33*, 73–102.

Smith, M.E., & Berdan, F.F. (Eds.). (2003). *The Postclassic Mesoamerican World*. Salt Lake City: University of Utah Press.

Wilk, R.R. (2004). Miss Universe, the Olmec, and the Valley of Oaxaca. *Journal of Social Archaeology*, *4*, 81–98.

迈克尔·史密斯(Michael E. Smith) 文
汪辉 译,刘文明 校

Trading Patterns, Ancient European 古代欧洲贸易模式

欧洲在地理上的半岛优势促使其贸易网络从较早的时候就发展起来。众多的河流和较长的海岸线构成了商品和 2539
人员往来的通道，通过它们，商品和人口流动的自由性与日俱增。早期的商品有琥珀、金属和谷物，城市化过程中又带来了公路、帝国和商业网络，这些在2世纪时达到其顶峰。

欧洲是一个广阔的半岛，以乌拉尔山为界，向西延伸。黑海和地中海冲刷着其南部海岸，北冰洋塑造着其北部海岸。向西，欧洲伸至大西洋，其中几个大的陆岛，如不列颠、爱尔兰和冰岛等坐落在大西洋中。整个欧洲半岛的海岸线反过来又被划分成一些小的半岛：意大利半岛、希腊半岛、伊比利亚半岛和斯堪的纳维亚半岛。陆地上山川纵横，虽然因此通行不畅，但几条大河贯穿平原；这些河流从山区发源，流向大海。特别是莱茵河、多瑙河、第聂伯河和罗讷河，这些庞大的河流体系将海岸地区同偏远的内陆地区联结起来。这些地理上的优势促使其贸易网络从较早时候就形成发展起来。在缺乏道路的情况下，河流与海岸线成了通道；先是商品，后是人口，通过它们自由流通。

觅食时期

从4.5万年前开始，欧洲出现了解剖学意义上的现代人（克罗马农人[Cro-Magnons]）。最初他们的居住区集中在气候温和的南部海岸地区，因为北方大部分地区仍存在最后一个大冰川时期留下的冰川现象。在恶劣的气候条件下，这些移民到南部海岸的人需要发挥聪明才智才能生存下来。在漫长的冬季里，成群结伙的人散居开来，以获得更多食物来维持生计；虽然这一点是显而易见的，但也有不少证据表明夏季时他们又会聚到一起。例如，他们会交换物品，这一点毋庸置疑；结果一些手工制品从其发源地一路流动到不远万里的他乡。在南欧的克罗马农人遗址中发现了波罗的海的琥珀，在偏远的内陆地区发现了海贝和鲨鱼牙齿。

新石器时代

公元前1万年，冰盖完全融化，海平面随之上升。如我们所知，正是这一时期最终形成了欧洲如今的样子。北海和黑海仍是一片汪洋，不断上涨的海平面也塑造了爱琴海群岛，将西西里岛从意大利半岛分割出去，并且从科西嘉岛分出了撒丁岛。新石器时代发展起来的主要文化是在干旱、未经灌溉的土地上的农耕文化。这导致了村落的出现，并且促进了更为专业化的技术的发展。剩余农产品成为贸易商品的迹象在这一时期也可能出现了。在极为偏远的内陆地
区发现了奢侈品，尤其是源于爱琴海的贝壳饰 2540
品出现在德国和匈牙利。利帕里群岛（Lipari islands）产的黑曜石出现在马耳他，另外，东地中海地区所使用的黑曜石多数产自米洛斯岛。有争议说，在新石器时代的美索不达米亚，由于黑曜石散布流通而形成的贸易网络催生出一系列贸易模式，主宰着古代地中海世界。

这些商品不可能从产地直接运送到今天所在的遗址。很有可能它们是间接地、历经一系列中转而被运输至目的地的。这种“中转贸易”中的商品长途运输流通，是大部分古典时期主要的贸易方式；并且只有奢侈品才能够以这种方式流通，因为只有奢侈品才能在途中的每一次

交易时保持其价值不断增加。

琥珀之路

这种早期中转贸易的一个典型案例就是琥珀贸易。从觅食时期以来琥珀就是一种价值极高的商品，其在欧洲的主要产地是波罗的海地区，即现在俄罗斯境内的加里宁格勒周边。在新石器时期，开始建立波罗的海琥珀运输和散布的复杂网络，这一过程一直持续到古典时期。在青铜时代早期迈锡尼人的坟墓中，在青铜时代中期乌鲁·巴兰(Ulu Burun)附近的沉船中，以及在埃及法老图坦卡蒙恢宏的墓葬中都发现了琥珀。

铁制的凯尔特艺术品。图片摘自《异教时代的苏格兰：铁器时代》(*Scotland in Pagan Times*: *The Iron Age*)，约瑟夫·安德森(Joseph Anderson, 1832—1916)著。纽约公共图书馆

琥珀沿波罗的海沿岸运输，一直到易北河。再从那里逆流而上，送往各地。在德国南部，开始改为陆上运输，运送路线穿越阿尔卑斯山，南下直至亚得里亚海。从亚得里亚海的港口，琥珀被送往古代世界的各个经济中心，其中大多数是通过沿海贸易(即地方性的贸易网络)。

金属贸易

对金属矿石的反复冶炼，标志着以石器为基础的技艺的终结。生铜这种矿石一经发现就深受欢迎。欧洲中部地区分布着一些主要的铜矿，尤其是在巴尔干地区和塞浦路斯岛。其他地区也分布着一些小型的铜矿。“冰人”奥茨(Ötzi)被冻僵的身体在奥地利和意大利交界处的冰川中被发现，他带着一把铜斧，铜斧的铜石是当地产的，该铜斧可能是他自己制造的。

然而，生产铜制品的地区却成了贸易网络的中心。在许多情况下，这些贸易网络只是简单地沿用新石器时代建立起来的模式。公元前5世纪，在叙利亚东部铜储量丰富的地区，人们已经开始开采较深的铜矿。在铜矿藏的基础上，巴尔干地区在今天的匈牙利、罗马尼亚和南斯拉夫地区形成了丰富的铜文化。同样，塞浦路斯的铜供给满足了东地中海地区的需求。正是在这一地区发现了铜与安纳托利亚的锡混合后可冶炼出青铜。这一点反过来助长了对稀有金属矿石的需求。

对锡的需求拓宽了地中海贸易网络的范围。虽然地中海世界也分布着锡矿，但主要的锡产地是锡藏丰饶的康沃尔(Cornwall)。希罗多德将英国称为“锡岛”(*Cassiterides*)，并且康沃尔人开辟了一条将锡运往地中海的通道：一条是先经过一段短暂的海运到达卢瓦尔河口，然后沿卢瓦尔河北上，再沿罗讷河南下到达海岸线；另一条是通过海上长途船运，经过直布罗陀海峡到达西班牙南部。像琥珀之路一样，这条锡路通过锡的贸易流通网络将欧洲各边境之地联系在一起。

长途贸易货物中其他极具价值的贵金属也开始不断增加。西班牙的白银和爱尔兰的黄金也都找到了各自通往地中海贸易世界的通道。

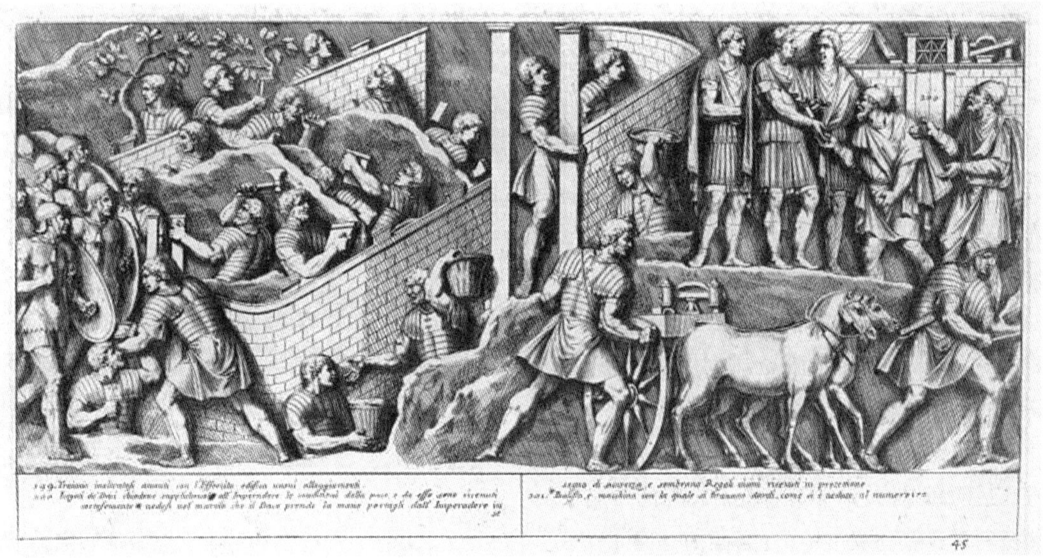

图上罗马军团扎营开路(左边);马匹运载着弩炮(右下角)。罗马四通八达的道路系统为货物的自由快捷流通提供了条件。纽约公共图书馆

到青铜时代中期,大量金属被提取、冶炼,进而投入贸易中。例如乌鲁·巴兰沉船的残骸中装有6吨铜,全部铸成了一种独特的牛皮状的铜锭——片状的纯铜铸成了一张张伸展的牛皮形状。到公元前2000年,这些形式的铜锭成为整个地中海世界的计量标准,这一点具有重要的意义。

城市的兴起

公元前20世纪,另一个意义重大的特征是宫殿文化、城市和城市国家的兴起发展。这些使得经济差异、经济专业化的可能性和个别需求中心开始出现。最早的城市文明不在地中海世界,而在美索不达米亚河谷、尼罗河沿岸和长江流域地区。然而,到了青铜时代中期,在克里特岛出现了精妙复杂的宫殿文化,在希腊和意大利半岛上出现了复杂的城市实体。城市为商品提供了固定的市场,为货物的贮存或剩余货物的中转提供了安全的环境。中转贸易的物资交换,以及经济向各边缘地区的扩散,使城市成为其中重要的一环。贸易对地中海沿岸的城市极为重要,致使到公元前10世纪时这些城市开始向外扩张,建立贸易殖民地。

腓尼基人力图在西班牙南部扩张,建立一系列贸易和矿藏殖民地,如希腊史料中记载的“塔帖苏斯”(Tartessus)的建立;在之后的数世纪里,希腊人沿袭了该方式。希腊的一个非常重要的殖民地是马西里亚(现在的马赛),该城位于罗讷河河口,能有效地控制锡贸易;它不断挑战着腓尼基人(后来逐渐针对迦太基人)对西班牙南部港口的控制。另一个是拜占庭城,位于战略地位十分重要的博斯普鲁斯海峡,即黑海和马尔马拉海之间的狭长地带,因而其地理位置得天独厚,能充分利用东地中海城市与黑海沿岸城市的贸易往来。

谷物贸易

城市兴起的一个重要后果就是一些城市的膨胀,其人口规模超过了农业生产供养的能力。虽然最初针对这一问题提出的解决方式是通过

贸易从未毁灭过一个国家。

——本杰明·富兰克林(Benjamin Franklin，1706—1790)

遣民外出殖民以减少人口数量，但最终许多城市不得不进口粮食。很快，谷物进口变得重要起来，特别是对农业薄弱的希腊城邦来说更是 2542 如此。一条特别重要的海上航线形成了，将希腊城邦中粮食最匮乏的雅典与克里米亚的波斯普拉王国(the Bospran Kingdom)联系起来。古时，在克里米亚地区的港口，一船船谷物运送出去，它们返回时又带回金属、酒、橄榄油和精美的陶器。同样，其他希腊城邦也保持着与农业高产的西西里岛上的希腊殖民地的联系。

到公元前 5 世纪，整个地中海就是一个四通八达的高速通道，补给着粮食匮乏的希腊、安纳托利亚和叙利亚市场。有两个事实可以清楚地说明这一点：公元前 6 世纪时安纳托利亚引入铸币，使得交易更为便捷，也推动了海盗的发展。虽然在东地中海地区主要是雅典人压制着海盗，但直到公元前 1 世纪，即罗马海军控制整个地中海之前，海盗一直都是个很严重的问题。

欧洲贸易的特征之一是从海盗劫掳中发展起来的，即将人作为商品进行买卖——奴隶贸易。大量的奴隶从欧亚大草原经由黑海进入欧洲，并被纳入欧洲的经济体系中。其他一些奴隶来自色雷斯、希腊和安纳托利亚，甚至到罗马时期还有奴隶贸易存在。

凯尔特人

城市并没有渗透到地中海北部边境以外的偏远地区。从公元前 10 世纪初期开始，凯尔特人就占据了从德国东部到法国大西洋沿岸之间的区域。他们主要是农民和牧民，不过他们也开采发现的矿藏。其中，他们开采奥地利的盐井，向亚得里亚海地区出口盐。他们在法国东南地区开发铁矿并加以冶炼，出口给伊特鲁里亚人和意大利的希腊人。他们进口黄金、酒和精美的陶器。同样，凯尔特人也向北部出口商品，特别是青铜和铁制品。他们与外部的技术交流也在进行，凯尔特人王国在公元前 3 世纪时开始铸造货币，可能是模仿马其顿的货币。但是这些商品交换不足以平息凯尔特人与地中海世界的冲突。公元前 4 世纪和前 3 世纪，凯尔特人发动了几次主要的突袭，在安纳托利亚建立了一个凯尔特人王国，罗马自身也遭受其洗劫。然而，正是罗马人为西欧和南欧的贸易带来了秩序，创造了和平。

罗马人

公元前 1 世纪尤利乌斯·恺撒征服高卢后，将其紧紧纳入地中海经济中。随后对英国、伊利里亚(现在的巴尔干国家)和德国西部的征服，使得欧洲的多数地区之间都有了密切的经济往来。罗马统治的主要特点一个是道路的修建，另一个是对盗匪和海盗的打击。长途运输货物相当自由。就如同雅典依赖从克里米亚进口的谷物一样，规模庞大得多的罗马城需要大量货船为其运送谷物；这些货船从非洲、西西里和埃及的亚历山大里亚的谷物港口出发。罗马的陆路和水路构成交通网络，人们在地中海或其附近旅行，以及向欧洲腹地深入，成为一项相对容易的任务。

贸易不再依赖沿海运输，虽然它仍是最为频繁的贸易开展形式。相反，在整个罗马世界及其以外的地区，许多商人聚居的社区建立起来：像在罗马和亚历山大里亚这样的大城市中，叙利亚人、犹太人和希腊人建立起小型的聚居社区。虽然这有时会引发冲突，但也会带来观念思想的传播。正是由于基督教根植于犹太人的流散族群中，基督教才得以快速传遍整个地中海世界及其以外的地区。

到 2 世纪，欧洲经济已高速集合化，各地的联系极为密切。一直有人认为欧洲经济已成为日益密切化的世界体系的一部分。但就其自身而言,欧洲经济却陷入经济波动中。3 世纪时整个欧洲经历了一段长期的经济衰退,使得罗马自身无力应对外族的侵袭,其国内经济进一步衰落。随后的经济复兴也只是局部的,到 5 世纪末期西罗马帝国解体,古代的贸易和交流路线崩溃。虽然东罗马帝国(拜占庭帝国)又存在了 2543
1 000 年,但它从未再次取得如此卓越的军事和经济地位。

进一步阅读书目:

Ascherson, N. (1995). *Black Sea*. London: Jonathan Cape.

Casson, L. (1994). *Ships and Seafaring in Ancient Times*. London: British Museum Press.

Curtin, P. (1984). *Cross-cultural Trade in World History*. Cambridge, U.K.: Cambridge University Press.

De Souza, P. (1999). *Piracy in the Graeco-Roman World*. Cambridge, U.K.: Cambridge University Press.

Dixon, J.E., Cann, J.R., & Renfrew, C. (1968). Obsidian and the Origins of Trade. *In Hunters, Farmers and Civilizations: Old World Archaeology. Readings from Scientific American* (pp.108 – 116). San Francisco: W.H. Freeman.

Fagan, B. (1990). *The Journey from Eden: The Peopling of Our World*. London: Thames and Hudson.

Finley, M. (1962). The Slave Trade in Antiquity: The Black Sea and Danubian Regions. *Klio 40*, 31 – 59.

Hordern, P. & Purcell, N. (2000). *The Corrupting Sea: A Study of Mediterranean History*. Oxford, U.K.: Blackwell.

Lancel, S. (1995). *Carthage: A History* (A. Nevill, Trans.). Oxford, U.K.: Blackwell.

Renfrew, C. (1973). *Before Civilization: The Radiocarbon Revolution and Prehistoric Europe*. Harmondsworth, U.K.: Penguin.

Rickman, G.E. (1980). *The Corn Supply of Ancient Rome*. Oxford, U.K.: Clarendon.

Wells, P.S. (1995). Trade and Exchange. In M.J. Green (Ed.), *The Celtic World* (pp. 230 – 243). London: Routledge.

比尔·利百特(Bill Leadbetter) 文
汪 辉 译,刘文明 校

Trading Patterns, China Seas 中国海洋贸易模式

“中国海”这一术语是欧洲航海家和制图师们提出来的,概指毗邻中国长达 14000 千米的海岸线的 5 片水域。虽然 2544
总体上来说中国人并不是航海者,但纵观中国历史,中国海的主要区域一直在沿海的、地区的或是长途的贸易模式中占有重要地位。

在中国悠久的历史中,大部分时间里其文明都是背朝大海而重视内陆的。一般来说,中国人不是一个航海的民族。中国人口中只有一小部分人通过海上活动,如捕鱼、海外贸易、海上劫掠或海战等来谋生。15 世纪早期郑和率领一些中国水手进行了几次长途航海是个例外。但是一条海岸线长达 14 000 千米,这在任何一国的政府国防政策中,都会使其海上防御成为极为重要的方面。同样重要的是沿岸港口城镇的建立,其中许多城镇分布在中国南部和中部

的河口地区。这些城镇的主要经济功能是将分散在中国海域的各个商业团体组织起来进行贸易。

中国海的三大功能

“中国海”一词是欧洲航海家和制图师们提出来的一个概称，在中国几乎不会用到该词。中国地图和地理手册将毗邻海岸的 5 大片水域标注如下：渤海；黄海，位于中国北部边境和朝鲜半岛之间；东海，扬子江(即长江)流入此海；台湾海峡，它将台湾岛与福建省分割开来；还有南海，毗邻中国最南部省份广东。

这些海域清晰地从太平洋和印度洋公海中划分出来。此外，它们还以一种重要的方式形成了联系彼此的途径：几个世纪以来，欧洲船只航行到东亚后，接着的主要路线是由印度进入太平洋，通过马六甲海峡和中国南海，然后再绕过菲律宾群岛的北角。

从经济地理学的角度来看，这一事实说明中国海具备三大功能。首先，它们是中国沿海贸易的通道。在联系各沿海地区中，沿海贸易始终发挥着重要的作用；不仅如此，沿海贸易还始终密切联系着中国东部各省。铁路运输出现之前，大宗货物的南北运输，沿海贸易不可或缺。其次，中国海还是中国、日本和东南亚各国间开展地区贸易的大舞台。这一功能是所有功能中最重要的。中国海孕育了并始终维持着一个密集的商业网络，将优势互补的不同经济系统联系起来。第三，进入大洋时必然要经过中国海。长远来看，假设 18 世纪初广州贸易的兴
2545 起才主要体现过该功能的重要性，那么中国海作为中转站的功能可能是其诸功能中最不重要的一个。但至少在近代，它是中国海全部功能中不可缺少的一部分。很显然，占据主导地位的贸易中心要兼具上述三大功能。这些贸易中心港口同时也是沿海的、地区的或长途的交通和商业枢纽。

14 世纪时中国海南部的贸易

现代学者将各个时代，甚至是公元前 221 年秦帝国建立以前的中国航海事业的伟大成就重现出来。但是，只有到了明朝才出现广泛的海上贸易。其贸易船只的基本形式于 10 世纪已经形成，并沿用数个世纪。这种“福建船”(福船)安全、宽敞、速度快，极好地适应了中国海的贸易条件。后来它演化为一种成本低廉、更广受欢迎的“浅水船”(沙船)，即一种更具优势的平底船只。东南亚的造船技术也有了革新，结果就是无处不在的帆船(该词可能源于爪哇，但后来主要指中国帆船)塑造了欧洲人对亚洲世界的认知。

15 世纪两个因素的发展促进了一系列覆盖中国南海的广泛贸易网络的产生。其一，中国政府派遣郑和几次率领大型的船队前往东南亚和印度洋，与那里的许多国家建立关系往来。虽然这一政策很快就中断了，但这一系列海上出使活动形成的若干联系却保持了下来，即为“朝贡”关系，以一种复杂的方式实现着国家间礼节上的、外交上的以及商业利益上的相互影响。朝贡关系中含有大量经济往来的一个典型案例就是中国与暹罗(泰国)之间的朝贡贸易，在暹罗王室 2546
和中国南部代表国家的政府机构之间进行。其物质基础是由两国经济结构的互补性决定的：暹罗生产稻米，而广东和福建等中国南部省份则需要粮食来供应快速增长的人口。反过来，中国之所以需求稻米，部分是因为其稻田改种了棉花、茶叶和用于产丝的桑树，这些产品都是其国内和国际贸易中所需求的。反之，暹罗则进口中国云南生产的铜。这一贸易模式一直持续到 19 世纪中叶。

其二，15 世纪时广东和福建的向外移民似乎有所增加。中国商人团体在东南亚的各个岛屿和大陆上定居下来。明朝政府对他们心存疑

虑，并且中国政府限制海上贸易之后，就认定他们的大多数贸易活动不合法。此举扼杀了香料 、丝绸、木材、皮毛、黄金、铜、锡、药材以及其他贵重商品贸易的繁荣发展。除了中国商人之外，许多地方团体、阿拉伯商人、印度商人（多数来自古吉拉特），甚至还有日本商船，参与到这些商业活动中来，而这些商业活动往往最终是由日益繁盛的中国市场的需求所推动的。例如著名的胡椒贸易，人们发现从苏门答腊及其岛屿向中国出口胡椒的数量与欧洲的一样庞大。

欧洲船队的到来改变了该地区业已形成的贸易模式，但没有破坏它们。欧洲人的优势主要在于其船舰的规模和武器装备（不过郑和航海探险的船队更胜其同时代的欧洲人一筹）。经过一段短暂的武力干涉之后，葡萄牙人意识到这里的贸易模式的合理与精妙，甚至认为在局部地区自己有必要参与到亚洲的贸易中去。荷兰及稍晚一些的英国形成了他们自己的“国家贸易”形式，即由欧洲公司组织、沿地区内部的贸易路线开展贸易。欧洲贸易者极为依赖当地的生产者、商人和放贷者。持有特许状的欧洲公司控制了通往欧洲的长途贸易。英属东印度公司选择与广州和其他中国南部港口的商人建立直接的贸易关系；同时荷属东印度公司却依赖巴达维亚（今雅加达），将其作为商业中心和在东方的贸易集散地，因而巴达维亚成为各个东方网络和跨洋船运航线的联系枢纽。

近代早期关于中国海的贸易规模，几乎没有留下任何统计学上的资料。不过，中国南部港口海关税收的数据说明，16 世纪到 19 世纪 20 年代贸易的总量是成倍增长的。对外贸易的膨胀促进了整个中国海及其周边地区的专业化分工，因此对整个地区的经济活动产生了深远影响。港口城市的兴起，来此聚集的世界各地的水手、旅行商人群体的增多，对社会阶层的分化产生了重要影响。但是这些城市并没有发展为向世界开放的城市。日本在德川幕府统治时期，即从 1600 到 1868 年军事政府掌权时期，从 17 世纪 30 年代开始全面收缩日本的对外贸易，切断了与所有可能的贸易伙伴的来往；与此同时中国海上贸易却在 1720 年之后繁荣发展起来；大致在同一时期东南亚许多非殖民地港口也失去了活力。中国海的贸易不仅时常改变其空间格局，还经历着长期或短期的膨胀与收缩周期，这些周期部分是由政治和军事因素推动的，就像近代早期亚洲地区的沿海经济是由统治者和国家操控的一样。

通商口岸、蒸汽船运和世界市场

1842 年中国建立了最早的一批通商口岸 2547
（根据通商条约建立），此后很快中国沿海和河流的交通运输中就引入了汽船。汽船所具备的优势深刻地影响了贸易模式。其运载量极大，在海上或主要河流干道中容易操控，大型的资本公司能够组织统一调度。在中国海，尤其是南海，帆船与汽船持续共存长达一个多世纪。不过，最具活力的商业航线仍被现代运输方式主导着。

从 19 世纪 20 年代到 70 年代，中国对外贸易总体上由印度向中国非法出口鸦片所主导，且该类海运自 1858 年起还被合法化了。鸦片贸易利用中国海南部作为中转站，虽然东南亚的各种贩毒网络丛生，但是该贸易却没有对这里产生任何影响。随着欧洲殖民地经济的发展，在 19 世纪最后的 15 年中，这里发生了重要变革。这里引入了大规模的种植园和机械化采矿技术，强化了农产品生产以供出口，这些都使东南亚更加紧密地融入世界经济中。中国移居海外的华侨商人对搭建这些联系有推动之功。此时，人口过多的中国已成为一个廉价劳动力输出国。中国利用东南亚陆地岛屿及其周边地区农业和采矿业中的契机向外劳工移民。中国南部的契约劳工向海外各个地区输入，当时的人们称该现象为“苦力贸易”；它很大程度上是由中国招募公司组织的,不过其交通运输仍掌握在欧洲人经营的汽船公司手中。

从第一次鸦片战争到1949年中华人民共和国的成立,这期间中国对外贸易结构中的一个特点就是中国本国的船运在沿岸和内陆交通运输中占有相当份额,但从未成功进入海外船运业。

中国海上商业的兴衰

20世纪30年代的经济大萧条以及日本对中国和东南亚的西方殖民地的侵略,极大地破坏了该地区的贸易网络。经济大萧条期间,亚洲、欧洲和美洲的市场需求减少,传统商品的出口大幅萎缩。中国的移民原本是中国海南部及中国北部和东北以南海域之间的汽船运输的主力,这时也走向没落。1931年日本人占领中国东北地区之后,日本船运的帝国主义行径愈加猖獗。众所周知的"日元区"是日本人控制的贸易领域,这是一个封闭的区域,它的形成是日本人保护商品出口市场的表现。20世纪40年代初,为了满足其战时经济的需要,日本重建了大部分长途贸易。经济是引发太平洋战争的原因之一,如1941年6月美国对日本实施石油禁运政策,这点清楚地说明日本不可能建立起一个不受世界市场影响的自给自足的帝国。

1945年日本帝国崩溃,加上第二次世界大战结束后欧洲在东南亚殖民统治的瓦解,这些都使得海上贸易不可能再恢复到战前的格局了。只有中国香港保留了下来,成为一个一流的商业中心。中国政府着手进行了积极的重建工作,这项长期的重建过程包括恢复中国的海上军事地位,重振在中国海和世界海洋上的商业影响。 2548

就贸易而言,中国海意义重大,它是一个地理战略水域。作为世界上一个主要的制成品出口国,随着中国的崛起,再加上东南亚国家联盟(ASEAN)成员国之间以及中国与该组织的自由贸易协定的签署,中国海将会是世界上最繁忙的海上航道之一。

进一步阅读书目:

Brunero, D. (2006). *Britain's Imperial Cornerstone in China: The Chinese Maritime Customs Service, 1854 - 1949*. London: Routledge.

Chaudhuri, K. N. (1985). *Trade and Civilisation in the Indian Ocean: An Economic History from the Rise of Islam to 1750*. Cambridge, U.K.: Cambridge University Press.

Chaudhuri, K. N. (1990). *Asia before Europe: Economy and Civilization of the Indian Ocean from the Rise of Islam to 1750*. Cambridge, U.K.: Cambridge University Press.

Chaudhury, S., & Morineau, M. (Eds.). (1999). *Merchants, Companies and Trade: Europe and Asia in the Early Modern Era*. Cambridge, U.K.: Cambridge University Press.

Cushman, J. W. (1993). *Fields from the Sea: Chinese Junk Trade with Siam During the Late Eighteenth and Early Nineteenth Centuries*. Ithaca, NY: Cornell University Press.

Deng, G. (1999). *Maritime Sector, Institutions, and Sea Power of Premodern China*. Wesport, CT: Greenwood Press.

Dermigny, L. (1964). *La Chine et l'Occident: Le commerce à Canton au XVIIIe siècle 1719 - 1833* [China and the Occident: The Canton Trade in the Eighteenth Century, 1719 - 1833] (Vols. 1 - 3). Paris: S.E.V.P.E.N.

Gaastra, F. S. (1991). *De Geschiedenis van de VOC* [The History of the Dutch East India Company]. Leiden, Netherlands: Walburg Press.

Gardella, R. (1994). *Harvesting Mountains: Fujian and the China Tea Trade, 1757 - 1937*. Berkeley and Los Angeles: University of California Press.

Greenberg, M. (1951). *British Trade and the Opening of China, 1800 - 1842*. Cambridge, U.K.: Cambridge

University Press.
Guillot, C., & Lombard, D., & Ptak, R. (Eds.). (1998). *From the Mediterranean to the China Sea: Miscellaneous Notes*. Wiesbaden, Germany: Harrassowitz.
Heine, I. M. (1989). *China's Rise to Commercial Maritime Power*. New York: Greenwood Press.
Lombard, D. (1990). *Le carrefour javanais: Essai d'histoire globale* [The Javanese Crossroads: An Essay on Global History] (Vols. 1-3). Paris: Éditions de l'École des Hautes Études en Siences Sociales.
Osterhammel, J. (1989). *China und die Weltgesellschaft. Vom 18. Jahrhundert bis in unsere Zeit* [China and the World since the Eighteenth Century]. Munich, Germany: C. H. Beck.
Ptak, R. (1999). *China's Seaborne Trade with South and Southeast Asia (1200-1750)*. Aldershot, U. K.: Ashgate Variorum.
Van Dyke, P. A. (2005). *The Canton Trade: Life and Enterprise on the China Coast, 1700-1845*. Hong Kong: Hong Kong University Press.
Wiethoff, Bodo (1963). *Die chinesische Seeverbotspolitik und der private Überseehandel von 1368 bis 1567* [The Politics of Chinese Maritime Trade Prohibitions and Private Overseas Trade from 1368 to 1567]. Wiesbaden, Germany: Harrassowitz.
Wills Jr., J. E. (1998). *Relations with Maritime Europeans, 1514-1662*. In Fairbank, J. K. & D. Twitchett (Eds.), *The Cambridge History of China: Vol. 8* (pp. 333-375). Cambridge, U. K.: Cambridge University Press.

尤尔根·奥斯特哈默(Jürgen Osterhammel) 文
汪 辉 译,刘文明 校

Trading Patterns, Eastern European 东欧贸易模式

为了理解东欧贸易模式,考察一下东西分裂及其在古代和前现代世界中的历史根源是十分有益的。随着苏东剧变后的贸易全球化,以及21世纪欧洲联盟成员国之间日益密切的交流活动,几乎没有理由再认为东欧是一个独立的贸易领域了。 2549

如果文明就是意味着以礼来思考和对待“异邦人”,那么全球化就意味着从全球的角度来思考和对待每一个潜在的合作伙伴。探讨欧洲地区的经济关系时,这两个概念都会派上用场,这种关系体现了相互“异化”(alienation)的方面(尤其是东西方之间)——这里的“异化”是以其最初的拉丁词“alius”的用法,具有作为“他者”的一般含义。

“他者性”(otherness)的概念以地理经度将欧洲一分为二,其根源在于古典时期两次主要的“大一统”(亚历山大大帝的希腊帝国和罗马帝国)以及随后的两次分裂(罗马帝国分裂为罗马人统治的西罗马帝国和拜占庭统治的东罗马帝国,还有1054年罗马天主教会和东正教会之间的大分裂)。因而两边的国家都将自身之外的其他欧洲地区视为“他者”,两次分裂使东欧成为西欧的“他者”,反之亦然。

早期的东西方贸易

虽然划分“东”与“西”的边界线阻碍着贸易的发展和物产的交换,但是后来的宗教分裂,即

“北方”信奉基督教，“南方”信仰伊斯兰教，最初却推动了贸易的发展。其原因在于文化上的不对称性，无论其分界线是横向的还是纵向的都是如此。

文化差异的天然形式是语言，仅仅是因为“他者”的语言无法理解：希腊人和罗马人称异族人为野蛮人，嘲讽后者发出“吧、吧”的声音；斯拉夫人将外邦人称为“日耳曼人”(*nemets*)，该词源于动词“nemet”，意为“变成哑巴”；后来俄国人和波兰人用该词特指日耳曼人，矛盾的是，与他们政治冲突和经济交流最为密切的正是这些遭其轻视的外邦人。“西部”的文化、政治和经济发展比“东部”先进，贸易限于“西部”从“东部”进口原料、农产品和猎物，而出口手工制成品。因此，944 年基辅的伊戈尔王子与拜占庭达成协议，规定了基辅罗斯的商人每年可以购买的丝织品的总量；这一协议使东西贸易首次走向正式化。虽然 1169 年苏兹达尔取代基辅成为俄国首都，但基辅(直到 1240 年被蒙古人征服)一直是欧洲最大的贸易中心之一，是“北方的拉韦纳”。

地中海和西亚的南北分裂，使得不对称性颠倒过来。一系列贸易网络覆盖着亚历山大里亚、大马士革、布哈拉和撒马尔罕等城市，中世纪时这些城市的手工业比欧洲城市先进得多，拜占庭和欧洲一般从这些网络购得金属制品与纺

鞑靼人的征服带来的贸易影响深远。该图是马蒂诺·马蒂尼(Martino Martini)于 1655 年出版的一书中的插图，图中所绘的山洞里放满了从各个文明搜集来的珍品。耶鲁大学贝尼克珍本书籍与手稿图书馆

织品。丝绸之路从欧洲延伸至中亚，沿途有中国、波斯和印度的手工制品流通；海上贸易路线
2550 受海盗阻碍，南部陆路上奥斯曼土耳其人阻断了基督徒的商道，丝绸之路就成了东西贸易的主要干道。但是当马可·波罗还在宣扬该路的种种商业价值时，其本国意大利的城市正在创造一种原始工业化中新的公司形式和产品，而这些到 18 世纪最终使西方经济跃居东方之上。

中世纪的市场

与此同时，蒙古人征服了俄国。鞑靼军队以中亚为基地，先后控制了中国中原政权、波斯和外高加索地区后，于 1236 年到达伏尔加河流域，1240 年征服大多数俄罗斯公国，之后的 200 年里这些公国向金帐汗国的大汗们称臣缴贡。“鞑靼之轭”（*tatarskoe igo*）强加给俄罗斯的指令经济影响了后者的统治和财政结构，如今天俄语中表达海关、标签、钱财和国库的词均来源于蒙古语。苏联体系时期，即 1918 至 1991 年，指令经济再次出现，但它呈现的是一种现代的、更为复杂的形式。诺夫哥罗德公国坚持反抗鞑靼人，并且成为俄罗斯的商业中心；在 1703 年圣彼得堡建立之前，诺夫哥罗德一直是东西方贸易的中心之一。

从 12 世纪开始，西欧的陆上贸易形成了一种每年举办贸易集会（其德语为 *jahrmarket*）的制度，俄国相应的贸易集会是从德国市场衍生出来的，并一直存在到 16 世纪。德国、斯堪的纳维亚和希腊的商人销售各自的产品，俄国商人购买这些商品并向他们反销农产品和森林产品，形成了一条绵延千里的皮毛贸易链。汉萨同盟将商人们组织起来，成为西方最重要的商人社团。但是俄国商人则根据进口商品的来源地结盟，例如俄国商人结成的斯特蒂奇尼基（*stetichniki*）与什切青（Stettin）、哥特兰斯基（*gotlandsky*）联盟与瑞典人进行贸易。对于中世纪东欧和中欧的其他地区来说，法兰克福集市是众多集市中的佼佼者，它与当地那些纪念为人尊崇的圣贤的节庆期前后开市。海上贸易仍控制在外国人手中，威尼斯人和热那亚人控制着地中海地区、黑海以及从英国到白海之间的
海上贸易；而在白海地区， 2551
俄国直接向外输出木材，间接出口木炭，其中木炭用来冶炼铜和铁，灰烬用来漂白亚麻。

撒马尔罕的纺织品商人。撒马尔罕曾经是丝绸之路上东西方的“分界线”，也是伊斯兰学术中心；在这里向世界展示着伊斯兰世界的丝绸、棉花和羊毛纺织技艺，还有地毯。此图由谢尔盖伊·米哈伊洛维奇·普罗库丁-古斯基（Sergei Mikhailovich Prokudin-Gorskii）于 1910 年前后拍摄完成

现代民族国家之间的贸易

传统上倾向于将1648年《威斯特伐利亚和约》的签订作为欧洲从中世纪向现代国家社会转变的分界线，尽管欧洲神圣罗马帝国的神话直到1801年才被拿破仑的法令所终结。民族国家成为经济的同时也是政治的实体，利用税收、法律义务和禁令限制着本国公民与外国人的贸易。因此基督教欧洲长期以来的全球化终结了，即在基督教世界范围内一个商人可以在全球选择潜在的合作伙伴的全球化终结了。欧洲东部最大的国家当然还是俄国，彼得大帝（1672—1725）改变了其对外贸易关系。1697年他前往俄国的波罗的海省份巡视，走访了普鲁士、汉诺威、尼德兰和英格兰等地，此行让这位年轻的沙皇看到了影响深远的现代化管理和财政模式，还有各地对贸易和工业的提倡。他在波罗的海沿岸建造了他的“西方之窗”，即圣彼得堡，再加上俄国领土在黑海和波罗的海的扩张，这些都推动了其商业的发展。不过跨太平洋贸易到1860年符拉迪沃斯托克（原名海参崴）建成及随后10年西伯利亚大铁路修成之后才发展起来。1703年圣彼得堡证券交易所（Birzha）成立，俄国的金融中介机构走向国际化；到1914年俄国已有115家证券和商品交易机构。然而，1897年俄国才开始实行金本位制，1914年第一次世界大战爆发期间兑汇活动又中断了一段时间。

1648到1914年期间东欧唯一的大国是波兰，18世纪末它被俄国、普鲁士和奥地利瓜分。在巴尔干地区，黑山从始至终都紧握着宝贵的自治权利，除了盗匪外该国几乎不出口任何东西。19世纪，保加利亚、罗马尼亚和塞尔维亚取得独立，但是这些农业小国对欧洲贸易的影响
2552 是微乎其微的。塞尔维亚的猪群被赶到奥地利的屠宰场，保加利亚的玫瑰精油和烟草也找到了合适的市场，19世纪末罗马尼亚的油船运到多瑙河上游地区。第一次世界大战期间德国占领了这里的大部分地区，边界线形同虚设，但是在战时经济的限制下，跨边界贸易仍发展不足。

哈布斯堡家族崩溃后的欧洲

《凡尔赛和约》（1919）和《特里亚农和约》（Trianon Peace Treaties，1920）中对东欧处理时所遵循的原则是民族自决：波兰和阿尔巴尼亚重获新生；从奥匈帝国的领土中划出匈牙利、捷克斯洛伐克、南斯拉夫部分国土，将特兰西瓦尼亚划归罗马尼亚。1917年列宁发动革命建立了苏维埃俄国，其所失去的领土划给了波兰和罗马尼亚。新边界的划定立即对经济产生了不利影响，即原奥匈帝国的关税区消失了：在波托罗萨会议上，各个后继国协商达成了一系列协定，原本可以恢复低关税的基础，但是各国政府却未能通过它们。1927年的日内瓦会议是又一次失败的尝试，而此时，各国相互的关税是39%。其原因在于小国们害怕本国的经济和财政会受到布达佩斯和维也纳的把控，捷克斯洛伐克、罗马尼亚和南斯拉夫则担心匈牙利会再次崛起，恢复其领土和商业势力。不过，所有这七国的对外贸易在20世纪20年代均有所提高，就像苏维埃社会主义共和国联盟（USSR，1922年该国正式使用此名）在其“新经济政策”时期（1921—1928）一样。20世纪30年代的大逆转同样也是真实的。1929年股市崩溃后，捷克斯洛伐克和波兰的工业出口受到世界经济大萧条的强烈冲击，然而所有这些国家担心的却是原料和农产品价格下跌后，出口收入会减少。两次世界大战期间大多数国家的出口额仅是其国民产值的1/10（不过捷克斯洛伐克和匈牙利是1/5）；而1928年之后，在斯大林的五年计划经济下，苏联几乎停止了对外贸易（到1937年其出口额有所扩大，

但仅是其同样提高了的国民产值的0.5%)。东欧国家应对经济大萧条的措施与发达国家并无二致,都是设立高昂的保护关税,限制货币兑换。除了20年代捷克斯洛伐克是一个净资本输出国,该地区其他国家向西欧大量借贷,但是由于债权方货币的贬值以及金融市场的收缩,到1938年,东欧国家的外债在其国民生产总值中的比例下降到18%。总的来说,两次世界大战期间地区的全球化步伐受阻。

早在第二次世界大战之前,纳粹德国就与其东欧的贸易伙伴实行一套马克清算制度,这其中不包括波兰;这至少在世界经济处于萧条时保证了它们的市场;但是德国重整军备几乎消耗了全部的人力物力,能用于其他方面的物资人力所剩无几,此外是不能兑换的余额。其实,它们都在财政上支持着军事的发展。1938年德国从捷克斯洛伐克兼并苏台德区后,德国(还有意大利在巴尔干地区)推行的占领政策,加上其附属国推动东欧臣服于德国经济的需要,形成了一种跨国经济(即支持德国领土扩张的经济)。1941年德国入侵该地区和苏联西部后,这里成为德国农产品的供给区和“核心”重工业的原料产地,其中波希米亚成为德国的“保护国”,在经济上与德国成为一体。

经济互助委员会时期

1945年苏联军队大获全胜。1949年苏联发 2553
起建立了经济互助委员会(the Council for Mutual Economic Assistance),一般简称为经互会(COMECON)。阿尔巴尼亚、保加利亚、捷克斯洛伐克、匈牙利、波兰、罗马尼亚、苏联和南斯拉夫为其成员国。此时南斯拉夫与苏联正式决裂,而阿尔巴尼亚也断绝了与南斯拉夫的来往,转而加入苏联。后来苏联其他两个盟国古巴和蒙古也加入了经互会。20世纪50年代和60年代,成员国之间直接向彼此出口的份额一直占本国出口总额的60%,如苏联主要出口原料,进

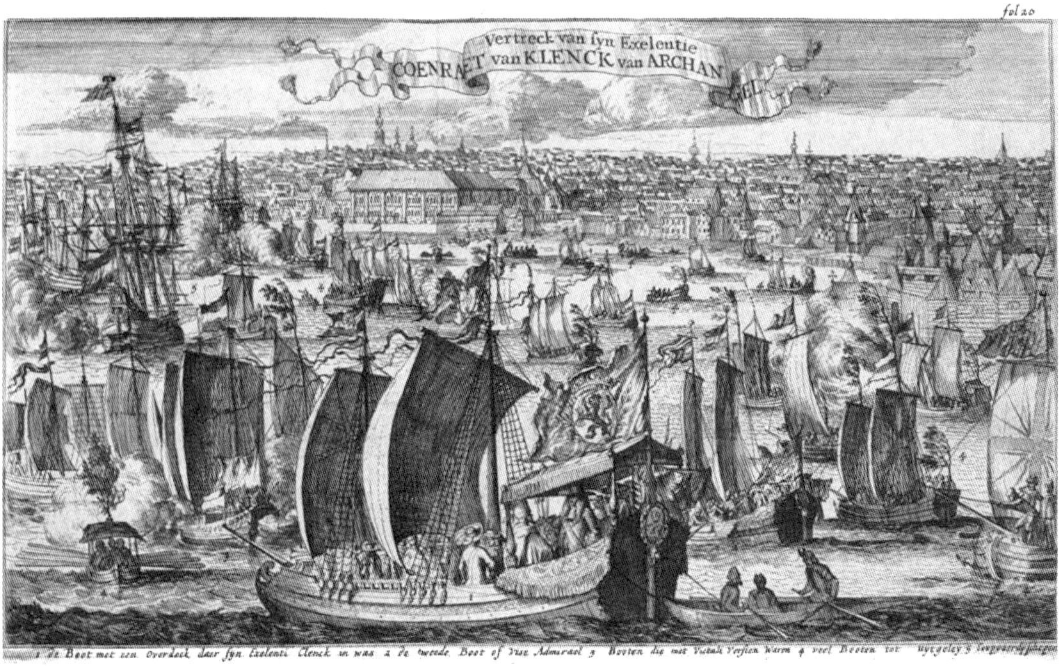

1677年繁忙的俄国港口。摘自巴塔萨·揆一(Balthasar Coyet)的一本书,于阿姆斯特丹出版。耶鲁大学贝尼克珍本书籍与手稿图书馆

口东欧国家的器材和工业产品。经互会的成员国通过订立相互的年度协议和本国的长期经济计划来开展贸易，但它们与西方的贸易却受到阻碍；北约成员国组成的巴黎统筹委员会(CoCom)，通过实行战略禁运和限制措施来阻断双方的贸易。随着冷战影响的弱化和比较双方贸易优势意识的强化，经互会成员国内部之间的相互依赖性减少：1980 年彼此的贸易额为 49%，1990 年为 38%。

苏东剧变后的全球化

1989 至 1991 年，随着东欧国家剧变，经互会也走到了尽头，中欧和东欧 27 国以及独联体(CIS)之间的贸易走向世界范围的全球化：到 2002 年，这些国家仅有 27%的出口是在地区内部完成的，而有 73%的出口是面向其他发达地区的市场经济(6%面向发展中国家)。西方的资本支持了经济的发展。2002 年外国直接投资额达到 340 亿美元；外债总额占到东欧国内生产总值的 46%，其中独联体就占了 44%。除了 3 个国家(白俄罗斯、土耳其和乌兹别克斯坦)，其他国家至 2003 年都已实现贸易和经常性支付的自由化，另外除了上述 3 国和这 6 国(阿塞拜疆、波斯尼亚-黑塞哥维那、哈萨克斯坦、俄罗斯、塞尔维亚-黑山、塔吉克斯坦和乌克兰)，其余国家均已加入世界贸易组织。一旦对外开放，像大多数发达国家一样商业和金融流动不息，就很难再有充足的证据来说明东欧是一个独立的贸易区域了。随着欧洲联盟扩大，如 2004 年 5 月捷克、爱沙尼亚、匈牙利、拉脱维亚、立陶宛、斯洛伐克、斯洛文尼亚和波兰加入欧洲联盟，2007 年 1 月 1 日保加利亚和罗马尼亚加入欧洲联盟；克罗地亚、前南斯拉夫的马其顿共和国以及土耳其是候选的欧洲联盟成员国，阿尔巴尼亚、波斯尼亚-黑塞哥维那、黑山、塞尔维亚和冰岛也被视为潜在的候选欧洲联盟成员国。曾经是集团之间的贸易，现在则是在一个单一市场环境中的内部贸易或是国家之间的贸易，无论是东部还是西部，都与欧洲联盟有着联系协定。因此，也许“他者”(异邦人)这一概念将会在全球化的贸易市场中让位于一种真正的文明交流。 2554

进一步阅读书目：

Baldwin, D., & Milner, H. (Eds.). (1990). *East/West Trade and the Atlantic Alliance*. London: Macmillan.

Birch, G., & Saunders, C. (Eds.). (1989). *East/West Relations in the 1980s*. London: Macmillan.

Boardman, J., Edwards, I. E. S., Hammond, N. G. L. and Sollberger, E. (Eds). (1982). *The Cambridge Ancient History: Vol. 3, Part 1. The Prehistory of the Balkans; the Middle East and the Aegean World, Tenth to Ninth Centuries B. C.* (2nd Ed.). Cambridge, UK: Cambridge University Press.

Boardman, J., Hammond, N. G. L., Lewis, D. M., & Ostwald, M. (Eds.). (1998). *The Cambridge Ancient History: Vol. 4. Persia, Greece and the Western Mediterranean, c. 525 to 479 BC* (2nd ed.). Cambridge, UK: Cambridge University Press.

Bowman, A., Garnsey, P. and Rathbone, D. (Eds). (2000). *The Cambridge Ancient History: Vol. 11. High Empire, A. D. 70 – 192* (2nd Ed.). Cambridge, UK: Cambridge University Press.

Cameron, A., Ward-Perkins, B. and Whitby, M. (Eds). (2000). *The Cambridge Ancient History: Vol. 14. Late Antiquity: Empire and Successors*. Cambridge, UK: Cambridge University Press.

Csikos-Nagy, B., & Young, D. G. (Eds.). (1986). East-West Economic Relations in the Changing Global Environment. London: Macmillan.

Falkus, M. E. (1972). *The Industrialisation of Russia 1700 – 1914*. London: Macmillan.

Franck, I. M., & Brownstone, D. M. (1986). *The Silk Road: A History*. New York: Facts on File.

Hanson, P. (1988). *Western Economic Statecraft in East-West Relations*. London: Routledge.

Kaser, M. C. (1967). *Comecon: Integration Problems of the Planned Economies* (2nd ed). Oxford, UK: Oxford

University Press.
Kaser, M.C., & Radice, E.A. (Eds.). (1985). *The Economic History of Eastern Europe 1919 – 1975* (Vol. 1). Oxford, UK: Oxford University Press.
Kaser, M. (1990). Trade Relations: Patterns and Prospects. In A. Pravda & P. Duncan (Eds.), *Soviet-British Relations since the 1970s* (pp. 193 – 214). Cambridge, UK: Cambridge University Press.
Mathias, P., & Postan, M.M. (Eds.). (1978). *The Cambridge Economic History of Europe from the Decline of the Roman Empire: Vol. 7. The Industrial Economies: Capital, Labour, and Enterprise. Part 1, Britain, France, Germany and Scandinavia, The United States, Japan and Russia*. Cambridge, UK: Cambridge University Press.
Miller, E. and Postan, M. (Eds). (1987). *The Cambridge Economic History of Europe: Vol. 2. Trade and Industry in the Middle Ages* (2nd Ed.). Cambridge, UK: Cambridge University Press.
Miller, E., Postan, M. and Rich, E.E. (Eds). (1979). *The Cambridge Economic History of Europe: Vol. 3. Organization and Policies in the Middle Ages* (2nd Ed.). Cambridge, UK: Cambridge University Press.
Radice, E.A. (1986). The German Economic Programme in Eastern Europe. In M.C. Kaser & E.A. Radice (Eds.), *The Economic History of Eastern Europe 1919 – 1975* (Vol. 2, pp. 229 – 308). Oxford, UK: Oxford University Press.
Rich, E.E. and Wilson, C.H. (Eds). (1967). *The Cambridge Economic History of Europe: Vol. 4. The Economy of Expanding Europe in the Sixteenth and Seventeenth Centuries*. Cambridge, UK: Cambridge University Press. 2555
Saunders, C.T. (Ed.). (1985). *East/West Trade and Finance in the World Economy*. London: Macmillan.
Sutton, A.C. (1968). *Western Technology and Soviet Economic Development 1917 – 1930*. Stanford, CA: Stanford University Press.
Teichova, A., & Cottrell, P.L. (Eds.). (1983). *International Business and Central Europe 1919 – 1939*. Leicester, UK: Leicester University Press.
Tucker, J. (2003). *The Silk Road: Art and History*. London: Philip Wilson.
Whitlock, M. (2002). *Beyond the Oxus: The Central Asians*. London: John Murray.

迈克尔·卡泽尔(Michael Kaser) 文
汪 辉 译,刘文明 校

Trading Patterns, Indian Ocean 印度洋贸易模式

从人类开始航海之初,印度洋的海域、海湾、海峡就成了热闹非凡的贸易活动的舞台。这里独特的季风模式促进了其海上贸易的发展,而海上贸易又将其自身与大西洋、南中国海和太平洋联系起来。今天印度洋将这些地区联合起来进行大宗石油贸易,石油也一直都是海上运输的商品。 2556

纵观历史,印度洋的自然特征从根本上塑造了该地区的贸易模式。历史学家们根据各自的见解,对印度洋的年代和地区边界问题提出了不同的观点,但是任何一种分析印度洋长期贸易模式的理论都要考虑国家与帝国、商品与服务以及交通运输技术等这些基本的因素。

印度洋的地貌和气候

在地球上的所有大洋中,印度洋的海上移民和贸易网络是最古老也最复杂的。印度洋面积超过 7 340 万平方千米,其赤道地区宽度约为 6 400 千米,最宽处从南非海角到澳大利亚西海

岸，距离超过9900千米，它是地球上3个主要大洋中最小的一个。印度洋西接非洲，北邻亚洲，东至澳大利亚，南到南极洲。26个国家的东海岸连通着印度洋。有4个岛国和3个群岛国坐落此地。与其他大洋相比，流入印度洋的河流干道最多，这些河口对于贸易网络的兴衰存亡至关重要。赞比西河和林波波河在莫桑比克汇入印度洋，在伊拉克和伊朗的交界处，底格里斯河与幼发拉底河汇合流入海岸附近的阿拉伯海；恒河流经印度，与雅鲁藏布江（布拉马普特拉河）交汇，共同塑造了孟加拉三角洲地区。伊洛瓦底江纵贯整个缅甸，在孟加拉湾流入安达曼海。众多河流和沿岸地区构成了复杂的网络，将内陆和海洋连接起来，它们对贸易有着根本性的作用，其重要性不亚于海洋自身。

印度洋的海域、海湾和海峡，包括红海、波斯湾、阿拉伯海、孟加拉湾和马六甲海峡，自人类开始航海起就成了贸易活动频繁开展之地。但正是由于印度洋季风模式的独特性，才促使其海上贸易模式形成发展起来，并向西将大西洋、向东将中国南海和太平洋联系起来。虽然航空交通运输的出现改变了全球贸易网络，但是印度洋上错综复杂的互动体系并未因此受到削弱。印度洋贸易模式联系着世界上人口最多的地区。另外，印度洋将这些地区联合起来，承担着大量的全球石油贸易，而石油一直都是一种海上运输的商品。

最早的航海技术是建立在帆船基础上的，在自然情况下，帆船的航行取决于变化莫测的风向和洋流——它们带动着船只跨海远航。对于任何试图对印度洋进行长时段历史分析的人来说，季风是必须考虑的一个因素。印度洋的独特之处在于季节性风向推动着跨洋船运。季风是由陆地和海洋上空的温差引起的，温差使得风从冷的地区吹向热的地区。印度洋的季风一年两次，4月到8月间，盛行西南季风，从12月到下一年3月间风向相反。降雨量多与少的季节性模式与风向一致，赤道以外地区的降雨量各不相同，不过在季风边缘地区，季风对降雨量的影响要小一些。“季风”（*Monsoon*）一词源于 2557

历史上的桑给巴尔岛，该岛位于非洲东海岸附近

阿拉伯语"*Mausin*"，意为"季节"，阿拉伯人、印度人和波斯人将印度洋称为"风底之地"，他们认识到了这些风向的重要性。

第二个主要的风向是印度洋南部的信风。信风出现在南纬 10 度到南纬 30 度之间，风向为东南风，常年不变。在 17 世纪欧洲商人从大西洋进入该水域之前，这条直接横跨印度洋的贸易路线并不为人所常用。

早期的航海者

印度洋也许是第一个被航海者们所横跨的大洋。航海技术在人类第一批沿海聚居区中发展起来，人们部分依靠捕鱼来维持生计。各种各样的三角洲和沿岸航运网络从人们所知的最早时代就开始存在了。红海和阿拉伯海、东非沿海、南亚沿岸以及东南亚的半岛地区等地区网络都形成了自己的海上贸易模式。

埃及人和美索不达米亚人的文明在 7 000 多年以前就沿着红海和波斯湾的沿岸网络进行贸易，但他们的航海从未扩展到远海地区。在这同一时期的早期，内陆贸易要比海上贸易广泛得多。

东南亚的航海活动演变为人们从大陆向外
2558 的移民，并在广大的印度尼西亚群岛上建立起第一批人类聚居区。语言学和考古学上的证据说明，在公元前 1000 年，来自印度尼西亚的操南岛语的马来-波利尼西亚人就乘着他们的单壳或双层独木舟穿越印度洋。这些船只快而稳，足以进行跨洋航行；航海者利用他们对洋流、云朵、星辰以及鱼鸟习性的知识来找到他们到达彼岸的路。虽然这些航行将人们引向永久性的定居，但其最初的动机可能只是贸易。

这一时期，波斯湾各个社会与印度北部海岸社会之间的海洋贸易联系建立了起来。那时一个不知名的希腊-埃及旅行者写了一本《厄立特里亚海航行记》(*Periplus of the Erythrean Sea*，约公元 50 年)，成为旅行指导手册，指导人们沿东非和东南亚海岸及其各个港口城市旅行，这时贸易网络已经牢固地建立起来。大量的奢侈品，包括香料、香木、纺织品、陶瓷、贵金属和货币，还有强行被移民的奴隶等，构成了这些印度洋网络中的一些贸易商品。

宗教的传播

印度洋贸易中，文化影响一直伴随着贸易，然而宗教却始终是兼容并蓄而非整齐划一的。1 世纪，印度教和佛教商人以及宗教学者受邀在东南亚政府机构中任职。东南亚一个最大的国家采纳了印度教和佛教文化习俗，并对其加以调整，作为国家机构的一部分。这个国家就是位于苏门答腊岛的室利佛逝海上帝国。该国 7 世纪兴起，到了 13 世纪衰亡。室利佛逝帝国的兴盛是由于它控制了马来群岛和马六甲海峡，这些地区通过大海将亚洲和中国联系起来。

约从 1300 年起，中东、南亚进而与东南亚之间建立起来的跨洋贸易联系促进了伊斯兰教在印度洋地区的传播。大约在 1400 年，马来半岛上的马六甲王国建立，同一时期其统治者改宗信仰伊斯兰教；在 1511 年葡萄牙征服之前，马六甲是世界上最富有、最有国际色彩的贸易港口之一。马六甲的兴起及其影响力的不断扩大，标志着伊斯兰教传播的开始。伊斯兰教在部分陆地沿海地区传播，而在东南亚内陆的传播则更为宽泛。与此同时，在印度洋的另一边，东非斯瓦希里沿海的各文明也正在扩张，并从 12 世纪开始也改信了伊斯兰教。

第一批外来贸易者

1405 到 1433 年之间，郑和率领中国满载着珍宝的船舰远航，标志着印度洋贸易模式的变革。郑和的舰队是第一批在其他海洋中组建起来并进入印度洋网络的主要舰队。中国舰队的规模前所未有，28 000 多名水手和士兵驾驶着300 多艘大型贸易帆船和 100 多艘后勤供给船穿越印度洋，以贸易和外交作为目的。那时，欧洲、非洲和其他亚洲最先进的造船技术与中国最大的帆船的体积和容积相比都黯然失色。虽然郑和时期中国在印度洋上对航海的直接参与就此告一段落，但它预示了葡萄牙人的到来；1497—1499 年达・伽马的航行是葡萄牙人在印度洋肆行的首秀。

暂且不论葡萄牙人对印度洋的侵入，这一时期各国的穆斯林商人是整个印度洋地区主要的航海者。1490 年前后，艾哈迈德・伊本・马吉德（Ahmad Ibn Majid）写成了他的《航海原理及准则》（*Fawai'd*），这是一本著名的航海手册，记载了详细的航海天文知识。历经 16 世纪直至 18 世纪末期，航海技术得到改进，贸易网络不断扩大，使得人们不再注重小宗奢侈品的贸易，转而重视香料以及其他商品的大宗贸易。而朝觐
2559 贸易日益增长，将整个印度洋地区的穆斯林商人引向麦加，朝觐贸易也成为贸易网络中的重要组成部分。

历史学家对近代早期欧洲涉入印度洋的意义仍争论不休。如果真存在某种意义的话，那么在印度洋社会中，大多数平民百姓的生活因此发生的变化可能也只是微乎其微的。欧洲商人的介入并没有引起该地区复杂的贸易网络的崩溃。数世纪以来，经由这些贸易网络与中国进行贸易的意义远高于同欧洲的贸易。

欧洲影响的扩大

17 世纪是欧洲特许公司的时代，这些公司将印度洋的政治集团引向了与欧洲和大西洋世界的正面交锋，这确实改变了贸易网络的范围。欧洲航海者最初是通过海上来到印度洋的，他们的航行是为了绕过陆上商道，另寻新路到达传说中的香料群岛。然而，当他们一遇到印度洋丰富而多样的海上贸易时，他们就介入——通常是武力介入该地区所有主要的网络中去了。当地的贸易和船运并没有消失，而是由于商业资本主义在该地区的扩张而处于混乱之中。虽然贸易最初的动力是香料，但催生这场商业革命的主要商品是棉花与印度洋的纺织品。欧洲对中国茶叶的需求也促进了南亚鸦片的生产。在东南亚贸易鸦片是为了白银和胡椒，商人们将后两者向中国出售以换取茶叶。

印度洋地区所需的欧洲商品为数不多，其中一种就是欧洲的武器；它改变了国家形成过程和摩擦冲突的形态。在东南亚，葡萄牙、荷兰和英国通过武力征服和外交手腕建立起来的贸易港口及殖民地不断增多，肢解着许多现存的海上和陆地帝国，而这些国家随之重组，形成更小的政治实体。这个时代奠定了欧洲直接到此殖民的基础，强化了帝国列强的网络；这些网络改变了整个地区的农作物生产、原材料提取和商品生产形式。总的贸易额急剧上升，不过与中国的贸易联系仍维持着。

当地的船运对于地方和地区贸易至关重要，而且，由欧洲船只控制着的新的跨洋贸易网络，有一部分是依靠印度洋地区的水手来组成其船员的。但当地的船运被限制在了印度洋。非洲、中东和亚洲的船只则无法从印度西部边界绕船去与西非和欧洲直接进行贸易。

到 18 世纪末期，印度洋贸易的范围和规模发生了巨大变化。从 16 世纪中叶开始，荷兰在非洲南端好望角建立起来的殖民地，使得欧洲前往印度洋的船运更加便利。好望角成为印度洋西南地区全新贸易网络的一部分，而该贸易网络的一种主要商品是奴隶。

种植园和全球资本的扩张

大约从 19 世纪开始，东非沿海大部分地区和奔巴岛以及桑给巴尔岛受到阿曼海上帝国的

统治，形成了一个西印度洋贸易网络，从东非延伸到中东和南亚，主要以象牙、丁香种植园生产的丁香和奴隶为贸易对象。马达加斯加群岛和毛里求斯成为欧洲的奴隶-种植园殖民地，不过种植园农业在整个地区都建立起来了。这一时期，印度的茶叶、印度尼西亚的咖啡和印度洋多地区生产的糖成为最重要的 3 种种植园农作物。

18 世纪晚期，英国人已在澳大利亚沿海建立了囚犯殖民地。这为印度洋的贸易和强制移
2560 民增加了又一元素，并且将欧洲征服范围和殖民地扩展到该地区的东部边境。19 世纪，欧洲与印度洋各社会之间直接的殖民和贸易往来愈加密切。南非和澳大利亚都为欧洲移民者所掌握。这些地区的社会越来越融入并依赖于全球资本主义的扩张，或是受到其排斥。由于工业革命刺激了对该地区生产的初级产品的需求，市场上欧洲商品泛滥，当地能与它们竞争的商品生产被强行打断。19 世纪末 20 世纪初，在东印度群岛、印度和锡兰建立起了一系列殖民者的香蕉种植园。

世界范围内劳动力的缺乏促成了一个巨大的国际工人市场，这在印度洋地区又形成了新的网络。虽然最初奴隶是主要的劳动力之源，但 19 世纪时奴隶逐渐获得了独立，这促进了契约劳工的兴起。尤其在印度，该国成为主要的契约劳工输出国，向全世界输送契约劳工。

印度洋地区的新格局

欧洲帝国和殖民地的发展改变了印度洋主要港口和政治集团长期以来的格局。这方面最早的一个案例是马六甲的失势，它在葡萄牙人以及之后的荷兰人的征服之后迅速衰落。荷兰人从 16 世纪中叶开始，有意将贸易从马六甲转移到位于爪哇岛的巴达维亚（今天的雅加达）。孟买的沿海城市或是那些靠近沿海地区的城市，还有马德拉斯、加尔各答，成为英国在东南亚的贸易基地；另一方面，原来的内陆城市如印度的德里、锡兰（今天的斯里兰卡）的康提以及爪哇的日惹的重要性却有所减弱。沿海商业的强化

该图描绘了 19 世纪马来西亚的一个村落，其中有一些马来西亚和中国的商人

也改变了当地国家的侧重点；这些国家过去关注内陆沿河地区，现在则是沿岸地区。

欧洲的殖民者从18世纪末期开始建立了一系列港口城市，强化了这一趋势，如东南亚的槟城和新加坡的建立完全是英帝国的产物。仰光成为英国统治下缅甸的贸易中心，取代了古代产米的内陆城市。在非洲东部和南部，一方面新的港口建立起来，如德班和洛伦索·马贵斯（Lourenço Marques，今马普托 Maputo）；另一方面原来的港口，包括达累斯萨拉姆（Dar es Salaam，在今天的坦桑尼亚）和蒙巴萨（Mombasa，在今肯尼亚），却落入欧洲人的控制中。

技术上的进步和变革

19世纪航海技术上的变革深刻改变了印度
2561 洋贸易网络的维度。铁壳船只取代了木壳船只，但更重要的是汽船逐渐取代了大型的帆船，这就降低了船只对印度洋风向的依赖性，缩短了航行的时间。1869年苏伊士运河开通，使得船只可以通过地中海直接到达印度洋，在该地区又形成了一个全新的贸易网络。汽船刺激了全世界对煤的需求，新的采矿业在南非和澳大利亚等地区兴盛起来。船只设计的改进以及19世纪以来灌装技术和冷冻技术的发展，改变了印度洋的捕鱼业，使其从一个本土的、地方性的贸易发展为国际贸易，并成为全球商业贸易网络的一部分。

20世纪初以石油为燃料的船只取代了汽船，将印度洋地区的石油生产国推向全球的风口浪尖。到20世纪后期，它也将其最南端地区，即南极洲纳入印度洋的网络中来——通过勘探和占领，如若不然就直接开发。石油贸易很大程度上是海上贸易，因此它对船运技术的革新有很大影响。用作特定用途的油轮，还有散装货船和运油轮船，现今构成了世界上运输船只中最大的一部分。从20世纪50年代以来，油轮的规模和容量成倍增长，从46 000吨增长到了555 000吨。

航空技术的进步最初是由全球战争的升级推动的，从20世纪中叶开始，航空技术的进步已成为全球化的主要动力之一。印度洋贸易和移民网络的扩大，开始涵盖空中路线。飞机使得这些网络超越了地理和海洋的阻隔，印度洋地区的货物及乘客的空运能力也在持续快速增长。与其他任何一种交通工具相比，飞机能更快地把人带向更远的地方。这一点促进了移民和旅游业的发展，后者成为整个印度洋地区一个重要的经济行业。虽然在印度洋地区本土的船运技术并未完全消失，但它们已被这些运输方式的革新边缘化了。

第二次世界大战结束至今

到20世纪末，所有印度洋国家全部摆脱了殖民统治而获得独立。第二次世界大战是这一趋势的重要推动因素，标志着该地区进入了一个新的起点。英国和荷兰聚焦于欧洲的战争，附上了其殖民地作为代价。欧洲和印度洋地区的交流往来被迫中断；日本在东南亚大肆扩张，包括入侵新加坡、印度尼西亚和缅甸，以及各国民族主义纷纷兴起，推翻了殖民统治。印度民族主义者要求独立，结果1947年印度分裂为两个独立的国家，即印度和巴基斯坦。随后，1971年孟加拉国，即从前的东巴基斯坦，脱离巴基斯坦独立成国。到1970年代，非洲的殖民地也纷纷取得独立。

冷战改变了印度洋国家地缘政治的意义，将美国和苏联势力引入印度洋的政治集团中。中东产油国成为全球的一个焦点，其民族主义政府成为各国密切关注的对象。全球地缘政治网络，如1955年发起于印度尼西亚的不结盟运动，试图为新兴独立国家提供一个冷战阵营之外的国际组织。1960年在巴格达建立的石油输出国组织(OPEC),是一个针对那些至今未从其资源中获利的生产石油国的全球性组织。中东国家和印度尼西亚是其创办国成员。暂不提这些运动和组织,印度洋地区的各国还未形成它们自己的地区性组织。2002年,非洲国家在解散了的非洲统一组织(1963—2002)基础上建立起了非洲联盟(African Union)。东南亚国家有其专属的东南亚国家联盟(ASEAN),建立于1967年。全球化进程持续加速,并且印度洋贸易网络在大多数情况下都能融入这一趋势。

进一步阅读书目: 2562

Barendse, R. J. (2002). *The Arabian Seas: The Indian Ocean World of the Seventeenth Century.* Armonk, New York: M. E. Sharpe.

Chaudhuri, K. N. (1990). *Asia before Europe: Economy and Civilization of the Indian Ocean from the Rise of Islam to 1750.* Cambridge, U. K.: Cambridge University Press.

Hall, R. (1996). *Empires of the Monsoon: A History of the Indian Ocean and Its Invaders.* London: Harper Collins.

Kearney, M. (2004). *The Indian Ocean in World History.* NewYork: Routledge.

McPherson, K. (1993). *The Indian Ocean: A History of People and the Sea.* Delhi, India: Oxford University Press.

Middleton, J. (2004). *African Merchants of the Indian Ocean: Swahili of the East African Coast.* Long Grove, IL: Waveland Press.

Pearson, M. N. (2003). *The Indian Ocean.* New York: Routledge.

Risso, P. (1995). *Merchants and Faith: Muslim Commerce and Culture in the Indian Ocean.* Boulder, CO: Westview Press.

Scarr, D. (1998). *Slaving and Slavery in the Indian Ocean.* London: Macmillan.

凯瑞·沃德(Kerry Ward) 文
汪 辉 译,刘文明 校

Trading Patterns, Mediterranean 地中海贸易模式

从公元前2000年到公元20世纪初,地方和区域的海上交通线一直是地中海群岛和沿岸居民的生存命脉。纵横于地中海盆地的长途贸易极大地并持续地影响着跨文化的互动。 2563

地中海由地球深处挤压而形成,它是3块大陆的天然分界线。然而,自从航海技术发明以来,这片水域实际上促进和维持了各种形式的跨大陆经济、文化交流。事实上,历史学家认为地中海及其腹地构成了一个历史单元。尤其是贸易将该地区联成一个休戚与共的整体,使我们可以将其称为一个地中海的"世界"。

贸易的作用是基础性的。一些港口城市(如巴塞罗那、亚历山大里亚、推罗)或是拥有附属港口的城市(如佛罗伦萨-利沃诺)统治着地中海世界。公元前5世纪的雅典和罗马尤其依赖谷物的进口,两地分别从黑海和北非进口粮食,当常

规的粮食进口源受到威胁时，地中海总能提供通向新粮食源的快捷途径。

环境特点

地中海地区为水手们提供了相对有利的航行环境。比如和大西洋相比，地中海一年四季的气候要温和得多，风较小且无骤大骤小的急剧变化。商船出现之前，海运航行通常是在3月到10月间进行的，这时天气条件更为温和，且晴朗的天空和清晰可见的星辰也便利了航行。在整个地中海世界，风向和洋流决定了长途贸易路线的总体格局，其中主要的洋流是沿着整个海盆逆时针方向流动的。地中海每年流失的水的71%来自大西洋，大西洋的水经过直布罗陀海峡推动洋流沿北非沿岸向尼罗河三角洲方向流动，继而沿叙利亚—巴勒斯坦海沿岸被迫向北移动。到达南欧的洋流顺着南欧海岸线（包括亚得里亚海）返回直布罗陀海峡。整个航海季的盛行风从西北和东北刮过来，这就意味着航海时不得不克服与航行方向相反的风和洋流。北地中海地区，船只在东至塞浦路斯、西到巴利阿里群岛的众岛屿间航行，以此来避免潜在的危险。中世纪结束以前，地中海贸易遵循的主干路线或多或少都克服了主要洋流和方向的变化无常。

长途运输似乎更钟情于北部的海岸条件。北非沿海缺乏天然港口，并且暗礁、沙滩密布，危险重重，但是当时世界上最为强大的海上势力（如腓尼基、迦太基、阿拉伯、阿尔及利亚的海盗等）将其充分利用起来。相比之下，北部海岸却有着得天独厚的条件，水深而且水面开阔。大小不同的船只都能找到修船厂、深水港等密集的基础设施，以及其他从直布罗陀到黎凡特（沿地中海东海岸分布的地区）的港口设备。

史前和古代时期

在论及贸易模式时，历史学家倾向于强调 2564
长途商业冒险，但是在地中海世界，正是较为地方化的活动奠定了地中海经济生活的基调。即便是最大的港口，诸如近代早期的伊斯坦布尔和那不勒斯，其兴起与繁盛也是由当地船运的熙攘来往、日复一日而形成的。这种小规模的贸易主要以沿海贸易为主要特征，即小型货船自由航行出售货物，其航行路线无法确定且总在变化。沿海航行贸易比陆上运输花费低廉、效率更高，它常承担起大部分货物的全面运输工作。地中海世界的活力与凝聚力的形成可能更有赖于这种地方贸易模式的全部影响——其影响无法量化，也不可预计——而不是大规模的航运。

区域水平的贸易可以追溯到新石器时代（在第一批与航海家有关的遗迹中，我们推算出可能早在公元前2000年就有了航海贸易）。考古学家已发掘出的贸易港口遗址表明，希腊本土与克里特岛以及安纳托利亚（现代土耳其）之间存在着一条联系彼此的海路。埃及与美索不达米亚之间经由黎凡特沿岸港口城市的海运交

20世纪90年代的威尼斯大运河河口，是当时对地中海贸易的主要港口

流，可以追溯到公元前 3000 年。金属和奢侈品似乎是最有价值的贸易商品：埃及和美索不达米亚互换黄金与白银。到青铜时代（前 2500），一个庞大的海运网络形成了。克里特岛、塞浦路斯、埃及和黎凡特都被纳入这个贸易网络之中。公元前第 2 个千年，克里特文明和迈锡尼文明创建了海上贸易帝国，并通过在地中海其他地区的贸易殖民活动将二者联系起来。现已在西西里岛、撒丁岛和意大利本土发现了迈锡尼的殖民地遗址。

公元前 1200 年左右，青铜时代的贸易网络以及地中海东部的国家和城市都神秘消失了。公元前 1000 年前后腓尼基人复兴了海上贸易，建立起横跨地中海的贸易帝国，卓有成效地组建了地中海首个贸易体系。他们从远在西班牙的里奥・廷托获得金属原料，然后运往黎凡特换取手工制品和奢侈品获利。腓尼基人通过殖民和商业网络控制着地中海，贸易成了传播腓尼基文化的渠道，特别是在北非和西班牙南部。大约从公元前 8 世纪开始，后起的希腊人开始与腓尼基人竞争，希腊人沿用腓尼基人的模式，主要在地中海北部海岸建立国家和商业中心，并向西延伸至普罗旺斯和加泰罗尼亚。希腊文化成功地在黑海和安纳托利亚沿海、西西里岛西部以及意大利西南部沿岸扎下根来。

从公元前 3 世纪中叶开始，地中海的政治中心逐渐从黎凡特向意大利中部转移。公元第 1 个千年伊始，罗马军团就征服了整个地中海世界，将其变成了他们自己的海（*mare nostrum*，意为“我们的海”）。罗马帝国未能发挥作为一个连贯严密的经济体系的作用，但该地区在罗马帝国统治下所发生的一些改变使其自身全面受益：海盗受到了抑制，在一套法律制度下商人们进行经营活动，并且罗马人建立了一套完全货币化的经济制度。海洋考古学家认为数量相对庞大的船只残骸遗迹可以追溯到公元前 100 年到公元 300 年，这意味着在中世纪晚期之前，如此规模的贸易活动是空前绝后的。250 吨到 400
吨之间吨位的船只十分常见，许多这样的船只 2565
为罗马城运输其需求巨大的谷物。这些谷物大多是由城邦征集供给的，若非如此，罗马国内和对外贸易就会被私人利益所把控。显然，罗马帝国最富有与最具活力的城市和边疆地区位于或是靠近地中海海岸。

关于地中海地区上古晚期和中古初期的贸易证据零碎且不具说服力。尽管新的考古证据在急剧增加，但就地中海所经历的长期经济萧条程度而言，学者们仍不能达成一致。当然，大规模贸易持续到 6 世纪中叶之前，到 10 世纪才又振兴起来。然而，长期以来作为地中海世界活力之源的地方贸易活动混乱瓦解的原因，似乎并不是罗马帝国的分裂、阿拉伯人的入侵、海盗的再次猖獗或是瘟疫的爆发。它在许多城市中保留了下来，特别是在意大利和地中海东部的城市中，在这些地方，海上活动仍和过去一样举足轻重。基督徒和穆斯林前往耶路撒冷和麦加的朝觐之旅，现

希腊雅典的现代市场，拍摄于 2003 年，在此可俯瞰发掘出来的古代市场（城市广场）的遗址

在成为海上航运中又一新的特色。尽管伊斯兰教与基督教势力之间的冲突时断时续，但在大多数地中海港口城市中，总能发现基督徒、犹太人和穆斯林商人间进行买卖贸易的身影。地中海也是横穿伊斯兰世界沟通联系红海和印度洋的重要通道。

城市国家的兴起

11世纪是意大利城市国家崛起并取得优势地位的世纪，特别是威尼斯和热那亚；这些城市国家逐渐带动了大规模海运贸易复兴。十字军东征(1096—1291)给伊斯兰世界和拜占庭帝国带来动荡和骚乱，威尼斯与热那亚趁机获得了贸易特权和殖民地，为自身在地中海建立贸易霸权奠定了基础。它们的平底长桨帆船极易操控，其重货运输船又形成了另一优势。更为关键的是，热那亚和威尼斯的国家政权在组织海上贸易、调节商业活动和应对挑战方面发挥了重要作用。例如，14世纪时，这些城市国家就在国家的监督指导下引进了一系列价格更为低廉但效率更高的平底帆船以及载货的弧形帆船，以此缓解成本危机，并有效地刺激了更大规模的海上活动的发展。另外，意大利人发展出更为精细复杂的金融方法来支撑商业运作；到15世纪，大型的商业运作由一些公司和银行机构来进行(如美第奇家族)。15世纪末期，威尼斯和热那亚掌控了地中海地区的商品、朝觐者和奴隶的流通运输，并在联结欧洲和东亚(通过丝绸之路)以及印度洋贸易网络的贸易链中成为重要一环。

列强的统治

自16世纪开始，地中海成为比其大得多的贸易区的附属地区，尤其是大西洋贸易区。奥斯曼帝国以及一系列基督教国家开始与西班牙及后来的法国、荷兰、英国争夺这一地区的统治权，但没有一个国家将自己主要的财富源置于这片区域。地中海世界失去了它的优势，自此之后，其历史也遭到了历史学家们的冷遇。虽然地中海民众的生活比过去愈加充满变数，但这片海域还是一如既往地滋养着这个世界中的城市 2566
村镇。事实上，近代早期的很长一段时期内，地中海世界似乎是独立的。大量基督教和伊斯兰教武装横行，奴隶贸易泛滥，这样令人不快的现象始终是地中海势力再划分系统中的组成部分。在这段时期中，一种新型的港口城市兴起了，如利沃诺和士麦那；它们相对摆脱了传统贸易活动和政治权威的束缚，不顾信仰差异，接纳外国人；它们还像海盗一样洗劫掠夺。

到19世纪，特别是随着1869年苏伊士运河通航以来，地中海成为列强争夺的对象。19世纪80年代，英国、法国、美国和德国等国在地中海地区进行商业和金融投资，主要集中在埃及和奥斯曼帝国。贸易蓬勃发展起来，港口快速增长，各种语言文字的港口熙攘繁忙，如士麦那、萨洛尼卡、亚历山大里亚、海法、苏伊士、贝鲁特等。北欧人去地中海的旅行也更加频繁，特别是在30年代马格里布的海盗被清除后。到这一世纪末，有大量中产阶级旅行者前往埃及、希腊和罗马的名胜古迹参观游览。

现代时期的蒸汽船和旅游

地中海贸易就其更广泛的历史而言，也许最重要的发展就是蒸汽船的引进，它在19世纪末取代了传统的航海船舶。自此之后，陆上和空中的交通运输又削弱了地中海海运的重要性，不过机械化的船只仍在向岛民运送粮食和运载游客中起着重要作用。油轮和豪华游轮已成为地中海公海中又一为人熟知的特点。20世纪后期，这片海域作为财富之源发挥着新的作用。1973年有6 000万游客在地中海沿岸消暑度假。

随着低价包团旅游的兴起和从1980年代开始的滨海旅游设施的快速发展，游客人数急剧增长，滨海旅游已成为希腊、土耳其和西班牙国民经济收入的一项重要来源。在可预见的未来，运载来此旅游休闲的游客的交通航运将会主导地中海贸易模式。

进一步阅读书目：

Abulafia, D. (Ed.). (2003). *The Mediterranean in History*. London: Chatto & Windus.

Attentborough, D (1987). *The First Eden: The Mediterranean World and Man*. London: Collins/BBC.

Blake, E., & Knapp, B. (Eds.). (2005). *The Archaeology of Mediterranean Prehistory*. Malden, MA: Wiley-Blackwell Publishing.

Braudel, F. (1972). *The Mediterranean and the Mediterranean World in the Age of Philip II*. London: Fontana.

Greene, M. (2000). *A Shared World: Christians and Muslims in the Early Modern Mediterranean*. Princeton, NJ: Princeton University Press.

Harris, W.V. (Ed.). (2005). *Rethinking the Mediterranean*. Oxford, U.K.: Oxford University Press.

Horden, P., & Purcell, N. (2000). *The Contentious Sea: A Study of Mediterranean History*. Oxford, U.K.: Blackwells.

Inalcik, H., et al. (1994). *An Economic and Social History of the Ottoman Empire, 1300 – 1914*. Cambridge, U.K.: Cambridge University Press.

McNeill, J.R. (1992). *The Mountains of the Mediterranean: An Environmental History*. Cambridge, U.K.: Cambridge University Press.

Pryor, J.H. (1988). *Geography, Technology and War: Studies in the Maritime History of the Mediterranean*. Cambridge, U.K.: Cambridge University Press.

Tabak, F. (2008). *The Waning of the Mediterranean, 1550 – 1870: A Geohistorical Approach*. Baltimore: Johns Hopkins University Press.

尼古拉·杜马尼斯(Nicholas Doumanis) 文

汪 辉 译，刘文明 校

Trading Patterns, Mesoamerican 中美洲贸易模式

贸易和物品交换等活动在整个中美洲地区(今天墨西哥的大部分地区和美洲中部)由来已久且十分普遍。中美洲的生态环境极为多样化，从潮热的热带雨林到山地高原，这些环境特点促进了区域特色的形成(如秘鲁安第斯地区的纺织品)，并且为相互交换剩余物产提供了契机。 2567

早自公元前1600年开始，随着农业文明的发展，在中美洲(Mesoamerica，该术语指的是今天墨西哥大部分地区和中部美洲北部)的贸易活动就取得尤为显著的地位。这些文明及其相应的经济专门化要求个人或团体用其特色商品交换其他种类的必需品；同时，社会等级的发展促使社会精英们设法获得一些体现社会地位的奢侈品，而这些奢侈品通常来自远方。剩余产品的出现也使得个人能够用多余的产品去换取自身无法生产的产品。这一历程在形成时期(约前

1600—公元250）凸显出其重要性，在古典时期（约250—900）不断增多，在后古典时期（900—1520）逐渐变得高度商业化。形成时期和古典时期贸易活动的证据有赖于考古发现，而后古典时期在阐述贸易模式方面存在大量史料，补充着考古学上的证据。

贸易类型和商人

中美洲的贸易是多层面的：既有长途的，又有短程的；其中既含有生产者、职业商人，又有社会精英；贸易商品中有实用性的物品，也有奢侈品；开展的地点既有大众市场，也有王室宫廷。

长途贸易通常由全职商人所掌控。由于缺乏驼畜，加之轮子还未用于实际生活中，所以中美洲的运输体系依赖于人力和独木舟，但适于航行的河流少之又少。一个男人能够负载20千克的货物，用一根宽背带经过前额绕到后背来固定背上的货物，并且根据地形地势的平坦程度，每天可行进24千米左右的路程。大多数长途贸易都以这样的方式进行，以重量轻、小宗且价值高的商品作为贸易对象，如羽毛、宝石（绿松石和翡翠等）、黄金饰品、贝壳及用作装饰的纺织品。在形成时期以及古典时期的玛雅，诸如此类的商品被贵族阶层用于显耀社会地位和礼节仪式中；社会精英掌握着这类贸易，其核心在于满足精英的消费并受控于精英，可将其定义为“声望商品经济学”。在更为商业化的后古典时期，中美洲的职业商人既充当国家代理人，又是个体商贩。在玛雅地区（今天的墨西哥南部、危地马拉和伯利兹），商人似乎属于社会精英行列；而在墨西哥中部，他们即便野心勃勃，也只是一群从事特定行业的平民百姓。在阿兹
2568 特克帝国时期（1430—1521），这类商人属于一个类似行会的团体，他们在政治上获得了相当的青睐，经济上十分富有。

很多贸易是区域性质的，其包含的商品重量较大、数量多且价值高。专门生产某种产品的地区通常将其产品运往其他地区出售；那些地区的生态环境与前者不同，又急需前者的商品和原料。最常见的商品有盐（尤其产于尤卡坦北部）、可可（产于沿海和南部低地地区）、橡胶（也产于低地地区）、原棉（产于沿海地区和内陆海拔900米以下的地区）以及黑曜石（产于山区特定的火山岩层）。中美洲几乎普遍使用这些物资：盐用于食用，可可是精英和礼仪中所需的饮料，大众球类游戏和宗教仪式中要用到橡胶，服装和其他纺织品中要用到棉花，黑曜石则用于各种用途的切割工具和兵器中。一些制成品也可归入这一类商品中，其中包括用棉花或龙舌兰（从龙舌兰植物中提取的纤维）织成的素色纺织品、纸、芦苇席和葫芦碗。一些不同种类的商品也可划入这一类商品中，如绘有彩色花纹的陶器相对较重，但比起以这种方式运输的其他商品，它的价值可能较高。这类天然的和制成的商品的运输通常掌握在当地职业商人手中；不过也有后古典时期的史料表明，实际的生产者有时也会背负着自己的产品专门去其他生态区交易。几乎所有这些商品的运输都途经高地深谷，因而在运输中要消耗相当大的精力。

个体生产者也从事着大量的贸易活动，其中大多数涉及的距离有限。贸易类型多为食品，如玉米和豆类，其量重、体积大并且价值较低；将这些商品纳入长途贸易范畴中是不值得的。另外，类似的商品还有实用的陶器和木制品。个体生产者也利用市场等机构来售卖小批量的日常或季节性剩余物产，如陶器、篮子、草药、水果、火鸡和一些加工好的食品（如玉米烙饼和玉米粉蒸肉）。

市场

贸易活动最普遍的开展环境是市场。每一座城市以及每一个聚居区（除了最小的那些）都

有一个市场,或每天或定期(通常每隔 5 至 20 天)开市。开市那天通常是一个聚居区中最热闹的一天,各行业的人集聚于此,互换物产,互通消息。阿兹特克帝国统治时期,中美洲最大的市场在特拉特洛尔科发展起来,同时它也是从事长途贸易的职业商人的一个主要聚居区。到 1579 年,无论是地理上还是政治上,特拉特洛尔科都从属于特诺奇蒂特兰,即阿兹特克(墨西哥)的首都。据说这里的市场每天接待多达 2 万至 2.5 万名的商贩和买家,到每隔 5 天召开的大市时更能够容纳双倍的人口。作为陆上最大的市场,这里几乎能找到各地生产的每一种物产和商品。其他的市场规模小一些,受惠人口较少,鲜有精英参与,并且分布地区更为有限。还有一些市场因其特产而闻名于众,如特斯科科湖畔以陶瓷、织布和优质瓜类物产著称;林木繁盛的科约阿坎以木制品和木工为主要特色;阿科尔曼(Acolman)的盆地城市以狗类而闻名;还有墨西哥盆地西部的阿斯卡帕萨科,那里有一个著名的奴隶市场。

后古典时期这些熙攘繁华的经济和社会活动场景已十分普遍,不过它们很可能在更早的时候就已经形成了。在考古中难以发现市场的遗迹,因为市场常常是在开阔的广场上,而且一旦集市结束,广场就会被清扫干净,复归其原本的用途。因此,形成时期和古典时期市场的信息模糊不清且零星不全。然而,关于后古典时期和早期殖民时期的市场,可以在补充考古记录的历史文献中找到大量信息。

2569 至少从后古典时期开始,中美洲的市场就充当起各种物产和手工制品买卖交换的集散地。长途贸易的职业商人为了自己的经济利益往来奔波于各地,买卖兜售本地的或外国的奢侈品,市场也常常成为他们艰苦跋涉、漫漫长路中的歇脚地。地方商人带着他们的特产千里迢迢前往其他生态区时,也十分依赖这为数众多的市场。最后,同样重要的是个体生产者通过市场买卖以保持他们物质生活的丰富性,无论是为了维持其基本的生计,还是为了提高生活质量。而且在任何一个市场中都能看到贵贱不同的商品、精英与大众消费者、当地和外来商贩贾客以及待售的寻常货物和异乎寻常的货物。

市场不仅仅是一个经济交流场所,也是各种最新消息和谣言的散播之地。实际上,在阿兹特克帝国统治时期,皇帝会派遣一些特定的职业商人走访各个市场,让他们伪装成当地商人;这些商人的目的就是去打探当地政治和军事方面的情报。

当地的城邦国家也从活跃的市场中获利不少,通常的方式是向商贩征税。在特拉特洛尔科市场能见到一种不同形式的外部参与;在这里,职业商人监督市场的运营,他们坐于市场中,像法官一样裁决与市场有关的犯罪和争论。

交换的媒介

至少到后古典时期,特定交换媒介的广泛使用促进了贸易的发展。最为常见且价值最小的交换媒介是可可豆,在市场的物物交换中它们充当"零钱"来均衡双方货物价值的不对等。尽管在西班牙人统治之前的时间里,可可豆的实际价值是不为人知的(并且可能是波动起伏的)。殖民时期可可豆的价值可能具有一定代表性:200 个可可豆能换 1 只公火鸡,100 个可可豆换 1 只母火鸡,30 个可可豆换 1 只小兔子,3 个可可豆换 1 个火鸡蛋,1 个可可豆可换 1 个大的西红柿或者玉米粉蒸肉。虽然价值相对较低,但可可豆的价值仍足以引起对它的频繁伪造。

大块的素色棉斗篷是另一种常见的货币形式,其价值高于可可豆;根据可可豆和斗篷质量的优劣,一件斗篷的价值约为 60 到 300 个可可豆不等。斗篷也具有各种交换功能:可以用来赎买某些奴隶,购买土地,以及从盗贼那儿获得斗篷作为赔偿。如果用这些斗篷来衡量一个人基本的生活标准(可能只是一个普通人的),一个人一年需要20件斗篷来维持生计。因而在经济系统中这些斗篷充当着一种价值尺度。

史料中记载的其他交换媒介还有墨西哥中部涂有金粉的成支的羽毛、铜贝壳、石珠和中美洲南端的薄铜斧。这些货币形式的信息全部指向高度商业化的后古典时期;至少在更早的时期这些交换媒介使用的范围如何,现在仍不清楚。虽然其他货币形式都迅速消失了,但可可豆作为交换媒介一直延续到西班牙殖民统治时期。西班牙铸币与可可豆并行,并逐渐取代了后者。

国际贸易中心

另一重要的贸易集散地是国际贸易中心。这些中心通常位于主要城邦国家之外或其边缘地区,吸引着各地的长途贸易职业商人。在这里,商人们能找到种类相当丰富的商品,并且在从事大量高价值贸易时受到的政治环境束缚相对较少。尽管它们可能在中美洲史前时期就已形成,但在商业化的后古典时期才变得极为重要。在整个中美洲的高原或是低地,都能发现
2570 这类中心的存在。无论它们位于什么特定地区,总是地处两个政治集团或生态区之间的战略位置上,并沿着便捷的商路分布,如陆上的、河流水系的或是海岸附近。虽然表面上这些中心似乎只是职业商人们从事高端经济活动的专门场所,但它们也是那些较为地区性和本土化的贸易活动的温床。

职业商人

毋庸置疑,中美洲职业商人的历史悠久。后古典时期之前,对于他们并没有特别的记录;不过,早在形成时期,精华商品,如贝壳和精美的石头要经过长途运输。虽然这种贸易可能通过这种方式展开,即一个接一个传递着商品并最终将其送到最后的目的地;但是,这些商品与社会地位相关的性质说明,一种更加集中化甚至受控于政治并由政治催生的贸易方式产生了。古典时期,服务于社会精英的奢侈品长途贸易延续了下来(很可能还是由职业商人或是精英们自己从事的);同时,这一时期更广泛的消费品交换有所增长,如用作烹饪、储物和吃喝的陶器,用来磨削的岩石,用作工具和兵器的黑曜石。在后古典时期,职业商人取得了前所未有的财富和政治影响。阿兹特克时期,在墨西哥盆地,职业商人被组织起来形成了他们自己的城市行政区或卡普里(*calpulli*)。卡普里类似行会,其成员拥有一些专属的权利,内部实行等级制,设立了一系列特定的法律和法典;它有能力管理其自身的贸易活动并从中获利,并且和国家建立起了有利于自身的关系。职业商人通过其贸易征程带回商品来为国效劳;他们将这些商品作为外交礼物送给那些未被征服国家的统治者,或用在可为国获利的谈判中。如前面所提到的,职业商人也充当间谍,在其远程的贸易行程中打探消息为国效力。作为私营商人,他们获得的财富超过了其社会地位;作为国家代理人,他们受到统治者的尊敬,但是在其国家之外他们往往受人轻视。事实上,阿兹特克帝国向外征服的一个主要动因是由于其职业商人常常受到袭击并且被杀害。

中美洲贸易的意义

纵观西班牙人到来之前的中美洲历史,贸易发挥了若干重要的作用。它为均衡各地生态和季节上的差异提供了平台,使得中美洲各地的家庭能获得种类繁多的商品。贸易是生产专业化的产物,由此,一个专门生产某种产品的人可以保证其产出的市场销路,并能得到其他必

需的商品。绵延广布的贸易网络为中美洲的社会精英们提供着稀有且昂贵的商品，他们努力在外表上巩固自己崇高的社会地位。另外，一个更重要的意义在于，贸易将广阔的各区域整合到一个相对持续且可预料的商品、信息和社会交流联系中。

进一步阅读书目：

Anderson, A. J. O., Berdan, F., & Lockhart, J. (1976). *Beyond the Codices: The Nahua View of Colonial Mexico.* Berkeley and Los Angeles: University of California Press.

Andrews, A. P. (1983). *Maya Salt Production and Trade.* Tucson: University of Arizona Press.

Berdan, F. (1985). Markets in the Economy of Aztec Mexico. In S. Plattner (Ed.), *Markets and Marketing* (pp. 339 - 367). Lanham, MD: University Press of America.

Berdan, F. (2005). *The Aztecs of Central Mexico: An Imperial Society* (2nd ed.). Belmont, CA: Wadsworth.

2571 Blanton, R. E., & Feinman, G. M. (1984). The Mesoamerican World System. *American Anthropologist, 86,* 673 - 682.

Brumfiel, E. M., & Earle, T. K. (Eds.). (1987). *Specialization, Exchange, and Complex Societies.* Cambridge, U. K.: Cambridge University Press.

Columbus, F. (1959). *The Life of the Admiral Christopher Columbus by His Son Ferdinand* (B. Keen, Trans.). New Brunswick, NJ: Rutgers University Press.

Fields, V. M., & Zamudio-Taylor, V. (2001). *The Road to Aztlan: Art from a Mythic Homeland.* Los Angeles: Los Angeles County Museum of Art.

Hirth, K. G. (1978). Interregional Trade and the Formation of Prehistoric Gateway Communities. *American Antiquity, 43*(1), 34 - 45.

Hirth, K. G. (Ed.). (1984). *Trade and Exchange in Early Mesoamerica.* Albuquerque: University of New Mexico Press.

Hodge, M. G., & Smith, M. E. (Eds.). (1994). *Economies and Polities in the Aztec Realm.* Albany, NY: Institute for Mesoamerican Studies, SUNY, Albany.

Lee, T. A., & Navarrete, C. (Eds.). (1978). *Mesoamerican Communication Routes and Cultural Contacts* (Papers of the New World Archaeological Foundation, No. 40). Provo, UT: New World Archaeological Foundation.

Masson, M. A., & Freidel, D. A. (2002). *Ancient Maya Political Economies.* Walnut Creek, CA: Altamira Press.

McKillop, H. (2005). *In Search of Maya Sea Traders.* College Station: Texas A & M University Press.

McKillop, H., & Healy, P. (Eds.). (1989). *Coastal Maya Trade* (Trent University Occasional Papers in Anthropology, No. 8). Peterborough, Canada: Trent University.

De Rojas, J. L. (1998). *La moneda indígena y sus usos en la Nueva España en el siglo XVI* [Indigenous Money and Its Uses in Sixteenth-century New Spain]. Mexico City, Mexico: Centro de Investigaciones y Estudios Superiores en Antropología Social.

De Sahagún, B. (1950 - 1982). *Florentine Codex: General History of the Things of New Spain* (A. J. O. Anderson &C. E. Dibble, Eds. and Trans.). Salt Lake City: University of Utah Press.

Smith, M. E., & Berdan, F. (Eds.). (2003). *The Postclassic Mesoamerican World.* Salt Lake City: University of Utah Press.

弗朗西斯·伯丹(Frances Berdan) 文
汪　辉 译，刘文明 校

Trading Patterns, Pacific 太平洋贸易模式

2572 人们曾经认为太平洋是交流中的一个巨大障碍(这点可以理解),因为它占据了地球表面 1/3 的面积。但是事实上从 16 世纪以来它促进了贸易的发展,尤其是香料、白银和丝绸的贸易。

太平洋占据着地球面积的 1/3 以上,比所有陆地面积的总和还大,并且约等于所有其他海洋面积之和。太平洋的面积约是大西洋的两倍,水量也是后者的两倍,甚至更多。考虑到太平洋如此巨大,观察者们传统上将其界定为互动交流的一个巨大障碍就不足为奇了。同时,他们认为有意义的、持续的跨太平洋活动只是从现代(可能是第二次世界大战之后)才开始的,并且是史无前例的。但这一类传统观点是错误的:重要的跨太平洋或太平洋内部的互动从 16 世纪起就已经开始进行了。航海技术得到改进后,海洋成为交流的高速公路,而非障碍。例如,在旧金山淘金的人赚取了异常多的财富,促使这些富足的所有者曾经一度到中国广州去消费。数世纪以来,对于太平洋的历史来说,对港口(或至少是靠近港口)的控制就显得至关重要。

香料以及欧洲人的到来

穆斯林商人于 9、10 和 13 世纪分别在中国广州、印度古吉拉特邦和苏门答腊建立起了自己的贸易点。16 世纪葡萄牙人和西班牙人到来时,马六甲、棉兰老岛和摩鹿加群岛(香料群岛)还是伊斯兰世界苏丹们的领地。另外,奥斯曼(土耳其)、萨非(波斯)和莫卧儿(印度)三大伊斯兰帝国是太平洋诸岛与欧洲市场之间的联系纽带。在 16 世纪之前,威尼斯人是将亚洲香料输入地中海盆地的主要市场势力。

葡萄牙人谋求亚洲的香料。1511 年阿尔布克尔克(Albuquerque)征服了马六甲,该地区是维系南中国海、印度洋和香料群岛之间贸易网络的战略中心。在此基础上,随后葡萄牙人在中国沿海地区(澳门)和日本(长崎)建立了一些贸易港口。葡萄牙人先欧洲各国一步,在此建立起印度洋与太平洋间巨大的交流网络。虽然 16 世纪上半叶,葡萄牙人的船只运载的胡椒和香料占据了欧洲近一半的消费量,但同时阿拉伯、印度和马来西亚的商人们仍在印度洋贸易中占有举足轻重的地位,他们经由红海、波斯湾和其他传统商路,将香料运到地中海盆地。

麦哲伦为了寻找其他通向摩鹿加群岛的路线,于 1521 年穿越太平洋,西班牙帝国的势力随之渗入太平洋。虽然最终返回西班牙的只是麦哲伦船队中极小的一部分(几分之一),但他们带回去的香料价值 50 万比索,总体上是盈利的。因此,西班牙人确信将墨西哥的白银运送到菲律宾群岛后,等待他们的将是巨大的利益。然而,随后的 40 多年却不是那么尽如人意,因为强劲的西风和洋流阻碍了由太平洋亚洲海岸向美 2573
洲的航行。1565 年,米盖尔·洛佩斯·德·雷加斯比(Miguel Lopez de Legazpi)最终成功地沿着日本以北的航线,到达美洲沿岸,并沿其南下抵达阿尔普尔科,随后马尼拉大帆船沿着这条路线航行了 250 年(并且今天想要节约燃料的船只仍沿用这条航线)。雷加斯比在菲律宾的宿务岛建立起了第一个西班牙人永久居住点,但是在 1571 年他放弃该岛,转而钟情于马尼拉海湾

吕宋岛优良的天然港口。中国的帆船贸易取道马尼拉海湾，中国的介入显示了经由宿务岛的香料贸易的衰落，但是白银-丝绸贸易却方兴未艾，制造着巨大的商业利润。

16世纪以前，中国与菲律宾的关系是怎样的呢？982年菲律宾商人抵达广州。中国史书上记载着，12世纪时菲律宾商人从海上对福建沿海的一个小村庄发动了一次劫掠。1406年菲律宾外交使臣前往永乐皇帝的皇宫"朝贡"。菲律宾群岛之间以及周边的东南亚国家（还有日本）的商业也繁荣发展。就像菲律宾的绝大多数地区一样，到16世纪时，"马尼拉地区"也已经在宗教和文化上伊斯兰化了。

1619年荷属东印度公司将总部建在爪哇岛上的巴达维亚（今雅加达）。这一战略位置地处巽他海峡，从这里开始，荷兰人取代了葡萄牙人，开始主宰利润丰厚的香料贸易。

白银和跨太平洋贸易链

地质构造力的作用形成了太平洋边缘地区的起伏山峦，即太平洋火山带，其中蕴藏着丰富的金属矿藏。这些山区地带以及太平洋诸岛的特点就是地震和火山活跃。太平洋地区经济和社会中心的许多共同特征都最终源于其地质历史；并且从16世纪中叶到18世纪中叶，在影响太平洋贸易关系的诸多因素中，金属的生产和运输最为关键。

1571年马尼拉建城之后才有了亚洲与美洲之间往来不断的贸易。美洲和中国之间直接的物质交流骤然剧增，这有赖于两种行业：西班牙—美洲的白银和中国的丝绸。马尼拉是连通中国与墨西哥的关键。中国商品在阿卡普尔科又被转运到秘鲁和美洲的其他地区（甚至运到西班牙）。抵达美洲的第一批菲律宾和中国移民也搭乘这些帆船而来。

17世纪（直到1815年墨西哥独立战争之后虏获最后一艘帆船，马尼拉大帆船的航行才终结），马尼拉大帆船每年运载约200万比索（即50吨白银）。马尼拉大帆船在太平洋上所运载的白银比葡属东印度公司、荷属东印度公司和英属东印度公司的船运总和还多——它们是亚欧市场之间的主要联系者。

各民族的商人都从中获得高额利润：中国丝绸出口到美洲市场后价格猛涨，同时美洲的白银在中国市场的价值也大幅提高。例如，1630年葡萄牙船只运载的大部分中国丝绸价值150万比索（到墨西哥后价值300万比索），这对大帆船贸易在17世纪已走向衰落的观点是一种有力的驳斥。

马尼拉居民的民族众多：西班牙人的主城（Intramuros，马尼拉中心，有城墙环绕）周围是中国人和日本人，他们彼此分开居住；城中还有一些自由或为奴的黑色人种。耶稣会组织成立了一些团体来调节黑色人种和当地政府的矛盾，然而在1638年政府仍将500名自由黑人驱逐出境，迫使他们漂泊他乡。一些马尼拉大帆船到达阿卡普尔科后就把船上的奴隶卖掉。航行于中国和日本长崎之间的葡萄牙船只上的士兵是非洲人；他们护卫澳门，与荷兰船舰战斗，还活跃于果阿和葡萄牙人其他的居住地。

在墨西哥城的主要广场上，当地政府建立
了一个"八连"（Parian，中国街坊），在这里能够 2574
买到任何经由菲律宾群岛运来的商品。在墨西哥和秘鲁之间的贸易反映出了马尼拉贸易的重要地位。在1634年颁布了一项禁止墨西哥丝绸进入秘鲁市场的法令后，中国丝绸制成品——这种墨西哥和秘鲁之间的贸易商品的价格上涨了90%或者更多。18世纪，在中美洲和秘鲁巡游的西班牙官员汇报说，在利马，随处可见待售的中国瓷器；从智利到巴拿马，无论到哪儿，都能看到中国丝绸在公开买卖或广泛使用。

歌川贞秀(Utagawa Sadahide):《在横滨卸货的西方贸易者》(*Western Traders Loading Cargo in Yokohama*，1861)。这是一组五幅联画中的两幅，画中展示的是满载货物的美国货船停泊在港口，许多劳工从船上背着货物走下踏板

中国和太平洋地区

在亚洲和太平洋地区的经济中，中国占据着中心地位。15世纪早期，中国的大型船舰就已到达非洲和中东。然而之后的发展缺少欧洲式的发展模式，使得学者们将近代早期中国未能实现现代化的原因归咎于国家的干预。这一传统推测并不符合历史事实。16世纪由于中国纸币体系崩溃，中国经济“白银化”，之后商人们就把白银当作货币。随后税收体系中的变革强化了白银在中国经济中的中心地位。因此，白银的进口就形成了中国商业无限扩张的基础。尽管中国官方资助的对外商业中缺乏针对欧洲的商业活动，但近代早期中国的商业网络极为成功，在亚洲地区兴盛一时。

在全球的白银市场运营中，中国是主要的需求方。经过各条海上商路和陆路商道，白银倾入中国，而这仅仅是因为到16世纪末，这种白色金属在中国的价格是世界其他地区的两倍。就供货方而言，1540年在日本、秘鲁和墨西哥发现了极为丰富的白银矿藏，并且技术上的改进进一步削减了开采的成本。中国市场白银价格之高昂以及日本和美洲等地白银生产成本之低
廉，使得全球采矿业达到了前所未有的繁荣。在 2575
这一利润丰厚的贸易中，葡萄牙人一直是中国市场和日本银矿之间的中间商；但到了1639年，日本幕府发布诏书将葡萄牙人驱逐出去，转而支持荷兰人成为中间商（仅限于出岛，即长崎海湾中的一个小岛）。日本从银矿中获得的财富推动了日本的统一，1600年德川幕府统一了日本；同样，美洲银矿的收入增强了资源贫瘠的西班牙的财政实力，使之成为第一个欧洲强国。这两者都有赖于白银在中国市场上的高昂价值。但

鸿鹄之志不仅带我超越前人所及，还将领我远至人之所能至。

——詹姆斯·库克船长(Captain James Cook，1728—1779)

是白银出口盛极百年，前所未有，之后最终达到饱和。即便是在庞大的中国市场也出现了供过于求；白银价格下跌，到1640年全世界的白银价格达到均衡，始于1540年的长达百年之久的“日本-秘鲁白银圈”终结了。利润的不断降低引起了一场世界范围的贸易危机，其阴影笼罩全球数百年。

除了载运大量的白银和丝绸，马尼拉大帆船还充当着一种媒介，通过它将美洲的农作物引入亚洲。新作物如番薯和花生的引进意义重大，因为它们能够在较为寒冷、多岩石和山地的环境中生长。中国很多人烟稀少的地区就是这种环境。中国西部和北部的大片地区现在能够容纳相对稠密的人口了，这在历史上尚属首次。18世纪，中国汉族人口增加了两倍，其疆域面积也扩大了两倍，使得边疆格局急剧重组。中国经济的扩张预示了其国内对白银需求的又一次膨胀。其结果是1700年的白银在中国的价格再次上涨，超过了世界其他地区(这一时期高出50%)。想起从1540到1640年的白银盛况，商人们又一次将白银从廉价的地方运到有利可图的中国市场。美洲白银再次涌入中国，到18世纪50年代引起了中国白银价格的下跌，跌至世界白银价值水平之下。但这次一反常态，白银贸易的巨大利润在50年间(1700—1750)就消失了，而不再是一个世纪。1700至1750年这一时期进入中国的大量白银产自墨西哥银矿。这不仅仅是因为在1860年内华达银矿发现之前，墨西哥是世界历史上银矿储量最丰富的，还由于墨西哥比索在整个太平洋地区的银质货币中占统治地位，包括亚洲沿岸，即从西伯利亚到孟买，还有整个北美。1785年美国国会宣布墨西哥比索(它在盎格鲁-撒克逊国家中称为“美元”)是新生美国的理想货币单元。

太平洋地区的早期联合

虽然在17世纪的最后几年，马尼拉大帆船贸易将关岛(1662)和马里亚纳群岛囊括在内，但它并没有从大陆边缘打破太平洋诸岛间相互隔绝的状态。18世纪中叶(墨西哥白银圈结束)到19世纪中叶(“黄金时期”开始)之间，航海探险如火如荼，加上新的商业机会，这时太平洋地区才走向进一步的联合。虽然早在1669年丹皮尔(Dampier)的航海就发现了澳大利亚，将其纳入世界版图，但是到100年后布干维尔(Bougainville)和库克的大航海才将塔希提、萨摩亚、澳大利亚东部、新西兰和夏威夷加入欧洲人探索的“新世界”名单中，此后，许多与世隔绝的太平洋社会才与世界经济建立了联系，这一点意义深远。1788年一艘英国船舰在澳大利亚开辟了一个囚犯殖民地。

虽然像玉米、马铃薯、花生和木薯(“麦哲伦大交流”)这类美洲作物对亚洲陆上社会的影响巨大，但是1521到1769年之间穿越太平洋的450艘欧洲船只最初对许多太平洋诸岛的生态却没有产生什么影响。库克的航海使得这种影
响急剧增大。与欧洲人接触的第一个后果就是 2576
人口骤减，欧洲人使许多小岛上的人口减少了90%至95%；到1880至1920年左右，人口开始稳定下来，随后才有所增长。疾病、奴役和移民都是引起人口萎缩的因素。劳动移民将病菌散播到太平洋地区。新农作物和外来物种的引进，如食草动物、蚊子和啮齿动物等，改变了岛上的生态环境。澳大利亚和新西兰引进了羊，为其纺织业服务。幸亏奎宁(产自安第斯山脉的树种)的出现，人们才能用其抵御疾病，本地的或亚裔的雇佣工人才能在岛上耕作种植园。

许多人认为欧洲的航海和移民是联合太平洋地区的主要力量，但其实欧洲和美洲的商人只是中国市场和太平洋诸岛生态系统之间的中间人，这大量消耗着岛上的资源。除了捕鲸业，其他消耗资源的生产活动都是直接面向中国市场的。檀香木、海豹皮、海参、龟甲、木材和许多

其他产品都用来直接或者间接（通过西方生产者）交换中国的丝绸和茶叶。有时候一些生态后果也是间接引起的，如为了烘干海参以供出口，人们砍伐森林作为燃料，斐济的森林因此遭到毁灭。19世纪夏威夷国王下令焚烧林木，以辨别檀香木燃烧时散发出来的独特的香气，而檀香木主要是向中国出口的。太平洋地区的各种特产直接进入中国市场，或是拿到其他地区出售，以换取白银（因为中国仍是世界上这种白色金属的最大市场）。各社会与世隔绝千年之久，突然间出现成千上万人需要其脆弱的生态环境的产品，它们因此与世界市场产生了联系。1850年之后，面向中国市场的太平洋的产品相较之从前并未有所减少。1700年以来美国殖民者进口中国商品，并且美国革命之后其东部海岸的商人来到中国广州。1780到1850年之间，美国、英国和俄国的海豹捕猎者在美国的太平洋沿岸巡捕海豹，来满足中国、俄国和欧洲市场上对海豹皮的需求。事实上，西班牙人向北扩张，占领加利福尼亚的海岸，以对抗南扩的非西班牙毛皮商人，尤其是俄国人。到1800年，美国的捕鲸者和海豹捕猎者活跃于南美洲和南极洲沿岸。

黄金时期

太平洋的"黄金时期"开始于1848年加利福尼亚淘金潮方兴未艾之际，并与美国、英国、荷兰和法国势力在亚洲大陆的扩张步伐相一致。铁路在大陆部分铺展开来，将其内陆各地区联系起来，同时汽船技术彻底革新了大陆之间的商业往来。欧洲的蒸汽船和强劲的枪炮在颠覆亚洲现状过程中发挥了决定性作用。1854年佩里（Perry）船长与日本孤立主义统治者德川幕府缔结商业条约，几十年后日本实现了工业化。1894至1895年日本取得甲午战争的胜利，之后于1904至1905年战胜俄国，宣示日本崛起成为一大经济强国；而到1900年东南亚实际上已经处于英国、荷兰和法国殖民统治控制下了。

1757年英印之间爆发的普拉西战役改变了亚洲贸易模式，因为英国开始控制孟加拉的鸦片生产。虽然白银仍是中国主要的进口对象，但是英国的鸦片出口到中国，在营利方面逐渐占据优势。1729到1800年中国进口的鸦片增长了20余倍。1759年中国乾隆皇帝严加限制外国商人进入港口城市广州，外国人只得在政府的管理下才能与中国公司（商行）合作。中国出口丝绸、瓷器和茶叶，需要用白银或鸦片来支付（由于中国几乎不需要其他商品）。这一时期其他地区也生产丝绸，并且德国（1709）和英国
（1742）最终控制了瓷器的生产。然而，茶叶的大 2577
量生产仍被中国垄断着，直到19世纪末荷兰（在爪哇）和英国（在锡兰和印度）成功地培育出茶叶种植园后，这种情况才有所改变。

在中国，鸦片贸易是非法的。当中国政府试图取缔它时，中国与英国（1839—1842）、英法（1856—1858）两国、法国（1884—1885）以及日本（1894—1895）的战争爆发了。从《南京条约》（1842）开始直至1943年，一系列不平等条约主宰着中国的对外贸易。中国的朝贡体系崩溃了，英国占领香港，许多中国港口向外开放成为商业城市，并且鸦片贸易合法化。英国对印度的贸易顺差增强了英国的经济实力，并推动了大西洋经济的发展。19世纪以及20世纪的几十年里，英国货币体系主要以黄金为基础。1851年在澳大利亚发现的金矿，1861年在新西兰发现的金矿，以及印度向中国的出口贸易，为伦敦成为世界金融中心提供了实质性的支持。

19世纪上半叶，英国人活跃于中国沿海地区，与加利福尼亚淘金潮兴起之际美国开始在太平洋扩张是同步的。1850年加利福尼亚成为美国的一个州，俄勒冈1859年加入联邦，成为美国的第33个州，1867年美国从俄国购得阿拉斯加地区。1898年美国兼并夏威夷，同年战胜西

班牙控制了菲律宾群岛。很快欧洲国家将中国划分为若干势力范围。作为应对之计，美国于1900年提出了“门户开放”政策，要求在中国实行贸易开放，但维护中国领土完整和独立。在此声明下，中国市场成为列强竞争的中心。

影响

从16世纪中叶到18世纪中叶，人们常常认为太平洋是一个“西班牙湖”，伊比利亚人在这个世界上最大的大洋的探索极为成功（还有荷兰人、中国人和其他国家的商人），他们控制着进入主要市场地区的重要港口。从18世纪到19世纪的大多时候，许许多多的国家力图在太平洋争得一席之地。19世纪中叶以来，淘金潮催生了若干商业上的联系。工业化淘汰了一部分妄图称霸太平洋的竞争者。第二次世界大战之后，太平洋成了“美国湖”，美国的商业和军事实力主宰着太平洋直至今日。数世纪前的旧格局主要是在回应亚洲大陆的强国中形成的，今天将20世纪下半叶亚洲经济强国的兴起视为该旧格局的重现应是十分有益的。

进一步阅读书目：

Campbell, I.C.(1989). *A History of the Pacific Islands.* Christchurch, New Zealand: Canterbury University Press.

Dudden, A.(1992). *The American Pacific: From the Early China Trade to the Present.* New York: Oxford University Press.

Flynn, D.O., Frost, L., & Latham, A.J.H. (Eds.).(1999). *Pacific Centuries: Pacific and Pacific Rim History since the Sixteenth Century.* London: Routledge.

Flynn, D.O., & Giráldez, A. (Eds.).(2001). *European Entry into the Pacific: Spain and the Acapulco-Manila Galleons.* Aldershot, U.K.: Ashgate.

Flynn, D.O., Giráldez, A., & Sobredo, J. (Eds.).(2002). *Studies in Pacific History. Economics, Politics, and Migration.* Aldershot, U.K.: Ashgate.

Hsu, I.(1983). *The Rise of Modern China* (3rd ed.). New York: Oxford University Press.

Latham, A.J.H., & Kawakatsu, H. (Eds.).(1994). *The Evolving Structure of the East Asian Economic System* 2578
since 1700: A Comparative Analysis. Milan, Italy: Universita Bocconi.

Latham, A.J.H., & Kawakatsu, H. (Eds.).(1994). *Japanese Industrialisation and the Asian Economy.* London: Routledge.

Legarda, B. J.(1999). *After the Galleons: Foreign Trade, Economic Change, and Entrepreneurship in the Nineteenth Century Philippines.* Manila, Philippines: Ateneo de Manila University Press.

Miller, S.M., Latham, A.J.H., and Flynn, D.O. (Eds.).(1998). *Studies in the Economic History of the Pacific.* London: Routledge.

Spate, O.H.K.(1979 - 1988). *The Pacific since Magellan.* Minneapolis: University of Minnesota Press.

Tarling, N. (Ed.).(1992). *Cambridge History of Southeast Asia* (Vols. 1 - 2). Cambridge, U.K.: Cambridge University Press.

von Glahn, R.(1996). *Fountain of Fortune: Money and Monetary Policy in China, 1000 - 1700.* Berkeley: University of California Press.

丹尼斯·弗林（Dennis O. Flynn）
阿图罗·吉拉尔德兹（Arturo Giráldez）文
汪 辉 译，刘文明 校

Trading Patterns, Trans-Saharan 跨撒哈拉贸易模式

2579 虽然撒哈拉沙漠是世界上最大的热带沙漠，但它并非完全寸草不生，因而它对周围人口稠密的非洲地区产生着经济吸引力。在全球经济中，跨撒哈拉贸易尤以黄金和奴隶贸易最为兴盛，骆驼商队无处不在，但铁路和公路出现之后大部分的贸易转向了海洋。

从800年左右到1900年，撒哈拉沙漠一直是全球贸易的一条主要通道。这期间最初的700年，跨越撒哈拉沙漠的骆驼商队是世界经济和主要产金区以及非洲中西部奴隶输出区的唯一联系纽带。即便欧洲航海者到达非洲的大西洋沿岸，破坏了这一垄断局面，跨撒哈拉贸易仍兴盛不衰，甚至有所增长，不过其全球地位在衰减。只有到了20世纪，殖民者的铁路和公路几乎将所有的商业贸易都转向了海洋，撒哈拉贸易才衰败下来，退化到其最初的形式——一种纯粹的地方事务。

早期的撒哈拉贸易

撒哈拉沙漠面积约为500万平方千米，形成了世界上最大的热带沙漠。然而，它并非完全是不毛之地，而是从很早开始就对周边人口较为稠密的非洲地区产生了经济吸引力，即北面的地中海沿岸、东面的尼罗河河谷、南面苏丹中西部大草原（本文所指“苏丹”地区不是指其东面包括今天苏丹国在内的尼罗河地区）。但是古代的撒哈拉贸易，盐、铜、椰枣和一些奴隶的运输只是沿着进出沙漠的一小段路开展，从未南北横穿整片沙漠区域。主要的阻碍是技术上的：马、牛

加泰罗尼亚（Catalan）地图，它是一幅14世纪的世界地图，描绘了跨撒哈拉贸易在其全盛时期的主要因素。该地图是彩色的，具有中世纪晚期的风格

和驴的运力，更不用说人力搬运工，根本不能在两个相距甚远的绿洲间自由行动，而绿洲是撒哈拉沙漠里唯一的水源。

公元前 1 世纪左右骆驼被引入埃及和北非后，沙漠运输技术上的问题就解决了。骆驼能够不喝水行走 10 天之久，同时背载着沉重的货物和商队中的其他成员，即人和马（主要进口到苏丹）的给养品。然而，数世纪以来政治和文化上的问题，阻延了跨越撒哈拉的日常贸易中这种新的运输体系的普及。当撒哈拉北部的柏柏尔人首次使用骆驼时，对于地中海沿岸的罗马殖民者来说，前者愈加难以控制，因而使得罗马和非洲内部的沙漠贸易更加艰难了。在随后的世纪里，罗马的统治也深受内乱之苦，如西班牙的日耳曼汪达尔人的入侵、拜占庭帝国的征伐，最后还有 7 世纪时阿拉伯人的征服。阿拉伯人自身就是一个使用骆驼的沙漠民族；在他们的统治下，撒哈拉最终成为国际商贸的一条通道，而不是障碍。

真实的跨撒哈拉贸易

2580 即便是伊斯兰教统治着北非，跨撒哈拉贸易也是发源于伊斯兰教的一个持不同意见的教派伊巴蒂派（the Ibadis）的活动；在 9 世纪和 10 世纪时这个教派的人背井离乡来到了沙漠的北部边缘。对于正统的逊尼派来说，在异教的非洲黑人（*Sudan* 一词是阿拉伯语，意为“黑的”）之地从事商业也是不能接受的。到 11 世纪时，这种情况有所改变，当时在沙漠帝国穆拉比特王朝（Almoravid Empire）的推动下，撒哈拉西部的柏柏尔人皈依伊斯兰教中较为严格的逊尼派，并且苏丹周边国家的统治者也变成了穆斯林，如中世纪的加纳国。事实上，当时撒哈拉沙漠已经不仅成为一条商业通道，也是一条伊斯兰世界的朝觐之路，是虔诚的苏丹人的高深宗教教育之路。同穆斯林一样，犹太商人也在跨撒哈拉贸易中发挥了重要的作用，虽然他们极少有人真正穿越沙漠。相反，他们形成了一条聚居链，将撒哈拉北部同地中海沿岸的非洲人聚居区以及欧洲人聚居区联系在一起了。

黄金

除了马匹之外，骆驼商队带入苏丹西部和中部地区的商品有织物、玻璃器具、兵器、陶瓷以及家用金属物品、纸和书籍。至于出口，这些商品几乎没有对国际经济产生影响，因为这类商品与地中海地区正在流通的商品相似，并且贸易量不大，无法对地中海的商业或其产地产生很大影响。然而，通过这些成本如此低廉的货物（但是穿过沙漠要冒巨大的风险），地中海世界能够得到在当时看来数量巨大的黄金（每年 1 吨多一点）。在伊斯兰世界、地中海基督教地区，黄金不仅有铸币、打造首饰、当作财富储藏的价值，还能用它从印度、东南亚和中国购买奢侈品；而这些地区对中东或欧洲的出口商品几乎没有一点儿兴趣。

黄金经过西部的骆驼商队通道穿越撒哈拉，这些通道的南端是一些小镇，位于今天的毛里塔尼亚或沿尼日尔河北部河曲分布。黄金真正的产地在那些沙漠边缘港口相当靠南的地方，而这些港口则位于塞内加尔河、尼日尔河谷西南部以及沃特尔河盆地附近。骆驼商队无法进入这样的气候区；这些北非人的探险还受到苏丹统治者们的阻碍，苏丹统治者们声称那里的居民是异族和危险的野蛮人。但事实上，储金 2581 地区与撒哈拉以南的这些地区几乎不存在文化上的差异。然而，两者之间的商业被苏丹商人所垄断，苏丹商人也成了穆斯林。

奴隶

跨撒哈拉贸易的另一主要出口商品是奴隶，主要源自苏丹中部而非西部。中东伊斯兰世界及其邻近的基督教社会极为需求奴隶，用他

加泰罗尼亚地图的这一细节描绘了一艘欧洲船只、一头骆驼和马里帝国的第十任皇帝曼萨·穆萨(Mansa Musa)

们从事家务劳动、农业生产(不过其规模根本无法与新大陆上的欧洲种植园相比)和担任军队士兵。阿拉伯人征服北非后,柏柏尔人立即被迫沦为奴隶;后来从高加索、东欧和地中海地区俘虏来的奴隶供给地中海世界,这成为一项繁荣的贸易。不过,很快撒哈拉以南的非洲成为奴隶商品的最大供给地,其贸易路线除了跨撒哈拉商路以外,还有尼罗河河谷沿岸以及红海和印度洋沿岸的商道。

800 到 1900 年之间,跨过撒哈拉沙漠的奴隶的数量约有 400 万。如果加上经由其他商路运到伊斯兰世界的奴隶,主要是指 1650 到 1850 年之间的大西洋奴隶贸易,其总数接近 1 100 万到 1 200 万。然而,这一贸易不仅开展时间悠久,还将非洲人带入一种新的境地,即他们与当地人的相互隔绝大大减少。几乎所有在伊斯兰世界中的非洲奴隶都皈依了伊斯兰教,并且他们通过自由身份的获得或是相互间的通婚,迅速地融入了当地的社会中。今天北非人口的一大部分就是黑奴的后代,而新大陆的黑奴是分离出来的一个社会、文化或种族集团;与他们相比,北非的黑奴后代并没有这么明显的标记。

骆驼商队

骆驼商队携带着奴隶和贸易商品穿越沙漠,尤其指由北向南穿越沙漠,他们通常规模庞大,有数量能够达到 5 000 头的骆驼和数百人。他们主要在一年中较凉爽的时间,即 10 月到下一年 3 月之间展开行程;不过即便在这个时间里他们也主要在晚间行走,避开撒哈拉的酷热。他们常常在撒哈拉北部的港口城镇集合出发,如摩洛哥的西吉尔马萨(Sijilmasa)、阿尔及利亚的瓦尔格拉(Ouargla)或是利比亚的迈尔祖格(Murzuq)。他们的行程终至苏丹的一些地区,

从 800 年前后到 1500 年，跨越撒哈拉沙漠的骆驼商队是世界经济和主要产金区以及非洲中西部奴隶输出区的唯一联系纽带

如廷巴克图或卡诺，走完全程需用 70 天之久，每天行进的距离为 20～40 千米。许多世纪以来，骆驼商队这种运输系统几乎鲜有任何技术上的改进，但这一时期在其他地区陆上和海上的交通运输方式被装有轮子的运输工具和配有仪器的航海技术所改变；相比之下，骆驼这种运输方式能更好地适应沙漠的环境。虽然如此，沙漠绵延千里，加上沙漠风暴的威胁不可控制、强盗的袭击无法消除，以及之前发现的绿洲水井可能枯竭或是受到污染，因而横穿如此长的沙漠始终是危险重重的。

一个主要的跨撒哈拉的骆驼商队并不是一个单一的商业团体，而是由几个北非商人在一个有偿向导的领导下组成的临时合作团体。虽
2582 然严格来说骆驼归商人所有，但实际上它们是从其他沙漠集团租来的，还附有照顾骆驼的熟练劳工。一到达苏丹地区，骆驼就会被卖掉。等到了返程的时候，再购买一批新的、通常是更小的骆驼。

暂不论他们有限的规模以及运输成本的无法掌控性，跨撒哈拉贸易的商人们确实使用过一系列相当复杂的商业文书。因而他们大多数的商业活动是以信用方式完成的，即以书面文件记录下来，由商队携带以代替货币或任何在当地市场无法出售的货物。随着撒哈拉和苏丹地区宗教教条广泛传播，商人们不再将合作关系局限在亲属之中，他们相信借助于伊斯兰法典中有关商业的广泛规定，他们的合作协议能够得到保障。

大西洋贸易路线的影响

15、16 世纪的欧洲航海大发现在欧洲、亚洲、美洲之间开启了一个新的海上交通运输体系；包括撒哈拉商路在内，世界上所有的长途骆驼商队运输的重要性随之缩减。但是，从非洲北部和苏丹地区的角度来看，大西洋沿岸的新市场和国际贸易总体上的扩张也为其经济增长提供了契机。为何苏丹社会及其毗邻的储金区能够从其向南部地区的出口贸易中获利，这一点很容易理解，但是考虑到在前工业化时期该地区的水上运输同陆上运输相比能带来更大效率，再来想想这类贸易为何会持续穿越沙漠，其原因就不那么明显了。而其答案在于自然的阻碍，即将苏丹与大西洋隔开的森林地带，这里的自然环境形成了一种障碍。穿越这片地区的代价远远高于穿过撒哈拉：驮畜或役畜无法抵御这里疾病泛滥的生态环境，因而人就会成为搬

> 即便笨重如象者，有了骆驼，也如坐拥飞行器一般。
>
> ——杰奎琳·肯尼迪(Jackie Kennedy，1929—1994)

运货物的主力。

黄金是欧洲人在西非沿岸所寻求的首要货物之一。到15世纪时，这种贵金属的最高产地确实毗邻大海，即今天的加纳，它因此获得了“黄金海岸”的殖民地称号。欧洲人设法从撒哈拉贸易中转移走了大部分的黄金贸易，这激怒了摩洛哥的苏丹，致使他于1591年发动了一场对撒哈拉的入侵，占领了廷巴克图的港口。摩洛哥人的反抗以及苏丹商人网络在森林地带的不断扩张，确保了跨撒哈拉的黄金贸易能够延续下去。但是到19世纪初，这一贸易大为缩减，且时断时续。

不管怎样，从16世纪开始，新大陆向外出口大量金银，西非黄金在世界经济中的主要地位由此终结。对于欧洲人来说，西非地区最重要的进口物是奴隶，他们从非洲大陆的整个大西洋沿岸运走了大量的奴隶。不过，在1600年之后的若干世纪里，伊斯兰世界对劳动力和军事
2583 人员的需求也不断增加。但即便是在跨撒哈拉奴隶贸易的最后300年中，其贸易情况也没有得到很好的书面记载，无法与同时期的大西洋奴隶贸易相比较；但是我们所知的是无论其面对的竞争如何，跨撒哈拉奴隶贸易是在增长的。这可以用非洲人口的普遍增长来为其佐证；另外，新大陆的农作物如玉米、树薯和花生营养价值较高，推动了非洲人口的增长。还有，新大陆上的奴隶贸易男女比例通常为2比1，与之相比较，伊斯兰世界中的奴隶市场更为青睐女奴隶，而不是男奴隶。欧洲人试图终结跨撒哈拉奴隶贸易的活动反而为我们提供了一些了解其规模的最可靠信息，然而欧洲人的活动直到稍早于1900年的时候才开始发挥作用。

革新与终结

在跨撒哈拉贸易最后一个重要的时期里(约1700—1900)，其大量的贸易商品如牛羊的皮毛、象牙和鸵鸟的羽毛，在原先骆驼商队所携带的商品中只占很小的比例，其中羽毛在19世纪后期盛行一时，但很快衰落。这一时期，苏丹西部和中部的城市也都发展起了自身的手工制造业，向撒哈拉地区的人口提供别具特色的蓝棉布，同时也生产鞣制的“摩洛哥”皮以供出口海外。

跨撒哈拉商业这一回光返照式的盛况依赖于世界对各种消费品及其原料商品(如阿拉伯树胶，它从几种生长在苏丹地区的金合欢树中提取出来，用以制造擦布)的需求的增长。这一不断扩大的市场的推动力是欧美经济的工业化。一旦欧洲因为种种原因不再关注或不再理会跨撒哈拉贸易，转而正式占领非洲中部以西的土地，并对其进行殖民统治时，新的工业技术就突破了过去一直保护沙漠商路的森林藩篱而蔓延开来。现在，铁路及其之后的公路为苏丹地区提供了通往大西洋的便捷通道。但除了偶尔的不切实际的幻想，从未有铁路或是公路干道横穿撒哈拉沙漠，骆驼商队还在驮着盐从沙漠盐矿一步步走向南边各地。

进一步阅读书目：

Abun-Nasr, J. M. (1975). *A History of the Maghrib* (2nd ed). Cambridge, U.K.: Cambridge University Press.

Ajayi, J. F. A., & Crowder, M. (Eds.). (1972 - 1976). *History of West Africa*. New York: Columbia University Press.

Austen, R. (1987). *African Economic History: Internal Development and External Dependency*. London: James Currey.

Austen, R. (2010). *Trans-Saharan Africa in World History*. New York: Oxford University Press.

Bovill, E. W. (1968). *The Golden Trade of the Moors* (2nd ed). London: Oxford University Press.

Brett, M., & Fentress, E. (1996). *The Berbers*. Oxford, U.K.: Blackwell.
De Villiers, M., & Hirtle, S. (2002). *Sahara: A Natural History*. New York: Walker & Company.
Hunwick, J. O., & Powell, E. T. (2002). *The African Diaspora in the Mediterranean Lands of Islam*. Princeton, NJ: Markus Wiener Publishers.
Levtzion, N., & Hopkins, J. F. P. (2000). *Corpus of Early Arabic Sources for West African History*. Princeton, NJ: Markus Wiener Publishers.
Savage, E. (1997). *A Gateway to Hell, a Gateway to Paradise: The North African Response to the Arab Conquest*. Princeton, NJ: Darwin Press.
Savage, E. (Ed.). (1992). *The Human Commodity: Perspectives on the Trans-Saharan Slave Trade*. London: Cass.

拉尔夫·奥斯丁(Ralph A. Austen)文
汪 辉 译,刘文明 校

Transportation—Overview 运输概述

人类不断地发明动力日渐增大的运输方式,以期携带物品穿梭于世界各地区。最近,人们坐上了飞机,进入了太空。持续扩展的运输体系决定了当地人与外界交流的范围和密切程度;两者之间的交流使重要的新事物、新技能和新观念得以传播,同时决定了传播的频繁程度。 2584

纵观历史,大大小小的船舶载运着人和物来来往往。这幅画作描绘的是19世纪晚期的中国,两艘帆船正沿长江航行

起源

最初,人的体力是我们祖先所知的唯一运输方式。他们直立行走,仅靠腿部肌肉活动。为了抱婴儿和其他东西,让双手和胳膊得以运用,最终,人类通过把育幼袋绑在腰部、用搭在肩上的绳索挑重物、用背包在头顶上平衡罐子等方式,其环境承载力大大提高。但是关于这些依赖于人类肌肉的附属物是何时出现、怎样出现、如何传播的,无人知晓。不管怎样,这些简单的运输形式继续存在着。比如,在家里仍没有水管通水的地方,我们依然可以看到头顶水罐的妇女。同时,大多数现代城市里的孩子用背包装书去上学。

在马图拉(Mathura)乘双峰驼篷车的印度教朝觐者。克劳斯·克罗斯特迈尔摄

由于汗腺的存在,人类发达的排汗系统使人体携带东西异常有效。汗水蒸发时,它比喘息能够更快地散发身体内的热量,如此一来,即使在骄阳之下,肌肉负重增加,人体也能支撑。精力充沛者即使手提20～30磅(9～14千克)的重物也能日行20英里(约32千米)。因此,千百年来食物采集者日复一日地携带所需物品结群迁徙。赶到节庆时,他们与邻居相聚跳舞,有时还会遇到漫游的陌生人。珍贵的稀有物品,如锋利的黑曜石刀子,通过穿越数百里的交流得以交换。像弓箭这样上好的工具和武器,也是经由类似的小漫游群体之间偶然的交流与碰撞而广泛传播开的。

我们的祖先在陆地上分散迁徙的过程中,有些群体永久地离开了热带的温暖,不得不学着在多样的气候下生活。这也激发了他们的创新,比如衣服。然而就运输而言,真正重要的进步是学会渡水。跨在浮木上或许是第一种漂浮方式,但是人类是在何时、何地首次学会和怎么学会制作、使用可负荷的木筏和船只的尚不可知。我们只获悉在大约6万到4万年前的某时刻,人类到过澳大利亚,而且只可能是横渡外洋60海里到达的。这需要木筏、船只之类的东西,因此可视为人类航海史的开端,即使该地区随后并未与亚洲大陆产生交流。 2585

水路运输

长久以来,乘筏和船进行海上捕鱼很重要。捕鱼业最先在东南亚的季风海域繁荣起来,这里几乎全年都有季风,春秋季节风向会转换。因此,与波涛汹涌的海域相比,在这里航行更安全、更便捷。当然,渔民必须能够载其捕捞物返回岸边,而且最好能抵达他们离开的海港或海滩,以便与留守的妻儿相聚。换句话说,他们必须顺风、顺流甚至逆风、逆流掌舵前行。龙骨、船桨、摇橹和帆等各种各样的组合最终使海上航行得以实现，但是具体细节我们并不了解。

然而，显而易见的是，当驾船技术纯熟之时，沿河溯流的长途旅行便变得可行；他们在可以望得到陆地的范围内航行，需要休息时便可划船到岸边。结果，与跨国运输相比，木筏、独木轻舟、小船（有时船是用动物皮毛包裹在木架上制造的）的运输量更大、运输距离更远、所耗费的体力更少，所以海路和沿着水流平缓的河流的运输开始与陆路运输等量齐观，甚或超越后者。但是长期以来，在常有巨浪肆虐的汹涌海岸进行这种航行太过危险。因此，从一开始，海上旅行和捕鱼业就主要沿着印度洋的季风海岸、太平洋的西南部和东南亚无数岛屿之间繁盛起来。

作为运输工具被驯化的动物

从 1.1 万年前开始，世界上几个不同地区的人们定居下来，开始生活在农业村落。他们依靠增强了的体力种植粮食自给自足，所以人口密度较之前有所增大。他们也需要更多的运力。毕竟，哪里粮食可以自然生长，他们便迁徙到哪里；而农民都要将足够供全年食用的粮食（加上下一季的种子）从生长地搬运到既临近其住处又安全的地方，以备储藏。此外，如果人们常年居住在同一地方，则需要置备很多重型工具，因为像屋顶木材之类的取材地往往较远。

当很多（并非全部）粮食种植者开始使用被驯化的动物运载货物时，人们对运输有了更多的需求。西亚的早期农民尤其幸运，他们在居住地驯养了各种便于运输的家畜，如牛、驴、马、骡子和骆驼。印度和东南亚的水牛、中国西藏的牦牛、秘鲁的美洲驼和羊驼、北极以北的驯鹿
2586 也是当地很重要的负荷牲畜，但在运载量上略逊于西亚的动物。因此，西亚的动物最终在气候适宜和饲料充足的其他民族中得到广泛传播。

驴子是最容易被驯服的。到公元前 4500 年或者更早，驴子牵引的商队开始穿梭于西亚地区，驴子驮着价值连城的货物行走数百英里。在苏美尔地区，即波斯湾岸边附近，这种陆路运输体系还交叉着乘木筏和船只沿底格里斯河和幼发拉底河航行，以及在印度洋长距离的沿海运输。到公元前 3500 年左右，这种远距离的运输网络催生了民族、技能和知识的结合，促使世界上第一批城市和我们所谓的文明的诞生。

在西亚，马尤其是骡子在商队中逐渐取代了驴子，因为它们的运载量更大。其他地区的运输网络，如墨西哥那样仅靠人力搬运，也推动了城市和文明的兴起。这标志着人类从根本上摆脱了过去古老而简单的社会形态。在有些地方，外来者来来往往络绎不绝，而血缘规则和当地风俗不能解决重要的日常互动，这样，城市以及包含许多城市的国家，需要新式的权威和从属关系来维持良性运转，同时还要特别关注管理长距离的交流、保护新的财富、取悦无形的神灵。为了满足这些需求，少数城市的上层阶级不再种植他们所消费的粮食，而是探寻新方法来诱导或强迫周边农民向自己交纳部分收成。

在苏美尔和其他大部分（但非全部）早期文明地区，祭司举行奢华的神庙仪式，声称自己通晓取悦神灵之法，因而成为城市社会最早的管理者。自公元前 3000 年开始，军事统领开始与祭司们争夺领袖之位，因为积累、保护新获得的财富需要更艰辛的努力。各处的祭司和武士逐 2587
渐团结起来，他们共同监管运输系统，把大量食品和纤维制品运输到城市仓库。他们靠从乡村收缴的实物维持生活，同时供养专业手艺人制造各式物品以供职业战士和宗教仪式之用。

轮子

苏美尔统治者成为运输网络的管理者，通

> 公共运输在北美注定要失败，因为那里的人独处和思考的空间只有他的私家车。
> ——马歇尔·麦克卢汉(Marshall McLuhan, 1911—1980)

过这一网络跨越数百英里传播进来的任何异常有趣或有用的东西都能引起他们的重视。轮子即是这一网络中的发明之一，与之前的运输工具相比，它的载重量更大、更省劲。早在考古学家发现真正的两轮和四轮车辆的痕迹以前，苏美尔地区已出现黏土制成的轮子玩物。轮子最初由实木做成，被固定在车辆和货车主架下可移动的轮轴上。大约公元前1800年，人们发明了固定轴和辐条轮，摩擦力集中在润滑良好的轮毂上，这样运输重物要比以前轻巧得多。

辐条轮和轮毂的出现使战车成为战争胜负的决定性因素，用两轮和四轮车辆运载大批谷物、羊毛、木材及其他重型商品以供给军队和城市也比以前便捷了许多。由两头牛拉的四轮车能够运载上千磅重物穿梭于苏美尔干旱平坦的地区。但是在山区和较湿润的地区，两轮和四轮车总是陷入泥沼不能过河。因此，长期以来人们很少使用它们。

其他文明建设了其他运输体系以便为其城市提供物资，维持国家运转和统治。旧世界主要文明之间的陆路交流依赖于西亚的使用畜力的商队。公元前101年中国皇帝汉武帝派遣了一支西行远征队去中亚寻找新马种"汗血宝马"，以求在战争中对抗草原游牧民族，由此商队使或多或少的洲际间持续交流成为可能。汉武帝的要求实现了，在随后的几个世纪，亚洲内部的交流从未中断。中国、印度、西亚之间陆路上的思想传播，尤其是满足人类城市生活需求的宗教如佛教、基督教和伊斯兰教的传播，堪与丝绸、金属和其他珍宝等的物质传播相匹敌。商队旅途中还伴随着疾病的广泛传播，疾病的幸存者在其血液内形成了抗体，可以有效地抵抗一系列日益扩散的致命性传染病。

然而，商队有其局限性，因为即使是商队畜力中最强悍的骆驼，也仅能运载大约400磅(约180千克)货物。为了运输大宗货物，带轮车辆若在复杂地形上行驶则需要修建平坦坚固的道路或者架桥，这需要耗费更多精力并付出更高的代价。亚述帝国(前935—前612)成为大规模道路修建的开拓者，其目的是让行进中的士兵更快地驱逐入侵者、镇压起义者。但是军队离不开后方的供给，所以商人从一开始就使用军用道路。由此，远程带轮车辆的运载量在修路的地方增加了。

后来的中国和欧洲晚期的帝国也大力修建道路。罗马的道路尤负盛名，连接了罗马城与所有行省(孤立的不列颠除外)，而不列颠当地也修建了连接富产的南方和北方的道路，北方地区的要塞上还修筑了城墙来抵御野蛮人入侵。尽管如此，对罗马社会而言，跨越地中海地区的海上贸易远比陆路运输任何物品都重要得多。沿海城市的货船上流通着日常消费品，包括谷物、 2588
酒、盐、布匹、陶器等等。为供给海上贸易，罗马将陆路扩展到内腹，北连莱茵河和多瑙河，南接尼罗河。

古代中国王朝时期陆路的重要性是次于罗马的，很大的原因在于中国的河流和运河密布如网，保障了政府广泛而廉价的运输网络。黄河和长江流域的帝国(前935—前612)运河，最初兴修是出于灌溉的目的；政府曾经就地向离京城数百英里的农民征收实物税，经漕运到京。有时平底货船只是顺流而下，有时搬运工人不得不逆流用绳索拉船靠岸。由此，航行深入内陆；并且由于这种平底船载运量很大，长途运输成本低廉，它将中国人口最稠密的地区联结为一个整体，比世界其他地区紧密得多。因此，约公元1000年中国成为市场经济建设的开拓者，纸币的流通进一步促进了市场经济，方便了普通农民和纳税者。

陆路的变化

在世界其他地区，随着地形、气候的变化和一系列可供使用的家畜的驯养，海运和陆路运输之间的均衡随之变化。一些早期的亚洲移民可能从2万年前就经海路到达了美洲。至少美洲印第安人早在北欧人到达纽芬兰之前就已熟悉独木舟和木筏，他们乘独木舟沿着亚马孙河、密西西比河和其他较小河流航行的历史悠久，早在欧洲人出现在该地区记载此事之前即已开始。例如，北美霍普韦尔和密西西比河地区的人使用的材料和少数特别定制的商品来自数百英里之外。他们往返于北美河流所携带的物品中有苏必利尔湖的金属铜和烟管。除了有南美洲安第斯高山地带美洲驼和羊驼补充人力外，美洲印第安人的陆路运输仍然靠人工搬运。

南美洲历代帝国还致力于安第斯高山地带宽阔道路体系的修建，如罗马帝国那般令后世惊叹。环太平洋沿岸的航行联结了秘鲁与墨西哥，美洲轻木筏在其中起了重要作用，但由于规模小而没有记载；而人们乘独木舟在加勒比海岛屿间的游历同样广泛。

北非地区与西亚之间分享陆路商队和海上贸易；但是再往南，马和牛因采采蝇而不能生存，人工搬运成为陆路运输的主要方式，直到近代，道路和卡车才将其取而代之。土著澳大利亚人同样完全依赖人工搬运。总之，运输的重大变革继续集中于欧亚及其边缘地区，这里绝大多数的人口已经被日益紧密的运输和交流网络联系起来。

公元200年之后，欧亚地区驯养的骆驼日益普遍，这迎来了该地区陆路运输的巨变。欲成功培育这些动物很难，然而，当骆驼的驯化之道从南阿拉伯传播开来，当双峰驼这种稍大的近缘种在中亚得以驯养之时，商队大大提高了旅行效率。首先，骆驼比马和驴的承载力要大，再者，它们在沙漠里靠吃些零星多刺的植物补充体力，可以行走几天而无须饮水。因此，穿越沙漠成为现实。一时间，人们可以穿越非洲北部的撒哈拉和中亚、西亚的沙漠地带。

这种影响恰如之后欧洲人跨越世界大洋进行航海所带来的结果。新民族和旧世界孤立的文明更易于相互交流，由此带来的疾病、技能、观念等的传播范围扩大、速度加快。骆驼运输引起的最显著结果，是伊斯兰教以惊人的速度从阿拉伯经西亚传播到印度、中亚，不久之后传播到东欧。因此，虽然坚定不移的宗教信仰决定了伊斯兰教初期的胜利，但是骆驼商队优质的后勤支援也是胜利的重要因素。

陆路使用骆驼运输比维护行驶轮式车辆的道路成本低，所以鉴于骆驼可在狭窄通道上行走，西亚有道路行驶的伊斯兰教中心地区逐渐衰落，城市布局随之改变。轮车运输在欧洲、中国、印度和草原地区等边缘地带则继续维持着。但是数百年来驼背上的廉价陆路运输为伊斯兰民族带来了发展契机，尤其是在他们完善了立法系统以保障骆驼商队在定居地区安全通行之后。

显然，夜间沙漠觅食仅在无人居住地区奏效。放任骆驼啃食生长中的作物对农民和商人而言都是糟糕的事。因此，政府修建商队旅馆以供行人与牲畜膳宿，而花费部分财产免费为行人提供粮草的慈善地主亦可免税。结果，沙漠地区的免费喂食也复制到了农业区域，使行商及其牲畜的需要与农民、地主之间的利益相一致。沿路上的免费食宿意味着商队运输的实际开支出乎意料地微薄，所以在某些商路，骆驼堪比借风行驶的帆船。

约1300年之后，穆斯林接触到了船舶制造的发展成果，其廉价的陆路与海路运输的结合非其他地区所能媲美，因此穆斯林商人是世界上最成功的，他们在沿中国和地中海欧洲海岸经商的同时，也渗入欧亚草原部落和非洲撒哈拉以南的许多地区。

海上航行

得益于造船业和航海条件的进步，航海者

可在太平洋和大西洋北部风高浪急的海域航行。随即，适应各种气候的船舶构建起了长途运输网络，最终，奢侈品和日常消费品能够行销世界各地。但是，安全可靠的全天候航运的实现需要一些先决条件，而所有这些条件的具备经历了漫长的历程。此外，由于木制船几乎没有留下考古遗迹，我们对造船业在何时何地发生变化的了解多半只是猜测。

航海业的重大突破是浮筒舷外支架的发明。它们是用来固定独木舟的，这样可以张挂大帆，大大提高在汹涌海浪上航行的速度。这可能带来的结果是，大约 500 年水手首次从婆罗洲起航，跨越印度洋，到达非洲东海岸的马达加斯加岛。在此之前，其他水手已到达过太平洋，占据了远至所罗门群岛的岛屿。马达加斯加岛所说的马拉斯加语与东印度婆罗洲语言之间的密切联系，以及西南太平洋岛屿范围内的一系列南岛民族语言，均证实了这种长途航行的存在。

几个世纪后，操波利尼西亚语者开始向太平洋更远的方向行驶，到达了夏威夷、复活节岛、新西兰和中间的一些小环形珊瑚岛。他们到达的精确日期不确定，但是很显然新西兰是他们最晚定居的地方，大概只是在 1300 年左右。波利尼西亚人的航行确实有赖于安装舷外支架的独木舟。他们的航行是一项宏伟的成就，因为在浩瀚的太平洋发现孤立的岛屿是碰运气的事。结果，波利尼西亚群岛上的居民未能保持与外部世界的联系，直到 1522 年之后欧洲水手的突然侵入。

在北部波涛汹涌的海面上成功的冒险航行日益增多，堪比南岛民族和波利尼西亚人在南部海洋的航行。由动物皮毛制造的轻舟甚至能 2590
够在巨浪尖上轻快地驶过；乘此种轻舟的水手们因密切关注天气，可以在太平洋、大西洋和北冰洋的北岸短距离范围内安全往返。比如说，因纽特人从亚洲某地乘皮艇和雪橇走出后散布到北冰洋海岸，800 年左右乘着稍大的皮艇学会用鱼叉捕获鲸鱼。同一时期，少数爱尔兰僧侣乘着牛皮制造的圆形小艇跨过北大西洋到达冰岛。

但是正如在南部海域长途航行需要浮筒舷外支架一样，在巨浪滔滔的北部海域正常航行需要建造能够破浪前行而非仅驶过浪尖的大船。在北大西洋，9—11 世纪的维京船是迈向安全航行的中途一步。水手在维京船上安置叠加的木板，固定在粗大的肋状物和龙骨架上，小心翼翼地填补船缝作防水用。他们或摇橹划船，或顺风时扬起方形帆。为了躲避风暴，他们或上岸，或驶入沿欧洲大西洋和地中海海岸线的港口；他们偶尔还沿俄国和西欧的河流划船行驶。他们有时烧杀抢掠，有时进行贸易或自命为统治者，有时开拓寥无人烟之地，如冰岛、格陵兰岛，甚至短期开拓了纽芬兰岛。维京船建造得很

15 世纪欧洲探险家驾驶的帆船

坚固以期乘风破浪，但若逆风驾驶则需要大量船员，这使其货运量有限；而敞式外壳导致海水拍打船只两侧，浸湿船员和货物。

真正令人满意的全天候船舶需要封闭的甲板；必要的话，还需逆风逆流掌舵航行的方法。这种船舶最终在中国和大西洋欧洲以大相径庭的设计建造出来。中国船是平底船，船体分为许多单独不透水的船舱。中国船没有龙骨，而以中央披水板充当，通过底部缝隙调节高低，靠艉柱的船舵和多重桅杆与帆控制方向。到14世纪时，最壮观的中国海运船舶运量大、造价贵、效率高。比如说，郑和从1405至1433年期间7次下西洋到达印度洋，首次下海就有62艘船舶，运载人数多达2.8万。

同一时期，从事海运的欧洲船改善了维京船的设计，给船体铺上甲板，照过去那样把木板船体内外两侧均固定在肋状物和龙骨骨架上。船舶无须划行，而用多重桅杆和帆；一些三角帆（可能源于印度洋）用于逆风航行，一些方形帆用于顺风航行。尽管欧洲大西洋海岸线上各种风向的风和狂潮肆虐，但桅杆和帆的结合，加上艉柱船舵（可能来自中国），使船舶往返自如。一旦水手们能够横越这些巨浪翻滚的海域，征服地球上除冰冻的北冰洋外的其他海洋就是驾轻就熟之事，因为亚洲的双向季风可与赤道南北地带终年吹的单一而相反方向的信风风力均衡。

随着人们驾船出海的里程越来越长，历代人反复试验，试图解释海风和洋流的类型。为探求其中的奥秘，阿拉伯、印度、波利尼西亚、马来亚、中国、日本、欧洲和其他地区的船员都在不同的（有时出现交叉）范围内航行。到1492年，航海者已储备了航海知识，正因为如此，哥伦布才准确无误地知道向南航行到亚速尔群岛，然后在东北信风带以北向西航行，由北部返航经过哈特勒斯角之外的西风带盛行地带。这也就是航海者可以屡屡迅速地重走哥伦布航海路线，而且欧洲航海者在1492年之后仅用30年时间突然开始横跨世界所有大洋的缘由。 2591

航海者通过观察太阳或北极星来判断南北纬度，使自己能准确地向已知海岸线航行；通过观看日益精确的当地地图和海图使进出遥远港口更加安全。最初从中国传入的磁罗盘，使船只在不见日光和星辰的多云天空下行驶仍能保持稳定的方向。但是直到18世纪航海者尚且不能测量东西经度。因此，他们横跨海域发现小岛和掌握到达熟悉临近海岸的精确时间都是偶然行为。直到1762年航海天文钟能够连续数周和数月记录时间后，人们才能精准地测算海洋上的经度。

1807年罗伯特·富尔顿（Robert Fulton）发明的首艘行驶在哈得孙河上的蒸汽船

尽管如此，在欧洲人能够轻易发现小群岛以前，他们的航海能力已经改变了人类生活。中国明朝政府于1433年之后退出海洋冒险，遣散了从事航海的舰队，而将财力集中于抵御蒙古人南下,捍卫中原的陆地疆域。因南部海域的轻舟经不住北部汹涌的波涛,欧洲人由此在全球范围内未曾面临严峻的竞争。构造坚固的北大西洋船舶能够抵挡新近发明的重型加农炮的反冲力,这使欧洲船舶与更轻质的船只相比又占据了一大优势。装载加农炮的欧洲舰队使旧式的登舰作战的海战战术突然过时了,因为它们能远距离击沉接近的敌人,甚至通过轰炸岸上的当地统治者而威胁他们。因此在这种船舰出没之地,当地统治者不得不对欧洲航海者提供膳宿,允许他们上岸进行贸易,有时还要交纳贡税。

这总体的影响,尤其对美洲和早先相对孤立的地区而言是灾难性的。这多半归因于欧洲航海者所带来的不明致命疾病在这些地区恣意传播,而当地人完全缺乏对所有新来的传染病的抵抗能力。当地人口数量迅猛下降,来自欧洲的移民和大量运自非洲的奴隶接踵而至,改变着美洲人的文化和特征。几个世纪后,人口数量减少与结构转变的类似现象也发生在澳大利亚、新西兰和大洋洲。

欧亚人和大多数非洲人之间通过陆路和海路运输的交流持续已久,所以他们已经历过疾病传染。尽管如此,全球航海业的开启对他们也产生了深刻的影响。总而言之,随着沿海交流对贸易、战争及技术、思想的交流越发重要,欧亚大陆实际上反转过来了。先前中国、印度和西亚的伊斯兰中心地带不得不关注陆地边疆。游牧民族运用骑兵战术可追溯到约公元前750年,其超强的流动性导致之后2 000多年邻
2592 近的农耕民族频受袭击抢掠和征服。相应地,欧亚大陆边缘地带的农民对游牧民族及其军队所采取的抵御、谈判和对抗等措施至关重要。1433年中国政府决定退出印度洋,仅应对海域骚扰——1513年葡萄牙船只出现在中国南海,1540年代迅速沿海岸驶入澳门——正反映了其对陆地边疆的担忧。

印度、爪哇和东南亚其他地区也允许欧洲人建立设防的贸易城堡,很快法国、荷兰和英国贸易公司成为当地的主宰者。随之而来的武装斗争将荷兰推向印度尼西亚的霸主地位,而1763年英国成为印度的宗主国。欧洲人渗入伊斯兰核心地区的进程缓慢,但1789至1799年期间拿破仑入侵埃及之后,奥斯曼帝国和其他伊斯兰国家发现阻止欧洲人进行贸易和谋求其他特权不再现实。东亚人始终坚守着,竭尽全力远离欧洲,直到1839年首先是中国,而后是日本在船坚炮利之下受到重创。此后,他们至少借鉴了一些胜过非欧洲世界的欧洲技术和观念,希望尽力改革传统方式,设法追赶欧洲强国。

然而,那时欧洲入侵者已超越旧有限制,开始使用新发明的蒸汽船和铁路,从而获得了新的优势。19世纪以燃煤为动力的蒸汽机和20世纪以燃油为动力的内燃机为运输注入了更大的活力,运载货物远比预期的运载量更大、速度更快。

对于海运而言,1819年蒸汽船诞生,蒸汽辅助的帆船首次跨越大西洋。这迎来了蒸汽船风靡时期,1858年铁制船体取代木制船体,之后船只的尺寸猛地扩大了。随后船舶的竞相发展提高了横越大西洋的速度,到20世纪30年代其跨越大西洋所花的时间都不到一周。

对于河运而言,吃水浅的平底蒸汽船在船体中间装有明轮。1807年罗伯特·富尔顿制造的蒸汽船成功地在哈得孙河上下水,蒸汽船在此后半个世纪一度盛行。但是后来铁路被证实速度更快、更便捷,19世纪60年代后蒸汽船在美国经历了衰退期。不管怎样,蒸汽船在尚未修建铁路的非洲河流域和部分亚洲地区仍然发挥着重要运输职能,直到约20世纪30年代被铁路和卡车排挤掉。

铁路时代的来临

对于陆路而言,以蒸汽为动力的铁路紧随 2593

海洋蒸汽船而出现。第一条商业性的蒸汽动力铁路于1825年在英格兰开通，长达25英里（40千米）；但是修建长途铁路造价昂贵且耗费时间。因此，到19世纪60年代铁路才得以大规模修建。1869年美国的联合太平洋铁路公司（Union Pacific Railroad）完成了第一条大陆铁路的贯通工程。此后，欧洲投资者在具有战略优势或商业优势的地方投资铁路建设。1903年跨西伯利亚铁路开通，连接了波罗的海沿岸的圣彼得堡和太平洋海岸符拉迪沃斯托克（海参崴），是至今里程最长的铁路线。

西欧国家本身的铁路贯通内陆煤田轻而易举，这极大地促进了其工业发展。铁路在欧洲战争中发挥重要作用，最早可追溯到1859年；第一次世界大战期间，铁路的作用发挥到极致，那时为调兵遣将所制定的时刻表使初步的战争计划准备就绪，然后利用铁路把士兵源源不断送往战争前线。

铁路对美国、俄罗斯、加拿大、印度和阿根廷等疆域广阔国家的影响更加深远，成为它们建立更为紧密的内在联系的纽带，并被纳入了世界市场。但当时的中国内陆水运的旧式驳船仍然缓慢而价廉地发挥运输职能，百年来政治的不稳定阻碍了大规模的铁路修建。

若视世界为一个整体，蒸汽船和铁路共同所构建的交通系统比之前速度快得多、环境承载力大得多。成千上万的人簇拥着从旧世界人口稠密区移民至美洲、澳大利亚、新西兰和南非定居。大量的谷物和其他粮食、矿物质以及其他原料、不可计数的制成品等，开始在世界范围流通。与此同时，欧洲入侵者利用舰船和铁路渗入中国和非洲。然而，日本却建造了本国的铁路和蒸汽船。20世纪之后，其他任何地区新兴的交通方式不是被欧洲人就是被其后裔占有、把持着。

直到1945年左右，欧洲人仍保持着优势地位，而1865年之后美国人也加入了进来，他们随心所欲地染指世界诸多事务。他们对机械化运输、通信事业的近乎垄断暂时维持着这种不平衡的局势，但是缺乏内在的稳定性。这种不稳定性由欧洲主要强国之间的竞赛所致，在两次世界大战期间（1914—1918和1939—1945）即达到高潮。同等重要的是，新兴交通（和通信）网络在亚洲、非洲和美洲人之间的扩展，使当地民族集结起所有的愤懑之情，时刻准备再次宣布要掌控自己的社会。结果，第二次世界大战之后欧洲殖民帝国很快在世界范围内分崩离析。

20世纪运输新模式

以内燃机为动力的更分散和更灵活的陆路运输方式促进了政治格局的转变。第一次世界大战期间，汽车和卡车首次在运输物资和军队方面凸显其价值。通常卡车挨家挨户运输物品，节省转运费。此外，私家车和小规模的公司能够与庞大的卡车运输队进行还算公平的竞争。政府当局仍然要修建和养护公路，这耗资巨大，但是修公路比修铁路耗资小得多。因此，运输三四百英里的话，卡车的便捷和灵活性胜过铁路交通，就好比80年前铁路相对于水运蒸汽船的优越性。

几乎同一时期，飞机开始运用于交通。1903年莱特兄弟试飞成功，从此飞机开始起飞。第一 2594
次世界大战中汽车和卡车运输日臻成熟，25年后飞机成为第二次世界大战期间最重要的运输工具。20世纪30年代洲际航线开通，1941至1945年世界反法西斯同盟军队首次实现了全球的大规模空运。飞机在随后的数十年中得以提速、扩容；相应地，空运规模得以扩展。至50年代，各种得到补贴的国家航空公司联合起来，实现了乘飞机进行旅游和商务活动的常态化。邮件和重要包裹的空运取代了长距离的老式运输方式，但是飞机很少运输重物和大宗商品。飞机实现了高速飞行，却使空运成为半奢侈品。

同样，在北冰洋与其他贫瘠和遥远的地区，轻型飞机是唯一的出行方式。长途航班飞行路线较远，往返于全球各地，形成了一种新的交通方式，使穿越北部高纬度地区显得史无前例的重要。空中航行的意外结果是建立了统一天气预报机制，且在各地机场的航空交通管理中使用英语，甚至包括冷战时期的苏联。

火箭是第二次世界大战中出现的另一种新兴运输方式，它的载重量极其有限。其爆炸性的弹头是最具威胁性的，尚未运用于实践中。最显著的火箭飞行向地球轨道发射了各种各样的卫星和传感器，或者在其他发射中摆脱地球重力，去探索太阳系和外空宇宙的边缘。1957年苏联首次发射“伴星一号”人造卫星进入轨道，从此这种传感器开始传递有关地球、月球、行星和恒星的信息。为了反击苏联，1969年美国将飞行员首次送往月球并安全返回地球。然而，空间探索的未来是未知数。由于巨额的耗资，空间探索不可能如过去传统交通方式的变革那般影响人们的日常生活。而且火箭发送的核弹头有可能引起的灾难仍是人类未来的一大威胁。

人类不断地发明动力日渐增大的运输方式，以期携带物品穿梭于世界各地。最近，人们坐上了飞机，进入了太空。持续扩展的交通运输体系决定了当地人与外界交流的范围和密切程度；重要的新事物、新技能和新观念通过这些交流引导人们摒弃熟悉的生活方式，尝试新鲜事物，而这些交流也反过来影响了它们传播的频繁程度。因此，随着交通及其相伴生的交流日益紧密，节奏加快的社会变革也困扰着深受其影响的人们。

这就是现今人类社会所处的窘境。但是，一如既往，未来是不可知的。交通会继续影响人们的生活，改变日常生活经历，从遥远的地方
为我们带来新奇事物以供我们接受、排斥或调 2595
和，这正如我们的先人所做的那样。

进一步阅读书目：

Bellwood, Peter S. (1979). *Man's Conquest of the Pacific: The Prehistory of South East Asia and Oceania*. Oxford, U.K.: Oxford University Press.

Boulnois, L. (1966) *The Silk Road. Union Lake*, MI: Odyssey Publications.

Bulliet, R.W. (1975). *The Camel and the Wheel*. New York: Columbia University Press.

Casson, L. (1971). *Ships and Seamanship in the Ancient World*. Baltimore: The Johns Hopkins University Press.

Chevalier, R. (1989). *Roman Roads*. London, Christe Y.

Coquery-Vidrovitch, C., & Lovejoy, P. E. (1985). *The Workers of African Trade*. Beverley Hills, CA: Sage Publications.

Davis, C.B., & Wilburn, K.E. (Eds.). (1991). *Railroad Imperialism*. New York: Greenwood.

Dyos, H.J., & Aldercroft, D.A. (1969). *British Transport: An Economic Survey from the Seventeenth Century to the Twentieth*. Leicester, U.K.: Leicester University Press.

Gamble, C. (1983). *Timewalkers: The Prehistory of Global Colonization*. Cambridge, MA: Harvard University Press.

Hornell, J. (1970). *Water Transport, Origins and Early Evolution*. Newton Abbot, U.K.: David & Charles.

Jones, G. (1886). *The Norse Atlantic Saga: Being the Norse Voyages of Discovery and Settlement to Iceland, Greenland and North America*. Oxford, U.K.: Oxford University Press.

McDougall, W.A. (1985). *The Heavens and the Earth: A Political History of the Space Age*. Baltimore: Johns Hopkins University Press.

Needham, J. (1962). *Science and Civilization in China, Vol. IV, Part 4, Civil Engineering and Nautics*. Cambridge, U.K.: Cambridge Publishing.

Stover, J.F. (1961). *American Railroads*. Chicago: University of Chicago Press.

Trombold, C. D. (1991). *Ancient Road Networks and Settlement Hierarchies in the New World*. New York:

Cambridge University Press.
Unger, R. (1980). *The Ship in the Medieval Economy, 600–1600*. London: Croom Helm.
Vance J. E., Jr. (1990). *Capturing the Horizon: The Historical Geography of Transportation since the Transportation Revolution of the Sixteenth Century*. Baltimore: Johns Hopkins University Press.

威廉·麦克尼尔(William H. McNeill) 文
高照晶 译,刘文明 校

Travel Guides 旅行指南

数百年来世界上的旅行者踏上旅程的原因种种,或喜欢冒险,或精神朝觐,或追求名利。他们记录自身的所见所闻 2596
所感,可供当前和将来的远行者参阅。因此,旅行指南是研究全球史的宝贵史料。

从全球来看,旅行和旅游业每年能盈利数以十亿计的美元。一些国家的国民经济严重倚重于因工作或消遣的旅行者。旅游还对其他产业产生了影响。包括飞机、航船、铁路和公路所形成的交通网络的财政稳定性,服务业和餐饮业则从旅行者的消费中获利。现代旅行指南,如《福多尔》(*Fodor's*)、《孤独星球》(*Lonely Planet*)、《拉夫指南》(*Rough Guide*)和《自助旅行》(*Routard*)等,对其出版商而言获利颇丰。每年均有新版的旅行书籍出版,它们聚焦于全球的旅行目的地。新老旅行者渴望了解最新餐厅、酒店和风景的状况,因此他们会阅读这些新版旅行指南。

旅行指南历史悠久。数百年来,世界上的旅行者踏上旅程的动机各异,如经济利益、精神慰藉或仅仅是酷爱冒险。他们记录了自身的所见所感,以供当时及未来的远行者鉴阅。因此,旅行指南可以充当研究全球史难能可贵的史料。

古代希腊罗马的旅行者

罗马帝国地域广阔,从东到西约 4 800 千米。为了有效管理,帝国修建了一系列精心铺设的道路桥梁。拉丁语格言"条条大路通罗马"证实了帝国安全、维护良好的交通网络,它使旅行者可以从帝国最远的地区到达统治中心。

此外,罗马帝国是国际性的帝国,人口超过 5 000 万。人们操各种语言,敬拜许多地方的和帝国的神祇,风俗各异。帝国东部省域的商业和文化早在罗马人出现之前业已繁荣,这些地区遗留下的历史文化和世界遗产也使其成为旅行胜地。

古代希腊的史诗,如大约公元前 8 世纪的荷马史诗《伊利亚特》和《奥德赛》,传递了旅行既激动人心又危险的一种情感。最早的旅行叙述之一出自希腊历史学家希罗多德之手。他的著作《历史》大约写于公元前 440 年,记叙了他在地中海区域的环行;他遍访埃及、黑海沿岸、美索不达米亚、巴比伦、昔兰尼、北非和安纳托利亚等地。旅行至印度的古代希腊作家可能有克特西亚斯(Ctesias,约前 398)和麦加斯提尼(Megasthenes,约前 303)。

《自然史》(*Natural History*,约公元 77)为
古代罗马人普林尼所著,这是另一部旅行记录, 2597
它影响了后来欧洲人看待欧洲之外世界的观

曾经远离家乡的旅行者比那些从未迈出家门的人明智许多，因此对另一种文化的了解应该能够提高我们的某些能力，即更稳重的观察、更钟爱于自我欣赏。
——玛格丽特·米德(Margaret Mead，1901—1978)

念。与希罗多德类似，普林尼记叙了旅行中首次观察到的周边世界。但是其著作的部分观点，如他关于欧洲之外世界的“怪异”(monstrous)民族的论述，显然是建立在迷信、偏见和对未知的恐惧基础上的。

东方/西方的联系

尽管普林尼的记叙总体上不喜欢非罗马人，但是不管怎样，他对怪异民族的描述刺激了欧洲人的想象。加之他所看到的奢侈品，包括经中亚丝绸之路传播的中国的丝绸、东南亚的香料、印度的棉纺织品和珍珠，以及中亚的骏马和翡翠等，激发了欧洲人对“异域”珍品的向往。反之，罗马人则向亚洲市场输入玻璃制品、珠宝、艺术品、青铜器、橄榄油、酒和金银器等各类物品。

穿越丝绸之路各条道路的商人和外交人员记录着他们的观察。例如，司马迁的《史记》详细记载了张骞的外交使团的旅行，提供了关于中亚、波斯(今伊朗)和印度北部民族和地域的广泛信息。然而，东西方的这种联系没有延续下去。汉朝的衰落，加上几乎与其同时的罗马帝国3世纪的危机，阻断了丝绸之路的贸易。

中世纪早期朝觐之路指南：《加里斯都抄本》

宗教同样刺激了旅行者的远行。朝觐是旅行的一种，朝觐者将其视为祷告或苦行忏悔的一种方式，他们远离家乡赴圣地朝觐。圣殿内摆放着圣物，有圣人的衣服和(或)遗体，旅行者向它们祈祷宽恕。

最受中世纪基督徒欢迎的朝觐路线之一是通往伊比利亚半岛西北部加利西亚(Galicia)的圣地亚哥·德·孔波斯特拉(Santiago de Compostela)圣地。它的重要性仅次于耶路撒冷和罗马教堂；教堂位于800千米路程的终点，放置着十二门徒之一圣雅各(Saint James)的圣体。由于该路线的盛行，牧师艾美瑞克·皮卡德(Aimeric Picaud)于1130至1140年间编著了《圣雅各语录》(*Liber Sancti Jacobi*)，又称《加里斯都抄本》(*Codex Calixtinus*)。抄本的第5卷实际上是供朝觐者参阅的指南，告诉他们这一地区的地形地况，指出了沿途的主要景点，并提醒朝觐者可能遭遇的危险。

中世纪的旅行家：马可·波罗和伊本·白图泰

中世纪时期最著名的游记和旅行指南是威尼斯商人兼外交官马可·波罗的《马可·波罗游记》(*The Travels of Marco Polo*)，或称《世界之旅》(*Description of the World*)，是关于其旅行和冒险的广受欢迎的记录。该书记叙的地域广阔，详细记录了从日本到桑给巴尔的地形地貌。年少时，马可·波罗跟随父亲和叔叔从威尼斯出发向东旅行，主要游历了中国，为欧洲商品找到了新的出口之地。他在东方居住、游历了大约20年，在元朝建立者忽必烈在位期间做过官，到过缅甸、印度、中亚和拜占庭(今伊斯坦布尔)。归途中经海上航行，于1295年回到威尼斯，历时3年之久。1298年9月6日，他在科尔丘拉岛海战中被俘，在热那亚监狱中遇到鲁斯蒂谦·德·彼萨(Rustichello da Pisa)。此人是浪漫主义作家，他最终将马可·波罗的口述旅行经历出版成册。但是鲁斯蒂谦无疑编造了该文的部分内容以创作出扣人心弦的故事。盗贼、海盗和野兽的出现意指旅途中的危险，充斥在《马可·波罗游记》中的对奢侈品和普通商品的描述则旨在说明一次冒险旅行的商业性及其回报。 2598

14世纪伊本·白图泰的游记《观察者的礼物：城镇奇珍与旅途奇迹》(*A Gift of the Observers Concerning the Curiosities of the Cities and Marvels Encountered in Travels*)是

堪与《马可·波罗游记》相媲美的中世纪游记。从 1325 到 1349 年,伊本·白图泰游历甚广,他去朝觐(去宗教圣地麦加),后来在伊斯兰世界旅行,又从北非和阿拉伯半岛到德里、锡兰(今斯里兰卡)、孟加拉、中国和马里,他把这些游历过程中的所察所感做了记述。

近代早期旅行家

克里斯托弗·哥伦布首次进行跨大西洋航行使欧洲人到达美洲,但旅行写作并没有随着这个"人类共生圈的形成"而终止。哥伦布为马可·波罗的游历添上了一层光环,证实了旅行指南对探险的影响。15 至 17 世纪,欧洲人环球航行次数日益增多;随着印刷出版的发展,旅行日志数量激增。英国人理查德·哈鲁特(Richard Haklyut,? —1616)除了写旅行日志外,还将其旅行探险的记录出版以刺激国民从事更多的航行。1686 年,法国胡格诺派让·夏尔丹(Jean Chardin, 1643—1713)出版了他在萨非帝国的旅行记录《波斯与东印度游记》(*The Travels of Sir John into Persia and the East Indies*)的第一部分。在该书中,他向识字率愈来愈高的社会介绍了当时波斯的风俗、教育和生活习性。

18 世纪的"大游历"

18 世纪,年轻、富有和有高贵血统的人意味着他可以进行"大游历"。大游历是持续数月到数年的远足。在此期间,他可以学到有关欧洲政治、艺术和文化的知识。这种旅游方式是督促年轻的英国贵族子弟受教育的重要途径。他们尤其喜欢将意大利设为目的地,包括都灵、威尼斯、佛罗伦萨,特别是宏伟庄严的罗马。威廉·贝克福德(William Beckford, 1760—1844)的书信于 1783 年出版,其中包含了最著名的大游历见闻,并且有一个浪漫的标题:《梦想、振聋发聩的思想和事件:欧洲旅行纪事汇编》(*Dreams, Waking Thoughts and Incidents, in a Series of Letters, from Various Parts of Europe*)。18 世纪后半叶,欧洲不仅迎来政治上的逐步稳定,因工业革命的刺激也带来科技上的突飞猛进,旅游也更加廉价、安全、方便。19 世纪英国的旅行作品多为探险家、传教士和外交官所著,在知识分子阶层中极其流行,并且服务于英国帝国主义利益,经常被描述为土著民族和欧洲民族悲剧性的碰撞。

观点

这些浩瀚而独特的原始史料构成了旅行文本,对其不断的历史分析将为有关历史、人类学和民族志(文化研究)的问题提供答案。许多旅行家的旅行手册虽尚待学术分析,但对这些史料的进一步研究,无疑将为因旅行引起的经济、政治、社会和文化的互动提供日益微妙细致的理解。

进一步阅读书目:

Beckford, W. (1986). *The Grand Tour of William Beckford (1760 - 1844)*. Harmondsworth, U.K.: Penguin Books.

Binding, P. (2004). *Imagined Corners: Exploring the World's First Atlas*. London: Review. 2599

Black, J. (1992). *The British Abroad: The Grand Tour in the Eighteenth Century*. New York: St. Martin's Press.

Blackmore, J. (2002). *Manifest Perdition: Shipwreck Narrative and the Disruption of Empire*. Minneapolis: University of Minnesota Press.

Blanton, C. (2002). *Travel Writing: The Self and the World*. New York: Routledge.

Bohls, E. (1995). *Women Travel Writers and the Language of Aesthetics.* Cambridge, U.K.: Cambridge University Press.
Campbell, M.B. (1988). *The Witness and the Other World: Exotic European Travel Writing, 400 – 1600.* Ithaca, NY: Cornell University Press.
Chaudhuri, K.N. (1985). *Trade and Civilisation in the Indian Ocean: An Economic History from the Rise of Islam to 1750.* Cambridge, U.K.: Cambridge University Press.
Conley, T. (1996). *The Self-made Map: Cartographic Writing in Early Modern France.* Minneapolis: University of Minnesota Press.
Dathorne, O.R. (1994). *Imagining the World: Mythical Belief Versus Reality in Global Encounters.* Westport, CT: Bergin and Garvey.
Dolan, B. (2000). *Exploring European Frontiers: British Travellers in the Age of Enlightenment.* London: Macmillan.
Dunn, R.E. (1986). *The Adventures of Ibn Battuta: A Muslim Traveler of the 14th Century.* Berkeley and Los Angeles: University of California Press.
Gilroy, A. (Ed.). (2000). *Romantic Geographies: Discourses of Travel 1775 – 1844.* Manchester, U.K.: Manchester University Press.
Godlewska, A.M.C. (1999). *Geography Unbound: French Geographic Science from Cassini to Humboldt.* Chicago: University of Chicago Press.
Helms, M.W. (1988). *Ulysses' Sail: An Ethnographic Odyssey of Power, Knowledge, and Geographical Distance.* Princeton, NJ: Princeton University Press.
Hoinacki, L. (1996). *El Camino: Walking to Santiago de Compostela.* University Park: Pennsylvania State University Press.
Hourani, G.F. (1951). *Arab Seafaring in the Indian Ocean in Ancient and Medieval Times.* Princeton, NJ: Princeton University Press.
Jacobs, M. (1995). *The Painted Voyage: Art, Travel and Exploration, 1564 – 1875.* London: British Hydromechanics Association.
Kirby, P.F. (1952). *The Grand Tour in Italy (1700 – 1800).* New York: S.F. Vanni.
Korte, B. (2000). *English Travel Writing from Pilgrimages to Postcolonial Explorations.* New York: St. Martin's Press.
Larner, J. (1999). *Marco Polo and the Discovery of the World.* New Haven, CT: Yale University Press.
Miller, J.I. (1969). *The Spice Trade of the Roman Empire, 29 B.C. to A.D. 641.* Oxford, U.K.: Oxford University Press.
Olschki, L. (1960). *Marco Polo's Asia: An Introduction to His Description of the World Called Il Milione.* Berkeley and Los Angeles: University of California Press.
Padrón, R. (2004). *The Spacious Word: Cartography, Literature, and Empire in Early Modern Spain.* Chicago: University of Chicago Press.
Parry, J.H. (1981). *The Discovery of the Sea.* Berkeley and Los Angeles: University of California Press.
Penrose, B. (1952). *Travel and Discovery in the Renaissance, 1420 – 1620.* Cambridge, MA: Harvard University Press.
Phillips, C.R., & Phillips, W.D., Jr. (1992). *The Worlds of Christopher Columbus.* New York: Cambridge University Press.
Phillips, J.R.S. (1998). *The Medieval Expansion of Europe* (2nd ed.). Oxford, U.K.: Clarendon Press.
Polo, M. (1958). *The Travels* (R.E. Latham, Trans.). New York: Penguin Books.
Rogers, F.M. (1962). *The Quest for Eastern Christians: Travels and Rumor in the Age of Discovery.* Minneapolis: University of Minnesota Press.
Stafford, B.M. (1984). *Voyage into Substance: Art, Science, Nature and the Illustrated Travel Account, 1760 – 1840.* Cambridge, MA: MIT Press.
Trease, G. (1967). *The Grand Tour.* New York: Holt, Rinehart and Winston.
Whitfield, S. (1999). *Life along the Silk Road.* Berkeley and Los Angeles: University of California Press.
Zamora, M. (1993). *Reading Columbus.* Berkeley and Los Angeles: University of California Press.

迈克尔·莱恩(Michael A. Ryan) 文
高照晶 译,刘文明 校

Treaty of Versailles 《凡尔赛和约》

巴黎和会上各国协商谈判，签订了第一次世界大战后协约国与德国之间的和平条约，此次会议以 1919 年 6 月 28 日《凡尔赛和约》的签订而告终。会议过程及所签条约饱受争议，最终建立起来的国际联盟也成了徒劳无益之物。随之而来的怨恨、不安、动荡最终把人们引向了第二次世界大战。 2600

《凡尔赛和约》是终结第一次世界大战的和约中的第一个，也是最重要的一个。该和约是巴黎和会的产物，于 1919 年 6 月 28 日在巴黎郊外的凡尔赛宫签订。和约大体上确立了战胜的协约国（主要包括美国、英国、法国、意大利和日本）与德国之间的和平条款。

巴黎和会于 1919 年 1 月 18 日召开。主要与会者有美国总统伍德罗·威尔逊、法国总理乔治·克列孟梭、英国首相大卫·劳合·乔治以及意大利总理维托里奥·奥兰多（Vittorio Orlando）。战胜国花费了近 4 个月才就和约条款达成一致。另外，会议还决定了国际联盟和国际劳工组织的组建形式。到 4 月底和约内容大体上拟定的时候，才邀请德国人来凡尔赛宫参会。德国人乌尔里希·冯·勃洛克道夫-伦佐伯爵（Ulrich von Brockdoff-Rantzau），这位职业外交官领导着代表新魏玛共和国的德国和平代表团参加会议。

撇开和约的内容不谈，在凡尔赛宫，和约条款的制定过程就极具争议。参与者几乎不顾德国新生的民主政权的稳定与否。1919 年 5 月 7 日在特里亚农宫酒店举行的仪式中，一份实际上已经敲定的和约被交给德国代表团。克列孟梭警告说不会考虑再举行圆桌会议进行商议。5 月 29 日德国代表团递交了一份反对议案，控诉和约内容与 1918 年威尔逊总统关于自由的演说的实质或形式都相去甚远。然而，战胜国几乎没有提供任何修正案来回应德国。6 月 16 日克列孟梭警告要求德国在 5 天内（后延长至 7 天）签订和约，否则的话，他威胁要再次发动战争。因此，德国政府处于巨大的压力之下。特别是在整个休战期间对德国经济封锁的持续，加剧了德国国内的粮食危机，这一点削弱了德国讨价还价的余地。菲利普·谢德曼（Philipp Scheidemann）领导的社会民主党政府表示宁可下台也不签订如此内容的和约。但是新执政的社会民主党联合政府在奥托·鲍威尔（Otto Bauer）的领导下，屈于各种压力，派特使签署了和约。

领土条款

和约中主要的领土条款是强行把前德意志帝国的领土划分给其周边国家。阿尔萨斯-洛林复归法国（恢复到 1815 至 1870 年间两国的国界）。将德国东部 43 000 平方千米的领土割让给波兰，这部分土地占据了波森省和西普鲁士 2601
省的大部分面积。这常指的是“波兰走廊”，它将东普鲁士和德国其他区域分割开来。位于“波兰走廊”北部的但泽（今波兰格但斯克）市被定为“自由城市”，由国际联盟管辖。东普鲁士的默默尔也被割让出去，并最终划归立陶宛。德国西部奥伊彭（Eupen）和马尔梅迪（Malmédy）附近的一些边境小领地被割让给了比利时。战后还在许多尚有争议的地区进行公民投票来确定新的领土边境，包括：石勒苏益格地区（Schleswig，1922 年的投票结果将该地区北部的一个地区划给中立国丹麦）、东普鲁士地区（1920 年投票决定德国保留奥尔什丁和马尔韦尔德附近的地区)以及上西里西亚地区(1922年投票决定由德国和波兰两国划分该地区)。除了这些领土方面的变更,莱茵兰以及莱茵河以外的3个桥头堡由协约国军事占领15年。萨尔河盆地由国际联盟代管15年(之后由公民投票决定其归属),这期间该地区的煤矿归法国所有。然而,德属殖民地的划分才是领土中调整最重大的方面。德国被剥夺了全部帝国殖民地。在国际联盟一系列复杂的委任统治体系下,德国原有殖民地,包括130万殖民人口转归到战胜国的统治之下。

和约中有关军事的条款有效地促使了德国裁减军备。军队人数根据志愿兵役制分阶段削减,最多时不得超过10万人。莱茵兰地区的德国军队和防御工事进行非军事化管理。与过去的规模相比,海军被削减得只剩下极小的一部分,并且不允许德国保留空军。而德国未对这些条款提出抗议,但坚持要求所有国家都应裁减军备。

战争赔款

德国人尤其愤懑不满和约中有关经济和财政方面的条款。这一怨气源于饱受争议的赔款要求。虽然战争期间威尔逊总统反对事后任何的罚款,但他还是承认了赔款的合理性。其他战胜国,特别是英国,希望扩大索赔数额,获得战争赔款。在巴黎,威尔逊对其顾问们非常不满,他屈于英法的压力,支持经济上严惩德国。为了安抚英法两国广泛要求获得德国赔款的期许,谈判者们草拟出了臭名昭著的第231号条款。和约中的这一条款声称"战胜国所遭受的一切破坏是德国及其盟友发动的侵略战争的结果",德国对"一切破坏的造成负有责任"(Sharp 1991)。很快,德国国内就将第231号条款理解为指控德国是引起战争的唯一罪魁祸首或全部"罪责"所在。德国批评者认为,这项指控德国绝对战争罪责的条款是和约中所有经济条款的基础。在停战协议签订之前(《兰辛笔记》the Lansing Note, 1918年10月5日),德国在外交交涉中已经接受了"对平民所造成伤害的补偿要求"(Schwabe 1985),而这一条款索要的赔款明显超过了之前的数额。在和约中德国被迫接受总额还未明确的赔款要求。该总额可能会很巨大,因为其涵盖了协约国起草的、又有所扩充的合法伤害清单,包括协约国服役人员的抚恤金。和约没有提出德国赔款的最终总额,但是赔款委员会建立后,于1921年5月提出了一个最终的数额。

和约的意义重大。在德国,自由派人士和民主社会党人因为成功地于1918年11月9日发动了革命,建立了民主与和平,被诬蔑为背叛德
国的"十一月罪人"(November Criminals)。这 2602
次革命被认为是拖累德国以致其战败的原因。在激进的民族主义者看来,德国的民主意味着国家的耻辱。战胜国也在进行大量的自我反思。批评者认为战胜国削弱了自身的道德影响力。英国经济学家约翰·梅纳德·凯恩斯(John Maynard Keynes)的批判影响最为深远。他为表示抗议,于1919年6月离开了巴黎和会,并在同年12月出版了自己的著作《和约的经济后果》(*The Economic Consequences of the Peace*),对和约进行慷慨激昂的公开批判。在美国,威尔逊未能推行和解的和平愿望,对于所有倡导自由国际主义的人来说,和约是一个失败的标志。和约打击了自由派人士,否定了威尔逊。在1919至1920年间,暂且不论美国长期的政治战略,这一否定导致威尔逊最终未能说服美国国会加入国际联盟。20世纪20年代到30年代,美国不加入新国际联盟的决定极大地削弱了国际联盟的力量。

进一步阅读书目:

Boemeke, M.F., Feldman, G.D., & Glaser, E. (Eds.). (1998). *The Treaty of Versailles: A Reassessment after 75 Years*. Cambridge, U.K.: German Historical Institute and Cambridge University Press.

Floto, I. (1973). *Colonel House in Paris: A Study of American Policy at the Paris Peace Conference, 1919*. Princeton, NJ: Princeton University Press.

Kent, B. (1989). *The Spoils of War: The Politics, Economics, and Diplomacy of Reparations, 1918 - 1932*. Oxford, U.K.: Oxford University Press.

Lentin, A. (1984). *Guilt at Versailles: Lloyd George and the Prehistory of Appeasement*. Leicester, U.K.: Leicester University Press.

Mayer, A.J. (1968). *Politics and Diplomacy of Peacemaking: Containment and Counterrevolution at Versailles, 1918 - 1919*. London: Weidenfeld and Nicolson.

Newton, D. (1997). *British Policy and the Weimar Republic, 1918 - 1919*. Oxford, U.K.: Oxford University Press.

Schwabe, K. (1985). *Woodrow Wilson, Revolutionary Germany and Peacemaking, 1918 - 1919: Missionary Diplomacy and the Realities of Power*. Chapel Hill: University of North Carolina Press.

Sharp, A. (1991). *The Versailles Settlement: Peacemaking in Paris, 1919*. Basingstoke, U.K.: Macmillan.

Thompson, J.M. (1966). *Russia, Bolshevism and the Versailles Peace*. Princeton, NJ: Princeton University Press.

Vincent, C.P. (1985). *The Politics of Hunger: The Allied Blockade of Germany, 1915 - 1919*. Athens: Ohio University Press.

道格拉斯·纽顿(Douglas Newton)文
汪 辉 译,刘文明 校

Trees 树

树远比人类古老,对树的研究本身也是一个广泛的主题。本文关注人与树在历史上的互动,把树看作人类崇拜的对象、食物的来源或农耕的障碍,甚至看作其"行为"受到人类影响的野生植物。 2603

树大概形成于3.6亿年前,比人类要早得多;人类文化因精神或审美的原因对树的崇拜贯穿整个历史。然而,从旧石器时代森林中最早的狩猎-采集者开始,人类的互动就对森林和林地造成了威胁。今天,最严重的威胁包括疾病和害虫从世界的一地到另一地的"混合"。

人类之前的树

树是野生植物。它们存在的时间比人类久远。在3.6亿年前它们就形成了自身多样性的进化过程。现在有成千上万种树,每一种都有其自身的特点。所有的树都与菌类形成了伙伴关系,还有许多树与蚂蚁、授粉的昆虫和鸟类形成了伙伴关系。从热带地区到北极圈生长着不同的树种;一些长成了森林,另一些则只是稀树草原(草原上散布着一些树);一些成为动物的食物,另一些则口感不好或有毒。反过来,从能够折断和吃掉一棵大树的超级大象,到以树上的果和籽为生的灵长类(人类的先驱)和鸟类,动物逐渐形成了对树的各种依赖。一些树会燃烧并保留森林火种(许多树依赖火而继续存在或繁殖),另一些树则不燃烧。一些树从种子发芽生长,另一些树则成长于根芽。

在最近的200万年,冰期的气候变化使地球上陆地的许多地方不能生长树木,中断了树林渐变和慢慢适应的过程。这样,树不得不去适应由于历史变故强加给它们的环境。

让-皮埃尔·韦尔(Jean-Pierre Houël)的《百马栗树》(*Castagno dei cento cavalli*,1782)。水粉画。这棵树位于距埃特纳火山口8000米远的地方,是已知世界上最古老的栗树。据传说,阿拉贡(Aragon)女王及其随从100名骑士在去山上郊游时遇到暴雨,都在这棵树下躲雨

农耕之前的树

接下来出现了人科(另一人种),再后来是人类自身。在非洲这个人类的起源地,人们很可能居住在稀树草原;但经过数万年后,他们开始既居住在森林,也居住在气候寒冷或干旱的无树地区。这一阶段的人类只是为数不多的狩猎-采集者,他们与树的互动方式有以下四种:

1. 树的果实和其他产物可能构成了人类饮食的一部分,因此在不列颠,中石器时代的人类广泛地利用榛子林里的坚果为食。

2. 人类发展出了砍伐小树的工具,用小树作柴火和木制品的材料(石器时代这一名称是误导,因为保存下来的石器很可能在数量上远远少于未能保存下来的木制品)。到那时为止,木制品的数量与树的成长率相比可能是微不足道的。

3. 无论是在稀树草原还是在易燃的森林,人们在土地管理中运用火来处理植被,以利于他们所偏爱的动物或植物生长。

2604

4. 早期人类很可能对超级大象和其他大型动物的灭绝负有责任,这些动物在非洲不断减少。反过来,这有利于树的生长。

值得讨论的是,最后两个例子代表了人类已经(至今)对世界上的植物造成巨大影响。旧石器时代和中石器时代的人们是否以文化和精神的方式与树发生互动,以及这对树本身是否有影响,都很难说。

金属冶炼之前的树

进一步的互动出现于过去的1万年里。最后一个冰期之后,树又回到了像不列颠这样的北方国家。传统认为这些树形成了一种延续的"原始森林",实际上可能曾经更像稀树草原,有大片的牧草。这样人们获得了新石器时代的农耕技术,饲养家畜和种植作物,修建固定的住所,并且沉迷于陶器、庙宇、墓地及一切定居文明的外部标志。这些是在世界不同地区分别发明的,并且慢慢传播到了除澳大利亚之外的几乎整个

> 如果你把你的秘密告诉了风,就别责怪风把它带给了树。
>
> ——纪伯伦(Kahlil Gibran,1883—1931)

地球。

在温带地区,树成了农民的敌人,因为适于耕种的作物在树荫下无法生长。一般的家畜繁殖也要求在空旷的草原。这些动物生活在森林里只能导致其数量减少:它们食用低矮的植物,连这些也没有的时候只能挨饿。因此农耕始于热带稀树草原或草原,因为耕种林地需要花大力气来挖掉树木和开垦耕地。这从欧洲人殖民美洲得到了证明。很可能,这也发生于新石器时代的西北欧,但从历史上看,当时的定居者并没有金属工具和节约人工的办法。

在热带地区,情况可能有所不同,因为一些热带作物在树荫下也能生长,一些树木本身也结可食用的果实。因此在这里无须毁掉森林,但人们有时也将它改造成果园和人工稀树草原。

在这一时期(如果不是更早的话)人们有了一个重大发现:一些树被砍掉之后,新芽从树桩
2605 或根部长出来,留下的树桩比原来的树干更有用。由此出现了林地管理,这方面最早的确切证据来自约5 000年前新石器时代英格兰的萨默塞特平原区(Somerset Levels)。人们能够(极为困难地)砍倒巨大的树,但在电动工具发明之前,大多数大树只有一种用途——造独木舟。虽然从狩猎-采集时代以来人类人口数量有所增长,但增长率还是太低,砍树只会对当地有一点影响。

因此,出现了定居民族影响森林的特定方式:

1. 为了开垦耕地而挖树。
2. 为了使用木材或木头而砍树,或是用作木器,或是用作柴火(包括制陶用的燃料)。
3. 为了生产一种可以长期供给的小树(这种树一两个人就足以处理)而管理砍伐后的林地。
4. 灭绝或减少许多野生食草动物。
5. 为了使家畜取代野兽,常常要大量阻止伐树之后的再生。
6. 树种迁移到世界各地,例如培育出的苹果树由罗马人从原生的哈萨克斯坦带到了不列颠。

在新石器时代,这些现象从小规模的开端散布到全球。有人认为,即使在史前时期,森林的减少也足以对大气中的二氧化碳含量产生重大影响。然而,涉及的陆地面积太小,似乎不足以说明已知二氧化碳的反常,除非(如果可能)这一问题包括澳大利亚和美洲原住民力图阻止森林在这些大陆广大稀树草原上的蔓延。

一种不太为人所熟知的对树的利用,是截取树枝或将其切碎,也就是裁剪树枝以获取树叶用来喂牲畜。这始于新石器时代,此时牛和羊被引入缺乏草地的森林地区。在世界上草的生长期较短的地方仍然在使用这一方法。这样的树往往有很长的寿命,并且长成特殊的形状。

洲际旅行之前的树

在史前时代晚期,树的利用多样化了,尤其是在那些发明了金属工具的文化当中更是如此。青铜和铁使伐树变得更容易,树木作为冶炼和制作金属工具的燃料,其用量也大大增加了。罗马人有大量消耗燃料的活动——洗澡、制砖、玻璃制造、室内取暖和制作用完即扔的盆罐等。日益增长的人口和日益发展的技术,也使得树木的需求量成倍增加。然而,仅仅当地的人力就足以使树木砍伐的速度快于小树再次生长成材。为了特殊的目的,人们很可能要运输和加工大树,比如耶路撒冷所罗门神庙屋顶所用的木料,但这是一项罕见的成就。

到史前时代末,至少通过干涉树和食草动物之间的关系,(在有些地方)通过火的频繁使用,人类开始实质上影响世界所有大陆的森林

和稀树草原。在一些当地已有哺乳类动物的岛屿（如地中海的岛屿），可能没有受到人类定居的较大影响，但是，特别具有灾难性的是，像圣海伦娜（St. Helena）这样的海岛上的植物无法适应任何陆地动物，在引进山羊和猪之后就对其产生了影响。此前无人涉足的最后一片大面积的土地是马达加斯加和新西兰，人类是在大约2 000至800年前到达那里。到18世纪时世界上没有受人类影响的最后的“原始森林”，很可能是在某个遥远的岛屿上。

农耕逐渐从其发源地扩散开来，从树木稀少的西南亚地区传播到了有更多树木及与其不太一致的欧洲地区。甚至现在，人们对于森林
2606 如何及为何变成耕地的，也知之甚少。虽然意大利的耕作农业从新石器时代起就很发达了，但即便在罗马帝国时期，罗马城的大部分食物供应仍要从北非运来，而让意大利供应其所需要的大部分木材和燃料。

英格兰以其高度稠密的人口而遵循着一种显然不同寻常的模式。到铁器时代（公元前的最后几个世纪），大多数自然林被耕地或荒地所取代，现代乡村的模式已经发展起来。《末日审判书》记载了“征服者”威廉于1085年对13 418个英国定居点的调查，对土地进行了独特的详细统计，在其调查结果中，英国只有15%的地区是林地，比现在法国的林地还少。这一面积仍在进一步减少，到1349年黑死病中断人口增长时，大约只有6%的林地。

林地保护很可能源于维持一种不断供应小树的需要，而且当木材具有稀缺价值时得到了进一步推动。在英格兰，中世纪文献中提到的许多树木今天仍然在那里：凭着它们的独特名字和形态以及保护边界的堤岸和沟渠，还有大量根基萌生的新芽（树被砍后一遍又一遍地生长）与没有蔓延到最近林地的特殊植物，它们仍然可被辨认出来。

树也生长在树篱和其他非林地的地方，用作木材和灌木丛。果园文化从罗马时代就在欧洲发展了起来，也在其他大陆独立发展起来。

木材国际贸易——既有像克里特的柏树这样珍贵的木材，也有一般木材——在中世纪变得重要起来。英格兰、尼德兰、西班牙从波罗的

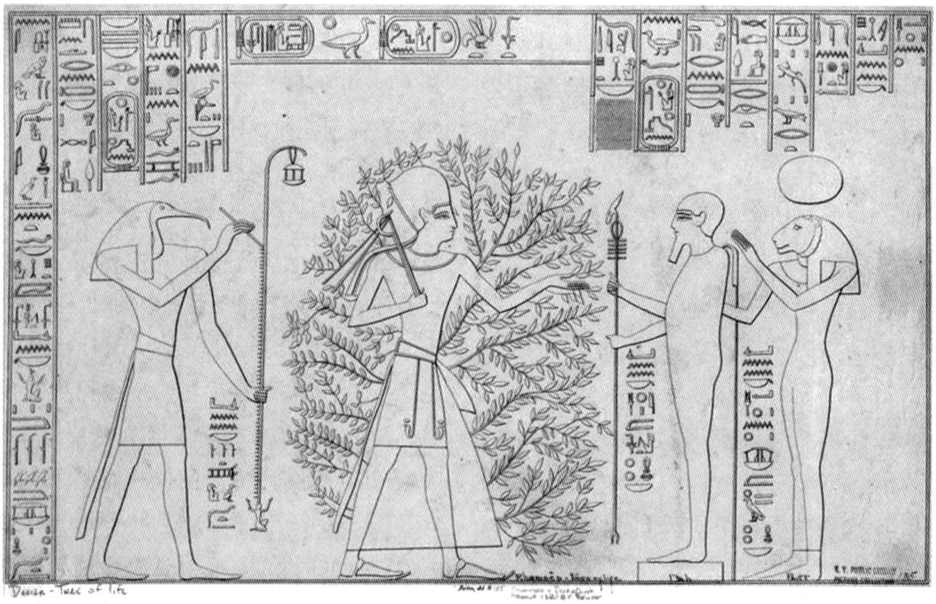

《拉美西斯和生命树》（*Ramses and the Tree of Life*），一幅19世纪的插图，描述了一幅大约绘于公元前1330年的埃及壁画。纽约公共图书馆

海地区进口越来越多的松树和橡树，不仅因为这些国家自己缺少林地，也因为输出国发展起了加工树木的设备和技术。

毁林以建立农场和牧场并不是一个单向的进程。树木如果不受干扰的话，很容易成长。由于瘟疫，或者奴隶贸易，或者人们发现了一种更容易谋生的方法，就会抛弃耕地；这时又会出现树林，或者稀树草原变成森林。因此在英格兰，中世纪的许多大林区包含了史前或罗马时代的耕地、村庄、纪念物的痕迹。

树的文化和精神特质

2607 民族志学者描述了大量不同的人与树之间的关系，不是物质应用方面，而是从明显精神的（一棵树作为一个神灵之家）到纯粹审美的（一棵树为一个正式花园提供一种“飞溅的色彩”）方面。

对树的崇拜和热爱是人类许多文化中的一个特征，但除非有文字记载，大部分缺乏一种时间维度。树所扮演的确切角色常常界定模糊，因为记录有关信息的人往往是对另一文化一知半解（或者抱有敌意）的旅行者。很难知道树在古代巨石阵或吴哥窟的设计中是否扮演了某一角色，除非这些树的遗迹幸存了下来。考古学家在考察和记录古代遗址中幸存的树时也几乎没有感觉。

单棵树作为小神之家曾被广泛崇拜，就像古代罗马城的神圣树那样，或者像古代和现代日本神道教中无数的（许多种）神圣树那样。某一特定树种的树，或者一般树中的大树也可能受到崇拜。许多宗教都有神圣的小树林围绕着神庙和神殿，或者在其中举行仪式。特定的某种树可能在庆典中起着重要作用，就像月桂树在古代罗马人的胜利庆典、冬青树在圣诞节、棕榈树（或者一些代表棕榈树的北方替代物）在基督教的圣枝主日那样。

一神教（至少是非正式地）赞美特定的神圣树。在耶路撒冷的希伯仑，犹太教、伊斯兰教和基督教都崇拜“亚伯拉罕橡树”。英格兰有其古老的教堂基地紫杉树，有些可以追溯到基督教早期。在威尔士，古老的紫杉树与一千纪圣洁的隐修士联系在一起。

公园和花园中的树（而不是果树）是许多文化中的一个特征。古代希腊人的神圣小树林，像现代日本那些佛教寺庙和神道教神社的小树林一样，包括从自然林地到正式花园的形式。古代罗马人修建世俗公园并在其中植树，也保存了原有树木。但很难说这种情况在多大程度上能够适用于其他没有文字记载的纪念性文化。

城市中的树差别巨大。中世纪的大多数城镇和城市都很小且非常拥挤，除了在城市中的宗教圣地或冲积平原，几乎没有空间种许多树。18 世纪以来，在城市规划中随着更多散发式风格的出现，城市中的树成为一种标准面貌，因此许多欧洲和美国城市的树现在也比附近郊区的多。对古老的和独特的单棵树的崇拜在人类文化中很广泛，但不是普遍的。在英格兰，当把崇敬古物的风气赋予新的乡村庭院公园时，古树得到了保护；而对古物的崇拜在 20 世纪中叶衰落了，但对“久经风霜的老树”的兴趣复兴了。著名的古树存在于地中海地区，尤其是橄榄树和栗子树。在日本，古树作为对已故天皇的纪念而受到崇拜，甚至死亡了也被保存起来，而且被制作成小型的盆景。大多数古树已成为文化活动（如园艺文化）的纪念物。

树在许多文化中还有药用和巫术的用途，尽管在这方面没有达到其他植物那么大的程度。有名的例子是金鸡纳树用来治疟疾；或者如英国博物学家吉尔伯特 · 怀特（Gilbert White）所描述的“鼩鼱灰”（shrew-ash）——一种用来治疗牛病的树，这种病被认为是由鼩鼱爬过牛身上引起的。

机械时代的树

17至20世纪，人类经历了技术的进步。中世纪开始的许多小发明到此时得到大规模运用，并被运用于地球上遥远地方的树木。

2608 探险和殖民把粗放的欧洲式农业带到了其他大陆。砍伐森林和稀树草原以建立农场，这在欧洲花了数千年时间，而在美洲和澳大利亚则压缩成了数十年。甚至进入20世纪，许多利用斧头和牛做工具的人仍然在这样做，而随后就是专业的"跃障"(stump-jump)耕作机械。

其他国家的树木在增加，尤其是那些土地太贫瘠或太陡峭而不宜机械化耕作的国家。在19世纪的北美东部和20世纪的地中海地区，大片地区还原成了森林。

造船对林地造成了区域性影响。然而，当船只变大、数量增多，前往遥远大陆和长期航行的船只在热带水域受到腐蚀，同时欧洲海军陷入军备竞赛，这些都增加了木材的使用量，直到一个短时期(1800—1860)才有所缓解，这种情况是对欧洲林地的一个主要影响，甚至影响到了热带森林。19世纪，国际贸易演变成了洲际贸易，如北美的松树和热带的硬木广泛地用于欧洲。砍伐和加工技术也发展了起来。另一项中世纪的发明使锯木厂变得更普遍、规模更大，直到(在铁路的帮助下)最终用来加工巨大的雨林。美国太平洋沿岸、澳大利亚西南部和更多能够到达的热带地区的大树，都变成了铁路枕木、篱笆桩、铺路板。

林场(或用于获取木材的林地)在中世纪的德意志和日本就出现了。从此以后，它使得为了特定用途而种树(理论上)成为可能——假设这些用材目的到树林成材时仍然存在。在干旱国家，曾经有几种大规模种树的尝试，人们认为这样可以限制沙漠的扩大。19世纪，林场成为现代林业的支柱；德国、法国的林业观念和实践对印度及后来的巴西产生了影响，排挤了当地的习惯和技术。到20世纪末，在智利等国和塔斯马尼亚岛，原生林被毁掉，代之以林场，这在一定程度上引起了自然保护主义者的极大关注。天然森林将局限于陡坡、自然保护区和其他机械难以达到的地区，这是危险的。

古代的管理实践被人类忽视了。在英格兰，用煤的不断增加对木材造成了冲击，煤炭通过铁路运输到乡村地区，导致木材不再被当作燃料的来源。日本也像英格兰一样，喜欢掠夺他国的自然林来满足其木材供应，却对自己的树林弃而不用。

人类将世界上所有的动物和植物混合起来，这对森林和稀树草原造成了威胁。一个著名的例子是，轻率地把北美灰松鼠引入不列颠，结果灰松鼠繁殖到了威胁某些本土树木生存的程度，同时它使本土的红松鼠减少到几乎灭绝。

这种情况也发生在植物身上。为何热带雨林的毁坏如此容易？砍伐用于销售的树木也许无伤大体：美国太平洋沿岸的红木林又生长出来了(尽管不可能恢复全部原生林中的植物和动物)。然而现在，当树被砍伐之后，这个地方往往会被来自热带其他地区的某种巨大"象草"(elephant-grasses)占据；这些草直接干扰了树木的再生，同时也是易燃的，把火引入了原来不曾有火且对之不太适应的森林。

气候变化也对树木有一些影响。热带森林中的树比以前生长得更快了，也许是对空气中二氧化碳增加的反应。而山顶上的树，就像一些热带云雾林和美国西南部的"空中岛"那样受到威胁，因为它们面对变暖的气候无处可逃。但是，全球变暖最重要的影响，可能是把树引入其经受不住炎热夏天的地方，就像英格兰的山毛榉和云杉种植园。

20世纪晚期，在世界许多地区的大动物越来越多，达到了令植物和鸟类的生命，甚至树木

2609 的生存也受到威胁的程度。现在，英格兰的鹿比过去 1 000 年还要多，鹿的种类也空前地多：鹿侵蚀林地已成了林地保护的头等问题。同样的现象也发生在北美的许多地方，部分原因是狩猎者要求有大量的鹿供他们猎杀；甚至在日本也是如此。

对世界上的树林的最大威胁，也许是 20 世纪人类把世界上所有的害虫和疾病混合起来所产生的影响。在俄亥俄州，在不到百年的时间里，栗子树、大多数榆树、许多橡树、开花的山茱萸、冷杉等被移除了，每一种都是由于人们意外地引入了欧洲或亚洲的菌类寄生虫。这使得桦树成为最常见的幸存树。美国已经花了数以百万计的美元试图阻挡住毁灭它的亚洲昆虫，但没有效果。这种事情也在其他许多国家重复。照这样下去，再过百年树木会剩下多少？

进一步阅读书目：

Cronon, W. (1983). Changes in the Land: Indians, Colonists, and the Ecology of New England. New York: Hill & Wang.

Fairhead, J. & Leach, M. (1998). *Reframing Deforestation*. London: Routledge.

Frazer, J.G. (2007[1890]) *The Golden Bough: A Study in Magic and Religion*. Charleston, SC: Biblio Bazaar.

Grove A.T. & Rackham, O. (2001) *The Nature of Mediterranean Europe: An Ecological History*. New Haven, CT: Yale University Press.

Juniper, B.E. & Mabberley, D.J. (2006). *The Story of the Apple*. Portland, OR: Timber Press.

Kirby, K.J. & Watkins, C. (Eds.). (1998). *The Ecological History of European Forests*. Wallingford, U.K.: CAB International.

Pakenham, T. (2002). *Remarkable Trees of the World*. London: Weidenfeld & Nicholson.

Rackham, O. (2006). *Woodlands*. London: Harper Collins.

Rackham, O. (2008). Ancient Woodlands: Modern Threats. *Tansley Review, New Phytologist, 180*, 571 – 586.

Ruddiman, W.F. (2005). *Plows, Plagues and Petroleum; How Humans Took Control of Climate*. Princeton, NJ: Princeton University Press.

Williams, M. (1989). *Americans and Their Forests*. Cambridge, U.K.: Cambridge University Press.

奥利弗·拉克姆(Oliver Rackham) 文
刘凌寒 译，刘文明 校

Tropical Gardening 热带园艺

早在公元前 8500 年，东南亚的热带园艺民培育出了很多种植物，比如水稻、甘蔗、柑橘类水果、香蕉、椰子和山药等 2610
等，这些植物中的一些仍然在为世界上广大地区的居民提供重要的食物来源。像原始狩猎-采集者一样，热带园艺民今天尚能生活在一些保留地内，因为这些地方最终没有遭到入侵和征服。

在新几内亚内陆地区，热带园艺作为一种相当古老的生产方式仍然在使用。19 世纪 30 年代，外来者发现了新几内亚的园艺种植(以及一个园艺民社会)；当时每个村落彼此是独立的，每个家庭各拥有一小块土地，以土地上出产的食物为生。其人口的密度很大，以至于他们开发了几乎所有适于种植的土地。各社群之间为争夺资源也经常发动战争。一些农作物被广泛种植，这主要是因为它们种起来容易：当一株庄稼从地里拔出来做下一顿美餐时，它根茎的上端可以留下重新栽种，然后长成新株。只要将上端的根茎埋入地下，它很快会长出新根新芽，几个月之后又是一顿佳肴了。新几内亚的园艺民也种植其他一些根茎富含淀粉的植物，像山药和芋艿，这两种食物生吃会有毒，因为它们体内含有一种防止昆虫啮咬的酸性化学物质，虽对人类无害，但是只能煮熟了食用。

一些热带园艺民也生活在东南亚大陆的偏远山区，在中国南部地区也留下过他们的足迹，早在公元前8500年，热带园艺民就是在那里收获了水稻。大约到了公元前500年左右，中国北方的居民移民到南方地区，并学会了怎样种植水稻。水稻成了中国历史上主要的粮食；即使粟米和小麦早已是北方居民的主食，而且在中国西北的大部分地区它们依然受到青睐。

从热带园艺民在新几内亚的生活现状以及其在古代中国的历史来看，我们有理由猜测，人类学会乘着舟筏捕鱼之后不久，季风区海岸的渔民就发明了这项园艺技术，然后他们建立了安全港，成了海岸线上的定居者。人类的开端史表明，狩猎-采集者无疑知晓很多关于植物的知识；妇女被早期的渔民留在家中，她们在各种因素的刺激下学会了在居住地种植有用的植物，然后变成了第一批园艺民。树上的水果和坚果（例如椰子、柑橘、香蕉、车前草、甘蔗）、根茎以及禾本科植物的果实（像水稻），都可能在园圃内被人工培育出来。我们知道在大约6万至4万年前的某些时间里，人类跨越约96千米（60英里）的开阔海域到达澳大利亚，当地的渔民依靠桨和帆乘着舟筏也会航行到邻近的季风海域。这些海域对早期的水手相当照顾，因为每年季风的方向会有一次调转，而且风速也大致是稳定的，所以水手漫长的航行也比较安全。

不过，到目前为止，关于这种最古老的农业最初的形态，我们缺少直接的证据予以还原，同
时，考古学家能够找到一些船只、热带园圃或者 2611
其他早期沿海定居者遗迹的希望也比较渺茫。这是因为大约在1.6万年前，冰期时代的冰川开始融化，海平面随之上升，海岸线上的土地被淹没了，所以东南亚本来残留下来的热带园艺遗迹也永远葬在了海底。但可以确定，内陆的湖泊河流也吸引了一些热带园艺民定居者，但是到目前为止，考古学家仅仅在中国的南方地区发现了不多的热带园艺遗迹，而那里没有捕鱼和航海的条件。

无论这些聚居区在哪里存在，都不可避免地遭到文明社会的侵袭。园艺民社会的每个家庭收种粮食只需自足，不需要大量储存，那么在这些聚居区内，祭司无法劝说庶民百姓将他们收获的粮食献给神祇，以祈求神祇保佑自己能逃过灾难；而且职业化的武士也无法分享百姓们的口中餐，尽管他们保护百姓们免遭洗劫者的侵扰而应当有所报答。然而，与园艺民不同，收获有盈余的农民却易于受到这两种形式的剥削，然后形成了我们所说的文明社会：有一批职业化的商人、艺人、战士以及祭司，然后出现了收税员、常备军以及世袭的统治者。当独立且平等的园艺村落与这样的复杂社会接触之后，很容易遭到毁灭。所以，像原始狩猎-采集者一样，热带园艺民今天尚能生活在一些保留地内，只是因为文明社会没有选择征服这些地方。

但是，在他们的时代，东南亚的热带园艺民驯化出很多植物，其中一些仍在为遍布地球的文明群体提供主要的食粮——首屈一指的是水稻，然后是甘蔗、橘类水果、香蕉、椰子，还有山药以及其他根茎类植物。这些驯化植物为人类的发展做出了永不磨灭的贡献。

进一步阅读书目：

Adams, W. H. (1991). *Gardens through History: Nature Perfected*. New York: Abbeville Press.
Greenfield, H. J.; Fowler, K. D.; & Van Schalkwyk, L. O. (2005) Where are the Gardens? Early Iron Age Horticulture in the Thukela River Basin of South Africa. *World Archaeology* 37(2), 307–328.
Hobhouse, P. (1992). *Plants in Garden History*. London: Pavilion Books.
Hobhouse, P. (2002). *The Story of Gardening*. London: Dorling Kindersley Publishers Ltd.
Jellicoe, G. A., & Jellicoe, S. (1995). *The Landscape of Man: Shaping the Environment from Prehistory to the Present Day* (3rd ed.). London: Thames & Hudson.
Keswick, M. (2003). *The Chinese Garden: History, Art, and Architecture*. Cambridge, MA: Harvard University Press.
Oppenheimer, S. (1999). *Eden in the East: The Drowned Continent of Southeast Asia*. London: Weidenfeld and Nicolson.
Thacker, C. (1985). *The History of Gardens*. Berkeley: University of California Press.
Turner, T. (2005). *Garden History: Philosophy and Design 2000 BC–2000 AD*. London: Spon Press.

威廉·麦克尼尔(William H. McNeill) 文
魏孝稷 译，刘文明 校

Túpac Amaru 图帕克·阿马鲁

图帕克·阿马鲁(约 1742—1781)是秘鲁革命家。1533 年，当印加首都库斯科(Cuzco)陷落的时候，他的先人是这个帝国的统治者。1780 年，他领导了多次反抗西班牙殖民当局的起义。尽管这些起义最后都被镇压，但在秘鲁土著民族争取权利的斗争中，图帕克·阿马鲁已经成为标志性人物。 2612

1780 年，图帕克·阿马鲁(原名何塞·加百利·孔多尔坎基[José Gabriel Condorcanqui])是一位土著民族领袖，主要活动在秘鲁高原的库斯科周边地区。从 16 世纪的侵略战争到 19 世纪早期的独立运动，他的家族在南美洲领导了多次大规模起义，以反抗西班牙殖民当局。图帕克·阿马鲁在印加帝国故都库斯科附近的农村地区——特别是廷塔省(Tinta)和基斯皮坎基斯省(Quispicanchis)，图帕克·阿马鲁有很多族人生活在那里——发动了一场起义，迅速席卷了秘鲁总督区南部的高原地区，从库斯科到的的喀喀湖，乃至更远的地方。在今天的玻利维亚(当时被称为拉普拉塔总督区)也爆发了一些起义，与图帕克·阿马鲁领导的起义历史性地结合在了一起，尽管其中至少有一场起义先于库斯科地区的运动。在苏克雷(Sucre)和波托西(Potosí)之间的地区，卡塔里家族的部分成员率领当地乡民发起了一场运动，不但撼动了村一级的殖民秩序，还影响到了殖民当局的统治。向北到拉巴斯(La Paz)周边地区，又名为图帕克·卡塔里(Túpac Katari)的胡里安·阿帕萨(Julián Apasa)不但单独作战，还与图帕克·阿马鲁的起义军联合，试图打破西班牙人对这一地区的控制。

父亲去世的时候，图帕克·阿马鲁尚年幼，他由几位叔叔和地方上的僧侣抚养成人。他也

> 在秘鲁，如果没人能成为富人，那也不应有人变成穷人。
>
> ——威廉·普雷斯科特(William Prescott，1726—1795)

在耶稣会为土著贵族开办的学校中学习过。他经营安第斯南部地区的货物运输，同时对矿业也有兴趣。他同大部分僧侣及库斯科主教相处融洽，但他与西班牙地方官员的关系就要紧张一些，但这也因人而异，不能一概而论。图帕克·阿马鲁，也就是图帕克·阿马鲁二世(Túpac Amaru II)，是曼科·印加(Manco Inca)的后裔。16世纪40年代，西班牙人占领了库斯科。曼科·印加曾是印加帝国的统治者，他随后发动了一场反对侵略者的起义。图帕克·阿马鲁一世(Túpac Amaru I)也是他的先人，是曼科的儿子，是比尔卡班巴(Vilcabamba)抵抗运动的最后一任领袖。

图帕克·阿马鲁二世迫使西班牙王室承认他是印加王位的继承人。而印加重新获得力量取决于两个因素：一个是加西拉索·德·拉·维加(Garcilaso de la Vega)的著作对印加统治的歌颂，另一个是印加神话的广泛流传。根据印加神话，印加统治者的身体可通过他已埋葬的头颅再生(图帕克·阿马鲁一世在投降后被西班牙人斩首)。当这一过程完成后，他就可以重建欧洲人到达前的统治和社会秩序。

殖民压迫

西班牙王权所建构起来的殖民地社会体系
2613 使安第斯地区的土著苦不堪言。在18世纪，西班牙同其他欧洲国家一样，紧紧地控制着本国的殖民地。西班牙王国给殖民地带来了许多改变：它尽其所能地重构殖民地，这样母国就可以从殖民地获得更多的利益。在安第斯地区，殖民当局努力提高征收供奉和商业税的效率。这些苛捐杂税不但不断增加，而且一些由土著民族生产出的原来免税的产品也被强行课税。除此之外，在沉重的税收压力下，一些从未被征过税的物品也被列入了课税物品的名单。当局还设立了海关，以便征收这些商品的关税。这种做法扰乱了南部高原地区的贸易和商业，随后爆发起义的拉普拉塔总督区同样深受其害。

与此同时，在将强买强卖合法化之后，西班牙当局的行政长官对土著民族的压迫也越来越重了。这些行政长官经常滥用他们的权力，以规定价格两倍甚至三倍的价格出售商品。这种行为使土著人越来越愤怒，在他们中的一些人不愿再承受这种过分的经济压迫。

伴随着上述变化，18世纪安第斯地区土著人口的数量终于开始回升。在此之前，来自旧世界的传染病蹂躏着新世界，土著人口曾急剧减少。因此，一方面殖民地当局的要求越来越多；另一方面土著人口不断增加，这使得土著民族的人均资源变得越来越少。将国际环境、区域环境和地方环境统一考虑后不难发现，当时的时局愈发紧张，促使起义不断爆发的社会氛围也随之产生。

起义及其后果

对救世主的期望、对政治局势的强烈不满和领导者的出现交织在一起，酿成了一场社会危机，推动了起义的爆发。一连串的起义于18世纪80年代初爆发，这些起义如星星之火，在秘鲁和玻利维亚的南部高原地区形成了燎原之势。起义动摇了殖民地的社会基础，约10万人在冲突中丧生。起义爆发数月后，图帕克·阿马鲁被俘。他和他的一部分家人在库斯科广场被残忍杀害，另一部分家人则被流放。虽然起义被镇压，但图帕克·阿马鲁、图帕克·卡塔里和卡塔里家族还是表达了安第斯地区受剥削的土著民族的心声：他们受到日益沉重的压迫，而为结束这种压迫不惜冒任何风险；他们希望能在现有情况下，建立起一个更加合理的统治秩序。从短期来看，起义为秘鲁社会平添了恐惧，使不同种族之间的关系越来越疏远。但从长期来看，图帕克·阿马鲁已经成为追求社会公正的先驱，他象征着社会公正。在20世纪60年代晚期，韦拉斯科(Velasco)的左翼军事政府用图帕克·阿马鲁在起义中的形象和话语去推动社会改革。印加人的梦想一直延续着。直到今天，在许多普通秘鲁人的头脑中，图帕克·阿马鲁仍然是一位具有代表性的人物。

进一步阅读书目：

O'Phelan Godoy, S. (1985). *Rebellions and Revolts in Eighteenth Century Peru and Upper Peru.* Cologne, Germany: Bohlau Verlag Koln Wien.

Stavig, W. (1999). *The World of Tupac Amaru.* Lincoln: University of Nebraska Press.

Stern, S. J. (Ed.). (1987). *Resistance, Rebellion, and Consciousness in the Andean Peasant World, Eighteenth to Twentieth Centuries.* Madison: University of Wisconsin Press.

Serulnikov, S. (2003). *Subverting Colonial Authority.* Durham, NC: Duke University Press.

Thompson, S. (2002). *We Alone Will Rule: Native Andean Politics in the Age of Insurgency.* Madison: University of Wisconsin Press.

沃德·斯塔维格(Ward Stavig) 文
邢 科 译，刘文明 校

Turkic Empire 突厥帝国

从6世纪中叶到8世纪中叶，突厥人在亚欧大陆建立起一个庞大的帝国，疆域从中国东北地区一直延伸到黑海。这个帝国主宰着草原，并与定居文明联系在一起。突厥帝国是第一个横跨欧亚两洲的大帝国。直到13世纪，蒙古帝国才在疆域上超过了前者。而蒙古帝国在很多方面都受到了突厥政治传统的影响。 2614

"突厥"(Türk)这个名字含有政治意义。从6世纪中叶到8世纪中叶，也就是突厥帝国时期，其他突厥语民族开始使用这一称呼。突厥人的邻居(即伊斯兰世界的地理学家和历史学家)用这个词称呼7世纪下半叶以来与他们有接触的突厥语民族。这些突厥语民族大部分来自突厥国家。今天的"突厥人"指现代的土耳其族，"突厥"也用于称呼其他的土耳其民族。

起源

突厥人起源不详。他们的文字最早见于鄂尔浑河流域(今天蒙古国的中心地区)一系列的碑文。他们的语言属于阿尔泰语系；阿尔泰语系包括突厥语族、蒙古语族、满族-通古斯语族(Manchu-Tungus)，可能还包括韩语和日语。这些语言究竟本身源自一种语言，还是在长期接触和相互借鉴中趋于一致，目前还有很大的争论。但分歧不大的是，突厥人来自蒙古和西伯利亚南部，这是阿尔泰人活动的最西端，他们主要生活在中国东北地区。在西方和西北方，突厥人邻近伊朗人(在蒙古的西部)和西伯利亚的乌拉尔人。

这个民族到6世纪中叶才以"突厥"这个名

字登上历史舞台。但在此之前，说突厥语的各个民族已经是匈奴帝国（约公元前 209—公元 2 世纪中叶）的一部分了，匈奴人的起源也无定论。匈奴和两汉的战争迫使一些突厥语民族向西迁入今天的哈萨克斯坦和伏尔加-黑海地区的大草原。这些移民归入了欧洲匈奴人的治下，欧洲匈奴人和亚洲匈奴人之间的关系还有待进一步研究。来自汉朝边境地区的突厥语民族推动了早期的民族迁徙，西迁的民族进入了大草原，这一过程持续了 1 000 余年。到 463 年前后，后起的帝国——如柔然帝国（4 世纪早期至 552 年亚洲的阿瓦尔人［Avars］）——迫使其他的突厥语民族向西进入黑海地区的草原。但这些民族从未称自己为“突厥人”。

鄂尔浑河流域的碑文对突厥人的起源只字未提。现在，中国保留着各式各样的传说故事，揭示出了一种可能性，中国人将组成部落联盟的核心民族称为“突厥”（Tujue）。直到 6 世纪中叶建国，“突厥”这个称呼才出现在了中国的史籍中。按照中国史籍的记载，阿史那氏占据统治地位。这些史籍同样记载了 5 世纪时他们在甘肃、新疆地区的历史。甘肃和新疆位于中国
2615 西北部，当时一些吐火罗人和伊朗人居住在那里。“阿史那”一词源自伊朗文或吐火罗文，见于一段可以追溯到 582 年的碑文。这段碑文是由粟特文写成的——粟特文是丝绸之路上的主要语言——因此已知的最早碑文与突厥帝国还是相去甚远。在碑文中，阿史那和突厥人是并列使用的。这可能表明，两者在当时是不同的实体。鄂尔浑河的碑文随后出现了“Kök Türk”。在突厥语中，“Kök”意为“天或天蓝”，这或许表明了两者的早期差异。在亚洲内陆地区和东亚，蓝色象征着东方，因此，“Kök Türk ”可能意为“东方的突厥”；或者取通常的意思，意为“神圣的突厥”。起初几位突厥可汗的名字均非来自突厥语。在亚洲内陆地区，“可汗”相当于“皇帝”，该词最早见于 3 世纪的史籍。

突厥帝国的建立

当周围的国家走向衰落的时候，突厥人逐渐发展起来。北魏（386—534）起源于阿尔泰地区，并逐渐控制了中国北方。之后，北魏分裂为两个敌对的国家——东魏（534—550）和西魏（535—556）。随后，北齐（550—577）取代了东魏，北周（557—581）取代了西魏。在蒙古地区，王国内部的争斗和属地接二连三的叛乱使柔然难以自拔。阿史那氏突厥人就是柔然的臣属，他们为柔然统治者加工金属。柔然可汗阿那瓌（520—552）与东魏结成了联盟。作为报复，西魏于 545 年开始与阿史那氏的领导者土门交往。几年后，土门击败了攻击柔然的铁勒部。铁勒部是由突厥部落和蒙古部落组成的庞大联盟，他们从蒙古北部一直发展到今天乌克兰的旁迪克草原（Pontic steppes）。作为回报，土门要求柔然公主下嫁，但遭到拒绝。而西魏同意将公主嫁给土门，这巩固了双方的关系。552 年，土门攻破柔然，建立了政权。随后，突厥展开了一系列的征服活动。

当土门（建国后不久去世）、科罗（土门的儿子，553 年去世）和木杆可汗（553—572 年在位）巩固对蒙古的控制时，土门可汗之弟室点密（552—576 年在位）将突厥的势力扩展到了西部的大草原和克里米亚，这为西突厥帝国的建立奠定了基础。按照草原的传统，突厥帝国被分成了两个部分，这也是出于管理的需要。东突厥帝国的可汗地位最高，西突厥帝国可汗的权力稍微小一些。帝国的臣民包括了粟特人（他们是丝绸之路上的主要商人）、中亚地区各个定居民族和游牧民族，以及一些早先向西迁徙的突厥部落。

557 年前后，室点密与萨珊帝国结盟，击败了嚈哒（位于今天的阿富汗，其构成混合了阿瓦尔和匈奴的要素）。与此同时，被突厥击败的阿

瓦尔人进入了旁迪克草原，开始与拜占庭帝国发展外交关系。在室点密的带领下，突厥人也出现在了这一地区。阿瓦尔人同臣服于他们的部落退到了潘诺尼亚（Pannonia，现代的匈牙利）。此时，突厥的势力已经从中国东北地区一直扩展到了克里米亚。在法兰克的查理曼于8世纪末征服潘诺尼亚之前，阿瓦尔人一直安全地生活在那里。他们经常袭扰拜占庭帝国控制下的巴尔干，并与开始定居于此的斯拉夫人频繁接触，这促进了今天南斯拉夫民族的产生。

突厥人同伊朗人在贸易上和政治上产生了矛盾。于是，突厥与萨珊波斯分道扬镳，于568年同君士坦丁堡建立起了关系。拜占庭帝国已经建立起了自己的丝绸业，奢侈品不再依赖丝绸之路和伊朗。尽管如此，拜占庭对与伊朗的结盟仍然十分急切。而另一方面，突厥人希望能为来自中国的丝绸找到销路。但是，拜占庭和突厥的合作并不一帆风顺。突厥人经常向君士坦丁堡索要他们“逃跑的奴隶”，也就是阿瓦尔人。

这张微型画作描绘了战斗中的突厥军队。这幅画曾经属于奥斯曼帝国苏丹阿布杜勒·阿齐兹（Abdülaziz，1830—1876）。纽约公共图书馆

第一时期：东突厥（552—630）**和西突厥**（557—659）

为了相互对抗，中国北方的两个 2616
王朝急于用丝绸和贸易特权来收买突厥人，因此突厥人可以从中国北方的政治乱局中渔利。他钵可汗（572—581年在位）是木杆可汗的弟弟，他执政时期，突厥人的势力达到了顶点。此后，隋朝统一了中国，新王朝在军事上重新占了上风。而与此同时，阿史那氏之间的矛盾变得越来越尖锐。突厥王室的内部斗争导致了两败俱伤的结果。隋朝巧妙地利用了这一形势，煽动臣服于突厥的民族发动叛乱。在西突厥，室点密的儿子达头可汗（约卒于603年）试图压制住东突厥的各派力量，从而获得至高无上的权力。虽然589年惨败于萨珊将军巴赫拉姆·楚宾（Bahrâm Chôbîn）手下，但达头可汗还是从失利中恢复了过来。到6世纪末，他又开始蠢蠢欲动，准备实现自己的野心。另一方面，在隋朝煽动下，臣属于突厥的部落——特别是铁勒部——发动了一场大规模叛乱，从此达头可汗逐渐淡出历史舞台。在隋朝全力征讨高句丽的时候，突厥人的势力曾一度有所恢复。唐朝取代了隋朝，唐朝的皇室可能有阿尔泰血统，并

长期经营北方的边境地区。与隋朝相似，唐朝也利用了阿史那氏的内部纷争，加之自然灾害削弱了突厥的力量，因此唐朝于 630 年大破东突厥。突厥人迁入中国境内，并在边境地区定居；东突厥可汗及其宗族获得了唐朝的军事头衔。

在西突厥，达头可汗的继任者们在境况上要好一些。7 世纪 20 年代，拜占庭皇帝希拉克略（Heraclius，610—641 年在位）借助西突厥可汗统叶护可汗（？—628）的力量击败了萨珊波斯。但统叶护可汗被其伯父暗杀，西突厥分裂成两个相互敌视的集团，即咄陆部和弩失毕部，它们合称为“十箭”。659 年，它们被唐军击败，冒险退入中亚腹地。更西边的突厥人建立了可萨汗国（约 650—965），其疆域包括伏尔加—乌克兰大草原和北高加索，治下有东斯拉夫人和乌戈尔人。可萨汗国是阿拉伯人进入北高加索的主要障碍。

第二时期：东突厥（682—742）和西突厥（约 700—766）

尽管唐朝收留了东突厥人，希望他们能成为边疆防御体系的一部分以抵御其他游牧民族的侵扰，但事实证明突厥人并不愿服从唐朝的命令。东突厥的阿史那·骨笃禄（682—691 年在位）召集突厥人，于 682 年重建汗国，自称颉跌利施可汗。阿史德·元珍受过中国教育，是可汗的重要谋臣。在他的协助下，骨笃禄和他的
2617 继任者默啜可汗（691—716 年在位）重新控制了亚洲内陆地区的游牧民族和森林民族。按照鄂尔浑河流域碑文的记载，他们“使人们从贫穷走向了富裕，使人口从少数逐渐增多”。这些成就是通过长期镇压各部族叛乱的战争来实现的，而鄂尔浑河流域碑文就是对此的纪念。各部族进行着持续不断的抵抗，因此默啜可汗的继任者毗伽可汗（716—734 年在位）在弟弟阙特勤（731 年去世）的辅佐下延续了这一政策。毗伽可汗被毒死，而凶手很可能是他的近臣。此后，相似的内部纷争使东突厥于 742 年瓦解。灭亡东突厥的部落联盟又被另一支说突厥语的中亚民族——维吾尔人——推翻。

与此同时，阿拉伯人对西突厥人（699 年之前受东突厥支配）的威胁日益严重。从 7 世纪晚期，阿拉伯人就开始袭扰西突厥人。此后，屈底波·伊本·穆斯利姆（Qutaybah ibn Muslim，714 年去世）使袭扰变成一项有计划的活动。此外，中原王朝和西藏政权（中亚事务的主要参与者）也在这一地区有所作为。阿拉伯人的内斗使得西突厥人可以在中原、西藏和阿拉伯三股力量中纵横捭阖。但“十箭”联盟仍然面临着政局不稳的问题。745 年前后，葛罗禄逃到西突厥的领地。751 年，阿拉伯军队与唐军在怛罗斯爆发军事冲突。葛罗禄临阵倒戈，事实证明，这对战局起到了决定性的影响。但唐朝很快爆发了安史之乱（755），无暇西顾；而阿拉伯人想巩固他们对粟特和花剌子模的占领，因此也撤出了大草原。到 766 年，葛罗禄控制了西突厥的大草原。

突厥帝国的政治、宗教和社会

突厥帝国延续了匈奴人的政治传统。突厥人的高级官衔可能直接借鉴于柔然，但大部分官衔都源自其他地区，如伊朗、吐火罗、印度和中国中央政权。突厥人保持了君权归群体所有的观念，占统治地位的宗族控制着整个帝国，这是典型的草原传统。阿史那家族的任何成员都可以索取统治权。事实证明，改变横向继承制（王位从哥哥传给弟弟，之后才是传给他们的子辈）的努力是徒劳的。在王位继承之前、继承之中和继承之后都常会发生冲突。获得王位需要一个复杂的仪式，新可汗要像萨满一样进入出神的状态，然后对他的执政时间做出说明。可汗经常被描绘成一个像神一样的人物，这暗示他既有宗教权威又有世俗权力。可汗的死是“回到众神的身边”。尽管如此，未能建立起有序的继承制

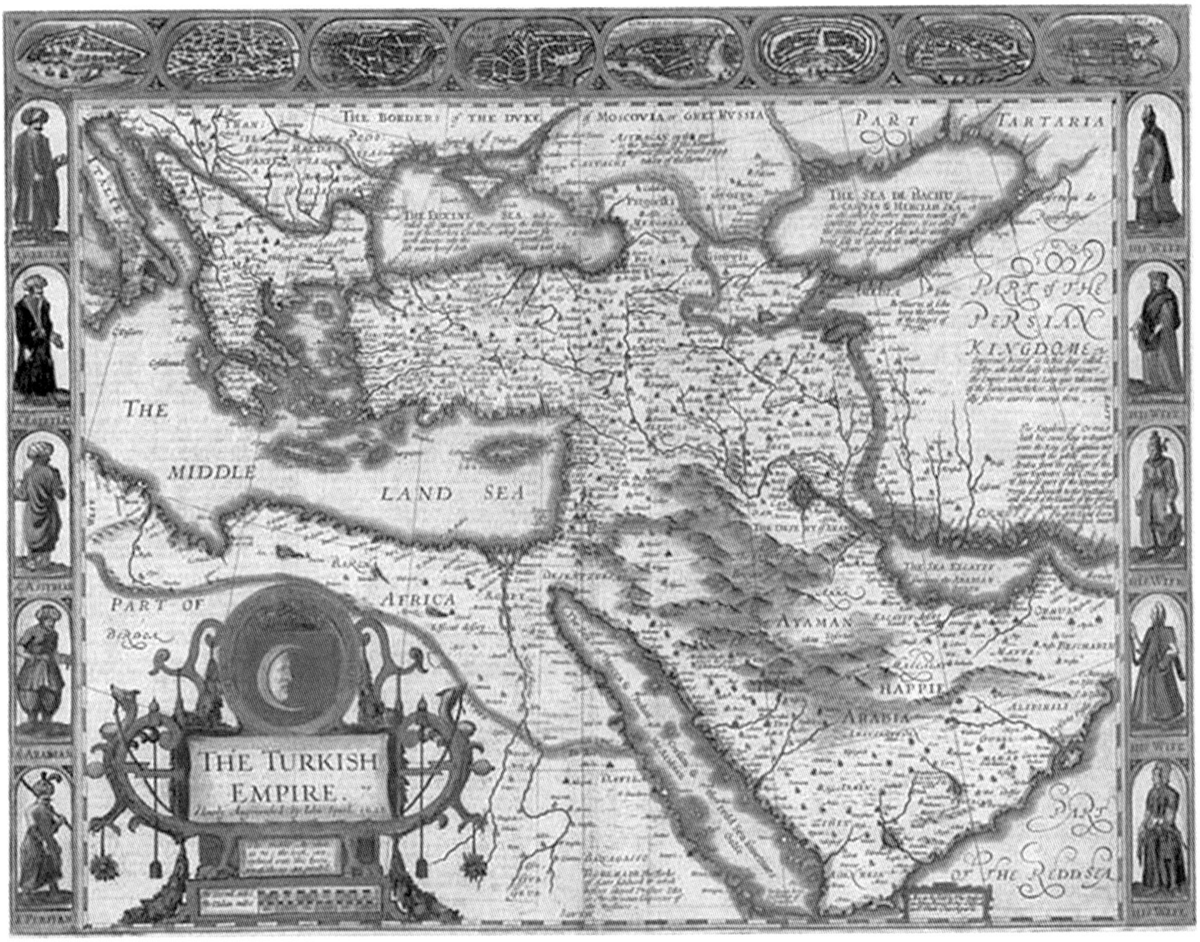

《突厥帝国地图》，约翰·斯皮德(John Speed)绘制，1626。这是一幅装帧精美的地图，上端描绘了8座城市，左右两端展现了10个着装各异的人物

度始终是帝国的致命弱点。

突厥人崇拜腾格里——这位最高神也受到蒙古人的崇拜——同时也信仰萨满教。象征丰产的乌迈女神(Umay)，以及一些神山、神林和其他圣地也会受到崇拜。突厥人同样崇拜土地、水和火，祖先崇拜也很盛行。早期的几位可汗也受到过佛教的影响。佛教和其他宗教是由粟特人传给突厥人的，他们还将以阿拉姆语-叙利亚语字母为基础的文字系统传给了突厥人。其中的一个或几个字母可能进入了北欧的书写系统，这种书写系统传遍了受突厥语影响的亚欧大陆。鄂尔浑河流域的石碑是由中国工匠完成的，上面书写的文字属于古代北欧文字的一种变体。

突厥帝国是个多民族国家，其治下包括突厥语民族和其他阿尔泰语民族，此外还有伊朗人，以及讲乌拉尔语的民族、讲古西伯利亚语的民族。草原民族过着游牧生活，突厥人住在帐篷里。在日常饮食中，奶制品(包括发酵过的马奶)和肉的比例比较高。至于其他物品，他们有时通过贸易获得，有时是从周边定居国家(特别是中原王朝)抢来的。突厥人对贸易特别感兴趣，他们和臣服于他们的粟特人在丝绸之路上扮演着非常重要的角色。在中世纪，丝绸之路是联结东
方和西方的主要商道。突厥帝国为之后兴起的 2618
草原帝国树立了榜样。

进一步阅读书目：

Barfield, T. (1989). *The Perilous Frontier: Nomadic Empires and China*. Oxford. U. K.: Basil Blackwell.

Beckwith, C. (1987). *The Tibetan Empire in Central Asia*. *Princeton*, NJ: Princeton University Press.

Chavannes, E. (1941). *Documents sur les Tou-Kiue (Turcs) occidentaux* [Documents on the Western Tou-Kiue (Türks)]. Paris: Librairie d'Amérique et d'Orient.

De la Vaissière, E. (2002). *Histoire des marchands sogdiens* [History of the Sogdian Merchants]. Paris: Collège de France, Institut des hautes études chinoises.

Golden, P. B. (1992). *An Introduction to the History of the Turkic Peoples*. Wiesbaden, Germany: Harrassowitz.

Graff, D. A. (2002). *Medieval Chinese Warfare, 300 - 900*. London: Routledge.

Klyashtorny, S. G. (1994). The Royal Clan of the Türks and the Problem of Early Turkic-Iranian Contacts. *Acta Orientalia*, 47(3), 445 - 447.

Kyzlasov, I. L. (1994). *Runicheskie pis'mennosti evraziiskikh stepei* [The Runic Scripts of the Eurasian Steppes]. Moscow, Russia: Vostochnaia Literatura.

Moriyasu, T., & Ochir, A. (Eds.). (1999). *Provisional Report of Researches on Historical Sites in Mongolia from 1996 to 1998*. Kyoto, Japan: The Society of Central Eurasian Studies.

Sinor, D. (Ed.). (1990). *The Cambridge History of Early Inner Asia*. Cambridge, U. K.: Cambridge University Press.

Tekin, T. (1988). *Orhon Yazl tlarl* [The Orkhon Inscriptions]. Ankara, Turkey: Türk Tarih Kurumu.

Yihong, P. (1997). *Son of Heaven and Heavenly Qaghan: Sui-Tang China and Its Neighbors*. Bellingham: Western Washington University Press.

彼得·戈登(Peter B. Golden) 文
邢 科 译,刘文明 校

Tutu, Desmond 德斯蒙德·图图

2619 德斯蒙德·图图(1931—)是世界上最激情澎湃的非暴力主义活动家,他反对南非的种族隔离制度,其名字成为反种族主义运动的同义词。图图既是英国圣公会的大主教,同时也活跃在世界舞台上,为争取种族平等而努力。

德斯蒙德·图图反对南非的种族隔离制度。在推翻这一制度后,他曾担任真相与和解委员会(Truth and Reconciliation Commission)的主席。他得到的荣誉和奖项不胜枚举,其中包括1984年诺贝尔和平奖。作为英国国教的神职人员,图图曾是神父、副主祭司、神学家、主任牧师、主教和大主教,以及南非教会理事会的秘书长。

图图出生于南非德兰士瓦省(Transvaal)的克莱克斯多普(Klerksdorp)。1950年高中毕业后,他进入班图师范学院学习,1953年毕业,获得教师文凭。1954年,他在南非大学获得了文学学士学位。毕业后,图图有4年的任教经历。在此期间,他结识了妻子利娅(Leah),两人婚后育有3个女儿和1个儿子。在他执教期间,南非黑人的生活变得越来越糟。1948年,白人政府

在我们的土地上，枪杆子并不能带来稳定与和平，因为缺乏正义的和平是不可能存在的。
——德斯蒙德·图图

实施了广泛的种族隔离政策，黑人在投票权、居住地区和公共场合的座位等方面都受到了限制。在种族隔离制度下，白人学生享受着高质量的教育，而黑人只能上低等学校，学习环境简陋，在接受高等教育和就业的时候也会受到诸多限制。1958年，图图辞去教师的职位，以示对教育不公的抗议。

英国圣公会的特维·赫德尔斯顿（Trevor Huddleston）主教坚决反对种族隔离制度，他对图图的早年生活产生了影响。在他的感召下，图图进入了教会。1961年，图图成为圣公会的神职人员。之后，他前往伦敦，并在那里获得了神学硕士学位。1966年，图图回到南非，在黑人大学里教授神学。1972年，他成为世界基督教协进会（the World Council of Churches）的负责人之一。1975年，他担任约翰内斯堡英国圣公会教长，次年成为莱索托主教，直到1978年。随后，他成为南非教会理事会（SACC）首位黑人秘书长。

1976年，南非的黑人学生以约翰内斯堡附

大主教德斯蒙德·图图。本尼·古尔（Benny Gool）摄

近的索韦托（Soweto）为中心，组织了抗议活动，反对新的种族隔离法；这些法律严重影响了下层黑人的教育。当时，大多数黑人领袖不是身陷囹圄就是保持缄默，这给了图图一个绝无仅有的机会，他在南非教会理事会的职位和他公开评论政治的能力使其可以抨击南非的种族隔离制度。他揭露隔离制度的罪恶，因此很快就获得了国际声誉。他呼吁对南非实施经济制裁，因此当局收回了他的护照。但迫于国际压力，南非政府于1982年不得不将护照归还给图图。

为争取南非的种族平等，图图进行了长期而和平的斗争，他因此获得了1984年的诺贝尔和平奖。诺贝尔奖评审委员会认为，"图图是解决南非种族隔离问题的领导者。解决种族隔离对整个非洲大陆和世界和平都至关重要"。 2620

1985年，图图卸任了南非教会理事会的职务，成为联合民主阵线（United Democratic Front）的领导人。联合民主阵线是一个跨种族的大规模运动，旨在以和平的方式废除种族隔离制度。1994年，非洲国民大会（南非的主要黑人政党）的领袖纳尔逊·曼德拉在第一次民主选举中当选南非总统。联合民主阵线实现了其奋斗目标。次年，曼德拉任命图图为真相与和解委员会主席。通过这个委员会，南非的黑人可以直面他们的现在和不堪回首的过去。该委员会着重调查1960到1994年间的政治迫害和侵犯人权行为，委员会有权豁免那些忏悔自己罪行的人。1998年，委员会提交了报告。与世界历史上的类似报告相比，这份报告对政治迫害和受害人的调查更为详细。尽管委员会的工作颇具争议性，但图图秉持的主旨是宽容和理解，而不是复仇。图图经常提到一个观念，即"人道对待他人"（*ubuntu*）。这个观念包含了人类的友爱、相互尊重和恻隐之心。

完成委员会的工作后，图图于1998年前往美国佐治亚州的亚特兰大，任教于埃默里大学

(Emory University)。2000 年,他返回南非,继续为全世界的政治公平、经济公平和社会公平而奋斗。与甘地和马丁·路德·金相似,图图为反对不公正和压迫进行了和平的斗争。为反对种族隔离,图图进行了长达 30 年的斗争。他在斗争中展现出了同情心和力量,在主持真相与和解委员会时努力团结各个民族,这使他在世界历史中占据了一个独特的地位。

进一步阅读书目:

Battle, M.J.(1997). *Reconciliation: The Ubuntu Theology of Desmond Tutu.* Cleveland, OH: Pilgrim Press.

Nobel Foundation.(2004). *The Nobel Peace Prize for 1984.* Retrieved April 22, 2010, from http://www.nobel.se/peace/laureates/1984/press.html

2621 Tlhagale B., & Mosala, I. (Eds.).(1996). *Hammering Swords into Ploughshares: Essays in Honor of Archbishop Mpilo Desmond Tutu.* Braamfontein, South Africa: Skotaville Publishers.

Tutu, D.(1984). *Hope and Suffering: Sermons and Speeches.* Grand Rapids, MI: W.B. Eerdmans.

Tutu, D.(1990). *Crying in the Wilderness: The Struggle for Justice in South Africa.* Grand Rapids, MI: W.B. Eerdmans.

Tutu, D.(1996). *The Rainbow People of God: The Making of a Peaceful Revolution.* New York: Doubleday.

Tutu, D.(2000). *No Future without Forgiveness.* New York: Doubleday.

Tutu, D.(2004). *God has a Dream: A Vision of Hope for Our Time.* New York: Doubleday.

Tutu, D.M., & Tutu, N.(1996). *The Words of Desmond Tutu.* New York: Newmarket Press.

罗杰·贝克(Roger B. Beck) 文

邢 科 译,刘文明 校

U

Ugarit 乌加里特

2623 乌加里特位于叙利亚沿海地区，是古代的国际贸易中心，其繁荣期为约公元前 2000 年到前 1200 年。对乌加里特的考古发掘既揭示了这座城市的语言、文化、政治和经济，也可以反映出地中海世界各方面的生活。这座城市为什么会在公元前 1190 年后被遗弃，这在历史上仍然是个未解之谜。

乌加里特是一座古城，位于叙利亚沿海地区。这个地方现在被称为拉斯沙姆拉（Ras Shamra）。在青铜时代的中期和晚期（分别是前 2000—前 1550 和前 1550—前 1200），这座多民族的城市曾是国际贸易中心。从 1929 年起，在乌加里特周边发现了大量文献。这些文献由多种文字写成，包括胡里安文（Hurrian）、阿卡德文、苏美尔文和乌加里特文（乌加里特语是当地人的主要语言）。在乌加里特以西沿海的港口、缅尼贝达（Minet el-Beida）和位于乌加里特南边大约 4.5 千米处的拉斯伊本哈尼（Ras Ibn Hani），也有重要的考古发现。考古发现表明，乌加里特的历史可以追溯到公元前 7000 年。从公元前 14 世纪到前 13 世纪，也是尼克玛都二世（Niqmaddu II，约前 1350—前 1315 年在位）和阿穆拉匹（Ammurapi，约前 1215—前 1190/1185 年在位）执政时期，这座城市进入了文化的鼎盛时期。在此期间，乌加里特是王国的中心。领土面积最大时，该王国控制着约 5 425 平方千米的土地。现有证据表明，在公元前 1190 年前后，这座城市被来自地中海东部地区的侵略势力所摧毁。根据由乌加里特文写成的文献记载，侵略者是“夏奇拉人”（Shikila people）。夏奇拉人属于“海洋民族”，他们在同一时期也袭击了埃及与赫梯。受此劫难后，乌加里特只是在公元前 5 世纪到前 4 世纪，以及公元前 1 世纪时被短暂地占领过。为什么这座具有战略意义的重要城市会在公元前 12 世纪后被遗弃，这始终是个历史谜案。

在文化最繁荣的时候，乌加里特及其周边王国的人口达到了 3.1 万至 3.3 万；其中约有 6 000 到 8 000 人住在这座城市里，其余约 2.5 万人居住在城市周边的乡村地区。乌加里特属于东地中海沿岸地区 7 个独立的城邦国家之一，它们在青铜时代的中期和晚期走向了繁荣。对于那些拥有殖民地、势力范围到达近东且对历史产生过影响的国家来说，位于陆桥地区的乌加里特具有战略意义。在这段时期，宜人的气候和领导人的外交能力使乌加里特享受着高度繁荣。乌加里特与埃及的关系比较缓和，与南边的邻邦阿姆鲁王国（Amurru kingdom）组建了防御同盟，并与北方赫梯帝国建立起臣属关系。

乌加里特语是这座城市的主要语言。乌加里特语同希伯来语和迦南语关系密切，属于亚
非语系。乌加里特语包括了 30 个楔形字母。在 2624
书写上，辅音比较完整，而元音却不是很丰富。对乌加里特语的研究可以为理解腓尼基语和希腊语书写系统的发展提供线索，也有助于我们更好地理解古代社会早期和晚期的文字历史。乌加里特语文集包括了各式各样的资料，如文学作品、宗教条文、书信、法律条文、经济文本、抄写练习文本、各种碑文和献词，以及一些未分类的和字迹模糊或破损的材料。

从历史上看，乌加里特是一座由单一王朝控制的城市，不但繁荣而且政治稳定。虽然发掘的地区不到遗址的一半，但有证据表明，这是一座复杂的城市，执政者特别关注公共设施，如城墙、街道、上下水系统等，而这些均已被发现。精耕细作的农业以及通过陆路和海路运输的国际

贸易推动了这座城市的经济发展。乌加里特种植着谷物、葡萄和橄榄。此外，这座城市还有采石业、木材业和以牛羊为主的畜牧业。由于靠近海岸，因此渔业也是其支柱产业之一。乌加里特也有制造业，产品包括紫色染料、纺织品、陶器、家用器具、奢侈品（如金属和宝石）与武器。在这座城市中，奴隶制是合法的。

国王会与地方行政长官、王后和贵族分享权力。在国家事务的决策上，王室成员也有发言权。虽然没有严格的管理方法，但这却是一个等级社会，不同等级之间和同一等级之内都会出现某些变动。尽管乌加里特是一个父权社会，但妇女也享有一些权力，甚至是特权。如果家中的男性（如父亲或丈夫）做出决定，她们也可以继承家产。她们还可以离婚、收养孩子、购买或分配财产。在离婚的时候，她们还有权处置自己带到夫家的嫁妆。

平民分为两大类。一类是“为国王服务的人”，包括手工业者、战士，以及受君主雇佣、为王权服务的精英团体。另一类是普通平民，他们受制于长老会制定的家族规范和地方惯例。乌加里特的社会等级非常复杂，涵盖了军事、抄写和行政等各个阶层。

通常来说，家庭包括了父母、子女和他们的亲戚。而且，一个家庭既包括健在的成员，也包括已经过世的成员。因此，崇拜祖先属于应尽的家庭义务。与家族神崇拜相伴的祖先崇拜成为乌加里特宗教生活的一个基本特征。乌加里特信奉多神。按照神殿记录和其他资料的记载，受膜拜的神超过了100尊。其中主要的神有厄勒和亚舍拉（El and Asherah，主神及其配偶）、巴力（Baal，风暴之神）、阿娜特（Anat，战神，神族的一员，巴力神的妹妹）、雅姆（Yamm，海神，与巴力神争夺控制宇宙的权力）和魔特（Mot，冥神）。考古人员发掘出了两个大神庙和一套说明宗教仪式的文本，揭示了当时复杂的宗教等级，其中包括管理者、僧侣和其他工作人员。

乌加里特的文化非常具有表现力。当时的艺术家在音乐、建筑、雕塑和民间文学方面都取得了令人瞩目的成就。

总之，通过对乌加里特的研究，我们对古叙利亚的生活有了更多的了解。乌加里特的文物和文本资料对语言学家、人类学家和其他研究古代的学者也有莫大的吸引力，因为它的语言、
文化和各种知识对安纳托利亚地区、叙利亚－巴 2625
勒斯坦地区、美索不达米亚、埃及，乃至更广阔的地中海世界都产生了影响。

进一步阅读书目：

Dietrich, M., Loretz, O., & Sanmartín, J. (Eds.). (1995). *The Cuneiform Alphabetic Texts from Ugarit, Ras Ibn Hani and Other Places* (KTU) (2nd ed., Abhadnlungen zur Literatur Alt-Syrien-Palästinas und Mesopotamiens, Band 8). Münster, Germany: Ugarit-Verlag.

Mazar, A. (1992). *Archaeology of the Land of the Bible: 10,000 – 586 BCE.* New York: Doubleday.

Pardee, D., & Bordreuil, P. (1992). Ugarit: Texts and Literature. In D. N. Freedman (Ed.), *Anchor Bible Dictionary* (Vol. 6, pp. 706 – 721). New York: Doubleday.

Van Soldt, W. H. (2000). Ugarit: A Second-millennium Kingdom on the Mediterranean Coast. In J. Sasson (Ed.), *Civilizations of the Ancient Near East* (Vol. 2, pp. 1255 – 1266). Peabody, MA: Hendrickson.

Watson, W. G. E., & Wayatt, N. (Eds.). (1999). *Handbook of Ugaritic Studies.* Leiden, The Netherlands: Brill.

Wyatt, N. (Ed.) (1998). *Religious Texts from Ugarit: The Words of Ilimilku and His Colleagues.* Sheffield, U. K.: Sheffield Academic Press.

Yon, M. (1992). Ugarit: History and Archaeology. In D. N. Freedman (Ed.), *Anchor Bible Dictionary* (Vol. 6, pp. 695 – 706). New York: Doubleday.

小休·佩奇（Hugh R. Page Jr.）文
邢 科 译，刘文明 校

‘Umar ibn al-Khattab 欧麦尔·伊本·哈塔卜

2626 继先知穆罕默德之后，欧麦尔·伊本·哈塔卜（约586—644）是伊斯兰教形成时期最具影响力的统治者之一。他负责编纂了最初的伊斯兰法，制定了伊斯兰历法，同时还制定了一些更严格的条例。

先知穆罕默德曾以天国许诺10位追随者，欧麦尔·伊本·哈塔卜便是其中之一。欧麦尔是第二任哈里发（634—644年在位），是四大正统哈里发（Rashidun，阿拉伯语“正确引导”）之一。他的女儿哈福赛（Hafsah）是穆罕默德的妻子之一。继穆罕默德之后，欧麦尔是伊斯兰教的重要人物之一。他当政时期是伊斯兰教政治和学说形成的重要时期，他在伊斯兰教中所起的作用类似于基督教的圣保罗。

欧麦尔是伊斯兰教的最早皈依者之一。622年，他跟随穆罕默德从麦加迁往麦地那，在麦地那建立了第一个穆斯林团体。阿布·伯克尔（Abu Bakr，约573—634；632—634年在位）死后，欧麦尔继任哈里发。在他的领导下，阿拉伯人开始了急速的军事扩张，征服了伊拉克南部（从635年开始）、巴勒斯坦（638）、叙利亚（637）、伊朗西部（641）、埃及（642）和利比亚（643）。欧麦尔在位期间，国家出现了许多重要变化，如首次编纂了伊斯兰法，制定了伊斯兰历法，设置了地方法官，登记了麦地那的穆斯林和阿拉伯士兵名录——他们可以分享战利品和供奉。配额取决于一个人的部族血统，以及这个人所在家族皈依伊斯兰教的时间长短。加强管理收到了成效：这种做法既保持了阿拉伯人的凝聚力，又体现了不同地区人的身份差异。欧麦尔还计划在占领区建立只由阿拉伯人组成的军事要塞，以防被征服的民族影响阿拉伯人的宗教和文化。

“欧麦尔盟约”（Pact of ‘Umar）为非穆斯林所熟知，这一盟约首次从原则上保护了所有被征服的信仰天启宗教的民族。“圣经民族”最初只是用来称呼基督徒和犹太人，但很快这个称呼也适用于琐罗亚斯德教徒，甚至用于佛教徒和其他宗教的信徒。据说，这个盟约产生于636到638年间。当时，耶路撒冷人向阿拉伯人投降，欧麦尔与他们展开协商，最后商定了这个盟约。也就是在那个时候，耶路撒冷成为伊斯兰教的圣地。据说，欧麦尔像弥赛亚那样骑驴进入耶路撒冷，但他并没有参拜圣墓教堂（Church of the Holy Sepulchre）。他进行礼拜活动地方，据说在现在的欧麦尔清真寺（Mosque of ‘Umar）附近。

极速扩张使阿拉伯人的军事力量显得捉襟见肘，这就使欧麦尔面临着两个严峻的问题：一是被征服地区有爆发叛乱的风险，二是如何保持新领土的经济活力。因此，欧麦尔给予非穆斯林广泛的自由，允许他们继续管理已经被阿拉伯人征服的地区。虽然地方军事首领签署了各 2627
式各样的投降书，但这些投降书并不严谨。于是，从9世纪开始，伊斯兰的法理学家制定了规范的条约，后人将之归功于欧麦尔。欧麦尔也会制定一些不够宽容的政策，例如，只有穆斯林才能居住在阿拉伯半岛，因此基督徒和犹太人遭到了驱逐。此外，他对性别角色的态度也比较固执，许多更具约束性的伊斯兰传统就是受到了他的影响。

欧麦尔性情刚毅，不易妥协。他倔强的性格和坏脾气压制住了反对派。但他也会用权谋对付穆罕默德的其他追随者和部落领袖，尽可能地倚重自己提拔上来的文武官员。欧麦尔始终

一位学者的去世比1000名信徒的去世更令人惋惜，无论他的知识是否为真主所认可。

——欧麦尔·伊本·哈塔卜(约586－644)

支持麦加贵族，特别是未来掌权的伍麦叶家族。

644年11月3日，欧麦尔被一名信仰基督教的奴隶刺杀，这个奴隶属于巴士拉(位于伊拉克南部)的行政长官。在他死后，麦加贵族继续控制着国家，他们选举奥斯曼·伊本·阿凡('Uthman ibn 'Affan)为新任哈里发。这加剧了叙利亚-麦加派(Syrian-Meccan faction)和伊拉克派(Iraqi faction)的分歧，后者倾向于支持第四任哈里发阿里('Ali，约600—661)。

欧麦尔受到了后人——尤其是逊尼派穆斯林的推崇。欧麦尔有着坚定的信念，不少人认为，他制定了许多严格的宗教条例，而伊斯兰教对某些事物的态度也受到了他的影响。

进一步阅读书目：

Busse, H. (1984). Omar b. al-Khattab in Jerusalem. *Jerusalem Studies in Arabic and Islam*, *5*, 73－119.

Crone, P., & Hinds, M. (1986). *God's Caliph: Religious Authority in the First Centuries of Islam.* Cambridge, U.K.: Cambridge University Press.

Donner, F. M. (1981). *The Early Islamic Conquests.* Princeton, NJ: Princeton University Press.

Madelung, W. (1997). *The Succession to Muhammad: A Study of the Early Caliphate.* Cambridge, U.K.: Cambridge University Press.

Tabari (1989－1993). *The History of al-Tabari* (Vols. 11－14). Albany: State University of New York Press.

Tritton, A. S. (1970). *The Caliphs and Their Non-Muslim Subjects: A Critical Study of the Covenant of 'Umar.* London: F. Cass.

赖恩·卡特洛斯(Brian A. Catlos) 文

邢 科 译，刘文明 校

United Nations 联合国

1945年，第二次世界大战结束后，为防止出现更大规模的毁灭性战争，联合国诞生了。国际社会中所有合法的主权国都可以加入联合国。尽管它的职责范围随着时代的变化而不断扩大，但维护世界和平与安全仍是它的中心目标。 2628

联合国(U.N.)既是一个国际组织，又是一个跨国家的联盟。它的主要任务是维护世界和平与安全，促进社会发展和保护人权。联合国于1945年10月24日由51个反思两次世界大战灾难的国家建立，并于1946年1月在威斯特敏斯特中央大厅召开了第一次会议。

由于两次世界大战期间成立的国际联盟的失败，故而引起了人们长期的激烈讨论。联合国就是在此背景下提出的。1944年在华盛顿的敦巴顿橡树园(Dumbarton Oaks)会议上，出席会议的中国、苏联、英国和美国的国家代表达成共识，此为联合国成立的基础。联合国承诺结束长期争斗的帝国和帝国主义支配(它导致了两次世界大战中的政治和经济破坏)，致力于建立一个以国家地位、国家主权为基础的世界秩序，以及与这种世界模式相联系的稳定性。《联合国宪章》对国家概念的定义不同于《威斯特伐利亚和约》(以 1648 年在明斯特和奥斯纳布吕克签订的条约为基础)和维也纳会议(1815);它给予西欧之外的地区以普遍承认的国家概念,这是世界政治上前所未有的。

联合国不能简单地称为一个国际组织,它是一个由各种机构、各国国内优先权和个体人格构成的混合体。联合国的运作通过 6 个主要的机构:联合国大会、安全理事会、经济及社会理事会、托管理事会(已于 1994 年停止运作)、国际法庭和秘书处。这些机构监督 21 个不同的项目、组织和实体。从联合国工作人员的数量和财政预算就可以看出联合国工作量的大小:联合国拥有来自所有成员国共 4 万多名员工,财政预算达 42 亿美元,这还不包括用于维和行动的支出。

政治中心

为调节各成员国之间的矛盾冲突及维持一些小的团体组织在危机时期发挥作用,联合国于 1945 年创建了联合国大会和安全理事会。这两个机构到现在仍是联合国的政治中心。联合国大会由全体成员国构成,到 2010 年,联合国大会共有 192 个成员方。联合国大会是其他部门的主要审查、审议和监督机构。安全理事会的 5 个常任理事国为中国、法国、俄罗斯联邦、英国及美国。5 个常任理事国和 10 个非常任理事国共同决定对涉及所有成员国的集体行动是否有必要使用武力,正如《联合国宪章》第 7 章的规定。 2629
5 个常任理事国对理事会有争议的提案拥有否决权,只要有一票反对就不能通过。

冷战时期,美国和苏联因为政治立场的差异而在安全理事会对峙;在此期间,联合国大会进行了快速的调整,因为在 20 世纪 60 年代和 70 年代有很多摆脱殖民统治的新国家加入了联合国。在 70 年代末,成员国数量增至 154 个。过去一直遭到忽视的问题在这个世界各国交流的平台上获得了被正面处理的前所未有的合法

"联合国前进的两步"(United Nations March and Two Step)的活页乐谱封面插图(约 1900),描绘了代表着俄国、法国、美国、英国和意大利的 5 个女战士。纽约公共图书馆

性。这一调整的具体成果包括：1948 年，批准《世界人权宣言》；1951 年，创建联合国难民事务高级专员公署；1960 年，开展“同饥饿做斗争”运动，这一运动在过去 40 年中使世界各地的儿童死亡率下降了 50%；1994 年，《联合国海洋法公约》生效。在过去的半个世纪，从联合国的全球政策的影响可以看出它对促进发展中国家的作用。这一作用最能体现在联合国千年发展目标的 8 项目标，即在 2015 年前实现消除贫困、文盲、疾病、对妇女的歧视和环境恶化这些目标。

联合国有能力运用武装力量来保持国际稳定，这是之前的国际联盟从未做到的。出兵是否公正、是否及时、是否征得国家内部的同意，这些方面使得联合国既得到诸多批评，又赢得了诸多赞誉。在解决 1960 年刚果、1995 年萨尔瓦多、1999 年前南斯拉夫的武装冲突中获得成功，而在阻止 1956 年苏联出兵匈牙利、阻止 1979 年柬埔寨战争及 1999 年卢旺达大屠杀的失败，降低了它的威信。此外，我们也不能忽视有个别国家为了自身的利益，削弱了联合国成员国间的凝聚力。比如，美国的国内政局导致了许多单边决定，包括：最初拒绝签署关于防止气
2630 候剧烈变化的《京都议定书》，拒绝签署《消除对妇女一切形式歧视公约》。美国对伊拉克及阿富汗的武装干涉的单边行动，使联合国的作用及权威再次受到严重质疑。联合国调节所有成员国间利益的工作能力也经常受到挑战。

改革的必要性

联合国需要改革以便认真评估以下问题：由所谓大国组成的安全理事会与联合国大会之间的权力平衡如何才能得到补救？安全理事会是否应该扩大到包括德国、日本这样的强国以及像印度、巴西这样正在兴起的大国？在一个内部发生冲突的国家，非暴力应该达到何种程度才意味着稳定并使联合国维和人员退出该国？联合国是否应该有自己的军事力量而不再依赖于提供国的军事支持？根据一些政府违背人权的犯罪以及国际社会对这些政府的不同反应，应该怎样对国家主权进行重新定义？武器控制怎样才能对发达国家和发展中国家同样更有效？联合国应该怎样同诸如北大西洋公约组织（NATO）等其他跨国组织共同起作用？联合国能有效地执行结果导向的预算吗？联合国怎样解决其声名狼藉的庞大的官僚体系和管理混乱问题？联合国怎样才能得到更多经费以便开展其日益扩大的工作？

联合国在处理国际事务方面仍然是一支不可否认的力量。即使是一些超级大国为了谋求本国利益而采取一些行动时，它们也会为其自身行动寻求联合国的支持。比如，美国总统乔

纽约联合国总部大厦。在其竣工 5 年后的 1956 年拍摄。约翰·D. 洛克菲勒捐赠 850 万美元供联合国购买了位于东河沿岸的建筑用地。美国国会图书馆

治·布什(2001—2009年任职)为了发动2003年的伊拉克战争而决心得到联合国的批准,这
2631 表明了这个组织存在的合理性和合法性。当然,虽然有多数涉及本国利益的成员国反对这场战争,而且这场战争还会威胁到以后危机的处理,但联合国却无力阻止这场战争。苏丹达尔富尔地区持续的武装冲突,被许多评论家称为"下一个卢旺达"。达尔富尔问题成为另一个检测联合国这个国际组织所能发挥作用的因素,正如在《联合国宪章》中所写的"拯救子孙后代于战争的苦难"。

虽然联合国已成功避免类似世界大战这样大规模国际冲突的爆发,但就其基本宗旨和目标方面所取得的成就而言,联合国64年的历史是既有成功也有失败的。也许,能最好地证明联合国继续存在的意义,以及它在维护世界和平与安全方面作用的,就是承认假如联合国不存在,类似的组织也必须被创建起来。

进一步阅读书目:

Baehr, P.R., & Gordenker, L.(2005). *The United Nations: Reality and Ideal* (Rev. ed.). Basingstoke, U.K.: Palgrave Macmillan.

Gareis, S. B., & Varwick, J. (2005). *The United Nations: An Introduction*. Basingstoke, U. K.: Palgrave Macmillan.

Goodpaster, A.(1996). *When Diplomacy is Not Enough: Managing Multinational Military Interventions: A Report to the Carnegie Commission on Preventing Deadly Conflict*. New York: Carnegie Corporation of New York.

Meisler, S.(1997). *United Nations: The First Fifty Years*. New York: Atlantic Monthly Press.

O'Neill, B.(1996). Power and Satisfaction in the UN Security Council. *The Journal of Conflict Resolution, 40*(2), 219 - 237.

Roberts, A., & Kingsbury, B. (Eds.).(1993). *United Nations, Divided World: The UN's Roles in International Relations*. Oxford, U.K.: Oxford University Press.

Thakur, R., & Newman, E. (Eds.).(2000). *New Millennium, New Perspectives: The United Nations, Security, and Governance*. Tokyo: United Nations University Press.

Wellens, K. (Ed.).(2001). *Resolutions and Statements of the United Nations Security Council (1946 - 2000): A Thematic Guide*. New York: Kluwer Academic.

大卫·莱文森(David Levinson) 文
张娟娟 译,刘文明 校

United States of Ameirca 美利坚合众国

2632 讲授和书写美国历史之时,似乎这个国家是独门独户的,除了它自身外,不属于任何更大范围历史的一部分。然而,历史既是纵向的也是横向的,包括美国在内的美洲历史自其开端就属于世界历史。

美国从规模上来说是大陆国家,没有威胁它的邻国,所以它的历史通常关注自身内部。弗里德里克·杰克逊·特纳(Frederick Jackson Turner)的"边疆假说"(the frontier thesis)可称

是对美国史颇负盛名的大陆阐释，它作为一代代欧洲人向西迁移的故事而盛行。特纳在1893年的演说中对美国的愿景深深地嵌于美国人的神秘特性。然而，特纳指出这一横跨大陆的西进运动即将结束，边疆的经历将不再塑造美国的生活和价值观。

特纳对现代史和史学方法进行了更深刻的反思。在此两年前，他解释说，“我们不能选择一个领域，然后说我们要在此领域研究；因为我们只有把地区史放在世界史的视野下方可理解它”(quoted in Bender 2006)。19世纪80年代他提出这一观点是因为全球贸易和近代交通交流方式表明世界各国——用他的话说，“纠缠共生”。百年之后，即20世纪90年代，“全球化”和“互联网”的说辞无处不在，历史学家抱持着同样的想法：美国与世界其他地区产生了全球性联系，它的历史是世界历史的一部分，那么我们或许应该从这一视角思考和讲授美国史。

实际上，美洲的现代史和全球史同时产生。两者都是以下事件迅猛发展的结果：克里斯托弗·哥伦布、瓦斯科·达·伽马(他发现了从欧洲到印度的海上航线)的航海和1519—1521年由麦哲伦指挥的环球航行。在首次记载的大西洋航行的25年中，环绕地球的海洋航行一直持续着。“地理大发现时代”的巨大成就不仅是发现了美洲，更重要的是，可以说发现了“海洋世界”。

2633 这个概念需要稍作解释。哥伦布航行之前的地图，显示海洋是世界的外围，环绕着亚非欧大陆，这是当时已知的世界。美洲人对那个世界的民族而言是未知的，正如欧亚非世界对西半球的早先民族而言是未知的一样。犹太人、基督徒和穆斯林都秉持《旧约》对那个世界起源的描述。上帝撤回海洋造出陆地，这便出现了人类的家庭——亚当和夏娃。

1507年德国制图师马丁·瓦尔德泽米勒(Martin Waldseemüller)首次把哥伦布发现和开始探险的地方命名为“美洲”，他在地图上第一次将这一半球从亚洲分离出来。瓦尔德泽米勒所沿用的这一名称(指今日巴西北部)源于亚美利哥·韦斯普奇(Amerigo Vespucci)，后者是1499年曾到亚马孙河口探险的佛罗伦萨人。亚美利哥称这一半球为“新大陆”或“新世界”。亚美利哥受过古典教育，意识到先人对他所见之地一无所知。但是换个视角，它的确是新世界。古代希腊人知道，要不是大洋阻隔，从伊比利亚(西班牙)向西航行可到亚洲。然而，大洋没有阻隔，反而联结了所有大陆，这一发现改变了我们对地球的认识。它将世界扩展到地球上的海洋和陆地，使历史成为全球性的。很快，新全球性进入了文学想象。1540年西班牙学者兼作家写了一本登陆月球的奇幻旅行日志，书中将地球描述为一个星球，这可谓数世纪之后1969年美国航天员拍摄的月球图像的前身。17世纪以来逐渐

1459年弗拉·毛罗(Fra Mauro)为葡萄牙国王绘制的世界地图显示的是亚非欧大陆被大洋环绕，这是哥伦布航行前的已知世界

发展的城市、帝国和民族是全球史的一部分，它们的历史不能与更大范围的历史完全分割来看。

世界各国的人，包括那些在英属美洲建立第一块殖民地的冒险家，都比我们通常认为的更有世界眼光。约翰·史密斯(John Smith)船长就是一例，他使弗吉尼州詹姆斯敦(Jamestown)——英国人于1607年建立的第一块大陆殖民地——脱离灾难。在参与詹姆斯敦殖民计划之前，或许是有点偶然，他已经了解了世界的大部分地区。通常的殖民记叙文本似乎表明他在“国外”的生活包括在弗吉尼亚州呆过几个月。实际上，他长期在欧洲、中亚和非洲旅行，这种经历对欧洲冒险家而言非同凡响，但绝非独一无二，而那次短暂的弗吉尼亚之行又深深得益于这种长期的“海外”训练。史密斯年轻
2634 时曾去欧洲大陆反对天主教，之后在回英格兰的路上遇见一名来自昔日拜占庭帝国的贵族。作为史密斯的良师，他将一个自耕农的儿子训导为一位绅士。20岁时，史密斯继续游历世界，为寻找发财之机，他曾经对抗奥斯曼帝国的土耳其人。那时土耳其人刚征服了哈布斯堡帝国

约翰·史密斯船长在其绘制的新英格兰地图上的肖像画。史密斯把他能够成功开拓詹姆斯敦殖民地归因于他早前在海外旅行与战争的经验

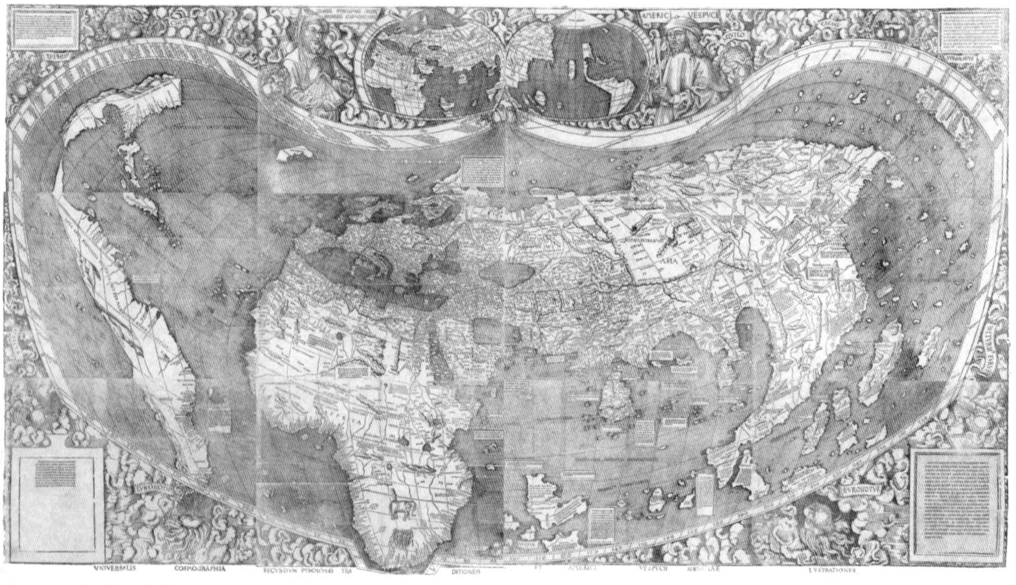

马丁·瓦尔德泽米勒的1507年世界地图首次把新世界这块陆地命名为“美洲”，首次清晰地把西半球与太平洋分别绘为独立的陆地与独立的海洋

的部分领土(Kupperman 2007)。史密斯加入了奥地利和匈牙利的军队,抵抗奥斯曼军队。其间他学会了兵法,还指挥了一场战争,结果攻占了一度被奥斯曼占领的匈牙利城镇。

他之后的军事冒险是去匈牙利王子那里服役。这使他陷入难以摆脱的困境,战争双方均无法发动有效的攻击。土耳其指挥官建议由一名基督徒战士与他一对一地决斗来决定这场战役。史密斯被选中了,他砍下了这名指挥官和后来两位挑战者的头颅。匈牙利王子授予他一枚匈牙利式、带有三个头盔的盾形纹章。但他在后来的一场战役中受了伤,被村民救起;村民们一直照顾他直到其痊愈。不幸的是,之后史密斯被村民卖为奴隶,而一名贵族把他买下送给其情妇,这位女人爱上了史密斯。为了保护史密斯,她把他送到她在黑海地区驻扎的兄弟,一位奥斯曼军官那里。这个军官是一个残暴的主人,史密斯背叛并杀死了这名军官。然后他逃往北非,在那里遇见了摩洛哥国王。当时国王正与英格兰的伊丽莎白女王通信商讨在美洲联合殖民的计划。史密斯或许在此时产生了去美洲冒险的念头。他尽其所能返回英格兰,加入了开拓殖民的行列。他所有的游历和抗争对美洲史而言有什么意义吗?他认为是有的。“欧洲、亚洲和非洲的战争教会了我在美洲的弗吉尼亚和新英格兰压制野蛮的奴隶制。”(Barbour 1986)

鉴于探究美国与世界的问题,这篇文章不讨论美国的外交关系,因为这是另外一个问题。在此,需要说明的是,美国参与世界历史是这个世界共同历史的一部分。这论证了一个观点,即正如特纳所表明的那样,美国史是更大的历史,也可能在范围上是全球历史中的一个地方案例。因此,问题是这些更大的历史是否有助于解释美国的发展历程。事实上,美国史的大事件,包括很多其他事件在内,除非在某种程度上将它们置于世界历史的背景之下,否则都无法得到充分的阐释。在此,我们将取个案如美国革命、美国内战、进步主义和现代福利国家的开端来阐明这一论点。

波卡洪塔斯(Pocahontas)的婚姻场面。亨利·布鲁克纳(Henry Brueckner)绘画后雕刻为浮雕(约 1855)。波卡洪塔斯浪漫的生活记载往往忽视了她在土著美洲人与英国人之间建立关键联系所扮演的角色。美国国会图书馆

1781 年英国康华里将军在约克镇战役中向法国军队（图左）和美国军队（图右）投降。若没有法国的援助，美国革命未必成功

美国革命

通常我们将美国革命视为一个特定的地方
2635 性事件：英国在北美殖民政策上做出了不利于13 个殖民地的调整，从而引起它们的反抗。其实它只是英法“世界大战”的插曲。这场战争从1689 年爆发，间歇性地持续到 1815 年，长达 126 年；而且 1753 年之后，演变为世界战争，战火燃及每个大陆。

英法之间的竞赛使皇室的财政支出庞大。政府不得不向国内的纳税人宣称新增的税收是值得的，或者寻找其他的财政来源。显而易见，这所谓其他的财政来源多数来自殖民地本身。历史学家称财政拮据和管理不善为“军事财政危机”。英国从“七年战争”（1756—1763）的胜利中获益不菲，大大扩展了帝国的疆土，而法国付出的代价是丢掉了加拿大和在非洲、亚洲的贸易中心。为了与战争的损耗相抵，并获得新的领土，英国国王和议会转向殖民地来寻求新的财政收入。这一决定导致了后续的恶名昭彰的（在美洲征发的）税收，以至于引发了殖民地的反叛，最后演变为一场胜利的独立战争。但是帝国巨额耗资和帝国战争也影响了葡萄牙和西班牙帝国，它们采取了类似的策略。两国均面临财政危机，再加上接受理性管理这一新的启蒙理念，催生了有望增加财政收入的新帝国政策。

然而，任何帝国策略的调整都会破坏原有的根深蒂固的风俗习惯，以及社会地位和权力的等级。所有帝国都有此等经历。功成名就的精英分子感觉他们被边缘化了，昔日所拥有的传统权力等级渐渐消失，或被全部剥夺。而且当他们想起自己本应与国内精英拥有同等权利之时，就感觉自己被列为次等公民。纵观美洲，到处充斥着紧张气氛和各种反抗活动；而英国这边，帝国权力在印度扩张（通过东印度公司）时，在印度孟加拉地区引发了军事冲突。18 世纪哥伦比亚和阿根廷有过几次重大殖民叛乱，葡萄牙也面临着不少小规模的密谋和反叛。1782 年印加帝国最后一位国王的后裔图帕克·阿马鲁在西属美洲的秘鲁和拉普拉塔地区领导叛乱，几乎导致帝国在今秘鲁、玻利维亚、乌拉圭和阿根廷地区统治的垮台。

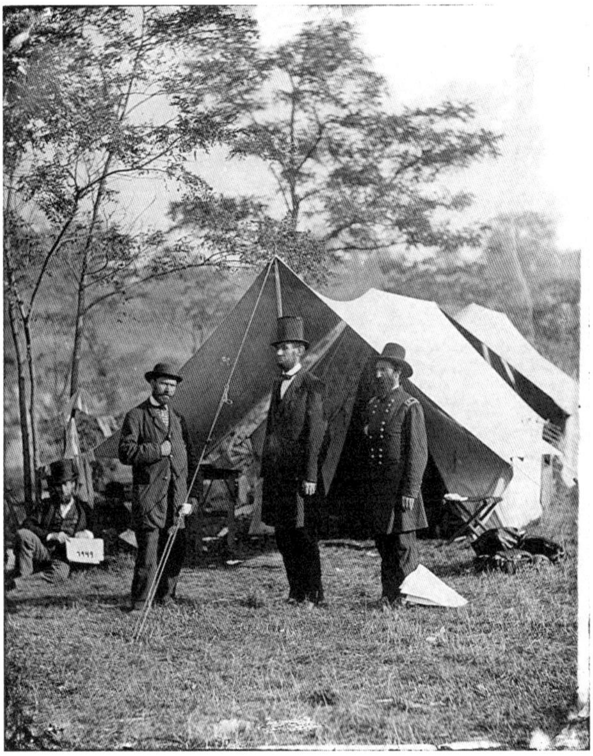

1862 年秋，阿兰·平克顿（Allan Pinkerton）、林肯总统和约翰·麦克勒南德少将（General John A. McClernand）在安提塔姆（Antietam）。欧洲关于民族同质性的自由思想，深深地影响了林肯反对奴隶制的立场。亚历山大·加德纳（Alexander Gardner）摄

如果没有法国的财物救援、外交支持和军事协助，13 个殖民地不可能取得起义的胜利。为什么一位专制的君主要援助美国的共和主义者呢？因为法国在“七
2636 年战争”中损失惨重，意图报复英国。甚至后来成为美国人好朋友的拉法耶特侯爵都宣称，他加入美国事业的初衷只是要与英国开战。法国支持美国，意在重创英国而非帮助美国。

英法之间的长期战争直到 1815 年才告终结，在这一背景下理解美国革命就要修正革命时代的纪年和地理。1783 年签订的《巴黎和约》标志着美利坚合众国的独立，但是 1783 年之后的新生政权并不能有效地统治自己的领土。比如说，英国在俄亥俄河谷地区仍有要塞。美国人也不能保护它们的水手免于“强征”——这是一种英国人绑架美国水手在他们船上服役的形式。在美国能够真正独立行事之前，随着拿破仑被英国人打败，英法大战不得不（正如事实如此那样）在 1815 年结束。

18 世纪 90 年代美国激烈的党派之争和政党政治的诞生，并非美国国父们所愿，也不是宪法规定的，它同样是外交问题，尤其是领导人对于法国大革命和紧随其后的战争问题产生严重分歧。但是，1815 年英法大战结束时，政治学家所称的最初的美国政党制度，以及与此相关的激烈的政治冲突也得以解决。历史学家称这之后的政党时期为“和睦时代”，但是这一改变并非华盛顿政府突然想相安无事的产物，而是国际刺激因素不复存在的结果。

这一广阔的视野也为理解 18 世纪第三大革命即海地革命对美国史的重要性开辟了道路。圣多明各——独立后改称海地，是异常富有的法属奴隶殖民地。之前曾是奴隶的杜桑·卢维杜尔是海地革命的领导人，联邦党人和杰斐逊主义者在是否援助和支持卢维杜尔问题上莫衷一是。约翰·亚当斯持支持态度，希望向他援助物资和食物。相反，杰斐逊则对美洲出现的第二个共和国——黑人共和国海地实行物资禁运。史上最大规模的奴隶起义震撼了全美洲人，包括杰斐逊，他近乎陷入恐慌之中。具有讽刺意义的是，拿破仑失去海地，促使他卖掉了路易斯安那，这次领土购买却成就了杰斐逊就任总统以来最大的光辉政绩。

我是人民的坚定拥趸者。如果让人民了解真相，任何国家都可以依靠他们化解危机。重点是首先得让他们知道事实的真相。

——亚伯拉罕·林肯（1809—1865）

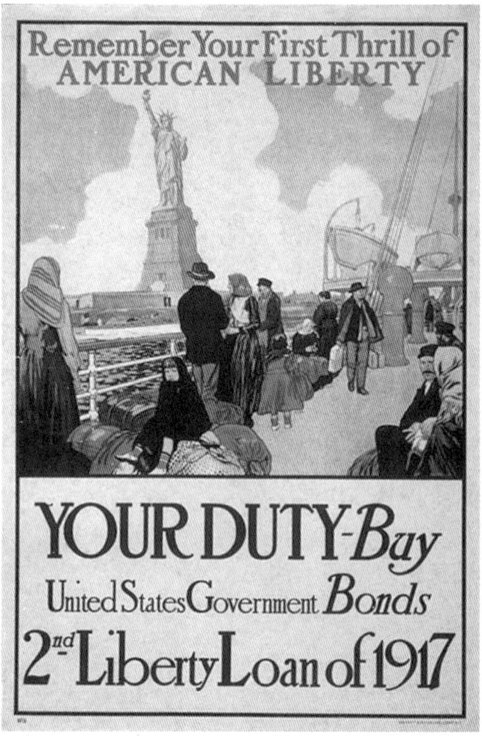
Remember Your First Thrill of
AMERICAN LIBERTY
YOUR DUTY-Buy
United States Government Bonds
2nd Liberty Loan of 1917

这份第一次世界大战的宣传海报以多种不同的语言印制，意在吸引美国的大量移民人口。美国国会图书馆

美国内战

美国内战是美国史的道德核心。然而，它也是19世纪近代民族国家的形成这一全球框架下的一部分，是大西洋世界非自由劳动——人们的工作环境违背其自身意愿，包括奴隶制、债务奴役、农奴制或监狱劳工——的转折点。欧洲 2637
1848年革命是非自由劳动转折的直接的跨国背景。欧洲自由主义者一直致力于建立变君主制为代议制的民族国家，亚伯拉罕·林肯（他于1846年当选美国众议院议员）对此非常仰慕。这些自由主义者、林肯以及共和党人认为，民族和自由与建立拥有更广泛自由的国家休戚相关。

林肯还吸纳了他们对国家领域的重新界定，尤其是要求一个国家内部必须具有同质性。在中欧，同质意味着语言或种族的一致性，但是林肯并不以为然。19世纪50年代成立的无知党坚决反对移民，林肯对此曾持激烈的反对态度。对他而言，同质性意味着国家要么全部自由，要么全被奴役。这是他1858年发表的著名的《分裂之家》演说中所蕴含的逻辑和结论。当然，这个国家建立伊始就被分裂了，这是个有待折中的政治问题，正如《美国宪法》“五分之三条款”以及之后的“密苏里妥协案”等所体现的那样。“密苏里妥协案”在奴隶州和自由州之间划了一条平等的界线。若我们将民族国家置于大西洋世界之中来考察，这一新的理解方式则使这种妥协不可能维持。如果我们认识不到民族国家是与周遭地区相互交流的话，那么也就不可能理解19世纪60年代林肯及其那些支持共和党的议员的情感。

威廉·罗伯逊上校（William Robertson）和亚历山大·西尔瓦舍科上校（Alexander Sylvashko）的拥抱，标志着1945年8月25日苏联军队与美国军队在德国托尔高附近历史性的会师。美国国家档案馆

美国还经历了一场联邦危机，围绕中央与地方权力关系之争展开。共和党人是坚定的国家化者；但南部政客支持权力下移，各州能够保护自己的“特殊体制”。集权与分权之间的较量是一个全球现象，战争遍及欧洲（德国和意大利）和拉丁美洲，尤其是阿根廷、巴西和智利。但日本不是靠战争而是通过明治维新解决了这

一问题。暹罗(即今天的泰国)也没有爆发战争,而是在君主领导下建立了近代体制。尽管1848年匈牙利反抗哈布斯堡帝国的民族主义革命失败了,但之后1867年该国在奥匈帝国“二元君主制”下赢得了国内事务的自治。与此同时,俄国和奥斯曼帝国也努力发展得更像近代欧洲国家。同等重要的是,解放(或称自由)构成了19世纪中叶民族形成历程的一部分。在美国解放了400万奴隶的同时,哈布斯堡、俄国和其他帝国解放了另外4000万农奴。

不仅美国人将自己视为1848年自由运动的一部分,这一点已被林肯——还有即将复员的战士——反复申述,而且欧洲伟大的自由主义者,从英国的约翰·斯图亚特·穆勒
2638 到意大利的朱塞佩·加里波第,再到匈牙利的噶苏士(Kossuth),也把美国内战看作美国之外的自由变革史上至关重要的一页。

进步主义改革和福利国家

广义而言,美国进步主义运动是放任自由主义向新自由主义(或称经济自由主义、社会自由主义等五花八门的称谓)阶段过渡时期的一部分。在美国,进步主义运动起源于19世纪90年代,到20世纪30年代罗斯福“新政”建立福利国家之时达到高潮。这一运动是对未受管制的资本主义条件下大规模城市化和工业化的全球回应的一部分。世界各地区的改革思想适用于全部工业化国家。许多关键想法都源于德国大学的经济研讨会,它们尤其对美国和日本更为重要。但是改革理念如大气环流般传播,即所有正在工业化的国家互相借鉴改革思想。

与直觉恰恰相反,改革家发觉与农耕时代相比,现代城市和工业社会在日常生活中面临更多的风险。现代社会是一个风险社会,并不比屠场安全,它需要新的保护形式。这点已被1906年厄普顿·辛克莱(Upton Sinclair)出版的同名改革小说点明:小说名为《屠场》(*The Jungle*),背景设定在芝加哥。处理风险的最佳方式是保险,20世纪福利国家的建立是政府调节和社会保险的双重作用。

所有城市化和工业化国家都制定了针对老年人、工业事故、疾病和损伤、失业的保险方案。如果这些方案的传播面广泛,那么政策执行结果应是迥异的。其他工业国家的社会自由主义

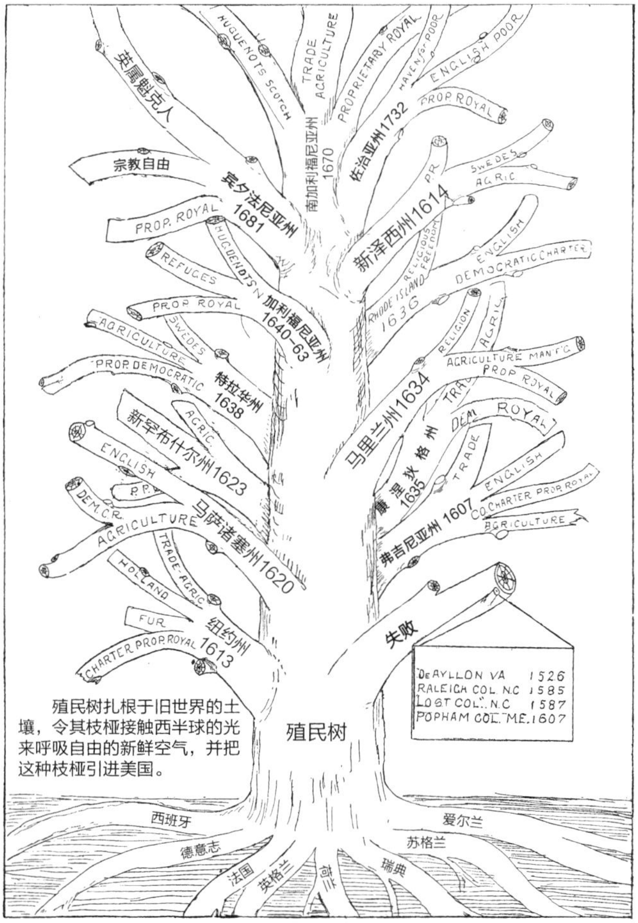

“殖民树”扎根于旧世界的土壤,生长出13个殖民地树枝——再加上一枝以纪念早期殖民地的“失败”

政策中包含健康保险，美国则无。另一方面，美国在保护纯净食品和药品方面发展很快，这始于19世纪70年代纽约的牛奶检测。

然而，正是这一点我们必须谨慎。既然政策理念和改革实例对所有国家均有借鉴意义，但每个国家的改革纲领还是存在差异。为什么？当地的文化和政治传统、国家政治和利益
2639
权衡都会导致不同版本的新自由主义。举个例子，不同国家的反对改革者来自不同的团体：在拉美和俄国是领主阶层，在美国和日本是大财阀。这就是为什么国家史置于全球背景下考察依然不是全球史。它既是全球的也是国家的，但是最终的落脚点是为了解释国家史。

通过将美国史放在世界历史这一宏大背景下，我们发现国家史并未消解，反而其特殊性愈加鲜明。但是全球背景更全面地解释了变化是如何发生的，我们也更容易理解为什么美国史不同于其他历史，同时可更好地体会它们有多少共通之处。

"美国历史是例外的"这一论调不绝于耳，而将美国史置于全球背景之下考察动摇了"例外论"的基调。然而，使美国成为一个独特国家的美国史的独特方面，也得到了阐释和重新强调。"例外论"的问题在于它预设了一个基准或者规则，而这只有一个例外，那就是美国。这意味着美国并不与其他国家共享历史，如此一来便将美国排除在人类的共同历史之外。显然，事实并非如此。"例外论"还存在第二个问题，即声称"例外论"需要制定其他国家所遵循的一套准则，但事实上这套准则并不存在。全球视角作为一种维度，为很多共同的甚至普遍的挑战提供了特殊的解决途径。全球视野揭示出美国是独特的，但绝非例外的。

进一步阅读书目：

Barbour, P. (Ed.). (1986). *The Complete Works of Captain John Smith (1580 – 1631)*, 3 vols. Chapel Hill: University of North Carolina Press.

Bender, T. (2006). *A Nation among Nations: America's Place in World History*. New York: Hill & Wang.

Bender, T. (Ed.). (2002). *Rethinking American History in a Global Age*. Berkeley: University of California Press.

Guarneri, C. (2007). *America in the World: United States History in Global Context*. New York: McGraw-Hill.

Kupperman, K. O. (2007). *The Jamestown Project*. Cambridge, MA: Harvard University Press.

Reichard, G. W., & Dickson, T. (Eds.). (2008). *America on the World Stage: A Global Approach to U. S. History*. Urbana: University of Illinois Press.

Rodgers, D. T. (1998). *Atlantic Crossings: Social Politics in a Progressive Age*. Cambridge, MA: Harvard University Press.

Turner, F. J. (1961). *Frontier and Section: Selected Essays of Frederick Jackson Turner*. (Ray A. Billington, Ed.). Englewood Cliffs, NJ: Prentice-Hall.

Tyrrell, I. (2007). *Transnational Nation: United States History in Global Perspective since 1789*. New York: Palgrave Macmillan.

托马斯・本德(Thomas Bender) 文
高照晶 译，刘文明 校

Universe, Origins of 宇宙的起源

所有文明中的起源故事都面临着同一个根本问题,即事物是如何能够从虚无中产生的?随后这些故事试图解释宇 2640
宙的复杂性:什么东西最先出现,什么之后出现。然而,和神话故事不同,现代有关万物起源的大爆炸理论立足于大量经过严谨检验的资料之上,它极具说服力并获得了全世界科学家的认可。

在所有我们已知的文明中,对于特定群体历史的记叙均包含于对作为一个整体的地理环境、动物、地球、行星及宇宙的历史记录中。在所有文明中,历史均开始于宇宙起源。为了弄明白我们是谁、从哪里来这些问题,我们需要了解整个宇宙的历史。宇宙论提供了一个尽可能大的框架,在这一框架中我们思索自身在时空中的位置。

传统起源故事

从表面上来看,起源故事相互间似乎总是完全不同的。但它们都设法对一些相同的根本性问题做出解释。最开始,它们必须解释事物如何能够从虚无中产生。一些起源故事(包括基督教创世记故事)宣称一神或多神创造了宇宙,但其忽略了神灵是如何产生的这个难以解决的问题。在很多起源故事的开始,事物出现在一片类似虚无的环境中;但这些故事并未对其如何产生及为何产生做出明确解释。这样它们就面临着万物最基础的二元性:虚无与事物的产生。很多故事假设宇宙最初处于一种不能完全称之为存在或不存在的混沌状态;之后,存在和不存在都从这种混沌中产生。这一神秘的过程经常被比作有性生殖过程,在这一独特的创造方式中两个人的结合产生第三个人。罗伯特·格拉夫斯(Robert Graves)是一位因其有关神话的作品而著称的英国作家、诗人,曾对一个古代希腊神话做出概述。在这一神话中,最初宇宙处于混沌状态,并在一定程度上可以说这种混沌是现实世界的创造者成长的基础。接下来这一段摘自芭芭拉·斯普劳尔(Barbara Sproul)的作品《最初的神话》(*Primal Myths*),向我们说明了起源故事是如何使用极富象征意义的叙述来处理那些至今仍在困扰我们的问题的。

> 最初,万物女神欧律诺墨赤裸着从混沌中诞生,却发现无坚实之物可供立足,于是她将海洋与天空分离开来,并且独自在波涛上起舞。她向南舞去,背后的风似乎变得全新了,她所经之处万物诞生。四处旋舞,欧律诺墨抓住了这北风,并将其在两手间摩挲着。看啊!大蛇奥菲昂出现了。欧律诺墨跳舞以取暖的动作越来越热情与失控,直到已经被撩拨起欲望的奥菲昂缠绕着这美妙的躯体,并与其交合。就这样,北风之神波瑞阿斯诞生了,这也解释了为什么母马总是将后臀和后腿转向迎风就能不需种马而繁殖幼仔。欧律诺墨也是这样产子的。之后,她变成了一只鸽子,在海上筑巢,并在一段时间之后产下了宇宙蛋。在欧律诺墨的要求下,奥菲昂盘绕着宇宙蛋七次,直到其孵化并裂成两半。从蛋中翻滚出现存的万物,也就是欧律诺墨的子女们:有太阳、月亮、行星以及其他星体,还有山川河流遍布、草木葱郁、生机盎然的地球。(Sproul 1991)

遵循真理之人才能创造新生活。 ——苏美尔谚语

2641 正如这一故事所揭示的，起源故事一旦解释了宇宙的起源，就面临着许多其他复杂的问题：它们能否解释我们所处宇宙的极端多样性与复杂性？什么最先产生，什么之后产生？宇宙不同部分之间是否存在永恒的冲突，或者说宇宙曾是一和谐之地？生活在加利福尼亚的卡佩诺(Cupeno)部落对这些问题给出了具有象征性的独特回答："在最初，万物皆为晦暗与虚无。虚空中悬着一个袋子。最终，它打开成两半。从一边走出了郊狼(*isil*)，从另外一边出来了野猫(*tukut*)。它们立刻为谁年龄更大争吵起来。"(Sproul 1991)最初的混沌、诸神、孵化的蛋、性别以及最初的一分为二——这些元素穿插于许多传统创世神话中。

早期科学理论

现代科学起源故事面对着同样的问题和悖论，但是它们试图在不假设诸神甚至是意向性存在的情况下解决这些难题。万物的起源能否解释为只是无意识的自然规律作用的结果？直到今天这一问题仍无确切答案，因为尽管现代宇宙论取得了很多惊人成就，我们仍不了解怎样才能对宇宙起源的最初时刻做出解释。作为现代宇宙论的前身，中世纪欧洲的创世传说描述了上帝是如何创造宇宙的。这一宇宙的形状和运转在埃及天文学家托勒密2世纪的宇宙模型中得到了合理的描述。在托勒密的宇宙体系中，地球位于宇宙的中心，其四周环绕着一系列旋转着的透明球形壳体，在这些壳体上固定着行星、太阳以及其他星体。托勒密的模型在很长一段时间内都表现极其出色，并被证明在预测行星及其他星体运转这一类天文学现象时十分精确。然而，在16、17世纪的欧洲，这一模型被取代了。波兰天文学家尼古拉·哥白尼(1473—1533)主张地球和其他行星都围绕着太阳旋转；而意大利哲学家乔尔丹诺·布鲁诺(1548—1600)声称很多星体自身就是太阳，这样的星体每个都可能有自己的"太阳系"。新模型产生于现代天文学开始设想一个比托勒密模型大得多的宇宙，在这一宇宙中地球和人类的重要性逐渐减弱。到17世纪末，很多人接受了宇宙是永恒无限的说法。

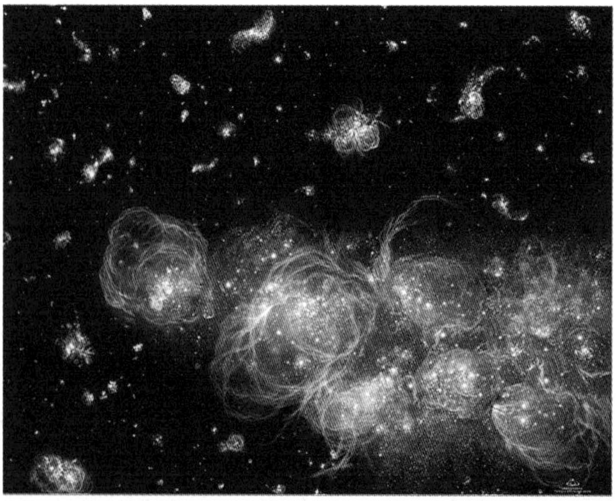

一位艺术家对不到10亿年时间的宇宙情形的设想：它正以空前的速度将原始氢气转换成无数星体。NASA and K. Lanzetta (SUNY). Artwork: A. Schaller (STScl)

一个膨胀中的宇宙

永恒宇宙的观点产生了新的问题：天文学家约翰内斯·开普勒(1571—1630)指出，在无限宇宙中应有无数星体，并且地球将日夜不停地受到无尽的光照。19世纪热力学的发展引发了另一个问题：在一个历史无限久远的宇宙中，所有有用的能量都应已经消散成热量，不会再有能源可用于创造和维持行星、其他星体及生物之类的复合体。

这些问题在20世纪初得到了解决，随之而来的还有对宇宙自身的一种全新的看法。对宇宙结构的研究表明：首先，宇宙由众多星系组成，而非仅有 2642
银河系，很多遥远的观测对象结果被证

明是完全独立的星系；此外，在 20 世纪 20 年代末，埃德温・哈勃(Edwin Hubble，1889—1953)使用洛杉矶城外威尔逊山天文台望远镜得到的观测结果表明，遥远的星系似乎正在远离地球上的观测者。从技术层面上说，他发现遥远星系发出的光产生了红移现象，或者说被降到了低频，这似乎是多普勒频移的结果（当救护车驶离我们的时候，警报器高音会出现下降也是同样的道理）。更令人惊讶的是，他发现星系距离越遥远，光的红移现象越明显，并且它们远离地球的速度似乎更快。假设地球在宇宙中的位置毫无特殊之处，那么宇宙中他处的观测者看到的一定是同样的情况。哈勃得出的结论是：宇宙一定正处于膨胀中。如果宇宙正处于膨胀中，那么可以推测其过去比现在要小；而在过去的某个时间，宇宙一定处于无穷小的状态。如果不是阿尔伯特・爱因斯坦在广义相对论中也提出了宇宙可能正处于膨胀或收缩中的假设，哈勃的观测结果可能仅仅会引起人们的好奇心。最初，爱因斯坦反对这一结论，直到 20 世纪 20 年代末，经过俄国年轻数学家亚历山大・弗里德曼（Alexander Friedmann，1888—1925）的研究工作，他才接受了“宇宙就像一枚立着的大头针，不会是完全稳定的”这一说法。事实上，宇宙更像是处于膨胀或收缩之中，而哈勃的证据表明它正在膨胀。

大爆炸理论

尽管有观测和理论的双重发现，但宇宙处于膨胀中这一观点在第二次世界大战结束前仅仅被当作一种有趣的假设。俄裔美国物理学家、天文学家亚瑟・伽莫夫（Arthur Gamow，1904—1968）及英国天文学家弗雷德・霍伊尔（Fred Hoyle，1915—2001）等理论家致力于研究宇宙膨胀将产生的影响，但发现想要完全重现在宇宙产生的最初阶段，在极热、压力极大的情况下物质运动的情况是不可能的。然而，曾有一段时期，大爆炸理论不得不和霍伊尔等人于 20 世纪 50 年代提出的所谓恒稳态理论这一非主流理论对抗（的确，提出者是大爆炸理论最激烈批评者之一的霍伊尔，正是他在 1950 年的一次演讲中创造了“大爆炸”一词）。为了证明永恒、本质不变的宇宙的观点，恒稳态理论提出在整个宇宙中物质持续被以恰好抵消宇宙膨胀表观速率（apparent rate）的速度创造出来。恒稳态理论意味着宇宙在历史上一直和现在基本相同，而这一假设很快得到了检验。到 20 世纪 60 年代初，射电天文学的发展使得天文学家们能够对遥远的星系做更细致的研究。因为光速一定，此类研究在实际运用中检验出宇宙正处于其青年时期；而不久之后的研究表明，很明显早期宇宙与当今有很大不同。宇宙就像大爆炸理论所暗指的那样随着时间的推移而发生变化。

更为重要的是两位美国科学家阿诺・彭齐亚斯（Arno Penzias）和罗伯特・威尔逊（Robert Wilson）于 1965 年在宇宙背景辐射领域的发现：在试图建造一个极度灵敏的无线电天线时，他们发现从宇宙的四面八方持续传来微弱能量流的嗡嗡声。空间中的某个地方发出能量是合理的，但他们想象不出有什么能够在宇宙的所有地方产生能量，直到有人告诉他们这正是大爆炸理论预测的结果。模拟宇宙早期历史的努力表明，随着宇宙冷却，在一个时间点，质子和电子得以结合产生原子。和独立状态的质子、电子不同，原子不显电性，正如原子在组成宇宙中的大 2643
多数物质时会失去电荷一样。在那个阶段，物质和能量实际上是分离了的，能量第一次能够自由随意地在宇宙中穿梭。早期大爆炸理论学者提出，这种能量的突然释放即使到今天也应该能够观测到；而事实很快表明彭齐亚斯和威尔逊所侦测到的正是这种现象。恒稳态理论不能对宇宙背景辐射做出解释，而大爆炸理论自然而然地解释了这一问题。宇宙背景辐射的发现

美国国家航空航天局钱德拉X射线天文台和哈勃空间望远镜穿透黑暗的层层气体和尘埃得到的天鹰星云(M16)合成图像：几百万年前，恒星形成过程在这一区域达到顶峰

是对恒稳态理论的致命一击，从那以后，大爆炸理论为现代宇宙论提供了核心观点和范例。

大爆炸宇宙论

研究大爆炸宇宙论的细节一直是一个复杂的任务，但没有别的理论能够对宇宙起源提供同样多的解释；所以，即使大爆炸宇宙论的一些细节在今后需要做出修正，也几乎没有宇宙论家怀疑这一理论本质上的正确性。这种自信的原因之一是20世纪60年代以来出现的支持这一理论的新证据。随着望远镜观测能力的提升，天文学家们发现宇宙的最遥远部分的确和距离我们最近的部分有很大不同，而这些不同与大爆炸宇宙论中所描述的早期宇宙性质非常符合。对太阳系物质年代的测定结果均未超过130亿年，这和对宇宙年龄的最新估测相一致。此外，大爆炸理论表明在宇宙初期，大部分物质由氢、氦两种元素组成，其他元素是在星体内部或超新星这种巨星的剧烈爆炸过程中产生的。这和我们的观测结果相一致：所有原子的近3/4是氢元素，近1/4是氦元素，剩余部分包含着其他所有元素。

尽管有很多只有物理学家和宇宙论家才能够理解的复杂细节，大爆炸宇宙论概要中的起源故事却很简单。对宇宙膨胀速度的最新估测表明其出现于127亿年前。我们不知道在那之前有些什么。我们甚至都不知道那时时间和速度是否存在，传统观点认为它们很可能是和能量与物质一起产生于大爆炸之时。我们也不知道为什么那时会发生大爆炸。在解释宇宙的最初时刻状况时，现代科学和传统创世故事一样无能为力。但自宇宙刚一出现，我们就能够极其准确地描述出发生了什么。原始的虚空中出现了物质。这一早期宇宙几乎是无限小的，温度也极高。在数十亿度的温度环境里，时间、空间、能量和物质几乎不能区分开来。这一聚合能量的压力使得宇宙分离；在其产生的第一秒内宇宙膨胀的速度比光速还要快，
它从一个原子的大小暴涨到太阳系大小的很多 2644
倍。这一快速扩张时期(以“膨胀”而著称)后不久，物质和反物质微粒相互碰撞和毁灭，留下了大量能量和极少量物质剩余。随着宇宙膨胀，其温度下降，不同形式的能量和物质随之从初始光通量中分离出来。重力产生后出现了电磁力，同时还有塑造原子核运动的强弱核力。夸克出现后的两三分钟内，第一批质子和电子也出现了。

在那之后的几乎40万年间，宇宙仍旧过热，质子和电子不能结合产生原子，所以整个宇宙因布满了电能而噼啪作响。在距大爆炸约38万年后，宇宙冷却到足够让质子和电子组合形成第一批由氢、氦元素组成的原子。物质变得不显

电性，能量和物质分离，我们现在检测到的是这一过程中释放出的能量闪现。下一意义重大的事件发生在距大爆炸约2亿年后，氢、氦元素的云团在引力作用下聚集起来，开始收缩，直到其中心温度超过1 000万摄氏度。这时氢原子开始熔化形成氦原子，这一过程释放出巨大能量（这一核反应与氢弹爆炸所发生的相同）。就这样，第一批星体诞生了。星体中心的能量释放抑制了其产生来源——物质云团的引力塌缩，创造了一个能够持续数亿年释放大量能量的相对稳定结构。星体在现代创世理论中扮演着重要角色，因为它们为维持地球生命提供了能量。此外，在其衰亡阶段，极端巨大星体及其他一些星体能够产生足够高的温度来熔合原子核，产生越来越多的元素。当超新星这种极端巨大的星体衰亡于剧烈爆炸之后，元素周期表中的所有现存元素都被创造了出来。正是在这些元素的基础上，行星和生物体等更新、更复杂的结构才能借助引力和星体外涌热能的能量而最终构建起来。

事实真如这个故事所说吗？只能说这是迄今为止能够得到的最好解释，但其要达到完善还有很长的路要走。宇宙论家致力于研究宇宙产生最初的问题，但他们甚至不能对最初时刻的假设做出验证，因而受到阻碍。而且，甚至是宇宙产生后极短时间内的情况，对我们来说都是一些复杂的谜题。物理学家和宇宙论家尤其致力于研究引力和其他现代宇宙论基本力量的关系。电磁力和强弱核力的关系现在已基本明朗，但引力在其中起何作用仍不清楚。新的观测技术（包括星载天文台的使用）和新计算机技术已产生了大量关于早期宇宙的新数据，这源源不断的新信息中的一些使得宇宙论家不得不对部分创世故事重新思考。例如，20世纪90年代末对特别遥远星系的研究结果表明：正如大多数宇宙论家假设的一样，在宇宙间物质引力的拖拽下，宇宙正在减速。而在相反方面，它却又在加速。尽管大多数宇宙论家相信这也许是爱因斯坦作品中已预测到的一种反引力力量存在的证据，但这意味着什么仍不清楚。更令人苦恼的是认知过程的缓慢，星系运动的研究表明空间中存在着比我们能够检测到的多得多的物质。当前，我们能够观测到的物质大概不超过宇宙物质总量的5%，而其总量的1/4由我们尚不能检测和解释的物质组成（被称为“暗物质”），并且可能有70%的物质由我们尚不能检测或完全解释的能量形式构成（被称为“暗能量”）。不能够明确了解95%的宇宙内容对现代宇宙论者来说是一件十分尴尬的事情。

和传统创世故事一样，对宇宙起源的现代解释仍处于发展之中。但和那些创世故事不同，2645
对于万物起源的现代解释是建立在大量经过仔细检验的信息之上的；并且其具有足够的说服力，使其不仅仅在单一文明内部，而且在全世界获得了科学家的认同。这是第一个几乎得到普遍认同的对于宇宙起源的解释。

进一步阅读书目：

Chaisson, E. (2001). *Cosmic Evolution: The Rise of Complexity in Nature.* Cambridge, MA: Harvard University Press.

Christian, D. (2004). *Maps of Time: An Introduction to Big History.* Berkeley: University of California Press.

Croswell, K. (1996). *The Alchemy of the Heavens.* Oxford, U.K.: Oxford University Press.

Delsemme, A. (1998). *Our Cosmic Origins: From the Big Bang to the Emergence of Life and Intelligence.* Cambridge, U.K.: Cambridge University Press.

Duncan, T., & Tyler, C. (2009). *Your Cosmic Context: An Introduction to Modern Cosmology.* San Francisco: Pearson Addison Wesley.

Ferris, T. (1988). *Coming of Age in the Milky Way*. New York: William Morrow.
Ferris, T. (1997). *The Whole Shebang: A State-of-the-universe (s) Report*. New York: Simon and Schuster.
Hawking, S. (1988). *A Brief History of Time: From the Big Bang to Black Holes*. New York: Bantam.
Primack, J. R., & Abrams, N. E. (2006). *The View from the Center of the Universe: Discovering Our Extraordinary Place in the Cosmos*. New York: Riverhead Books.
Smolin, L. (1998). *Life of the Cosmos*. London: Phoenix.
Sproul, B. (1991). *Primal Myths: Creation Myths around the World*. San Francisco: HarperCollins.
Weinberg, S. (1993). *The First Three Minutes: A Modern View of the Origin of the Universe* (2nd ed.). London: Flamingo.

大卫·克里斯蒂安(David Christian) 文
李磊宇 译,刘文明 校

Universities 大学

2646 12世纪的教皇、皇帝和国王们在欧洲特许建立了第一批大学;教师招收学生,通过讲授、讨论和推理来教授基督教教义。文艺复兴之后,大学的课程开始世俗化和专业化,鼓励独立思考和研究。欧洲殖民主义者将大学体系传播到世界各地,殖民地取得独立后,这些国家保留并改造了这一体系。

大学起源于中世纪的欧洲,当时成群的教师和学生从教皇、皇帝和国王们颁给的特许状中获得特权和共同的身份认同。大学中的学生和教师实行自治,选举校长和其他行政人员来管理自己的事务。教师们向来听课的学生收取费用,后来久而久之一些虔诚的资助者捐建了一些供学生和教职工食宿的学院建筑。后来又新建补充了教室和图书馆,这些形成了最早的一批大学建筑。当时欧洲的书籍仍然稀缺且昂贵,普通人无法接触到,所以口头演讲和辩论盛行起来。

基督教与大学

巴黎大学建于1150至1170年间,专门用来阐释基督教教义。这所大学继承了其著名教师彼得·阿贝拉尔(Peter Abelard, 1079—约1141)的事业,并且成为其他欧洲大学的典范。阿贝拉尔决心建立一种观点,即《圣经》中以及早期基督教教父们之间存在的明显矛盾只能通过逻辑推理才能解决。他从基督教经典和广受尊崇的《圣经》中收集材料编成一本文集,即《是与否》(*Sic et non*),将正反双方的观点一一罗列出来,这样就不会有人再去质疑一些重大问题的答案。公元前3世纪古代希腊哲学家亚里士多德的著作《工具论》(*Organon*)当时已被翻译成拉丁语,它为阿贝拉尔及其追随者提供了便利的工具即逻辑推理,通过这种方法来解决此类问题。

13世纪时,亚里士多德其他著作的译本扩大了其哲学在巴黎教师中的影响力,促使他们用亚里士多德的物理学和其他学科来补充神学。不过,有关基督教教义的争论仍是中心。当时取得书籍变得较为容易,一位名叫托马斯·阿奎那(Thomas Aquinas, 1225—1274)的巴黎

> 我走到哪里，都会被问及大学是否在扼杀作家。我的观点是，大学没能充分扼杀一些作家。一个好的老师本应该去阻止许多人成为畅销书作家的。
> ——弗兰纳里·奥康纳（Flannery O'Connor，1925—1964）

教师出版了他的著作《神学大全》（*Summa theologiae*），书中他对大部分争论了几个世纪的问题给出了自己的答案。虽然在其活着的时候阿奎那的观点饱受质疑，他死后不久，即在 1277 年他的一些观点还被巴黎大学的教师们斥为异端，但最终他的理论学说成为天主教教会的官方权威教义。

世俗主义运动与专业化的兴起

欧洲的大学中通过教师间的竞争，鼓励人们在神学和其他问题上提出争论和新观点，教师们的薪水取决于他们吸引到的学生的数量。勇于提出新观点是赢得学生关注的好方式，这
2647 使得争论在一代又一代人中盛行不衰，即便是在教皇、统治阶层和前辈教师们试图强行推行统一性和一致性时也是如此。很快，其他异教徒的作品，如文学、历史还有哲学等作品的出现，补充了亚里士多德著作的译本，加之同时代世界上其他地区的信息持续涌入欧洲城市，大学中所教授的科目也开始不断拓展。

诚然，每一所大学的才智活力都会盛衰起伏，许多重要的智识发展是在大学教室以外的地方发生的。例如，文艺复兴（从 14 世纪中叶开始持续到 17 世纪）中自称"人文主义者"的人，极少是在宗教经典主导的大学中任职的；古典文学研究经历了很长时间，才得以进入大学讲堂。之后的宗教改革和反宗教改革运动（二者均产生于 16 世纪），在 1517 年后给每一所大学都强加了一个新教或天主教身份，对立的大学将自己所持的教义愤然封锁，因而大学饱受其苦，这一点束缚了大学教育。结果是，早期近代的科学主要在一些新的机构中繁荣起来，如建于 1660 年的英格兰皇家学会（the Royal Society of England）；不过英国物理学家和数学家艾萨克·牛顿爵士一生中大部分时间是在剑桥大学执教的。后来，18 世纪，法国的知识分子中兴起了启蒙运动，他们自觉地抛弃了基督教。而在德国，大学在回应思想世俗化过程中发挥了积极作用，但大学也没有停止培养新教徒和天主教教士。

德国大学教育这一双重角色的形成是由于勃兰登堡选侯腓特烈三世于 1694 年创建哈雷大学之后，德国大学教育采用了新的形式。这所大学的教师们放弃了拉丁语，改用德语授课。他们教导学生自己寻求建立与上帝的关系，放弃旧式的神学教条。取而代之的是，他们让学生学习希腊和罗马的经典作品，为其成为政府职员做准备。总之，一方面个人的敬虔取代了神学上的争论，世俗的主题和观点赢得了更多关注；另一方面地理探索和科学发现不断提供着新的信息知识，这些新的信息知识不得不以某种方式融入旧的观念中。一代人之后，另一所在哥廷根新建的大学遵循着类似的道路，更加重视科学和统计学。德国其他大学逐渐都推行此法，1809 年建立的柏林大学更胜一筹，不仅成为欧洲大学的楷模，也持续成为下个世纪世界上大多数大学的楷模。

阿贝拉尔在 12 世纪已经为巴黎大学定下了 2648
基调和目标。威廉·冯·洪堡（Wilhelm von Humboldt，1767—1835）成为普鲁士王国的教育大臣，他本人学习巴斯克语和其他晦涩的语言，而他为柏林大学的教师们订立的中心任务是研究和探索新的真理。他要求他们通过授课与本科生分享自己的探索发现，并和研究生讨论及展示如何进行专业研究。之后的 10 年中，格奥尔格·威廉·黑格尔在柏林讲授自己的哲学。在其追随者中他的哲学实际上已取代了基督教。而他的行为激起了德国其他哲学家们的反对，正如数世纪之前不同意那些神学问题的巴黎教师们一样。

自然科学、语言学、历史学、哲学以及基督教神学（很快让位于所谓的《圣经》考证学），与世俗哲学一道，在洪堡的大学中取得了一席之地。专

一幅有关索邦神学院教堂和入口广场的古老版画。该学院是巴黎大学的一部分

业化盛行起来。每一位教师和学生，每一门独立的学科都有自主发展的自由。教师应当通过研究发现新的真理来证明自己，这一理念不仅在欧洲内部，也在世界上其他许多地区展示着自己的魅力。因此，21 世纪有数以千计立志散播知识的大学在世界上绝大多数的国家中存在着。

世界上的大学教育

法国和英国各自的教育传统不同，从 19 世纪到 20 世纪初期，两国将本国大学的粗劣复制品移植到各自的众多殖民地中。最初，它们对德国的大学研究理念漠然无视。直到 19 世纪 80 年代之后，它们才以多样的形式采纳了该理念，美国亦是如此。但是阿道夫 · 希特勒的第三帝国剥夺了德国大学的生气。在 21 世纪，源于德国，随后在美国、法国、英国和日本同时发展起来的大学研究，对当代的科学和其他学科起了很大的塑造作用。

现代大学也在其他地区建立起来，虽然每个文明都有自己业已形成的高等教育模式。所有这些教育模式都寻求永恒不变的宗教真理；然而，尽管怀揣着这样的期望，它们仍随着时间变化而调整教学，以适应新的社会知识和条件。欧洲也不例外，如前文所述。但是由于工业革命以及与之相关的工业和社会的变化，1750 年之后欧洲的财富、权力和声望激增；欧洲的事业是扩张的、世俗化的，它对由宗教塑造的、陈旧的教育传统产生了破坏性的影响。

1834 年英国作家、政治家托马斯 · 麦考莱（Thomas Macaulay）在印度用英语、按自由标准组建了一套新的教育体系；在此之后，印度的高等教育彻底西方化了。第二次世界大战结束、印度独立后，也未有所改变，因为其领导者接受了西方教育的理念，甚至把英语的使用视为理所应当。在中国，政府于 1905 年正式废除了古代的儒家教育，欧洲传教士创立的教会大学和中国人管理的大学一起开始传播西方的知识。

西化教育在伊斯兰世界中遇到的阻力更大，尽管 1918 年奥斯曼帝国瓦解后土耳其建立了一个激进的世俗化政权，引入了德国专家，建立了几所欧洲风格的大学。但在阿拉伯地区及其以外，传统的宗教教育保留了下来。尽管

1920 年之后，在贝鲁特和开罗，欧洲的行政人员开始保护基督教教会大学，但西方知识对大多
2649 数穆斯林的影响仍是微乎其微的。第二次世界大战前后，阿拉伯国家摆脱欧洲控制获得独立后，对欧洲高等教育形式的抵制更加激烈。但是，在大多数伊斯兰国家，军队和军事院校却成为欧洲世俗科学知识的主要承受者。

在其他地区，欧洲帝国势力撤离非洲和东南亚后，留下了建立不久的殖民地大学，当地的统治者几乎都允许它们保留了下来。在拉丁美洲，大学的历史可追溯到 16 世纪。自 1807 年后从西班牙和葡萄牙等国取得独立以来，这些国家最初的天主教特性并未发生改变。自那之后，许多拉丁美洲大学在自己的国家里一直处于边缘位置，外国人更无从得知它们了。

每个地方都有这样两群人，一群人寻求启示的、不变的、可靠的真理，另外一群人则认为真理随着证据和理解的变化而更新变化，且满足于人类理性所能达到的层次；这二者间存在的根本分歧仍未得到解决。这个问题大概会一直存在下去。规模愈来愈大的大学从中世纪诞生之初起就偏向了人类的理性，在那时这一点真是出乎意料；而现在大学仍前途未卜，因为还有那么多焦虑的人在苦苦寻求确定性和救赎。无疑他们将会一直寻找下去。另外，在未来社会中，高等教育模式将会以不同的形态存在下去，并随时间而改变，就如同其曾经经历的改变一样。

进一步阅读书目：

Bowen, J. (1981). *A History of Western Education*. London: Methuen.

Cleverly, J. (1991). *The Schooling of China*. Sydney: Allen & Unwin.

De Ridder-Symoens, H. (1992). *A History of the University in Europe*. Cambridge, U.K.: Cambridge University Press.

Frijhoff, W. (Ed.). (1998). *What is an Early Modern University?* Dublin, Ireland: Four Courts Press.

Haskins, C. H. (2002). *The Rise of Universities*. New Brunswick, NJ: Transaction Publishers.

Luscombe, D. E. (1969). *The School of Peter Abelard: The Influence of Abelard's Thought in the Early Scholastic Period*. Cambridge, U.K.: Cambridge University Press.

Paulsen, F. (1976). *German Education Past and Present* (T. Lorenz, Trans.). New York: AMS Press. (Reprinted from an Edition Published by T. Fisher Unwin, 1908, London)

Sweet, P. R. (1978). *Wilhelm von Humboldt: A Biography* (Vols. 1–2). Columbus: Ohio State University Press.

Szyliowicz, J. S. (1973). *Education and Modernization in the Middle East*. Ithaca, NY: Cornell University Press.

威廉·麦克尼尔(William H. McNeill) 文

汪 辉 译，刘文明 校

Urban II 乌尔班二世

2650 教皇乌尔班二世(约 1035—1099)出生在法国,在任内改革教会,召集了第一次十字军东征,于 1099 年夺回了耶路撒冷。他被认为是罗马教会史和欧洲历史上最具影响力的教皇之一。

拉热里的奥托(Otho of Lagery)1035 年出生于法国,后来成了教皇乌尔班二世。奥托曾在兰斯(Reims)求学,他的老师是后来创建加尔都西会(Carthusian Order)的圣布鲁诺(St. Bruno)。离开克吕尼隐修院后,奥托被派往罗马,协助格列高利七世推行教会改革,并最终成为教皇的首席顾问。在教会供职期间,奥托提拔忠于教皇格列高利七世的神职人员,同时排挤对教皇不满的人。奥托是教会改革的坚定支持者和积极参与者,这点在出使德意志期间表现得尤为突出。因此,奥托成为格列高利七世选定的接班人之一。

1088 年,在泰拉奇纳(Terracina)召开的主教会议上,奥托成为教皇,接替已经去世的维克托三世(Victor III),史称乌尔班二世。从接任教皇起,乌尔班二世就坚持走格列高利七世的改革路线。他曾公开宣称,将进一步推进前任教皇的改革。与格列高利七世相似,乌尔班二世也遇到了巨大的阻力。阻力不仅来自一般信徒,同时还来自神职人员,特别是主教。与神圣罗马帝国皇帝亨利四世(Henry IV)及其所立的教皇克莱门特三世(Clement III)的斗争也牵扯了乌尔班二世很多精力。这场斗争体现了王权与教权之争,也就是哪种权力在基督教欧洲是至高无上的。在主教叙任权之争中,克莱门特三世占据着罗马,亨利四世也动作频频,因此乌尔班二世到 1093 年才进入罗马。

乌尔班二世用召开宗教会议的方式管理教会,他先后在皮亚琴察(Piacenza, 1095)、克莱蒙(Clermont, 1095)、罗马(1097 和 1099)和巴里(Bari, 1098)召开了重要会议。在接到拜占庭皇帝阿历克塞一世(Alexius I)寻求援助的请求后,乌尔班二世在皮亚琴察会议上提到了组建十字军的问题。克莱蒙会议更为重要,他在会上重申了格列高利七世禁止买卖圣职和禁止教士结婚的教令。该会议还讨论了君士坦丁堡与耶路撒冷的问题,并做出了决定:派遣一支军队,把耶路撒冷和天主教教堂从信奉伊斯兰教的人手中夺回来。在克莱蒙,乌尔班二世发表了著名演说《上帝所愿》(*Deus vult*!)。"上帝所愿"也成为十字军在作战时呼喊的口号。

在世界历史上,乌尔班二世发动十字军东征是非常重要的历史事件。多次的十字军东征开辟了新的贸易路线,促进了欧洲文明与东方文明的交流。通过这些新商路,造纸术、指南针、药品、香料、火药、农作物以及各种先进文化成果得以传播。1099 年,十字军攻下耶路撒冷。 2651 1099 年 7 月 29 日,也就在十字军收复耶路撒冷 14 天后,乌尔班二世与世长辞。具有讽刺意味的是,在胜利的消息传到意大利之前,教皇就已经去世了。

虽然第一次十字军东征在军事上取得了成功,但并非所有结果都在拜占庭皇帝阿历克塞一世的意料之中。罗马教廷并没有把征服的领土还给拜占庭,而是在那里建立了 4 个独立的拉丁王国。此外,作为宗教军事力量的医院骑士团(Hospitallers)、圣殿骑士团(Templars)和条顿骑士团(Teutonic Knights)在战争中崛起,他们宣称的目标是保护朝觐者和圣地。乌尔班二世被埋葬在圣彼得的地下墓穴中，靠近阿德里安一世（Adrian I）的坟墓。毫无疑问，如果没有乌尔班二世的努力，格列高利七世的大部分改革都会付诸东流。1881年，教皇利奥十三世（Leo XIII）为乌尔班二世行了宣福礼。

进一步阅读书目：

Coppa, F. J. (1999). *Encyclopedia of the Vatican and Papacy*. Westport, CT: Greenwood Press.

Cowdrey, H. E. J. (2000). *Popes and Church Reform in the 11th Century*. Burlington, VT: Ashgate.

Levillain, P. (2002). *The Papacy: An Encyclopedia*. New York: Routledge.

Somerville, R. (1972). *The Councils of Urban II*. Amsterdam: Hakkert.

迈克尔·塔弗（H. Michael Tarver）
卡洛斯·马尔克斯（Carlos E. Márquez）文
邢 科 译，刘文明 校

Urbanization 城市化

“城市化”一词是指城市从5000年以前开始在相当广泛而孤立的地区数量增多、人口增长且日益密集的演进历程。持续发展的城市刺激了变革，推动了新的移民潮与人口的扩散，促使了更多城市的出现。 2652

城市化是人口集中的过程，不仅涉及城市数量、规模、密度的扩大，而且是促使整个社会转型中全新机遇、态度与生活方式涌现的根源，因为当它们传播到小地方和乡村地区时，刺激了移民潮而引发又一轮城市增长，从而促使整个社会转型。因此，城市化是经济发展和文化变革至关重要的引擎。

古典文明城市化发源地

城市化有几个独立的发源地。早期城市广泛分布在时空相对隔离的地区：至少5 000年前的美索不达米亚低地，4 500年前的印度河河谷，至少3 000年前中国的华北平原，2 500多年前的中美洲，2 000年前安第斯山和秘鲁中部海岸（尽管最近考古资料将卡拉尔金字塔时代向前推至公元前4600年），500年前西非的约鲁巴地区和早期的津巴布韦。业已城市化的地区向外扩散，刺激了其他地区城市的兴起，包括朝鲜和日本、印度德干高原、西南亚和东地中海地区、西地中海和欧洲。四五千年前大西洋海岸的欧洲巨石阵，究竟是作为人口密集区核心地带还是独立的祭祀场所，至今仍然争论不休。

典型的文明演进历程以动植物的驯养和阶级社会的诞生为发端；接踵而至的是军事和宗教精英集团的形成，他们将宗族部落联合组成国家，凭借其权力从乡村农耕者那里榨取剩余产品。在这些国家里，专门机构的统治集团逐渐形成，他们管理其领土，并在其民众中维持秩序。这些国家的心脏地带设有庞大的纪念性综合设施，围绕其中心发展出首府城市；其“世界之轴”(*axes mundi*)使上层统治者保持与神灵相通。环绕其间的祭祀场所和城市总是被设计为宇宙的缩影，在此举行合宜的仪式以期稳定社会秩序，构建和谐局面。因此，天文学不仅记录时间和调整农时，而且对各种实际规划都起着重大作用。城市的社会地理分布主要是向心的：社会地位越高，居民居住地离中心越近；城市肌理还包括带围墙的住宅区，用以隔离部落和宗族。最初专门在庙宇和王宫司职的官员，后来演变为市场的建立者。同样，进行长途贸易的商人，也是由军事行动保障其安全的朝贡网络中演变而来的。

几乎全部古典文明的首府城市都是规模小而紧凑的，但比其领域内其他居住地大好多倍。城市化的水平，即城镇人口的比例，从未超过10%。二线城市几乎没有，有的话范围更小；大
2653 多数城镇人口主要聚集在首府。这种首府城市主导的模式一直盛行到最近。在300年前，世界各地人口超过20万的城市不过14个：中华帝国的北京65万，杭州30万，广州20万；封建时代日本的东京(旧称江户)68万，大阪38万，京都35万；莫卧儿帝国的阿默达巴德(Ahmadabad)38万，奥兰加巴德(Aurangabad)20万；伊朗(当时的波斯)的伊斯法罕35万；奥斯曼帝国的伊斯坦布尔(当时的君士坦丁堡)70万；在欧洲，伦敦和巴黎均超过50万，阿姆斯特丹和那不勒斯仅超过20万。超过5万人的其他城市不超过50个。

尽管上述每座首府城市规模不大，但均是自身“世界经济”的中心，是经济自主之地，可以满足该地区大部分的需求。这样的经济体包括“核心地带”“中间地带”和“边缘地带”。紧邻的核心地带供应食粮，变革最剧烈；适度发展的中间地带在首府城市军事力量的控制下，开发可运输的资源与产品；而无垠又相对隔绝的边缘地带，除了从事长途贸易的商人到邻近的贸易中心而有所接触外，它们与外部世界隔离开来。

首次突破

17世纪欧洲低地国家的城市化水平超过了10%，首次打破古典城市模式。阿姆斯特丹发展出全新的航海技术——深腹式货轮，大大改变了海上货物运载力和费用，成为世界货栈。在联

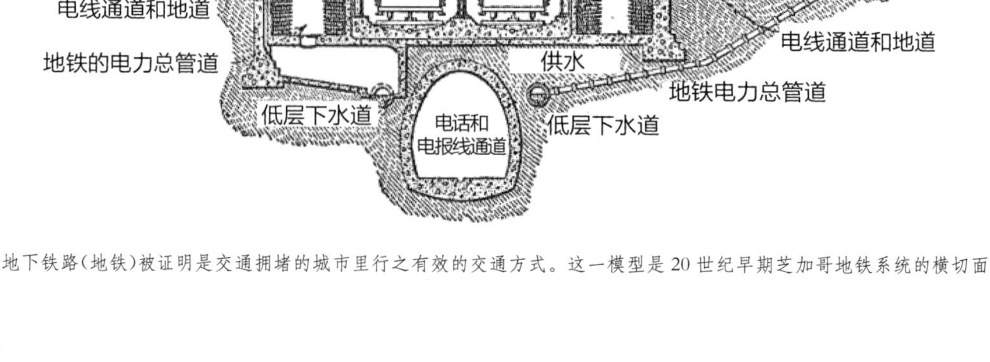

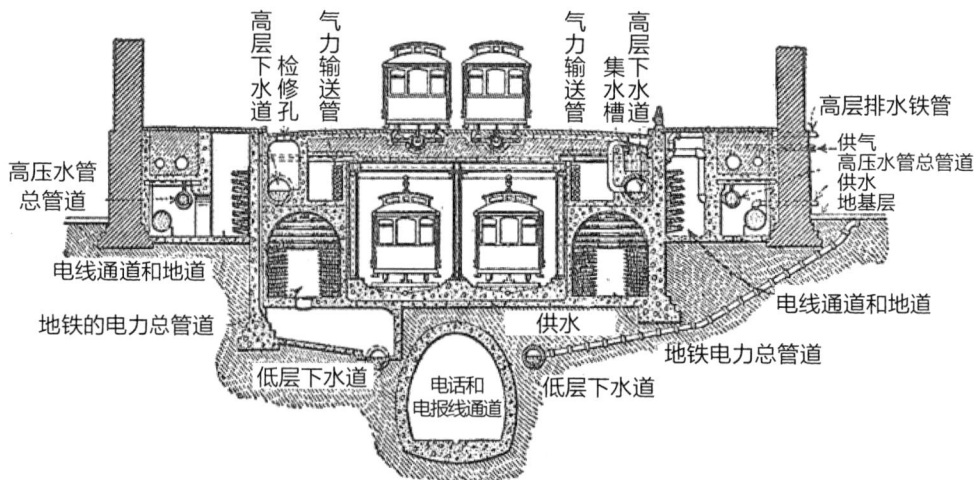

地下铁路(地铁)被证明是交通拥堵的城市里行之有效的交通方式。这一模型是20世纪早期芝加哥地铁系统的横切面

合省，即后来尼德兰的中部地带，城市化的水平提高到 30%以上，以市场为基础高度专业化的经济作物因城市消费者和工业市场发展起来。离阿姆斯特丹愈近的地区，其经济作物专业化水平愈高，环境改变的程度愈大。离联合省愈远的地区，很有可能仍然存在自给自足的封建村庄。随着城市需求的增加，人们发明了新式轮作法以提高作物的产出。为了排出沼泽地的水，人们还发明了新技术使围垦地的耕作成为
2654 可能。同样重要的是，新出现的与资本主义紧密相连的中产阶级新教精神得以推动，而伴随这一精神的是人类支配自然的理念和为利润而参与生产与贸易之中的虔诚。

第二次突破

紧随低地国家变革而来的是 18 世纪英国第二次冲破古典城市模式，因为该国的海军和贸易公司帮助其建立了世界帝国，出现了以商人企业家为主的新阶级。17 世纪英国的市场份额占欧洲城市增长的 33%，到 18 世纪竟增至 70%以上；而且这种增长多集中于伦敦，当时它成了欧洲最大的城市。伦敦对粮食的需求急剧改变了英国农业的核心区。荷兰工程师被吸引到英国后带去了技术，促进了东盎格鲁沼泽地的灌溉和农耕发展；而作物轮作的“比利时方式”的引入，使英国沙质荒地的开垦成为可能。大城市对燃料的需求引起了煤矿开采业和海洋运输业的疾速扩张。截至 1800 年，英国的城市化水平达到 30%，而世界其他地区 1700 年以来几乎停滞不前。人口过 50 万的城市仅从 5 个增加到 6 个，而超过 10 万人口的地方也仅从 35 个增加到 50 个。在欧洲国家不断扩张的殖民帝国范围内，农村社会主要由沿海规模较小的中心城市所控制，这些城市围绕港口、码头和货栈发展起来。

迈入工业化

到 1800 年，新的有效力量即将彻底重绘城市化的世界地图。在英国，伦敦之外的各城市增长已经加速，主要的城市扩张发生在曼彻斯特、利物浦、伯明翰和格拉斯哥；人口数量在 2 万至 5 万之间的第二波城市化地区包括利兹、谢菲尔德、纽卡斯尔、斯托克和伍尔弗汉普顿。其诱发因素包括棉花与炼铁工业的技术进步、设立工厂的首波洪流、运河网络的构建与内陆交通的显著改善。新的城市中心既是工业城（mill town，工人们在离工厂步行距离内居住）和专业化制造业城市如伯明翰，也是管理与金融中心如曼彻斯特。圈地运动将剩余劳动力驱往城市，导致封建村庄大为改观，然而从农村涌向城市的移民却满足了城市对劳动力的需求。

依靠第一次工业革命而勃发的一系列技术革新催生了新兴城市，以生产能力、密集人口和工业技术为基础。这种新兴城市最大的功绩在于创造了一种以全新准则为基础的社会生活体系。截至 1900 年，英国城市化水平达到 80%，尼德兰和新兴工业化的德国超过 60%，美国达到 50%，法国上升至 45%。至此有 16 座城市的人口逾 100 万，287 座城市的人口超过 10 万。 2655
世界经济以西欧和美国东北部大型城市化-工业化核心区为主导得以重塑。

同时代的观察家意识到一些已经发生的戏剧性事实。阿德纳·韦伯（Adna Weber）作为这一系列变革的记载者（编年史家）于 1899 年写道，19 世纪最引人注目的社会现象是人口集中。他说，人口集中的趋势在西方世界几乎是普遍的。这一变革由此包含了一个社会现代化的过程，其市场机制在范围与影响上日渐扩展。生产单位的规模扩大了，正如生产决策的数量与复杂程度提高一样。这一时期劳动分工和专业化程度的提高，必然伴随着生产力的提高，而这都

所有城市都是疯狂的，但是这种疯狂华丽而英勇。所有城市都华丽无比，但是这种华丽又那么残忍。
——克里斯托弗·莫利(Christopher Morley，1890—1957)

成为促进人口进一步集中以及经济职业结构转变的因素，即从农业和榨取资源过渡到工厂车间工作和白领职业。新机构逐渐成立，而旧有机构彻底更换；尤其是金融和营销机构，有助于社会与经济的资本积累，进一步促进生产力的提高。随着人们对食品和原材料需求的增加，加之无节制的废水排放引起的环境变化，全球变化的范围日益扩展。而由于脚力与马匹有限，正如1902年韦尔斯(H. G. Wells)所说，新兴城市的发展像"泡芙球膨胀"(puff-ball swells)——核心商业区在有限的半径内高度集中。规模的整合、高密度和源于移民的异质性，产生了显著的社会后果：更大的个人自由和社会、经济进步的机遇，但也包括不平等、人际关系的疏离和异常。

20世纪的城市增长

20世纪，经济发达国家的城市化水平达到80%到90%，而城市的快速增长扩散到世界其他地区。至2000年，一半的世界人口居住在城市，实际上城市都出现了人口增长；因为在开启现代化的国家里，农村涌往城市的移民逐渐增多。人口超过50万的城市有800个，其中400个城市人口超过100万，40个城市人口逾500万，16个城市人口达1 000万甚至更多。

经济发达地区超高的城市化水平并不意味着停滞。新技术转变了城市增长的空间模式，开启了跨国城市网络的新类型。集中的工业大都市群在19世纪发展起来，原因是，对于必须在马拉车条件下进行交换的专业生产者而言，城市集中意味着较低的成本。但是近距离也意味着

今日印度马图拉的一个街景(印度人口超过12亿)。在古代，该城市坐落在重要贸易路线的交叉口，是一个经济中心。克劳斯·克罗斯特迈尔摄

汽车已经成为甲壳——城市和郊区居民防御性与进攻性的外壳。

——马歇尔·麦克卢汉(Marshall McLuhan, 1911—1980)

更高的人口密度、设施拥挤造成的更高费用、高租金、私人空间的缺失,以及更多的社会问题。实际上,20 世纪交通与通信的发展产生了抵消城市地理空间限制的效用,使每代城市人群能够在远离市中心处生活,信息使用者能够利用空间上距离较远的信息资源。结果,去中心化作为重塑城市区域的重要空间进程出现了,催生了大范围的城市圈,高密度的核心区也开始变空了:上下班乘车的半径从传统城市中心扩展了 160 千米以上;在最稠密的居住区,重叠的城市体系合并到了新建的多中心“大都市圈”。革命性的新兴信息技术使专业化的城市区域联结成一个网络,而这种网络由“世界城市”纽约、伦敦、东京这样的金融和企业管理中心控制;这使全球性的相互依存成为可能。

在中低等财政收入的国家,摆脱殖民控制后,20 世纪 60 年代人们开始涌入城市,并且到 20 世纪末得到加速。低收入和交通不足令其重
2656 蹈 19 世纪西方的覆辙,社会问题丛生;甚至这些新兴城市成为社会和经济转型的集中地。而问题的大小存在显著的差别。2000 年世界总的城市人口为 28.6 亿,75%居住在发展中国家的城市。新的人口集中占世界上 1 000 多万人口大都市中的 2/3。

展望未来

由《人口统计》(*Demographia*, 2010)所统计的人口与人口预测数据,截至 2010 年 7 月世界人口最多的十大城市区域有:日本的东京-横滨(3 520 万)、印度尼西亚的雅加达(2 200 万)、印度马哈拉斯特拉邦的孟买(2 125.5 万)、菲律宾的马尼拉(2 079.5 万)、美国的纽约市(包括康涅狄格州的布里奇波特、丹伯里和纽黑文、新泽西州的特伦顿和海次镇,2 061 万)、巴西的圣保罗(包括弗朗西斯科-莫纳多 Francisco Morato, 2 018 万)、韩国的首尔-仁川(包括水原市和安山市,1 991 万)、墨西哥的墨西哥市(1 869 万)和中国的上海(1 840 万)。联合国预测至 2030 年,世界上 50 亿都市人口的 83%将生活在中低等收入的国家,形成由 25~30 个大都市支配的密集城市网络。我们需要了解这种城市化的发展将走向何方,但毋庸置疑的是,其发展绝不会比 19、20 世纪更剧烈。

进一步阅读书目: 2657

Bairoch, P. (1988). *Cities and Economic Development: From the Dawn of History to the Present*. Chicago: University of Chicago Press.

Berry, B. J. L. (1982). *Comparative Urbanization: Divergent Paths in the Twentieth Century*. Basingstoke, U.K.: Macmillan.

Berry, B. J. L. (1990). Urbanization. In B. L. Turner II, W. C. Clark, R. W. Kates, J. F. Richards, J. T. Mathews, & W. B. Meyer (Eds.), *The Earth as Transformed by Human Action: Global and Regional Changes in the Biosphere over the Past 300 Years* (pp. 103 - 119). Cambridge, U.K.: Cambridge University Press.

Chandler, T. (1987). *Four Thousand Years of Urban Growth: An Historical Census*. Lewiston, ME: St. David's University Press.

Demographia World Urban Areas Populations and Projections. (2010, July). Retrieved September 18, 2010, from http://www.demographia.com/db-worldua.pdf

DeVries, J. (1981). Patterns of Urbanization in Preindustrial Europe: 1500 - 1800. In H. Schmal (Ed.), *Patterns of European Urbanization since 1500* (pp. 77 - 109). London: Croom Helm.

Eisenstadt, S. N., & Shachar, A. (1987). *Society, Culture, and Urbanization*. Beverly Hills, CA: Sage.

Hall, P. (1999). *Cities in Civilisation: Culture, Innovation, and Urban Order*. London: Phoenix Orion.

Hall, P., & Pfeiffer, U. (2000). *Urban Future 21: A Global Agenda for Twenty-first Century Cities*. London: E. &

F. N. Spon.
Knox, P. L. (1994). *Urbanization*. Englewood Cliffs, NJ: Prentice Hall.
Knox, P. L., & Taylor, P. (1995). *World Cities in a World-system*. Cambridge, U. K.: Cambridge University Press.
Montgomery, M. R., Stren, R., Cohen, B., & Reed, H. E. (Eds.). (2003). *Cities Transformed: Demographic Change and Its Implications in the Developing World*. Washington, DC: National Academies Press.
Sassen, S. (2001). *The Global City* (2nd ed.). Princeton, NJ: Princeton University Press.
Scott, A. J. (2001). *Global City-regions: Trends, Theory, Policy*. New York: Oxford University Press.
Short, J. R., & Kim, Y. H. (1999). *Globalization and the City*. London: Longman.
Waller, M. (2000). 1700: *Scenes from London Life*. London: Hodder & Stoughton.
Weber, A. F. (1899). *The Growth of Cities in the Nineteenth Century: A Study in Statistics*. New York: Macmillan.
Wells, H. G. (1999). *Anticipations of the Reaction of Mechanical and Scientific Progress on Human Life and Thought*. New York: Dover. (Original work published 1902)
Wheatley, P. (1971). *The Pivot of the Four Quarters*. Chicago: Aldine.
Wrigley, E. A. (1987). *People, Cities, and Wealth*. Oxford, U. K.: Basil Blackwell.

布莱恩·贝里(Brian Berry)文
高照晶 译,刘文明 校

Utopia 乌托邦

2658 乌托邦和乌托邦主义常与西方的现代政治文学和社会运动联系在一起,意指某个地方,在那里理想变成了现实;但世界上许多文化中都有其存在的身影,学者们通常将其分为这样几类,即文学的、哲学的或历史的。

"乌托邦"一词,由托马斯·摩尔(Thomas More, 1478—1535)所创,在其同名的虚构政治著作中提出该词,字面意思为"不存在的地方"(源于希腊词语 outopos,"ou"是"没有"的意思,"topos"指"地方"),这就自然而然地引起了一个问题,即摩尔是否真的相信这样一个地方的存在——不过它逐渐被用来指代某种虚构的或建立在社会和政治理想主义基础上的真实的社区。文学和哲学中都有关于乌托邦的论著,并且历史上人类也曾尝试去建立它。

文学中的乌托邦

纵观世界历史,许多文化中不管是民间还是上层的文学作品里,常常记述着想象中的理想世界,在那里人人安逸、快乐、富足。希腊人,如赫西俄德(Hesiod,约公元前 800)和罗马人包括维吉尔(Virgil,前 70—前 19)和奥维德(Ovid,公元前 43—公元?),他们想象人类历史的早期(黄金时代)神和人和谐共处。维吉尔想象在阿卡狄亚,农民受惠于自然的厚赐,享受着轻松耕作土地的乐趣。希伯来《圣经》中的《创世记》卷,开篇就记述了一个伊甸园中类似的黄金时代;大多数现代读者都会将其理解为某种象征意义,但是中世纪和文艺复兴时期的基督徒却认为它是真实的,并试图推测其确切的所在之地。

理想中的土地和国度一直萦绕在中世纪人

所有乌托邦运动的公开目标是给历史一个终结，建立一个最终的、永恒的安定之所。

——路德维希·冯·米塞斯(Ludwig von Mises，1881—1973)

们的脑海中。民间农民想象中的天堂是安乐之乡(the Land of Cockaigne)，那里不允许有贵族和富有的教士存在；1567年画家老彼得·布鲁盖尔(Pieter Brueghel the Elder)将这一想象之地画了下来，凝为永恒。马可·波罗和约翰·曼德维尔(John Mandeville，活跃于1356年)的游记中记录的祭司王约翰的王国，就是中世纪对遥远国度想象的产物。这个王国被异教王国所包围，但由一个善良的祭司国王统治着(因而它与犹太教和基督教在哲学上的乌托邦有众多相似之处)。

哲学中的乌托邦

将理想的人类社会理论化古已有之，且渊源繁多。在《理想国》中，柏拉图论述了由一位德行高尚的哲学王来统治贤德的公民的必要性。在《柯里西亚斯篇》以及他晦涩难懂的《提马亚斯篇》中，柏拉图让世界知道了亚特兰蒂斯的传说；直到今天，它还是乌托邦文学中的一个主题。孔子的《论语》中收集记载了中国哲学家们关于社会合理秩序的思想主张，认为统治者和人民的道德品行是社会稳定繁荣的保证。

关于理想的社会秩序，犹太教、基督教和伊斯兰教有着共同的主张。摩西五经中描绘了流
2659 着奶与蜜的应许之地；犹太教的先知文学中设想了一个弥赛亚王国，由一个贤德的祭司王统治，他眷佑穷人，实行公义。与之类似，基督教的《新约》中也预想了一个由信徒组成的社会，共同接受弥赛亚基督的统治。伊斯兰教的《古兰经》同样也描绘了一个理想的社会秩序，将有信仰的人集中在一起，为正义和高尚的人创设了一个未来的天堂。

欧洲文艺复兴期间，许多作家探讨理想社会得以产生的条件和制度。一些作品成为对社区生活做新实验的模板。这其中最著名的当数托马斯·摩尔的《乌托邦》(1516)，书中虚构了一个返回欧洲的旅行家的所见所闻。他旅行时到达了一个小岛共和国，那里的土地是共有的，男人和女人都接受教育，并且宗教宽容。托马索·康帕内拉(Tommaso Campanella，1568—1639)结合革命和学术的观点，写成了他的乌托邦作品。他的《受膏为王》(*Monarchia Messiae*)提出要有一位世界统治者，一种世界宗教。《太阳城》中他认为理想城市的统治者应是一个祭司王，就像祭司王约翰那样。与柏拉图的《蒂迈欧篇》(*Timaeus*)以及摩尔的《乌托邦》相似，弗朗西斯·培根在其作品《新亚特兰蒂斯》(*New Atlantis*)中描绘了一个理想中的社会，其首都本萨勒姆(Bensalem)是围绕科学研究而建立的，其统治者是科学家国王。

历史中的乌托邦

根据文学或哲学中对乌托邦传说的描述，人们常常试图建立真实的乌托邦社会。尽管在其富有空想情怀的创建者逝去后，鲜有乌托邦社会能够存活下来，但是它们还是将革新带入主流社会中。

欧洲人在美洲殖民活动时，伴随进行的是仅仅根据空想的文学作品所描绘的内容来建立乌托邦制度。尤其是在北美的英国定居者，他们自认为是“新以色列人”或是“新的选民”。清教的分离派(如普利茅斯种植园的朝觐者)建立了一个神权政治社会，将那些偏行己路的成员驱逐出去，以此来保持社会的纯洁；一些持不同宗教观点的被驱逐者聚居在罗得岛避难。与之类似的，宾夕法尼亚也成为欧洲宗教异议者的天堂；马里兰成为天主教包围之下的一块推行宗教自由的自由国度，具体化了摩尔的《乌托邦》。17世纪的英国革命中产生了一个短暂的共和国，孕育出更为激进的社会尝试群体，如空想社会主义的掘土派和平等派。美国革命也许是一项理性事业(与追随其后的法国类似)，但是早期

的共和国却是各种宗教、世俗乌托邦尝试的实验之所。

如果说18世纪美国和法国革命制度化了政治上的乌托邦主义，那么19世纪则衍生出了各色乌托邦的知识分子和践行者。虽然其中有一些是宗教性质的，如摩门教和震颤派，但大多数是世俗的，如美国的“小溪农场公社”（纳撒尼尔·霍桑[Nathaniel Hawthorne]的讽刺文学作品《福谷传奇》[*The Blithedale Romance*]中提到的事物）、威廉·莫里斯的“工艺美术运动”、英国的费边社会主义人士以及法国空想社会主义者圣西门（1760—1825）、查理·傅立叶（1772—1837）和皮埃尔-约瑟夫·蒲鲁东（1809—1865）。

2660
未来的前景

21世纪仍有可能继续见证两种乌托邦主义形式的兴盛，即小型国际社区和大规模宗教乌托邦主义。在西方，志趣相投的人们组成小型的、地方的社区，以抵制大众文化、经济、政治等价值观念和结构形式。大众文化常常声称乌托邦的基础是技术进步，而技术进步的动力是消费资本主义。例如，亚特兰蒂斯不再是一种柏拉图式的乌托邦形式，而是巴哈马群岛上的一处度假胜地。类似的，西方网络的扩散繁殖，常常被理想（cybertopia）化为“赛博乌托邦”，声称网络可以更新社会、政治、教育和经济。数字共产主义，即主张数字智识财富不应私有，此观点将会与数字资本主义持续对立下去。虽然20世纪主流的大型乌托邦理念是世俗的，但21世纪，根据宗教教义而建立乌托邦神权政治很有可能在发展中国家有更为频繁的尝试。世界上最大的几个宗教团体（基督教、印度教和伊斯兰教）中都出现了持续的宗教复兴现象，向愿意相信的信徒宣讲澄明之道和给人希望。历史上这些宗教团体的每一个都曾经尝试去预设、催生一个更完美的世界，并还将如此做下去。

进一步阅读书目：

Bartkowski, F. (1989). *Feminist Utopias*. Lincoln: University of Nebraska Press.

Cohn, N. (1970). *The Pursuit of the Millennium: Revolutionary Millenarians and Mystical Anarchists of the Middle Ages* (Rev. ed.). New York: Oxford University Press.

del Giudice, L., & Porter, G. (Eds.). (2001). *Imagined States: Nationalism, Utopia, and Longing in Oral Cultures*. Logan: Utah State University Press.

Fellowship for Intentional Community. (2009). Intentional Communities. Retrieved September 4, 2009, from http://www.ic.org/

Ferguson, J. (1975). *Utopias of the Classical World*. Ithaca, NY: Cornell University Press.

Gumilev, L. N. (1988). *Searches for an Imaginary Kingdom: The Legend of the Kingdom of Prester John* (R. E. Smith, Trans.). Cambridge, U.K.: Cambridge University Press.

Heng, G. (2003). *Empire of Magic: Medieval Romance and the Politics of Cultural Fantasy*. New York: Columbia University Press.

Long, T. L. (2000). Utopia. In R.. A Landes (Ed.), *Encyclopedia of Millennialism and Millennial Movements* (pp. 420 - 425). New York: Rout ledge.

Long, T. L. (2004) Utopian Leadership. In G. R. Goethals, G. J. Sorensen, & J. MacGregor Burns (Eds.), *Encyclopedia of Leadership, Vol. 4*, (pp. 1609 - 1614). Thousand Oaks, CA: Sage Publi-cations.

Manuel, F. E., & Manuel, F. P. (Eds.). (1979). *Utopian Thought in the Western World*. Oxford, U.K.: Blackwell.

Negley, G. (1977). *Utopian Literature: A Bibliography*. Lawrence: Regents Press of Kansas.

2661 Sargent, L. T. (1988). *British and American Utopian Literature, 1516 - 1985: An Annotated, Chronological Bibliography*. New York: Garland.

Schaer, R., Claeys, G., & Sargent, L. T. (Eds.). (2000). *Utopia: The Search for the Ideal Society in the Western World*. New York: Oxford University Press.

Silverberg, R. (1996). *The Realm of Prester John*. Athens: Ohio University Press.

Utopia, the Search for the Ideal Society in the Western World. (2000). Retrieved April 25, 2010, from http://utopia.nypl.org/

Utopian Studies Society. (2010). Retrieved April 25, 2010, from http://www.utopianstudieseurope.org/

Zablocki, B. (1980). *Alienation and Charisma: A Study of Contemporary American Communes*. New York: Free Press.

托马斯·劳伦斯·朗(Thomas Lawrence Long) 文
汪 辉 译,刘文明 校

V

Victoria 维多利亚

18 岁的维多利亚(大不列颠和爱尔兰联合王国的女王,1819—1901)在其祖父乔治三世(George Ⅲ)去世后继承王 2663
位。她统治大不列颠和爱尔兰直到 1901 年去世。克里米亚战争(1854—1856)期间,维多利亚发觉自己适合做一个尚武的女王;此后在她统治期间,她一直致力于英国的军队建设,并且成为日益扩大的帝国的象征。

维多利亚从 1837 年直至去世,一直是统治大不列颠和爱尔兰的女王。她的帝国发展成为世界上最大的帝国,在其鼎盛时期包括世界人口的 25%。1877 年议会授予她"印度女皇"的头衔。其 9 个子女与欧洲其他王室联姻,她成了欧洲王室的祖母。

维多利亚的亲生父母是乔治三世的第四子肯特公爵爱德华(Edward, Duke of Kent)和德国萨克森-科堡(Saxe-Coburg)曾经守寡的公主维多利亚。她的父母设法使议会偿还其父亲的债务,因此想要一个继承人。维多利亚在不到 1 岁时,父亲去世了;母亲为了让她继位,对她进行了严格的培养。由于她的叔父威廉四世(William Ⅳ,她父亲的兄长)没有生育合法的继承人,因此随着她父亲的去世,她自然成了下一个继承人。维多利亚在继承王位之前,一直都睡在她母亲的卧室。登位后,她决定独自睡觉并免去母亲的审计官(因为他曾以权谋私)以维护自己的权威。离开母亲后,18 岁的女王处于首相墨尔本勋爵(Lord Melbourne)的指导下;墨尔本勋爵在其管理中逐渐灌输给她在政治中牢固的和毋庸置疑的中心角色的观念。

男爵海因里希·冯·安杰利(Baron Heinrich von Angeli)的《维多利亚女王肖像画》(1877)。板面油画。议会授予女王"印度女皇"那年,男爵画了这幅肖像画

1840 年,维多利亚嫁给了她的表弟萨克森-科堡-哥达公国(Saxe-Coburg-Gotha)的王子阿尔伯特(Albert)。起初她把他排斥于统治之外,但是她逐渐敬重阿尔伯特并使其成为实际上的摄政者。在 1840 到 1857 年期间,他们生下维多利亚(Victoria)、爱德华(Edward)、爱丽丝(Alice)、阿尔弗雷德(Alfred)、海伦娜(Helena)、路易(Louise)、亚瑟(Arthur)、利奥波德(Leopold)和比阿特丽斯(Beatrice)。他们尽了最大努力以创建一个模范家庭:有教育责任,努力工作,纯洁且节制。其家人在温莎城堡、苏格兰高地的巴尔莫勒尔(Balmoral)城堡和由阿尔伯特在怀特岛(奥斯本)上设计的一所新居之间迁居。阿尔伯特于 1857 年被妻子任命为亲王,他和维多利亚一起在混乱的联盟中起到了关键作
用:该联盟在罗伯特·皮尔(Robert Peel)彻底 2664

> 重要的不是他们怎么看我，而是我怎么看他们。
>
> ——维多利亚女王(1819—1901)

打败托利党后统治英国从而使英国实现自由贸易。在克里米亚战争期间，维多利亚发觉了自己更倾向于做一位尚武的女王，她送别军队、慰问伤员，并于1856年为表现勇敢的人颁发维多利亚十字勋章。

1845年，弗朗茨·克萨韦尔·温特哈尔特(Franz Xaver Winterhalter)、维多利亚女王(中间)和阿尔伯特亲王以及路易·菲利普(Louis Philippe)国王的家人在伊尤城堡(Chateau d'Eu)。布面油画

阿尔伯特于1861年死于伤寒，留下悲痛欲绝的维多利亚；除了检阅军队，她取消了在公共场合的露面。她为阿尔伯特建了纪念碑，而且40年来她每晚都吩咐仆人在他的房间摆出一套新衣服；私下里她让阿尔伯特的苏格兰仆人约翰·布朗(John Brown)服侍她，直到他去世都一直是她的安慰者。保守党首相本杰明·迪斯累里(Benjamin Disraeli)，恳求女王从悲痛的孤独中走出来，并通过使她成为英帝国的象征来恢复她的声望。他为她提供政治内幕新闻和内阁秘密，把她转变成一个热情的保守党党人。她鄙视自由党领袖威廉·格莱斯顿(William E. Gladstone)，因为他的计划给予了爱尔兰地方自治权。当格莱斯顿政府未能从喀土穆(Khartoum)营救出"中国的"查理·戈登
2665 (Charles Gordon)时，她表现出沮丧；当将军霍雷肖·赫伯特·基钦纳(Horatio Herbert Kitchener)于1898年在乌姆杜尔曼(恩图曼[Omdurman])打败苏丹马赫迪(Mahdists)时，她由衷地赞许。一旦她占领一块领土，她就决不放弃它，并坚信人们会从她的统治中获益。

1887年，维多利亚与其分散在欧洲各地的亲人及统治者们庆祝她作为欧洲君主的50周年纪念，他们穿着精致的军队制服，队列行进于伦敦街道之间。在维多利亚1897年的钻石大庆(即位60周年纪念)中，她将欧洲首脑拒之门外，而邀请了她的自治领和殖民地的统治者，把典礼转变成一次展现帝国多样性和威力的庆典。但是布尔战争(Boer War)使她的晚年蒙上了阴影。她的孙子德意志皇帝威廉二世(William Ⅱ)帮助她的敌人，而且这场冲突消耗了帝国的资源。

维多利亚收养了一个印度穆斯林仆人，阿卜杜拉·卡里姆(Abdul Karim)，他是她最喜欢的人，这足见她关于宗教和"种族"的"自由"观点。虽然就她本人而言，她偏爱苏格兰的长老会(Presbyterian)教会仪式，但维多利亚不断地争取宽忍。她重视和所有臣民的关系，深切地关心她的仆人，安慰所有阶级的寡妇。她表露出了对民心的同情。虽然她自认为是一个立宪君主并赞成自由贸易，但是她会让首相每天为她处理

所有重要公务,并在她觉得有必要时毫不犹豫地干预。1894 年她任命自由党的罗斯伯里(Rosebery)伯爵为首相,因为他是一个稳健的帝国主义者。她能影响内阁大臣的任命,有时协力选举保守党。虽然她将其名字赋予一个因过分拘于礼节而广为人知的时代,但她原谅醉酒,并且也宽恕那些她所爱的人身上的其他人性弱点。当她于 1901 年在奥斯本去世时,这个世界意识到了这是一个时代的结束。

进一步阅读书目:

Arnstein, W. L. (2003). *Queen Victoria*. New York: Palgrave Macmillan.

De-la-Noy, M. (2003). *Queen Victoria at Home*. New York: Carroll & Garf.

Duff, D. (Ed.). (1997). *Queen Victoria's Highland Journals*. London: Hamlyn.

Gill, G. (2009). *We Two: Victoria and Albert: Rulers, Partners, Rivals*. New York: Ballantine Books.

Strachey, L. (1921). *Queen Victoria*. New York: Harcourt, Brace.

Weintraub, S. (1987). *Queen Victoria: An Intimate Biography*. New York: Dutton.

丹尼斯・米切尔(Dennis J. Mitchell) 文

张小敏 译,刘文明 校

Viking Society 维京社会

“维京”(*Viking*)一词源于古斯堪的纳维亚语“维克”(*vik*),意思是“入口”,可能指的是维京人的习惯——利用港湾、海湾和沿着斯堪的纳维亚海岸无处不在的峡湾作为筹划攻击海船的地方。经过 3 个世纪持续的军事和商业努力,维京人在把古代斯堪的纳维亚文化传播到整个欧洲的过程中扮演了重要角色。 2666

800 年的一艘维京船“奥斯堡号”(Oseberg,挪威语为Osebergskipet),1904 至 1905 年发现于挪威西福尔郡(Vestfold County)滕斯贝格(Tønsberg)附近奥斯堡农场的一个大墓堆中

维京人在 8 世纪期间出现在历史舞台上。793 年,一群来自斯堪的纳维亚半岛的维京掠夺者包围、攻陷、洗劫并摧毁了一座位于林迪斯法恩(Lindisfarne)的基督教修道院——刚好位于英格兰东北部海岸的一座小岛上。这是以航海为业的斯堪的纳维亚战士进行的一长串军事入侵中的第一次。在接下来的两个世纪中,他们对土地和财富的追求使他们向西远至爱尔兰、冰岛、格陵兰岛和北端的新世界。他们也出现在法国、葡萄牙和西班牙的大西洋沿岸。他们还通过河流网络

渗透进欧洲内部，最终到达巴格达（伊拉克）和君士坦丁堡（今土耳其的伊斯坦布尔）。巴黎、约克和都柏林都遭受过他们的狂暴行为。他们还在俄国的诺夫哥罗德（Novgorod）和基辅建立过据点。

学者们不能确定是什么原因引起了这一波冲突。但是，像历史上其他地方发生的常见移民那样，比如那些发生在公元前 12 世纪地中海盆地和 5 世纪欧洲的移民，一个共同的刺激因素往往是天气模式的渐进的（或者急剧的）变化，这种变化改变了生存周期。因此，学者们推测，北欧显著的气候变化导致气温回暖，造成冰川退缩，并在生物和社会方面引起了两个重要的环境异常现象。一个是婴儿死亡率的下降，这无疑伴随着男性出生率的上升。另一个是迅速增长的年轻男性人口，年轻男性既不能完全融入经济生活，又由于现行的继承习俗而无法为其提供充分的谋生手段。这种资源缺乏或许营造了一种绝望的气氛，驱使维京人进入欧洲和大西洋寻求战利品和利益。“维京”一词的词源是古斯堪的纳维亚语的“维克”一词，意思是“入口”。因此，这个名称可能指的是维京人倾向于使用港湾、海湾和沿着斯堪的纳维亚海岸无处不在的峡湾作为筹划攻击海船的地方。

维京战士的军事力量令人害怕，因为他们 2667
在海上和陆上的军事行动同样敏捷。他们精通长船的建造和航行。长船是一种耐用的船只，能够达到每小时 18.5 千米的最高时速，而且在特殊的时候一天能横越 200 千米。快速打击的奇袭战术对于维京人来说极其重要，这是他们军事策略的基石之一。在地面战斗中，维京人使用一系列令人印象深刻的武器，包括剑、长矛、投枪、战斧、刀、弓、箭、盾牌和盔甲。维京战士的平均身高是 1.72 米，比他们在战场上遇到的大多数欧洲男性高大约 0.07 米。这一身高优势连同他们在心理战中的技巧，使他们具有一种难以估量的可怕力量。他们甚至有自己的精锐军事人员——熊皮武士（the Berserkers）。他们因其独特的服装（熊皮）而得名。这些战士在准备战斗时，似乎运用了萨满教法术来改变其正常的意识状态。拜占庭统治者认识到古代斯堪的纳维亚（维京）战士的勇猛，因此选用他们在瓦兰吉卫队（Varangian Guard）服役，这支卫队是一支保护皇帝的精选部队。

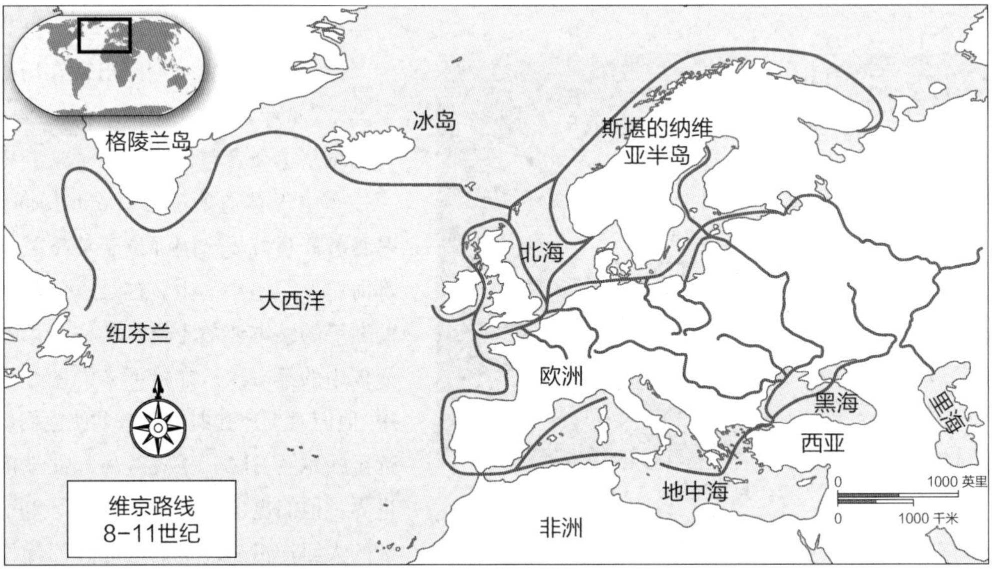

宗教

维京战士对古代斯堪的纳维亚的奥丁神(Odin)有着特别强烈的宗教情感，奥丁神一般被称为“胜利之父”。那些在战斗中失去生命的战士期望由神圣的护卫者瓦尔基里(Valkyries)引导到瓦尔哈拉殿堂(Valhalla)，它是奥丁在阿斯加德(Asgard)圣地的富丽堂皇的殿堂。在这里，他们将参加宴会并为称作“诸神之黄昏”(Ragnarok)的终极之战继续训练；在这场战斗中，整个宇宙连同它的神和人类居民都将毁灭。这最终的灾难将导致一个新宇宙的产生，余下的神和人将重新入住新宇宙。奥丁神被认为是战争、诗歌和北欧古字母(*futhark*)卢恩字母(the runic alphabet)的守护神。古代斯堪的纳维亚神话记载，他被倒挂在世界之树上 9 天后获得了卢恩字母(字母表上的字符)。

2668 古代斯堪的纳维亚众神由两个神圣的家族

爱尔兰巴伦(Burren)陵园中凯尔特十字架标记当中的维京塔

一幅理想化的画，描绘了一艘维京船在一次发现冰岛的航行中

组成：阿萨神族(Aesir)和华纳神族(Vanir)。前者由住在阿斯加德仙宫的神组成。除了奥丁神之外，还包括托尔(Thor，雷神及雷神之锤[Mjollnir]的持有者)、洛基(Loki，神圣的魔术师)、海姆达尔(Heimdall，通向阿萨神族住所的彩虹桥[Bifrost]的守护者)。华纳神族住在华纳海姆(Vanaheim)圣地，并由和自然世界紧密联系的神灵组成。其中最重要的是尼约德(Njord，风和海之神)、弗蕾亚(Freyja，爱情和生育女神)、弗雷(Freyr，弗蕾亚的双胞胎兄弟，太阳和雨露之神)。一般来说，维京人认为自己居住在一个充满超自然现象的世界中，与各种各样的精神实体有着紧密联系。伴随着民众对基督教的皈依，这一古老信仰的基础没有黯然失色，它一直存在于大众的想象之中，存在于宗教和艺术相结合的(信仰与实践不同形式的结合)传统的发展之中。

神话

北欧民族喜欢诗歌并欣赏其引起共鸣的力量。诗歌是一种保存和传递其神话、史诗及传说的特别有效的手段。神话有助于形成维京人的社会世界，这一世界包含了各种故事——创世神话、诸神功绩和历史高潮。两份 13 世纪的原始资料为了解这些故事提供了必要的环境和背景说明，向古代斯堪的纳维亚的想象力世界开启了一扇窗。首先是萨克索·格拉玛提库斯

(Saxo Grammaticus)的《丹麦历史》(*History of the Danes*,约 1215),这明显是以基督教视角来书写的。第二是《散文埃达》(*Prose Edda*,约 1220),由一名冰岛诗人斯诺里・斯蒂德吕松(Snorri Sturlson)所写。维京人在实用艺术和装饰艺术上的成就也非常重要。前一类包括他们制造的武器装备(例如船舶、剑、斧头和盾牌)、餐
2669 具(例如饮具)和乐器。后一类包括诸如胸针、项链和手镯之类的珠宝。木头、纺织品、石头及金属是首选的艺术材料。

维京人在西方文明中留下了不可磨灭的印记。经过 3 个世纪持续的军事和商业努力,他们在把古代斯堪的纳维亚文化传播到整个欧洲的过程中扮演了重要角色。这一文化传统继续繁荣发展。它的一些古老传说和宗教仪式今天已被宗教探求者改造,利用它来塑造新异教的灵性(spiritualities)。源自这一文化传统的其他因素早已成为盛行的基督教教义的一部分(例如,圣诞树可能是古斯堪的纳维亚"世界之树"的文化反射)。古代斯堪的纳维亚的末世观念(有关世界历史中末日事件的观念)和那些既是基督教神学又是科学的宇宙论的观念,使维京社会成为 21 世纪继续探讨宇宙和人类起源的全球构想的魅力之源。

进一步阅读书目:

Allan, T. (2004). *Vikings*. New York: Barnes and Noble Books.

Campbell, G., Batey, C., Clarke, H., Page, R.I., & Price, N.S. (Eds.). (1994). *Cultural Atlas of the Viking World*. Abingdon, U.K.: Andromeda Oxford.

Time-Life Books. (1998). *What Life was Like When Longships Sailed*. Alexandria, VA: Author.

休・小佩奇(Hugh R. Page Jr.) 文
张小敏 译,刘文明 校

Villages 乡 村

2670 乡村形成于大约 1.1 万年前的亚洲,那时人类第一次采用了农耕生产。自此之后,从这些"原始社群"中孕育出了社会、技术和经济上的交流互动,文化上的薪火相传,以及婴孩哺育的稳定形式。然而持续的城市化导致了乡村的消亡。从人类长远的生存来看,我们的城市中还需要有更为紧密和更具乡村形态的社群扎根下来,以保持日益增长的人口。

人是社会性的。这意味着一个有价值的生活需要个人去和他们身边的人交流互动,编织一个具有共同意义和共同情感的网络;从最初的婴孩阶段开始,这个网络就塑造和引导着每一个人的行为方式。通过大多数有文字可考的历史记录可知,直到 20 世纪,乡村仍是人类社会相遇的主要场所。我们祖先中的绝大多数人在乡村中生活,在附近的田野上耕作,享受着劳动果实,忍受着生活的重负,日复一日,他们这样的几十个或几百个村民组成并生活在这样被社会学者所称的"初级社群"之中。城市却截然不同。城市中大量的生人涌现,统治阶层颁布法律,设

立机构，在生人中维持和平。互为熟人的初级社群仍在城市中发挥着作用，但只限于部分方面，因为与生人的来往实在太过频繁了。

最初，不管是乡村还是城市，都是不存在的。不过，即使在我们的祖先发明文字、完全进化成人之前，他们也是社会性的，因而手势和面部表情在交流网络的编织过程中起到了一定的作用；也正是这样的网络把我们联结在一起，产生了相互间有效的分工合作。不过言辞和话语扩大了交流网络的规模，提高了其严密性，并使得事先计划成为可能。更为重要的是，当期望未能如愿实现时，人们探问原因，进而反复商议讨论，寻找更好的方法来获取自己想要的东西。

狩猎和采集社会

人们进行有计划的合作，计划失败时另谋他法，这标志着人性破晓而来，正是人性将我们与其他生命的形式区分开来。这也许开始于4万年前，那时我们的祖先开始改变他们石制工具的大小和形状，使之比从前更加锋利。没有人知道这到底是怎么一回事。

不过，我们可以确定的是，我们的祖先在完全进化成人以前是狩猎者和采集者，他们成群结伙地生活在一起，就像今天那些仍生活在非洲和亚马孙雨林偏远地区的狩猎-采集者一样。这样一伙人在一片特定的区域内徘徊游荡，他们自由自在，日复一日地狩猎、采摘果实、挖掘可食用的植物根茎、捉捕昆虫。他们露天而睡，随身携带所有家当，其中有弓、吹箭筒、渔网、掘土棍，还有年幼不能行走的婴孩。在21世纪，这类群体通常胆小羞怯，经常躲避陌生人。但是，当全部人类还处于狩猎和采集生活时，每个人的武器都差不多，我们可以肯定，一些群体在必要时会反击入侵者而护卫自己的狩猎地盘，同时，在一年中的某个特殊时间，他们又会和邻近的群体聚在一起，跳舞、唱歌、联姻和宴乐，就如他们在现代所做的那样。

这种生活形式主导着人类过去的大部分时 2671
间，并且很有可能我们的基因也是由其塑造的。我们仍然渴望从属于某个由若干同伙组成的小团体，比直系亲属圈大一些，但不是大到无法认识每一个人，大家分享喜悦与悲伤，即便是在病痛中或是艰难中，生命都会因此而有价值。

乡村社会

乡村和一种新式的社群生活始现于大约1.1万年前，彼时在西亚和东亚的个别地区开始了谷物的种植；这些地区第一批重要的农作物不是小麦或西亚的大麦，而是小米和稻谷。种植谷物需要建造仓储场所，存贮来年所需的种子。这就意味着一年到头都要固定在一个地方，所以早期的农民很快就建立起固定的睡觉和烹饪场所。这些使得生活更加舒适，农民们聚居在一起，出于安全和社交考虑，各家的房屋紧密地连起来，这样他们建立起了乡村。比起狩猎者和采集者，乡村中的农民劳作的时间更长、更为辛苦，食物也更加单调。暂不论这些不利之处，这种新的生活形式自其产生之时就传播扩散开来，因为在一片特定的土地上，农耕生产出来的粮食要比自然生长的多得多，可以供养更多的人口。因而，在土壤和雨水适于种植谷物的土地上，早期的农民能够轻易赶走其中小群的狩猎者和采集者。

在这股风潮之下，农耕乡村开始扩散到亚洲和欧洲内陆；在此之后不久，非洲和美洲兴起了其他的农耕乡村，种植不同的农作物，供养着同样稠密的人口。后者也在气候条件允许的范围内传播开来。在接下来的千年中，乡村急速扩散，以致所有的早期农耕中心最终混杂成一片，互相交流着农作物、家畜和不可胜数的技术。

欧洲人发现美洲后将农业上的交流推向高潮；而很久之前，城市和文化中心从外部控制着大多数乡村。居于臣属地位的村民被迫把自己收获物的一部分上交给地主或是远在他乡的统治者。我们把这些村民称为“佃农”(peasants)。显然,他们不得不更加辛勤劳动,生产出更多的谷物,以满足自身的食物和种子需求。欧亚地区使用驯养的牲畜耕地,使得劳作相对轻松一些;然而,美洲印第安农民只能全然依靠人的体力劳作。不过玉米和马铃薯的出现减轻了他们的负担,这两种作物是他们最重要的农产品,每亩地的产出的热量比小麦以及其他旧大陆的谷物要高,但比不上大米,后者的种植同样需要大量的人力劳动。

乡村生活的特征

相比于乡村,城市和帝国是不稳定的。随着武器技术的进步,入侵势力此起彼伏,它们的兴衰存亡无常。政治动乱的连续不断,也有助于把城市边界扩展到新的疆域,所到之处农耕乡村的数量和生产能力都足以供养城市及其统治者,还有祭司人员、职业战士、商人以及为统治者服务的手工业者。

即便如此,地方性的差异仍是非常巨大的,不存在两个相同的乡村;就此而言,就如同不存在两个相同的城市或文明抑或个人一样。因而,对乡村进行总体上的描述是冒险的;更甚的是,乡村的历史并未被记录下来,常常缺乏准确的统计数据。

尽管如此,仍有一些普遍性是显著存在或十分可信的。它们作为一种近似平均的常态,而不是某种普遍的固定形态,值得被描述一番。首先,成年的村民需要养育孩子以协助他们的家庭劳动,并可以在自己垂暮之年得到孩子们的赡养。生命,尤其是幼儿的生命主要因为疾病而危险重重,因而父母都会生育两个以上的孩子来维持乡村人口的稳定。当发现附近有尚未开垦的肥沃土地时,达到适婚年龄的子女就有可能像其父母一样去开辟一片新的耕地来维 2672
持生计,如果离他们的村子十分遥远的话,他们有可能会建立一个新的村子。这就是农耕扩散开来的方式。不过一旦有人定居下来,因为孩子数量众多,人口会很快占满土地。这迟早会导致土地短缺,摆在年轻人面前的可选之地贫瘠荒凉,他们再也无法像其父母一样占有大片的土地了。

把家族的土地再划分并提高土地种植的密度有时是可行的,但长此以往会耗尽土地肥力,因而不能一而再再而三地这么做。受雇为那些握有大片土地的邻舍工作是另一种选择,但是受雇之人中极少有结婚的,他们失去了社会地位和许多生活的乐趣。这些人迁居到城镇中,试着找到一份不需要技能的工作是个不错的赌注;但城镇中疾病更为盛行,结婚也更为困难,而城镇人口如果不从乡村中吸纳补充,就不能维持自身的发展。

上述这些途径都失效时,村民们很有可能会诉诸武力解决。然而农民暴动鲜有成功的,有时候只会导致人口锐减。流行疾病更加会急剧地减少人口数量,国家发起的战争引发的破坏也是如此。庄稼歉收时,饥荒是村民时常会遇到的另一风险。总的来说,出生率一般都会超过死亡率,并且有新的农作物、更优良的种子、先进的工具和技术的传播,粮食供应一天天地逐渐增多,农村人口是趋于增长的。

上述结论的保证是村民一代又一代人冒着土地上人口超载的风险养育孩子的方式,因此他们开始注意利用一切手段来提高粮食产量。乡村是人类社会的细胞。帝国和城市兴亡变迁时,乡村却存留了下来。即便只剩下少数的幸存者,灾祸仍无法阻止他们不废春秋、稼穑婚娶、持守传统的步伐。人类虽在需要时便进行变革,但是在一个又一个世纪、一个又一个千年中,拒绝变革才是主流。

第二个普遍性是乡村从未实现完全的自给

移民，不管是强迫的还是自愿的、跨国的或是城乡间的，都是我们这个时代的典型经历。

——约翰·伯格(John Berger，1926—　)

自足。从农业诞生之初起，某些石材的产地只分布在少数地区，但其工具制品却被广泛需求。另外，谷类食物需要配以少量的矿物盐来保持人体的健康。同样，奢侈品，如用来装饰身体和建筑物的贝壳、羽毛以及彩色颜料，也常来自遥远的他乡。个人生活中获得这些稀有物品，并不会是通过邻近村落间礼物的相互交换那样自然而然地发生，也不是通过派遣特定人员前往已知地区去收集而来，例如从死海进口盐。甚至从很早时候起，一些游荡的商贩也可能携带着稀有物品走村串户，转运食物和其他地方特产。但没有人敢肯定是这样的。

与外乡人交换基因也是保持村庄健康与活力的必要条件。节日集会时，附近村子的村民聚在一起跳舞、唱歌，一如过去的狩猎者和采集者；这时村民间允许互相联姻，吸纳新的基因和新的信息到社群中，然后根据实际情况或采纳或弃绝。总之，村民是广大的人类之网的一部分，把有人居住的世界联系起来。偶尔的接触不仅在乡村之间扩散，而且也在乡村与狩猎-采集社会、城镇之间扩散。能证明该结论的是这样一个事实，即人类散居到世界各地后仍是同一物种，而没有演化成不同的物种，就像19世纪英国自然科学家达尔文研究的加拉帕戈斯群岛上的鸟一样。

在这一网络中，乡村需要向城镇学习很多东西；在那里陌生人来来往往，城镇之间互相的交往不断，城镇比其他任何地方都更具有持续的创造力。农民第一次开始利用金属工具，是一个早期里程碑式的事件。金属锄头、犁头、镰刀、锤子和其他工具一旦触手可及，就扩散开来，因为它们更加耐用、效率更高，并且使用起来比单纯的石头或木头工具更为省力。

2673 然而，金属矿石需要由专门的工人来开采、冶炼和铸造，其他人需要给这些工人提供食物，这就使得人类社会变得愈发复杂起来。另外，矿石及其冶炼所需的燃料和提炼出来的金属，必须从其产地或源地运往有需求的地方。这就需要交通工具，最初是船运和动物商队，以及管理流通的人员，从事这些活动的人也依靠他人的供养。

在城市中，这一新的阶层被组织起来，因为统治者们渴求金属以制造武器和炫耀身份；黄金、白银和铜一流传开来，统治阶层就垄断了其用途。对于乡村而言，只有工匠学会冶铁之后，他们才开始使用这一类产量较高的金属。公元前1100年，欧亚地区铁的使用扩散开来，但是美洲印第安人直到1500年还在使用铜、银和金，但它们都极为少见，特别珍贵，同时也因太过柔软而无法铸成良好的工具。

随着旧大陆乡村中铁器的开始使用，大丰收变得轻而易举，人类中的大多数第一次受益于城市的手工作坊、矿工、商人和小贩，正是他们把铁器带入乡村中去。换言之，在城市社会无处不在的市场交换中，乡村开始占有一席之地，虽说只是边缘之地。

其他东西也从城市中心向外拓展出去，其中尤为重要的是混杂着各种古老宗教习俗的宗教仪式和教义。同时，从乡村向城镇的移民潮，一代又一代人把农村的习俗和梦想带到市民中，因而在不断加速的变迁过程中，以这种方式更加有效地保持了伟大文化和人类的延续性。

商业、运输和农业

接下来一个影响深远的变革开始于中国，它影响着众多的乡村。大约公元1000年，宋帝国政府发现向农民征收货币税收更加便利。当然，推行此政策，农民不得不向愿意购买的人出售自己的物产，如食品、蚕茧或是其他地方特产。在这之前，农民确实有时也购买一些他们无法自产的东西，如铁制工具、盐，一般用他们所拥有的东西支付，即上交地租和税后所剩下的收获的物产。这是一种特殊的交易，多数农民在绝大

古兰姆·阿里·罕(Ghulam Ali Khan)的《旁遮普乡景》(*A Village Scene In the Punjab*, 1820)，水彩画

多数的年岁里，其生活中都不会用到货币。

大约公元前 560 年，安纳托利亚地区开始流通铸币，从这里传播遍及欧洲城市并传入非洲部分地区。铸币作为一种价值尺度，可以购买任何东西。买方有货币在手，就可以向卖方购得自己所缺的东西，交易因而变得更加简易。为了把手中一定数量的货币花出去，持有者会去寻找卖主购买自己十分渴求的东西，而后者也许远在他乡。于是，各方通过编织一系列比过去复杂广泛得多的贸易网络而获利。这些网络也促进了地方手工生产的专门化，加快了原材料流入市场的速度；爱尔兰经济学家亚当·斯密在其 1776 年的著作《国富论》中对专门化生产的效益有过研究分析。

在中国，由于长江和黄河沿岸河谷地区的河流与运河密布，交通运输安全而廉价，数以千计的村庄中有约 1 亿农民实现了货币化，并加速了财富积累和技术进步。这种中国模式很快沿着海路传播开来，所到之处，凡是内陆地区，那里的航运水系都与中国廉价的内陆河运交通相似；因而在某种意义上，这标志着现代时期的开端。在欧亚地区内部，西欧有着可以模仿中国的得天独厚的自然条件。于是，在宋帝国为其指明方向之后，不到半个世纪，西欧世界的城市和市场便发展腾飞了起来。

之后的千年，船只、道路和公共安全有了改 2674
进提高，交通运输随之改善提高，进而城乡之间的商品和服务交流也更加密切起来。这一时期，庄稼作物流动转移，从一个地区向另一个气候环境适宜的地区快速传播。农业工具也变得更加先进；在欧洲，马匹因其速度快而取代了耕牛。苜蓿、萝卜、马铃薯以及其他专门化作物的出现，促使欧洲农民放弃了一些古老的耕地习俗，即每隔两年的谷物休耕制度和杂草结种之前才在阳光下犁地将其拔除的刈草方式。地球上的其他地区也受益于新的农作物和改进了的种植方式，但这些地区的详细情况我们所知不多，不过其主要的进步仍小于欧洲，甚至是在人杰地灵、人民辛勤劳动的中国。

以城市为中心的市场的参与范围极为广泛，但是其中存在着一些弊端。财富总量在增加，但其在乡村中的分布却不平衡，就像一些家族富裕起来，另外一些家族却败落下来失去了自己的土地那样。1200 年之后不久，欧洲的部分地区，尤其是在英格兰和佛兰德斯，占有少量土地的佃农们开始花费大量时间纺织羊毛，然后再将制成品反售给提供原料的城市商人，以此来维持生计。比起农民来，他们更像是城市中的手工匠人，只不过他们还在自己的土地上种植着粮食养活自己，这样就可以比城市中的人少一些工作量。在印度，类似的情形也十分常见，数百万的农村纺织工制造着大量的棉布，这里产的棉布是世界上质量最好也最便宜的。

乡村生活的变化

1500 年之后，大西洋的另一边，美洲印第安人乡村遭受了普遍的灾难，欧洲人带来了致命的疾病，导致一些毁灭性的疾病流行了 200 年，之后幸存下来的人才获得了一定的免疫力，这与旧大陆上人们早些时候获得的免疫力类似。
2675 灾祸自行过去之前，数百万人死去，许多农村耕地荒废，欧洲人横穿大西洋从非洲运来数以百万计的黑奴，在这里经营甘蔗种植园。这些种植园更像露天的工厂，而不是传统的农村。随着船只航行到世界的各个大洋上，其他先前与世隔绝之地也经历了类似的灾难；但就规模或结果的惨烈性而言，没有地方能比得上拉丁美洲热带地区和北美东南部地区所遭受的苦难。

总的来说，与外部世界的联系越密切，乡村内部的凝聚力就越受到削弱。有时，根据新的财产权，地主有权占领农民的土地，也有权将整个社群遣走。在英国的部分地区，当养羊的利润高于庄稼种植时，这种情况就发生了。不过，在有些时候，新的农作物为走投无路的农民开辟了一条生路。例如，17 世纪时，美洲的玉米传播到巴尔干地区，使得塞尔维亚、阿尔巴尼亚和希腊的农民可以迁居到山区中去，在那片小块肥沃的土壤上播种玉米，逃离奥斯曼帝国的苛捐杂税。但是山区的耕地是稀少的，人口增长后，很快这些乡村就无力全年自给自足了。沦为平原地区的泥瓦匠或是收割工，这是村民的一条出路；而拿起武器，抢夺强取自己所需粮食也是一条出路。由此引发的武装暴动成为 18 世纪时巴尔干西部地区的地方特色。就在第二次世界大战期间，这种情况再次出现了。当时山区中的游击队对抗驻扎着的德国军队，依靠征收平原地区多余的粮食来维持自身生存；而在和平时期，平原的余粮则供给当地的城镇。

可以确定的是，直到 20 世纪之前，在世界上的一些地区，那里的农耕生活几乎始终不曾受到城市的影响。但许多偏远地区的乡村也在很大程度上依赖售出与买入来维持自身生存。例如在俄国，17 世纪时，一些守旧派信徒拒绝信奉政府改革后的东正教，逃离到北部偏远的森林地区，那里农耕的风险很大。他们开始制造木头器具和玩具，派遣商贩游走于俄国的各个地方进行销售，并在回来时驮回一袋袋粮食，以此保持村庄存活下去。

1750 年，作为一个整体的世界迎来了一个新的时代，城市开始利用廉价的机器制造品入侵乡村。羊毛和棉布的纺织开始利用以水力、蒸汽为动力的机器。这一兴起于英国的事件，通常被称为工业革命。随后，其他各类制造业中也运用了蒸汽机，蒸汽船和铁路极大地提高了交通运输能力。从长远来看，更便宜、更丰富多样并且质地精良的棉布和其他商品惠及每一个人，但也给城市和乡村中的无数手工工人带来了灾难，特别是印度和英国。大约 1850 年之后，各种新式的播种机、收割机和锄地机仍给一些乡村带来愈发沉重的压力：这些乡村的耕地狭小，无法运用这些机器。

北美、澳大利亚、阿根廷和俄罗斯等地实现了农业机械化，完全颠覆了传统的生活模式。在美洲和澳大利亚，欧洲移民从未建立起聚居或簇居的村落形态，他们的家族农场已经比那些久居人口之地的农场大得多了。这一时期拖拉机取代了田地中的马匹（约1920），大型的机械快速运作，这些都使得一个男子所能耕作的田亩数大大超过从前。结果是，家族农场被合并起来，形成了越来越大的耕作单元，有时仍为个别家族所有，但通常是由一个团体所有。农村社会也被腾空，21世纪的美国用不到5%的人口供养着所有其他人口，还有许多剩余产品出口。

工业革命期间，许多农民怀揣着找到工作的希望被吸引到城市中，但实际上城市中的工作工资低、环境恶劣，并且滥用童工的情况猖獗

苏联走出了一条不同的道路。1928年约瑟夫·斯大林颁布法令，规定农民私有土地必须并入集体农庄，并承诺将用拖拉机和机器把人的双手从劳动中解放出来。最初，这一规定遭到强烈的抵制。许多农民宰杀自家的牲畜，而不是把牛、马上交给新集体农庄的管理者们。拖拉机并未及时送来以取代
2676 马匹，严重的饥荒随之而来，苏联政府的组织机构征走储粮供应城市，却未给饥饿的农民留下足够的粮食。然而，最初的两三年过去之后，拖拉机确实送来了；集体农庄所需的种植人员大幅减少，但产量却稳定下来。数百万农民去建造大坝和工厂，完成政府指派给他们的各项任务。

政府计划与实际的生产情况确实是错位的，劳动力的效率常常不高。不过，在世界其他地方正在经受经济大萧条煎熬的时候，苏联取得了惊人的成就。无数苏联人发现，相较于他们所能记起的童年时在乡村小屋中的生活，城市和工地中的生活更为容易。

1936年之后，苏联的军工生产优先于其他一切，市民的消费增长缓慢了下来。1939年德军袭击苏联时，证明了这一策略的正确性，因为正是苏联提高了的工业生产能力保证了红军的生存，并最终击败德国侵略者。但是集体农庄从未养育过很多子民，苏联的城市也是如此。所以20世纪30年代乡村生活的强行中断造成了无法估算的损失，生育率降到更替水平之下。乡村社会这一严峻的后果仍未得到解决。

村落密集的地方，小块的耕地和乡风村俗阻碍着农耕的机械化，并使得许多旧式的生产方式延续到1950年左右。中国、印度、伊斯兰世界和东欧地区农村人口增长；战争（在两次世界大战[1914—1918和1939—1945]达到顶峰）引发的屠杀也并未很有效地缓解农村人口压力。

结果，全球剩下的农民中的绝大多数深受贫困之苦，政府为了将他们教育成爱国的公民，或是为了抵制外国意识形态，大力推广普及无线电，然后是电视进入农村当中，这些开始渗透到农民的意识中时，农村社会已经变得世风日下了。1947年以色列建国后，伊斯兰激进组织试图传播另一种革命理念。这一运动在伊朗取得了成功，在阿富汗则转瞬即逝。

展望 21 世纪

20 世纪革命动乱和意识形态风暴没有显示出趋于平缓的迹象，它们所波及之处，影响着农民大众的意识观念，冲击着古老的风俗习惯。其中较具破坏力的是“纯粹娱乐”的广播节目，
2677 它们以好莱坞和印度电影的形式出现在电视屏幕上，炫耀着现代都市的富有和魅惑，年轻的一代农民，特别是那些自知无法继承足够的土地，甚至会像其父母一样生活贫困的人，几乎一致认定传统旧式的生活方式是错误的。然而，当他们背井离乡来到城市住在贫民窟时，常会发现自己的生存并未得到多大改善。这种情况下，自然而然会产生强烈的不满和对革命思想的拥护。数百万人落入这一陷阱中，在可预见的未来，他们的不幸将会是国际事务中的危险因素。

人口学家猜想，到 2009 年有超过 68 亿人生活在城市中。这就意味着为应对城市崩溃，一度由乡村提供的安全网络遭到了极大的削弱。当下维持城市生机的经济策略，如流通型经济（经济中商品的流通是线性的、一次性的）和准时化运输（按需向工厂供应货物），运作起来效率惊人。但是，这些策略的风险也日益增加。例如，石油储备枯竭之时，拖拉机仍需要燃油，才能保证我们业已机械化了的耕地的收成，才能供养给城市。

从长远来看，人类的生存也需要更为紧密和稳定的基本社群在城市中扎根，以取代乡村，即我们的父辈们世世代代生存的方式。在过去，职业军人因操练所需而凝聚在一起，贫困的街坊邻居和宗教团体是在城镇中形成的主要的基本社群。哺育孩子方面，没有什么能比得上村民。但上述三个社群不是城市中的主流，有时它们只是因为接纳城市中的一小部分人口，就引起一些摩擦冲突。

城市仍然无法自给自足，而乡村可以向城市学习，照着后者的方式吸引或是分散人口。时间会给出答案；但是只要我们还是社会生物，我们就一直渴望成为一个社群的全职成员，就会无视这类社群之间爆发武力冲突的风险。

进一步阅读书目：

Abu-Lughod, J. (1989). *Before European Hegemony: The World System A. D. 1250 – 1350*. New York: Oxford University Press.

Chew, S.C. & Knotterus, J.D. (Eds.), *Structure, Culture, and History: Recent Issues in Social Theory*. Lanham, MD: Rowman and Littlefield.

Gies, F., & Gies, J. (1990). *Life in a Medieval Village*. New York: Harper & Row.

McNeill, J.R., & McNeill, W. (2003). *The Human Web: A Bird's-eye View of World History*. New York: W.W. Norton & Co.

Modelski, G. (2000). World System Evolution. In R. Denamark, J. Friedman, B. Gills, & G. Modelski (Eds.), *World System History: The Social Science of Long-term Change* (pp.24 – 53). New York: Routledge.

Mumford, L. (1961). *The City in History: Its Origins, Its Transformations, and Its Prospects*. New York: Harcourt, Brace, & World.

Smith, A. (2008). *An Inquiry into the Nature and Causes of the Wealth of Nations: A Selected Edition*. New York: Oxford University Press.

威廉 · 麦克尼尔（William H. McNeill） 文

汪　辉 译，刘文明 校

W

Wagadu Empire 韦加度帝国

在公元第 1 和第 2 个千年时期，韦加度帝国始终是西非地区的政治大国和军事强国。虽然韦加度帝国有着先进的 2679
农业灌溉系统，日后又对伊斯兰的宗教和哲学产生了影响，但它最出名的，还是在跨大洲贸易特别是黄金制品贸易中所扮演的角色。

韦加度帝国（或称加纳帝国）位于萨赫勒(Sahel)，跨越了不同的生态区：北方的撒哈拉属于半干旱地区，可以牧养骆驼；南方的尼日尔河中部河谷属于热带稀树大草原，可以放牧。在公元第 1 和第 2 个千年，韦加度帝国在政治和军事上都占有优势。（“韦加度”一词来自索宁克语[Soninke language]，“加纳”一词源自该国一位统治者的头衔，中世纪的伊斯兰地理学家用这个头衔来为帝国命名。虽然今天的加纳共和国沿用了古帝国的名字，但其领土却比前者缩小了约 805 平方千米。）韦加度帝国幅员辽阔，国民在文化和语言上有很大差别。按照伊斯兰学者的记载，从 8 到 13 世纪，韦加度是个盛产黄金的政治强国。

从考古发掘来看，帝国核心地区的历史可以追溯到公元前第 1 个千年，那里聚集了统治王朝的文武官员，特别是手工业、服务业和军队。索宁克人定居在这一地区的历史更早，可以追溯到公元前第 2 个千年早期。公元前 1600 年到前 1200 年，该地区出现了政治等级。重金打造的农业灌溉系统成为核心地区的重要标志。社会组织和精耕细作的农业使得灌溉系统扩展到了沙漠边缘地区，灌溉系统也同化了其他的农业部落。韦加度帝国的军事精英和政治精英在制造业和贸易上发挥了重要作用，这是核心地区的另一独特之处。

根据 8 世纪晚期的资料，韦加度有 2 000 千米长，160 千米宽，是一个“黄金之国”。韦加度帝国在中世纪世界经济中所占有的地位，为其扩展领土和发展本国经济创造了条件。中世纪经济史学者伊恩·布兰查德(Ian Blanchard)对中古时期贵金属（主要是金银）的生产和销售进行了详细研究，这为我们提供了启发。他的研究表明，930 到 1130 年间出现了“工业大流散”(industrial diaspora)，金银的主要产区从中亚分别转移到了非洲和欧洲，于是新的洲际金融商业系统开始成形。在西非的黄金主产区，技术变革——汞齐化(mercury amalgamation)——使得黄金年产量大幅提高。结果，从 1136 到 1175 年，西非地区的黄金不但价格便宜，而且供应充沛。随后，这一现象也出现在了大西洋和红海地区。非洲黄金和同样廉价、供给充沛的欧洲白 2680
银，催生了一个独特的跨欧洲和非洲的贵金属市场。价格的长期稳定和两种金属的“反向”流通成为该市场的特征。西非的黄金向北进入地中海世界；作为补偿，欧洲的白银也向南流入非洲。两个大洲分布着两种金属，上述的贵金属交易过程创造了一个跨欧洲和非洲的市场。布兰查德的研究还表明，非洲金矿的变革和黄金贸易确立了非洲在之后 400 年间跨洲金融商业系统中的地位。在若干个世纪中，韦加度帝国在西非黄金贸易中扮演着主要角色。

帝国的扩张

韦加度位于沙漠和热带稀树大草原之间，帝国分成两个部分：一个是北部边境，主要是灌溉农业和制盐业；另一个是南部边境，主要是降

雨农业和黄金制造业。从6到12世纪，说索宁克语的商人、农民与政治精英一路北上，从帝国的中心区进入撒哈拉沙漠南部，去寻找沙漠绿洲，或在沙漠绿洲中定居。说柏柏尔语的游牧民族要么被赶出这一地区，要么被同化，要么俯首称臣。索宁克人的成功取决于他们致力发展的农业。在北部“边境”获得新领土之后，他们将精耕细作的农业技术和特殊的社会管理体系结合在了一起。

向南的扩展创造了另一种类型的边境。说索宁克语的商人、官员、士兵和农民从帝国核心地区迁往尼日尔河中部河谷、河谷东端的湖区，也有人到达了尼日尔河三角洲。他们在8到13世纪间建立起来的城镇和村庄，现仅存于口述史料中。说曼德语(Mande-speaking)的土著渔民和种植稻米的农民要么被同化，要么听命于一个管理有方的行政机构。尼日尔河谷其他部族——如以放牧为生、说福福德语(Fulfulde-speaking)的牧民——成了需要缴纳贡赋的附庸，其地方精英进入韦加度帝国的行政系统，担任基层官吏。

首都

按照安达卢西亚(Andalusian)地理学家阿巴克里(al-Bakri，卒于1094年)的记载，韦加度帝国的首都坐落在平原上，由两座大城镇构成，同时期的史料亦称之为“加纳之城”。一座城镇居住着国王及其宫廷人员、各级官吏；另一座城镇居住着穆斯林，那里有12座清真寺、伊玛目和宣礼吏、法理学家和众多学者。(按照阿巴克里的说法，韦加度国王的翻译、财务主管和大部分的臣僚都是穆斯林。但在1068年，也就是阿巴克里做此记录的时代，韦加度的国王和大部分百姓都不是穆斯林。)这两座城镇大约相距10千米，联结两座城镇的道路两旁是连绵不断的民宅。考古学家认为，1913年被发掘出的库穆比·沙勒(Koumbi Saleh，位于今天的毛里塔尼亚)就是阿巴克里所说的穆斯林城。遗址发掘表明，这曾是一座人口众多、防守严密的城市，城中有独栋和多层的房屋。它是主要的手工业中心和商业中心，拥有一座建于10世纪的大清真寺。 2681

除了残存的防御工事外，在遗址中还发现了墓地和多种建筑的遗迹，如民宅、作坊，以及一系列由石头砌成的瞭望塔，绵延8千米长。最后一座瞭望塔之外是一个12到22千米长的建筑密集区。首都的100千米之外发现了旅馆，这些旅馆由石头砌成，供商队休息，其中部分旅馆颇具规模。此外还发现了坟冢，最大的坟冢成为遗址的标志。公墓、巨石、损毁的村庄、防御工事、作坊都是遗址的代表。在建筑风格和物质文化上，遗址与库穆比·沙勒非常相似。首都规模、人口密度，以及核心区的城市化水平，部分得益于帝国在跨撒哈拉贸易和洲际贵金属贸易网中所扮演的角色。

经济

从 9 到 12 世纪，牧民和种植小麦、高粱的农民在尼日尔河谷的泛滥平原定居下来。口述史料证实，为了促进农业生产，韦加度帝国修建了灌溉用的沟渠和蓄水池。从 11 到 13 世纪，旱地农业逐渐取代了泛滥农业，成为尼日尔河谷的主要种植方式。说巴马纳语（Bamana-speaking）的农民带来了旱地农业，他们看中了尼日尔中部泛滥平原周围的土地。他们种植小米，也为渔业产品提供了一个不断扩大的新市场。旱地农业刺激了渔业的发展，并将渔业整合进一个更广阔的商业网络，这个商业网络延伸到了上尼日尔的产金区和撒哈拉沙漠的绿洲。尼日尔河谷人口的增长为撒哈拉的盐、城市手工业品和通过跨撒哈拉贸易进入西非的商品提供了市场。

对劳动力的控制

在跨洲贵金属市场不断扩大的背景下，韦加度帝国希望能更高效、更系统地开发尼日尔河的自然资源，包括发展渔业、捕捞水生动物，以及与这些资源相关的贸易。不断扩展的贵金属市场与不断发展的长途贸易（包括跨撒哈拉贸易）结合在了一起。城镇中人口的持续增长和新城镇的建立推动了城市化。城市化和城市手工业的发展对扩大贸易和开发尼日尔河资源都至关重要。11 到 12 世纪出现了新的民族，他们是拥有自由身份的索摩诺人（Somono）。摆脱了束缚和战俘身份后，他们或建立新的村庄，或定居在已有的村庄中。索摩诺人要为韦加度国王服务，他们擅长划船、造船、捕捞以及生产鱼和鱼油。作为服务的回报，国王允许他们垄断尼日尔河中部河谷的经济活动。如果统治者不保护他们的垄断权，那么他们也不再为国王效劳。

世袭奴隶也相应地发展起来。他们包括铁匠、农民、渔民、牧民、石匠、武装侍从、信使和船工。赞吉人（Zanj）是个笼统的概念，他们是王室的财产，毕生为国王效力。在随后的一段时间里，西苏丹有着不同种类的奴隶，有些种类在世界其他地区是找不到的。赞吉人包括若干个特殊的经济团体，每个团体都是内部通婚。他们是王室的财产，要向统治者上“贡”。“贡”既包括经济上的供给，也包括为王室提供各种服务。他们拥有财产（如他们的生产工具），也可以拥有奴隶（也就是说，奴隶也可以拥有奴隶）。他们的财产属于自己，而非统治者所有，这使得韦 2682
加度帝国的奴隶状况出现了一些扭曲。专门的经济团体——索摩诺人和赞吉人——独占着各自的领域，而作为回报，他们要向韦加度的统治者纳贡。

长途贸易

伊斯兰地理学家将尼日尔河中部河谷称为“万加腊人之地”（Land of the Wangara）。在文献中，“万加腊”指的是韦加度帝国贩运黄金的商人以及他们所居住的城镇。（万加腊泛指做长途贸易的商人，特别是贩卖黄金的商人；因此，这个词指从事某种职业的群体，或某个经济团体，也指与之相关的社会地位。）万加腊贸易网涵盖了非常广阔的地区，使整个尼日尔河谷融入了一个单一的商业-手工业系统。这个系统向西可以到达上尼日尔盆地，向东可以到达湖区。除贵金属外，该系统还可以提供种类繁多的商品，例如盐、铜、铁、手工艺品、农产品、鱼等等。这些商品有的产自帝国内部，有的产自帝国以外的地方。条件理想的时候向北非出口大约 13 到 18 吨的黄金，条件欠理想的时候出口 4 到 9 吨的黄金，就可以确保帝国在洲际贵金属市场中的地位。

伊斯兰教和帝国

伊斯兰教在韦加度帝国的发展可以分成两个阶段。第一个阶段(8至11世纪)属于哈瓦利及派(Kharijite Islam);第二个阶段(11至12世纪)属于逊尼派马立克学派(Sunni Maliki Islam)。8世纪时,伊斯兰教经由哈瓦利及派传入韦加度帝国。8至12世纪,这一派别的商人和神职人员居住在帝国城市的中心,从事着贸易和宣教活动。贩卖黄金的商人是最早的皈依者。哈瓦利及派和万加腊人之间不仅仅是商业关系,他们也会进行学术交流。9到11世纪,哈瓦利及派和万加腊人共同创造了一种影响深远的宗教-哲学文化,成为伊斯兰世界西部地区的重要组成部分。

逊尼派马立克学派与北非穆拉比特王朝(Almoravid dynasty)的一次宗教改革有关(1039/1040—1147)。穆拉比特王朝和韦加度帝国的政治精英分别于11世纪七八十年代皈依逊尼派,两国结成了联盟。(穆拉比特王朝与以塞内加尔河谷为中心的塔克鲁尔王国建立了同盟;为了控制通往马格里布的跨撒哈拉西线商路,韦加度帝国也加入了这个同盟。)因此,伊斯兰教成为韦加度的国教。首都的居民中既包括了哈瓦利及派信徒,又包括了逊尼派马立克学派信徒。在12、13世纪,哈瓦利及派成为信仰上的少数派。穆拉比特王朝和韦加度帝国在军事和文化层面都有交流。根据安达卢西亚地理学家祖赫里(al-Zuhri)在1137到1154年间的记载,韦加度帝国杰出的学者、法学家和《古兰经》的研习者都到访过安达卢西亚的城镇。他还提到,韦加度的军官曾前往安达卢西亚,参与反抗伊比利亚基督徒的圣战。

衰落

到13世纪早期,韦加度逐渐淡出了西非的政治版图。索索王国(Soso kingdom,是曾经的纳贡国,位于帝国的南部边境,从12至13世纪早期)和随后的马里帝国(从13世纪中叶至14世纪中叶)分别在尼日尔河上游地区崛起,将韦加度变成了一个要称臣纳贡的附属国。尽管如此,直到15世纪上半叶,韦加度帝国的核心地区仍旧保持着繁荣。随后,作为一个政治实体,韦加度帝国退出了历史舞台。

2683 进一步阅读书目:

Berthier, S. (1997), *Recherches Archéologiques sur la Capitale de l'Empire de Ghana* [Archaeological Research at the Capital of the Ghana Empire]. Oxford, U.K.: Hadrian Books.

Blanchard, I. (2001). *Mining, Metallurgy, and Minting in the Middle Ages.* Stuttgart, Germany: Franz Steiner Verlag.

Devisse, J. (1988). Trade and Trade Routes in West Africa. In M. El Fasi & I. Hrbek (Eds.), *General History of Africa*: Vol 3. *Africa from the Seventh to the Eleventh Century* (pp. 367 - 435). Berkeley and Los Angeles: University of California Press.

Holl, A. (1985). Background to the Ghana Empire: Archaeological Investigations on the Transition to Statehood in the Dhar Tichitt Region (Mauretania). *Journal of Anthropological Archaeology*, *4*, 73 - 115.

Levtzion, N. (1980). *Ghana and Mali.* New York and London: Africana Publishing Company.

Levtzion, N., & Hopkins, J. F. P. (Eds. & Trans.). (2000). *Corpus of Early Arabic Sources for West African History.* Princeton, NJ: Markus Wiener Publishers.

McIntosh, R. (1998). *The Peoples of the Middle Niger.* Malden, MA: Blackwell Publishers.

McIntosh, S. K. (1981). A Reconsideration of Wangara/Palolus, Island of Gold. *The Journal of African History, 22*, 145 - 158.

McIntosh, S. (Ed.). (1995). *Excavations at Jenné-Jeno, Hambarketolo, and Kaniana (Inland Niger Delta, Mali), the 1981 Season*. Berkeley and Los Angeles: University of California Press.

Messier, J. A. (2001). The Almoravids, West African Gold, and the Gold Currency of the Mediterranean Basin. *Journal of the Economic and Social History of the Orient*, *17*(1), 31 – 41.

Miller, J. A. (2001). Trading through Islam: The Interconnections of Sijilmasa, Ghana, and the Almoravid Movement. *The Journal of North African Studies, 6*(10), 29 – 58.

Pingree, D. (1970). The Fragments of the Works of Al-Fazari. *Journal of Near Eastern Studies, 29*, 103 – 123.

Raimbault, M., & Sanogo, K. (Eds.). (1991). *Recherches archéologiques au Mali* [Archaeological Research in Mali]. Paris: Éditions Karthala.

雷·基亚(Ray A. Kea) 文
邢 科 译,刘文明 校

War and Peace—Overview 战争与和平概述

对史前时期的考古发掘表明,世界上和平共处的邻邦之间发生战争,最初都是为了保护自己的资源和土地,之后才有了其他各种各样的战争动机。甚至连宗教都在理论上限制对暴力的制裁,并且为战争的必要性进行辩护。现在,更多的和平运动与追求人权联系在了一起。 2684

自从文明开化以来,战争与和平的议题便被政治与哲学操控着,征服与抵抗影响到了全球发展的许多重要方面。但是正如一枚硬币有两面一样,战争与和平就像是一对形影不离的孪生兄弟;但历史上的战争与和平并不十分均衡。战争常会被载入史册;而"和平研究"(peace studies)则是现代学术的产物(而且这种提法首次出现时也只是在一篇文章的标题中)。这种不相称的现象体现出了战争与和平的基本问题:战争与和平哪一个更具影响力,哪一个是常态,哪一个是非常态?但历史学家也许会说两者都是历史的常态,这个问题常常与对人性、社会政策和政治政策的讨论联系在一起,所以一直持续到现在。换句话说,一个人对如何终结战争的看法,取决于他对战争起源的理解。这篇文章将要概述历史上战争的起源、战争史的重要发展阶段,以及研究较少涉及、但具有重大影响的和平发展史。

战争的起源

根据历史事实寻找战争的起源无疑是很困难的。因此,这就需要对各方面的不同情况进行综合考虑以找出战争的起源。由于人们对证据的理解不同,所以对战争进行论证也存在着困难。鉴于文字记载无法把我们带到战争出现之前,历史学家不得不依靠考古学和人类学来获取证据。数千年之前,我们的祖先处于狩猎-采集时代,人类学的研究方法经常被用于研究这一时期的人类。亚马孙流域的亚那马莫部落(Yanamamo)是一个非常著名的例子。人与人之间的冲突和部落间的冲突是亚那马莫文化的特征,这种文化常常被当作证据用以证明人性中有好战的成分。但是根据最近的南美殖民史研究，上述观点并不准确。在几个世纪中，亚那马莫部落并非与世隔绝，它直接或间接地都受到了邻近部落（通常更先进）的影响。这些部落发动战争、出口武器，对亚那马莫部落施加消极影响；其中一些结构简单的部落一直存在到了20世纪。对好战部落的研究，更像是为和平部族的研究提供反例。人类学主要是研究尚存的民族，因此这门学科的记录存在着问题。

考古学也有其自身的问题，因此它能提供的资料并不完整。但是结论的大体框架已经开
2685 始形成了。亚欧大陆上广泛分布着距今200万到10万年之间的直立人（现代人广泛分布的祖先）的骸骨，而且世界各地也发现了距今15万到1万年之间的智人（与现代人类同一种属）的骸骨。在成千上万的骨骼中，只有很少一部分能清晰地证明人类曾遭受过暴力，所以这些只能作为个案。简言之，如果我们把战争定义为一部分有组织的人对另一部分人施以暴力，以区别零星的谋杀，那么我们无法证明在大约公元前8000年之前存在着战争。伊拉克北部的一处墓葬群出土了成百上千具骸骨，上面留有遭人造武器损伤的清晰痕迹。这处墓葬群可以追溯到公元前8000年前后，是迄今为止发现的最早证据。之后，类似的情况变得越来越常见。大约同一时期，该地区还出现了坚固的防御工事。有证据表明，以这一地区为中心，类似现象开始向周边地区扩展。此外，与之没有联系的其他地区，如中国北方，也存在上述现象。

什么样的时间条件、什么样的环境因素会导致战争的爆发呢？如果将时间和地点考虑在内的话，我们会毫不惊讶地发现，农业的出现为战争的爆发创造了条件。在土地肥沃和猎物丰富的地区，人口不断增加，这会使当地的资源变得紧张。然而，在农业全面发展起来之前，人们就已经生活在这片土地上了，后来逐渐定居下来，为了保护自己的耕地，他们要求划定土地界线。人口增长——不仅表现在绝对数量的增加，还表现在居住密度的增大——不但给自然资源带来了压力，而且加剧了社会分化，促进了管理机制的发展。社会发展有助于解决社会内部矛盾，重新分配经济利益。为了抵御外来入侵，人们建立起一个组织性更强、更有效率的机构，集中决策也应运而生。在上文提到的伊拉克北部及其他地区的例子中，战争似乎是孤立的，几个地区的战争之间没什么关联。但实际上，战争的背后都存在着严重的环境危机，资源紧张所导致的环境危机最终引发了战争。其结果是，原先和平共处的近邻不得不组织起来，用暴力的方法保护自己的领地。

一旦战争爆发，其他因素的介入会使得战争迅速扩大，远远超出最初的规模，波及的范围也会不断增加。举个例子来说，最先获得胜利的一方会将其认为的成功技术用于构建新的生活方式和发动新的战争。但可能更为重要的是，战争会影响某些社会阶层和政治领袖，他们也会

在普法战争期间，为了保卫巴黎，被动员起来的国民军准备开赴前线，其中还包括妇女

这是一张1917年的海报，经验丰富的残疾老兵希望能再次融入平民生活；战争对社会和文化产生了巨大的影响，他们的困境只是其中的一个侧面。这张海报出现在波若尼(Pozsony，今属匈牙利)，目的是宣传一项战争救济法案

反过来影响战争。社会精英阶层的利益与大多数人的利益本就有所不同，战争为精英阶层提供了比农民阶层更多的利益。这是因为，前者专职习武，有机会在战争中获得更多的荣誉和财富，如晋升为军事贵族。

当社会面临空前危机的时候，战争就会彰显铁腕领导的重要性。部落领袖、族长或者国王都认识到了这一点，所以他们比整个统治阶层更支持战争。社会学家 2686
查理·蒂利(Charles Tilly)的名言很好地阐释了这一现象：战争造就领袖，领袖发动战争。最终，曾经发动战争的势力登上了政治舞台，那些与它们相关联的人，要么被迫接受新的组织形式，要么战败被消灭。战争已经无法避免，它成了人类历史的永恒主题；这其中不但包括战争工事、武器竞赛，还包括了其不断扩大的社会和文化影响。

战争的历史

社会如何制造战争？这大概是军事史的核心问题。人们常常从战略战术的角度理解这一问题，将其解释为“战争的艺术”和所谓的普适原理，这种视角显得有些狭隘。有着相当长历史传统的“技术决定论”认为，武器在战争中发挥了重要的作用。但是现代军事史(以及一些古代军事文学)倾向于采取一种更宽泛的视角来解释这个问题，也就是在特定的社会环境中分析足以影响战争的社会和文化因素。

毋庸置疑，历史是由多重因素造就的，单纯的经济和技术因素无法改变战争。相反，不同社会对技术的利用取决于固有的社会和文化特质。实际上，社会组织与技术的结合，正代表了战争史的前两个阶段(也许用“类型”比用“阶段”更合适，因为这二者同时存在且相互影响)。

精英阶层和平民阶层

在农业社会早期，虽然不同地区有着不同

歌川国芳(Yoshikazu Utagawa)的《川中岛之战》(*Battle at Kawanakajima*,约 1848—1863):这幅版画描绘了川中岛之战(Kawanakajima War, 1553—1564),骑兵正从相反的方向杀入战场

的管理方式,但都出现了精英阶层和平民阶层的分离,这种分离是军事组织的基础。尽管大量征兵可使一个政权的军队规模不断扩大,但真正高效的先锋部队却是由训练有素的精英阶层构成的。有的时候,这些先锋部队甚至是唯一能派上战场的军事力量。最先进的军事技术巩固了精英阶层的支配地位,例如他们首先使用金属武器——青铜武器和铁制武器。驯养马
2687 匹是另一项技术,通过这项技术,驾驭战车的精英阶层彻底控制了古代战场。后来,骑兵取代了战车。骑兵拥有很高的社会地位,他们看不起步兵,昂贵的马匹可以显示他们的身份。

在随后的历史发展中,甚至当步兵在战场上占据核心地位的时候,经常骑马的精英阶层仍旧在社会和政治中保持统治地位。在相同的社会和政治条件下,数量处于优势地位的步兵往往得不到先进的武器装备。凝聚力是步兵战斗力的关键,这体现在两个方面。在特定的环境中,步兵需要组成一个整体,希腊城邦的方阵便是一例。更为常见的是,国家的强大允许统治者招募、训练大量的步兵,这样可以确保国家自上而下的凝聚力:罗马帝国和中国采用的就是这种模式。从古典时代到公元第 2 个千年,国家实力、精英阶层的统治和社会结构的变化使军队采取了不同的组织形式。

骑兵

但从早期开始,就有另外一种社会和政权组织模式与定居社会的精英统治模式并存,并且经常在战争中击败后者。驯养马匹(可能是为了战车,也可能是为了骑乘)起源于中亚大草原,这片广阔无垠的草原从中国西北边疆一直延伸

到匈牙利平原。对于农业来说，草原的气候过于干燥，但那里可以供养一定数量的游牧民族。游牧民族不断争夺草场，他们将长期征战视为一种生活方式。当牧民骑在马背上，手握短小但杀伤力巨大的弓箭时，他们就会变成令人生畏的战士。游牧社会没有定居社会那么多礼节，因此他们不会受礼仪的束缚。骑兵拥有灵活的机动性和强大的攻击力，因此对手很难从战术上击败他们。

但他们往往缺乏政治凝聚力，因为游牧生活留下的剩余产品少得可怜，很难建立起稳定的社会等级和社会结构，所以游牧军队的规模都比较小。矛盾的是，游牧联盟可以在一个富裕的、强大的定居社会旁发展壮大。游牧民族的领袖通过贸易、掠夺和征服的方式从定居社会获得商品，这些商品可以建立、维持他们的统治。沙漠和强大中国之间的狭窄走廊将东方的草原和西方连接在了一起。东方的草原常常会形成部落联盟，这些联盟会通过草原从东方向西方迁徙。

2688 游牧部落的征服和联合常常影响到邻近草原的农业社会。游牧民族有时候会成为定居社会的统治阶级，有时候会给那里带来破坏，但更多的时候，他们是货物和思想交流的媒介。游牧民族也活动于其他地区：阿拉伯半岛曾是一片平静的土地，后来在穆罕默德的领导下崛起；墨西哥核心文化圈的北部；撒哈拉沙漠南边的草原；印度零星的“内陆地区”。上述地区都是军事强权的发源地和政治动荡的来源，但影响最大的还是亚洲草原。

火药

长期的人口统计数据表明，游牧地区不利于人口增加，而农耕地区有利于人口增加。在1500年之后，两个因素使游牧民族逐渐失去了独立性。第一个因素是欧亚大陆贸易路线的改变。欧亚大陆的贸易逐渐由陆路转变为海路，在瓦斯科·达·伽马和克里斯托弗·哥伦布的航海时代之后海上贸易得以迅速发展，这就大大降低了草原作为东西方连接通道的重要地位。第二个因素是火药的传播。火药与防御工事的结合有效地削弱了骑兵的最大优势——强大的攻击力和灵活的机动性。

火器的传播从大约1400年一直持续到1800年前后，这标志着战争史进入了一个新阶段。但火器的意义一直是学者们争论的焦点，这场争论围绕着西欧的“军事革命”和在欧亚大陆建立“火药帝国”等问题展开。

此外，国家力量的基本变化——如精英阶层势力的盛衰、社会结构的变化和经济实力的消长——都会导致这一时期的军事力量出现巨大差异。18世纪下半叶，欧洲军队在训练、组织、招募、后勤等方面处于领先地位。而在此之前，没有一个地区可以宣称自己占有军事优势。但即使如此，欧洲的优势还是受制于交通和通信技术，这些瓶颈制约了欧洲的扩展。在19世纪之前，只有欧洲联合武装舰队和大炮才能在海上占有优势。

工业

随着工业革命的到来，战争又进入了一个新阶段。虽然技术是战争发展的关键，可是具体的军事技术并不是19世纪末欧洲统治全球的关键因素。但不可否认，铁甲舰、机关枪和其他各种发明的确在战争中扮演了重要的角色。虽然经过两个世纪的创新和完善，工业大幅提高了生产和运输能力，但它所带来的战争还是与以前一样，涉及经济、政治、文化等多个方面。

武器和军事物资的大规模生产为军队建设提供了支持，并激发了政治中的爱国主义，这种爱国主义首次出现在大革命时期和拿破仑时期的法国军队中。两次世界大战导致了大规模破坏，并且核武器带来了“相互毁灭”的潜在风险。意识形态上的“全面战争”使得武器系统的影响已经到达了水底、空中甚至外太空，这弱化了前线

> 我不知道第三次世界大战用什么武器，但是我知道第四次世界大战的武器将会是木棒和石头。
>
> ——阿尔伯特·爱因斯坦(1879—1955)

与后方的区别。战争本身变成了一种全球现象。

军事技术可能导致全球毁灭，于是现代军事冲突以局部战争为主。甚至在冷战期间，大多数的正面冲突都属于代理人战争。1989 年两极格局解体。自此以后，大部分武装冲突都局限在内战和游击战争的层面，其水平和规模远远低于国家之间的战争，席卷全球的恐怖主义
2689 也不例外。就像美国发动的两次伊拉克战争一样，当一方为胜算很大的强国时，战争会继续沿用传统模式；国内冲突有助于维护和平，而发达国家的士兵还将会不断地参与战争。

自 19 世纪中叶以来，有组织的和平运动和大规模的反战抗议成为阻止战争的现实与潜在力量。对于国际关系来说，“相互毁灭”是一个疯狂的观念，拥有核武器的对立双方通常会呼吁终止所有战争。

和平的历史

战争与和平的辩证关系远远早于现代和平运动，这是毫无疑问的。战争的出现促使人们思考战争、和平、交战一方或双方的诉求，以及该如何实现和平。

古典哲学

在古代哲学体系关于战争的表态中，很少出现明确的反战主义观念，如战争是邪恶的，必须不惜一切代价制止其发生。在尚武的文化中，战争就意味着荣誉；向往和平意味着剥夺人们获得荣誉的希望，使他们(通常是男性，战争史有很强的性别色彩)的生命失去意义。荷马的《伊利亚特》为这种观点提供了一个明确的例子，而《奥德赛》则比较含蓄，两本书都反映了人类在战争中所付出的代价。印度的传统哲学对战争进行了深层次的探讨。《薄伽梵歌》(*Bhagavad Gita*)是叙事史诗《摩诃婆罗多》(*Mahabharata*)的核心故事。这部印度教经典描写了一名战士在残酷的战争中杀死自己亲属后所陷入的困境，以此来探讨法律观念、责任和宇宙秩序。最后，毗湿奴(Vishnu)提出，杀戮是一个战士的神圣使命。

而其他的古典哲学传统对人的死亡并不是那么的冷漠。哲学家认为，用战争维持内外秩序是必要的，但也是邪恶的，他们要求明君和百姓意识到战争对秩序的破坏，以及对自由和独立的威胁。希腊罗马的作家和中国的战争理论家如孙子持相似的观点。他们指出，在以国家观念为核心的世界中，战争就是一种自然的存在。对于这些思想家来说，和平是美好的，但战争也可以带来许多好处，例如战争可以创造一个更加和平的世界。

救赎宗教

希伯来人和波斯人的传统思想代表了另一种古代思想：如果战争是神为世界及其选民制定的计划的一部分，那么战争就应该得到鼓励。基督教和伊斯兰教都受到这种思想的影响，它们对战争与和平的态度非常复杂。虽然早期基督教被描述为一种具有和平主义倾向的宗教，但自从接受罗马帝国开始，基督教就从事实上接受了战争。在新的教义中，和平主义的呼声非常微弱。早期的基督教思想家接受了古典观念，强调战争的恶性，但最终还是承认了暴力的必要性。在君士坦丁时代之后，基督教成为国教。基督教也因此发生了变化，基督教统治者可以对战争进行裁定。在 400 年前后，圣奥古斯丁阐述了基督教理论中关于战争的主要教义。这限制了人们的战争行为，但问题是这些限定既缺乏必要性也缺乏公正性。到 12 世纪，一种“正义战争”的理论促成了十字军东征，此后圣战成为西方基督教传统的组成部分。

伊斯兰教在战争中诞生，这催生了伊斯兰教的“正义战争”理论，与基督教的相关理论非常相似。沙漠中的生活方式使伊斯兰教的主流传

在南非的布尔战争期间，5名英军士兵手握步枪；1名女子手里拿着象征英帝国的旗子

统变得非常复杂；在判断国家存在这个问题上，伊斯兰教比基督教更为困难。尽管在理论上接受了战争，但与基督教国家相比，无论战争是否具有正义性，伊斯兰国家认可战争的难度都更大。

2690 作为另一种主要的救世宗教，佛教教义中很少有明确评论战争的内容。基督教是伴随着君士坦丁的军事胜利而走向繁荣的。而佛教不同，它是在3世纪随着孔雀王朝阿育王（Asoka）的皈依而传播的。在阿育王征服羯陵伽（Kalinga）之后，佛教得到了迅速发展，佛教教义中也体现出很强的和平主义倾向。但在佛教盛行的地区（如中国西藏）和信仰佛教的武士阶层（如日本武士）中，人们都试图缓和宗教和战争的关系；他们认为佛教重视个人的内心平静，重视政治上的和平，而不是国家的和平。总之，救世宗教主要是在理论上对战争行为进行约束，但是在约束的范围内，宗教对战争还是纵容和认可的。和平总是理想成分大于现实状况。

战争文化

从现实角度讲，对战争的约束可能更多地来自特定的文化传统而非宗教。自从战争出现以来，大多数文化都会指明哪些事物是可接受的、哪些是不可接受的，都会对宣战和审判战争设限。规章条例可以对平民的待遇和战犯的处罚做出规定；基于气候规律和农时的社会习俗也可以将战争限制在特定时间里。特定的武器和战争方式可能会被禁止。在战争中杀人后，常常要进行强制性的悔罪。虽然人们经常将战争置于宗教（包括救世宗教）的框架内进行解释，但宗教对战争的限制具有很强的局限性，传统和习俗也有各自的灵活性。

许多破坏力极大的战争都是由战争规范崩溃引起的，这种规范的崩溃要么是因为文化体系内的"欺骗"，要么是因为外来入侵者不懂得体系运作的规则，而后一种情况更为常见。不同文化的碰撞会引发战争，而划分文化的角度可以是多种多样的，如语言、宗教、种族或阶级。换句话说，不同文化间的战争比同一种文化内部的战争更为残酷。无论是发生在希腊城邦战争之后的波斯人的入侵，还是欧洲人对美洲的征服，抑或2001年针对纽约的恐怖袭击，不成文的普世规范一旦崩溃，双方就会进一步扩大战争，但同时也带来了对和平更强烈的期盼。从阿里斯托芬的《吕西斯特拉特》（*Lysistrata*）到巴托洛梅·德·拉斯·卡萨斯（Bartolomé de las Casas）对印第安人的支持，再到现代的反战运动，都很好地证明了这一点。

恐怖主义不仅突破了国际法对战争的种种限制，而且忽视了外交在缓解战争爆发中所起的作用。在游牧地区和农耕地区的边界，战争和约破裂和缔结新的外交条约已是司空见惯。因此，该地区出现了一种认可战争的广义文化。当草原内部不稳定的时候，追求和平的努力往往 2691
是昙花一现，以国家为基础的长期外交体系和双方的友好互信可能会取得更好的成效。20世纪，联合国诞生，它的目标就是在全球范围内建立起和平文化。

现代性：超越战争与和平？

现代和平运动是民主政治的一种表现形式，它与人类对战争破坏性的反思以及现代其他政治运动交织在一起，希望能够促进人权的发展。简·亚当斯(Jane Addams)是赫尔馆(Hull House)的创始人，她因争取妇女选举权闻名于世，此外她还致力于推动世界和平；甘地以非暴力的方式反抗英帝国主义，他同样为世界和平做出贡献；马丁·路德·金借鉴了甘地的做法，为争取公民权利和反对越战而努力。然而，在经历了人类历史中最血腥的一个世纪之后，人类社会又出现了血腥的内战和恐怖主义。在这种背景下，无论是个人对和平的追求，还是团体为和平而做出的努力，都显得有些不切实际。但和平是一种趋势，而且充满了希望。

政治学家指出，两个民主国家之间不会爆发战争(美国内战是一个具有争议的特例)。而在新旧千年交替之际，世界变得比以往更加民主了。经济学家认为，两个都拥有麦当劳的国家之间不会发生战争(虽然北约轰炸了贝尔格莱德)；也许提高世界经济的相互依存度可以平息战争。另一方面，环境危机成为战争的重要推手。而且在21世纪，这一因素可能将继续发挥作用。可以肯定的是，战争、和平与人权，都是现在全球所关注的问题。

进一步阅读书目：

Ackerman, P., & DuVall, J.(2000). *A Force More Powerful: A Century of Non-violent Conflict.* New York: St. Martin's Press.

Barash, D., & Webel, C.(2002). *Peace and Conflict Studies.* Thousand Oaks, CA: Sage Publications.

Barfield, T.(1989). *The Perilous Frontier: Nomadic Empires and China.* Oxford, U.K.: Blackwell.

Black, J.(1998). *War and the World. Military Power and the Fate of Continents, 1450 – 2000.* New Haven, CT: Yale University Press.

Black, J.(2003). *War: An Illustrated History.* Gloucestershire, U.K.: Sutton Publishing.

Bradford, A.(2001). *With Arrow, Sword and Spear: A History of Warfare in the Ancient World.* Westport, CT: Praeger.

Crone, P.(1989). *Pre-industrial Societies.* Oxford, U.K.: Blackwell.

Diamond, J.(1997). *Guns, Germs and Steel. The Fates of Human Societies.* New York: Norton.

Dupuy, T.N., & Dupuy, R.E.(1986). *The Encyclopedia of Military History from 3500 BC to the Present* (2nd rev. ed.). New York: Harper Collins.

France, J.(1999). *Western Warfare in the Age of the Crusades.* Ithaca, NY: Cornell University Press.

Fussell, P.(2000). *The Great War and Modern Memory.* Oxford, U.K.: Oxford University Press.

Hedges, C.(2002). *War is a Force that Gives Us Meaning.* Boulder, CO: Public Affairs.

Keegan, J.(1993). *A History of Warfare.* New York: Knopf.

McNeill, W. *The Pursuit of Power: Technology, Armed Force and Society since ad 1000.* Oxford, U.K.: Oxford University Press.

McPherson, J.(1988). *Battle Cry of Freedom: The Civil War Era.* New York: Ballantine.

Morillo, S., Black, J., & Lococo, P.(2009). *War in World History. Society, Technology and War from Ancient Times to the Present* (2 vols.). New York: McGraw-Hill.

Murray, W., & Millet, A.(2000). *A War to be Won: Fighting the Second World War, 1937 – 1945.* New York: Harvard University Press.

Parker, G.(1995). *The Cambridge Illustrated History of Warfare.* Cambridge, U.K.: Cambridge University Press.

Wawro, G.(2000). *Warfare and Society in Europe, 1792 – 1914.* London: Routledge.

史蒂芬·莫里洛(Stephen Morillo) 文
邢 科 译，刘文明 校

Warfare—Africa 非洲战争

非洲战争的模式、原因和经验的明显转变，可以追溯到欧洲殖民主义和跨大西洋奴隶贸易的兴起。传统的非洲战 2692
争通过反对殖民主义得到了改变，而且与代表殖民主义的欧洲代理人做斗争。但是，与盛行的谬见相反，相比任何其他地方或民族来说，战争并不是非洲和非洲人所固有的。

正如各地的人类社会那样，几乎所有的非洲社会都经历了逐步升级为各种战争形式的冲突。一些行为理论家推测，最早的原始人类和人类群落出现在非洲，最初形成于暴力冲突的熔炉中。虽然有争议，但这些理论从20世纪晚期以来就已经对公众的想象力产生了重大影响；这些理念很可能已经形成了刻板印象，那就是：非洲人从最早的时候直到当代，几乎无可救药地陷于社群间战争和暴力的循环中。然而，非洲战争的历史并没有证实这种令人沮丧的观点。

传统战争

职业军人或武士在许多非洲社会中占有特殊地位。然而，在欧洲人到来之前的非洲大陆，这种职业军人在社会内外的作用并不必然证明普遍存在着战争。但与此同时，它确实表明非洲人为各种战争和暴力冲突做好了准备。战士阶层为训练和测试社会上推崇的男子汉气质提供了场所，同时也提供了保护民众不受任何外部威胁的手段。在某些情况下，这些威胁涉及政治挑战——挑战领导地位的确立或者努力把更多人纳入已建立的或新的社会政治轨道。但是这种传统冲突的关键往往是获得财富，而这财富经常是牛。例如在东部非洲，肯尼亚第一任总理和总统乔莫·肯雅塔(Jomo Kenyatta)回忆说，对于基库尤人(Kikuyu)而言，战争有时仅仅是“凭借武力偷盗的一种方式”(Kenyatta, 1938)。

对于许多非洲人来说，战争的神秘性与宗教仪式和巫术联系在一起。战士频繁地展示他们的英勇，既在包括跳舞和音乐表演的典礼中，也在更私人的仪式中，后者有时与有限成员的团体或秘密社团有联系。传统的非洲军事领导人的功绩常常在公开朗诵他们的事迹中得到赞美。这些通常包括对其成功的神奇解释、呼唤其力量和其他能力的精神来源。例如，马里的民间艺人（说书人）马马杜·库亚特(Mamadou Kouyate)所讲述的马里帝国创始人、伟大的战士和国家领导人松迪亚塔(Sundiata，卒于1255年)的故事，就是如此。尽管有重要的传统战争的支持，但面对经济优势或政治权力日益扩大的外部需求带来的战争挑战，传统战争经验几乎没有为非洲人提供什么准备。

奴隶贸易的影响

虽然一些传统的非洲战争也抓获俘虏，并且把这些人作为生产成员吸收进捕捉者的社会之中，但对奴隶的外部需求引起了这些非洲战
争模式的转变。伊斯兰文献表明，从很早的时候 2693
起，非洲社会就调整其战争模式以鼓励捕获可以卖做奴隶的人。但是从16世纪起，欧洲贸易者对奴隶的需求几乎贪得无厌，以致在物质方面改变了非洲的战争。在特定地区，比如刚果王国的东部边疆和撒哈拉以南西部非洲地区的草原与灌木林，战争增加造成的破坏尤为显著。即使反对大西洋奴隶贸易在欧洲发展起来之后，

19 世纪 80 年代非洲一个村庄周围的栅栏，用于保护居民免受人类和其他食肉动物的伤害

为了满足阿拉伯半岛和印度洋上欧洲殖民岛屿对奴隶的需求，寻找奴隶的战争在其他地区也一直持续到 19 世纪。

因奴隶需求引起的战争的后续影响，导致了对殖民主义的一个巨大讽刺，即要求欧洲在非洲大陆进行干预以结束持续的非洲战争。这是传教士大卫·利文斯通（David Livingston，1832—1873）做出下述呼吁的基础：他呼吁英国把基督教、文明和合法贸易（而不是奴隶贸易）的好处带给东部和南部非洲。这些呼吁正好在一个关键时刻提出，当时人们的阅读能力和廉价的通俗出版物塑造着许多欧洲人对非洲大陆的认识。这些想法首先出现在具有广泛的非洲战争观念的地方，而广泛的非洲战争因后来的非洲殖民政策而加剧。

非洲的殖民战争

呼吁结束非洲战争的一个重要结果，就是使非洲人“安定下来”的军事远征和把他们置于欧洲列强的“仁慈”控制之下。以两种不同的方式，这些努力又使非洲人卷入新的战争经历之中。第一个是非洲的军事努力重新转向反对欧洲人在非洲大陆的利益扩张。在大多数情况下，非洲人无力对抗他们面对的日益复杂的战争技术形式。很少有非洲军队能够成功地阻止欧洲人的入侵，只有偶尔的成功，例如祖鲁的班图武装队（兵团）于 1879 年在伊散德尔瓦纳（Isandalwana）战役中击败英国军队，这是盎格鲁-祖鲁战争早期一场重要的战役。但正如俗语所说，祖鲁人赢得了战斗，而英国人最终赢得了战争。不过，装备较好而部署拙劣的英军被数量和策略占优势的祖鲁人打败，标志着英国人在对抗土著军队中的惨败。祖鲁的胜利可以部分地归因于祖鲁王国在恰卡（Shaka，约 1787—1828）领导下的创新性军事改革。只有埃塞俄比亚人在皇帝曼涅里克二世（Menelik II，1844—1913）统治时，在抵抗欧洲列强的战争中是完全成功的，他们在 1896 年的阿杜瓦（Adwa）战役中驱逐了意大利侵略者。

第二个与殖民扩张相关的新的军事经历，就是试图把非洲人（特别是那些欧洲殖民者认为会成为“尚武种族”的人）转变成殖民主义的士 2694
兵，将其转变为在非洲大陆许多地区建立和加强殖民控制所需要的军队。在这些殖民军队中，最早的是英国皇家非洲步枪队（King's African Rifles，缩写为 KAR）从非洲东部和中部招募的士兵。KAR（和其他类似的）部队不仅在自己的领土内维护殖民地的和平，而且经常被派到大陆其他地区去加强殖民统治。这种指派殖民地非洲人作为殖民战争军事代理人的做法，标志着战争对非洲影响的一个历史转折点。

非洲人与世界大战

在许多方面，当殖民国家面临着 20 世纪严重的军事挑战，在其防御中试图利用殖民地军队时，就出现了这种转型的高潮。始于 1914 年 8 月的欧洲战争在很大程度上是由殖民竞争引起的，并很快波及那些殖民地，特别是非洲。一些小规模的战役第一次把现代战争引入非洲大陆的几个地区，而且东非战役实际上一直持续到欧洲停战后的几天。在战争期间，也许有多达200万的非洲人作为士兵或军事劳工被卷入战争中。法国也依靠非洲部队保卫它的大后方，英国输送了数以千计的南非人到欧洲做劳工。这些经历——参与者和观察者的直接经历以及随后听说此事者的间接经历，把现代战争的真实性完全引入非洲人的意识之中。

随着1939年欧洲列强之间再次爆发战争，非洲人重新被招募而服兵役。他们在非洲大陆最重要的部署是在北非战役期间，那里大批人被训练为卡车司机。其他非洲人服务于海外，许多人在战役中抵抗日本对东南亚地区的征服，也有一些军队被派到欧洲努力阻止纳粹的占领。回到家乡之后，这些人经常对服役所获得的报酬不满意，不久便参加到反对殖民统治的各种抗议中。

当代非洲战争

对于这些退伍兵的抗议，一种回应是扩大殖民地的军队和一些非洲人的军官队伍。因此，当抗议导致许多非洲殖民地独立时——有时相对和平，有时则比较血腥——由此产生了新国家和现成的国家军队。一方面，这些军队作为国家建设的能动者，雇佣越来越多的市民并经常参与公共工程活动。另一方面，他们也经常是解决各种（包括现实的和想象的）纠纷的能动者，这些纠纷随着产生欧洲式主权和民族观念的要求而发生。在这种情况下，任何感知到的轻微的甚或是民族的差异，也会（而且有时确实）升级为战争。

从早期欧洲民族主义日益发展的例子中可见，由此产生的冲突模式是内战，主要表现在刚果、安哥拉、尼日利亚、埃塞俄比亚、莫桑比克和卢旺达。其他非洲国家，包括乌干达、塞拉利昂和长期独立的利比里亚，面临着内部叛乱。重要的国际维和行动，包括非洲统一组织（以及它的后继者非洲联盟）的重要举措，有助于减少这种新形式的非洲战争。也许更重要的是，其他非洲国家如南非设法避免殖民时代之后的战争，打破国家暴力格局，而这种格局自16世纪以来一直困扰着欧洲国家。即使在21世纪初，殖民主义的遗产和权力斗争仍然完全存在。刚果（刚果民主共和国）作为比利时的殖民地而建立，至今仍然是特别暴力和危险的地方，在那里掠夺已成为一种战争武器。苏丹达尔富尔（Darfur）地区被种族冲突所困扰。索马里仍处于濒临崩溃和受军阀摆布的状态。在津巴布韦，新一代领导人正在尝试从一个腐败政权中接收政权。 2695

进一步阅读书目：

Clayton, A. (1999). *Frontiersmen: Warfare in Africa since 1950.* London: UCL Press.
Davidson, B. (1992). *The Black Man's Burden: Africa and the Curse of the Nation-state.* New York: Times Books.
Featherstone, D. F. (1992). *Victorian Colonial Warfare: Africa.* New York: Sterling.
Freeman-Grenville, G. S. P. (Ed.). (1965). *The French at Kilwa Island.* Oxford, U.K.: Oxford University Press.
Gump, J. O. (1994). *The Dust Rose Like Smoke.* Lincoln: University of Nebraska Press.
Jeal, T. (1973). *Livingstone.* New York: Putnam.
Kenyatta, J. (1938). *Facing Mount Kenya: The Tribal Life of the Gikuyu.* London: Secker & Warburg.
Killingray, D., & Omissi, D. (Eds.). (1999). *Guardians of Empire.* New York: St. Martin's Press.
Killingray, D., & Rathbone, R. (Eds.). (1986). *Africa and the Second World War.* New York: St. Martin's Press.
Marcus, H. G. (1994). *A History of Ethiopia.* Berkeley and Los Angeles: University of California Press.
Morris, D. (1967). *The Naked Ape.* New York: McGraw-Hill.

Moyse-Bartlett, H. (1956). *The King's African Rifles*. Aldershot, U.K.: Gale & Polden.
Niane, D.T. (1965). *Sundiata: An Epic of Old Mali* (G.D. Pickett, Trans.). London: Longman.
Page, M.E. (Ed.). (1987). *Africa and the First World War*. New York: St. Martin's Press.
Page, M.E. (2000). *The Chiwaya War: Malawians and the First World War*. Boulder, CO: Westview Press.
Rotberg, R. (Ed.). (2000). *Peacekeeping and Peace Enforcement in Africa*. Washington, DC: Brookings Institution Press.
Shack, W. A., & Skinner, E. P. (Eds.). (1979). *Strangers in African Societies*. Berkeley and Los Angeles: University of California Press.

梅尔文·佩奇(Melvin E.Page) 文
张小敏 译,刘文明 校

Warfare—Air 空战

2696 在战争史上,空战在极短时间内就已成为战争中最重要的因素。从热气球、飞艇到轰炸机、战斗机以及无人侦察机,飞行器的出现使战争从根本上发生了改变。然而,即便如此,空战的目的仍始终如一:为地面部队提供侦察和火力支持。

空战是指在空中进行的军事行动,它包括对地面部队的战术支援、对军队和战略物资的运输以及对敌方的侦察。在军事史上,空战在最短时间内就对战争产生了最为深刻的影响。空战的起源最早可追溯至19世纪晚期的法国。当时,一对裱糊匠兄弟约瑟夫·蒙戈尔菲(Joseph Montgolfier)和埃蒂耶纳·蒙戈尔菲(Étienne Montgolfier)共同开发了世界上最早的热气球。法国大革命期间,法国军队中曾有一支热气球部队,空战的概念也由此产生。在此后长达一个世纪的时间内,热气球都只被用于对敌方进行侦察和监测。至1900年之前,各国的军队中都有专门的热气球部队服役,

1943年德国上空的美军轰炸机。在击败纳粹德国的过程中,盟军的空中优势是一个关键因素

而且各国也逐渐开始用其进行一些投弹测试。

1886年，一个名叫大卫·斯瓦兹(David Schwarz)的德国人建造了一艘飞艇，并进行了史上第一次飞行试验。费迪南·冯·齐柏林伯爵(Count Ferdinand von Zeppelin)在此基础上将飞艇制造技术进一步完善，并使之真正可以用于作战。另一名德国人奥托·李林塔尔(Otto Lilienthal)是史上运用科学方法对机翼构造进行研究，并用数学公式对升力进行解释的第一人。然而，真正使这种新工具成为空战首要武器的是美国人莱特兄弟。1903年12月17日，莱特兄弟在北卡罗来纳州的基蒂霍克用他们制造的飞机进行了飞行试验，并由此震惊世界。1908年2月10日，美国陆军通讯部(U. S. Army Signal Corps)向莱特兄弟预定了一架飞机，并委派他们对两名雇员进行指导。由此，飞机开始正式运用于军事用途。1909年，法国人亨利·法尔曼(Henry Farman)和路易·布莱里奥特(Louis Bleriot)驾驶飞机飞越了英吉利海峡，由此证明了飞机具有远程航行的能力。随后，他们在法国建立了世界上第一所飞行学校，这也使其成为振兴世界航空业的先驱。德国政府一直以来都在大力推动飞艇的发展，然而它也在1911年与阿尔巴特罗公司(Albatros)签订了军用飞机的制造合同。同年，英国创建了皇家工兵航空营(the Air Battalion of the Royal Engineers)。随后，其他欧洲国家也纷纷建立了各种形式的空军部队。

意大利于1911年10月23日用飞机进行了侦察实验，并宣称在这次飞行测试中创造了军用飞机领域的数项第一。这包括首次进行飞行投弹，首次有飞行员在战斗中受伤，以及第一次在飞行中运用无线电进行通信。随着试验阶段的结束，天空也适时地开始成为人类战争中的下一个战场。

1911至1912年间，欧洲爆发了多次小规模战争，这为测试飞机这一新式战争机器提供了试验场。这包括意大利与奥斯曼土耳其在利比亚的战争，1910年的墨西哥革命，1912年摩洛哥爆发的起义(后被法国镇压)，以及1912至1913年间巴尔干半岛的数场军事冲突。

第一次世界大战(1914—1918)

随着20世纪人类历史上首次世界大战的爆发，空战开始进入人们的眼帘。1914年，几个主要的军事强国已拥有1 000余架作战飞机，而这 2697
一数字在5年前还是零。在协约国与德国边界地区的空中飘浮着数量众多的探测气球，它们的主要作用是为火炮指明发射方位。一旦战争陷入堑壕战的泥潭，这些静止不动的热气球就成为对方飞机的待宰羔羊。由是，移动性更强的飞机就逐渐开始出现在战争的最前沿，并承担了从搜集情报到直接火力攻击的各种任务。

在第一次世界大战中，对空中力量的运用在军事史上还没有先例可循。法国将其2/3的军事资源都用于炮兵对敌方的炮击中。飞机在当时来说还是个新事物，尽管指挥官对其功用已有一定的了解，但真正完整地认识到其价值尚有待时日。1914年末法军组建了世界上首个轰炸机大队，但却和他们的英国盟友一起将精力主要集中于发展低速、稳定的BE2侦察机以及瓦赞(Voisin)机炮上。前者主要用于拍照，后者主要用于对地射击。而他们的对手德国人却不断发展轰炸机对其战壕进行狂轰滥炸。实际上，在战争开始前，一些军事战略家就已经意识到，空中轰炸可能会对对手产生重大的心理和物质影响。空中轰炸的目标包括后勤补给、通信线路、交通要道以及地方部队等等。借助事先的空中侦察，轰炸机可以有效地对敌方部队进行轰炸。由是，轰炸机就成为传统火炮的进一步延伸。

在战争第一线使用飞机的首个案例发生在1914年8月。当时英国皇家陆军航空队(the

British Royal Flying Corps)的 AVRO 双座侦察机正在亚眠附近对发动进攻的德军进行侦察，结果，侦察机的飞行员发现德军正对英军的地面部队展开合围，于是他们迅即将这一消息向上级进行了通报。英军指挥官在收到报告后，马上对地面部队进行了重新部署，并由此避免了一场灾难。同样的工作如果由地面侦察兵像往常一样进行侦察后再通报的话，则至少需要花费 2 天的时间。这次事件充分证明了飞机在搜集情报中的高效和极端重要性。

1913 年 7 月，意大利空军上校亚历山德罗・圭多尼(Captain Alessandro Guidoni)成功从空中投下了一枚重达 100 千克的炸弹。1914 年，俄国人伊戈尔・西科斯基(Igor Sikorsky)成功开发出了世界上首架四引擎飞机，并驾机飞行长达 2 250 千米。至 1914 年 10 月，英国陆军航空队要求所有侦察机都携带炸弹。德国飞艇飞入英国心脏地带展开攻击，并在伦敦投下了 270 千克烈性炸药和燃烧弹。而报复随即展开，且不分平民百姓和政要显贵均开始成为轰炸的目标——德皇威廉二世(Wilhelm II)于 1914 年 11 月 1 日遭到英国空军的轰炸，此后不久德国轰炸机则对沙皇尼古拉二世(Nicholas II)进行了攻击。

2698 在空军发展史上，1916 年是个重要的转折点。这时，德军的齐柏林飞艇已日益成为英法高射炮和战斗机的牺牲品。在此情况下，德军开发出了戈塔式(Gotha)轰炸机。这种远程轰炸机不仅飞行距离远，而且可在 5 000 米的高空飞行。1917 年 5 月 25 日，戈塔式轰炸机以密集队形执行了首次任务。这不仅预示了空战的一大进步，而且对有关空战的概念也产生了深远影响。到 1917 年底，对敌方主要城市的轰炸已变得屡见不鲜。炸弹这时也得到了不断改进，以使其少受风流的影响。此外，为了应对飞行速度及飞行高度对投弹准确度的影响，投弹瞄准器也开始出现并日益完善。

空战性质的急速变革不仅推动了航空技术的不断发展，而且对航空器的使用策略也产生了根本影响。这些变化可谓日新月异。为对轰炸机编队进行保护，战斗机应运而生——它们或者对敌方战机执行攻击，或承担侦察任务。其中著名的机型有法国的纽波特(Nieuport)战斗机以及德国的福克(Fokker)战斗机等。与此相应的是，“王牌飞行员时代”的大幕也逐渐开启。飞行员开始逐渐成为大众英雄和知名人物。他们所承担的任务和角色不仅激起了公众的想象力，而且他们精湛的个人技术也对空战的策略和艺术产生了巨大的推动作用。由于轰炸机和侦察机的速度较慢而且易受攻击，战斗机飞行员遂成为敌方战机的拦截者和本方战机的守护者。这也意味着战斗机飞行员要面临更多的风险。为此，他们宣称其已成为所有兵种中伤亡率最高的，而不仅是其中之一。

1943 年停在一个中国机场的美军“解放者”轰炸机(liberator bombers)和 P－40 战斗机

在早期，飞行员往往只是用左轮手枪或来复枪来武装自己。这种状况直至1911年美国人艾萨克·牛顿·刘易斯发明了刘易斯机枪后才发生改变。这种机枪只有11千克重，甫一问世就很快被应用于空战。紧随其后的是法国的霍奇基斯（Hotchkiss）机枪以及英国的威克斯（Vickers）机枪。同盟国的空战观念也发生了转变，主要目标开始由之前的执行轰炸和进行侦察，转而变为有效击落敌方战机。1915年，荷兰人安东尼·福克（Anthony Fokker）发明了射击断续器。他将带有这种射击断续器的机关枪装配在德军飞机的梅赛德斯引擎上。这样，飞行员就可以在机身的中轴线上用机枪对敌方进行射击（而不至于伤及自身飞机的螺旋桨）。这对空战的效率是一个极大提升。1916年，战斗机的作战方式也发生了改变，开始由之前一对一锁定敌人进行决斗的方式，转变成以编队方式为深入敌军腹地的轰炸机进行护航。在1916年的凡尔登战役中，法国空军贯彻了这种编队作战的新理念。早在1917年德军就首创了飞行中队，它由多支飞行支队联合在一起，战机数量可多达50架。在该次战斗中，德军的飞行中队统一行动，在多点对英军防区进行了攻击。1918年3月23日至29日，英国陆军航空队和英国皇家海军航空队（the Royal Naval Air Service）对德军进行了首次大规模空中打击，此次联合攻击对该次战役产生了重要影响。当时，由70架飞机组成的飞行编队用低空飞行方式对德军进行了猛烈攻击，并因此有效阻止了德军的进攻。

激烈的空中战场的出现，尤其是编队飞行的引入，促成了诸如驾机指南以及战术规范等规则的出现。在制定出这些规则之后，军方将其印发至整个空军系统并广为宣传。当时在飞行员和地面部队之间还没有无线电通信可用。飞机的飞行速度也难以控制。飞行员仍主要依靠其指挥官的信号才能做出反应，而且非常容易受到上方敌机的袭击。当时近2/3的空战都发生在德军前线后方，因此一旦飞机被击落，飞行员几乎肯定会被敌方俘虏。

到1918年，当时每个强国的军队中都有独立的空军部队。自飞机出现之后，既往战场上促成突然袭击的因素一去不返，战争已发生了革命性的改变。飞机的装备和制造技术在这段时间得到了急速发展。过去的飞机破烂不堪而且非常脆弱，配备的武器只有来复枪和左轮手枪，时速只有每小时100千米，飞行高度也不过3 000米。而到了第一次世界大战将近结束的时候，飞机已摇身一变为强大的战争武器，并可携带重达450千克的炸弹。激烈的空战促成了诸如德国的DVII型战斗机、法国的斯佩德型（Spad）战斗机、英国的SE5型战斗机以及索普维斯“骆驼”战斗机（Sopwith Camel）的出现。这些飞机都是名副其实的杀人机器，它们装备有两挺每分钟可发射800发子弹的机枪，并可以每小时250千米的速度在2 042米高空编队飞行。作为士兵中的新鲜血液，飞行员与其所驾飞机之间的密切关系预示了战争中人与机器之间新型关系的出现，而这种关系也成为日后所有战争的主要特点。在这次战争中也涌现出了一批具有开拓精神、才华横溢的飞行员，著名的如奥斯瓦尔德·波尔克（Oswald Boelcke）、阿尔伯特·鲍尔（Albert Ball）、爱德华·马诺克（Edward Mannock）、比利·米切尔（Billy Mitchell）以及艾迪·里肯巴克（Eddie Rickenbacker）等。他们的遗产即使在60年后仍惠及后人。此外，英国还在1918年4月组建了一支英国皇家女子空军部队，这是历史上首支吸纳女性成员的空军部队。

两次大战之间

两次世界大战之间的这段时间可谓是民用航空的黄金时代。然而，在该段时期内军用飞机

炸弹不会做出选择，而是会攻击一切东西。

——尼基塔·赫鲁晓夫(Nikita Khrushchev, 1894—1971)

则没有多少发展。到20世纪30年代末，德国和日本已发展为世界军用航空业的翘楚。它们拥有当时世界上最为先进的空军，战机的数量也都多达5万架。而美国及其盟友的飞机总数还不到1万架，而且其中大多数还是已经过时老掉牙的机种。赫尔曼·戈林(Hermann Goering)与其统帅的纳粹德国空军成为下一代空战的先驱。1936年西班牙内战爆发，为俯冲轰炸战术的发展提供了机会。在这一时期，传统的双翼机也被单翼机取代。德国生产的梅塞施密特(Messerschmitt) Me－109式战斗机就是这种新式的战斗机。然而，除了机械更加先进以外，空军的战略战术在近22年的时间中几乎停滞不前。1938年，喷火式战斗机(Spitfire fighter)开始在英军服役，其飞行时速可达每小时550千米，飞行的高度上限也超过12 000米。英国皇家空军的休·特伦查德爵士(Sir Hugh Trenchard)和意大利军官朱里奥·杜黑(Giulio Douhet)是当时欧洲主张用战略轰炸机对敌方中心地带进行轰炸的主要支持者。

第二次世界大战(1939—1945)

第二次世界大战以数场陆上和海上的战役开始。空中力量主要扮演从属角色，主要用来对地面部队进行支持。1939年德国突袭波兰。德国空军对波兰的主要城市进行轰炸，并一举摧毁了波兰空军。1940年德国对伦敦的闪击战是历史上首次完全发生在空中的战争。英国战斗机飞行员仍在执行其前辈在第一次世界大战期间完善的战术：己方战斗机与敌方轰炸机展开一对一的对决。英国将主要精力用于发展战略轰炸机的作战能力，而德国则专注于强击机之间的集群作战。1941年12月7日，日本偷袭珍珠港。日军凭借其先进的侦察机和携带鱼雷的战斗机摧毁了美军太平洋舰队的大部分战机。由此也证明，空军可以成为现代战争的首要力量。

尽管许多想法和思路已经过时，但第二次世界大战仍然是建立在对“一战”经验教训的吸收和借鉴上的。为确保补给线的安全，盟军部署了12人战斗机中队以对抗日本在太平洋上的舰队。英军于1939年进一步发展完善了雷达技术。此后，敌方飞机的突然袭击不再像以往那样有机可乘。无线电技术的发展使飞行员与地面控制系统的即时通话成为可能，这样就可以确定敌军飞机的准确方位。到战争后期，远程战略轰炸机逐渐成为摧毁纳粹德国战争能量的最重要武器。1942年5月，盟军近千架B－17和B－25轰炸机从位于英国的基地出发，以密集队形对科隆进行了远程轰炸。同年8月，盟军战机又完成了对雷根斯堡和施韦因富特(Regensburg-Schweinfurt)的轰炸任务。轰炸机在执行一些远程任务时飞行里程可能超出护航战斗机的飞行范围，因此，轰炸机也需配备防御武器。如B－17轰炸机就有10名机组成员，并配有0.5英寸口径的重机枪以进行防御。滑翔机噪音小，因此最初被用于执行隐秘的空降任务。但其也可用于作战，如P－51反坦克飞机就在对付德军装甲部队时发挥了非常好的效果。

2700

在战争中，运输机也扮演了非常重要的角色。中国军队在战争中就得到了大量的空中补给——这也是战争史上最伟大的成就之一。而且，盟军还用C－47型运输机将大量部队运至敌占区，以在敌后对敌军加以渗透。诺曼底登陆当天，大量伞兵部队从运输机上空降之后开始向柏林推进，从而加速了战争的结束。这些英勇的飞行员克服恶劣环境，用自身的实际行动证明制空权的争夺已经成为地面战争的胜负手。德制梅塞施密特Me－262式战斗机是世界上首款喷气式战斗机，它的出现标志着世界航空业的一大飞跃。除喷气式战斗机外，德军的V－1导弹和V－2导弹也为未来军事工业的发展指明了方向。V－1导弹是世界上首款无人驾驶喷气式导弹,可携带近两吨炸药对地攻击。V-2导弹则是世界上首款弹道导弹,其载弹量为750千克,射程可达300千米。1944年夏,德军用V-1和V-2导弹对英国进行了攻击。但面对江河日下的局势,此举也只不过是最后的挣扎,德国此时已无力回天。

在1942年6月的中途岛海战中,航空母舰的功用得到了淋漓尽致的发挥。美军的B-29型轰炸机也使日本的本土防空火力形同虚设。1944年8月6日,B-29轰炸机埃诺拉·盖伊号(*Enola Gay*)向广岛投下了人类历史上第一颗原子弹。这成为当时盟军空中优势的缩影,而且也彻底摧垮了日本的信心,从而使盟军不必登陆日本本土就尽快结束了战争。

“二战”之后以及越南战争

越南战争在很大程度上可以说是一场丛林游击战。在战争中,美军的B-52型轰炸机主要用来对越共目标进行轰炸。直升机可以在丛林和山区等地形复杂地区对目标进行有效攻击,因此其也逐渐开始成为空战中的一支重要力量。双方空战的主力则仍然是喷气式战斗机。在战争中,苏制米格-17和米格-19喷气式战斗机与美军的F-105和F-4式战斗机展开了对决。这一时期,一些新式防空武器如地对空导弹、激光制导炸弹、导弹探测系统以及雷达干扰装置的出现,对空中侦察和轰炸造成了巨大的威胁。此外,空中加油技术的不断发展,也大大拓展了飞机的作战半径。

现代空中战争

随着计算机技术的不断发展,武器装备已发展得越来越精密和“智能化”。但对空战来说,对高空的探求以及在最短时间内确立空中优势一直都是空战的主要目标。在20世纪末以及21世纪初的几场战争中(1991年的海湾战争以及21世纪初的阿富汗战争和伊拉克战争),应用最新科技的空军力量都成为最后的地面战争的胜出者。美军的F-117夜鹰隐身攻击机(F-117 Nighthawk)作战半径可达1 200千米,并可携带两枚激光制导炸弹。B-2重型轰炸机则可对小面积目标进行外科手术式的精确打击。通过使雷达波发生偏转,隐形轰炸机对敌方来说几乎是不可见的。它的4个引擎也隐藏在机身里面,以使其可避开热跟踪导弹的追击。

有了这些先进的隐身装置以及电子设备,飞行员的驾驶技能以及飞机的飞行速度就不再成为问题。在空战中,对敌军的有效侦察一直都是影响战争结果的非常重要的因素。“捕食者”无人侦察机将侦察机的技能和功用发展到了极致。由于没有驾驶员,因此它即使被击毁也不会造成人员伤亡。而且,该机由地面中心的工作人员远程遥控,并可向控制中心和其他战机实时传送信息。C-130武装直升机实际上是一种机载火炮,其建造灵感源于早期空战中双翼飞机与炮台的协同作战。阿帕奇武装直升机在一次作战中甚至可以击毁20辆坦克。

最新的U-2侦察机可在25 000米高空执行任务,其飞行高度已接近外太空的边缘。此外,由几个欧洲国家联合开发的台风战斗机也 2701
是一种国际顶尖水平的战机。与100多年前相比,尽管飞机制造技术已经有了长足的发展,但空战的目标并没有发生多大改变,其目的仍然是要通过不断提升航空器的飞行高度和速度,对制空权展开争夺,并进而为地面部队提供侦察和火力支援。

进一步阅读书目:

Boyne, W.J.(1994). *Clash of Wings: World War II in the Air*. New York: Touchstone Books.
Budiansky, S.(2003). *Air Power: The Men, Machines, and Ideas that Revolutionized War, from Kitty Hawk to Gulf War II*. New York: Viking.
Collier, B.(1974). *A History of Air Power*. New York: McMillan.
Corum, J.S., & Johnson, W.R.(2003). *Airpower in Small Wars: Fighting Insurgents and Terrorists*. Lawrence: University Press of Kansas.
Crouch, T.D., & Hayden, F.S.(2000). *Military Ballooning during the Early Civil War*. Baltimore: Johns Hopkins University Press.
Fredett, R.H.(1966). *The Sky on Fire: The First Battle of Britain*. New York: Holt, Rinehart and Winston.
Goddard, S.B.(2003). *Race to the Sky: The Wright Brothers Versus the United States Government*. Jefferson, NC: McFarland.
Johnson, J.E.(1964). *Full Circle: The Story of Air Fighting*. London: Cassell.
Kennett, L.(1991). *The First Air War 1914-1918*. New York: Free Press.
Lambeth, B.S.(2000). *The Transformation of American Air Power*. New York: Cornell University Press.
Morrow, J.H., Jr.(1993). *The Great War in the Air: Military Aviation from 1909 to 1921*. Washington, DC: Smithsonian Institution Press.
Niellands, R.(2001). *The Bomber War: The Allied Air Offensive Against Nazi Germany*. New York: Overlook Press.
Smith, J.R.(2003). *On Special Missions: The Luftwaffe's Research and Experimental Squadrons 1923-1945*. Hersham, U.K.: Classic Publications.
Warden, J.A., III.(1989). *The Air Campaign: Planning for Combat*. Washington, DC: Brassey's.

穆丽尔·乔思林(Mauriel P.Joslyn) 文
王晓辉 译,刘文明 校

Warfare—China 中国战争

2702 在19世纪之前,中国主要是与境内外的游牧民族交战。与其他国家做进一步对比,中国很少颂扬其将士,但在城镇防御方面却更有章法。19世纪之后,尽管中国的发展不再局限于某一地域,但它的战争还是以捍卫自身利益为主。

在近代之前,中国的周边从未出现过与其实力相当的文明。在统一时,中国的中原政权会与边境上的游牧民族发生冲突;在分裂时,中国会爆发内战,这两种情况交替出现在中国历史上。中国的王朝更替也会导致战争。游牧民族虽然只占中国人口的一小部分,但他们也曾经征服中原。然而,要建立统治,他们就需要进行汉化。

中国人喜欢将心理因素融入战争艺术,如暗度陈仓、出其不意、瞒天过海等。从战国时期的《孙子兵法》到2 500年后的毛泽东思想都体现了这点。与进攻相比,中国人更看重防御,特别是在城镇周围修建城墙,其中最著名的防御工事就是长城。但中国并不喜欢称颂其将帅士卒,因此像《高卢战记》一类的回忆录很难在中国找到。

公元前 600 年之前的战争我们知之甚少。周朝的统治靠的是家族关系和半封建关系，而不是强大的军事力量。在公元前 8 世纪早期，周朝走向衰落。公元前 771 年，入侵的游牧民族和起义军洗劫了周朝的国都，杀死了周王，这一事件标志着西周的灭亡。此后，中国陷入了长达数个世纪的割据战争。最后，秦国获得胜利，于公元前 221 年统一中国。在这一时期，与剑、投枪和战斧相比，中国人更依赖于十字弩。中国的十字弩比希腊、波斯和罗马帝国早期使用的弓更具杀伤力。

战国时期还没有现代意义上的骑兵。在战国晚期，铁制兵器得到应用，军队的规模不断扩大，贵族在战争中的作用越来越小，步兵主要由农民构成。中国并不依赖骑兵阵；战车的数量标示着一个国家军事实力的强弱。

秦朝是一个短命王朝，公元前 206 年灭亡。凭借着由农民组成的军队和铁制兵器，秦扫平六国，此后北筑长城，以抵挡北方游牧民族的袭扰。秦朝的军队还进入长江以南地区，也就是今天的福建、广东和广西。此外，在东北方向，秦朝的势力扩展到了朝鲜半岛北部。

从汉朝到唐朝

继秦朝而起的是汉朝（前 206—公元 220），
2703 其实力足以比肩罗马帝国，它与游牧民族进行了长期的角力，希望能控制住北方的匈奴。同时，它控制了长江以南地区。面对游牧民族的威胁，汉朝比之前的王朝更重视骑兵。从公元前 121 到前 119 年，汉军与匈奴在中国西部地区爆发了战争，汉军的骑兵数量超过了 10 万；战争的胜利使汉朝控制了通往西方的商道。此外，汉帝国在东北方向也有发展，势力到达了朝鲜半岛北部的汉江。在公元后的第 1 个世纪，汉军征服了塔里木盆地和中亚部分地区。

但随后，实力的天平开始向游牧部落倾斜。国内起义削弱了帝国的实力，汉朝失去了对中亚部分地区的控制；游牧民族渗透进防御线之内，他们对华北地区构成了威胁。220 年，汉帝国瓦解，中国再次陷入分裂。在隋朝统一之前，中国出现了各种地方政权并存的局面。隋朝的军事行动过于频密，这拖累了国家的发展。隋军进军长江流域，随后 4 次远征高句丽，但并未取得成功。

唐朝和宋朝

从 618 到 907 年，统治中国的是唐帝国。唐朝的首都是长安，它是当时世界上最大的城市，这足以彰显帝国强大的军事实力。在唐朝，中国发明并开始使用火药，但当时主要是用于爆破而非火器助推。有趣的是，大约在同一时期，拜占庭帝国熟练地掌握了“希腊火”。直到今天，希腊火的配方也使专家们非常困惑。唐朝的军队沿用了以农民为主体的步兵和以贵族、游牧民族为主体的骑兵。在鼎盛时期，唐帝国的控制范

司马台长城照片。中国的长城修建于公元前 5 世纪至公元 19 世纪，旨在防止外来入侵，特别是北方游牧民族的入侵

围，向北到达了朝鲜半岛北部，向南到达了越南的红河三角洲，向西到达了西藏部分地区。之后，唐朝的势力范围又沿着商路向里海方向发展。8 世纪 50 年代，唐帝国遭遇了 4 次挫折，其中最重要的一次是怛罗斯之战(751)，唐军输给了正在崛起的阿拉伯军队；755 年又爆发了安史之乱。安史之乱平定后，唐朝又出现了一系列农民起义，这使得唐帝国迅速走向衰落。

8000 个兵马俑埋在地下许多世纪，用来保护中国第一位皇帝秦始皇的陵墓。兵马俑可以使我们管窥到中国古代的战争

在中国的军事实力走下坡路的时候，游牧民族获得了军事上的优势。在北方，王朝更迭，游牧民族控制了华北平原部分地区。在南方，军阀各据一方。之后，宋朝统一了中国的大部分地区，其间，宋实力主要体现在经济而非军事方面，它靠外交和纳贡来维持和平。游牧民族继续控制着华北平原部分地区。金国将宋赶出了北方，从 1127 年起，宋朝政权只是控制着中国南方。蒙古人征服了金国和其他北方游牧民族，1279 年又灭了南宋，建立了元朝。宋朝灭亡后，蒙古人首先将中国及其周边地区重新统一起来。

蒙古人和明帝国

2704 蒙古人是当时最强大的军事力量。他们是马上民族，强调机动性。每个蒙古骑兵配有 14 辆车，他们排着复杂的队列，会使用声东击西等计谋，做事残忍，这使他们迅速获得了成功。蒙古人的适应性很强，能将被征服民族的技术运用到庞大的帝国中。他们占领了中国北方，而南方的水路运输、运河和河流却成了障碍，但他们能够学会如何适应这些。最终，他们学会了如何利用中国北方的佣兵来拓展自己有限的军事力量(在任何时期，蒙古骑兵的总数都不超过 20 万)，还从中国南方学到了航行技术。在 13 世纪，蒙古人两次远征日本失败，此役耗费巨大，来自中国中原政权和朝鲜的军队削弱了蒙古军队的实力。蒙古人的数量较少，又不肯汉化，因此政权很难长期维持。开国仅百余年，元朝就瓦解了。

在元朝灭亡后，明朝复兴了汉族政权，但这个政权生存在一个险象环生的世界中。明帝国从未控制内陆地区和通往西北的商道，在那里，蒙古人一直是个威胁。为了抵御游牧民族，明朝重建了长城。在明朝晚期，日本船只开始袭扰中国沿海地区，于是朝廷命令沿海居民内迁。

郑和的航海活动是明朝军事史上光辉的一页。郑和是皇帝身边的宦官，也是位有影响力的官员。他率领一支由 2 万名士兵和 2 万名水手

> 兵者，诡道也。
>
> ——孙子（公元前5世纪）

组成的庞大舰队从中国出发，经印度洋到达了非洲东海岸，这给当地的统治者留下了深刻的印象。同一时期，葡萄牙的航海者亨利派遣私人船只去寻找绕过非洲前往亚洲的航线。但郑和与海权只是过眼云烟，明朝从未像汉朝和唐朝那么强大。朝廷官吏和军事将领将注意力集中在西北，以防御正在崛起的强敌。

清朝

随着明朝的衰落，曾在东北地区称臣纳贡的满族人开始学习中原文化；1644年，他们打败了明朝军队，建立了清朝（1644—1911/1912）。他们将自己划分为若干个组织，每个组织用一种颜色的旗子作为代表，他们在军事上也是如此，这就是八旗制度。凭借着八旗军队，清朝统
2705 治者很快就控制了蒙古人和西藏人。在康熙皇帝执政期间，中国阻止了俄国人向东扩张的步伐，两国于1689年签订了《尼布楚条约》。

乾隆皇帝执政时期，清王朝如日中天，但随后帝国就迅速地走向了衰落。西方国家的出现最终导致了军事冲突；两次鸦片战争证明了清朝的衰弱，八旗兵失去了战斗力，他们的火器是17世纪时从荷兰商人手里购买的，此后就再也没有更换过。西方国家损害了中国主权。太平天国运动（1851—1864）进一步暴露了清王朝的衰弱；在西方列强（美国和英国）和中国私人武装的协助下，清廷镇压了这场起义。带有反西方色彩的义和团运动（1900—1901）也在国外势力的干预下被镇压了。1912年，清朝最后一位皇帝退位，中国采取了共和制。但即便如此，军阀割据和外国势力的干涉仍然使中国陷入混乱。

20世纪的战争

1932年，日本帝国主义占领了中国东北；但它对中国的侵略并没有停止，1937年中国开始全面抗战。但在中国国民党——在名义上管理着中国——眼中，共产党同样需要镇压。作为国民党的领袖，蒋介石（1887—1975）聘用德国顾问，使用德制装备，对共产党在中国东南地区的根据地进行了封锁。1934年10月，中央苏区9万名红军开始著名的长征。红军首先向西南进发，随后向西，再向北，最后到达了西北地区。到达陕西延安的时候，这支红军仅剩下了8 000人。这时，蒋介石不情愿地暂停了与共产党的争斗，两党联合起来对日作战。

第二次世界大战结束后，中国重新陷入了内战。国民党获得了持反共立场的美国的支持，但共产党更得民心，且拥有像林彪（1907—1971）和朱德（1886—1976）这样的优秀军事战略家。国民党军队在规模上更大，但人民解放军贯彻了毛泽东的运动战思想，寻机歼灭孤立无援的国民党军队。共产党重视心理战，他们预先动员自己的军队，同时做策反敌军的工作。在内战中，共产党的力量不断壮大，而国民党的力量则不断减弱。1948年，装备精良的共产党军队与战术保守的国民党军队展开大会战，并赢得了淮海战役的胜利。此役，国民党损失了50万军队。1949年4月，毛泽东的军队从多地突破长江。1949年10月，解放军已经到达了中国西南地区和中越边境。

获得了大陆地区的控制权后，中国的领导人将边境防御作为重点。1950年10月到11月，"联合国军"到达了鸭绿江边。中国对"联合国军"的意图表示忧虑，于是加入了朝鲜战争。1951年4月，中国人民志愿军展开反击，稳定住了战线。1953年7月的停战协议结束了中国与美国的直接冲突。

1962和1979年，中国分别同印度和越南爆发了边界冲突。在内战中失败后，国民党退到了中国的台湾地区。1964年，中国进行了首次核试验，从此成为世界核大国之一。今天，中国是

世界人口最多的国家，是世界第三大核武国，中国的武装力量始终保持着清醒的头脑。

2706 进一步阅读书目：

Appleman, R.E. (1989). *Disaster in Korea: The Chinese Confront MacArthur*. College Station: Texas A & M University Press.

Brent, P.L. (1976). *The Mongol Empire: Genghis Khan, His Triumph and His Legacy*. London: Weidenfeld & Nicholson.

Chan, A. (1982). *The Glory and Fall of the Ming Dynasty*. Norman: University of Oklahoma Press.

Chassin, L.M. (1965). *The Communist Conquest of China: A History of the Civil War, 1945 – 1949*. Cambridge, MA: Harvard University Press.

Chi, H. (1982). *Nationalist China at War: Military Defeats and Political Collapse*. Ann Arbor: University of Michigan Press.

Cottrell, L. (1962). *The Tiger of Qin: The Dramatic Emergence of China as a Nation*. New York: Holt, Rinehart and Winston.

Ellemen, B.A. (2001). *Modern Chinese Warfare, 1795 – 1989*. New York: Routledge.

Graff, D.A., & Higham, R. (Eds.). (2002). *A Military History of China*. Boulder, CO: Westview Press.

Hail, W.J. (1964). *Tseng Kuo-fan and the Taiping Rebellion, with a Short Sketch of His Later Career*. New York: Paragon Book Reprint Corporation.

Hooten, E.R. (1991). *The Great Tumult: The Chinese Civil War, 1936 – 1949*. New York: MacMillan.

Hsiung, J.C., & Levine, S.I. (Eds.). (1992). *China's Bitter Victory: The War with Japan, 1937 – 1945*. Armonk, NY: M.E. Sharpe.

Kierman, F.A., Jr., & Fairbank, J.K. (Eds.). (1974). *Chinese Ways in Warfare*. Cambridge, MA: Harvard University Press.

Levathes, L. (1994). *When China Ruled the Seas: The Treasure Fleet of the Dragon Throne, 1400 – 1433*. New York: Simon & Schuster.

Loewe, M. (1974). *Crisis and Conflict in Han China, 104 BC to AD 9*. London: Allen & Unwin.

Mote, F.W. (1999). *Imperial China, 900 – 1800*. Cambridge, MA: Harvard University Press.

Peers, C. (1998). *Warlords of China: 700 BC to AD 1662*. London: Arms and Armour Press.

Powell, R.L. (1955). *The Rise of Chinese Military Power, 1895 – 1912*. Princeton, NJ: Princeton University Press.

Salisbury, H.E. (1985). *The Long March: The Untold Story*. New York: Harper & Row.

Scobell, A. (2003). *China's Use of Military Force: Beyond the Great Wall and the Long March*. New York: Cambridge University Press.

Torday, L. (1997). *Mounted Archers: The Beginnings of Central Asian History*. Cambridge, MA: Durham Academic Press.

Westad, O.A. (2003). *Decisive Encounters: The Chinese Civil War, 1946 – 1950*. Stanford, CA: Stanford University Press.

Wilson, A. (1976). *The "Ever-victorious Army": A History of the Chinese Campaign under Lt. Col. C.G. Gordon and of the Suppression of the T'ai-ping Rebellion*. Arlington, VA: University Publications of America.

Wilson, D. (1971). *The Long March, 1935: The Epic of Chinese Communism's Survival*. New York: Viking Press.

Wilson, D. (1982). *When Tigers Fight: The Story of the Sino-Japanese War, 1937 – 1945*. New York: Viking Press.

Xiao, Q. (1978). *The Military Establishment of the Yuan Dynasty*. Cambridge, MA: Harvard University Press.

查理·多布斯(Charles M. Dobbs) 文

邢 科 译，刘文明 校

Warfare—Europe 欧洲战争

早期欧洲的军备与西亚、北非地区的发展密切相关，但是军队结构的变化（例如8世纪出现了拥有土地的骑兵和骑 2707
士）使欧洲人能够更好地抵御外来入侵。技术和先进武器推动了军备竞赛，并最终使欧洲国家有能力发动世界范围的战争。

古代希腊人认为，欧洲独立于亚洲而存在。但是看一看地图就会明白，欧洲实际上是从亚洲向西延伸出的一个半岛，与亚洲大陆紧密相连，同时与北非地区隔海相望。整个冰河时期，欧洲西北部的许多地区都被冰川覆盖，后来冰川渐渐融化，欧洲也不过是亚非核心区边缘的一个小聚居区。在蒙古帝国（1206—1368）扩张和中国火药传入之前，亚洲的发展对欧洲军事史产生了重要影响。

武器的革新

欧洲最早的一批居民来自亚洲和非洲，他们跨过直布罗陀海峡、博斯普鲁斯海峡和达达尼尔海峡，从不同地区进入欧洲。他们靠狩猎和采集为生。当时是否存在战争呢？我们对此一无所知。考古学家发现了一些带有伤痕的骸骨，这些伤痕可能是战争造成的，但也有可能是打猎时留下的。这就是我们了解的全部情况。农业经多瑙河河谷，从亚洲传入欧洲。从距今8 000年到距今6 700年，早期的农民将农业传播到欧洲各地。他们也使用弓箭：一些西班牙岩画描绘了一群裸体弓箭手四处奔跑，相互射击。考古学家也在许多骸骨上发现了箭伤。由此推断，在早期欧洲，农民的确会不时地发生冲突。20世纪30年代，人们在新几内亚的高原地区发现了尚处在石器时代的农民，他们处于一种混战状态；早期欧洲农民的冲突和他们的状况可能有相似之处。

大约公元前3000年左右，苏美尔地区开始使用青铜铠甲和青铜武器，这是军事史上的一项重要变革。在铜和锡开始用于冶炼青铜之后，一部分职业军人获得了青铜武器。青铜器渐渐普及起来，到处都有制造青铜器所需的金属和专业工匠。青铜盔甲和青铜武器的优点是显而易见的，战争使小部分军事精英成为由普通农民缴纳地租和赋税来供养的职业军人。

从公元前2800至前1300年间，由青铜制成的武器和铠甲传遍了欧洲大陆，并催生了朝气蓬勃的军事贵族和技艺娴熟的金属制造匠——他们通过贩卖金属和其他紧俏物品来获利。早在公元前2800年，乌拉尔山和伏尔加河之间的草原上就出现了马拉的双轮战车。最初，这些笨拙的战车更适合于庆典仪式而非战争。但在公元前1700年之后，车轴上安装了带辐条的大轮
子，有助于减少摩擦力；同时战车的御车手配备 2708
了威力强大的复合弓，可以在自己毫发无损的情况下对敌军的步兵实施远程攻击。在这之后，战争迅速改变了整个西亚和欧洲。战车造价高昂，马匹也价格不菲（在草原除外），但欧洲的大部分统治者还是迅速接受了这一新的战争利器，即便是偏远的瑞典和英格兰也不例外。

这巩固了少数精英的军事地位和政治权力，但在大约公元前1200年之后不久，价格低廉且供应充足的铁制武器得到广泛应用，普通农民可以为自己装备矛、盾和头盔。因此，与以往相比，密集的步兵可以更好地抵挡战车的冲击。欧洲社会的民主化随之产生了。

莱昂纳多·达·芬奇的壁画《安吉里之战》(*Battle of Anghiari*，1503—1505)。16世纪中期，在翻修韦奇奥王宫(Palazzo Vecchio)的时候，这幅名画不知所终，我们看到的是艺术家的复制品。这幅画生动再现了1440年米兰和佛罗伦萨交战的场景

公元前700年之后不久，当草原游牧民族学会用双腿夹住飞奔的马匹，并在马背上开弓放箭的时候，实力的天平再次向游牧民族倾斜。这些技巧提高了草原骑兵的机动性，在随后的几个世纪中，他们与农耕民族的实力差距不断扩大；尤其是马镫的发明(大约为200年)，大大提升了骑马的稳定性。到13世纪，游牧民族的组织系统已经可以控制由几十人、几百人，甚至几千人组成的作战单元，这使得蒙古军队的效率大幅提高，草原战争的水平也达到了前所未有的高度。

步兵和骑兵

在非草原地区，饲养马匹是非常昂贵的。正如古代希腊罗马人所发现的那样，只要有足够数量的骑兵保护两翼和后方，纪律严整、装备精良的步兵完全可以抵挡骑兵的攻击。由于地中海地区不出产牧草，且远离广袤的草原，所以这一地区很少受到草原骑兵的侵袭。希腊和罗马的军队以步兵为主，士兵们装备了铁制铠甲、护胫甲(保护腿部)、头盔和盾牌。古代希腊的重装步兵会面对面地与敌人战斗，他们用矛将对方刺伤或刺死；罗马军队则更喜欢使用变化多端的战斗队形，剑是他们的主要武器。起初，普通农民在入伍时要自备武器。一旦左右了战场形势，他们就会在战与和以及其他公共事务上发挥决定性作用。

民主共和的观念是古典主义传统的重要组成部分。按照这种观念，与臣属于贵族和君主的人相比，自由民在作战时会更加勇敢。这一观点到现在也很流行。公元前5世纪，历史学家希罗多德就是从这个角度解释，为什么弱小的希腊 2709
城邦联盟能够击败波斯国王薛西斯的侵略军。但波斯军队无法在当地过冬才是撤军的真正原因。所以，除了留下一支小部队准备来年的进攻

外(这次围攻从公元前480年一直持续到公元前479年),薛西斯将主力部队全部撤回了波斯。在获得胜利之后,由公民组成的军队一直存在,直到马其顿国王腓力征服整个国家。亚历山大三世(Alexander III,即马其顿的亚历山大)是腓力的儿子,他征服了庞大的波斯帝国,将希腊的影响一直拓展到印度,开启了历史学家所说的“希腊化时代”。

马其顿军队由步兵和骑兵组成,步兵装备的矛比希腊士兵的更长,而骑兵的规模比希腊时代更为庞大。步兵用矛组成像刺猬一样的队形,整体推进可以有效地击退敌人,骑兵则攻击对方的薄弱环节;这种步兵与骑兵的配合可谓所向披靡。依靠大量的土木工事和特制的梯子,亚历山大的军队甚至能攻克结构复杂的堡垒。这是欧洲军队第一次战胜亚洲劲敌,但他们的优势却转瞬即逝。

可以肯定的是,罗马人征服了地中海沿岸地区,轻而易举地消灭了希腊诸国,并将其统治向北拓展到英格兰、莱茵河和多瑙河。但尽管罗马人来势汹汹,波斯统治者仍然掌控着幼发拉底河和底格里斯河流域。波斯人之所以能抵御罗马军队,主要是因为他们培育出了一种高大强壮的马,这种马匹足以驮动全副武装的士兵。牲畜需要大量的草料,而苜蓿的出现很好地解决了这个问题。通过在荒地上种植苜蓿,波斯人不但能获得充足草料,还能确保粮食不会减产。苜蓿在夏天生长旺盛,可以替代普通的草;而且它们含氮丰富的根块能为来年的粮食丰收提供充足的肥料。

波斯的重装甲骑兵装备了一种强弓。就像过去的战车一样,重装甲骑兵可以在几乎零伤亡的情况下重创敌军的步兵。因此,罗马失败了。但是波斯骑兵仍然会不时受到草原游牧骑兵的袭扰。由于草原上的草过于稀疏,无法满足战马的需要,因此波斯骑兵很难深入草原,去追击骑着矮种马的草原骑兵。即便如此,他们还是保护了当地的农民。

罗马和遥远的中国都从波斯进口这种高大强壮的马匹,以期组成一支强大的骑兵部队,这一点并不令人惊讶。但是饲养这种马匹的成本过高,所以直到其退出历史舞台之前,这种马在中国始终数量有限。但在欧洲,哈德良皇帝(Hadrian,117—138年在位)将波斯式的装甲骑兵引入了罗马军队。到查士丁尼(527—565年在位)时期,这种骑兵已经成了东罗马帝国(拜占庭帝国)军队的中坚力量。但与波斯不同,罗马是要向军队发饷的。因此,一旦军队分散到全国各地或改由私人供养,中央政府就很难对其进行有效控制了。

骑士

732年,法兰克的统治者查理·马特(Charles Martel)引入新的骑兵制度:作为服兵役的报酬,统治者向军官授予土地,后来这些人被称为骑士。从此之后,西欧的军人开始拥有了自己的私人地产。在相当长的一个历史时期里,以矛为主要武器的西方骑士在数量上不及东方骑士。在西罗马帝国灭亡、日耳曼入侵者建立起若干个相互敌对的王国之后,骑士的数量才逐渐多起来。查理曼征服了欧洲大陆的许多地区,从比利牛斯山到匈牙利平原都在他的掌控下。800年,查理曼加冕为“罗马人皇帝”。但他的继承人却使帝国再次分裂为几个互不相容的政权。来自北方的维京人、南方的阿拉伯人和东方的马扎尔人(Magyars)对新生政权构成了威胁。在一轮又一轮的攻击下,这些王国未能做到保境安民。

因此,地方的自我保护已经迫在眉睫。铧式犁的使用有助于土地排涝和涵养土地,这对地方自卫大有益处。在新型农业的支撑下,骑士的数量不断增加,并最终成为抵抗外来侵略的中坚力量。另一方面,有效的地方自卫确保了人口 2710
的增长。从大约1000年到1300年,随着大片森林变成耕地，西欧逐渐走向了繁荣。在同一时期，文明之火第一次传遍了北欧平原。

骑士最早出现在法国西北部和日耳曼地区。当战争证明了骑士的作用后，这一兵种开始以发源地为中心向其他地区扩展。伴随着诺曼征服，骑士制度于1066年传到英格兰；此外，骑士也参与了从穆斯林统治者手中夺回西班牙的战争——到1492年这一目标才得以实现。日耳曼骑士扩展到了易北河以东地区，那里的气候条件适合犁耕农业的发展。在同一历史时期，一种新型的中世纪文明逐渐成形。在接连不断的冲突中，西欧的军事实力迅速赶上了周边地区，十字军的胜利就是一例。由欧洲军队组成的十字军一路向东，于1099年占领耶路撒冷，在那里一直存在到1187年。

军备竞赛

蒙古军队使草原战争达到顶峰。1240年，蒙古人征服了基辅罗斯。在此之前，他们已经控制了亚洲的大部分地区；之后，他们却没有继续进攻欧洲的其他地区。但是在蒙古帝国治下，横穿亚洲的贸易与交流不断增加，火药、印刷术和指南针从中国传入了欧洲。1290年前后，中国人开始试着造炮。但根据确切记录，欧洲制造大炮始于1326年，中国则始于1332年。两个相似的瓶状容器中伸出一个巨大的箭头，这就是炮的早期形态。

但在火药打破古老的战争方式之前，欧洲骑士还是在1176年意外地被手持长矛的意大利步兵击败了；并且，当像热那亚这样的城市开始制造杀伤力巨大的钢铁弓弩时（这种弓弩最初用于在海上保护船只），骑士丢掉了他们在陆上的霸主地位。在意大利北部，相互敌对的城市开创了一种雇佣军模式——军队由弓箭手、长矛手和轻骑兵共同组成。与此同时，不可胜数的意大利工匠也在相互较量，比谁能制造出更有威力、更轻便的弓和更完美的盔甲。

火药传入欧洲后，立刻对战争产生了巨大影响。然而在中国和其他亚洲国家，火药的影响却要小得多。这并不令人惊讶，骑兵在亚洲占有很大优势，早期的枪炮对马背上的人起不到什么作用；中国用城墙抵御来自草原的侵略者，守卫城墙时弓弩比早期的枪炮成本更低，且攻击范围也更广。

但是在欧洲，国王们更热衷于攻破城池和城堡，并以此来巩固自己的地位。而且，欧洲的工匠早已经学会了如何打造教堂的钟，他们很快就将这一技术用于制造越来越大的炮。因此，欧洲的炮很快超越了中国和其他亚洲国家生产的炮。伴随着强国间越来越残酷的战争，欧洲的这一优势保持了许多世纪。

法国国王和德国皇帝展开了新的军备竞赛，焦点是谁能制造出最新、最好的炮。在这场竞赛中，意大利已经掉队了。1326年生产的花瓶状的炮就像是个玩具，但它很快就变成了笨拙的大炮。该型大炮约有3.5～4.5米（12～15英尺）长，样子与1453年攻破君士坦丁堡城墙的大炮相仿。到1477年，这种大炮已经被机动火炮取代；新型火炮约有2～2.5米（6～8英尺）长，可以固定在轮子上，发射的炮弹可以在数小时内摧毁城市和堡垒的外墙。

整个欧洲的君主都在加紧购买这些武器，以便对内震慑政敌、对外扩张领地。与新式装备相比，意大利诸城邦的武器已经显得有些落后了。但意大利人发明了攻城加农炮，因此这种劣势并没有持续很长时间。1500年，佛罗伦萨人无意中发现，夯实的土壤可以抵挡炮火的攻击。2711
如果在防御土墙前挖一个垂直的壕沟，那么进攻的一方就等于要在防御的炮火下爬上一座城墙。这就是“意大利式要塞”（*trace italienne*）。当机动火炮传入俄国、土耳其、印度和日本等国时，这些国家完成了统一。但欧洲无法按照上述国家的方式实现统一，因为这种“意大利式要塞”

是统一之路上的一大障碍。另一方面，修建新型防御工事需要耗费大量的财力，而且成千上万门大炮守卫下的要塞仍旧是加强王权的基本要素。

世界范围的战争

1514年之后，军事史上又出现了一项重要变革。这一年，英格兰国王亨利八世（Henry VIII）将炮安装在了特别设计的军舰上，大炮射击孔靠近吃水线，以增加船的稳定性。这种军舰可以重创轻型战舰的船舷。从1492到1522年，欧洲人掌握了先进的航海技术，积累了关于海风和洋流的知识，这使得他们可以跨洋远航。装备大炮的军舰能使他们可以出现在世界任何一条海岸线上。随后，在火器和传染病的帮助下，欧洲人征服了美洲，他们所携带的传染病对于当地土著来说是致命的。

从短期来看，西班牙是从发现美洲大陆中获利最多的国家。从1521到1533年，为数不多的西班牙人先后征服了墨西哥和秘鲁。美洲富庶的银矿使西班牙国王腓力二世（Philip II，1556—1598年在位）获得了大量白银，他将这些钱用于扩军，西班牙军队的规模扩大了一倍有余。虽然有美洲白银，但供养如此庞大的军队和为数众多的水手还是耗尽了国家的财力，连续3次的破产浇灭了腓力的希望，也使他制定的计划付诸流水。到腓力执政时期（他统治着米兰、那不勒斯和西西里），雇佣军已经在意大利存在两个世纪了。当时，金钱和信用成了供养和装备军队的关键因素，甚至具有权势的国王也欠商人和银行家钱。

在这种情况下，许多国家都在提高税收以便偿还贷款，但西班牙的王室和贵族却对金钱至上论不屑一顾；因此这些国家发展得比西班牙更快。荷兰就是发展最快的地区之一。荷兰人创造了一套新的训练模式、军事纪律和指挥系统，因此军队的效能达到了前所未有的水平。1585到1625年之间，拿骚的莫里斯（Maurice of

厄廷格（F. Oetinger）创作的《欧洲骑兵战》（*European Cavalry Battle Scene*，1785）。这幅水粉画描绘了“七年战争”（1756—1763）期间发生的一场残酷的骑兵战。欧洲主要强国都卷入了“七年战争”，有人认为这是第一场全球性战争

Nassau)、奥兰治亲王(Prince of Orange),以及荷兰与泽兰(Zeeland)的总督,建立了一支可以
2712 与古代罗马军队相媲美的军事力量。在没有战争、行军和不用修筑工事的时候,他们的士兵要接受长时间的训练。士兵们要练习行军,要根据手势进行装弹和协调一致的射击,要在统一指挥下提高射击的速度和精度。

而且,长时间的规范训练可以提高军队的团结性,使训练有素的士兵在面对敌人的枪林弹雨时毫不退缩。莫里斯的训练模式很快就在欧洲军队中传播开来。接下来的200年中,欧洲的士兵——主要从贫穷农民和城市街头流浪者中招募——都会绝对服从长官的命令。无论在什么地方,他们的作战行动都是精确和高效的。有些雇佣军雇佣的是年轻人,在家的时候他们可能贫穷和行为不检,但只要参军,军队的纪律就会使他们的行为变得规范。正是他们建立了荷兰、法国和英国的海外帝国,并使俄国的领土向南方和东方扩展。

西欧国家的军事实力都在伯仲之间,因此形成了一种不稳定的平衡。但是在其他地区,无论是在爱尔兰、美洲、西伯利亚还是印度,欧洲扩张都有条不紊地进行着。简言之,在对内的军事平衡以及对外的经济扩张和政治扩张基础上,欧洲国家形成了一个圈子。

在欧洲、美洲和印度进行的“七年战争”很像一场世界大战。英国在美洲和印度击败了法国。而在欧洲,多亏了本国军队、英国的援助和马铃薯,普鲁士才能在巨大的困境中幸存下来。马铃薯是一种作物,在腓特烈大帝(1740—1786年在位)时期刚刚传入普鲁士。战争时期,俄国、法国和奥地利的军队在普鲁士的领土上横行,并随意抢夺粮食作为补给。在这种情况下,正是依靠马铃薯,普鲁士军民才得以存活下来。

普鲁士的成功经验促使其他欧洲国家开始推广马铃薯种植,人们在闲置的土地上种植马铃薯,这种作物在欧洲呈现出一片欣欣向荣的景象。另一方面,英国在海外的成功也促使法国用科学的方法改进本国的野战炮,并建立一支规模更大的海军以抗衡英国。战争结束后,英国努力提高其美洲殖民地的税负来弥补战争所带来的损失,但这种做法激起了当地的武装起义。法国抓住这一机会,借美国独立战争来报复英国。最终,法国在海战中的胜利和法美联军在陆战中的胜利,迫使英国于1781年在弗吉尼亚的约克镇投降。

在普法战争期间(1870—1871),巴黎人聚集在一起,表达对法国的支持,他们高呼:“战争万岁!”

但是法国政府已经无力为他们的胜利埋单了。1789年,当法国召开三级会议商讨增税问题的时候,人们积蓄已久的不满和对美国共和制的向往突然迸发出来,随后演变成一场革命;这股革命浪潮很快席卷了整个欧洲,直到1815年才告一段落。欧洲大部分地区都面临着人口压力的问题,至少持续了一代人的时间。这引起了普遍不满,人们希望能找出问题的原因。法国是这场争论的中心,随着争论的展开,人们对贵族和神职人员享有免税权和其他特权提出了质疑。1793年,当选举出的代表废黜并处死法国国王和王后时,整个欧洲都震惊了。战争开始于1792年,革命政府发布"全民动员令"(*levée en masse*),要求所有男性都要拿起武器抵抗侵略军。此后,战争迅速扩大。

"全民动员令"使法国军队的规模达到了前所未有的水平,"自由、平等、博爱"的口号充分表现了高涨的革命热情。士兵以极其高昂的热情投入到训练中去,随后又拿起了武器。1794年,法军在反抗普鲁士、奥地利和英国入侵者的战争中节节胜利。一路高歌猛进的法军迅速攻入比利时、德意志和意大利境内,当地人将他们作为解放者来欢迎。

在接下来的20年里,除了短暂的和平外,欧洲大部分地区都陷于战火之中。英国、奥地利、普鲁士和俄国与一些较小的国家结成了各种联盟,以对抗法国及其盟国和属国。1799年,法国政坛的内部纷争使拿破仑·波拿巴掌握了政权;5年之后,他加冕成为法国皇帝。军队的规模比以前更为庞大,火炮的重量有所减轻,使其足以跟上步兵的行军步伐,这就使火炮在战争中变得更重要了。当然,还是要感谢大规模种植的马铃薯,如果没有它们,农民在30年的战争(1618—1648)中就会被饿死。1815年,拿破仑最终被推翻,并遭到流放。与1789年相比,欧洲人在经济上没有变得更加贫穷,而且军事上变得更加强大了。 2713

工业化

战争不仅促进了武器制造业的发展,还加速了其他相关工业的发展,这促进了欧洲的相对和平与繁荣。利用水力和蒸汽动力的新机器生产出了更多、更廉价的商品,这不仅增加了社会财富、开拓了海外市场,而且创造了更多的工作机会。拥有丰富煤炭资源的英国、比利时和德意志很快就超越了煤炭资源匮乏的法国。

在军事方面,1815年之后,欧洲政府都致力于维持和平,陆军与海军也能够满足当时的需要。但在19世纪30年代,法国设计出了足以摧毁木质军舰的火炮,于是情况发生了变化。1840年之后,这种变化的速度变得越来越快。法国和英国的海军以及普鲁士的陆军开始换装新式武器,这拉开了新一轮军备竞赛序幕。英法海军制造军舰的材料从铁换成了钢,这些由蒸汽动力驱动的战舰装备了更大的后

第一次世界大战前德国的榴弹炮及其保护罩。到20世纪初,人们改进了野战炮的设计,使其发射速度更快、视野更开阔、机动性更强

膛炮；普鲁士陆军装备了后膛枪，同时放弃了老式的步兵战术。在克里米亚战争（1854—1856）中，英法联军与俄军展开了激战。此时，传统的手工金属工艺已经完全不能满足新式步枪的制造了。英国从美国引进了半自动机器来进行标准部件的加工，其产量大到难以想象的地步。随后，欧洲各国都将这种大规模生产用于武器制造。

同时，机械化运输——铁路和轮船——扩大了运输能力。在美国内战（1861—1865）中，欧洲人在连续几个月里，将庞大的军队从后方源源不断地送抵前线。在机械化运输的帮助下，英国迫使中国清政府为鸦片贸易开放口岸。之后不久，美国也叩开了日本的国门（1854）。而英国和法国始终是欧洲向亚非扩张的先锋。

但在欧洲内部，普鲁士是从战争机械化中受益最多的国家。总参谋部决定了普鲁士铁路
2714 的发展规划，该部门制定了详细计划，铁路线可以在最短的时间内将最多的人员和装备运往前线。他们的周密计划在战争爆发时确实发挥了作用。在普奥战争（1866）和普法战争中，这项计划使普鲁士迅速获得了胜利。在这种情况下，民族主义者希望将德意志诸邦统一起来，在普鲁士的领导下建立一个新的德意志帝国。

在接下来的半个世纪中，军备竞赛不断升级。战舰变得越来越大，速度也越来越快，而且配备了可以发射重型炮弹的巨炮，其射程差不多可达 32 千米（约合 20 英里）。野战炮的设计也有所改进，发射速度更快，射击精度更高，机动性也更强。新型武器也会改变战争方式，例如，飞机、潜艇和鱼雷使战争的触角伸向了空中和海底。

20 世纪的战争

德国皇帝威廉二世（1888—1918 年在位）登基后决定建立一支足以抗衡英国的舰队，以攫取世界霸权。此后，原本长期相互敌视的法国和英国逐渐走到了一起。同时，俄国新修建的铁路可以使俄军在德国东部边境形成数量上的优势，德军将领对这一威胁忧心忡忡。结果，在 1907 年之后，德国、奥地利和意大利组成了三国同盟，法国、英国和俄国组成了三国协约，两大集团形成了对峙之势。

第一次世界大战及其后果

这就是第一次世界大战（1914—1918）爆发前的局势。塞尔维亚革命者刺杀奥匈帝国王储成为大战的导火索。奥地利入侵塞尔维亚的复仇计划促使俄国展开军事动员，随后德国和法国也下达了军事动员令。一旦动员按部就班地展开，就没有人敢后退或是对敌军疏于防范。开始的时候，英国处于观望状态。但是在 1914 年 8 月 4 日，德国入侵了作为中立国的比利时，这一行动迫使英国参战，赶忙向法国派遣了一支小部队。与欧洲大陆上的强国不同，英国没有足够的后备武装力量。1916 年，由平民组成的志愿兵开始接受训练、配发装备，直到此时，英国才将其全部的军事力量投入战争。

战争刚刚爆发的时候，德国的军事动员是
最成功的。德国的 7 个军团穿过比利时，希望能 2715
像 1870 年那样迅速地击败法国。但是在数周的行军后，德军中出现了分歧。法军孤注一掷，决定在马恩河（River Marne）阻击德军。双方很快建好了为士兵提供庇护的堑壕。在几个月之内，堑壕不断延长，从瑞士边境一直延伸到了北海（the North Sea）。在接下来的 4 年中，双方不断地进攻，希望突破对方复杂的防线，但均以失败告终，有时候只能向前推进几千米。

随后 4 年，世界上很多国家，如邻近的奥斯曼帝国和遥远的日本，都加入同盟国或协约国，于是这场冲突演变成了第一次世界大战。此外，后方也动员起来，为前线提供充足的战争补给，这就改变了正常的社会生活，尤其是欧洲。在那里，政府部门、大型企业、大的工会组织都要生产

军事物资。另一方面,普通民众的粮食和其他消费品却要实行限量供应。人们的健康和充足的劳动力对战争来说必不可少,因此福利与战争紧密地结合在了一起。当食物短缺——首先出现在俄国,随后出现在德国——动摇福利的时候,战争也终将停止。

法国缺少煤和铁矿石,因此不得不四处求购;英国和法国都需要从美国大量进口粮食、棉花和其他日用品。美国银行家可以为这些进口贸易提供快速贷款。协约国也会从亚洲、非洲、南美洲和其他岛国购买食品和原材料。这些商业活动将上述地区纳入了一个跨政府的经济体系,可以将协约国的力量最大化。但德国及其盟国只能进行小规模的海外采购,因为英国海军封锁了北海,并尽可能地拦截同盟国的进口物资。

对于堑壕战来说,东部战线显得太长了。但那里也没有任何一方可以在战斗中获胜,因为食物和弹药的短缺严重削弱了俄军的战斗力。1917 年 11 月,俄国爆发了共产主义革命。1918 年 3 月,新生政权将乌克兰和其他一些地区割让给了德国,于是俄国获得了和平。1917 年 4 月,美国对德宣战,这使德国刚刚取得的胜利大打折扣。在德军将东线兵力调往西线加强防御的时候,100 余万美国军人抵达了法国。在美军的帮助下,法国和英国扭转了战局。而德军面临的食品短缺和弹药短缺越来越严重,这在一定程度上削弱了德军的实力。胜利初现曙光。1918 年 11 月 10 日,德国签署了停战协议。到战争结束之时,大约有 1 000 万人死在战场上,严峻的经济危机和巨额的战争债务使欧洲的前途一片渺茫。

接下来的 4 年又签订了一系列的和平条约。战胜国将德国领土划分给周边国家、设立莱茵兰非武装区、规定德国军队数量不超过 10 万人,这一系列举措都是为了确保战胜国不会遭到德国报复。此外,第一次世界大战后还出现了旨在维护世界和平的国际联盟(League of Nations)。在经济复苏之前,德国仍旧需要美国的贷款。1929 年 10 月,美国纽约证券交易所股市崩溃,随后世界陷入了大萧条。

严重的失业激起了德国的种族主义。1933 年 1 月,阿道夫·希特勒带领他的纳粹政党赢得了大选。3 个月后,美国总统富兰克林·罗斯福公布了"新政"。两国政府都扩大了在道路和其他公共设施上的投资,希望借此降低失业率。但随着大萧条的结束,德国、英国、法国、美国先后走上了大规模的扩军备战之路,它们都在为第二次世界大战做准备。而早在 1931 年,日本就开始将经济军事化,是年,日本侵占中国东北;1937 年,日本全面侵华。

第二次世界大战

在欧洲,希特勒宣称雅利安人是优等民族,并将德国在 1918 年的失败归咎于犹太人和马克思主义者。他力图用宣传和外交手段消灭这些人,如果需要的话,战争也是选项之一。起初,法 2716
国和英国对德国推行绥靖政策,坐视德国吞并奥地利和捷克斯洛伐克;出人意料的是,希特勒与苏联(也就是以前的俄国)签订了《苏德互不侵犯条约》,且于 1939 年 9 月入侵波兰,法国和英国再次被迫参战。事实证明,德国这次的战争计划更加成功。德国于 1939 年击败波兰,1940 年战胜法国,同时占领了挪威、丹麦和低地国家(比利时、荷兰和卢森堡),此外还占领了巴尔干半岛。但德军对伦敦的大轰炸没能迫使英国屈服,英国海军挫败了德军跨越海峡的进攻计划。因此,到 1941 年,希特勒决定进攻苏联,希望获得另一个迅速而容易的胜利。

战争初期,德国的坦克和机械化步兵攻入苏联腹地。德军包围了列宁格勒,并于 1941 年 12 月抵达了莫斯科郊外;但冬季的寒冷和补给的匮乏迫使德军停止进攻。与此同时,日本海军偷袭了位于夏威夷的珍珠港,美国也被卷入了战争。在参战之前,罗斯福就已经向英国提供了

> 欧洲商人为欧洲人的失败提供了最好的武器。
>
> ——撒拉丁(Saladin，约 1137—1193)

援助。得知“珍珠港事件”之后，希特勒无故对美国宣战。罗斯福总统的战略是首先击败德国，因为希特勒的威胁远远大于日本，而德国的宣战为实施这一战略提供了方便。

从那时起，战争的进程很大程度上取决于各种农产品和工业品的供给。从西南太平洋的所罗门群岛到伏尔加河畔的斯大林格勒，从阿拉斯加到缅甸，分散在世界各地的农场和工厂都在以各种方式为战场提供物资。德国从未与日本制定过统一的作战计划。两国间的交通运输非常困难，而且双方也缺乏互信。英国和美国的合作就要密切得多，两国在发布命令、制定经济计划和战略战术上都能协调一致；两国的合作比第一次世界大战时更有效率。尽管苏联领导人约瑟夫·斯大林与英美领导人从未建立起牢固的互信，但是苏联军队还是受益于美国提供的食物和货车。另一方面，几乎所有用于击退德军的坦克、大炮和飞机都是由苏联本国制造的，这点与第一次世界大战时的法国相似。1942 年 9 月，斯大林格勒的苏军开始反击；1943 年 1 月，德军对列宁格勒的包围也被打破。稍早前，中途岛战役(the Battle of Midway，1942 年 6 月)扭转了太平洋战场的形势。

这场残酷的战争一直持续到 1945 年。在战争结束之前，盟军对德国展开了大规模空袭，英美联军于 1944 年实施诺曼底登陆，此后苏军攻占柏林。1945 年 4 月 30 日，败局已定的希特勒自杀身亡；5 月初，德国投降。美军已经跨越了太平洋，但日本继续负隅顽抗。8 月，美国空军在广岛和长崎投下两枚原子弹，日本最终宣布投降。1945 年 9 月 2 日，日本正式投降。这场战争导致大约 2200 万～2500 万军人伤亡，大约 4000 万～5200 万平民死亡，其中包括约 600 万犹太人，他们是大屠杀的受害者。(关于犹太人遇害的数目，21 世纪的史学研究有着不同的看法，这种看法上的差异反映出世界强国在战略上的变化。这使我们格外关注以平民为目标的攻击，无论是因战略轰炸、人口转移，还是因宗教、政治信仰或种族而受到的迫害。)

展望原子时代

诞生于第二次世界大战时期的原子弹是最惊人和最令人恐惧的武器。自广岛、长崎上空腾起了蘑菇云后，恐惧感就一直弥漫在国际政治舞台上。在战争期间和战后，数不胜数的新设备——其中最重要的有雷达、近炸引信、制导导弹、火箭、喷气发动机和计算机，也对军事、政治和日常生活产生了影响。

1948 年，幸存的犹太人建立了以色列国，且
强制驱逐了成千上万的巴勒斯坦人，这在穆斯 2717
林尤其是阿拉伯人中引起了强烈不满。在美国的军事和经济援助下，以色列在随后爆发的局部战争中占得了先机。伊斯兰激进组织开始用恐怖主义对付以色列和美国(2001 年 9 月 11 日)，美国的乔治·布什总统(2001—2009 年执政)对恐怖主义宣战。到 2010 年时，这场反恐战争已经持续了 9 年。美国入侵阿富汗，但却没能根除恐怖主义，恐怖分子仍然躲在那里。随后，美国又攻打伊拉克，轻而易举地推翻了萨达姆·侯赛因(Saddam Hussein，1937—2006)，但伊拉克却陷入了长年累月的暴力冲突中。

恐怖主义变成了一个脓疮，而核灾难则是一场噩梦。在美苏冷战爆发后，苏联测试了第一枚核弹头(1949)，但核战争并没有变成现实。在接下来的半个世纪中，其他国家——如英国、法国、以色列、中国、印度和巴基斯坦——也相继获得核能力，但这些国家从未将核武器用于对敌作战，而且它们的核弹头数量也比不上美国和苏联。这两个国家的核武器已经准备就绪，随时可以发射到世界任何一个地方。

最终，苏联于 1991 年迅速解体。苏联在东欧的卫星国也纷纷发生剧变，新生的俄罗斯与世界其他国家之间形成了一种微妙的平衡。俄

罗斯已经无法像以前那样看守所有的核设施，因此核平衡也随之被打破。类似的变化也出现在了巴基斯坦。大量的恐怖分子藏身于巴基斯坦境内，因此这个国家的处境比以前更危险了。从2010年起，虽然恐怖分子对可预见的未来仍然存在威胁，但他们却无法获得核武器的可怕力量。

单独的核爆炸已经让人不寒而栗了，但如果核大国用所有的核弹头相互攻击，那么核武器的威力足以毁灭全人类。到目前为止，俄罗斯、美国、中国和印度都非常克制。虽然我们长期以来都喜欢发动战争，虽然我们有能力在战争中杀死尽可能多的敌人，但如果这种克制能够继续保持下去，那么人类或许还有幸存下来的希望。

进一步阅读书目：

Black, J.(2002). *European Warfare, 1494–1660*. New York: Routledge.

Cunliffe, B.(2008). *Europe between the Oceans: Themes and Variations, 9000 BC-AD 1000*. New Haven, CT: Yale University Press.

France, J.(1999). *Western Warfare in the Age of the Crusades*. Ithaca, NY: Cornell University Press.

Howard, M.(1976). *War in European History*. New York: Oxford University Press.

Keegan, J.(1993). *A History of Warfare*. New York: Knopf.

McNeill, W. H.(1982). *The Pursuit of Power: Technology, Armed Force and Society since AD 1000*. Chicago: University of Chicago Press.

Neiberg, M.S.(2001). *Warfare in World History*. New York: Routledge.

Parker, G. (Ed.).(1995). *The Cambridge Illustrated History of Warfare: The Triumph of the West* (Rev. ed.). Cambridge, U.K.: Cambridge University Press.

Wawro, G.(2000). *Warfare and Society in Europe, 1792–1914*. London: Routledge.

威廉·麦克尼尔(William H. McNeill) 文

邢　科 译，刘文明 校

Warfare—Japan and Korea 日本和朝鲜的战争

尽管在关于战争的本质，以及日本是否在朝鲜半岛一直保有军事据点的问题上两国学者仍有争议，但日本和朝鲜在公元第1个千年里偶尔发生军事冲突则是不争的事实。 2723

在日本和朝鲜的历史上，两地之间的战争经常发生交集，在其中一地爆发的战争时常会牵涉到另一方。在朝鲜半岛，该地区的内战最后有多次发展到日本；而日本的内战也曾多次蔓延至朝鲜半岛。但是，从总体上看，朝鲜或日本的战争仍然主要局限在其各自领土内部。

前现代时期的朝鲜半岛

3世纪时，朝鲜半岛新崛起了新罗（前57—公元935）和百济（前18—公元663）两个王国。其中，新罗王国位于朝鲜半岛的东部，百济位于西部。在中国唐朝的支持下，新罗于7世纪吞并高句丽（前37—公元668）和百济，统一了朝鲜半岛。而早在6世纪，新罗就征服了位于朝鲜半岛南部的一个小部落联盟加耶（Kaya），并将其纳入自己的版图。关于朝鲜各王国与日本辖下岛屿上各部落之间的关系，学界一直莫衷一是，众说纷纭。一些日本教科书坚称日本在朝鲜半岛南部一直保有军事据点，并声称在4、5世纪间，日本军队是应朝鲜半岛一些王国的邀请来助战的。而且，也正是因为这样，日本才参与到朝鲜半岛的战争之中。但也有不少日本和韩国的学者对此持怀疑态度。他们坚持认为那些声称日本在朝鲜半岛一直保有军事据点的说法是没有根据的，而且对日本在朝鲜半岛的军事行动的性质也强烈质疑。而对于在早期历史上朝鲜半岛对日本文化的重要影响，以及其一度成为日本主流文化的问题，多数学者都没有疑义。

新罗王国之所以能从众多竞争对手中脱颖而出，花郎道（*hwarang*）起到了重要作用。花郎道是一种主要由青年战士组成的精英团体。该团体奉行忠诚、孝顺和勇敢的道德准则，并反对滥杀无辜。而为加强半岛地区的海防，新罗王国还建立了一支强大的海军。

高丽的崛起

至9世纪，新罗逐渐失去了对朝鲜半岛的有效控制。摩震王国和后百济王国（Later Paekche）相继宣告独立。918年，摩震王国的一名将军发动军事政变，建立了高丽王国（Koryo kingdom）。935年，高丽消灭了新罗的残余势力，此后又消灭了后百济。936年，高丽最终统一朝鲜半岛。在统一后，为防止北方突厥和蒙古游牧部落的劫掠，高丽统治者在北部边界地区修建了一道长长的城防。此后，高丽还在中国的宋朝与蒙古人以及契丹人之间折冲周旋，以确保其王朝的独立。

进入12世纪以后，高丽王国逐渐分崩离析。 2724
1231年，蒙古大军侵入高丽。从1270年起，高丽开始沦为元帝国的属国。与新罗一样，高丽王国也是一个海上强国，在14世纪末其海军就已经装备了火药和大炮。1380年，高丽海军用舰炮击退了入侵的日本舰队，并摧毁敌方船只500余艘。

《佐藤正清征服朝鲜》（*Sato Masakiyo Conquers Korea*，1874）。三联画上展现的是穿制服的士兵在勒住一匹马，另有士兵在驯服凶猛的老虎。歌川芳形（Utagawa Yoshikata）绘，一震斋芳形（Ishinsai Yoshikata）题字，堀越兼五郎（Horiko Kanegoro）雕刻

朝鲜王朝(李朝)

高丽王国与蒙古人的对抗大大削弱了其统治基础和军事实力。1392 年,在与蒙古人的作战中羽翼渐丰的将军李成桂(Yi Song-gye, 1335—1408)发动兵变,夺取了高丽王国的权力,建立了朝鲜王朝(1392—1910)。李成桂遂成为朝鲜王朝的开国君主。

在朝鲜王朝的军事史上,16 世纪发明的龟船(一种披甲的战船)可能是最有名的。该船的主要首创者是朝鲜的英雄人物李舜臣(Yi Sun-shin, 1545—1598)。借助于对龟船的使用,朝鲜成功击败了日本将军丰臣秀吉的两次入侵(不过,在陆战中,中国明朝的支援才是决定性的)。

前现代时期的日本

在奈良时代(710—794)和平安时代(794—1185),日本贵族精英团体利用新兴的武士阶层对内严加控制,对外不断向东部和北部扩张。在武士阶层的不断军事扩张下,北方的土著居民被迫后退。当时这些被迫后迁的土著居民就是现今阿伊努人(Ainu)的祖先。(原初的西伯利亚人如今只在北海道地区才能发现,北海道是日本北方最大的岛屿。)在对外扩张的过程中,新兴武士阶层的实力越来越大。至 12 世纪末,平氏武士集团成为日本的实际统治者。但好景不长,平氏武士集团当权不久,最大的竞争对手源氏武士集团就举兵反抗,并最终取而代之。源氏武士集团的首领源赖朝(Minamoto Yoritomo, 1147—1199)遂成为日本的最高军事长官,也称幕府将军。由于源氏集团的大本营位于镰仓,因此日本历史上的这段时期被称为镰仓时代(Kamakura period)。镰仓时代是具有日本特色的封建社会的开始阶段。在该时期,作为职业军人成员的武士(Samurai)开始被世人所知。武士以一种苦行僧式的生活为理想的生活方式,并视忠诚和荣誉为其生活的最高准则。武士可以配两把刀:长刀用来杀敌,短刀则用来自尽,以为自己的失败和耻辱赎罪。日本的武士刀以其强度和锋利享誉世界。

蒙古军队的入侵

建立元朝后,蒙古统治者将扩张目标锁定 2725 在了海峡对岸的日本。元朝统治者为此共发动了两次大规模的战争,而战争的失败也造就了日本历史上著名的神风传奇。1274 年,忽必烈可汗(1215—1294)所派遣的 4 万大军分乘 900 艘战船驶入九州岛南部的博多湾(Hakata Bay)。在精锐的蒙古骑兵、火药武器以及威力巨大的复合弓的攻击下,守卫的日军纷纷溃退,最后撤退至太宰府(Dazaifu)的要塞。日军溃退后,元军也撤入了停在海湾中的船上。不料入夜之后忽然刮起了一阵猛烈的台风,并摧毁了 200 多艘元军船只。经此重创,元军无心恋战,遂撤回中国和朝鲜。1281 年,不甘心失败的忽必烈再次征派 14 万大军重抵博多湾。尽管日本方面针对蒙古大军的再次入侵已做了诸多准备,为此还专门修建了一条石头垒成的城防,但蒙古军队还是在战争初期取得了多场胜利。但就在元军登陆几周后,又一场台风不期而至,并再次重创蒙古海军。日本的宗教领袖称该次台风为上天所赐,并称其为神风(*kamikaze*)。这样,遭受重创的蒙古大军被迫再次折戟而归。

足利幕府的统治

蒙古的军事入侵沉重打击了镰仓幕府的统治基础。在此情况下,志在复兴天皇权威的日本天皇在足利尊氏(Ashikaga Takauji, 1305—1358)的支持下终于在 1333 年推翻了镰仓幕府的统治。然而在推翻镰仓幕府后,足利尊氏却违背了自己的诺言,没有恢复天皇的权威,并自立为幕府将军。与镰仓幕府相比,足利幕府在对整个国家的掌控上遭受了更多的阻力。1467 年,日本爆发内战,并持续100多年。就在这场世纪战争将近结束之际,葡萄牙传教士随船来到了日本,与其一起抵达的还有西方的枪炮等新式武器装备。有了这些新式火器,即使是出身农民的步兵,也可轻而易举地置配有战马且训练有素的武士于死地。在这种情况下,武士集团的覆亡已不可避免。

日本重新统一

16世纪70年代,在经历了长达一个多世纪的分裂割据后,日本重新恢复统一。在这一过程中,战国时代后三雄起到了重要作用。1573年,织田信长(Oda Nobunaga,1534—1582)率军攻陷了室町幕府的首都京都,至此,室町时代终结。在此后的十多年间,日本实质上一直处于织田信长的控制之下。1586年,织田信长被下属杀害,其对日本的控制遂告结束。织田信长死后,其属下最优秀的将军丰臣秀吉(Toyotomi Hideyoshi)最终完成了日本的统一大业。尽管自身出身低微,但丰臣秀吉掌权后对武士阶层的特权并没有加以限制和剥夺,反而再次强调武士阶层和平民阶层的区别,声称只有武士才有资格持有武器,并在1588年强行没收了民间的刀剑和火器。丰臣秀吉一直梦想要建立一个幅员辽阔的大帝国,为此,在任期间他发动对朝鲜半岛的讨伐,并将矛头直指中国。然而丰臣秀吉去世后,日军又不得不撤出朝鲜半岛。与织田信长一样,丰臣秀吉去世时其唯一的继承人也尚处幼年,而且最终继承其事业的同样并非其后裔,而是其属下的一名将军——德川家康(Tokugawa Ieyasu,1542—1616)。德川家康掌权后以江户(Edo,现在的东京)为首都,建立了德川幕府。

德川幕府建立后,其外交的最主要特点就是锁国政策。在锁国令下,荷兰是1639年后唯一被允许与日本进行贸易的西方人,而且贸易的地点也仅限于长崎出岛上的一片狭小地区。中国人可进入长崎城与日方进行贸易。此外,与朝鲜的贸易也可在对马岛上进行。除此之外,与其他国家和地区的贸易被一概禁止。1637至1638年,岛原地区(位于九州岛西部)发生了由信基督教的农民和无主武士发动的起义,德川幕府派大军予以镇压,此后日本进入了一段长达200余年的和平时期。

19世纪以来的战争

19世纪中叶以来,西方殖民强国的势力日益渗入东亚地区,并加速了日本的变革。此时,
德川幕府(1600/1603—1868)的统治已日益衰颓。 2726
1854年,美国海军将领马修·佩里(Matthew Perry)率领一支由8艘战船组成的舰队抵达日本,要求进行对外贸易。这起事件成为压垮德川幕府的最后一根稻草。在这样的背景下,一些不受幕府节制的大名及其武士纷纷呼吁推翻德川幕府的统治,并要求王政复古,将权力重新移交给天皇。此即日本历史上著名的明治维新(1868)的开始。在明治维新的过程中,为摆脱西方强国的控制,日本以秋风扫落叶之势开展了轰轰烈烈的现代化运动,不仅建立了一支现代化的军队,而且在其他方面也进行了急剧的改革。

与中国和俄国的战争

1894年,日本插手干涉朝鲜内政以迫使清廷做出反应。这成为甲午战争(1894—1895)的导火索。当时日军的人数虽少,但却装备精良且指挥有方。反观清廷,虽然人数众多,但却已疲态尽显,其军队的装备老旧过时且指挥不力。在这样的情况下,战争的结果以清军的惨败而告终。清廷被迫签署《马关条约》,将台湾和辽东半岛拱手割让给了日本。日本获得辽东半岛的消息引起了俄国、法国和德国的不满。三国联合起来加以干涉,这也成为日后日俄战争的一个诱因。此后,日俄之间表面上又保持了10年左右的和平,

歌川小国政(Utagawa Kokunimasa):《平壤落城，我军大胜》(*Our Army's Great Victory at P'yongyang Castle*, 1894)。画中日军军官在查看地图，并对双方军队在平壤城外的战斗情况进行评估。美国国会图书馆

直至日俄战争(1904—1905)爆发。1904年2月5日，日本舰队袭击了停靠在旅顺港的俄国舰艇，战争正式爆发。残酷激烈的战争对双方都造成了巨大损失。在美国的调停下，双方不情愿地达成了停战协议(《朴次茅斯条约》)。此战表明，日本不仅能战胜一个亚洲强国，而且也有实力对抗西方列强。《朴次茅斯条约》承认了日本对朝鲜的控制；此后不久，日本就于1910年正式吞并了朝鲜。

第二次中日战争和太平洋战争

1931至1932年，日军占领中国东北。1937年，日本又发动了对中国的侵略战争，日军在这次战争中犯下了滔天罪行。在南京大屠杀中，有约30万中国民众惨死在日军屠刀之下，中日两国关系自此也坠入冰点。

为防止美国对其所谓"大东亚共荣圈"的干预，日军于1941年偷袭了驻扎在珍珠港的美军太平洋舰队。随后，日军在东南亚地区展开了一系列侵略活动，并相继攫取了菲律宾、泰国、缅甸、荷属西印度群岛以及太平洋中的诸多岛屿。然而，当众多国家开始齐心协力共同抵御日本军国主义侵略时，局势就发生了根本变化。日本国内的物资短缺愈发严重。在此情况下，日本军国主义被迫祭出了所谓的"武士道"精神以求力挽狂澜。受13世纪对抗蒙古军队的启发，日本征召大量未成年者入伍，并将之组成自杀式的"神风特攻队"，以图与盟军舰艇同归于尽。1945年，美国在日本的广岛和长崎投下了两颗原子弹，至此，回天乏术的日本军国主义集团才最终投降。第二次世界大战后，美国为日本确立的宪法规定日本永不再发动对外侵略战争。然而，尽管宪法明令禁止，但日本现在还是保有一支数量可观的包括海陆空各军种的自卫队。

朝鲜战争

在第二次世界大战后期举行的雅尔塔会议和随后的波茨坦会议中，苏联承诺将在欧战结束后迅速参加对日作战。作为对之前承诺的履约，1945年8月，苏联向远东地区派遣了大量军队。面对已虚弱不堪的日军，苏军很快就撕裂了对方在中国东北的防线，并快速推进至朝鲜半岛北部。1945年9月15日，美军在朝鲜半岛南部登陆，并占领了"三八线"南部的地区。在此后的数年中，半岛南北的朝鲜和韩国两个政权间

黑木巴之助(Kuroki Hanosuke)所作《朝鲜平安道定州附近日俄骑兵战斗场景》(*Japanese and Russian Cavalry Troops Clash Near Chonju, North P'yongyang Province, Korea*, 1904)。美国国会图书馆

一直处于对峙状况之中，双方剑拔弩张，局势非常紧张。1950 年 6 月 25 日，朝鲜战争爆发。

朝鲜战争一共经历了 5 个阶段。战争爆发初期，朝鲜军队节节胜利，不断向半岛南部推进。在此情况下，时任美国总统哈里·杜鲁门(Harry Truman)下令美军参战以阻挡朝鲜军队推进的步伐，并要求在釜山一带构建一条环形防线，以保证参战部队的后勤。从 9 月 15 日起，由美军、韩国军队以及其他几国军队组成的所谓“联合国军”发动反击，并成功与在仁川登陆的美军部队会合。此后“联合国军”一直推进到鸭绿江附近。对于中国政府要求美军停止向前推进的告诫，美国政府置若罔闻。在此情况下，中国政府遂派出中国人民志愿军进入朝鲜战场，这是战争的第三阶段。在该阶段中，经验丰富的中国军队采取避实就虚的策略，抓住时机适时发动歼灭战，对美军及“联合国军”造成了沉重的打击，并将其赶过了“三八线”。在这种情况下，杜鲁门撤去了麦克阿瑟“联合国军”总司令的职位，改由李奇微(Matthew Ridgway)将军接任。在李奇微的带领下，至 1951 年早春，“联合国军”又将战线推进到了“三八线”附近。这是战争的第四阶段。战争的第五个阶段主要是双方围绕停战协议进行的 27 个月的谈判。该停战协议为朝鲜半岛的局势奠定了基础，但即使如此，朝鲜和韩国之间的关系仍然非常紧张。进入 21 世纪 2728
以来，朝鲜核武器问题的骤然升温，更加剧了半岛局势的紧张。

进一步阅读书目：

Boyle, J. H. (1972). *China and Japan at War, 1937–1945: The Politics of Collaboration.* Stanford, CA: Stanford University Press.

Brent, P. (1976). *The Mongol Empire: Genghis Khan: His Triumph and His Legacy.* London: Weidenfeld &

Nicholson.
Callahan, R.(1978). *Burma, 1942 – 1945.* London: Davis Poynter.
Choucri, N., North, R.C., & Yamakage, S.(1992). *The Challenge of Japan before World War II and after: A Study of National Growth and Expansion.* New York: Routledge.
Duus, P., Myers, R.H., & Peattie, M. (Eds.).(1989). *The Japanese Informal Empire in China, 1895 – 1937.* Princeton, NJ: Princeton University Press.
Farris, W.W.(1992). *Heavenly Warriors: The Evolution of Japan's Military, 500 – 1300.* Cambridge, MA: Harvard University Press.
Friday, K.F.(1992). *Hired Swords: The Rise of Private Warrior Power in Early Japan.* Stanford, CA: Stanford University Press.
Friday, K.F.(2004). *Samurai Warfare and the State in Early Medieval Japan.* New York: Routledge.
Giffard, S.(1994). *Japan among the Powers, 1890 – 1990.* New Haven, CT: Yale University Press.
Hanneman, M.L.(2001). *Japan Faces the World, 1925 – 1952.* New York: Longman.
Henthorn, W.E.(1963). *Korea: The Mongol Invasions.* Leiden, The Netherlands: E.J. Brill.
Henthorn, W.E.(1971). *A History of Korea.* New York: Free Press.
Hsiung, J.C., & Levine, S.I. (Eds.).(1992). *China's Bitter Victory: The War with Japan, 1937 – 1945.* Armonk, NY: M.E.Sharpe.
Matthews, G.F.(1966). *The Re-conquest of Burma, 1943 – 1945.* Aldershot, U.K.: Gale & Polden.
Paine, S.C.M.(2003). *The Sino-Japanese War of 1894 – 1895: Perceptions, Power, and Primacy.* New York: Cambridge University Press.
Sandler, S.(1999). *The Korean War: No Victors, No Vanquished.* Lexington: University of Kentucky Press.
Schmid, A.(2002). *Korea between Empires, 1895 – 1919.* New York: Columbia University Press.
Spector, R.H.(1985). *Eagle against the Sun: The American War with Japan.* New York: Free Press.
Tennant, C.R.(1996). *A History of Korea.* New York: Kegan Paul International.
Turnbull, S.R.(1977). *The Samurai: A Military History.* New York: Macmillan.
Turnbull, S.R.(1982). *The Book of the Samurai: The Warrior Class of Japan.* London: Arms and Armour Press.
Turnbull, S.R.(2002). *Samurai Invasion: Japan's Korean War, 1592 – 1598.* London: Cassell.
Wilson, D.(1982). *When Tigers Fight: The Story of the Sino-Japanese War,* 1937 – 1945. New York: The Viking Press.
Yamada, N.(1979). *Ghenko, the Mongol Invasion of Japan.* Washington, DC: University Publications of America.

查理・多布斯(Charles M. Dobbs) 文
王晓辉 译,刘文明 校

Warfare—Logistics 战争后勤

在战争中,支持战略战术顺利执行的各种组成要件,如装备、运输、食物以及营房等,统称为"后勤"。现代技术的发展使军事后勤与以往相比有了很大发展,像银行、信贷机构、铁路以及计算机等也成为现代后勤的重要组成部分。近年来,人们也逐渐开始用其指称工商业中对供应链进行管理的一种方法或手段,尤其指对那些以军事工业为主的跨国公司的管理。 2729

瑞士军事理论家安托万-亨利・约米尼 (Baron Antoine-Henri de Jomini, 1779—1869)

在其《战争艺术概要》(*Summary of the Art of War*，1837—1838)一书中首次提出了“后勤”这一概念。它包括：军队的动员、训练和补充；武器、弹药以及其他军用物资的生产、采购、运输和管理；军队的给养和餐饮服务；工程建设；对军事劳动力和平民劳动力的组织管理；设备的装备和维护；医疗服务；住房；薪酬和福利；通信系统；燃料；以及部队和物资的运输等。约米尼认为后勤保障与战略战术同等重要。而与约米尼同时代但却更具影响的普鲁士军事战略家卡尔·冯·克劳塞维茨(Carl von Clausewitz，1780—1831)则认为，后勤保障处于次要地位。

自人类社会出现战争以来人们就发现，如果想要战胜对手，那么就不仅要为其战斗人员提供武器，而且还要为他们提供各种必需的生活物资。只有这样，士兵才能充分发挥其战斗力。如果每个战斗人员都自带所需的装备和给养，那么虽然他们可能具备很强的战斗力并且行动迅速，但这却仅限于有限的距离之内；如果军队的给养完全依靠地方供应，特别是其粮食供应依赖于当地的农业生产，那么这支军队就只能在肥沃的地区或作物收获时节才能正常行动；如果军队的后勤由位于大后方的基地供应，或者基地是随着军队转移而随时建立的，那么这支军队虽然可能会拥有较强的战斗力，并且具有远距离作战能力，但其行进速度势必会较为迟缓。

古代的战争

早在公元前第 2 个千年，亚述帝国的军队就已多达十数万人。亚述军队中有一个中央军营用来存放武器。而且，亚述军队还有专门部门采购或获取军队所需的战马、战车和驮畜队。此外，亚述军队还有专人负责与政府沟通以征召劳动力修建军用设施。当亚述军队在帝国内部执行任务时，军队可以从设在各行省的供应点得到口粮。而一旦军队跨过边界进入敌方领土，那么他们就靠山吃山、靠水吃水。这样不仅可以减少对运粮队的依赖，而且也会对敌方的农业基础设施造成巨大破坏。在向前推进时，亚述军队还尽可能因地制宜地利用当地的河流或水域以运输战备物资或攻城车等体型庞大的武器。

人们知道马其顿国王亚历山大(亚历山大大帝，前 336—前 323 年在位)在战争中所展现出的杰出军事指挥才能，但他之所以能够完成人类历史上最伟大的军事征服，实质上还与他的小心谨慎以及严密的后勤安排密不可分。在 2730
率军进入亚洲前，亚历山大大帝已对远征所需的给养和装备进行了充足的准备。而且，在行军时亚历山大还命令军队尽可能沿着海岸线或内陆河道行进，以充分发挥水路在运输给养和战备物资方面的优势。在与敌军交手前，亚历山大往往会派出侦察兵以及贿赂敌方官员充当间谍。但他们的主要任务并非要借机毁坏敌人的仓库或庄稼，而是了解敌情。而且，在征服该地区后，亚历山大往往还会继续留任这些官员，以充分发挥他们的经验和专业优势。亚历山大的东征虽然已远达印度西北部地区，但亚历山大与希腊和马其顿仍然保持着密切联系。这使他不仅能够确保对征服地区的控制，而且也有利于建立一支随时可以投入战场的增援部队。正是得益于这些充足、合理的后勤保障，亚历山大的这支远征军才可以用平均每日 24 千米的速度向前突进，从而在 8 年的时间里行程就长达 18 000 千米之巨。

在古代，罗马人以善于修建道路而著称。正是通过这些四通八达、质量过硬的道路，罗马人才将其军队派往四方，从而建立了一个从大不列颠直至西亚的伟大帝国。相对来说，罗马人对军事医疗服务的发展则较少引起人们的关注。而这一点实际上在军队后勤保障中也起着极为重要的作用，它不仅能使伤员得到及时有效的

> 战争是误判的延伸。
>
> ——芭芭拉·塔奇曼(Barbara Tuchman, 1919—1989)

治疗,而且对于保障部队全体成员的身体健康也起着无法替代的作用。在罗马军营中有公共澡堂可以洗澡,澡堂用过的废水被用来冲下水道和公共厕所。实际上,这些地方卫生情况的好坏一直都是影响军队健康的重要问题。在罗马军队的每个军营、大的要塞,甚至许多小要塞中都有医院。这些医院不仅配有众多药品和设备,而且还有专门治疗截肢、提取箭矢以及救治颅骨骨折等伤病的医生。当军队需要转移时,有专人负责帮助伤员转离战场,并负责将其送到后方的战地医院。这些医疗措施对提高罗马军队的战斗力起到了极为重要的作用。

中世纪的战争

近代早期以前,如何为士兵和战马供应足够的粮草一直是困扰军队后勤保障的最大难题。12世纪期间,蒙古大军不仅横扫亚洲大部分地区,而且还侵入俄国以及东欧的部分地区。蒙古军队之所以能够取得如此惊人的成就,固然与其在战术上的大胆创新密不可分,但其战马的独特饮食特点也不容忽视。与需要大量粮食供应才能发挥战斗力的欧洲战马不同,蒙古马只靠吃草就能在一天之内奔袭96千米。蒙古大军之所以止步于中欧的西部地区,很大原因就是当地缺乏牧场。在中世纪战争的后勤保障中,马发挥了举足轻重的作用。以1415年爆发的阿金库尔战役(Agincourt campaign)为例,当时英王亨利五世(Henry V,约1386—1422)为与法军作战筹备了一支6 000人的骑兵部队。再加上托运物资的需要,所需马匹共达25 000匹之巨。而且,除准备马匹外,亨利五世的后勤部队还配有60名马夫、86名侍从、120名劳工、120名矿工、124名木匠以及20名外科医生。为了给这支庞大的军队提供保障,亨利五世当时可谓是举全国之力,为此不仅大量举债,甚至还抵押了自己的一个皇冠。

现代战争

在战争史上,银行和其他信贷机构的出现为参战国家统治者筹措更多战争资金提供了方便。这样,即使在其财政遇到困难之时,也可以筹措到更多资金以准备战争。这在军队后勤保障史上是一个重大突破。正是在这样的基础之 2731
上,欧洲一些国家才在17、18世纪创建了装备优良的职业军队。然而,供养一支常备军的花费与之前临时征召部队相比,负担无疑更重。因此,多数国家的常备军人数都并不多。拿破仑皇帝(1769—1821)尽管拥有为数众多的军队,但也只有在获得有效补给的时候才能发挥其战斗力。1812年,拿破仑率40万大军入侵俄国。然而当其侵入俄国之后才发现,根本无法为大军找到足够的粮草。这样,在侵入莫斯科之前,拿破仑的大军就遭遇了大量的减员,士兵和马匹不断死去。在这种情况下,拿破仑不得不下令从莫斯科撤退。但在撤退的路上,由于所经之地早已被其军队在进攻时洗劫一空,因此军队因为缺乏粮草而遭受的非战斗减员就更加严重,以致法军最后只有3万人幸存了下来。

工业革命使战争面貌发生了巨大改变。它不仅为战争各方提供了更加致命、数量更多的武器装备,而且也使后勤物资的运输更为快捷和低廉。在当时的众多发明成果中,铁路的出现无疑最为重要。在1895年法国与奥地利的战争中,法国仅用85天就将604 000名士兵和129 000匹战马运到了意大利北部的前线。美国内战爆发2年后,铁路承担起了运输军队和军用物资的重任。同时,铁路本身也开始成为敌军袭击的战略目标。普鲁士陆军总参谋长赫尔穆特·卡尔·冯·毛奇(Helmuth Karl von Moltke, 1800—1891)在对铁路线路进行规划时就充分考虑了军事方面的需求。他还坚持认为,不应再在前线的防御工事上浪费太多资源,而应该将有限的资源优先投入铁路的发展中去。

现代工业化生产包括诸多复杂的流程，为提高效率，需要对生产过程进行良好的组织和管理。民用企业和组织在这方面积累的经验对建设现代化的后勤也是非常重要的。在美国内战中，美军通过充分吸取商业组织在医疗救护方面的经验和理念，建立了一个现代化的军事医疗服务体系。在此次战争中，美军的医疗服务部门对从撤退伤员至战地医院、组织外科手术、住院观察直至建立病历等一系列流程进行全面整合，从而为伤员提供了更加专业和严密的医疗服务。

两次世界大战

现代化工业生产和组织方式对后勤产生的影响在第一次世界大战中表现得可谓淋漓尽致。德军在第一次世界大战前曾制定了详细的战争计划，涵盖了战前动员、军队调度、后勤保障以及作战等各项内容。但德军的这些计划严谨有余，却缺乏灵活性，而且行动安排也过于密集。德军最高指挥部在制订作战方略时没有充分考虑到其公路和铁路运输系统的最大负荷量，这样就造成许多作战方案由于道路运输和后勤保障的限制而无法及时得到贯彻和实施。在这种情况下，一旦协约国方面的行动超出了德军预料的范围，那么其满负荷运转的军队和后勤体系就很难做出有效反应，而这也是造成其最终失败的原因之一。随着战事的不断深入，德国已四面为敌，德军指挥部不得不持续将其军队派往法国、俄国腹地以及罗马尼亚等地区作战。与此同时，德国还必须为奥匈帝国、保加利亚以及土耳其等盟友提供支援。

激烈的战事对英国也是一个严峻考验。为应对同盟国集团的挑战，英国不得不从印度和非洲征调军队。这些军队同英军一起不断被派往土耳其、巴尔干半岛、意大利以及亚洲的西南部等地区。与此同时，为保障军队后勤供应，英国还必须应对德军潜艇在英吉利海峡以及大西洋地区的连续袭击和骚扰。随着战争规模的不断扩大，对物资和能源的需求已经远远超出了各国的想象。为确保得到最终胜利，交战双方都必须将整个国家动员起来，尽一切努力生产尽可能多的粮食和物资。随着战事的进行，协约国集团（俄国、法国、英国、意大利、美国）在综合实力方面的优势愈发明显，在许多重要数据上相对同盟国集团（德国、奥匈帝国、奥斯曼帝国、保加利亚）都已占了明显优势：煤产量 23 亿吨对 12 亿吨；粗钢产量 1.5 亿吨对 0.75 亿吨；飞机产量 110 549 架对 52 269 架；飞机发动机产量 149 646 台对 45 358 台；战舰产量 1 491 艘对 765 艘。第二次世界大战中交战各方在军队后勤保障方面的对比无疑更令人震惊：在飞机生产上，同盟国（法国、英国、中国、苏联、美国）是轴心国（德国、日本、意大利）的 7 倍；在卡车和火炮的产量上前者是后者的 5 倍；在机枪和坦克的产量上 2732
同盟国是轴心国的 4 倍。为将战略物资顺利运至盟国，同盟国集团采取了各种各样的办法。运往苏联的物资主要是通过海运的方式。在护卫舰的保护下，满载战略物资的运输船沿挪威海域将物资运往苏联。运往中国的物资主要有两条线路：第一条是用卡车沿险峻的滇缅公路长途跋涉 560 千米，将物资由缅甸运至中国的云南。第二条则是用运输机将战略物资由印度运往中国的西南地区。这条航线不仅飞行距离远，而且其间还要飞越险峻的高山，是世界航空史和军事史上最为险峻的一条运输线。

当代

第二次世界大战后，美苏争霸的严峻局面不仅要求各国仍需保留大量军队和常规武器，而且还迫使它们必须不断推进核武库以及运载系统的发展。与此同时，虽然大国之间的直接军事冲突没有出现，但在一些周边地区如朝鲜半岛、越南、阿尔及利亚、阿富汗以及马尔维纳斯群岛（福克兰群岛）等地方，还是爆发了一些地方性战争。这些战争不仅对大国的军事能力产生了一定的压力，而且对特种部队的部署和应用也提出了挑战。越南战争结束后，美国提出了强调多兵种联合作战的空地一体战（AirLand）理论，以应对可能出现的苏联对欧洲的入侵或第三次世界大战。1991 年，海湾战争爆发，美军在此次战争中将这一新式作战模式应用于具体实践。在不到 4 个月的战争中，美军总计投入兵力 54 万人，弹药 41.7 万吨、沙漠伪装服 30 万套、备胎 20 万个以及 1.5 亿份口粮。在 2003 年的第二次海湾战争中，总部位于肯塔基州坎贝尔堡（Fort Campbell）的美军第 101 空降师发挥了重要作用。在短短的 6 周时间内，该师的 17 000 名士兵、5 000 辆各式车辆、1 500 个船运集装箱以及 200 余架武装直升机就从其美国基地运达了科威特前线。

类似这样的复杂任务之所以能在这么短时间内就顺利完成，是与计算机技术的飞速发展密不可分的。第二次世界大战后，各国在战争期间积累的精密化管理方法和经验很快就被应用于民用事业。与其类似，美军在海湾战争中积累的供应链管理方法也已被工商业所采纳和借鉴。在过去的 10 年中，"后勤"已经成为管理领域的流行词。而且，一些跨国公司正根据军方实际反馈的结果对管理流程进行调整和修改，以更好地维护其在全球范围内的商业经营和利益。

进一步阅读书目：

Ballantine, D.S. (1998). *U.S. Naval Logistics in the Second World War*. Newport, RI: Naval War College Press.

Brown, I.M. (1998). *British Logistics on the Western Front, 1914–1919*. Westport, CT: Praeger.

Dunn, W.S. (1995). *The Soviet Economy and the Red Army, 1930–1945*. Westport, CT: Praeger.

Erdkamp, P. (1998). *Hunger and the Sword: Warfare and Food Supply in Roman Republican Wars (264–30 BC)*. Amsterdam: Gieben.

Foxton, P.D. (1993). *Powering War: Modern Land Force Logistics*. London: Brassey's.

Harrison, A. (2002). *Logistics: Management and Strategy*. New York: Financial Times-Prentice Hall.

Lynn, J.A. (Ed.). (1993). *Feeding Mars: Logistics in Western Warfare from the Middle Ages to the Present*. Boulder, CO: Westview.

Murphy, P.R. (2004). *Contemporary Logistics* (8th ed.). Upper Saddle River, NJ: Prentice Hall.

Roth, J. (1999). *The Logistics of the Roman Army at War (264 BC–AD 235)*. Leiden, The Netherlands: Brill.

Thompson, J. (1998). *Lifeblood of War: Logistics in Armed Conflict*. London: Brassey's.

Van Creveld, M. (2004). *Supplying War: Logistics from Wallenstein to Patton* (2nd ed.). New York: Cambridge University Press.

Weeks, A.L. (2004). *Russia's Life-saver: Lend-Lease Aid to the U.S.S.R. in World War II*. Lanham, MD: Lexington Books.

约瑟夫·麦卡锡(Joseph McCarthy)文
王晓辉 译，刘文明 校

Warfare—Naval 海　战

2733 第一次有记载的海军远征发生在大约4500年前的埃及。海军力量尽管已经存在了几千年，但随着15世纪欧洲探险和殖民浪潮的开始，它才呈现出无可争议的重要性。海战的发展分为三个不同的阶段：划桨时代、帆船时代和蒸汽时代，尽管后来新技术如电池和核能不断发展起来。

河流和海洋是世界上天然的高速道路，自从人类沿着这一高速道路建造了他们的第一批城市，某种形式的海军力量就已经存在了。为保护人民、文明及其水道，海军发展起来。当国家之间发生冲突，或者当海盗从那些国家或其公民那里谋求暴利时，海战经常爆发。

划桨时代的海军

关于海军远征的最早记录是公元前2450年的一块埃及浮雕，浮雕上的船虽然每艘都有一面大方帆，但船由一排桨手推动着它投入战斗。一座埃及神庙中一幅公元前1190年的雕刻品，描绘了一次抵抗海上民族的大规模海军战斗场景。弓箭手负责远程攻击，结实的船舷墙保护桨手，身着盔甲的长枪兵等着冲上敌人的船只。同样，公元前1190年的乌加里特泥板（Ugarit Tablet）中，有关于海战的最早的书面报告，此次海战发生的赫梯人（Hittites）和远离塞普里斯（Cypress）的海上民族之间。

尽管海军出现于整个地中海，但关于海上力量的话题通常与希腊城邦的兴起有关，这是由于公元前5世纪早期两位历史学家的努力。一位是希罗多德，他记述了公元前499至前449年的希波战争；另一位是修昔底德，他记述了公元前431至前404年的伯罗奔尼撒战争。希罗多德和修昔底德描述的海军依靠大桨划船，而这些船由一排桨（单排桨海船）、两排桨（双排桨海船）或三排桨（三排桨战船）驱动。这些船也被称为长船，以长宽比例大为特征，有相对平坦的底部、青铜或金属覆盖的木制撞角以及用于巡航的桅杆和帆。这些长船极易损坏，并且由于吃水浅而缺少运载物资的仓库，它们一般在陆地附近活动，这样既能躲避恶劣天气，又能在晚上让船员把船拖上海滩去觅食和补给淡水，并且准备食物。圆船吃水深，长宽比例小，由帆和桨驱动，作为白天行军的辅助船，它们为大船运输军队和物资。圆船通常是入侵的关键要素（例如，公元前492年波斯舰队毁于风暴，使得入侵希腊推迟了2年）。

尽管在战争期间出现了弓箭和登船作战，但当时的主要策略似乎是撞击敌人的船只。为了支持撞击，特定的战术应运而生，比如绕着敌舰转圈撞击（*periplus*，扩大战斗队形到敌船的侧翼）、正面冲击敌舰（*diekplus*，排成纵列攻击敌人的桨手并撕裂敌人的战线）和四周撞击（*kyklos*，一种圆形的防御阵型）。希腊人也开创了海战战略，特别是通过袭击或封锁来阻断敌人的补给线及其海军的支持。随着时间的推移，2734
其他文明在划桨时代也留下了痕迹。例如，腓尼基人发展了精湛的航行技巧；与此同时，罗马人只是使撞击成为强行登上敌船的补充手段，而通过使用乌鸦吊（*corvus*，一种登船的跳板）和哈尔巴（*harpax*，一种抛掷抓钩的机器）使其杰出的罗马军团变成海军陆战队。

运用划桨战船的海战，从埃及人和海上民族的战争到1571年及其之后在勒班陀（Lepanto）的最后一次大型长船之间的海战，延

他是最好的水手，可以在几乎无风的条件下航行，从最大的障碍中获取动力。

——沃特尔·司各特（Walter Scott，1771—1832）

美国战舰“宾夕法尼亚号”及其后的一队巡洋舰，它们支援1944年美军在菲律宾的登陆

续了4 000多年。有两个事件敲响了船桨驱动战舰的丧钟，即欧洲人穿过巨浪滔天的大西洋的冒险和大炮的采用，这两者相结合迎来了一个海战的新时代。

帆船时代的海军

较之于地中海温和的海域，大西洋猛烈的海浪需要建造更坚固的战船。维京人（Vikings）的鱼鳞式长船用于袭击冰岛和格陵兰岛，他们最终在那里探险和殖民。但是，迅速在欧洲海军中占据了主导地位的却是圆船。这种船因船体深而非常适合贸易，国家间在冲突时期会在船的船头和船尾增加一座炮塔把这些商船变成战船。士兵作为正常船员的补充，在敌人登船之前准备好向敌人射箭。在1340年的斯鲁伊斯（Sluys）海战中，英国人派了250艘船对抗法国；除二四艘船之外，其余的以前都是商船。但是大炮发展起来之后，战斗就从强调近战转变为利用战船作为火力平台。圆船的船宽拉伸较长，大炮安装在它们的侧边以使火力最大化（从舷侧开火）。大炮安装在军舰舱内，可从船内抽出以便快速重装，通过插入军舰一侧的闭合炮眼发射。结果，战术的转变非常明显地体现在一支依靠火力和机动的英国舰队与一支更依赖老式登船战术的西班牙舰队的战斗中。1588年这一关键的战斗见证了西班牙无敌舰队（Spanish Armada）由于英国大炮和恶劣天气而被迫从英吉利海峡撤离。

海军舰艇也在迫使世界其他地区向欧洲霸权开放的过程中起了关键作用。从1400年代晚期开始，葡萄牙舰艇绕过非洲，开始了对印度和亚洲的掠夺；后来由英国继续进行这种掠夺。在西半球，西班牙到达新大陆标志着在整个航海时代一直持续的海军冲突的开始，因为西班牙与英
格兰、法国和荷兰之间为了控制新的富裕地区 2735
而进行了斗争。当欧洲人彼此争吵不休时，其美洲殖民地发生了反叛，在叛乱过程中，他们发现有必要依靠改装的商船、私掠船（持有政府委员会颁发的特许证的私有船只）并联合海军部队以保证最终的胜利。

在1800至1815年的拿破仑战争期间，大航海时代达到顶峰。英国海军舰船的数量超过1 000艘，配备了14万多官兵，而且拥有历史上最大的海军设施。到1812年，估计英国成年人口的20%至少有一部分生计是来源于英国海军部。而且，尽管征收重税和有来自世界上最大商船队的持续收入，英国在维持这一制度时国库也迅速耗空。1805年的特拉法加（Trafalgar）战役确立了英国皇家海军对世界的统治地位。这一统治地位持续了一个世纪，但是工业革命中

煤炭提供的动力很快使帆船时代黯然失色了。

蒸汽时代的海军

保守的海军阶层最初拒绝使用第一台蒸汽机，但是到19世纪中叶，蒸汽机具有的稳定驱动力的优点，胜过了污染甲板和因煤仓而挤占空间的缺点。工业革命在较早时期就在动力方面创造了始料未及的变化速度。1830年代，蒸汽机驱动侧桨轮只是作为辅助帆，到1860年代，美国内战(1861—1865)中海军开发了由蒸汽驱动的螺旋桨带动的装甲舰壳。1880年代，蒸汽机的迅速改良使得船帆降为辅助的动力形式。到1898年的美西战争和1905年的日俄战争时，帆已从新的军舰类别中消失。当第一次世界大战临近，石油开始取代煤炭，而且最新的海军舰艇潜水艇使用电池作为水下推动力。不到50年后，核动力战舰开始破浪前行。

工业革命也使冶金、化学和其他科学发生了变化，进而使海军技术的所有其他方面加速改进。美国内战时的装甲舰进攻范围是几百码，有时更小；然而，在1905年，日本的战舰已经能从5 000码之外准确向俄国人开火了。到1940年代，舰船的进攻范围是1905年的3倍，并且航空公司推出的飞机使这一范围扩展到数百英里。到2000年，使用船舶和飞机发射导弹以及空中加油，使得假想的进攻范围超过1 000英里(约1 600千米)。面对致命武器，舰船保护的策略也在不断改进。起初，设计师在木制和铁制的船壳(铁甲舰)外固定防弹板。之后，钢铁外壳与装甲防护带相结合保护着至关重要的机械和弹药仓，以及厚厚的炮塔。第一次世界大战之后，有效防护更多地成为一种专门武器与轻型装甲的结合：声呐和深水炸弹对抗潜艇，战斗机拦截敌人的轰炸机，反导导弹和速射炮摧毁来袭弹头，以及电子对抗阻碍制导系统。

下一个浪潮

海军将继续存在并发生变化。战舰已经装备自动化的火炮，卫星用近乎完美的精度引导火箭。但是，技术发展的下一个浪潮无法准确地预测。不过，可以肯定的是，当出现国际冲突威胁时，海军将对决定胜负明显起重要作用。

2736 进一步阅读书目：

Casson, L. (1991). *The Ancient Mariners: Seafarers and Sea Fighters of the Mediterranean in Ancient Times.* Princeton, NJ: Princeton University Press.

Corbett, J. S. (1911). *Some Principles of Maritime Strategy.* London: Longmans, Green and Co.

Friedman, N. (2001). *Sea Power as Strategy: Navies and National Interest.* Annapolis, MD: Naval Institute Press.

Gray, C. S. (1992). *The Leverage of Sea Power.* New York: Free Press.

Gray, C. S., & Barnett, R. W. (Eds.). (1989). *Sea Power and Strategy.* Annapolis, MD: Naval Institute Press.

Hagan, K. J. (Ed.). (1984). *In Peace and War: Interpretations of American Naval History,* 1775 – 1984. Westport, CT: Greenwood Press.

Hill, J. R. (Ed.). (1995). *The Oxford History of the Royal Navy.* New York: Oxford University Press.

Keegan, J. (1988). *The Price of Admiralty: The Evolution of Naval Warfare.* New York: Penguin Books.

Kennedy, P. M. (1976). *The Rise and Fall of British Naval Mastery.* New York: Charles Scribner's Sons.

Mahan, A. T. (1918). *The Influence of Sea Power upon History, 1660 – 1783.* Boston: Little, Brown and Company.

Mahan, A. T. (1991). *Mahan on Naval Strategy: Selections from the Writings of Rear Admiral Alfred Thayer Mahan.* (J. B. Hattendorf, Ed.). Annapolis, MD: Naval Institute Press.

Rodgers, W. L. (1937). *Greek and Roman Naval Warfare.* Annapolis, MD: Naval Institute Press.

Rodgers, W. L. (1939). *Naval Warfare under Oars, 4th to 16th Century: A Study of Strategy, Tactics and Ship Design*. Annapolis, MD: Naval Institute Press.
Tarrant, V. E. (1995). *Jutland, the German Perspective: A New View of the Great Battle, 31 May 1916*. Annapolis, MD: NavalInstitute Press.
Wegener, W. (1989). *The Naval Strategy of the World War*. Annapolis, MD: Naval Institute Press.

韦德·达德利(Wade G. Dudley) 文
张小敏 译,刘文明 校

Warfare—Post-Columbian Latin America
后哥伦布时代拉丁美洲战争

在拉丁美洲的历史上,战争是一个永恒不变的主题。1492 年哥伦布发现新大陆之后不久,西班牙和葡萄牙殖民者就将战火蔓延至美洲,并征服了当地的土著居民。15 至 20 世纪期间,独立战争、土著居民起义、围绕航运权和自然资源的争夺以及国内革命等此起彼伏,战火遍及整个拉美大陆。 2737

1492 年克里斯托弗·哥伦布的远洋航行,开启了东西两个半球间碰撞和交流的大幕。双方的冲突和交流表现在许多层面,其中战争发挥了重要作用。在 16 世纪拉丁美洲两次规模最大的战争中,伊比利亚人都扮演了重要的角色。战争的结果也分别以西班牙人在墨西哥(1519—1521)和秘鲁(1532—1536)的胜利而告终。对于西班牙人得以战胜印加帝国以及阿兹特克帝国的原因,历史学家通常将之归纳为三大因素:(1)美洲土著居民之间的分歧。一些土著部落对印加帝国和阿兹特克帝国的统治者持反对态度。(2)一些急性传染病的影响,比如天花,对于这些传染病,拉丁美洲的土著居民没有丝毫免疫力。(3)西班牙殖民者优越的武器和战略战术。西班牙人的军事优势包括钢铁打造的锋利的刀剑和长矛、弓箭,以及火炮和步枪。而与之相比,中美洲土著居民的武器装备和战术无疑相差悬殊,土著居民最先进的武器也不过是前端绑有黑曜石的棍棒。他们在作战中队形极为松散,抓获了俘虏也主要用于宗教祭祀。虽然安第斯山地区的一些土著士兵在战争中也采用了与殖民者军队类似的密集队形,但其武器也只不过是木制的棍棒。

葡萄牙殖民者对巴西的征服始于 1500 年。在传染病、武器以及战略战术的综合优势下,葡萄牙人很快就击败了当地的土著。为阻止法国人向其殖民地的渗透,葡萄牙国王若昂三世(João III)在 1520 年代期间加速了巴西的殖民化进程。1567 年,最后一支侵入巴西的法国军队也被赶了出去。至此,拉丁美洲彻底被西班牙和葡萄牙两国瓜分。

殖民列强之间的战争

拉美殖民地出产金银,这使其他列强艳羡不已,也使西葡两国时刻提防,严阵以待。而且随着英国和荷兰的崛起,两者之间的争霸也不可避免地把战火蔓延到了这片地区。在"三十年战争期间”(1618—1648),尽管拉美地区并非主战场,但也发生了多次小规模的战争。

1614年,荷属东印度公司的武装运输船开进太平洋地区。此后,荷兰和英国船只又不断在加勒比地区活动。面对其咄咄逼人的攻势,西班牙和葡萄牙主要采取防守的策略,对一些主要海港的防御工事进行了加固和改造。当时风头正盛的荷兰人曾一度侵入巴西,并于1641年占领了卢安达和安哥拉,从而对巴西种植园赖以运转的奴隶贸易造成了很大威胁。但好景不长,荷兰人不久之后就又被迫撤退出了这些地区。尽管荷兰人也曾成功俘获一艘从古巴出发的载有金银的货船,而且牙买加也被英国人夺去,但总体来看,伊比利亚人的防守策略还是取得了一定成功。

18世纪期间,欧洲列强冲突不断,其中一个重要因素就是对美洲财富的争夺。当时,不断崛起的英国已日益威胁到西班牙对其美洲帝国的统治。欧洲军事技术和战略的发展往往可以在美洲得到很好的展现。但尽管如此,美洲地区的战争也有自己独特的特点,包括游击战术和常备军作战的特点。此外,在一些小的美洲国家除正规军外,还有为数不少的民兵部队。在平息内部骚乱时,这些民兵也时常会参与其中。 2738

1739年,英军占领了加勒比港口城市波多韦罗(Portobelo,位于现在的巴拿马),随后,英国和西班牙间的“詹金斯的耳朵战争”(the War of Jenkins's Ear)正式爆发。此后,该战争也成为奥地利王位继承战争(1740—1748)的一部分。在1741年的卡塔赫纳德印第亚(Cartegena de Indias,位于现在的哥伦比亚)战役中,凭借良好的防御工事和准备,西班牙驻军抵挡住了英军的围攻。英军还派舰队在西班牙殖民地的海岸线附近游弋,并远达西班牙的菲律宾殖民地。在菲律宾海岸附近,英军舰队曾成功俘获了西班牙由阿卡普尔科(Acapulco)驶出的装满银圆的

伊尤伯爵(Count d'Eu)和其他参加了巴拉圭战争的巴西军官(约1870)。迪亚茨阿尔伯特理查德摄影。巴西国家图书馆

一个人可能懂得如何获取胜利，但却不懂得如何去利用胜利。

——佩德罗·卡尔德隆·德·拉·巴尔卡(Pedro Calderon de la Barca，1600—1681)

马尼拉大帆船。

“七年战争”期间，西班牙将葡萄牙势力逐出了乌拉圭，并成功占领了南里奥格兰德(Rio Grande do Sul，位于现在巴西的最南端)。英国则占领了哈瓦那以及古巴全境。此外，西班牙在东南亚地区的殖民重镇马尼拉也沦入英军之手。作为从英国手中赎回哈瓦那的交换，西班牙放弃了佛罗里达。此外，西班牙还从法国人手中获得了密西西比河以西地区的控制权。不过这却是以其法国盟友从北美大陆的彻底撤出为代价换来的，此后西班牙就需在这一地区独自面对英国人的挑战了。葡萄牙虽然一度又进入了乌拉圭的科洛尼亚(Colônia)地区，但好景不长，在美国独立战争期间该地区就又被西班牙人夺走。美国独立战争期间，西班牙对殖民地人民的反抗和起义给予了大量资助，并成功打败了英军，再次占领了佛罗里达。

叛乱和要求独立的斗争

从18世纪下半叶开始，西班牙波旁王朝的国王们进行了一系列改革，其内容之一就是提高美洲殖民地的赋税。增税的政策加深了在美洲出生的土生西班牙人与来自西班牙本土的殖民地上层官员之间的矛盾。结果，在18世纪及其之后在拉美殖民地爆发了多场大规模起义。

殖民地人民的反抗与沉重的赋税以及殖民地官员的暴行有密切联系。此外，文化因素也是居住在偏远地区的土著居民进行反抗的重要原因。在大种植园密集的地区，非洲奴隶起义时常发生。但是，大规模的反抗往往有着多重原因。例如，安第斯山地区土著民族的起义就与其宗教文化中的千禧年传说有着紧密关系。当时在一名1571年之前印加帝国王室后裔的领导下，当地土著居民发动了反抗西班牙殖民者的起义，并呼吁要建立一个由土著居民统治的帝国。

在这些起义中，规模最大的当数1781至 2739
1784年间爆发的由图帕克·阿马鲁二世(Túpac Amaru II)领导的大起义。凭借快速的进攻以及当地土著人的支持，起义军在战争初期曾取得了不少成果。但起义军内部也面临诸多问题，而武器装备方面的缺陷一直是起义军最大的软肋。为镇压起义，西班牙殖民当局抽调了多达1.5万人的常备军和民兵部队。最后，在经过了近3年的抗争之后，该次起义还是被镇压了下去。估计在这次起义中有10万人被杀。

伊比利亚殖民者在拉丁美洲拥有幅员辽阔的殖民地。强大的国家实力和国王的权威是统治如此辽阔地区的压舱石。1808年，拿破仑率领大军侵入西班牙，并立其长兄约瑟夫(Joseph)为西班牙国王。这对西班牙帝国造成了沉重的打击，不仅西班牙本土冲突不断，在其美洲殖民地也爆发了3场大规模的独立战争。这3场独立战争分别是：西蒙·玻利瓦尔(Simón Bolívar，1783—1830)领导的以现在的哥伦比亚和委内瑞拉为中心的独立战争；何塞·德·圣马丁(José de San Martín，1778—1850)在阿根廷领导的独立战争(后与玻利瓦尔在秘鲁领导的斗争汇合)；以及1810年爆发的墨西哥独立战争。这3场战争都遭到了保皇派的强力反击。在战争初期，凭借武器装备方面的优势，保皇派曾占有一定的优势。但后来起义军也经由种种渠道获得了补给，这样保皇派在战争中的优势就一去不复返了。虽然战争局势瞬息万变、异常复杂，但在经历了长期的斗争后，至1824年，除古巴和波多黎各外，拉丁美洲的其他地区都获得了政治上的独立。

西班牙和葡萄牙这两大殖民帝国的殖民统治被推翻后，在拉丁美洲的土地上涌现出了众多新成立的国家。这些新独立的国家都各自面临着诸多问题，但有一个问题具有普遍性，即在中央集权问题上自由派和保守派之间的分歧。

除此之外，国家内部的分裂势力、国家间围绕边界和资源产生的冲突等问题也非常棘手，有些问题甚至直到现在都还没有解决。

1821年，葡萄牙国王离开里约热内卢返回葡萄牙，并任命其子佩德罗(Pedro)为巴西摄政王。1822年，佩德罗宣布巴西独立，并颁布了一部中央集权的宪法。在随后的25年中，巴西各地相继爆发了5次大规模的起义，而且这5次起义的主要诉求都是要求分散中央政府的权力。巴西政府军镇压了这5次起义。1835年，巴伊亚(Bahia)又爆发了一场大规模的奴隶起义，不久巴西军队也将其镇压。

阿根廷曾试图将原拉普拉塔(Río de la Plata)总督辖区的诸多国家整合在一起，但最终还是没有成功。秘鲁的玻利瓦尔派将上秘鲁的一部分地区分离了出去，建立了玻利维亚。巴拉圭距离布宜诺斯艾利斯路途遥远，最终脱离了其有效控制而取得了独立。乌拉圭也是原拉普拉塔总督辖区的一部分。在独立运动风起云涌的时代背景下，乌拉圭也一直在试图谋求更多的自主权。作为阿根廷和巴西之间的战略要地，葡萄牙和西班牙殖民者再次为该地的统治权进行争夺，双方之间发生了多次战争。1828年，在英法势力的干预之下，乌拉圭主权得到确立，并成为各大势力之间的缓冲地带。列强之所以这样做并非偶然，其最根本的原因还是想确保巴拉那河和乌拉圭河(Paraná and Uruguay rivers)的航行自由。

与土著族群的战争

土著族群是许多拉丁美洲国家的重要组成部分。许多定居的原住民很大程度上已被融入了社会的中下阶层，而一些游牧部落则仍然对脱胎于欧洲的社会架构持续抵制，并力图维持其传统的生活方式。为了获得更多的牧场，阿根廷政府在1833至1836年间发动了第一次沙漠战役，以驱离潘帕斯草原上的原住民。土著居民虽遭受到了沉重的打击，但仍继续对边境地区的白人定居点进行突袭。第二次沙漠战役(1879)的主要目标则是要征服进入阿根廷的阿洛柯人。当时后者由于智利政府的军事行动，刚刚迁徙进入阿根廷。这两次战役都发生在大草原上，而且也主要是双方骑兵之间的对战。在第二次沙漠战役中，阿根廷军队的武器装备和后勤补给都占有很大优势。在战争策略上，阿根廷曾有意向美国学习，模仿美国军队过往在对付草原部落时所采取的方法。两次战役都以阿根廷政府的胜利而告终。经过这两次战役，土著游牧部落遭到了毁灭性的打击。

民族国家之间的战争

除了内部自由派和保守派之间的冲突外，2740
墨西哥政府还面临着强邻美国不断西进的威胁。1836年，得克萨斯州宣布脱离墨西哥独立。在此后的10年里，美国又在加利福尼亚问题上不断施压。1846年，美国向墨西哥宣战。在经历了一系列陆地上的攻防战之后，1847年一支美军在维拉克鲁斯(Veracruz)登陆，并向墨西哥首都墨西哥城进发。1847年9月，美军攻陷墨西哥城。至此，墨西哥已损失了近半国土。美军之所以能够取得如此成就，主要得益于其专业的军官队伍、对自动火炮的有效使用以及先进的武器。而在墨西哥国内，自由派和保守派的冲突还在继续，并最终酿成了1857至1859年间的“改革战争”。1863年，不甘心失败的保守派勾结法国势力侵入墨西哥，并扶植了一名傀儡皇帝。但好景不长，1867年，法国势力最终被驱逐出墨西哥。

巴拉圭在领土问题上与周边国家存在着严重争端。而且，作为内陆国家，它也一直谋求能通过巴拉那河而获得通往大西洋的出海口。在时任巴拉圭总统弗朗西斯科·索拉诺·洛佩斯

(Francisco Solano López，1827—1870)的强力要求下，巴拉圭卷入了一场同巴西、阿根廷和乌拉圭的残酷战争(1864—1870)。战争爆发后，尽管巴拉圭军队作战异常勇敢，但其落后的装备以及相差悬殊的综合实力，决定了其不可能最终赢得这场战争。战争使巴拉圭遭受了巨大的损失。据统计，在战后其男性人口相比战争爆发前减少了一半还多。

智利独立后不断向北部拓展自己的疆域，为此与秘鲁和玻利维亚产生了冲突。1879 年，围绕阿他加马沙漠(Atacama Desert)地区丰富的矿产资源，智利向秘鲁和玻利维亚宣战，南美太平洋战争(1879—1883)爆发。虽然秘鲁和玻利维亚在军队总人数上占优，但其武器装备和指挥体系却不如智利。战争爆发后，虽然双方海军的后勤补给都出现了很大问题，但海军仍然是决定这次战争的最重要因素。战争最终以智利的胜利而告终。作为胜方，智利不仅取得了阿他加马沙漠的控制权，而且还得到了秘鲁的 3 个南方省份(1929 年智利将最北方的塔克纳省归还秘鲁)。

在与智利的战争中，玻利维亚失去了其唯一濒临太平洋的省份。为此，玻利维亚转而将注意力转向了通往大西洋的巴拉那河。查科地区(Chaco)位于玻利维亚和巴拉圭的交界处，两国对于该地区的归属权一直存有争议。后来，查科地区被探明拥有丰富的石油和矿产资源，这使两国对该地区的争夺更加激烈。1932 年，玻利维亚宣称自己拥有对查科地区的主权，并挑起了与巴拉圭的战争。在战争实力的对比上，玻利维亚无疑占有优势。它不仅军队人数占优，而且还拥有一支实力可观的空军。但其也有致命的劣势：玻利维亚的士兵很多都来自高原地区，当他们在巴拉圭潮湿的丛林地带作战时水土不服，以致许多士兵都患了严重的疾病，从而严重损伤了军队的实力。而对于巴拉圭来说，不仅其军事指挥官更富战争经验，而且其铁路交通系统也使巴拉圭军队的后勤供应更有保障。在这样的情况下，玻利维亚最终没有取得战争的胜利，并被迫将查科地区的控制权让给了巴拉圭。

在加勒比地区，1895 年，古巴发动了第 3 次谋求独立的战争。此后，古巴民众对西班牙殖民者进行了长达 3 年多的游击战。1898 年 2 月，“缅因号”(Maine)军舰事件爆发，美国随即对西班牙宣战，美西战争爆发。战争主要在古巴、波多黎各和菲律宾进行。美国军队在海上和陆上都对西班牙进行了猛烈进攻。最终，西班牙战败，并失去了其在拉丁美洲和亚洲的绝大部分殖民地。通过这些战争，美国在加勒比和中美洲地区建立了一个保护国体系，从而确保了其对巴拿马运河(1914 年通航)的掌控。

在拉丁美洲，有多个国家参与了第一次世界大战。其中最著名的是巴西，它由于德军对其船舶的攻击而加入了协约国阵营。与第一次世界大战相比，在第二次世界大战中对轴心国集团(德国、日本、意大利)宣战的拉美国家数量更多。巴西和墨西哥为美军开放了一些机场，以方便美军对付德军部署在大西洋的潜艇。巴西还直接派出由数万人组成的部队赴欧洲作战。而且，巴西军舰还为驶往非洲军事基地的盟军(美国、英国、法国、苏联、中国)货船提供护航。此外，墨西哥的一支空军部队也参与了 1945 年在菲律宾的作战。

1982 年，阿根廷军政府出兵占领南大西洋 2741
的英属马尔维纳斯群岛(英称福克兰群岛)殖民地。战争爆发后，英国派出一支远征军对该岛和周边海域的阿根廷军队发动攻击。尽管后勤保障和通信受到了长途奔袭的挑战，但英军最后还是取得了战争的胜利，重新夺回了对该岛的控制权。阿根廷海空军在战争中也曾取得过一些暂时的胜利，但相对于英国来说，其军事实力和综合国力还是弱了很多。战争失败后，阿根廷军政府垮台。

革命战争

1910至1920年间，墨西哥爆发革命，并进而发展成为一场内战。1910年，墨西哥独裁者波尔菲里奥·迪亚斯（Porfirio Díaz，1830—1915）的统治被推翻，此后墨西哥又发生了多次军事政变。但迪亚斯政权的两个替代者并没能巩固自己的统治。1914年，内战全面爆发。

当时在墨西哥内部有3股主要势力。其中一股是由埃米拉诺·萨帕塔（Emiliano Zapata，1879—1919）领导的墨西哥南方农民武装。该派要求进行土地改革，将农村土地还给农民，其军队的主力也主要是由农民组成的步兵。另两股主要位于墨西哥北部。在该地区，人口大部分由牧民组成，因此其军队的主力也主要是骑兵。在内战的整个过程中，迪亚斯政府统治期间所修建的铁路网成为决定战争的关键因素，对铁路的争夺也成为各方势力的焦点。北方的两个派别当时已拥有一支小规模的空军。北方两支武装派别的领导人分别是弗朗西斯科·潘乔·比利亚（Francisco "Pancho" Villa，1873—1923）和阿尔瓦罗·奥布雷贡（Álvaro Obregón，1880—1928）。其中后者曾一度追随韦努斯蒂亚诺·卡兰萨（Venustiano Carranza，1859—1920）。比利亚和卡兰萨在内战初期都曾获得过美国的武器供应，但伍德罗·威尔逊（Woodrow Wilson）总统上台后，美国政府停止了对这两派势力的资助。

1915年4月，比利亚和卡兰萨的部队在墨西哥城西北部的塞拉亚地区发生了两次激战。在这两次战役中比利亚的骑兵面对的是配有机枪掩体和铁丝网障碍的卡兰萨部队，结果比利亚派的骑兵受到重创，损失惨重，被迫向北部撤退。1915年7月10日，撤退至北部的比利亚部在阿瓜斯卡连特斯（Aguascalientes）又遭到了奥布雷贡部的袭击。经此一役，比利亚部一蹶不振，再也没有恢复元气。一个月后，卡兰萨部又在墨西哥城附近击溃了萨帕塔的军队。此后萨帕塔部退至其家乡莫雷罗斯（Morelos）附近。1919年，萨帕塔在莫雷罗斯遭到伏击，并被卡兰萨派士兵杀害。萨帕塔去世后，其派系日益失去凝聚力而逐渐瓦解。墨西哥革命期间的军事冲突也告一段落。在20世纪拉丁美洲的历史上，墨西哥革命期间所爆发的冲突与战争无疑是规模最大的。但就其对周边地区的影响而言，古巴革命则无疑更具重要性。

1956年，菲德尔·卡斯特罗领导的古巴流亡者在古巴东部海岸登陆。登陆之后，幸存下来的革命者在古巴山区建立基地，并展开了旨在推翻富尔亨西奥·巴蒂斯塔（Fulgencio Batista，1901—1973）独裁统治的革命运动。当时，巴蒂斯塔政权的军队不仅统一配备有美式军备，而且还有一定数量的飞机。但山区复杂多变的地形为革命者提供了有效保护，而且革命者还很快取得了当地农民的支持。在这样的情况下，尽管政府军多达数万人，而革命者的军队只有区区数百人，但凭借对游击战术的良好运用，革命武装不仅保存了下来，而且日益发展壮大。不久，革命军就发展至7 000人，而此时巴蒂斯塔政权的内政外交政策却引起了古巴人民的极大不满（当卡斯特罗顺利进入哈瓦那时，他还没有正式与苏联建立同盟关系）。在革命过程中，革命者高昂的士气和严格的纪律对最后的胜利起到了重要作用。此次革命从位于偏远地区的根据地发动，并进而扩展至城市等其他区域；这也是革命者在革命斗争中所采取的普遍策略。古巴革命的成功为其他地区树立了典范。但值得一提的是，此后只有尼加拉瓜取得了与古巴革命者类似的胜利。卡斯特罗的阿根廷战友欧内斯托·"切"·格瓦拉（Ernesto "Che" Guevara）曾在玻利维亚进行游击战，但最后遭到了失败，格瓦拉本人也被杀害。

进一步阅读书目: 2742

Andrien, K. J. (2001). *Andean Worlds: Indigenous History, Culture, and Consciousness under Spanish Rule, 1525 – 1825.* Albuquerque: University of New Mexico Press.

Anna, T. E. (1978). *The Fall of the Royal Government in Mexico City.* Lincoln: University of Nebraska Press.

Berger, T. R. (1992). *A Long and Terrible Shadow: White Values, Native Rights in the Americas.* Seattle: University of Washington Press.

Bethell, L. (Ed.). (1987). *The Independence of Latin America.* Cambridge, U.K.: Cambridge University Press.

D'Altroy, T. N. (2003). *The Incas.* London: Blackwell.

Eisenhower, J. S. D. (1989). *So Far from God: The U. S. War with Mexico, 1846 – 1848.* Norman: University of Oklahoma Press.

Guevara, C. (1985). *Guerrilla Warfare.* Lincoln: University of Nebraska Press.

Kamen, H. (2003). *Empire: How Spain Became a World Power, 1492 – 1763.* New York: Harper Collins.

Katz, F. (Ed.). (1988). *Riot, Rebellion, and Revolution: Rural Social Conflict in Mexico.* Princeton, NJ: Princeton University Press.

Klein, H. S. (1992). *Bolivia: The Evolution of a Multi-ethnic Society* (2nd ed.). New York: Oxford University Press.

Knight, A. (1986). *The Mexican Revolution.* Cambridge, U.K.: Cambridge University Press.

Langley, L. D. (2002). *The Banana Wars: United States Intervention in the Caribbean, 1898 – 1934.* Wilmington, DE: Scholarly Resources.

Loveman, B., & Davies, T. M., Jr. (Eds.). (1989). *The Politics of Anti-politics: The Military in Latin America* (2nd ed.). Lincoln: University of Nebraska Press.

Lynch, J. (1986). *The Spanish American Revolutions 1808 – 1826.* New York: W. W. Norton.

Lynch, J. (1989). *Bourbon Spain, 1700 – 1808.* London: Blackwell.

Lynch, J. (1991). *Spain, 1516 – 1598: From Nation State to World Empire.* London: Blackwell.

Lynch, J. (1992). *The Hispanic World in Crisis and Change, 1598 – 1700.* London: Blackwell.

Nunn. F. M. (1983). *Yesterday's Soldiers: European Military Professionalism in South America, 1890 – 1940.* Lincoln: University of Nebraska Press.

Nunn, F. M. (1992). *The Time of the Generals: Latin American Professional Militarism in World Perspective.* Lincoln: University of Nebraska Press.

Reis, J. J. (1993). *Slave Rebellion in Brazil: The Muslim Uprising of 1835 in Bahia.* Baltimore: Johns Hopkins University Press.

Rock, D. (1987). *Argentina, 1516 – 1987: From Spanish Colonization to Alfonsín.* Berkeley and Los Angeles: University of California Press.

Rodríguez O., J. E. (1998). *The Independence of Spanish America.* Cambridge, U.K.: Cambridge University Press.

Scheina, R. L. (1987). *Latin America: A Naval History, 1810 – 1987.* Annapolis, MD: United States Naval Institute Press.

Scheina, R. L. (2003). *Latin America's Wars.* Washington, DC: Brassey's.

Smith, M. E. (2003). *The Aztecs* (2nd ed.). London: Blackwell.

Stern, S. J. (Ed.). (1987). *Resistance, Rebellion, and Consciousness in the Andean Peasant World, 18th to 20th Centuries.* Madison: University of Wisconsin Press.

Vásquez, J. Z., & Meyer, L. (1985). *The United States and Mexico.* Chicago: University of Chicago Press.

Walker, C. F. (1999). *Smoldering Ashes: Cuzco and the Creation of Republican Peru, 1780 – 1840.* Durham, NC: Duke University Press.

布鲁斯·卡斯尔曼(Bruce A. Castleman) 文

王晓辉 译,刘文明 校

Warfare—Post-Columbian North America to 1775
北美后哥伦布时代至 1775 年的战争

2743 在 1492 年哥伦布到达西印度群岛后，北美战争确定了欧洲殖民和统治的聚落形态，也确定了接下来 400 年欧洲—美洲原住民的关系格局。它还确立了一些历史学家所称的“美洲式战争”：美洲原住民战争的“奇袭和伏击”战术与欧洲战争的重火力相结合。

从 1492 到 1775 年，后哥伦布时代的北美（今天的加拿大、美国和加勒比群岛）战争可分为三种主要类型。第一类主要是各种美洲原住民群体间的冲突。第二类是欧洲人进行的反对各种各样美洲原住民部落组织的征服活动，有时伴随着其他美洲原住民与欧洲人的联盟。第三种也是最重要的战争是欧洲人反对另一些欧洲人的战争，其中一方或两方有一些支持他们的美洲原住民盟友。这篇文章将集中讨论第二种和第三种类型，同时只是简要地论及第一种，因为大部分这种类型的战争在最好的情况下也没有完整记录。

土著战争的特征

有人认为相对于欧洲人发动的战争来说，美洲原住民的战争风格更多是仪式性的或仪式占有重要地位，这通常是一种误解。正如欧洲人为了领土和权力发动战争，美洲原住民发动战争主要是为扩大或捍卫狩猎-采集区域或农耕地区，并确保俘虏或用来补充兵员或用于充当奴隶。

在北美，这些土著战争以适用于狩猎-采集文化的技术为特点，较之于经过事先精心安排的战斗，更多地依靠伏击和奇袭。然而，在这些制约因素中，战斗是无情和残酷的，很少考虑“非战斗人员”伤亡。特别是在奇袭敌人的村庄时，妇女和儿童也不能幸免，除非这些人被当作俘虏。虽然他们很少蓄意发动战争来歼灭敌人的部落，但是，重大伤亡常常导致一方或另一方不得不融入邻近群体，从而其作为一个独立的部落实际上就不复存在了。

相对于这些一般情况，一个主要的例外是易洛魁部落联盟（Iroquois Confederation），其在 16 世纪晚期和 17 世纪初期产生，这里后来成为上纽约州。易洛魁人在保持许多土著战争特点的同时，也在他们自己的“帝国”扩张中夺取领土和征服邻近部落群体。

欧洲战争的特征

欧洲人在某种意义上有更加程式化的作战形式，通过安排和扩大对城市及要塞的围攻来开展精心准备的战斗。像美洲原住民一样，欧洲人战斗主要是扩张或保卫边境省份，并获得对邻国的强制力。在 16 和 17 世纪，这种强制力往往与国家或团体的宗教信仰有关，它卷入了新教教派和天主教会之间的斗争。

战斗是一件需要精心组织军队的难事，要 2744
花数小时来组织战斗队形，而且战斗有时需在双方指挥官同意后进行。战斗通常由装备有枪支和矛的步兵纵队开展进攻，同时以大量骑兵和相对不能移动的火炮作为支持。由于部队受过训练且装备精良，一方或双方伤亡有可能等于或超过参战军队的50%。鉴于17和18世纪部队机动和战斗的性质，比较突出的战斗形式是围攻设防城市或独立堡垒。这些攻城战术已变得非常正规化，因为其过程和结果具有近乎数学的精度。

“北美式战争”

在北美，上述两种冲突方式相结合导致了一种综合的战争形式，以美洲原住民战争的奇袭和伏击，以及欧洲战争的重火力为特征。此外，当殖民者发现他们在前线的生存处于危险之中时，这些冲突就不再像美洲原住民战争或者欧洲国家战争那样是有限目标的战争，而是以毁灭性的全面战争为特征。这种冲突的强度往往使美洲原住民敌人和欧洲观察者感到惊讶和震惊，由此产生了美洲的总体战传统，无条件投降也出现了。

疾病的影响

北美的战争除了不断增加强度外，疾病也在许多冲突中起着显著作用，欧亚疾病被引入北美那些没有免疫力的人当中。天花、麻疹和其他欧洲地方病对美洲原住民人口的影响是毁灭性的，经常导致当地部落几乎完全崩溃及人口的大量毁灭。然而，同样地，某些美洲地方病或热带疾病，如黄热病和疟疾，也可能击垮整个殖民点或欧洲军队。

技术的影响

欧洲人的技术对美洲原住民产生了深远影响。马、骑手、盔甲、火器和钢铁兵器结合在一起是令人畏惧的，特别是在早期的西班牙殖民地和军事征服中。美洲原住民唯一的筹码是以数量压倒他们的欧洲敌人，或者是从埋伏中快速出击并在欧洲人有效回应之前逃跑。欧洲技术造成的另一个问题是，对于迄今仍自给自足的美洲原住民战士来说，产生了对欧洲人贸易的依赖。欧洲人引入的枪需要火药和炮弹，在发生故障的时候则需替换或修理；从文化角度或技术层面上看，在大多数情况下，美洲原住民没有充分的装备去生产属于他们自己的武器，或者去修理损坏的武器。 2745

威廉·兰普雷希特(Wilhelm Lamprecht)的《马凯特神父与印第安人》(*Father Marquette and the Indians*)。1673年，法国耶稣会传教士和路易·若列(Louis Jolliet)一起绘制了密西西比河北部的地图。威斯康星州密尔沃基(Milwaukee, WI.)马凯特大学哈格蒂艺术博物馆

北美部族间的战争

虽然欧洲人的到来、殖民和发展，引起了后哥伦布时代新世界最密集的冲突，但是假设美洲原住民部落间的冲突已经消失，也是一个错误。相反，

在某种程度上，欧洲人的存在和影响加剧了这种部族间的战争。

美洲原住民间冲突的一个主要来源是易洛魁联盟的崛起。这是一个占主导地位的本土力量和初生的帝国，兴起于后来成为美国东北部的地区。易洛魁人的情况与众不同，他们最初为5个部落，后来是6个部落，这些部落在权力分享中为了追求共同的目标而联合起来。易洛魁联盟的成员部落同意不会彼此发动战争，并联合他们的力量来征服其邻邦以及控制这一地区的贸易。易洛魁联盟的势力北面覆盖到新法兰西，南面远至卡罗来纳、田纳西和佐治亚的切诺基人(Cherokee)地区。虽然易洛魁的崛起先于欧洲人在北美的殖民，但联盟继续扩大其影响的区域，常常操纵一个殖民力量对抗另一个以维护其地位。

当不同部落为贸易权利与新来者进行争斗时，部落战争也沿着殖民地区的边缘而不断发生。欧洲贸易品对于美洲原住民有着极大的吸引力，火器、钢斧头、布和铁制烹饪器等每件东西都如此，更不必说欧洲或美洲的烧酒。这些贸易品从根本上改变了部落间的传统关系。为了取得对高度渴望的贸易品的控制，部落需要接近欧洲人，并且获得欧洲人渴望的毛皮和任何其他本地产品以用于交换。因此，除了古老的战争是为争夺狩猎领地和农业领地以及奴隶及荣誉之外，部落间爆发的战争是为了控制这种贸易。

在欧洲人中，法国人因其皮草贸易驱动的经济而成为最有影响力的新来者。法国人以贸易品和组织联盟来拉拢部落。随着航海者德布瓦(*voyager de bois*)和法国耶稣会传教士积极向西远行至密西西比河地区，法国的影响扩散到美洲大陆的中心。他们与其盟友参加部族间的战争；尽管他们只占少数，但往往具有决定性的影响，因为他们拥有而且会带给他们盟友技术优势。

欧洲人的到来导致了两个强有力因素的出现，使得部族间战争超过了其实际冲突区域。随着欧亚疾病蔓延整个大陆，流行病摧毁了一些部落，扰乱了当地的权力平衡，当受影响较小的部落把领土扩大到受影响较严重的部落时就会引发战争。欧洲人的到来也驱使部落从东向西的迁移，当难民涌入西部时，这种迁移也会引起部族间的战争。这些迁移的结果是，这种部落群体，例如18世纪在大平原上的拉科塔族(Lakota)——的到来，是由于他们被奥吉布瓦族(Ojibwa)排挤出了威斯康星的森林和明尼苏达 2746
的东部。然后拉科塔族把克劳人(Crow)部族排挤出它的领地，这样逐渐向西移动。

马最初由西班牙人带到美洲，大约1600年之后，当逃亡的马匹开始在大草原繁殖时，马改变了高地平原的生活和战争。印第安人已经熟悉了弓并很快地学会了如何在奔跑的马背上射箭。很快，狩猎野牛成为一种生活方式，农业衰落了，战争变得前所未有的多变，出现了敌对部族间寻求保障其狩猎场地的骑兵遭遇战。好战的大草原印第安人遇到西班牙和美国士兵时，即便装备有枪，甚至比以前装备更好，也只在1876年反抗卡斯特(Custer)将军的美国骑兵时赢得了他们的最后一次胜利。

欧洲人反对美洲原住民的战争

随着欧洲列强在北美的殖民活动和扩张的开始，每个欧洲国家都发展其实力以服务于自身利益。因此，原住民的冲突面临着从暴力征服和移民到联盟和贸易。

西班牙人

欧洲人对抗美洲土著部落的活动最早开始于西班牙人在加勒比地区的登陆。欧洲人的小团体在面对压倒性人数时难以置信地成功了。西班牙人为此树立了榜样，他们相对容易地征服了加勒比群岛的海地岛（Hispaniola）和古巴，还有较小的岛屿，以及后来征服的墨西哥和秘鲁。他们成功的关键是：欧洲人和美洲原住民之间不同的作战方法，欧洲人的卓越技术，部族间的分歧，疾病的影响。

最初西班牙进军北美大陆是考察探险，但实行起来更像是突袭，是为寻求更多的财富；正如在墨西哥和秘鲁发现财富那样，如果没有发现就继续前行寻找。通常情况下，他们迂回曲折的进程是当地领袖传播谣言的结果，而不是探险家和征服者深思熟虑计划好的路线。西班牙人因其对食物和黄金的不断需求引起了敌意，导致当地土著人表现出不同程度的不合作或反抗。这些早期的探险并没有成功地找到新的富裕地区，特别是埃尔南多·德·索托（Hernando de Soto）的尝试，他从佛罗里达向北可能远行至卡罗来纳，然后向西至密西西比河山谷。但是，德·索托的探险和科罗纳多（Coronado）通过美国西南部向北远至堪萨斯的探险，也提供了原住民和那里的基本气候及地形条件的有价值的信息。

随后的西班牙探险队在佛罗里达和西南部，尤其是新墨西哥建立了殖民地。这些殖民地是军事前哨站和布道教会的结合。西班牙人通常能用火器、钢铁和骑兵等吓住当地人，对此东南部和西南部的土著部落未能有效地做出回应。最初，西班牙人非常谨慎地防止火器和马落入美洲原住民的手中。

虽然战争有时充满暴力和血腥，但欧洲人对边疆土地的征服相对来说容易，1680 年由普韦布洛（Pueblo）印第安人发起的一次普遍起义证明了这一点。干燥和高温，还有西班牙对普韦布洛人越来越多的需求，连同阿帕奇人（Apaches）、纳瓦霍人（Navajos）和平原印第安人的一系列成功的突袭，导致了新墨西哥反对西班牙的第一次统一起义。13 年后，西班牙人的另一次探险重新夺回了新墨西哥全省。到 1700 年，西班牙再次占领了普韦布洛领地并重新建立了殖民地；在这一过程中，普韦布洛人被大量 2747
杀害。1700 年之后，西班牙人在其直接控制下继续扩张领土，而当他们面临着本地团体的持续反对时，基本模式仍是一样的，少数西班牙人威慑着大多数土著人。然而，当原住民被其他欧洲人煽动和得到支持时，冲突呈现出帝国边境战争的特点。

法国人

法国人在新法兰西和密西西比河流域有着非常不同的经历，因为法国人对大规模殖民和农业或采矿不感兴趣。相反，他们对皮草贸易感兴趣，而这需要与美洲原住民合作。因此，鲜有例外的是，法国人选择与土著人建立非常良好的关系，而且事实上法国人提供了他们积极的支持来对抗其盟友的传统敌人，如易洛魁人。因此，法国边境战争很快采用了帝国边境战争的特点，因为冲突的双方都有欧洲人和美洲原住民。

荷兰人

荷兰人在今天的纽约建立殖民地，这先于英国移民和清教徒在新英格兰的殖民。荷兰人对殖民和农业感兴趣，也对皮草贸易很感兴趣，这就导致了其分裂式的政策，一方面在哈得孙河谷取代美洲原住民，另一方面作为北部和西部边境地区易洛魁人的供应商和某个时候的盟友而存在。荷兰人于 17 世纪 30 年代渗透进康涅狄格河河谷，促成佩科特（Pequot）战争，这主要但不完全是英国殖民者反对佩科特部落的战斗。

英国人（1701 年后的英国人）

英国人对可作农业用途的土地非常感兴趣，这引起当地土著部落的迁移和随之发生的战争。英国殖民者从本国带来传统的民兵组织。在英国，所有适于战争年龄的男性都被要求提供自己的武器，在一年中要训练一段特定时期，并承担殖民地的兵役。依靠这种民兵部队，英国殖民者的防御能力和进攻能力可以抵抗美洲原住民和其他对殖民地安全的威胁。

英国殖民者面临的最重要问题是，他们分散在农场和沿着边境的小村庄中。随着边疆向内陆推进，美洲原住民用他们传统的突袭和伏击战术，有一系列现成和脆弱的目标可以攻击。英国人做出了回应，加固村里的房屋，开展定期的惩罚性运动来对抗美洲原住民，开展积极的民兵巡逻和伏击，并且在困难时期可能还沿用印第安人的方法。英国人面临着反复起义和与土著部落的小规模战争，从 1622 年在弗吉尼亚直到 1675 年菲利普国王在新英格兰的战争、培根在弗吉尼亚的叛乱，以及许多沿着他们扩张边界的其他冲突。

北美的帝国战争

欧洲列强在北美和沿岸海域以及加勒比海的各种形式的冲突，开始于 16 世纪中叶，那时荷兰在反抗西班牙哈布斯堡王朝的统治。他们的海军和武装部队（后来英国的武装民船也加入进来），袭击西班牙殖民地和运送财物的船只。大约一个世纪之后，17 世纪 50 年代和 60 年代早期的英荷战争也波及北美，因为英国人控制了荷兰殖民地——沿着哈得孙河谷从北部奥尔巴尼（Albany）到南部新阿姆斯特丹。英国人把其殖民地和在哈得孙河口的主要港口城市更名为纽约。

2748 然而，法国人和英国人之间的战争时间最长，代价最大，最终成为这些帝国战争中最重要的。1689 到 1763 年间，英国人和法国人在 4 次独立而又相互关联的一系列冲突中对峙。这些冲突具有边界型战争混合在一起的特点，让人想起本土战争中许多血腥但短暂的沿着边境的伏击和突袭，以及更传统的欧洲风格的围攻对抗和定位进攻战斗，虽然牵涉进这些战斗的人数与他们的欧洲同行相比通常很少。

这些战争的范围和强度在整个时期扩大了。到 1763 年，英国已经调拨他们很大一部分正规军用于北美的殖民战争。而在此之前，殖民地的怨恨不断增长，因为他们得到的是失望、背弃的诺言和对殖民事业的彻底背叛。在早期，英国殖民者就断定，在把法国人赶出加拿大以及俄亥俄河和密西西比河流域之前，他们的安全将得不到确保，而且他们向内地扩张的能力将受到限制。对于殖民者来说，这不是母国、他们的殖民者和他们的土著盟友之间一系列的帝国边境战争。相反，它是一场生存战争；为了生存，法国人和印第安人的威胁必须在其源头被摧毁，那就是摧毁沿着圣劳伦斯河的法国殖民地以及沿着内陆湖泊和河流的皮草贸易商站。直到 1758 年，英国政府在老威廉・彼得（William Pitt the Elder）的管理下，才采纳这一观点。

正是在第 4 次和最后的战争——在欧洲“七年战争”或在北美的法国和印第安人战争期间，战争的所有成分都汇集在北美：北美原住民与当地民兵或欧洲正规军结盟而进行的大规模边境伏击和突袭，其中最大规模的是 1755 年在莫农加希拉（Monongahela）河旁的布拉多克（Braddock）的失败；大规模欧洲式围攻威廉・亨利堡、路易堡和魁北克（虽然路易堡以前已被围困多次）；在魁北克附近的亚伯拉罕平原发生的最大的一次欧洲风格的定位进攻战斗，它标志着法国在北美统治的结束（虽然和平条约在 4 年后才签署）。

北美后哥伦布时代的战争最后的重要事件发生于 1763 年《巴黎条约》签署之后不久，当时在从前与法国结盟的美洲土著部落间爆发了动乱，这通常被误称为庞蒂亚克（Pontiac）叛乱。为了平定印第安人、降低成本，并使边疆战争最小化，英国人接受了所谓的 1763 年公告，试图限制殖民地扩张。但它没能限制扩张，只是进一步激起了殖民地的怨恨。这种情况已经超出了对英国人的容忍：长期的战争、重新实施的重商主义政策，以及为了支付战争费用而新增的殖民地赋税。最后，所有这些结合起来导致了1775年美国革命。

进一步阅读书目：

Anderson, F. (2000). *Crucible of War: The Seven Years' War and the Fate of Empire in British North America, 1754－1766.* New York: Albert A. Knopf.

Axtell, J. (1985). *The Invasion within: The Contest of Cultures in North America.* New York: Oxford University Press.

Canny, N. (Ed.). (1998). *The Origins of Empire.* New York: Oxford University Press.

Carr, R. D. (1998). "Why should you be so furious?": The Violence of the Pequot War. *Journal of American History, 85*(3), 876－909.

Chet, G. (2003). *Conquering the American Wilderness: The Triumph of European Warfare in the Colonial* 2749
Northeast. Boston: University of Massachusetts Press.

Higginbotham, D. (1987). The Early American Way of War: Reconnaissance and Appraisal. *William and Mary Quarterly, 44*(2), 230－273.

Hirsch, A. J. (1988). The Collision of Military Cultures in Seventeenth-century New England. *Journal of American History, 74*(4), 1187－1212.

Josephy, A. (1994). *Five Hundred Nations.* New York: Alfred A. Knopf.

Keener, C. S. (1999). An Ethnohistorical Analysis of Iroquois Assault Tactics Used Against Fortified Settlements of the Northeast in the Seventeenth Entury. *Ethnohistory, 46*(4), 777－807.

Leach, D. E. (1986). *Roots of Conflict: British Armed Forces and Colonial Americans, 1677－1763.* Chapel Hill: University of North Carolina Press.

Leach, D. E. (1958). *Flintlock and Tomahawk: New England in King Philip's War.* New York: MacMillan.

Leckie, R. (1999). *"A Few Acres of Snow": The Saga of the French and Indian Wars.* New York: Wiley & Sons.

Marshall, P. J. (1998). *The Eighteenth Century.* New York: Oxford University Press.

Peckham, H. H. (1964). *The Colonial Wars, 1689－1762.* Chicago: University of Chicago Press.

Steel, I. K. (1994). *Warpaths: Invasions of North America, 1613－1765.* New York: Oxford University Press.

Swanson, C. E. (1985). American Privateering and Imperial Warfare, 1739－1748. *William and Mary Quarterly, 42*(3), 357－382.

Weber, D. J. (1992). *The Spanish Frontier in North America.* New Haven, CT: Yale University Press.

White, R. (1991). *The Middle Ground: Indians, Empires, and Republics in the Great Lakes Region, 1650－1815* (F. Hoxie & N. Salisbury, Eds.). Cambridge, U.K.: Cambridge University Press.

约翰·布鲁姆(John T. Broom) 文
张小敏 译，刘文明 校

Warfare—Pre-Columbian Mesoamerica and North America
前哥伦布时代中美洲和北美的战争

2750 中美洲的战争中出现专业化武器的最早的证据发现于墨西哥，可追溯到公元前1150年之后。虽然，当北美的武器还主要用于狩猎时（至少在900年之前是这样），中美洲的武器就已经开始运用在肉搏战中了，并且被设计成便于俘获和杀人的样式。不论中美洲对武器的重视程度如何强烈，也许其战争中最重要的因素是组织和策略。

在前哥伦布时代的北美洲和中美洲，专业化武器有证可考的历史开始于大约3 000年以前，它们是在刀、矛和梭镖投射武器（投矛的装置）的基础上发展而来。这些器具可能是新大陆第一批移民带来的工具中的一部分。虽然它们可以用于军事战争中，但主要还是用来狩猎。那时的武装战争可能是敌对部落之间的碰撞冲突，较弱的一方在持续冲突中不敌对方时会逃走。

战争的出现

公元前2500至前1400年之间，定居下来的农业社群遍布墨西哥，此后，战争变得愈加重要，但是在北美洲这一现象的出现要晚得多。（虽然本文涵盖了北美洲和中美洲，但主要的论述集中在中美洲，因为后者复杂社会的形成和发展，包括战争在内都要早得多，并且考古学上的证据更为丰富。）聚落的形成，与政治上的复杂程度及专业武器的增长是同步的，武器不会孤立地出现，而是需要复杂社会的支持。这类武器最早的证据出现在墨西哥湾南部的奥尔梅克地区，这里发现的遗迹可追溯到公元前1150年后。

狩猎中使用的是投射矛之类工具，但是武器中最重要的是棍、棒和石尖矛。这些棒类兵器（棍棒上装有刀刃，如欧洲出现的戟）是典型的军事兵器，它们被设计来虏敌和杀人，使用者要经过专门训练。

这些武器也更适用于贴身肉搏战：矛用于刺、砍，而不是掷；棍棒用来击打敌人。在早期的奥尔梅克战场中占据主要地位的是适于贴身肉搏战的冲击型武器，而不是抛掷型兵器。防御性兵器，如盾牌、头盔、护甲等，在奥尔梅克人中很少见，这也许能反映出他们对战争专业化兵器的垄断。奥尔梅克人如何组建其军队，雇佣形式是个人还是组织，我们不得而知，但因为其聚落人口较少，一个聚落最多时有1 500～2 500人左右，所以，奥尔梅克军队规模很小。一些士兵可能会跟随商人们往来于整个中美洲，但是他们大多数是受雇于国内的，当人们意识到当时在没有道路的情况下平均每天行军的里程数只有
19千米左右，就更容易理解这一事实了。公元 2751
前900年出现了投石器、球形石弹和泥陶弹，这使奥尔梅克人具备了有效投掷的能力，他们将其和突袭战术联合在一起，主宰战场500年。并且他们的战争方式也随人口扩散而传播开来。

奥尔梅克人向外扩散，其人口覆盖了墨西哥中部和太平洋沿岸的大部分地区，一直到萨尔多瓦地区，但是大约公元前550至公元500年，他们开始从这些偏远聚落撤离，并且明显地向其中心地区，即维拉克鲁斯南部或塔巴斯科北部的墨西哥湾沿岸地区汇聚。随着公元前500年之后奥尔梅克的收缩，刺矛在中美洲的上

层战场中盛行开来。非城镇人口仍坚持用棒，但头盔的使用和大块木头、藤条及皮革等制成的盾牌普及后，棍和棒都变得不怎么普遍了。面对这些防护工具，士兵放弃棍棒，转而使用更长更轻的能砍能刺的武器，盔甲的使用减轻了投石器的杀伤力。大量敌军的出现预示着方阵的产生。专门的要塞也出现了：小型的堡垒起着保卫地方的作用，但大的要塞的地位更高，统辖地方政权。城墙至少将城市的防御能力提高了 3 倍，最大程度减少了后勤风险，并具备大量人口居住的条件。对防御者来说，城墙的主要优势在于和敌人战斗时，能给自己带来最大的保护，提供触手可及的粮草，并使攻城者暴露自己而毫无防护设备。一些城墙前面有宽阔、干涸的护城河，不过许多要塞是建在山坡上的，其高度可以增加敌人进攻的难度。

《门多萨阿兹特克手抄本》(*Aztec Codex Mendoza*)的第 65 页(右帧)，1541 年左右摘录下来。图中战士的着装打扮与其军事成绩相一致；上半幅图中的人将会成为祭司，下半幅图画的是国家官吏

特奥蒂瓦坎军事组织上的创新

接下来的一个主要发展进步是组织上的，即将军队联合起来，强化兵器。特奥蒂瓦坎是墨西哥中部一个伟大的城市，从 150 年左右开始到 650 与 750 年之间是其鼎盛期。城中的一些士兵使用尖矛和小圆盾，这使机动性有所增加；另外一些士兵使用投掷矛和短枪以及矩形的盾，虽然机动性有所减弱，但对自身的保护力度更大。一方面，这些战术和投射部队相辅相成，在一定距离内向敌人射击(投射器的有效距离大概是 53 到 63 米)，另一方面，持矛的士兵向敌人逼近进行贴身肉搏。更优良的头盔也产生了，其布层间缝有棉花，可以更充分地保护士兵。

虽然运用这种互补的组合形式可以将能战斗的士兵数量减少一半，但是特奥蒂瓦坎的军事训练并不局限于贵族中，当贵族间爆发战争时，就允许阶层范围更大的军队参加。中美洲其他城市并没有采纳特奥蒂瓦坎的这种较
为开放的体系，但是却使用了它的武 2752
器，也许这一点可以解释之后特奥蒂瓦坎人开始穿戴盔甲的原因。到 500 年，特奥蒂瓦坎军队中广泛使用两种类型的盔甲，它们中都缝有棉花，厚度达 5～8 厘米。一种是全身防护型盔甲，能覆盖住所有肢体；另一种是缝合拼接起来、长度达膝盖的束腰外衣式盔甲。这两种盔甲都能保护穿戴者不被从一定距离之外发射来的镖枪所刺伤，还能防御大多数的刺矛，以及实际上所有投石器发射的石弹。

然而，盔甲极为昂贵，因为棉花全

部来自进口，且加工过程繁杂，所以可能只有少数人才能穿戴盔甲。另一个更加严峻的问题是盔甲限制了穿戴者的灵活性。盔甲再高的优越性也不足以阻挡特奥蒂瓦坎的颓势，到 650 至 750 年间，它走向败落了。

特奥蒂瓦坎全盛之时，北美也出现了固定的聚落；到 600 年，弓箭已遍及了北美洲。而在此时，中美洲还没出现弓箭，大约 1100 年或稍晚一些，它们才传到那里。弓箭可能起源于亚洲，其传播路线是从北向南的。弓主要是打猎工具，但也可以用作兵器，在远处或是在埋伏中能有效地袭击敌人。所以，虽然无法拿出证据证明北美洲存在持续的战争，但在武装冲突中死亡的人数却越来越多了。

特奥蒂瓦坎灭亡后，有组织的、规模庞大的军队大都消失了。玛雅人中盔甲十分罕见，但他们仍使用棍和棒并配以小的圆形盾，同时持矛者使用更易灵活移动的长盾。石尖的刺矛仍是主流，但是一些现在饱受吹捧的锯齿状刀——其刀柄两边削去一部分——发展成一种切砍的平面，并且重量很轻。700 年左右经由玛雅人改进革新了的武器传入中美洲。人们采用刺矛，并用左手手腕持拿圆盾，空出左手，但不再穿戴盔甲。战争越来越轻便、灵活，但不适于大规模征服战争，军人以山坡上军事要塞中的人为主，而不是传统的军队。

北美洲的发展

900 年以后，北美的战争开始成为地方性行为，部分原因在于人们对一系列更优良农作物（主要是玉米）的依赖日益增长，进而导致形成更大、社会关系更紧密的聚落群，随之出现政治领袖。游牧部落以弓箭为武器，在定居的聚落中掳夺，定居的部落之间也互相争夺冲撞。随着时间的推移，战争的组织性越来越强，并且更加复杂，特别是在 1000 年之后的西南和东南地区，许多聚落群集中起来组建防御要塞，军事社会出现了。然而除了所谓的橡木刀，并没有出现新的武器，东南地区仍未出现盔甲，但却使用装有刀刃的棍子，这表明产生了职业的战士阶层。主要城镇周围开始建有栅栏，所有的迹象都指向了政治的进一步集中化。头颅成为战利品。

900—1200 年中美洲的发展

接下来，墨西哥中部的主角转到了托尔特克人那里，大约 900 到 1200 年之间该地区的主要势力是托尔特克人。托尔特克人把投石器、刀

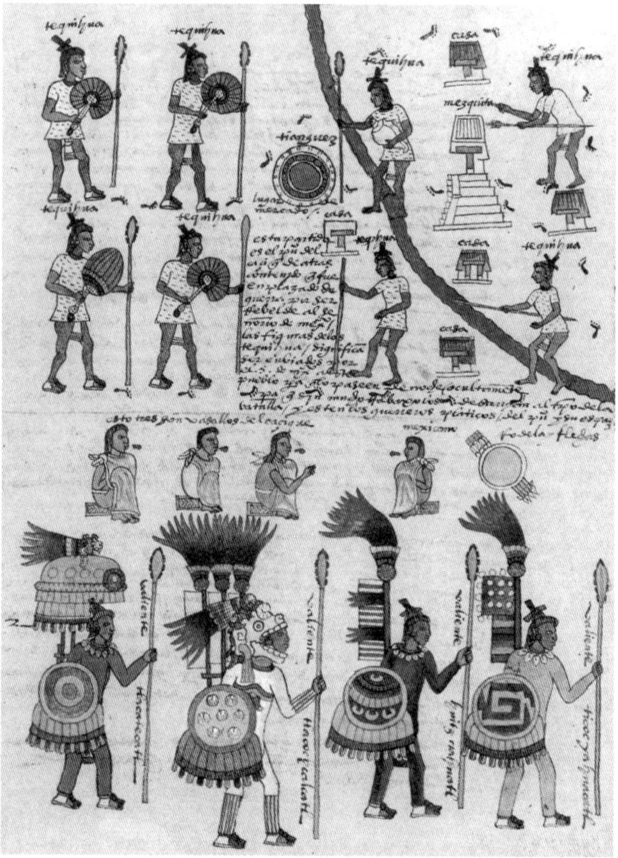

《门多萨阿兹特克手抄本》第 67 页（右帧）：顶部的士兵正在侦察一座城，意图发动袭击；中部是一方投降后的谈判；底部画的是地位较高的指挥官

和一种雕刻的木刃短刀与圆盾、轻盔甲等结合起来使用。盾固定在手腕上，空出来的左手持投掷器，靠近敌人之前向敌人射击，靠近之后就换成刀和剑，一场战争中既先用到了梭镖投射武器，又使用了轻的击打型武器。这种攻击方式兴起后，要塞堡垒就衰败了。

武器和盔甲被玛雅人引入墨西哥中部地区之外，在玛雅人自身并未发生很大改变。但是有一项进步具有重要的军事意义。玛雅人在一些地区修建道路，四季通行，这加速了流通，将该地区内部的政治军事联系在一起。

围攻城市的战略在中美洲并没有得到很好的发展，因为除非能迅速攻破城墙或用梯子攻入城中，否则后勤补给难以维持军队远征他乡。有证据表明在10世纪的尤卡坦地区建有固定的攻城塔，以此来反击金字塔神庙中的防护者。但是，一般来说，战争中只有敌对的双方军队，以及托尔特克衰败前占主要地位的轻装步兵。从北方干旱之地流入的人口加速了托尔特克的灭亡，这些人首次把弓箭带入墨西哥中部，他们到处流窜、横冲直撞的做法破坏了贸易往来，当地传统的军队也无力应对这种情况。

阿兹特克战争

阿兹特克人于13世纪早期在墨西哥中部建立起统治，其国家的繁盛时期从1430年持续到1521年，它推动了武器的最后一次重要革新。其帝国统治之下，有一支前工业时期的军事力量，向帝国中央供给物资所需，所提供的物产是当地无法生产的，或者是其他地方生产制成的。阿兹特克的武器主要有箭、投石器发出的镖，投掷者提升了其杀伤力。箭的射程可逾100米，射出的石弹则更远，但投射的镖的有效射程（如上文所说，约60米左右）限制了所有的射弹，使它们都无法达到箭的射程。阿兹特克士兵主要的击打型兵器是一种又长又直的橡木阔刀，两侧的槽中用胶固定着黑曜石刃，刺矛的尖部是磨成的刀刃状的长头。在漫长的发展演化史中这些兵器达到了其顶峰，而后一种更快、更轻且日益锋利的切砍式的兵器取代了缓慢沉重的击打式兵器。刀保留了下来，但是主要用来取人性命。阿兹特克人的盔甲是由棉布缝制的无袖短上衣，只能覆盖住身体躯干，四肢和头露在外面，可以灵活移动，并且根据个人的战绩，在盔甲上装饰一些羽毛和皮革。战士也将直径为60厘米的圆盾固定在左手臂上。棉花稀缺的地方，也用龙舌兰纤维（从龙舌兰草中提取的纤维）缝制盔甲，但是这种长而直的纤维没有棉花的弹性和保暖作用。在墨西哥西部地区，人们仍使用棍棒，战士穿戴桶状的盔甲保护自己，这种盔甲可能是用羽毛制成的桶形外套，用以包裹住身体。

在阿兹特克时期，城墙和山坡上的堡垒被 2754
保留下来，但是建筑上的局限使其成本高昂，无法围住大片的区域。阿兹特克的首都特诺奇蒂特兰建在一片湖上，不需要广泛地防御，虽然其上的堤道连接着海岸，并且有要塞和可移动的木桥。

到阿兹特克时期，也许可能更早，人们开始点燃辣椒，利用风向，把要塞中的防御者熏出来。毒药也为人所知，但不在战争中使用，浸过毒的吹箭筒是用来捕鸟和进行游戏比赛的。在有大片水域的地方，战争是在筏和独木舟上进行的。更重要的是，特别是在墨西哥谷地区，独木舟在整个湖水系统中发挥的交通运输作用，促使军队调遣快捷高效。西班牙征服时期，一些独木舟上装置了木制防护系统，能阻挡投射来的弹箭，不被其穿透。

组织的重要性

无论怎样强调武器的重要性，中美洲战争中最关键的因素也许还是组织。军队的编队、调度以及一定规模的军队行军过程中或服役期间所需的后勤供应，都需要详细计划和协调完成。人力搬运工跟随着军队的先头部队（军队的主干）负责搬运给养；帝国权力机构征税纳贡来修路、向行军途中的军队供应粮草，保证本国军队比敌人前行得更远更快；绘图人员画出行军路线、夜晚驻扎地点、障碍物和河流水系，以保证行军顺利，并协调各方军队能在目的地准时汇合。

将墨西哥帝国的战争与北美的战争区别开来的是组织上的因素，而非技术上的。再有效的武器都没有训练一支能承受敌人攻击的军队重要；后者需要一种政治机构，它不仅能够训练士兵，还能在其未执行命令时施行罚戒。墨西哥出现了有权惩处不顺从士兵的政治团体，北美洲却没有；前者的那些政治团体与其对手相比，具有决定性的优势。

在北美，900 年之后，酋长们统治着东南地区，战争是由争夺地位和政权而引起的，但是1200 年之后西南部的酋长制瓦解了，在其废墟中兴起了普韦布洛人（pueblos，我们用“普韦布洛”一词来代指西南地区定居下来的部落群体，而酋长制是一个政治术语，反映了酋长的权力，即酋长的权力大于普韦布洛人首领的权力）。他们之中战争也扮演着角色，虽然对于普韦布洛人来说，战争通常是为了抵御日益增多的游牧部落。北美印第安人战争的黄金时期在欧洲人及其军队、马匹到来之后才出现的。但是即使是那时，由于缺乏中美洲式集中化的政治权力，个人的私利鬼胎、军事突袭、流窜无序还是充斥着战场，根本无力应对对手坚持不懈的进攻。

进一步阅读书目：

Andreski, S. (1968). *Military Organization and Society*. Berkeley and Los Angeles: University of California Press.

Ferguson, R. B., & Whitehead, N. L. (1992). *War in the Tribal Zone: Expanding States and Indigenous Warfare*. Santa Fe, NM: School of American Research Press.

Hassig, R. (1988). *Aztec Warfare: Imperial Expansion and Political Control*. Norman: University of Oklahoma Press.

Hassig, R. (1992). *War and Society in Ancient Mesoamerica*. Berkeley and Los Angeles: University of California Press.

Hassig, R. (1994). *Mexico and the Spanish Conquest*. London: Longman Group.

2755 LeBlanc, S. A. (1999). *Prehistoric Warfare in the American Southwest*. Salt Lake City: University of Utah Press.

Otterbein, K. F. (1970). *The Evolution of War: A Cross-cultural Study*. New Haven, CT: HRAF Press.

Pauketat, T. (1999). America's Ancient Warriors. *MHQ: The Quarterly Journal of Military History*, *11* (3), 50 - 55.

Turney-High, H. H. (1971). *Primitive War: Its Practice and Concepts*. Columbia: University of South Carolina Press.

Van Creveld, M. (1989). *Technology and War: From 2000 BC. to the Present*. New York: The Free Press.

罗斯·哈西克(Ross Hassig) 文

汪　辉 译，刘文明 校

Warfare—Pre-Columbian South America
前哥伦布时代南美战争

2756

与世界其他地区的人一样，南美地区的土著居民间围绕诸如土地、资源、人口以及贸易等问题，显然也发生了多场战争。对于那些曾发生在南美安第斯山地区各族群间的战争，我们如今对其的了解主要是通过现存的一些雕塑和陶器。在这些遗存的雕塑和陶器上有大量关于当时战争状况的描绘，从中我们可以推断出当时战争一个主要的特点，即对暴力的突出和强调。在这些信息中我们可以看到，当时在亚马孙地区存在着明显的滥杀和同类相食状况，但西方殖民列强的入侵及其对当地文化的解读是否突出了这一状况，目前还不太清楚。

1492 年以前，南美大陆是一个相对比较孤立的地区。恰恰因为这样，它也为我们比较（在很大程度上）相对独立的各大洲不同的历史进程提供了良机。有关前哥伦布时代南美战争的信息主要有这样几个来源：考古学、民族史学（ethnohistory，即土著居民自身的历史编纂）以及接触时期的历史。这些信息多来自安第斯山地区。为了更有效地理解这些各种各样的信息，除了按时间顺序和地域区别进行组织分类外，建立一个连贯的阐释体系也是非常有益的。在地域分类上，从总体上看可以分为两个大的区域：安第斯山地区和亚马孙流域。

安第斯山地区

在欧洲殖民者入侵前长达 3 500 多年的历史长河中，纵贯南美大陆西部的安第斯山见证了该地区从酋邦、国家到帝国的不断发展。1532 年，西班牙人征服了当地最后的原住民复杂社会——印加帝国。如同该地区之前曾出现的其他社会一样，印加帝国的出现也主要是为了控制安第斯山中部地区的资源、劳力和商品流通。该地区的地理形态丰富多样，既有荒芜的海滨地区和险峻的高山地带，也有物产丰富的热带雨林。地理形态的多样性刺激了不同地区间的商贸往来。长久以来，对商路的争夺一直都非常激烈。早在使用陶器的时代（Initial Period，前 1800—前 800），围绕秘鲁北部地区的商路，各个政权间就展开了激烈的争夺。当时，位于北部海岸卡斯马山谷（Casma valley）的一个神权国家控制着该地区的商贸路线。在鼎盛时，它与中北部高山地区以及更远的热带雨林地区的族群都建立了商贸联系。至该时代晚期，卡斯马政权垮台，其土地也被来自高地地区的原商业伙伴占据。据信，这批侵入卡斯马地区的族群与位于安第斯山东麓、马拉尼翁河（Marañon River）上游的查文·德·万塔尔（Chavín de Huántar）遗址有着密切关系。这些高地族群由于地处沿海和内陆热带雨林的中间地带，因此具有非常优越的区位优势。在哥伦布发现美洲大陆以前，他们曾 3 次利用这种优势以图实现对周边地区的控制，侵入卡斯马地区就是其第一次进行这样的尝试。塞钦山（Cerro Sechín）是当时卡斯马地区的一个祭祀中心，考古学家在山上发现了许多岩画。这些岩画刻在整块石头上，有不少内容表现的都是武装男子肢解其受害者的场景，非常血腥和暴力。但这些岩画到底表现的是战争场景，还是只是宗教祭祀的场面，人们仍然不得而知。

在该地区的早期（前 800—前 200），查文政权统治着秘鲁的大多数地区。传统观点认为，鉴于在许多地区都发现了带有查文文化特点的艺

术品，因此查文政权应该主要是通过和平手段
2757 控制这些地区的。但也有不同观点认为鉴于在北部沿海地区存在着大量的防御工事，也不能排除查文人曾经进行军事征服的可能。冲突的原因可能是对安第斯山地区贸易权的争夺。在后来的历史中，厄瓜多尔出产的贝类、热带丛林地区的特产以及古柯叶都是当地重要的商品。因此对于这些产品或其产地的争夺都有可能引发战争。作为战利品标志的首级形象不仅出现在北部沿海地区的陶器上，而且在南部沿海的帕拉卡斯文明(Paracas)纺织品以及的的喀喀湖盆地的普卡拉文明(Pukara)艺术品上都有发现。考古学家在帕拉卡斯遗址发现了一具头骨骨折的木乃伊，证明死者在生前曾遭到了严重的攻击。至公元前 3 世纪，查文文化开始衰落下去。

在中间期的早期(前 200—公元 600)，更为尚武的莫切国家控制了北部沿海的大部分地区。当时，为了对抗统治中心位于卡哈马卡(Cajamarca)的高地族群，莫切国家修建了为数众多的防御工事。这些防御工事通常由建筑在山顶的堡垒、壕沟以及大量用来投掷的石块组成。但由于当地非常缺水，这些防御工事的目的很可能只是用来防备敌军的偷袭，而并不能抵御长期围攻。在莫切文化的遗址中也发现了不少带有首级形象的艺术品。有的陶罐上绘有战斗的场景，画面里的战士头戴头盔，手中还拿着锤子和盾牌。这些绘画活灵活现，非常逼真地展现了当时战争的场面。在毗邻高地地区的雷夸伊(Recuay)文化中，也发现了不少表面绘有战争场面的陶器。在这些陶器上，有的士兵手持盾牌和棍棒，有的手中还拿着被视为战利品的敌人的首级。莫切文化的对外扩张，可以说是军事征服和宗教意识形态渗透双重作用的结果。后来印加帝国的扩张也是这一模式。对于一些历史悠久的政权，印加帝国并不只是诉诸武力去统治，而主要是通过间接统治的方式治理。莫切政权统治下的卡斯马地区以及中央海岸地区有关帕查卡马克预言(the oracle of Pachacamac)的长期流传，就主要是宗教意识形态渗透的结果。在南部沿海地区，当地的纳斯卡文化陶器(Nazca pottery)中也有展示首级的画面，而且在该文化后期的陶器上还出现了穷兵黩武渲染暴力的图案，但该地区却似乎并没有受到某个中央集权国家的统治。至这一时期末，位于的的喀喀湖盆地的蒂瓦纳库(Tiwanaku)政权开始对外扩张。虽然考古学家仍没有该政权军事扩张的直接证据，但现有发现表明在该地区确实存在着将活人用于献祭的现象。在阿根廷西北地区，战士以及作为战利品的首级形象也出现在这一时期的艺术品中。

600 至 1000 年之间是该地区历史上的中期。当时，在中部高地偏南的曼塔罗河(Mantaro)流域出现了一个新的国家瓦里(Wari)。瓦里文明虽然存在时间并不长，但是在其顶峰期非常强大。当时它不仅控制了中部

位于现在秘鲁库斯科的萨克塞华曼(Sacsayhuaman)印加人石墙遗址。该遗址位于悬崖边上，可以有效抵御敌军的入侵。凯文·康诺斯摄

和南部沿海的所有地区，还占领了从皮科拉塔(Pikillaqta)一直到卡哈马卡的秘鲁高地的大部分地区。与毗邻的蒂瓦纳库一样，瓦里政权在边界地区建立了很多行政中心以维持对边境地区的统治。瓦里统治者不仅在这些行政中心驻有重兵，而且经常为当地管理者举办宴会。在瓦里与蒂瓦纳库交界的高地地区，考古学家发现了一些军事征服的证据。但在高原北部以及沿海地区，人们至今仍没发现瓦里在扩张过程中曾使用武力的痕迹。尽管如此，该地区仍然发现有活人献祭和斩首的情况。在该时期内，莫切政权逐渐衰落，并将其首都向北迁移。800年左右，瓦里帝国解体。又过了200年，蒂瓦纳库政权也最终覆亡。

进入中晚期之后(1000—1476)，随着瓦里帝国和蒂瓦纳库政权的相继衰亡，在秘鲁南部和中部地区出现了众多的小国家。这些小国间互相征伐，冲突不断。在这种战乱频仍的情况下，位于前瓦里帝国南部边界库斯科山谷地区的印加国家逐渐崛起。从某种程度上甚至可以说，战争已经成了这片土地上的流行病。如果有人想要在库斯科地区建立自己的霸业，那么就必须付诸武力。考古发现的该时期遗址基本上都是军事要塞，而且基本上都位于易守难攻的山顶之上。当时该地区各个政权之间的纷争状况由此可见一斑。不同地区争夺的对象也不太一样。秘鲁中部和沿海地区族群主要争夺的是古
2758 柯叶及其产地，而北部沿海地区族群争夺的主要是海上贸易的控制权。当时奇穆帝国(empire of Chimor)控制了北部沿海地区的海上贸易，从而掌控了当时至为重要的从厄瓜多尔至秘鲁北部沿海地区的贝类贸易，其首都昌昌(Chan Chan)也成为当地的经济和贸易中心。

在该地区历史的晚期(1476—1532)，借助灵活的外交政策和强大的军事实力，印加人征服了从厄瓜多尔到智利中部的广大区域，建立了一个幅员辽阔的大帝国。得益于西班牙人对当地克丘亚族(Quechua)历史的记载，以及考古学家的不断努力，我们如今已经了解了一些印加帝国对外征服的具体细节。在不到一个世纪的时间内，印加人通过各种手段先后吞并了数以百计的国家、酋邦和族群。的的喀喀湖盆地的古老王国，原瓦里帝国中心区域的昌卡(Chanka)和旺卡(Wanka)、奇穆帝国，以及如今厄瓜多尔的大部分地区都沦为印加帝国治下的一个行政区域。但印加人也并非一直所向披靡。在厄瓜多尔北部、东部的低地地区、阿根廷(奇里瓜诺人)以及智利中部地区(马普切人)等，印加人遭到了当地人的强力阻击。尽管这些地区的文明发展程度相对落后，但其民众拥有很强的战斗力，而且陌生的环境也使印加战士非常不适应。因此，印加人在这些地区的扩张最终都以失败告终。在厄瓜多尔北部边界地区，印加帝国主要利用当地留存的旧堡垒进行防卫；在与阿根廷交界的东南边陲地区，印加帝国则修建了许多的军事堡垒，以防止查科部落(Chaco tribes)的袭击。当弗朗西斯科·皮萨罗(约1475—1541)和他的260名西班牙士兵进入印加帝国时，印加帝国内部刚刚经历了一场争夺王位的内战。最后取得皇位的是阿塔瓦尔帕(Atawallpa)，其统治中心位于基多(Quito)。而阿塔瓦尔帕似乎命中注定要丧命于皮萨罗之手。印加帝国的编年史学者对这次内战中的每次战争都进行了详细记载，这也是现存有关前哥伦布时代战争状况的最详细的记录。印加帝国的行政系统按十进制把人口编为十人、百人、千人或万人的组成单位，军队就按这些单位进行征募。士兵配有投石器、弓箭、长矛、斧头以及棍棒等，盔甲和盾牌也已开始使用。

纵览前哥伦布时代安第斯山地区发生的诸多战争，我们可以得出一些一般性的结论。在解决该地区各个国家或族群间的矛盾冲突时，除了诉诸战争之外，主动改变信仰和间接统治等和平手段看起来也曾起过比较明显的作用。在

历史分期中，学界将安第斯山地区历史中意识形态较为集中统一的几个时期称为“Horizons”(时期)。不管这几个时期意识形态的相对统一是否主要通过军事手段获得，但有一点非常明显，在这个时间段中战争的次数相对来说都要少得多(边界地区的冲突除外)。而在这些统一的大帝国瓦解之后，不同国家和族群之间的矛盾冲突就明显多了起来。该地区爆发的战争往往与对战略资源和贸易路线控制权的争夺有密切的联系。新兴势力往往位于前政权的外围地区。在羽翼逐渐丰满之后，新兴势力就会向原有政权发起挑战，并进一步取而代之。该地区的战争往往具有较强的宗教和象征意义，并会举行一些特定的仪式，如猎取人头和活人献祭等。这些情况甚至在印加帝国时期仍较为普遍。印加帝国的文献就记载有在战前进行占卜和献祭的事例。而且，根据记载，印加帝国曾将战俘(如厄瓜多尔的卡那里人，以及在的的喀喀湖附近叛乱的贵族)的皮制成鼓用于庆典活动，甚至还用头骨制成的酒杯盛酒。这种对战争仪式、活人献祭以及同类相食(已被认为是哥伦比亚地区一支讲奇布查语的部落所为)的迷信，与安第斯山中部地区早期历史中的神权战争有着许多相似之处。

亚马孙流域

我们对前哥伦布时代亚马孙流域的战争状况所知甚少，之所以这样是由多方面的原因造成的。首先，该地区族群普遍使用有机材料制成的物品，而这在当地热带雨林气候的条件下很难长期保存，就使得该地区的考古资料极为
2759 匮乏；其次，随西方殖民者脚步到来的传染病对当地的人口和社会结构造成了严重冲击，以致许多遗留的痕迹在历史学家到来以前就消失了。我们如今可以看到的些许信息主要源于两个方面：一是考古学家在里奥内格罗省(Río Negro)和兴谷河(Xingú)上游土著人村庄周围发现的防御壕沟；第二个则是目击者的记载。1542年，传教士加斯帕·德·卡瓦哈尔(Gaspar de Carvajál)从厄瓜多尔出发，沿亚马孙河向大西洋方向进行探险。旅途中他多次遇到乘独木舟和沿河戒备的当地土著战士，配有长矛、弓箭、盾牌以及装有毒镖的吹箭筒。对前哥伦布时代亚马孙流域的战争状况进行研究时，我们可以利用史料和民族志资料进行一些简单的推测与阐释，但这些不可避免地会带有不确定性。从公元前第1个千年起，操阿拉瓦克语的族群占据了从委内瑞拉的奥里诺科河(Orinoco)到玻利维亚低地的莫若斯平原(the Llanos de Mojos in Bolivia)的大部分地区。这片地区的地形主要是冲积平原和潮湿的热带稀树草原，土地非常肥沃。当地人口稠密，并形成了许多大大小小的酋邦。人们主要从事集约农业和沿河贸易。当时，操其他语言的族群间经常发生暴力冲突，但阿拉瓦克人之间却禁止进行战争。这即使在现在看来也是非常令人震惊的。随着西方殖民者的到来，传染病和奴隶贸易对当地社会造成了严重影响，位于冲积平原上的各个部落更是首当其冲。该地区其他族群，如加勒比语系和图皮语系(Tupí)的一些族群等，过去就曾被描述成尚武的并且有吃人的倾向。但我们很难对早期欧洲殖民者观察到的这些情况加以判断，因为我们并不知道这种情况在多大程度上正是由西方殖民者的入侵造成的。因为在西方殖民者来到这片区域后，当地沿河居住的民族就遭到了灭顶之灾，不仅人口锐减，社会组织和动员能力也大不如前。而在这种情况下他们就非常容易受到原先居住在偏远地区的族群的掠夺和袭击。诸如劫掠、无休止的地方冲突以及食人仪式等现象曾被假定是所有亚马孙印第安社会都具有的。不可否认，这些现象很可能在当地具有悠久的历史根源。但西方人的到来却无疑更加加剧了事态的严重程度。早期简单社会之间

实力与计谋是战争的基本力量。

——托马斯·霍布斯(Thomas Hobbes, 1588—1679)

的矛盾纷争通常是诸如抢夺妇女(捕获新娘)、猎取人头以及指控对方施用巫术等事件,而该地区更复杂的酋邦社会不仅已经在富饶的冲积平原地区定居,还与安第斯山地区的其他社群建立了商贸联系,并进行着金属制品的贸易。据卡瓦哈尔记载,位于亚马孙流域上游操图皮语的人曾从内陆地区抓获了不少战俘。这些战俘中的一部分被当作奴隶进行奴役,另一部分则被割去头颅作为战利品进行展示。此外,卡瓦哈尔还提到当地一些土著人的投矛器上镶嵌有金属饰物,而这些肯定是从安第斯山地区得来的。

总之,对南美地区的土著居民和16世纪的欧洲征服者来说,两者之间的战争文化有着很大差别,这也部分解释了为什么前者在面对后者时会那么不堪一击。另一方面,人们似乎可以把战争与一些特定的历史进程联系起来,如对重要资源和贸易路线的争夺、中心和外围之间实力对比的转换(不论是地区范围的,还是全球的)等都可能导致战争的爆发。

进一步阅读书目:

Benson, E.P., & Cook, A.G. (Eds.). (2001). *Ritual Sacrifice in Ancient Peru.* Austin: University of Texas Press.

Bram, J. (1941). *An Analysis of Inca Militarism.* Seattle: University of Washington Press.

Chagnon, N.A. (1968). *Yanomamö: The Fierce People.* New York: Holt, Rinehart and Winston.

D'Altroy, T.N. (2002). *The Incas.* Oxford, U.K.: Blackwell.

Ferguson, R.B., & Whitehead, N.L. (Eds.). (1992). *War in the Tribal Zone: Expanding States and Indigenous Warfare.* Santa Fe, NM: School of American Research Press.

Haas, J. (Ed.). (1990). *The Anthropology of War.* Cambridge, U.K.: Cambridge University Press.

Haas, J., Pozorski, S., & Pozorski, T. (Eds.). (1987). *The Origins and Development of the Andean State.* Cambridge, U.K.: Cambridge University Press.

Hemming, J. (1970). *The Conquest of the Incas.* London: Abacus.

Hemming, J. (1978). *Red Gold: The Conquest of the Brazilian Indians.* London: Macmillan.

Hill, J.D., & Santos-Granero, F. (Eds.). (2002). *Comparative Arawakan Histories: Rethinking Language Family and Culture Area in Amazonia.* Urbana: University of Illinois Press.

2760 Keatinge, R.W. (Ed.). (1988). *Peruvian Prehistory: An Overview of Pre-Inca and Inca Society.* Cambridge, U.K.: Cambridge University Press.

Morey, R.V., Jr., & Marwitt, J.P. (1978). Ecology, Economy, and Warfare in Lowland South America. In D.L. Browman (Ed.), *Advances in Andean Archaeology* (pp. 247 - 258). Paris: Mouton.

Moseley, M.E. (1992). *The Incas and Their Ancestors.* London: Thames and Hudson.

Redmond, E.M. (Ed.). (1998). *Chiefdoms and Chieftaincy in the Americas.* Gainesville: University Press of Florida.

Salomon, F., & Schwartz, S.B. (Eds.). (1999). *The Cambridge History of the Native Peoples of the Americas: Vol. 3. South America.* Cambridge, U.K.: Cambridge University Press.

Viveiros de Castro, E. (1992). *From the Enemy's Point of View: Humanity and Divinity in an Amazonian Society.* Chicago: University of Chicago Press.

阿尔夫·赫恩伯格(Alf Hornborg) 文
王晓辉 译,刘文明 校

Warfare—South Asia 南亚战争

在南亚历史上利用要塞和城墙进行战争的记载最早可见于5 000年前，这表明该地区在很早以前就有军事保护的需求。不论是为了建立区域性帝国，抑或是抵制外国入侵者的殖民侵略，自古以来该地区的战事就连绵不绝。南亚一直以来都没有实现政治稳定。自1947年印度和巴基斯坦从英属印度分离出来以后，两国间已经发生了4次战争。 2761

在历史上的绝大多数时期，南亚地区都存在着数量众多的国家。围绕权力、领土和地位，这些国家你争我夺，互不相让。一些国家偶尔也曾从其核心区域扩张至外围，并形成了全印度或地区范围的帝国，如孔雀帝国（Maurya Empire，约前324—前200）、朱罗王朝（Cola Empire，850—1279）、伽罗王朝（Vijayanagara，约1346—1565）等。外国侵略者在南亚地区也建立过一些帝国，如德里苏丹国（1192—1526）、莫卧儿帝国（1526—1857）以及英属印度（约1850—1947）。所有这些竞争都与战争相辅相生。

公元前2600至公元1720年代

哈拉帕文明（Harappan civilization，前2500—前1900）是南亚历史上历史最为悠久的文明。由于其文字一直没有破译，人们至今对这一文明的军事状况仍所知甚少。但其拥有要塞和城墙的事实却似乎表明，它也需要军事的保护。哈拉帕文明留存有一些初级的青铜武器，其中绝大多数都是剑、矛和箭镞。他们的敌人很有可能并没有先进的装备，人数也不多。早前人们曾认为哈拉帕文明的衰落源于印度-雅利安人（Indo-Aryan）部落的入侵，但最新研究成果证明，环境因素才是造成其在公元前1900年左右消亡的原因。

印度-雅利安人的到来

约公元前1500年左右，一支操梵语的半游牧雅利安部落开始从西北方向南亚大陆渗透。尽管拥有轻型两轮战车这种较为精密的武器，但这支雅利安人却并非一支纪律严明的军队。他们没有伟大军事领袖的指挥，也并非在从事一项目标明确的快速征服。事实上，他们的行为与其说是“征服”，还不如称为一场“迁徙”。在时间维度上，衡量的最好标准也是“世代”而非“年”。据《梨俱吠陀》（印度教经典，其历史可以追溯至公元前第2个千年甚至更早）记载，当时侵入的雅利安人由近40个部落组成。这些部落间是非不断，并经常发生冲突。盖因牛是当时雅利安人衡量财富和权力的标准，冲突大部分都是由牛引起的（古梵文中“战斗”一词的字面意义即为“找牛”）。在印度最古老的史诗《摩诃婆罗多》中，俱卢族和般度族的冲突是贯穿全书的主线。虽然是神话传说，但它却有着一个很现实的内核，其故事原型很可能源于这些部落在现今旁遮普北部地区出于对土地和牛的争夺而产生的战争。

当这些雅利安部族之间的纷争暂时停歇时，他们就开始讨伐当地的达萨人（Dasas）。《梨俱吠陀》中经常将雅利安人的主神因陀罗称为普兰达拉达萨（Purandaradasa），其含义即为“达萨人要塞的摧毁者”。鉴于此，我们可以推断出当时达萨人有数量众多的要塞。在雅利安人的颂词中经常出现要求火神阿耆尼（Agni）帮助击

溃达萨人的情节，因此，我们有充分理由认为达萨人的要塞应该主要是由木头制成的。《梨俱
2762 吠陀》中对一场发生在两支雅利安部落之间的战争曾有记载，结果，以苏达萨王（Sudasa）为首的一方取得了最终的胜利。该国王的名字表明当时达萨人已逐渐融入了雅利安文化。在印度另一部伟大史诗《罗摩衍那》中，我们可以找到雅利安人企图入侵并移居印度半岛的证据。《罗摩衍那》讲述了雅利安部落王子罗摩（Rama）远赴楞伽城（斯里兰卡）解救被魔王罗波那（Ravana）诱拐的妻子悉多（Sita）的历险故事。在解救悉多的过程中，罗摩得到了神猴哈努曼（Hanuman）的帮助。在有关哈努曼及其猴兵猴将的故事中曾提及印度南部的土著部落或达罗毗荼人（Dravidian），这也是雅利安人入侵印度半岛的例证。

截至公元前500年，雅利安人和土著居民的互相融合导致了独具特色的瓦尔纳（*varna*，种姓）制的出现。瓦尔纳制与中世纪欧洲的社会等级体制非常类似，它也成为日后印度教的基础。在瓦尔纳制中，由军事贵族和国王构成的刹帝利居于第二等级。然而，这种等级制度并不是一成不变的，当时的社会流动性非常大，在战争时期尤其明显。出身于低种姓的男子在孔雀帝国的军队中服役，他们驰骋在战车和战象旁边，纵横捭阖，奋勇杀敌。到11世纪，许多出身于吠舍（Vaishya，商人）和首陀罗（Shudra，体力劳动者）等最低种姓的人都通过军功而成为刹帝利以及拉其普特（字面意义为“国王之子”）中的一员。当兵被视为是一种光荣的职业，许多印度农民都通过在军队中服役而补贴家用。由此，一个以称之为贾马达尔（Jama'dars）的军事企业家为中介的军事劳动力市场，成为前殖民地时期印度社会的一个特色。

图西（老的）和贾戈吉万（Tulsi [the elder] and Jagjivan）的《恒河上的战斗场面（1590—1595）》（*Battle Scene with Boats on the Ganges, 1590 - 1595*）。纸质的不透明水彩和金粉画。维多利亚和阿尔伯特博物馆

摩羯陀和孔雀帝国

到公元前500年，在恒河平原上存在着数量众多的王国，摩羯陀（Magadha）即其中之一。它横跨恒河两岸，位于现今的比哈尔邦地区。在南亚地区军事史上，摩羯陀是第一个将战象用于战争的国家。自此以后，战象就与战车一起成为南亚战事中最为重要的兵种之一。除用作王公贵族的坐骑外，战象还可用来踩踏敌军、破坏要塞、运输负重以及充当射箭的平台。但战象很难驾驭，而且花费不菲，因此只有财力雄厚的王国才能

供养数量众多的战象。至公元前500年，弓箭的运用也已非常成熟。印度弓箭手使用的双曲度弓由木材和动物犄角混合制造而成，最远射程可以达到100～120米。作战时，配有标枪的步兵排成一列，弓箭手则隐藏其后。南亚地区缺乏作战用的马匹，因此，可以负载更多弓箭手的四轮装甲马车逐渐取代了两轮战车。这样的做法虽然提高了攻击力，却在一定程度上制约了军队的机动性。此外，摩羯陀统治者还对投石机进行了改进。

摩羯陀为此后孔雀帝国的崛起打下了坚实基础。在此期间出现了一部讲述治国安邦策略的经典著作——《政事论》(*Arthasastra*)。相传其作者为考底利耶(Kautilya，活跃于公元前300年)。考底利耶是一位思想家，同时也是摩羯陀王国的宰相。在书中，作者对战争和外交事务采取了一种非道德的、现实的态度，对军队架构、战略战术以及后勤都有详细论述。此外，书中还特别强调了间谍以及贿赂在战争中的重要性。莫卧儿帝国皇帝奥朗则布(Aurangzeb，1618—1707，1658—1707年在位)曾考虑取消用来行贿敌方首脑的专项资金；而罗伯特·克莱夫(Robert Clive)正是通过行贿的手段才在普拉西(Palasi)战役(1757)中率领少量英军打败了孟加拉纳瓦布(省长)的军队。这些事例充分说明考底利耶的战争策略一直都没有过时。

战役

在该时期内，不管是在南方还是北方，各个印度王国之间的内战都大同小异。军队就像一座移动的城市一样，附有大规模的集市以解决给养。直到约1100年，战象都是军队最重要的组成部分，然而，其地位最终被穆斯林重骑兵所取代。重骑兵之所以能够取代战象的地位，马镫的使用在其中起了非常重要的作用。马镫于1世纪时最早出现在南亚地区，穆斯林重装骑兵的征服使其在该片地区重放光芒。马镫使骑兵可以在马上坐得更稳。由此，骑兵才开始真正成为战场上让人胆寒的冲锋武器，其在战争中的作用也逐渐超越战象。

诸如攻城车以及大约1350年以后出现的大型投石机和加农炮等重装武器，由于其建造和维护需要工业和雄厚财力的支撑，因此只有大帝国才能够负担得起。而且这些重装武器都非常笨重，需要数百头牛的牵引才能缓慢移动。这 2763
意味着帝国军队的行进速度缓慢至极。以莫卧儿帝国为例，其军队每天的推进速度甚至只有8千米。考虑到雨季的限制，在印度实际上适合于作战的时间只有9个月左右。在这个时间范围内，一支帝国军队每年的推进里程基本在1 080千米到1 200千米之间。此外，两个交战帝国之间往往存在着数量众多的领土不大的邦国。当两个边界相隔的帝国开战之时，这些小邦的王公为自保往往不得不寻找各自的靠山。而这些小邦之间的边界往往犬牙交错，没有明确的界线，因此交战的帝国军队在过境时也会由于边界的原因而受到拖延。战争持续的时间一般都很短暂，而且过程也非常混乱。胜败的关键往往取决于个人英雄的杰出才能，而非缜密的策略。在印度的刹帝利阶层中流行一种被称为恰图兰卡(现在各种象棋游戏的共同前身)的象棋游戏。就像这种游戏一样，在战争中一旦一方的司令官阵亡或被俘虏，那么这支军队就会被认为战败了。

传统的印度战争主要是陆战。唯一的例外是克拉斯(Colas)在罗阇一世(Rajaraja I，985—1014年在位)以及后继的拉金德拉一世(Rajendra I，1014—1044年在位)统治期间，从海上对斯里兰卡以及室利佛逝(Srivijaya，一个位于苏门答腊岛和爪哇岛的帝国)的入侵。之所以要推动这次海上征服，其背后的战略推动力主要源于对东南亚海上贸易霸权的争夺。

曼萨布达尔制

2764 传统的印度政体是一种分立的政体，其本质是“在一最有实力邦国领导协调下由众多邦国组成的军事联盟”(Stein 1980)。在这种体制之下，如何保持忠诚是一个很大的问题。为应对这种挑战，莫卧儿帝国设计了一种曼萨布达尔制(*Mansabdari* System)。该体制授予贵族以特定的等级，并允许其在所授予的土地上征收赋税。在获得权利的同时，贵族有义务在战时为皇帝提供一定数量的骑兵。贵族的等级不能继承，而且皇帝可以根据自己的好恶予以取消。曼萨布达尔制是印度在建立职业军队之路上的早期尝试。

1720—1947 年的殖民战争

从 17 世纪开始，一些欧洲的贸易公司开始在印度沿海地区出现。与此同时，欧洲列强势力也开始逐渐渗入印度，并对此后印度地区军事的发展产生了深远影响。起初，法属东印度公司和英属东印度公司的武装力量并不能对印度造成严重威胁。但这种情况从 18 世纪 20 年代开始发生变化。由于军费居高不下，而且欧洲士兵在亚洲由于环境不适的原因经常疾病缠身，法国开始雇佣当地印度人当兵。法国人用当时即使在欧洲也是最先进的战术准则训练他们，教他们使用密集队形和齐射。1746 年的阿比亚河(Adyar River)战役以及 1764 年的布克夏尔(Buxar)战役表明，受过这种新式训练并配有新式装备的一小队士兵即可战败人数多得多的印度传统军队。英国人也克隆了法国的成功经验。莫卧儿帝国的衰落使其在各个地区的统治愈发不稳定，英法两国乘机在南亚地区培植实力，并建立了自己的势力范围。

事实证明，英国人显然更精于此道，他们在 1744—1748 年以及 1749—1754 年间曾先后两次击败法国人。此后，英国人就开始将注意力转向印度的本土势力，并先后击败了迈索尔人(Mysore，1767—1769、1780—1784、1790—1792、1799)、马拉塔人(Marathas，1775—1782、1803—1805、1817—1818)、廓尔喀人(Gurkhas，1814—1816)以及锡克人(Sikhs，1845—1846、1848—1849)。战争的胜利大大扩展了东印度公司的势力范围。由于马拉塔人和锡克人也采用了西方新式的军事训练手段和武器装备，所以在东印度公司的这些对手中，他们是殖民者最为忌惮的。为对付他们，英属东印度公司从军事劳动力市场上招募了数量众多的印度兵，从而大大扩充了陆军的实力。至 1796 年，英国军队中共有 5.7 万名印度兵，1.3 万名英国兵；到 1856 年，军队的数量已翻了几番，共有 226 352 名印度兵以及 38 502 名英国兵。这些士兵分布在 3 个辖区：孟加拉、孟买和马德拉斯。平时这 3 个辖区的军队互相独立，只有在战时才集中在一起。当马德拉斯和孟买辖区不停地从印度各个地区以及不同种姓中召集雇佣兵时，3 个辖区中面积最大的孟加拉辖区也没有闲着，也从恒河腹地不断招募婆罗门种姓(瓦尔纳制中最高的种姓)的人参军入伍。相对于在印度本土王公手下朝不保夕的生活，英属东印度公司保证薪资都能按时发放到印度士兵手中。这大大增加了东印度公司对印度民众的吸引力。东印度公司用一种类似于以战养战的策略筹措军费：通过军事征服获得土地，再用土地上的税收供养军队。

1857—1858 年大起义

到 19 世纪中叶，英国军队中的印度兵都由英国籍高级指挥官统领，居于两者之间的是起联系作用的职位较低的印度军官阶层。然而，英国指挥官的命令往往在印度士兵中无法得到有效执行。1857 年，孟加拉军队中的印度和穆斯林士兵发动起义反抗他们的英国指挥官。起义的导火索源于英国指挥官要求印度和穆斯林士兵使用一种违背他们信仰的动物脂肪做子弹润滑油，而这种做法在印度教和伊斯兰教律法中是被严格禁止的。军事暴动很快发
2765 展为一场反对东印度公司的大起义。勒克瑙(Lucknow)和坎普尔(Kanpur)等军队宿营地遂成为起义的中心。抱着重建莫卧儿帝国这一模棱两可的信念，一些起义士兵开始在前莫卧儿帝国首都德里聚集，这里也成为起义中心之一。数量众多的英国人在毫无防备之下被起义士兵擒获。如果起义士兵进攻殖民地首府加尔各答的话，那么起义很可能就已经成功了。但事实却是，英国人依靠旁遮普士兵以及从海上增援的英国军队获得了补充，并很快恢复了元气。起义持续了长达两年的时间，这充分证明了这次起义的严重性，以及诸如詹西女王(Lakshmi Bai, 1835—1858)、坦迪亚·托比(Tantia Topi, 1819—1859)等起义领导人的崇高气节和英勇不屈。

英国人将这次起义定性为“暴动”。在“暴动”平息之后，英国政府开始取代东印度公司直接统领印度军队。军队中英国人和印度人的比例被设定为1∶3。在征兵时，即使是孟买和马德拉斯管辖区的军队，其兵源也越来越倾向于从西北部征募。印度军队由此就开始同印度社会脱离。英国殖民当局的这种做法源于其一种所谓“尚武民族”的理论。该理论认为，在印度“只有特定民族和阶层出身的人才具有一个士兵所必备的勇气”(MacMunn 1911)。这些“尚武民族”包括锡克人、旁遮普地区信仰伊斯兰教的穆斯林以及尼泊尔的廓尔喀人。为了防止叛乱发生，军队中的种族构成受到殖民当局的严密监控。

海外的南亚军事力量

在19世纪晚期，南亚地区的战事主要集中于印度和阿富汗边境地区。竞争的双方分别是英帝国和俄罗斯帝国，这些战事则是两国之间为争夺中亚而进行的“大博弈”的展现。妄图控制该地区部落的企图是注定不会有结果的，但在此期间双方却为此而发生了大大小小约20多场冲突以及第二次阿富汗战争(1878—1880)。印度军队在这些战争中的花费大约占到整个印度财政预算的30%，而这些巨额花费的负担最终还是转嫁在了印度劳动人民的头上。在英帝国其他地区的战事中，也有印度军队的身影。但总体来看，印度军队参与的战事主要还是集中在亚洲和非洲地区。

第一次世界大战爆发后，作为英帝国的一个领地，印度也是协约国的一员。在此情况下，驻外的印度士兵数量大幅度增长。印度军队中的密拉特(Meerut)部和拉合尔(Lahore)部作为战略预备队于1914—1915年被部署在西部前线(法国)。除作为战略预备队外，印度部队也被投入多场战役中去，如损失惨重的美索不达米亚战役(1915—1916)，以及在东非(1915—1918)、巴勒斯坦(1917—1918)等地的其他战役。驻扎在印度的穆斯林印度兵据说将被派往进攻同为伊斯兰教信仰的奥斯曼帝国，这引起了他们的不满并在1915年发动了起义。随着第一次世界大战的进展，被招募进军队的印度兵数量急速攀升。至1915年，每月被招募进军队的印度兵数量达到了1万人。截至1918年，共有140万印度兵在与同盟国作战，其中有许多士兵都出身于过去被认为“不适合从事战争”的阶层。在同一年，印度人开始被允许进入印度军队的军官团——过去“只有居于主导地位的种族即英国人才有这种资格”(Sundaram 2002)。

第一次世界大战后，曾派驻海外的印度军队重新回到国内。除驻守边防外，他们还承担着镇压民族主义者叛乱的任务。其中，发生于1919年的阿姆利则惨案更是声名狼藉。1930年，印度士兵在密拉特拒绝向民族主义者开枪，这表明这些士兵也已逐渐转变成了民族主义

者。这段时期也见证了印度本土军官训练营的创建。英国殖民当局在选拔军官时倾向于选择那些出身于所谓“尚武民族”(如锡克人、旁遮普地区的穆斯林)的印度人,但同时也严格控制其在军队中的比例,使其只占军队总数的 7.5%。

第二次世界大战爆发后,尽管民族主义者对殖民当局事先不向印度民众咨询就直接将战火引入印度而愤恨不平,印度军队的数量还是有了急剧增长,军队总人数达到了 220 万。印度军队虽然也参与了北非和意大利的一些战役,但其主要战场还是在马来亚(1941—1942)和缅甸(1941—1945)。由于事先没有经受严格的丛林战训练,并且也没有配备适宜的装备,因此马来亚战场对印度士兵来说是一个非常严峻的挑战,有 4.5 万名印度兵被日军俘虏。在这些被俘
2766 虏的印军的基础上组建了印度国民军(INA)。印度国民军的目标是要使印度从英帝国的统治之下独立出去,为此它还与日本建立了同盟关系。尽管印度国民军尚不构成明显的军事威胁,但这样一支部队的创立却确实意味着民族主义势力在军队中的上升。这一事实表明,一旦战争结束,这些印度士兵就会努力脱离英国的统治。在经历了溃败之后,印度军队于 1943 至 1944 年间对自身进行了全面的审视和改革,并在 1944 年击败了侵入印度西北方的日本军队。1939 年,在印度军队中一共只有 13 名陆军少校是印度人,而到了 1945 年,印度人已占到了所有军官总数的 40%,并且印度人甚至开始被授予陆军准将的头衔。

1947 年以来南亚地区的战争

1947 年,英属印度被分割为两个独立的国家——印度和巴基斯坦。印巴分治产生了一系列后果:旧印度军队的分裂,印巴两国之间的区域性战争(主要集中在克什米尔边境地区)以及不同的军民关系模式。宽泛地说,印度军队被按照 1∶2 的比例分割,1/3 归巴基斯坦,2/3 归印度。此外,绝大多数军营和训练设施被划归巴基斯坦,而原有的军事工业则绝大部分给了印度。1947 至 1999 年间,印巴两国之间发生了 4 次战争。1971 年那次战争导致了东巴基斯坦即孟加拉国的独立。在这 4 次战争中,印度取胜了两次,其他两次则陷入了僵局。这几次战争持续的时间都非常短暂,这也反映出现代战争的巨额开销对发展中国家来说是一项沉重的负担。克什米尔地区由于没有得到明确的划分,在这片地区仍不时有动乱发生。虽然印巴两国都仍然沿袭了过去主要从一些“尚武民族”中提拔军官的传统,但两国在军民关系上有本质不同。印度军队已被置于民主政府的有效领导之下,而巴基斯坦仍受到军政府的长期统治(1958—1972、1977—1988、1998—2007)。虽然两国都拥有核武器,但印度政府的统治相对来说要更加稳定一些。而巴基斯坦腹背受敌:一方面受到塔利班的袭击,另一方面则还受到自己军队内部三军情报局的掣肘。巴基斯坦如今已有滑向失败国家的危险,而如果这样的话,将威胁到整个地区的和平与稳定。

进一步阅读书目:

Basham, A. L. (1954). *The Wonder that was India: A Survey of the History and Culture of the Indian Sub-Continent before the Coming of the Muslims.* London: Collins.

Cohen, S.P. (1991). *The Indian Army: Its Contribution to the Development of a Nation* (2nd ed.). Delhi: Oxford University Press.

Economic and Political Weekly. (2008). 1857: *Essays from Economic and Political Weekly*. Hyderabad, India: Orient

Longman.

Gaylor, J.(1992). *Sons of John Company: The Indian and Pakistani Armies, 1903 – 1991*. Tonbridge Wells, U.K.: Spellmount.

Gommans, J.J.L.(2002). *Mughal Warfare: Indian Frontiers and the High Roads to Empire*. London: Routledge.

Gommans, J.J.L., & Kolff, D.H.A. (Eds.).(2001). *Warfare and Weaponry in South Asia, 1000 – 1800*. Delhi: Oxford University Press.

Gupta, P.S., & Deshpande, A. (Eds.).(2002). *The British Raj and Its Indian Armed Forces, 1857 – 1939*. New Delhi: Oxford University Press.

Harfield, A.(1990). *The Indian Army of the Empress, 1861 – 1903*. Tonbridge Wells, U.K.: Spellmount.

Heathcote, T.A.(1995). *The Military in British India: The Development of British Land Forces in South Asia, 1600 – 1947*. Manchester, U.K.: Manchester University Press.

Kautilya.(1990). *The Arthashastra* (L.N. Rangarajan, Trans. & Ed.). Delhi: Penguin.

Kolff, D.H.A.(1990). *Naukar, Rajput and Sepoy: The Ethnohistory of the Military Labour Market in Hindustan, 1450 – 1850*. Cambridge, U.K.: Cambridge University Press.

Kukreja, V.(1991). *Civil-military Relations in South Asia: Pakistan, Bangladesh and India*. London: Sage.

2767 Longer, V.(1974). *Red Coats to Olive Green: The Indian Army, 1600 – 1974*. Mumbai, India: Allied.

MacMunn, G.F.(1911). *The Armies of India*. London, U.K.: Adam & Charles Black.

Marston, D.P.(2003). *Phoenix from the Ashes: The Indian Army in the Burma Campaign*. London: Praeger.

Marston, D.P., & Sundaram, C.S. (Eds.).(2007). *A Military History of India and South Asia from the East India Company to the Nuclear Era*. Westport, CT: Praeger Security International.

Mason, P.(1974). *A Matter of Honour: An Account of the Indian Army, Its Officers, and Men*. London: Macmillan.

Menezes, S.L.(1993). *Fidelity and Honour: The Indian Army from the Seventeenth to the Twenty-first Century*. New Delhi: Viking Penguin.

Moreman, T.R.(1998). *The Army in India and the Development of Frontier Warfare, 1849 – 1947*. Basingstoke, U.K.: Macmillan.

Nath, R.(1990). *Military Leadership in India: Vedic Period to Indo-Pak Wars*. New Delhi: Lancers Books.

Pande, S.R.(1970). *From Sepoy to Subedar: Being the Life and Adventures of Subedar Sita Ram, a Native Officer of the Bengal Army, Written and Related by Himself* (J. Lunt, Ed.). London: Macmillan.

Peers, D.M.(1995). *Between Mars and Mammon: Colonial Armies and the Garrison State in India, 1819 – 1835*. London: I.B. Tauris.

Praval, K.C.(1987). *Indian Army after Independence*. New Delhi: Lancer International.

Roberts, F.S.(1898). *Forty-one Years in India: From Subaltern to Field Marshal*. London: Macmillan.

Rosen, S.P.(1996). *Societies and Military Power: India and Its Armies*. Ithaca, New York: Cornell University Press.

Roy, K. (Ed.).(2006). *War and Society in Colonial India, 1807 – 1945*. New Delhi: Oxford University Press

Sarkar, J.N.(1984). *The Art of War in Medieval India*. New Delhi: Munshiram Manoharlal.

Sen, L.P.(1969). *Slender was the Thread*. New Delhi: Orient Longman.

Stanley, P.(1998). *White Mutiny: British Military Culture in India*. New York: New York University Press.

Stein, B.(1980). *Peasant State and Society in Medieval South India*. Delhi: Oxford University Press.

Sundaram, C.S.(1995). A Paper Tiger: The Indian National Army in Battle, *1944 – 1945*. *War & Society, 13*(1), 35 – 59.

Sundaram, C.S.(2002). Reviving a "Dead Letter": Military Indianization and the Ideology of Anglo-India, 1885 – 1891. In P.S. Gupta & A. Deshpande (Eds.), *The British Raj and Its Indian Armed Forces, 1857 – 1939*. Delhi: Oxford University Press.

Sundaram, C.S.(2006). Seditious Letters and Steel Helmets: Disaffection among Indian Troops in Singapore and Hong Kong, 1940 – 1941, and the Formation of the Indian National Army. In K. Roy (Ed.), *War and Society in Colonial India, 1807 – 1945*, (pp.126 – 160). New Delhi: Oxford University Press.

Tan, T.Y.(2005). *The Garrison State: The Military, Government, and Society in Colonial Punjab*. Thousand Oaks, CA: Sage.

钱德拉・桑德拉姆(Chandar S. Sundaram) 文

王晓辉 译,刘文明 校

Warfare—Southeast Asia 东南亚地区战争

原住民之间不时爆发的战争是东南亚社会的一个重要组成部分。随着历史的演进，该地区战争的方式不断发展演 2768
变，而爆发武装冲突的原因也多种多样，有的出于宗教原因，有的出于政治原因，有的则是社会原因。这些战争的爆发多数是为了抢夺战利品和实现政治目的，领土扩张和传播文化的因素则相对较少。

从15和16世纪起，外部势力开始涉足东南亚地区，火器也随之被引入。在此之前，猎首行为(Headhunting raids)无论在大陆地区还是南部群岛都非常盛行。猎首行为被认为是男子汉气概的象征，并由此证明该男子已经做好了成婚的准备。如果猎首失败，不仅颜面无光，还会严重损害其社会地位。发动战争前，战争一方往往会举行特定的仪式以膜拜本族的祖先和神灵。宗教原因也是发动战争的正当理由。佛教在东南亚地区有着巨大的影响力。每当佛教的领导人认为佛教的地位受到了外来宗教的挑战，或者其影响力有所下降时就会发动战争。

对战争的理解

在15、16世纪，欧洲列强的触角开始扩张至东南亚地区，并在当地建立了自己的商业网络。这些入侵而来的欧洲殖民者在对战争的理解上与当地居民有很大不同。如越南虽将战争视为达到目的的手段，但其目的却主要是为了获取有形的物资和战俘，而并非满足其扩张领土的野心。类似地，在1650至1830年间，巴厘岛和爪哇岛的战俘也主要用作奴隶或作为商品出口。这种现象是绝大多数东南亚国家的普遍特征。战争的目的是为了获取战利品和政治控制，而并非扩张领土或传播文明。一个国家占据敌方首都并控制周边地区的目的是要确保其对物资和人力的控制，而并非要改变敌方居民的生活方式。

1407至1427年间，中国明朝成为越南的宗主国，在这段时期越南人积极学习借鉴明王朝先进的军事技术和官僚体系，最终成功摆脱了明朝的控制。但作为明朝统治的影响之一，越南人也开始追随明王朝的看法，认为战争的目的是要使野蛮人得到教化。随后，越南运用武力对其南方和北方的邻居占婆国(Chams)和泰国(Tai)展开了征伐。对新土地的征伐和吞并进一步助长了战争的合理性。就这样，越南以及其他东南亚国家逐渐认可了这种新的战争理念。

在战争中，利用地形因地制宜地制订战争策略是非常重要的。越南通过利用不同地形的特点，从而在与占婆国和泰国的战争中取得了胜利。在与占婆的战争中，越南军队的指挥官采用两栖突击的战术方法，并经常调动其在沿海平原地区的部队。在与泰国的战争中，泰军占据了山岭地区，因此越南军队经常采取突袭的策略，并力争从侧翼对泰军发动进攻，以避免落入泰军的陷阱或在山岭地区落单而遭到伏击。

外部势力的影响以及战争的方式

早在15世纪，中国和一些欧洲强国就控制 2769
了东南亚的部分地区。尽管火器在当时还不是很常见，但一些与中国和欧洲强国结盟的东南亚国家还是能从其盟国那里获得一些火器，并借此征服那些武器装备较弱的邻邦。渐渐地，弓箭、长矛、吹矢枪以及战马、战象等武器装备逐渐被火炮和步枪所取代。马来西亚和印度尼西亚

MILITARY CADETS OF TONQUIN.—Drawn by Y. Pranishnikoff, from a photograph.

普兰尼普尼科夫(Y. Pranishnikoff)的《北印度支那北圻的士官生》(*Military Cadets of Tonquin, North Indochina*, 1899)。1875年清政府丧失了对法国占领的北圻(越南东京)的管辖权;1887年该地成为法属印度支那的一部分。纽约公共图书馆

的一些王国在采用新式武器的同时,也保留了其传统武器装备,以保持传统。火器则被它们积极地神化了。

进入20世纪以后,一种新的战争概念在东南亚地区的战争中逐渐凸显。游击战和长时间的消耗战在该地区被普遍视为一种打败帝国主义和增强民族主义情绪的有效手段。在1900年代早期,菲律宾叛军经常使用游击战术偷袭美军,但其最终还是被镇压了下去。20世纪三四十年代,日本法西斯侵入中国和东南亚。中国的民族主义者和中国共产党领导下的人民军队使用游击战术,在国际反法西斯同盟的帮助下最终取得了战争的胜利,并顺利摆脱了外国势力的统治。

1954年,越南在奠边府战役中打败了法国军队。在1959至1975年间的越南战争中,越南

越南战俘被遣送回国。1973年3月13日,越南军队的战俘在被遣送回国时脱掉囚服并高呼政治口号。美国国家档案馆

对美作战也取得了战略上的胜利。这些都表明成功的游击战策略和公众舆论的支持可以最终推翻外国势力的统治。一般来说，美国卷入越南战争的经历促使战争方式和外交事务发生了转变。现在国际社会的共识是，国家如果想发动一场成功的战争就应该有明确的目标，而且还需要获得民众普遍的支持以及国际社会的认可。

20 世纪 90 年代以来及进入 21 世纪后，伊斯兰激进分子的恐怖活动延续了早前的游击战
以及旷日持久的小规模冲突的趋势。以美国为 2770
首的西方国家则继续通过直接或间接的手段持续发动一些低级别的战争，以应对其所谓的恐怖分子或叛乱分子。

进一步阅读书目：

Andaya, B. W. (2003). Aspects of Warfare in Premodern Southeast Asia. *Journal of Economic and Social History of the Orient, 46* (2), 139 – 142.

Benjamin, D., & Simon, S. (2002). *The Age of Sacred Terror.* New York: Random House.

Black, J. (1999). *Warfare in the Eighteenth Century.* London: Phoenix Press.

Charney, M. W. (2004). Warfare in Early Modern South East Asia. *South East Asia Research, 12* (1), 5 – 12.

Hagerdal, H. (2004). War and Culture: Balinese and Sasak Views on Warfare in Traditional Historiography. *South East Asia Research, 12* (1), 81 – 118.

Reid, A. (1993). *Southeast Asia in the Age of Commerce, 1450 – 1680: Volume II. Expansion and Crisis.* New Haven, CT: Yale University Press.

Sun Laichen. (2000). *Ming-Southeast Asian Overland Interactions.* Unpublished doctoral dissertation, University of Michigan.

Sun Laichen. (2004). Chinese Military Technology and Dai Viet, c. 1390 – 1497. In Nhung Tuyet Tran & A. Reid (Eds.), *Viet Nam: Borderless Histories.* Madison: University of Wisconsin Press.

Whitmore, J. K. (2004). The Two Great Campaigns of the Hong-duc Era (1470 – 1497) in Dai Viet. *South East Asia Research, 12* (1), 119 – 136.

Wolters, O. W. (1999). *History, Culture, and Region in Southeast Asian Perspectives* (Rev. ed.). Ithaca, NY: Southeast Asia Publications.

道格拉斯·斯万(Douglas E. Sawan) 文
王晓辉 译，刘文明 校

Warfare—Steppe Nomads 草原游牧战争

从大约 6 000 年以前直到 18 世纪早期，中亚草原上的牧民在欧亚大陆的战争中扮演着重要角色。他们的战争无论 2771
是对内还是对外，都影响着整个欧亚大陆的政治、贸易和文化交流，他们中涌现出了世界历史上最成功、最令人生畏的征服者。

草原上的地理状况影响着游牧民族与邻近部族的军事关系。一望无际的大草原从中国西北边境一直向北延伸到黑海，到达今天的匈牙利。对于传统农业而言，草原上的气候过于干

燥：降水不足，河流也不能用于灌溉。但平原上的草可以牧养大量的草食动物，这就成了牧民的生存之道。牛羊可以提供肉、奶、皮、毛，皮毛可以用来制作衣服、建造居所；动物的骨头和筋腱可以用来制造帐篷，上述物品还可以用来制造两端弯曲的弓，这种弓是牧民在狩猎、放牧和战斗中的主要武器。有一种动物在放牧和战斗中发挥了关键作用，那就是马。大约 6 000 年前，被驯养的马首先出现在黑海北部地区；马车和牛车拉着运载牧民帐篷和财产的车，这使得游牧民族可以完成从夏季到冬季的大迁徙。在受到外界压力的时候，他们也可以用这种方式到达新的地方。马也使草原军队获得了极大的战略机动性。

牧民的流动性使他们能适应频繁的旅行、安营，他们有时候也会面对食品短缺的问题。为了获得最好的草原，他们时而会与其他部族发生武装冲突。他们将经常发生的军事冲突视为一种生活方式，而非一件糟糕的事。因此，与住在草原周边的农耕民族相比，游牧民族更具军事潜力。与此同时，游牧生活的局限性也迫使他们与定居民族进行间接接触：牧民需要一定数量的农产品以满足日常饮食需求。他们也需要某些特定产品，最重要的是衣料和金属制品。金属器具对生产来说非常重要，但牧民又很难生产。因此，游牧民族通过贸易、掠夺、纳贡（定居人群为防止游牧民族侵袭而向他们提供的贿赂）或征服的方式，从农业社会获得他们想要的东西。这是草原民族与非草原民族发生战争的基本经济背景。

地理和国家的形成

如上文所言，游牧战争首先发生在部族之间，目的是与其他部族争夺草场。游牧的生活方式使游牧民族的人口密度比农业社会低，所以单个部族很难召集到足够的人去威胁定居社会。受制于有限的财力和分散的人口，草原民族很难建立起比部族更复杂的政治结构。因此， 2772
部落联盟对富裕的农耕国家更具威胁。贸易和边境地区小规模的掠夺可以提高部落领袖的威望，使他们可以通过恩威并施的方法建立起一个更大的部族联盟。这个部族联盟的军队可以吸引定居社会军队的注意力，增加后者的边防压力，这样联盟可以从定居社会获得更多的物品，部族联盟也能进一步壮大，联盟可以如此循环往复地发展下去。大的部族联盟可以在短时间内聚集在一起，共推一位领袖，这就形成了一个羽翼丰满的游牧国家。但这样的联盟领导权也是脆弱的，在面对重大失败或即位危机的时候，联盟可能就会瓦解。因此，战争和铁腕军事领袖对草原国家的形成至关重要。

在草原的东端，地理也影响到了国家的形成。在那里，蒙古平原紧邻中华文明的西北地区，因此从公元前 2 世纪起，当地的游牧民族就建立起一个富裕的、有侵略性的国家。此外，以狩猎和采集为生的民族从森林和冻原向北方移民，这促进了新部族的形成，移民活动对游牧民族的压力比来自西方的压力要大。因此，最强大的部族联盟往往从这一地区崛起。失败者——无论是部族间冲突的失败者还是与中原政权战争的失败者——都会被迫西迁，这引发了从东向西的移民潮。这种移民潮是草原民族的一个特征，有时移民也会走出草原，入侵波斯和欧洲。如果说丝绸之路是在商业上连接欧亚大陆，那么与战争的阴云和草原国家的形成就是在军事上连接欧亚大陆。

游牧战争：战略战术

正如上文所说，马和两端弯曲的弓为游牧民族提供了战斗的机动性和强大的攻击力，游牧战争的战略战术就建立在这一基础上。这种弓是一种短小但杀伤力惊人的武器，由木头、动物的角和筋腱黏合而成。在弓箭手手中，它可以将轻质的箭精确地射到几百码之外；发射较重的箭时射程较近，但有很强的穿透力。游牧民族的弓骑兵擅长对敌军队列进行远程攻击，一旦对方展开反击，他们就会撤退。但如果敌军队形分散或阵型混乱，他们就会掉转马头进行再次攻击。因此，佯装撤退是骑兵战术的基本组成部分。各个部落贵族和较大联盟的主力部队是游牧军队的精锐；普通的弓骑兵穿着皮革制品和生丝来保护自己，而贵族及主力部队穿的是较重的金属盔甲，他们还会使用长矛，甚至是剑。重装备可使草原军队进行肉搏战。这样，在用弓箭削弱敌军之后，他们还可以展开猛烈的冲击。游牧部落的军队经常使用一种正面宽阔、但纵深不长的新月形队列，两翼向前，这样可以包抄敌军的侧面。但在战斗中，机动性是关键。他们用机动性创造“圈赶和捕杀”农业社会军队的机会，这一技巧是他们在草原上围捕大动物时练成的。

然而，定居社会的军队拥有更重的盔甲和武器，可以在肉搏战中突破对方的阵线。如果占据有利地形且将领指挥得当，他们有时也会在战斗中击败草原骑兵。

草原军队的机动性和他们的王牌（在草原上的大本营）增加了他们的实力。定居社会的军队一定会包括数量庞大的步兵，但步兵很难匹敌草原上的骑兵。骑兵追击的速度更快，也可以按照自己的意志避免作战，在敌军发动反击前选择进攻或撤退。蒙古人展现了这一战术的优势，他们利用高效的通信系统将不同的作战单位从四面八方调到战场。这经常会给对方造成恐慌，给敌军造成一种被重兵包围的感觉。与其他游牧民族相似，蒙古人也会集中优势兵力与农业社会的军队作战。如果与草原上的后
2773 勤系统结合起来，那么这种机动性在防御上也是非常有用的。如果遇到强劲的对手，游牧军队就会撤退进大草原。大队步兵很难追击到草原深处，因为那里无法为军队提供类似谷物的给养；运送给养不但耗资巨大，而且还要受制于诸多不利因素，例如拉车的牛马本身也需要喂养。因此，如果离开补给点超过 4 天的路程，即便军队带有物资，也会面临粮食短缺，何况饮用水也常是个问题。假使深入草原超过了这个限度，往往会导致灾难性的后果。于是，在 4 500 年里，游牧民族从自己的大本营出发，对其他地区进行掠夺和征服，但却能免受农业社会的攻击，一个游牧民族只能被另一个游牧民族征服。因此，草原民族的战略战术与游牧生活方式息息相关，来自定居社会的军事将领很难降伏他们。农业社会通常会与游牧民族结盟来学习草原上的各种技术，但结盟本身也存在风险。

为了防止游牧民族的侵袭，定居社会往往会修建各种形式的防御工事，因为大部分游牧军队（蒙古人例外）都不善于攻坚。有些城市会将工事修在草原的边缘，也有些国家会修筑规模更大的防御体系，中国的长城就是一例。有些工事，与其说是将骑兵挡在外面，不如说是降低他们的速度，阻止他们的掠夺。但修建防御工事同样要消耗巨大的财力。

游牧民族军事史的循环

游牧民族与周边定居民族之间的关系呈现出一种循环模式。贸易和小规模的劫掠使定居社会的政治模式渗透到了游牧民族中，从而推动了草原地区政治组织的发展。这既促进了草原地区对农耕地区的征服，又促进了两个地区的联合。但两个世界在经济和文化上互不相容，这又导致了两者重新分裂，如此循环往复。总的来说，长时段的趋势是定居世界不断发展，而游牧世界发展遇阻。从人口统计来看，农业比牧业能养活更多的人；随着时间的流逝，农业社会的优势就会变得越来越明显。但技术因素也不容

忽视。在火器和防御工事的共同作用下，游牧民族征服世界的最后一个伟大时代终结了。

游牧民族的历史大体上可以梳理成以下要点。在古典时代，从首次出现了游牧民族如中国的匈奴人和西方的斯基泰人（Scythians）到 2 世纪晚期，以及在 3 世纪的第一个 10 年帕提亚帝国衰落，这一阶段建立起了游牧世界与定居世界的多种互动模式。3—12 世纪，东方的维吾尔人和西方的突厥人（Turks）主宰着大草原。在 7 和 11 世纪，他们对定居世界的入侵达到了顶峰。在随后的 13 和 14 世纪，在成吉思汗（约 1160—1227）及其继任者的领导下，蒙古人建立了史上最大的陆上帝国。这种非凡的成功部分取决于成吉思汗塑造部族政治结构的卓越才能，他为游牧民族的政治架构奠定了基础。尽管如此，在成吉思汗孙辈执政时期，蒙古帝国分裂为若干汗国，蒙古人也被他们征服的民族同 2774
化了。最后，从 15 世纪开始，火药技术得以广泛应用（讽刺的是，蒙古人给欧亚大陆带来的和平促进了贸易发展，而贸易发展推动了火药的传播），于是出现了多元的国家和军事强权，如奥斯曼人、莫卧儿人和满族人。他们希望为草原骑兵装备火炮，为步兵装备火枪。最初，这种结合提高了游牧民族军队的战斗力，他们征服了大片的农耕区。但事实证明，上述结合也使帝国变得平庸。到 18 世纪早期，其他的草原民族已经被工事、火枪和轻骑兵包围了，草原骑兵不再能满足国家的军事需要。

进一步阅读书目：

Adshead, S. A. M. (1993). *Central Asia in World History*. New York: St. Martin's Press.
Barfield, T. J. (1989). *The Perilous Frontier: Nomadic Empires and China*. Oxford, U. K.: Basil Blackwell.
Chambers, J. (1979). *The Devil's Horsemen: The Mongol Invasion of Europe*. London: Castle.
Christian, D. (1998). *Inner Eurasia from Prehistory to the Mongol Empire*. Oxford. U. K.: Basil Blackwell.
Golden, P. B. (1998). *Nomads and Sedentary Societies in Mediaeval Eurasia*. Washington DC: American Historical Association.
Grousset, R. (1997). *Empire of the Steppes: A History of Central Asia*. Rutgers, NJ: Rutgers University Press.
Kafesoglu, J. (1988). *A History of the Seljuks* (G. Leiser, Ed. & Trans.). Carbondale: Illinois University Press.
Kahn, P. (1999). *The Secret History of the Mongols: The Origin of Chinghis Khan; an Adaptation of the Yüan ch'ao pi shih* (Expanded ed.). San Francisco: Cheng & Tsui Company.
Maenchen-Helfen, O. (1973). *World of the Huns*. Berkeley and Los Angeles: University of California Press.
Morgan, D. (1990). *The Mongols*. Cambridge, U. K.: Cambridge University Press.
Rossabi, M. (1988). *Khubilai Khan: His Life and Times*. Berkeley and Los Angeles: University of California Press.
Sinor, D. (Ed). (1990). *The Cambridge History of Early Inner Asia*. Cambridge. U. K.: Cambridge University Press.

史蒂芬・莫里洛（Stephen Morillo）文
邢 科 译，刘文明 校

Waste Management 废物管理

2777 人总是在制造废物。纵观历史，人类丢弃的废物，扔在道路上、丢入下水道中，它们被掩埋、被堆积、被焚烧或回收。全球各国纷纷制定预防措施，应对废物的产生、收集、处理及原料回收等一系列复杂问题。不过，设法治理固体废物、保护资源、最大限度地降低污染是一个由来已久并将持续下去的挑战。

多年以来，世界各地的废物如垃圾、生活中的废弃物、剩菜剩饭等大量增加，极难处理，且常常污染环境。然而，除了废物自身之外，许多因素就在制造废物问题，包括可觉察到的和人们生活在其中的环境方面的。城市面临着严峻的垃圾管理问题。然而，废物也具有社会和文化含义，社会中所保留的与废弃的，常常很能说明社会自身以及其寓于物质商品中的价值观念。

工业革命之前

人类大约在公元前 1 万年左右开始放弃游牧式生活。游牧部落追逐猎物，废物随手扔在身后。在城镇中，居民们无法容忍这样的做法，但处理垃圾的有效方式的出现仍需时日。古代的特洛伊城中，残羹剩饭和人类排泄物有时丢在家里的地面上，或扔在街道上，直到臭气熏天、人们无法忍受时，就用新鲜的尘土和泥将垃圾弃物掩埋起来。街道上，猪、狗、鸟和其他咀嚼类动物以垃圾中有机的物质为食。特洛伊垃圾累积的速度达到每世纪约 1.5 米高，其他文明则多达每世纪 4 米高。

虽然古代世界许多地区的城市公共卫生环境骇人听闻，但仍有一些进步的迹象。建于公元前 2500 年、位于印度河河谷的摩亨佐·达罗，集中规划引导人们建设家用的垃圾渠道，并设立了清道夫这样的机构。建于约公元前 2100 年，位于埃及的赫拉克利奥波利斯(Heracleopolis)，特权阶层居住区域的垃圾被收集起来，但主要倒进尼罗河。大约同一时期，克里特岛上海盗国王们家中的浴室与污水渠道相连，到公元前 1500 年时岛上已留出空地来处理垃圾。

有时，宗教是推行公共卫生措施的重要力量。公元前 1600 年左右，摩西颁布了有关公共卫生的法规，规定犹太人要将自己的排泄物掩埋在远离居住区的地方。《塔木德》规定要求每天用水清洗耶路撒冷的街道，全然不顾水的稀缺珍贵。

古典时期，废物甚至使得雅典的上流社会大为头疼。公元前 500 年左右，希腊人建立起了西方世界中第一批城市垃圾场；雅典议会颁布法令要求清道夫处理垃圾，并且垃圾距离城墙的距离不得低于 1.5 千米。雅典也颁布了第一个广为人知的禁止把垃圾扔在街道上的法令，并建起了堆肥池。

新大陆上的古代玛雅人也将其有机废物放

古代罗马的公共厕所，位于安提卡的奥斯蒂亚(Ostia Antica)。罗马的水道系统引来非饮用水冲走排泄物

入垃圾填埋场，并用打碎的瓦片和石头覆盖。公元前2世纪的中国文献中就记载有相关人员负责清理动物和人的粪便，“亭父”负责清扫街道。

2778 罗马城因其规模和人口密度，面临的公共卫生问题闻所未闻。一方面，按照当时的标准，垃圾的收集和处理很好地组织进行着；另一方面，它们却不能满足城市的需求。国家出资负责一般的垃圾收集，物主负责清理其田产及邻近的街道，不过法律不是总能得到贯彻。富有的罗马人使用奴隶处理他们的废物，一些独立的清道夫则把垃圾和粪便收集起来当作肥料出售。在罗马国力衰退时，城市环境随之恶化。

由于中世纪西欧人的去城市化，人们才得以免遭像人口稠密的城市遭遇的大量垃圾问题，这很大程度上是因为垃圾会引起疾病的广泛传播。暂不论中世纪人们生活环境的恶劣性，新城市最终兴起时，大家始终非常关注城市的卫生职能。12世纪后期，城市开始硬化铺设路面和清理打扫街道。

乡村人口向城市的移居，这也意味着猪、鹅、鸭子和马等动物向城市的迁移。1131年，年轻的国王菲利普死于一场骑马事故，而此事故是由一群无人照看的猪引起的；在此之后国家出台了一条法律，禁止猪在巴黎随处乱跑。但是动物仍继续像清道夫一样游荡在大街小巷。然而，在伊斯兰世界的大城市和中国，公共卫生的保持要比中世纪乃至文艺复兴时期的欧洲好得多。

工业时代的废物问题

18世纪60年代，工业革命先后在英格兰以及欧洲大陆展开，公共卫生随之变得更加糟糕。家庭无力供养的人口持续增长且纷纷涌入工业中心，导致人口严重膨胀和出现严峻的卫生问题。迟至1834年，曼彻斯特城区中每212个人才只有1个厕所。

不过，最早设立公共服务设施、应对这些问题的也是英国的城市（一些研究显示越南建立的垃圾收集系统是18世纪历史记录中最早的一个）。虽然极易夸大服务设施覆盖的范围和提供的服务质量，但是到19世纪初，英国的大型工业城市和其他地区都有了初级的公共建筑和公共卫生机构。

公共卫生科学的兴起具有重要意义。19世纪初期英国霍乱肆虐；19世纪20年代末，像从前一样，有许多人患上了慢性痢疾和其他地方性疾病。1842年英国济贫委员会出台了埃德温·查德威克（Edwin Chadwick）所著的《大不列颠工人阶级卫生状况的报告》（*Report on the Sanitary Condition of the Labouring Population of Great Britain*），认定传染病与肮脏恶劣的环境条件有关。疾病的肮脏理论或是毒气理论，在20世纪之前是推动改善环境卫生的一支最重要力量。之后产生的细菌理论，认定细菌是引发传染病传播的罪魁祸首。

当欧洲苦于自己工业革命的阵痛之时，美利坚作为一个国家才刚刚开始崭露头角。因而，美国并未立即汲取欧洲公共卫生方面的诸多经验教训。早期的美国是极为分散的、小型的城镇，并不会遇到像伦敦或巴黎那样大量的垃圾问题。不过，对这一问题忽视的做法也影响着这里的社会。随地随时乱丢垃圾的现象十分常见，全然无视已有的那些粗陋的卫生法规，到17世
纪末主要城镇中公共卫生法规已普及开来。 2779
1634年波士顿政府规定禁止居民往公共用地上扔鱼类或生活垃圾。1657年新阿姆斯特丹的市民们通过法律，禁止向街道扔垃圾。

总的来说，前工业化的美国公共卫生情况因地而异。一些城市的领袖重视城市清洁，推广执行环境卫生的法规。其他一些人则简单地忽视了这个问题。常常是由个体或私人的清洁工收集垃圾。卫生部门发展缓慢，人手不足，权力

有限。直到1866年纽约城才建立起一套系统的公共卫生法规，成为美国城市中的先行者。

工业革命期间，固体废物问题成为美国城市面临的严峻问题。拥挤的城市制造着一堆又一堆的废物。煤炭开采后留下成山的煤渣。猪或驴在大街小巷中游荡寻觅剩饭残食；马匹在道路上留下成吨的粪便；江、河、湖、海成为一吨吨城市废弃物的藏纳之地。

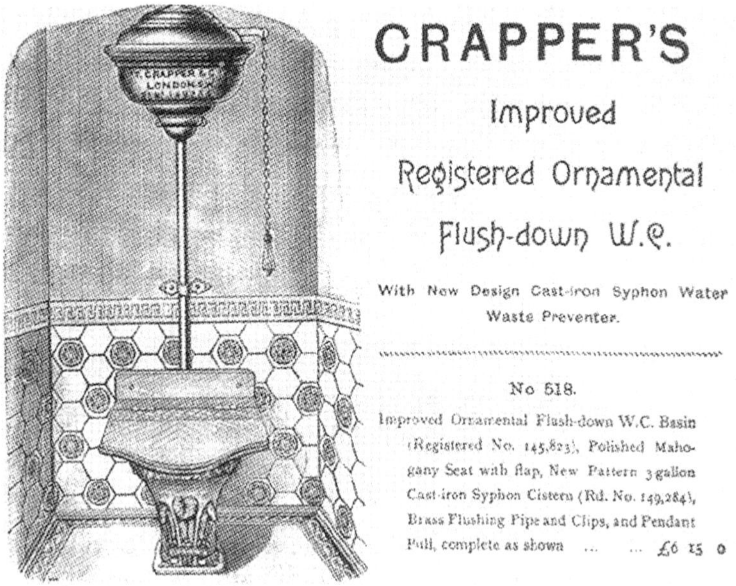

19世纪晚期，托马斯·克拉普公司（Thomas Crapper & Company）生产的抽水马桶的广告，该马桶装有防止浪费水的专利虹吸管

波士顿官方估计，1890年清洁工们收集的生活垃圾、灰烬、废弃物和街道垃圾约有35万多吨。在芝加哥，225个街区，收集了约有1 500立方米的垃圾。在曼哈顿，1900年清洁工平均每天收集555吨垃圾。因为水果和蔬菜存在时令差异，7月和8月每天的垃圾量增加1万吨。100年前，美国每年产生超过2.26亿吨的城市固体废物，多时可能达到每年3.5亿吨，这意味着每人每天几乎制造2千克的垃圾。

世界上的废物源

虽然固体废物问题不是美国独有的，但不幸的是，在许多城市固体废物的种类中，美国仍独占鳌头。虽然固体废物的构成成分极为多样化，但纵观欧洲，有机物质和纸是其中的主要成分。这两种成分占生活垃圾的50%到80%不等。玻璃、塑料和金属占据的比例少时有10%，多时达25%。在东欧，废物中有机物质比玻璃、塑料和金属等更为丰富多样。总体数据表明，基本上整个欧洲所使用的包装材料要少于美国。

废物数量与种类的一个关键性因素是财富的多与寡。例如，在高收入国家如以色列、沙特阿拉伯和阿拉伯联合酋长国等国，废弃的汽车、家具和包装用品被公开扔弃。在亚洲，东京和新加坡一般产生的纸质和塑料垃圾最多，而北京和上海则较少（部分是由于重复使用和回收）。在印度次大陆，废物中需要处理的主要物质是有机和惰性物质（inert matter），每天人均产生的垃圾量很少有超过0.8千克的。非洲城市也一样，那里废物中有机物质所占比例极高，同样人均每天制造的垃圾量很少能超过0.8千克。拉丁美洲的废物中一般的有机物质也较多，但人均每天制造约1千克的垃圾。

19世纪美国的废弃物中主要有食物垃圾、木头和煤炭灰烬、其他垃圾以及马的粪便；现在的废弃物中则包含一些难以取代和可循环利用的混合物，还有各种各样的有毒物质，其所占比例比世界上其他地方都高。现在的所有废弃物中，纸张、塑料和铝制品增长最快。美国废物源中纸张约占38%，塑料11%，金属和玻璃19%，庭院垃圾12%。固体废物的收集和处理极大地束缚了当地的经济，尤其是遇到财政收入缩水时，政府的侧重点会随政治变更而改变，来自其他政府实体的支持也会转移到别的地方。然而，固体废物经济也有其非正式的一面，很少纳入政府结算表之中。在一些国家，对数以千计的低收入和中等收入人群来说，固体废物通常
2780 是一个主要收入来源——人们收集、分类、倒卖废弃物，把丰富的废弃物变成谋生取财之道。

废物管理：公共的与私人的

管理固体废物方式的得当与否，对废物收集与处理活动的成败至关重要。从19世纪晚期开始，美国城市政府关注的一个主要问题是确定政府提供必需公共服务的职责，如垃圾的收集和处理。许多年以来，无论是公共的还是私人的卫生问题都有了很好的改善。19世纪90年代到20世纪60年代，这期间公共管理体系确立了起来。到21世纪初，在固体废物领域，美国的处理体系是混乱的，但日益趋向私人化。无论体制如何，总体上北美政府对固体废物的管理和监督负有主要责任。在加拿大，其处理方法与美国相比则较为分散。

最近出现了一种“废物综合管理”体系，该体系可以行使部分或全部的废物处理权，它要求公共机构与私人展开合作。在美国，环境保护署(Environmental Protection Agency)提议联合废物管理系统，这也揭示了联邦政府在设立国家机构处理固体废物中的重要作用，其中也包括扩大了的调控功能。

自20世纪60年代以来，联邦政府在应对废物问题中的角色得到了强化，将作为环境问题的废物处理意义提升到事关国家前景的层面。1965年颁布的《固体废物处理法案》(Solid Waste Disposal Act)是认定固体废物是一个国家问题的第一部主要联邦法案。从此之后，新的法案补充进来，将注意力从垃圾循环利用、资源回收、废物转化等方面，转移到能源、危险废弃物以及与城市固体废物有关的更为传统的问题上。

在美国试图推行一种综合的固体废物管理体制的同时，西欧也正领导着世界向这一方向努力。所有西欧国家政府都被要求要围绕核心的综合废物管理模式设立本国的废物处理体制。虽然多年以来，公共部门一直都是这些方面的中心，但私人公司快速增长，承担起了废物管理这项事业。即便是在东欧，虽然国家制定的方
案占主流，但私人公司正在大步前进。在许多国 2781
家，以最高层面的立法来提高固体废物管理是不够的，私人部门的积极性日益增长，与政府竞争，力图争取废物处理的权力。

特别是从20世纪六七十年代开始，固体废物收集和处理的私人化成为执行市政服务的另一种方式，常被视为一种外包形式，它也成为城市摆脱繁重的公共义务的一种方式。虽然私人收集处理废物一直是混杂在服务体系中的一部分，但是固体废物处理方面一个相对较新的维度发展起来了，即具有国际影响力的固体废物联合集团的出现。例如，在美国，主要由于20世纪90年代工业的增长，许多公司合并发展为跨国企业。

收集活动

随着世界上废弃物数量体积的增加和种类的多样化，固体废物的收集愈加困难了，需要这类服务的人越来越多，需要配备公共卫生清洁人员的区域也越来越大。并且，不存在“最好”的收集方法。在1900年之前，一些美国城市选择不分类地收集垃圾，其他一些城市则尝试将垃圾分类。历史上，商业区的垃圾收集最为频繁，偏远地区或是贫困地区次之。当相对较为富裕的城郊兴起时，城市管理者将一部分收集人员分派到那里的上层人士和中产阶级的居住区。

第二次世界大战后，技术上的进步缓解了收集问题，特别是美国和欧洲引进了压缩机并建设了转运站（作为垃圾回收的中转站）。但是多年以来，世界上其他许多地区的垃圾收集仍主要靠人力。但不管用什么方法，收集仍是困难重重的，因为其花费高昂，并且无法平等地服务到每个公民，特别是穷人。调查显示，美国固体废物处理中70%～90%的资金都用于垃圾收集了。在其他地区，如非洲也可见到同样高的比例，或者更高。

废物收集是一项宏伟艰巨的任务。在一些城市如尼泊尔的加德满都，没有任何正规形式的废物收集服务，也不允许私人承包商参与其中。在整个拉丁美洲，大城市如布宜诺斯艾利斯、圣保罗、里约热内卢、加拉加斯、圣地亚哥和哈瓦那，它们之中废物收集覆盖范围相对较好，尽管无法确定违章建筑区能否得到足够的垃圾收集服务。私人收集公司在20世纪60年代的美国变得十分盛行，现在几个拉美大城市中也流行起来。

欧洲的情况则多种多样。西欧和斯堪的纳维亚半岛上的废物收集较为频繁，且高度机械化；在东欧，房屋多是多户型公寓，服务质量不平衡。像西欧一样的亚洲工业化国家及地区，如澳大利亚、新西兰、中国香港、日本和新加坡，其城市中的废物收集也是机械化操作的，且投入的资金充沛。在发展中国家，除了一些大城市中拥有机械化收集编队，其他收集多是人力完成的。在极端贫困的国家，废物收集率可能不会超过50%，且穷人中很可能得不到这样的服务。

垃圾收集的私人化在一些国家中也取得了一席之地。东亚和太平洋地区，一个有意思的现象是妇女通常在家中管理垃圾，出钱支付废物收集的费用，筛选出可再循环利用的废物，并把废物卖给个体的回收者。例如，在南亚和西亚，劳工动乱和市民骚动时不时的影响着市政服务。非洲的大多数城市，垃圾收集中结合使用机动化的机器、畜力车以及人力手推车。像很多发展中国家一样，垃圾中转站十分少见，收集的效果不是十分可靠。

处理方式：填埋与焚烧 2782

现代垃圾填埋方式起源于英国，并在20世纪20年代发展起来，20世纪30年代的美国城市，纽约城、旧金山，特别是加利福尼亚的弗雷斯诺市开始试行此法。垃圾填埋区由一系列系统挖好的沟坑组成，将固体废物而非泥土填入其中，再在其上覆盖一层土壤，这样气味就不会散发出来，也能防止啮齿动物和其他昆虫进入。升级了的垃圾填埋使用塑料膜衬底，延缓渗透，并安装设备以探知甲烷的排放和其他各种污染物。

20世纪五六十年代，工程师和废物管理者都相信填埋废物是最经济和最安全的废物处理形式；到70年代专家们开始怀疑废物填埋能否满足城市未来的需求，这不仅是因为土地的稀缺，也由于市民的抵制和日益严格的环境保护标准。邻避综合征（Not in My Back Yard, NIMBY）在国家中传播开来，一些地区的居民反对、抵制诸如为社区建立垃圾场等行为。很多时候，废物填埋都实难符名，填埋场成为昆虫和臭气的藏身之所，威胁着地下水质，生成甲烷气体，消耗新鲜空气，并且含有各种各样有毒物质。在一些案例中，把垃圾扔在少数民族地区是环境种族主义的一种形式，曾经并且现在正在受到挑战。20世纪80年代，美国把危险的或具有潜在危害性的废物工厂建在有色人种居住的地区，这一事件在“环境正义运动”浪潮下激发产生了一种“生态民粹主义”（ecopopulism）运动。最初，这样的运动是针对存在于美国社会环境中带有强烈种族和阶级色彩的社会及环境不公平现象；但是类似运动的关怀，即关于有害工厂蓄意置放的关注，已超出了“邻避主义”的范畴，在

世事繁杂，自然始终慷慨；得失之间，我们耗尽生命；放眼望去，我们一无所有。
——威廉·华兹华斯(William Wordsworth，1770—1850)

其他层面也表达着相似的关怀。

根据最新的估计，北美55%～70%的废物都以填埋方式处理掉了。但是，美国垃圾填埋点的总数从20世纪80年代到90年代有了大幅度减少，从1980年的8000个左右降到1999年的2300个。除了选址的问题，数量减少的主要原因是《资源保护和回收法案》的附件D(Subtitle D of the Resource Conservation and Recovery Act，1976)的作用；该法案在20世纪90年代设立并提高了城市固体废物填埋的严格的国家标准。大体上，一些新建的、更大的、但为数更少的填埋点能达到此新标准，而旧的、小型的填埋点干脆废弃不用了。

美国填埋区的缺乏迫使几个州输出自己的废物，特别是东部和中西部地区的州。纽约是最大的输出地，每年输出500万吨废物；紧接着是新泽西、密苏里(160万吨)和马里兰(140万吨)。主要废物输入地是宾夕法尼亚，每年输入900万吨，其次是远一些的弗吉尼亚(350万吨)和密歇根(280万吨)。

欧洲北部和东部、南部地区在利用废物填埋方面有着明显分歧。北欧一些国家废物的填埋措施与美国类似，约半数的废物都以陆地填埋方式处理掉了。在希腊、西班牙、匈牙利和波兰这些国家，实际上所有收集来的废物全部都送入地下了。欧洲的许多垃圾填埋是小型的、不受管辖的城市行为，不过也都正在尝试向大规模的地区化处理转变。不同于美国，邻避运动没有影响到这里的垃圾填埋。

在东亚和太平洋地区，陆上填埋是最廉价、最典型的垃圾处理方式。但是在澳大利亚、日本和新加坡这类国家，其成本在近些年中急剧增长。在发展中国家，露天倾倒，而非填埋垃圾，才一直是废物处理的主要形式。南亚、西亚和非洲的大部分地区也是如此。埃及和南非试图升级改进陆上废物填埋，但这一计划还未取得成功。拾垃圾者，有时受雇于政府，有时是自主行为，他们在露天的垃圾场上工作，拾拣可利用或是出售的物质材料。虽然垃圾填海的行为在许多地区禁止或是加以限制，但这种行为在当 2783
地仍然很常见。

拉丁美洲和加勒比地区，私人化的废物填埋行为在增加，尤其是在大城市中。然而，这些填埋区更像是控制废物，而非填埋。例如，在墨西哥，大约有100个受控的处理点，但只有10%左右的(多集中在北部)能称为废物填埋点。拾垃圾者在拉丁美洲也很常见，虽然人们也试图阻止他们进入废物场，但这样的努力一般都是徒劳的。

可行的废物处理备选方案中，焚烧废物是首选。第一次进行废物焚烧试验的城市是英格兰的诺丁汉，1874年该城市系统地组织进行了这样的实验。两年后，在曼彻斯特，阿尔弗雷德·弗莱尔(Alfred Fryer)建造了一个改良后的"垃圾焚毁炉"，随后的几十年里英国人引入了先进的技术成果。英国首次尝试焚烧废物，产生蒸气，进而转化为热能，以此来发电。1885年美国建设了第一个"焚化炉"。

这两种垃圾燃烧设备皆兴起于19世纪晚期20世纪早期，并于同一时代发展起来。前者是一种大型燃烧装置，用于减少废物的总量；后者是一种废物能量转换装置，英国人是先行者，旨在产生蒸汽来发电，或是作为热量源直接销售给消费者。20世纪70年代，伴随着能源危机的爆发，废物能源转化在美国流行起来，但并未赢得广泛支持，废物焚化亦是如此。

暂不论焚化废物在减少废物总量方面的巨大效率，技术成本和对大气环境的慢性危害使其在与废物填埋的竞争中处于劣势。然而，20世纪90年代废物焚化重振雄风，特别是在垃圾填埋费用上涨以及期望生产清洁能源的情况下，废物焚化有望建立在竞争优势提高的基础上。1996年美国110座具备可回收能量功能的焚化炉开始运营，它们每天可焚烧约9万吨的固体废物;加拿大的数值要小得多。总的来说,废物能量转化型的焚化炉处理掉了 10%～15%左右的固体废物。

废物焚化也有一个走向国际的多样化历程。在非洲,除了医用废物焚烧外,由于成本高昂,几乎没有任何废物燃烧和废物能量转化形式。拉丁美洲也是同样的。在亚洲,只有高度工业化国家中的城市才会使用现代焚化技术。其中日本一路领先,东京有 13 个焚化炉。由于其废物填埋空间日益紧缩和人口的稠密,使日本身处运用和发展废物焚化技术的前列。发展中国家焚化炉的进口,也带来许多问题。一些设备使用时温度不够高,无法消除废物中的病毒和其中极高的水分,因而给大气造成巨大污染。

自从英国之前成功推行废物焚烧之后,欧洲对废物焚化的投入一直很混乱。北欧国家,特别是瑞典,非常依赖可产生能量的废物大规模焚烧。在西欧,35%～80%的生活垃圾都做焚化处理了。填埋空间的缺乏和能源需求是推动废物焚烧的重要原因,但并非没有争议。酸性气体、重金属、二噁英和水银的排放引起了人们强烈的担忧,因而欧洲联盟推行严格的废物焚烧排放标准。老旧的焚化方式不能产生能源,正逐步遭到淘汰。

欧洲国家积极利用废物焚烧后的残渣副产品进行再生产制造,如利用煤尘生产各种各样的造路产品。欧洲人也率先开发废物制成的燃料。这些尝试在东欧并未取得多大成效,主要由于无力升级或替换还在使用中的旧式焚化炉。

回收与循环利用

2784 只是最近几年,回收利用才兴起成为继填埋和焚烧之后的又一废物处理策略,尤其是在美国。在“抛弃型社会”(throw-away society)中,一旦将回收利用视为一种减少污染的根本方法以及一种对过度消费的抗议,它作为一种废物处理方式就凭借自身实力,在 20 世纪 80 年代兴盛起来了。1988 年美国约有 1 000 个社区配备了路边回收服务;到 2000 年,这一数字超过 7 000。安大略省在 1983 年首开路边回收项目,到 1987 年加拿大至少有 41 个社区推行此项目。美国环境保护署估计,1996 年美国的废物回收利用和堆积成肥,从填埋厂和焚化炉中转移走 520 万吨的废物(高于 1990 年的 310 万吨),其中最典型的可回收物是铝制的罐子、电池、纸张和庭院弃物。

总体上,许多社区和美国国家的一个主要目标是提高回收利用率,20 世纪 80 年代后期这一比例达到 10%。美国环境保护署 1988 年关于固体废物的报告草案要求到 1992 年国家回收利用率目标达到 25%。90 年代晚期,又提出到 2005 年这一比例不得低于 35%,并要求每人每天减少制造 2 千克左右的固体废物。90 年代晚期北美回收利用实际比例是 20%～25%之间。

虽然美国回收利用的经历与过去相比有了巨大改变,但还比不上其他工业化世界中地区回收利用的努力。尤其是德国和丹麦推行强制的回收政策。例如,丹麦将其废物的 65%回收利用。在西欧物资回收中,最独特的一个特点是“生产者责任制”观点的普及,该观点是针对适当处理包装材料和其他商品的。而南欧、东欧以及世界上其他地区的废物回收利用情况十分不平衡。整个拉丁美洲和加勒比地区,材料回收很普遍,所有大城市和多数中等规模的社区中都有回收废物的项目。在小城镇和乡村地区,多数废物是有机的,堆积成肥是现行的唯一回收方式。然而,一般来说,集中堆积成肥在拉丁美洲并未成功。相比之下,庭院堆积成肥在澳大利亚、日本和新西兰则更为普遍。亚洲家庭有机废物的很大一部分都用来饲养牲畜了。亚洲的发展中国家的大型堆肥厂过去十分盛行,包括在其发源地印度,但现在已废弃不用,无法再发挥作用了。

东亚和太平洋地区也推行正式和非正式的废物源头分类以及回收项目。废物减幅最大的是在澳大利亚、新西兰、日本、韩国繁华的市区。中国和越南也推行废物回收措施,城市和国家政府资助实行废物循环利用。

世界上,尤其是发展中国家,拾拣废物是十分普遍的。如南亚、西亚、亚洲这样一些地区,从事废物拾拣、收购、买卖和回收利用的人组成非正式的网络,取代了正规的公共系统或是私人公司。发展中国家的材料回收呈现出一种不同的形式,与高度工业化地区截然不同。对于前者来说,在收入微薄或失业率较高的地区,在资源匮乏的地区,物资回收再利用是十分有必要的。在工业化地区,回收利用是为了减少经济增长中的浪费,降低环境成本。

废物问题从古至今都是生活中的一部分。整个世界面对废物的产生、收集、处理以及原料回收等一系列复杂问题时,已取得了成效。设法处理固体废物、保护资源、降低污染,是一项持久而艰巨的任务。

2785 进一步阅读书目:

American Public Works Association. (1970). *Municipal Refuse Disposal*. Chicago: Public Administration Service.

American Public Works Association. (1975). *Solid Waste Collection Practice*. Chicago: American Public Works Association.

Armstrong, E.L., Robinson, M.C., & Hoy, S.M. (1976). *History of Public Works in the United States*. Chicago: American Public Works Association.

Bonomo, L., & Higginson, A.E. (Eds.). (1988). *International Overview on Solid Waste Management*. London: Academic Press.

Carra, J.S., & Cossu, R. (Eds.). (1990). *International Perspectives on Municipal Solid Wastes and Sanitary Landfilling*. London: Academic Press.

Engler, M. (2004). *Designing America's Waste Landscapes*. Baltimore: Johns Hopkins University Press.

Gandy, M. (1993). *Recycling and Waste*. Aldershot, U.K.: Ashgate Publishing.

Grover, V. I., Guha, B. K., Hogland, W., & McRae, S. G. (Eds.). (2000). *Solid Waste Management*. Rotterdam, The Netherlands: A.A. Balkema.

Gunnerson, C.G. (1973, June). Debris Accumulation in Ancient and Modern Cities. *Journal of the Environmental Engineering Division, ASCE*, *99*, 229 - 243.

Hawkins, G., & Muecke, S. (Eds.). (2003). *Culture and Waste*. Lanham, MD: Rowman & Littlefield.

Hickman, H.L., Jr. (1999). *Principles of Integrated Solid Waste Management*. Annapolis, MD: AAEE.

Jensen, D., & McBay, A. (2009). *What We Leave behind*. New York: Seven Stories Press.

Kharbanda, O., & Stillworthy, E.A. (1990). *Waste Management*. New York: Auburn House.

Melosi, M.V. (2005). *Garbage in the Cities* (Rev. ed.). Pittsburgh, PA: University of Pittsburgh Press.

Melosi, M.V. (2008). *The Sanitary City* (Abridged ed.). Pittsburgh, PA: University of Pittsburgh Press.

Melosi, M.V. (2001). *Effluent America*. Pittsburgh, PA: University of Pittsburgh Press.

Neil, H. A., & Schubel, J. R. (1987). *Solid Waste Management and the Environment*. Englewood Cliffs, NJ: Greenwood.

Pollock, E. (1985, December). Wide World of Refuse. *Waste Age*, *16*, 89 - 90.

Rathje, W., & Murphy, C. (1992). *Rubbish!* New York: Harper Perennial.

Rose, P. (1988). Solid Waste. In N. Ball (Ed.), *Building Canada* (pp. 245 - 61). Toronto: University of Toronto Press.

Ruiz, F., et al. (1996). *Solid Waste Management for Economically Developing Countries*. Vienna: International Solid Waste Association

Savas, E.S. (1977). *The Organization and Efficiency of Solid Waste Collection*. Lexington, MA: D.C. Heath and Co.

Scanlan, J. (2005). *On Garbage*. London: Reaktion Press.

Slade, G. (2006). *Made to Break*. Cambridge, MA: Harvard University Press.

Small, W. E. (1970). *Third Pollution*. New York: Praeger Publishing.
Strasser, S. (1999). *Waste and Want*. New York: Metropolitan Books.
Thomson, V. E. (2009). *Garbage in, Garbage Out*. Charlottesville: University of Virginia Press.
Tillman, D. A., Rossi, A. J., & Vick, K. M. (1989). *Incineration of Municipal and Hazardous Solid Wastes*. San Diego, CA: Academic Press.
United Nations Environment Programme, Division of Technology, Industry, and Economics. (2002). *Newsletter and Technical Publications: Municipal Solid Waste Management*. Retrieved December 5, 2002 from http://www.unep.or.jp/ietc/ESTdir/Pub/MSW/RO
United States Environmental Protection Agency, Office of Solid Waste. (2002). *Basic Facts: Municipal Solid Waste*. Retrieved December 5, 2002 from http://www.epa.gov/epaoswer/non-hw/muncpl/facts/htm
Zimring, C. (2005). *Cash for Trash*. New Brunswick, NJ: Rutgers University Press.

马丁·麦乐西(Martin V. Melosi) 文
汪　辉 译,刘文明 校

Water 水

水对于生命来说至关重要。除饮用外,水还用于交通、能源制造、娱乐、农业、工业、礼仪等。虽然水覆盖了地球表面的3/4,但只有不到2%的水适于饮用。水的获取途径对人类和群体居住地选择及迁移起着决定性作用。 2786

水覆盖了地球表面的近75%,并且是所有生物的内在组成部分。清洁的水对人类生存至关重要:一个人不进食可以存活数周,但若不饮水只能存活几日。纵观历史,可利用水源的位置在人类发展过程中扮演了重要角色,影响了人类的定居点模式、农业、社会习俗、宗教、交通和能源制造。

定居点

获得可用于人类和动物饮用及农作物灌溉的清洁水已影响人类的定居成千上万年。尽管水覆盖了大部分地球表面,但只有不到2%适于饮用。虽然很多不同群体的人类已学会如何适应恶劣、难以应付的环境,但自然泉水、河流或瀑布水源仍是人类存活的必需品。在人类历史早期,水的获取是其生存策略中的重要因素。

在新石器时代,狩猎者和采集者停止迁徙,建立起永久性住房,成为农民和牧人。人们选择建设城镇的地点通常位于河流、湖泊等可用水源附近。最古老城镇之一的土耳其加泰土丘(Catalhuyuk)是这些新石器时代早期城镇选址的典型。加泰土丘建于约公元前7500年,距离几个迄今仍存在的水源非常近;考古学家们相信,城镇全年都可从周边获得用水。农田和水源地相比距离城镇远了好几千米,这突出了获得便利水源的重要性。在可追溯到公元前7000年的塞浦路斯乔伊诺科里梯亚(Choirokoitia)等其他新石器时代遗址中,也能发现这种模式。

随着新石器时代到铁器时代人口的稳定增长,人类定居点开始出现在不能大量获得便利水源或不能整年获得水的地区。为了在这些地区生存下来,人类必须想办法调整其生存策略以获得足够维持生存的水。最广泛使用的方法

在印度某农村，人们在从公共水井汲水时进行交际。克劳斯·克罗斯特迈尔摄

之一是在水源充足时收集水，以备之后水缺乏时使用。在不同文化中，有各种各样的方式来实现这一目的。在希腊、意大利和美索不达米亚，农民依靠冬雨带来的足量降水完成夏季的“旱耕”。冬雨提供了足够的水源，这样农民只需对其计划做出很小修改就能够顺利种植作物。他们可以在土壤因冬雨而仍旧十分润湿的早春时节进行播种；在夏初之时，土壤水分还未完全消失在温暖、干旱的夏季气候中时进行收获。这些地区的居民将自然泉水和降水收集在大水池中来保证夏秋月份的充足饮用水供应。

2787 在阿拉伯半岛，纳巴泰人(Nabataeans)使用石制水槽和管道系统收集雨水，储存在内侧涂有防水水泥的地下蓄水池中。在埃及，尼罗河提供了灌溉用水，而每年的河水泛滥带来新的土壤沉积，这就避免了土壤肥力的下降。在希腊化时代，一套精心设计的灌溉水渠系统得以应用，扩大了可耕地的数量。这一灌溉系统历经罗马、拜占庭和伊斯兰时代，不断发展、扩大。

在古波斯，农民早在公元前第1个千年就发展了暗渠这一地下灌溉系统，用以将水运送至作物处。暗渠为地下封闭灌溉水渠，收集高山上的地下水，通过重力作用将水运送至低洼地区。在暗渠沿线，每隔一定距离会设置竖井用来进入水道进行清理和维修。暗渠通常工程量巨大，其最长有40千米，最深埋于地表下100米处。这一灌溉系统后来被阿拉伯人和拜占庭人所采用。在伊朗，有超过4万处暗渠，其中很多至今仍在使用。

长时间收集和储存水通常面临着水变得不纯或沉积物聚集的新问题。很多古代文明发展了净化储存水的技术，以获得更好的饮用水。公元前2000年的古代梵文作品描述了净化水的不同方法，比如煮沸或使用沙子、木炭过滤掉杂质。埃及陵墓绘画描绘了一种使沉积物等杂质留在底部并从顶部收集清洁水的装置。

虽然农民需要生活在用来灌溉作物的水源附近，但随着城市规模的扩大，他们也需要水来维持市民的生计和良好的城市卫生条件。城市依靠工程师设计的系统将水从源头经长距离运送至城市中的最终目的地。罗马和君士坦丁堡都建有令人惊讶的渠道系统，用来将水运送至无数的浴室、喷泉和私宅。3世纪，罗马共有9个正常运作的高架渠，每天可给城市提供超过1万立方米的水。这些高架渠最长的超过95千米。这些高架渠的开端只是切入大地的有轻微向下坡度的渠道，这些渠道通过重力将水运送至罗马。当渠道离开山区通往城市后，水道 2788
通过通常距地面30多米的高架拱桥之上。这些水道有1米宽、1.8米高，这样工人就能进入其中进行清理。这些渠道中有3个到今天仍在起作用。

社会层面

水在社会习俗中也扮演着重要角色。沐浴在古代希腊、罗马是一项重要的仪式。公共浴室在希腊的普及始于公元前 5 世纪。被罗马人采用后,沐浴到 1 世纪已成为罗马社会日常生活的重要方面,浴室也成为市民间的重要社交活动中心。每个城镇至少有一个公共浴室设施,富裕市民的住宅中则装有私人浴室。这类沐浴用复合建筑,有水温各不相同的房间:冷水、温水和热水浴室。更大的此类复合建筑中甚至有大型游泳池。随着罗马帝国在 2、3 世纪的扩张,这类复合建筑在拱形天花板、玻璃窗、异国情调的艺术品和复杂的管道系统的装配下变得越来越精巧。罗马皇帝卡拉卡拉(马可·奥勒留·安东尼)于 217 年建造的浴室能够同时容纳 1 600 人。这些洗浴用建筑是罗马文化和观念在整个帝国传播的重要工具。沐浴仍是日本、芬兰等一些现代文明的重要方面。

宗教

在古代希腊、罗马,水是宗教仪式中的重要元素。自然泉水被认为是充满力量的地方,经常被选为祭祀、礼拜的地点。和火一起,水在出生、婚嫁、死亡和献祭仪式中被用于净化。全球各地无数的大洪水故事叙述了神是如何清除地球上的为恶者,并挑选出善良的人开始全新生活,比如《旧约》中的挪亚、希腊神话中的杜卡利翁(Deucalion)、《吉尔伽美什史诗》中的乌塔那匹兹姆(Utnapishtim)、东非特姆柏诺特(Tumbainot)传说等。这些传说加强了水是净化工具、能够祛除罪恶的观点。在希腊哲学和宇宙论中,水被看作和火、气、土并列的宇宙四种基本元素之一。苏格拉底诞生前的希腊哲学家米利都的泰勒斯(Thales)在公元前 5 世纪末写道:万物的重要组成元素都是水,世间的其他所有事物都是由水创造出来的。在琐罗亚斯德教中,耕种土地得到赞扬,任何促进耕种的行为也得到鼓励。这促使了统治波斯(现在的伊朗)的萨珊帝国国王从 3 到 7 世纪建起了大坝和大量灌溉系统。 2789

在早期基督教中,水被视为净化和生命的象征。在拜占庭礼拜仪式中,以水赐福是一项重要仪式,教会领袖们相信这是用来纪念施洗约翰(John the Baptist)对耶稣基督进行的洗礼。水在现代各宗教中仍是一项重要的净化元素。

保罗·乌切诺(Paolo Uccello):《洪水与水位下降》(*Flood and Waters Subsiding*, 1447—1448)。佛罗伦萨新圣母玛利亚教堂壁画,描绘了《旧约》故事中挪亚和方舟的故事

历史上，人类在全球探险和定居的过程中或多或少经由水路通行。在这张摄于20世纪早期的照片中，一位旅行者和他的向导乘木筏沿南美洲亚马孙河顺流而下

在很多现代基督教教派中，用水进行的洗礼（不论是浇洒还是浸入），以洗去早年的罪恶是表示信仰的入教仪式。在伊斯兰教中，信徒们在祷告之前清洗手、臂、足、头，以达到净化自身的目的。犹太教中也使用水来净化信徒，并在信徒们接触了尸体等不洁之物后用作洁净。

交通和帝国

地球表面有如此多的部分被水覆盖，以至于船在探险和旅行中必不可少。直到现代之前，通过水路运输一直比陆路通行更快速并且更节省。罗马皇帝戴克里先（Diocletian）于公元前301年发布的意在控制最高价格的法令，为历史学家归纳这一时期的标准运输费用提供了足够信息。这一文件表明，通过陆路运输货物比船运要多30%到50%的费用。只要天气条件良好，船运与陆运相比，运输所花费的时间也能大大缩短。

随着商业贸易的增长，商人和各国政府试图提高船舶速度，增加其载货量。这就促进了大帆船和轻型帆船的发展，这些船型能够运输更大宗的货物，并且能在更少海员的情况下更快地航行。

另外一种缩短海洋航行时间的方法是开凿连接主要水体的运河，这样就避免了绕行。这导致了大运河（前486）、伊利运河（1825）、苏伊士运河（1869）、科林斯运河（1893）、巴拿马运河（1914）、莱茵河-多瑙河运河（1992）的开凿。

一些擅长航海或造船的城市或国家利用这一点，用商业或武力的方式建立起了大型帝国。到公元前8世纪，腓尼基人建立起包含整个地中海的贸易网络，随之将腓尼基文化传播到很多不同地区。13、14世纪，威尼斯人和汉萨同盟分别在地中海和波罗的海小规模地复制了腓尼基人的成功。

依赖海运进行商业货物运输的文明，通常建有一支强大的海军以保护其商业利益。在公元前5世纪，雅典城邦能够利用其在爱琴海的强大海军力量建立起雅典帝国。15世纪，英格兰利用其重商主义政策创建了强大的商船队和海军。英格兰利用海军力量促进了其政治策略在海外的推广，建立起一个跨越全球的大帝国。

水能

水也被用来驱动机器、创造能量。如利用下 2790
落或流动的水驱动杆件，带动磨坊工作的水车就是早期发明之一。古代希腊、罗马人最早使用水车驱动磨坊，将谷物磨成面粉，这一做法在整个中世纪一直延续下来。

随着18世纪初蒸汽机的研制成功及其发展，水车的使用减少了。在18和19世纪的美国，水车用于为锯木厂、磨坊和纺织厂供能。1882年，第一台从水中获得能量的发电机建于美国威斯康星。到20世纪40年代初，水力发电提供了美国几乎40%的能量消耗。现今，加拿大、新西兰、挪威、瑞士和瑞典都主要依靠水力发电供能。

21世纪的水

20世纪80年代中期开始，很多国家开始明白水不是取之不尽的商品，人们已经开始采取措施为子孙后代保护这一珍贵资源。进入21世纪，已经出现了几个关键的水问题。第一，随着全球人口的增长，越来越多的国家不能够满足增长了的饮用水需求。第二，工业化导致了更多污染，这进一步减少了可饮用水的数量。第三，持续城市化和森林砍伐已经导致了河水泛滥和水土流失的增长。第四，随着各国寻求扩大本国现有的水源供应，有关水资源分享，特别是国际性河流的纷争日趋增多。更多公众开始关注这些重要的环境问题，这促进了意在解决这些问题、实施水资源管理计划的国际机构的建立。

虽然获得清洁水资源的途径得到越来越多的关注，但人们认为当前有足够的水供所有人使用。问题是低效率、无效果的水资源管理。每年有上百万人因不能获得基本的清洁水资源而死于由水传播的疾病。为了解决水资源短缺和分配不平等问题，一些人提出了补救方法，包括对水资源的循环利用和再分配等。

进一步阅读书目：

Beaumont, P., Bonine, M.E., & McLachlan, K.(1989). *Qanat, Kariz, and Khattara: Traditional Water Systems in the Middle East and North Africa*. London: School of Oriental and African Studies.

Crouch, D.P.(1993). *Water Management in Ancient Greek Cities*. Oxford, U.K.: Oxford University Press.

de Villiers, M.(2001). *Water: The Fate of Our Most Precious Resource*. New York: Mariner Books.

Gischler, C.E.(1979). *Water Resources in the Arab Middle East and North Africa*. Cambridge, U.K.: Middle East and North African Studies Press.

Goubert, J.-P.(1989). *The Conquest of Water: The Advent of Health in the Industrial Age* (A. Wilson, Trans.). Princeton, NJ: Princeton University Press.

Guillerme, A.E.(1988). *The Age of Water: The Urban Environment in the North of France, A.D. 300 – 1800*. College Station: Texas A & M University Press.

Hodge, A.T.(1992). *Roman Aqueducts and Water Supply*. London: Gerald Duckworth.

Horden, P., & Purcell, N.(2000). *Corrupting Sea: A Study of Mediterranean History*. Oxford, U.K.: Blackwell.

Kandel, R.(2003). *Water from Heaven: The Story of Water from the Big Bang to the Rise of Civilization, and Beyond*. New York: Columbia University Press.

Oleson, J.P.(1984). *Greek and Roman Mechanical Water-lifting Devices*. Dordrecht, The Netherlands: D. Reidel. 2791

Outwater, A.(1997). *Water: A Natural History*. New York: Basic Books.

Pearce, F.(2007). *When the Rivers Run Dry: Water—the Defining Crisis of the Twenty-first Century*. Boston: Beacon Press.

Pisani, D.J.(1996). *Water, Land, and Law in the West: The Limits of Public Policy, 1850 – 1920*. Lawrence: University of Kansas Press.

Potts, D.T.(1997). *Mesopotamian Civilization: The Material Foundations*. Ithaca, NY: Cornell University Press.

Raikes, R.(1967). *Water, Weather, and Prehistory*. New York: Humanities Press.

Reynolds, T.S.(1983). *Stronger than a Hundred Men: The History of the Vertical Water Wheel*. Baltimore: Johns Hopkins University Press.

Schoppa, R.K.(1989). *Lakes of Empire: Man and Water in Chinese History*. New Haven, CT: Yale University Press.

Shaw, R. E. (1990). *Canals for a Nation: The Canal Era in the United States, 1790 – 1860*. Lexington: University Press of Kentucky.

Solomon, S. (2010). *Water: The Epic Struggle for Wealth, Power, and Civilization*. New York: Harper.

Smith, N. (1977). *Men and Water: A History of Hydro-technology*. New York: Charles Scribner's Sons.

Squatriti, P. (1998). *Water and Society in Early Medieval Italy, AD 400 – 1000*. Cambridge, U. K.: Cambridge University Press.

Ward, D. R. (2002). *Water Wars: Drought, Flood, Folly, and the Politics of Thirst*. New York: Penguin Putnam.

Yegul, F. (1992). *Baths and Bathing in Classical Antiquity*. New York: Architectural History Foundation.

斯科特·摩尔(R. Scott Moore) 文
李磊宇 译,刘文明 校

Water Energy 水　能

2792 流水或瀑布的机械能(动能)在历史上通常经各种水轮转化成旋转运动。从 19 世纪 80 年代开始,这种能量开始通过水轮机用于驱动发电机。和化石燃料不同,这种发电方式不直接产生空气污染,但是它对环境的其他影响引发了大量争论。

塞萨洛尼卡的安提帕特(Antipater of Thessalonica)于公元前 1 世纪记述了水车在磨谷中的使用,这是提及水车的第一条记录,但我们不知道在此之前原始水车已存在了多少代或多少世纪。1000 年后,这种简单的装置推广到了欧洲各地:1086 年的《末日审判书》(*Domesday Book*)中列出了英格兰东部和南部的 5 624 处磨坊,每一处可供 350 人使用。通常的设计是用渠道将水导流通过倾斜的木槽向上运送至木划槽中,这些木划槽通常安装在一个直接与上方磨石相连的坚固轴件上。公元前 27 年,维特鲁威(Vitruvius)提到的垂直水车比这种设计效率高很多。所有水车都是通过正交锥形齿轮推动磨石转动,但它们自身是由 3 种完全不同的方式所驱动的。

车轮和涡轮

下冲式水车是由流水的动能驱动的。由于其速度提升 1 倍即可 8 倍地提高产能,这种水车较适于建在急流之上。这种水车的最佳设计能够最终将水动能的 35%～45%转化为有用的旋转运动。中射式水车由流水和瀑布共同驱动,由 2 到 5 米间的轮端所操控。上射式水车主要由下降水的重量所驱动,因此能够建在平缓的水流之上。这种水车轮端超过 3 米,其转化效率通常能超过 60%,最高时可达 85%。直到 18 世纪初,水车轮以及轴件和齿轮基本上都是木制的。轮毂和轴件是最早使用铁制的部分,第一台全铁制的水车建于 19 世纪早期。

除了安装在河水、溪流上的水车,还有驳船和潮力磨坊上的浮动水车。水车的广泛使用最终远远超出用于磨谷而发展到更多领域:为木锯、榨油机、熔炉风箱及锻锤的各种机械提供动力,实现了拉线、瓷砖上釉等制造过程的机械化。尽管其使用领域拓宽了,但水车的产能仍旧有限,在 18 世纪初的欧洲其产能平均不到 4 千瓦。

1750年之后的创新带来了单体水车组的迅速增长，有时其产能可超过1兆瓦（1兆瓦等于1 000千瓦），成为欧洲和北美各地大型制造业的主要动力供应。伯努瓦·富尔内隆（Benoit Fourneyron）于1832年发明的反动式涡轮机开创了动力更加强劲的水力驱动机器的新时代。詹姆斯·弗朗西斯（James B. Francis）于1847年发明了向心式涡轮机，莱斯特·佩尔顿（Lester A. Pelton）于1889年申请了其射流驱动涡轮机的专利，而维克托·科普兰（Viktor Kaplan）于1920年推出了轴流涡轮机。

水电站堤坝可以产生能量，这里的输电线传送着河流产生的电力

水电

2793 最初的水力涡轮机仅仅是用来替代水车作为很多工业的主要动力，但是到19世纪80年代末，水力涡轮机开始和发电机结合起来用于发电。美国第一座水力发电站于1882年建于威斯康星。一个多世纪后，水力涡轮机提供了全球电力的近20%。在很多热带国家，水力是处于支配地位的发电方式。世界上的大多数水能资源仍有待开发。全球范围内，经济上可行的水力发电总量超过8千兆瓦时（petawatt-hours，PWh是10的15次方即1 000的5次方瓦时），大致是现在已开发的3倍。欧洲的利用能力最强（超过45%），非洲最弱（不到4%）。最大的大型水坝建设浪潮出现在20世纪六七十年代，每10年间新建成5 000座大坝。

优势和不足

水力发电在减少大气污染方面优势最为明显：如果用燃煤发电厂生产当今全球由水流所发的电力，全球二氧化碳和二氧化硫的排放量将分别上升15%和35%。水力发电的生产成本也很低，尤其是其热备用（与系统同步的空载）是解决突发性需求增加所产生峰值负载的绝佳办法。此外，很多用于水力发电的水库有着多重用处：可作为灌溉和饮用水水源、防护洪水泛滥的屏障，以及作为水产养殖和娱乐资源。但是在20世纪的最后几年中，人们普遍认为大型水坝在经济方面的作用尚无定论，但其对社会具有破坏性，对环境具有有害影响。

水坝建设造成的大量居民迁移已成为最具争议性的事件。20世纪的大型水坝建设使得至少4 000万人迁离家乡（有人估计这一数据高达8 000万人）。20世纪90年代，每年有300座新的大型水坝开工建设，年人口迁移量高达400万人。大型水利工程对环境也有着众多不利影响；

天下莫柔弱于水，而攻坚强者莫之能胜。

——老子

透过水下冲产生的雾气所看到的，位于佛蒙特和新罕布什尔之间的康涅狄格河水电大坝

对这些之前被忽视的变化所进行的最新调查研究，削弱了水力发电作为可再生清洁能源和高度可行的化石燃料替代品的地位。

2794 也许最令人吃惊的发现就是，温暖气候区中的大型水库是腐烂植物排放温室气体的重要来源。大坝上游的蓄水增加了河川径流的平均年龄，同时降低了下游水流的温度。世界上最大型河流中有数条存在着蓄水引发的老化问题，其径流老化超一般情况 6 个月甚至 1 年(科罗拉多河、格兰德河、尼罗河、沃特尔湖)。很多热带地区水库成了疟蚊和携带血吸虫病蜗牛的理想繁殖地点，而且大多数水坝成了鱼类迁徙不能跨越的障碍。多种水坝已造成了影响全球 3/4 大型河流的河道破坏。

大坝造成的其他环境影响包括水坝上下游水生物多样性的大规模减少，干旱地区大型水库蒸发量的增加，热带水库水生杂草的入侵，水库水体溶解氧浓度和硫化氢毒性的下降，以及过度泥沙淤积。最后一个问题在热带和季风性气候区尤其明显。中国的黄河流经世界上最易受侵蚀的地区，印度喜马拉雅山区河流携带着巨量泥沙。水库中泥沙沉积的影响远达下游，因为其切断了全球河流中超过 25％的沉积物流动，减少了下游冲积平原和滨海湿地能够获得的材料、有机物和营养物，所以加重了海岸侵蚀。

大型水坝的最高使用年限现在仍未可知。很多水坝已使用了远超其设计经济使用年限有 50 年，然而泥沙淤积和结构劣化问题将缩短很多其他水坝的使用寿命。由于相当大一部分西方公众开始反对新建水利工程，一些政府已经采取措施。瑞典已禁止在其大多数河流上增加水电站，挪威则推迟了所有的建造计划。自 1998 年起，美国大型水坝的停用速度已超过其建设速度。因此，21 世纪的主要水利工程将仅仅建设在亚洲、拉丁美洲和非洲。

进一步阅读书目：

Devine, R. S. (1995). The Trouble with Dams. *The Atlantic Monthly, 276*(2), 64 - 74.

2795 Gutman, P. S. (1994). Involuntary Resettlement in Hydropower Projects. *Annual Review of Energy and the Environment, 19*, 189 - 210.

International Hydropower Association. (2000). *Hydropower and the World's Energy Future*. London: IHA.

Leyland, B. (1990). Large Dams: Implications of Immortality. *International Water Power & Dam Construction, 42*(2), 34 - 37.

Moxon, S. (2000). Fighting for Recognition. *International Water Power & Dam Construction, 52*(6), 44 - 45.

Reynolds, J. (1970). *Windmills and Watermills*. London: Hugh Evelyn.

Shiklomanov, I. A. (1999). *World Water Resources and Water Use.* St. Petersburg: State Hydrological Institute.
Smil, V. (1994). *Energy in World History.* Boulder, CO: Westview.
Smil, V. (2003). *Energy at the Crossroads.* Cambridge, MA: The MIT Press.
World Commission on Dams. (2000). *Dams and Development.* London: Earthscan Publisher.

瓦茨拉夫·斯米尔(Vaclav Smil) 文
李磊宇 译,刘文明 校

Water Management 水资源管理

水在农业、工业、娱乐和家庭用水等方面有着很多基本用途,大多数需求为淡水(与盐水相对应)。地球上只有3%的水源是淡水,而且大多数处于冰冻状态。虽然淡水是可再生资源,但随着需求的增加,水源供给仍旧有限。这种情况要求人们对现有水资源进行细致管理。 2796

陆地上生活的生物以淡水(非盐水)为中心运转。种植作物需要定期、充足的淡水供应。人们必须管理好这一水资源,也必须管理好人类生活、种植作物和工业生产的淡水供应。

水占据了地表的大部分区域,然而大部分水含盐度过高而不能为地球上的生物所使用。但水循环(水由大气中的水蒸气经过降水到达地面和水体表面,之后又回到大气中的状态变化)以降雨、降雪的形式持续进行淡水供应。降水到达地面后,不是作为河流、溪水在地表流淌,就是渗透到土壤中。从农民的角度看,某固定地点的耕地必然存在地表径流、土壤表层水(土壤水)、地下深层水(地下水)的淡水环境。

和大多数生命过程一样,农作物也有一定的理想水量。自然环境的水量供应是多变的,每天、每月、每年、从一地到另外一地方都会出现波动。把需水量和不间断的波动结合起来,可以得出三种供水状况:正好、过多和过少。供水量正好的状况极少发生。

农场管理和水的几项物理特性息息相关。首先,水是液体,容易流动。因此,所有的水都会在重力作用下自然流向地势较低的地方,并且总是经过尽可能短的路线。只要有向下的路径,水就很容易流动。因为水是液体,想要将水提至高处就必须使用密封容器。第二,水的密度很大。将水提至高处不仅需要密闭容器,也需要相当大的能量。第三,水是极好的溶剂。对绿色植物而言,水最主要的作用之一就是从土壤中溶解营养物,并将其运送给植物,但水也能溶解有毒物质(包括盐分)。第四,水能够带走很多悬浮的固体颗粒物。流水对地貌的侵蚀将这种固体颗粒物带到下游地区。

农民希望浇灌植物的淡水适时适量,速度适宜,并包含合适的成分(水中悬浮和溶解的物质)。灌溉是增加浇灌植物供水的技术,而排水是减少水供应的技术。

流水的主要能量来源为重力、人力、畜力、风能和热能(内燃机等能够将热能转化为机械能和电能的机器)。人们从高处供水以灌溉,将水引至低处而达到排水的目的。

灌溉

2797 渠道灌溉系统的组成部分有：取水部分，即连接水源的沟渠；水渠主渠道（有时有数千米长）；还有将水运送至农田的分支渠道。可开闭的闸门能够控制水是否流入分支渠道，这一灌溉系统也可设计为水能同时在所有渠道中流动。

引水渠将水从水源处引入农田。挖掘这类引水渠的技术很简单，几乎世界各地都有相似的发明。人们用挖掘棒、木铲和石制锄头来松土（这些古老的工具分布广泛），然后用篮子将松动的土壤运走。因为水能立即对重力变化做出反应，所以人们能够很容易检测引水渠坡度是否合适，并做出适当的修整。

大多数灌溉系统被称为“引流河水”，意思是灌溉用水就是当时河流（水源）中的水。施工问题非常明显（因为水一定往低处流，必须清除污泥），解决办法不断创新。灌溉系统面临的一个重要问题是自然环境中降水的变化。比如，干旱能够使河水供应减至极少，对农作物产生威胁。

解决降水多变问题的办法之一是水库蓄水。然而，储存水在世界早期历史上十分少见。约旦沙漠中的加法城（Jawa）约公元前4000年才有了蓄水坝。到公元前第1个千年，将水储存在小型水坝之上的罐式灌溉系统开始在南亚和东南亚广泛流行。罗马工程师建造了很多砖石制的小型蓄水坝，但这些水坝目的是供应家庭用水而非灌溉。美洲的早期水坝有位于墨西哥的皮浪（Purron）水坝，可追溯到公元前800年。大坝为土制，最高处有19米。这一大坝使用了大约1 000年，能够储存超过300万立方米的水。皮浪水坝是迄今已知墨西哥高地地区存在过的仅有的两个蓄水坝之一。从19世纪末开始，人们已在全球大部分地区建成了很多大型蓄水坝。机械、现代化材料和大量的资金供应是这些工程建成的关键。用简单工具建成的早期灌溉系统也许分布广泛，然而人们很难记录下它们的踪迹，因为在相同地点后来兴建的所有灌溉系统都使用了同样的引水渠路线。因此，研究者们很难找到并测定最早的灌溉系统。然而，学者们认为，他们有证据表明全球所有的文明早 2798
期都存在着灌溉。灌溉也有可能在新石器时代就出现了，因为当时建设此类工程的工具及社会组织均已成熟。只要这么多灌溉系统的有效设计是存在的，那么它们就一定在所有的历史时期遍布全球。

排水

排水系统与灌溉系统相反：灌溉系统将大量水运送至土地高处，然后在将水分散到农田的过程中将水流分得越来越小；而排水系统则是收集地势较高处的少量水，将这些水汇聚到越来越大的渠道，最后将水汇总在农田系统中地势最低的地方。如果排出的水出现积聚，就会淹没低洼地区。水流汇集之后的问题是，要把这些排出来的水放到哪去呢？这样汇集起来的排水最终流入了一个大型水体（河流、海洋），人们通常利用重力将水引至河海中。重力是很好的能量来源，引水渠也再次用来输水。排水的另一技术是利用陶管。带有孔洞的陶管安装在田地引水渠中，由泥土覆盖。管子较低的一端排入河床等处。陶管效率很高，并且从地面上几乎不可见。

另一种排水的方法是将沼泽中的泥土挖出，堆积直至其顶端高出水面，造出通常所说的“台田”。这些台田大小各异，面积从沼泽边缘的几平方米到上千公顷不等。最早的台田位于新几内亚高地，可追溯到公元前5000年。

提水

由于水的重量及其液体的状态，千百年来人们一直面临着提水的难题。公元前2000年左右，生活在墨西哥瓦哈卡谷地（Valley of Oaxaca）的人们用壶通过人力提水逐株浇灌植物。在埃及，人们能够用人力驱动桔槔（支柱上的横木一端系重物，另一端系水容器）提送更多的水。开凿水井（从地表下凿至地下水位的竖井）已经有很长的历史，但是很难从中取得大量的水。人们曾使用饲养的大型动物来为提送大量的水供能，但效果并不明显。

在从土耳其延伸至中国西部的干旱山区带上，水平井（称为坎儿井或法加拉）分布广泛。其挖掘方法为：由用水点（通常为绿洲）向山区挖掘的竖井轻微向上倾斜，直到其抵达土壤含水层，然后下挖一个垂直竖井到水平井口，以移除泥土并建成维修通道。水平井长度能够超过60千米，只要维护得当，能供水数世纪之久。

风车在13世纪的欧洲作用突出，是提升人们提送水能力的第一个重要发明。通过建防护堤，排出堤内低洼地积水，荷兰人得以利用曾被海水淹没的低洼地。他们将大型风车结合在一起，将低洼地的积水提高，排入堤外的河海之中。然而，水能够提升的高度是有限的，而且只有在风速合适时风车才能运转。随着工业革命中热能机械的出现，提送水的各种限制消除了。蒸汽机的最初任务之一就是驱动水泵排出积水煤矿中的水。之后的用途包括抽排出盆地中的水，提水用于灌溉。水能够提自地表水源（比如河湖）或者深水井中。当前大量灌溉用水为深层地下水，没有热能机械驱动水泵就不能获得这些灌溉用水。

2799 随着内燃机的发明，小型水泵和驱动设备（驱动水泵的发动机）组的使用成为可能，农民甚至能够自己拥有此类装置组，将其移动到农场中任何需要的地方。尽管这类装置节省了人力，但其耗能极大。

现代的灌溉技术创新为增压灌溉系统，包含着两种主要形式：喷灌系统和滴灌系统。在喷灌系统中，水泵和发动机将水增压，然后将其运送通过灌溉目标作物上方的一系列管道中。这些管道上有很多喷嘴，这一灌溉方式就像小型降水一样。这一灌溉系统有两个主要好处：第一，水的利用率高很多（超过90%的水到达植物根部，而引水渠的效率只有50%）；第二，不需要改造土壤表面，这样能够节省很多人力劳动和能量。一台小型电脑就能操控很多此类喷灌系统，这样能节省更多的人力。这类系统也能在水中运送化学物质（如化肥和杀虫剂）。而这一技术最大的缺点是极为耗能。喷灌系统在全球大部分地区都有使用，1万米高空上飞机里的人们都能够看到旋转喷灌系统制造的绿色圆环。

尼泊尔加德满都以东中部山区的各种手工建造的梯田和稻田是工程史上的伟大创举；这一灌溉系统表明，当地土著居民是杰出的土壤资源保护者。杰克·艾维斯（Jack D. Ives）摄

另一种增压灌溉系统为滴灌。这一技术主要为以色列所发展(在那里储存水很有必要),滴灌系统将带有孔洞的长条软管埋于植物根部。水受压流过软管,从孔洞处滴出。化肥和杀虫剂可以加入水中,因此可以直达植物根部。这一系统比喷灌系统更加有效,基本上达到了水资源的零损失,并且可以节省施肥及播撒杀虫剂的人力。这一系统的主要缺陷在于维持其运行需要花费大量能量。另一个缺陷是管道可能会阻塞,解决这一问题需要将软管挖掘出来,而这一过程可能会对庄稼造成伤害。

历史上的水资源管理

人们利用灌溉系统和排水系统进行水资源管理已有了数千年历史,并且是在没有文字和科学实验室的情况下操控此类系统。水压(过高、过低)与绿色植物健康状况的关系对大多数观察者来说显而易见。人们可以用简易制作的工具松土、运土来开挖引水渠。对水、绿色植物、土壤、溶液、水循环和光合作用的现代科学解释开始于19世纪,新的此类知识仍在不断产生。人们需要仪器(显微镜、温度计、天平)和物理学、化学、解剖学及生理学规律来获得我们现在所知的科学知识。

灌溉和排水对世界历史影响深远。灌溉和排水使人们得以在本来很难或不可能种植作物的地方进行耕种。作物种植反过来使得更大规模、更加稠密的人口成为可能。这些技术在城市诞生中有重要作用,并且在经济过剩、劳动力的分工、金属工具、天文学等其他科学的发展中起了一定作用。但是在那些未必曾建有城市、存在文字的地区,人们建造和使用水资源管理系统也有着上千年的历史(比如马来群岛中的新几内亚人和位于亚利桑那州的霍霍坎人)。

灌溉和排水改变了当地的水平衡,通过农业,人们又改变了当地的植物和动物。为了安全地种植原本野生的植物、驯养动物,人们总是想要消除自然植物,特别是危险的动物。我们将改变整个当地景观的各种方式称为驯化。然而,正所谓福祸相依,我们同时为能够产生和携带疟疾等疾病的小型危险生物提供了栖息地。

建造和操控灌溉、排水系统的简单工具及知识各地都有,历史上此类系统在形式上也基本一致。然而,随着工业革命的发展,欧洲殖民
各国在19和20世纪建造了很多大型水坝。蓄 2800
水坝并不新颖,但这些水坝规模空前。用热力发动机提水的实践传播广泛。当前,全球各地的人使用连接水泵的热力发动机取代了传统的灌溉、排水系统。这一技术在全球各地的发展具有深远意义。

前景

水资源管理的前景尚不清晰。世界人口的持续增长将增加对食物和建筑用地的需求。世界粮食的很大一部分是靠灌溉来种植的,而且这部分粮食种植在不久的将来只会增加。获得建筑用地的一个简单方法是排干湿地。利用工业技术和(廉价)能源,我们有技术能力来建造和运行大型水资源管理系统。

但是建造蓄水坝的最佳地带已经被使用了,想找到新的水源将越来越困难。排干湿地将导致很严重的环境影响。工业化人口使用水需求巨大(用于厕所、工业制造、采矿、灌溉和娱乐消遣等活动),因此限制农业用水的压力正在不断上升。淡水的多种用途(用于航行、娱乐和维护生物多样性)在数量和强度上都在不断增长。没有什么良方能够解决几乎存在于所有国家的水问题。为了提高水的使用效率,科学技术至关重要。但这些问题不仅关乎技术,还关乎用水者们的观念和期待。然而,与泥土、植物和水源的所有权相比,其重要性远未被理解。

进一步阅读书目: 2801

Adams, R.M.(1966). *The Evolution of Urban Society: Early Mesopotamia and Prehispanic Mexico*. Chicago: Aldine.

Butzer, K.W.(1976). *Early Hydraulic Civilization in Egypt: A Study in Cultural Ecology*. Chicago: University of Chicago Press.

Childe, V.G.(1951). *Man Makes Himself*. New York: New American Library.

Denham, T.P., Haberle, S.G., Lentfer, C., Fullagar, R., Field, J., Therin, M., Porch, N., & Winsborough, B.(2003). Origins of Agriculture at Kuk Swamp in the Highlands of New Guinea. *Science, 301*, 189-193.

de Villiers, M.(2001). *Water: The Fate of Our Most Precious Resource*. New York: Mariner Books.

Doolittle, W.E., Jr.(1990). *Canal Irrigation in Prehistoric Mexico: The Sequence of Technological Change*. Austin: University of Texas Press.

Gumerman, G. (Ed.).(1991). *Exploring the Hohokam: Prehistoric Desert Peoples of the American Southwest*. Albuquerque: University of New Mexico Press.

Hall, A.R., & Smith, N. (Eds.).(1976). *History of Technology: Vol. 1. From Early Times to Fall of Ancient Empires*. London: Mansell

Helms, S.W.(1981). *Jawa, Lost City of the Desert*. Ithaca, NY: Cornell University Press.

Hills, R.L.(1994). *Power from Wind: A History of Windmill Technology*. Cambridge, U.K.: Cambridge University Press.

Hunt, R.C.(2002). Irrigated Farming. In J. Mokyr (Ed.), *Oxford Encyclopedia of Economic History* (Vol.3, pp.165-168). Oxford, U.K.: Oxford University Press.

Scarborough, V.L.(2003). *The Flow of Power: Ancient Water Systems and Landscapes*. Santa Fe, NM: School of American Research.

Service, E.R.(1975). *Origins of the State and Civilization: The Process of Cultural Evolution*. New York: W.W.Norton.

Wikander, O. (Ed.).(2000). *Handbook of Ancient Water Technology*. Leiden, The Netherlands: Brill.

Wilkinson, T.J.(2003). *Archaeological Landscapes of the Near East*. Tucson: University of Arizona Press.

Wittfogel, K.(1957). *Oriental Despotism*. New Haven, CT: Yale University Press.

罗伯特·亨特(Robert C. Hunt) 文
李磊宇 译,刘文明 校

Western Civilization 西方文明

西方文明是一个历史概念,它起源于现代,未来将会发展成什么样还很难说。在美国,这个词的含义与"拉丁基督教国家"大体相当。但在欧洲,这个概念始终没有深入人心,因为那里存在着过于复杂的民族多样性。随着全球化的发展,各个地方文明的界限变得模糊起来。历史学家看到了这一点,在探究西方文明或其他文明的相关性时,开始强调跨文明交流。 2802

18世纪晚期,"文明"这个词从法语进入英语。正如在法语中的含义一样,这个词最初表达了一种政治态度。这个概念指一个人可以在上流社会获得一席之地;也就是说,文明意味着符合上等人身份的言谈举止,冷落下等人,用和平的方法能爬多高就爬多高。举止、谈吐和服装也是非常重要的,个人财富,通晓艺术、文学和音乐,也有助于提高一个人的文明程度。既然没有了君主和正式授予的爵位,那么"文明"也有别于旧式的宫廷规范。"文明"一词与城市上流阶层

我们的猜想冲破了天国的围墙，我们不满足于了解那些我们看到的东西。

——塞内卡（Seneca，公元前 4—公元 65）

有关，这个阶层对文明的理解也会随着上流社会人士主流观点的变化而变化。

开始的时候，上述行为被认为具有普遍性。在巴黎人的画室、剧院和其他公共场所，文明得到了最完美表现。伦敦与巴黎保持竞争关系，但在德国、俄国和欧洲其他国家，当地的城市特权阶层极尽所能地效仿法国人的行为方式，使用法语，从巴黎进口最时尚的商品。但这种类型的“文明”只能流行于有限的精英阶层中，即便在法国也是如此。在 18 世纪结束之前，日耳曼人倾向于认为，他们的语言和文化也包含着独一无二的精神，这种精神足以匹敌法国人“文明的”思想方式和行为方式。

2803 在 18 世纪早期，富有爱国心的日耳曼人相信，他们的文化在本质上优于法国人的文明。而在俄国，推崇斯拉夫文化的人认为，斯拉夫精神的优越性凌驾于西方的日耳曼文化和法国文明之上。同一时期，法国和英格兰在非洲和亚洲迅速扩张，这似乎证明了他们比其他民族更优秀；“文明”一词的含义也随之扩大，用来描述英国、法国和欧洲作为一个整体所取得的成就。英法是当时最大的帝国，两国都位于西欧，但当时没有人强调地理上的细节（作为文化实体，西方是一个资本化的典型，但从地理角度讲西方没有什么特别的）。在第一次世界大战之前，从总体上来说，人们认为文明是单一的，且以欧洲为中心，可以照亮殖民地（和前殖民地，如美国），改善当地人生活；后者可以通过接触文明的欧洲人来学到文明的举止。

在第一次世界大战期间，上述观念突然发生了变化，特别是“西方文明”这个概念在英语世界崭露头角的时候。当时，在英国的宣传中，“西方文明”是用来反对德国的武器。在一次演说中，威廉二世让他的军队效仿匈奴人，因此英国的宣传人员将德国士兵称为“匈奴人”。但这些宣传人员要面对一个很棘手的问题：德国人也是西欧文明的一部分，那又如何将其从中剔除而归入东方蛮族呢？东西对立的观念可以追溯到希罗多德，他提到了位于爱琴海西岸拥有自由的希腊人，与之形成鲜明对比的是来自东方的受奴役的波斯人。英国的宣传人员沿用了这一主题，将英国和法国盛赞为“自由”之邦，共同反对贵族式的、极具侵略性的德意志帝国。1917 年，美国参战，总统伍德罗·威尔逊声称他的政府要确保民主世界的安全。

1918 年之后，英国和法国很快就放弃了战时的不当宣传，但两国并未对这些宣传感到羞愧。在 19 世纪，欧洲国家都会编写具有民族主义色彩的历史书，这些书成了大中小学的课本。因此，国家和民族的差异性看上去比“西方”或任何一种文明都重要。每个国家都在歌颂自己的伟大，并强调邻邦给本国带来的屈辱。但欧洲人都相信自己比亚洲人和非洲人优秀，这主要是基于肤色，而非西方文明。

卡米耶·利奥波德·卡巴约-拉萨尔（Camille Léopold Cabaillot-Lasalle）的《1874 年的沙龙》（*Le Salon de 1874*），布面油画。在 18 世纪晚期，巴黎的画室、剧院和沙龙孕育出“文明”一词的含义：文雅的行为举止

西方“文明”走进大学

2804 但在美国，西方文明这个概念的发展历程更有意义。在第一次世界大战时，美国就引入了西方文明史课程，目的是让入伍者明白他们在为什么而战。这些课程被一些美国大学保留下来，并在 20 世纪 30 年代得到发展，作为美国史的补充，成为不少学生的必修课。但在 20 世纪 60 年代之前，西方文明史仍不普及。结果，整整一代大学生对欧洲古代史、中世纪史和现代史只是做了一般性了解；他们相信，自己是历史的继承者。然而，他们并不能从西方文明史的课程中了解其他 4/5 人口的历史。

第一次世界大战时的海报，由弗里德里克・施特罗特曼(Frederick Strothmann)创作。在海报中，德国士兵被称为“匈奴人”，画中人的刺刀和手指上都滴着血。美国国会图书馆

促进这门课程发展的原因并不难找。美国的历史太短，很难与古代希腊和罗马建立起直接关系。用英国史来填补其中的空白是可以接受的，因为很多美国人都是英格兰人和苏格兰人的后裔；但也有些美国人的祖先来自欧洲大陆的其他地区，所以他们希望从“西方文明史”的课程中寻找更具广泛性的历史。通过将西方文明纳入本国历史，美国人建立起了一个文化世系。与任何一个欧洲国家引以为傲的事物相比，这个文化世系都更具宏观性和广泛性。

20 世纪 30 年代，西方文明史课程逐渐发展起来，这一现象背后有着深刻的思想背景。大部分美国大学生都在主日学校里学过《圣经》历史，基督徒（和犹太教徒）认为上帝主宰着世界，这种观点已经在他们的头脑中打上了深深的烙印。但从 18 世纪起，一小群知识分子就提出了一种包含启蒙思想的历史观。按照这种历史观，人类对自由的追求在历史中扮演了重要角色。如果承认历史的前因后果，那么上帝就没有发挥任何作用，这种认识有助于将人们从宗教的谬误中解放出来。

西方文明史课程为梳理这些相互对立的观点提供了好机会。这门课程围绕着理性与信仰的对立、“圣人苏格拉底”反对圣保罗等学生最关心的问题展开。课程会聚焦于名著、艺术作品、重要的思想及其流变，这就将西方文化的各种遗产展现在了大学生面前。老师还会让学生选出哪些是能接受的，哪些是不能接受的。西方文明史课程活跃了学生的思想，帮助他们了解一个大多数人都感到陌生的世界。

到 20 世纪 60 年代，这类课程发生了变 2805
化。在美国大多数大学里，西方文明史不再那么受欢迎了。阻力主要来自青年教师，他们不愿教授半新不旧的西方文明史，而希望讲授在各自研究领域取得的新成果。因为获得职位靠的是发表研究著作，而开设西方文明史显然会耽误自身的职业发展。终身教授

也不能否认这个明显的事实，于是几乎没有人坚守这门课，大部分教师都放弃了。

宗教方面的变化也加速了西方文明史的没落。衰落的主日学校抢夺了西方文明史本就不多的学生，宗教复兴的趋势使世俗历史不再受欢迎。西方文明史尚未扩宽眼界，将世界其他地区囊括进来，因此，在大多数历史学者眼中这门课并不令人满意。相反，学者的辛勤劳动使他们有了更多的专门研究领域，但也使民族史变得越来越支离破碎，如何保证对宏观历史的每个论述都具合理性成了更严峻的问题。

第二次世界大战之后，欧洲的帝国走向瓦解，任何一种民族优势论、种族优势论或文化优势论都会受到广泛批评，因此世界文明史课程的合理性受到了质疑，这是其衰落的第三个原因。同时，大量非欧裔学生开始走进大学课堂，为了满足他们的需要，学校增开了美洲印第安人史、亚洲史、拉美史和非洲史。所有文明被视为平等的和独立的，多元文明的观念开始深入人心；外来入侵——如欧洲人在19世纪的对外侵略——会受到指责。因此，西方文明史变成了异类，现在大学生的观念与20世纪30至60年代培养出的大学生的观念正好相反。

这是一份从汉堡开往美洲的船上提供的晚餐菜单，上面展现了法国和英国的风尚（例如音乐“沙龙”），德国和美国的上流社会受这些风尚的影响长达数个世纪。纽约公共图书馆

美国的历史教育无疑将进一步转型。20世纪30年代以来，西方文明史扮演着重要角色，将来它还会继续扮演下去。因为如何将欧洲变成一个整体，以及如何让西欧融入现在的世界历史，仍旧是一个有挑战性的问题。西方文明这个概念在世界事务中能发挥什么作用还很难讲。奥斯瓦尔德·斯宾格勒的《西方的没落》（1918—1922）和阿诺德·汤因比的《历史研究》（1934—1961）探讨了如何将各个相对独立的文明编排进世界历史。此后，这项工作变得越来越司空见惯。但随着全球化的发展，各个文明之间的界限逐渐消失，人们开始强调更宏大的跨文明交流，同时也开始质疑西方文明或任何一个区域文明的内在一致性。

进一步阅读书目：

Spengler, O.(1922). *The Decline of the West* (C.F. Atkinson, Trans.) (2 vols.). New York: Alfred A. Knopf.

Toynbee, A.J.(1987). *A Study of History* (12 vols.). Oxford, U.K.: Oxford University Press.

威廉·麦克尼尔（William H. McNeill）文

邢 科 译，刘文明 校

Wind Energy 风　能

帆是最早将风能转化为动能的发明。自 10 世纪始，人们开始通过风车利用风力来磨谷和抽水。21 世纪初，风力是发展最快的可再生能源，预计到 2040 年，全球发电的 20% 将由风力发电提供。 2806

只需很少量的入射太阳辐射（不到 2%）就能驱动大气运动。每日和每季日射（暴露在太阳射线下）的变化，以及各种地表（有植物覆盖的土地与荒地、陆地与水面）的不同加温效果，两者共同作用，意味着风的频率及速度的变化范围可以从长时间平缓流动到间或剧烈气旋（暴风雨、龙卷风和飓风）流动。最早将风能转化为可用运动的，毫无疑问是旧世界中最悠久文明所使用的帆船。20 世纪末，随着风力发电成为现代可再生能源中发展最迅速的部分，风能这一世界上最古老的能源，成为现代可再生能源最具发展前景的提供者。

对风车的最早书面记录出现在最早水车记录后的 1 000 年：马苏第（al-Masudi）写于 947 年的报告表明，在锡斯坦（Seistan，今伊朗东部），人们使用简单的竖立风车提水灌溉花园。欧洲相关的最早记载到 12 世纪最后的几十年中才出现。风车之后的发展在时间和空间上都不平衡。

位于纽约长岛草场山的风车（1922）。这种传统式样的风车数世纪未发生改变，最主要的用途为磨谷和抽水。欧仁・安布鲁斯特（Eugene L. Armbruster）摄，纽约公共图书馆

风车及其使用

最早的竖向设计风车几乎未做改变地在近东使用了数百年，就如同水平设计的欧洲机器一样。这些磨坊通常围绕着由四条呈对角线分布的杆件支撑的巨大中心轴运转，整个动力室必须转过来面向风。轴动力磨坊在狂风中很不稳定，容易在风暴灾害中受损。磨坊高度较低，也限制了其效率。尽管如此，和风力使用几乎未发生变化的中国及印度不同，轴动力风车成为大西洋沿海欧洲机械旋转运动的主要动力源。

和水磨一样，风力最通常的用处为磨谷和抽水（荷兰的排水装置是此类应用中的最突出范例）。其他常见用途包括研磨、粉碎、造纸、锯削以及金属制造。轴动力风车逐渐为塔式风车和摇头风车所取代，这

些机器只需顶部面风就能工作。1745 年后由英国引入的尾翼使得风车的自动转向成为可能。尾翼能够捕捉到由叶片改变方向的风，之后转动塔顶的齿轮环，直到风车面与风向成直角。在这一发明诞生的一个多世纪前，荷兰的磨工发明了第一种相对高效的叶片，能够减少阻力以提供更多的提升力。然而，装有符合空气动力学的厚前缘叶片的真正螺旋桨式风车，直到 19 世纪末才为英国所采用。

美国人向多风大平原的西进运动产生了对一
2807 些小型机器的需求，用于蒸汽机车、家庭生活及畜牧业抽水。这些风车由固定在一体或组装轮件之上的大量窄叶片和木条构成，并且通常装配有独立的方向轴，不是离心式就是侧叶调节方向式。

风车的重要性在 19 世纪下半叶达到顶峰：1900 年在环北海国家中，有 100 兆瓦总发电能力的 3 万座风车处于运转中，美国在 19 世纪下半叶销售的小型风车有数百万套。

风力发电

很多 20 世纪仍在运转的机器被连接上发电机，为即时家庭用电和铅酸电池蓄电提供电能。电网的逐步扩大终结了风力发电的短暂时期，针对将风力转化为有用能源的研究及场地测验很少，直到 20 世纪 70 年代初，石油输出国组织（OPEC）突然宣布将原油价格提高到原来的 5 倍，对可再生能源的兴趣才被重新点燃。

现代风力发电

现代风能发展的第一波浪潮发生在 20 世纪 80 年代初，起因为美国的税收抵免政策。到 1985 年，美国全国风力涡轮机装机容量超过 1 千兆瓦，当时世界上最大的风力发电设备（637 兆瓦）位于加利福尼亚州的阿尔塔蒙特山口（Altamont Pass）。低负荷率、不合理的涡轮机设计，1985 年税收抵免政策的结束，终结了第一次风力发电浪潮。设计更合理、装配有能够充分利用低风速的叶片和体型更大的涡轮机，引领了 1990 年前后开始的风力扩张。新型机械的平均发电能力由 20 世纪 80 年代早期的仅仅 40 千瓦到 50 千瓦，发展到 10 年后的超过 200 千瓦，现在新的大型风电场，典型发电能力大小为 1 兆瓦到 3 兆瓦（1 兆瓦为 100 万瓦特，或 1 000 千瓦）。德国、丹麦和西班牙是这一次扩张中的领导者。在这些国家中，出台了保证较高风力发电固定价格的新法规，这十分重要。丹麦政府尤其积极发展风能：该国现在具有最高的人均装机容量，并且主导着高效风力涡轮机的全球出口市场。德国在绝对装机容量上居世界首位，截至 2007 年欧洲占据着全球风力装机总容量的约 60%。

美国的风力发电量由 1985 年的 1 千兆瓦（10 亿瓦特）发展到 2000 年末的 2.5 千兆瓦，并

位于加利福尼亚州的风电场，这些现代风车用于发电。凯文·康诺斯摄。（www.morguefile.com）

我生于大草原之上，那里的风无拘无束，那里没有什么能阻断阳光。我所诞生的地方没有栅栏与围墙。
——杰罗尼莫(Geronimo，1829—1909)

于 2008 年 9 月达到了 20 千兆瓦。全球风力涡轮发电量于 1985 年达到 1 千兆瓦，1998 年达到 10 千兆瓦(与 1968 年的核能发电相等)，2000 年
2808 达到 17.4 千兆瓦，其后到 2005 年迅速发展到 59.1 千兆瓦，并在 2008 年达到了近 94 千兆瓦。结果，风力发电被看作所有新型可再生能源转化方式中最有发展前景的一种，在使用可靠性和单位成本两方面都远远优于其他太阳能相关的技术。有专家称，在风力最佳地区，甚至是未受到补助的风力发电都已具有和化石燃料发电竞争的能力，甚至比燃煤、燃气发电更加便宜。因此，我们应当大胆地最大化开发风力发电的潜能。有规划预计，到 2040 年全球电力需求的 20%将由风力发电提供，到 2030 年美国 20%的电能将来源于风力发电。但考虑到 2000 年美国风力发电只占全国电力的 1%，这一目标也许有些过高。

可用资源从来不对最大胆的梦想造成阻碍。只需地球接收到太阳能的 2%就能驱动大气运动，如果这一能量流的 1%转化为电能，全球发电量将达到大约 35 太拉瓦(1 太拉瓦等于 10 亿瓦特)，比 2000 年所有化石、核能、水电站装机容量总和的 10 倍还要多。一项更加保守的估计认为：只需地面风速超过 5 米/秒达到 10 米/秒，就能将全球风力发电潜能提高到 6 太拉瓦，比 2000 年总装机容量的 350 倍还要多。开发这些潜在风能面临的问题是风在时间和空间上的分布都是不平均的。

很多风能资源丰富的地区都远离用电中心，而很多用电需求量大的人口密集区会经历季节性的无风或低风速时段，因此完全不适合或只能最低限度地适合开发风能。实际上整个美国东南部、意大利北部和中国四川省都属于第二类情况。风力的间歇性意味着它不能用作基础发电方式，而且风力最大值很少能和需求最高的时间相一致。这些现实不可避免地使得风能的有效商业利用复杂化。大型涡轮机的选址和设备连接、输电线路的建设在外观方面的
影响，是另一个要考虑的因素。离岸风力涡轮机 2809
的选址能够最小化或消除这些影响。

进一步阅读书目：

Braun, G.W., & Smith, D.R.(1992). Commercial Wind Power: Recent Experience in the United States. *Annual Review of Energy and the Environment*, *17*, 97-121.

Danish Wind Industry Association. (2002). Read about Wind Energy. Retrieved December 3, 2002, from http://www.windpower.dk/core.htm.

McGowan, J.G., & Connors, S.R.(2000). Windpower: A Turn of the Century Review. *Annual Review of Energy and the Environment*, *25*, 147-197.

Pasqualetti, M.J., Gipe, P., & Righter, R.W.(2002). *Wind Power in View: Energy Landscapes in a Crowded World*. San Diego, CA: Academic Press.

Reynolds, J.(1970). *Windmills and Watermills*. London: Hugh Evelyn.

Smil, V.(1994). *Energy in World History*. Boulder, CO: Westview.

Smil, V.(2003). *Energy at the Crossroads*. Cambridge, MA: The MIT Press.

Sørensen, B.(1995). History of, and Recent Progress in, Wind Energy Utilization. *Annual Review of Energy and the Environment*, *20*, 387-424.

Stockhuyzen, F.(1963). *The Dutch Windmill*. New York: Universe Books.

Wolff, A.R.(1900). *The Windmill as Prime Mover*. New York: John Wiley.

瓦克拉夫·斯米尔(Vaclav Smil) 文
李磊宇 译，刘文明 校

Women and Literature 妇女与文学

2810 尽管目前世界上已知最早的作家是一位名叫恩赫杜安娜(Enheduanna,约前 2300)的女性,但女性文学在很长时期内都被忽略和轻视。直到 20 世纪女权运动的兴起,女性文学才引起人们的关注。从古代希腊的女诗人萨福(Sappho)发展到当代发展中国家的女作家这么长的历史时期,虽然写作的主题、风格、情节等都经历了大的变化,但女性文学却还是常常受到质疑和压制。

自古以来,女性一方面既能自己进行创作,另一方面又是男性写作的文学作品的主题。但是,女性与文学领域的关系一直受到两个因素的影响:一是女性努力学习文化,让自己成为能写、能读和品评文学作品的人;二是她们较少参与生产过程。女性处于男性的从属地位,几乎很难成为历史的主体。她们被认为是固定不变的,而且被极大地忽视。此外,女性作家长期被男性作家排斥,她们的作品既不被认可,也不被文学批评家提及。随着全球妇女运动的兴起和 20 世纪西方女权运动的推动,男性作家才能和女性作家同样,重新发掘和分析从古至今的女性作家创作的文学作品。

古代女性作家

在埃及、美索不达米亚、希腊、亚洲和美洲这些早期的城市文化中心,发掘出一些被证实为最早的且为女性创作的著作。恩赫杜安娜是迄今最早为人所知的女性作家,同时也是目前文学史上最早的作家。她大约在公元前 2300 年在我们今天所称为中东的地方生活和写作,比希腊的“黄金时代”早约 2 000 年。恩赫杜安娜是阿卡迪亚(Acadian,现在的伊拉克)的作家、祭司和诗人,而且她还是阿卡德国王萨尔贡一世(他建立了世界历史上第一个帝国)的女儿。因为直

劳伦斯·阿尔玛-塔德玛爵士(Sir Lawrence Alma-Tadema)的《萨福与阿尔凯奥斯》(*Sappho and Alcaeus*, 1881),油画。这幅画重新创作了雅典奈乌斯(Athenaeus)的《智者之宴》(Deipnosophistae)第 2 卷中的一个场景。在这个场景中,萨福和她的同伴一起聆听诗人阿尔凯奥斯弹奏竖琴。阿尔玛-塔德玛精确地描绘了雅典的狄俄尼索斯剧场的大理石长凳,却用萨福创办的女子学校学生的名字来替代书中塑造的城市剧院官员的原型

到最近她的作品才为人所知，且缺乏这位作家和诗人的相关作品，所以在世界文学和女性文学的著作中没有收录她的作品也就不足为奇了。人们翻译的所有以恩赫杜安娜的作品为基础的艺术作品都出自古巴比伦时期，大约是在她死后500年。这些作品中至少包括两三首对战神伊南娜（Inanna）的赞歌。虽然这些作品1921年在乌尔已经被发掘，但直到1968年哈罗（W. W. Hallo）和凡·戴伊克（J. J. Van Dijk）才首次把她的作品《伊南娜的晋升》（*The Exaltation of Inanna*）翻译成英文。最近，德国学者安妮特·茨戈尔（Annette Zgoll）和威尔克（C. Wilcke）分别鉴定出49篇新的恩赫杜安娜的文本，这样就出现了由茨戈尔所做的新的修正翻译。

尽管目前还没有出土有关古代埃及女性文学作品的证据，但古代埃及确实有一位书写女神——“女书记员”塞莎特（Seshat）。除了塞莎特，几乎没有其他女性以作家的身份出现在现存的文卷中。由于古代埃及用于书写的首选材
2811 料是莎草纸，这种材料不如美索不达米亚的黏土片那样可以经受时间的考验。在埃及，受过教育的高层或王室女性通常都是由专门的家庭教师教授她们阅读和书写方法。比如，涅弗鲁瑞（Neferura）——女法老哈特舍普苏特（前1503—前1482年在位）的女儿——就有一位专门的家庭教师珊缪（Senmut）。从埃及古墓发掘出的莎草纸卷轴上面记载了关于洗衣清单、女性时尚建议及其他一些女性关注的问题。这些证据可以表明，在古代埃及至少有些普通的家庭妇女具备阅读和书写能力。《家庭主妇、天堂女主人：古代埃及的妇女》（*Mistress of the House, Mistress of Heaven: Women in Ancient Egypt*）一书提供了关于古代埃及妇女角色的详细历史（Capel, Markoe, and Markoe 1977）

萨福是希腊有史以来最为著名的女诗人之一。她出生于公元前7世纪末，这个时期正处于希腊的古风时代。她是一位出生在莱斯沃斯（Lesbos）岛上的米蒂利尼人。萨福和阿尔凯奥斯被尊为伊利亚派抒情诗的两大领袖。萨福因创作独具匠心的抒情诗而广受好评，因具有极高的文学天赋而受世人敬仰。在她那个时代，诗歌通常都伴着音乐和舞蹈。萨福因能够出色地以3种方式来写诗，故被认为获得了缪斯的灵感，甚至被誉为“第十个缪斯”。关于她对其他女性表达出的强烈情感所引起的争论和推测，已成为许多文章、书籍、文稿、研讨会甚至是网站的主题。但在萨福当时生活的社会，就如前弗洛伊德时代晚期的社会一样，妇女可以经常聚集在一些社交活动中分享她们所写的诗歌以及公开表达对他人的爱和欲望，而这些爱慕的对象不论是异性或者同性，都被视作可接受的和正常的。萨福的抒情诗有9到10卷之多，但目前仅存一些残篇断章，而且这些仅存的诗歌中没有一首是超过16行的。残存的诗歌中最重要的是阿芙洛狄忒的颂歌，这也可能是萨福现存作品中保存最完整的。

932年生于萨克森贵族家庭的甘德尔斯海 2812
姆的赫罗茨维亚（Hroswitha of Gandersheim）是最早有记载的女性剧作家。她在其生活的早期阶段便成了本笃会的一名修女。她因擅写诙谐、幽默的戏剧而著名。约一个世纪后，生于1083年的安娜·科穆宁（Anna Comnena）成为历史上第一位女历史学家。她写作一本长达15卷有关其家庭的书《阿列克塞传》（*Alexiad*）。在书里她详细记录了其父阿列克塞一世（Alexius I）的统治，并描写了第一次十字军东征时拜占庭和西方十字军的交流。在安娜·科穆宁生活的时代，女性一般被要求待在自己的闺房（它被称为“雌蕊”），而且只能参加家里的一些琐碎事务。她们在公共场合得佩戴面纱，并且不被允许参与游行。然而，在安娜·科穆宁的作品里，可以很明显地看出，她可以表达自己的想法，而且还在记载其家族的历史方面起了重要作用。

对历史，正正经经的历史，我没有兴趣……我是作为义务读点历史，但是历史告诉我的都是些令人烦恼、让人厌倦的东西。教皇和国王之争、战争和鼠疫，充斥历史的每一页，男人均一无所用，妇女几乎根本没有一席之地，真是令人烦透了。——简·奥斯丁（1775—1817）在小说《诺桑觉寺》中借女主人公凯瑟琳·莫兰之口如此说

希尔德加德·冯·宾根（Hildegard von Bingen）生于1098年，是神学家、作家、幻想作家。她创作了以她的幻想为内容的《知途》（*Scivias*）。她写作的自然史及对植物、动物、矿物、石料等自然物的药用疗效的论文受到高度推崇，她还被誉为“莱茵河的女预言家”。她创立了几个女修道院。她还是历史上第一位传记为人所知的女作家。她曾被美化，而且通常被人称为“圣人希尔德加德”。作为作家、作曲家、受人尊敬的领导（修道院院长）以及博学的女性，她获得了当时女性难以得到的殊荣。

日本女作家紫式部（Murasaki Shikibu）的《源氏物语》不仅是世界上最古老的小说，也是世界公认最好的小说之一。该作品以日本历史上的平安时代（794—1185）为背景。在西方几乎不存在女性写作的散文和诗歌的11世纪，紫式部创作的作品继承了描写日本宫廷贵族情感的传统。紫式部出身藤原氏，她的父亲曾任式部大丞，是一位著名的学者。他允许紫式部同她的兄长一起学习，甚至还让她学习一些中国古代典籍。在当时这些都是女性不宜的。《源氏物语》因其较长的篇幅（翻译成英文就超过了1000页）、复杂性、现实性、心理描写深度及文学性，成为日本文学的一部杰作。

早期女权主义者

2813 诗人、哲学家克里斯蒂娜·德·皮桑（Christine de Pisan）在14世纪出版她的诗歌后，成为历史上第一位以写作维持生计的女作家。普遍认为，她是文学史上第一个女权主义作家。德·皮桑在许多作品中号召给予妇女更多参与社会的权利。她还谴责中世纪文学对女性的塑造方式，比如，在她的长诗《给爱神的信》（*Letter to the God of Love*）中，她抱怨女性总是被描述为不诚实和不

描绘《源氏物语》作者紫式部的雕版印刷画（未注明绘画日期）。嘉纳（Kano Tannyu）画

可靠的。在一次“女性之争”的辩论中，她公开批评那种厌倦女性的文学，这次辩论也激励了在她之后的许多英国女作家。

事实上，即使在英国女作家为避免流言蜚语而被迫使用笔名时，她们仍强烈要求提高女性的读写水平。第一位已知的用英语发表文章进行斗争的女权主义者，是一个叫玛格丽特·泰勒(Margaret Tyler)的女性，她的真实身份至今仍是个谜。在1578年，泰勒争论道，女性也能像男性一样进行研究和写作，而且女性不仅应被允许写作，也应该被允许选择自己写作的主题。约10年后的1589年，另一名尚不清楚身份的女作家，其笔名叫“愤怒的简”(Jane Anger)，是第一个重要的使用英语的女辩论家。在1589年一本篇幅较长的小册子《愤怒的简：对女性的保护》(*Jane Anger: Her Protection for Women*)中，她积极反驳存在于伊丽莎白时代的一些对于女性的污蔑之词。她在书中写道：“就因为我们是女性，就要受到如此不当的虐待、诽谤、责骂及被恶劣地操控?”正如学者莫伊拉·弗格森(Moira Ferguson)所说的那样，“早期女权主义者”还包括：阿弗拉·班恩(Aphra Behn)，她是英国第一位女性剧作家，还是英国政府的一名间谍人员；《妇女的劳作》(*The Woman's Labour*, 1739)的作者玛丽·科利尔(Mary Collier)；《关于不人道的奴隶贸易的诗歌》(*A Poem on the Inhumanity of the Slave-Trade*, 1788)的作者安·克罗马蒂·耶斯莉(Ann Cromartie Yearsley)；在1190年出版《关于教育的书信》(*Letters on Education*)的凯瑟琳·索布瑞吉·麦考莱·格雷厄姆(Catherine Sawbridge Macaulay Graham)。那个时代英国最有影响力的女权主义思想家玛丽·沃斯通克拉夫特(Mary Wollstonecraft)说道：“一种流行的观点认为女人总是沉溺于多种多样、无聊的烦恼和伤心中，她们天生就是感性而非理性的，只能靠美貌和软弱来获得权力。”她还主张用更为人道的方法对待美洲印第安土著民。她在1793年的《男权辩护》(*A Vindication of the Rights of Man*)中还抨击了奴隶制。她热情提倡人类平等的观点，这个观点在她1792年发表的最为著名的作品之一《女权辩护》(*A Vindication of the Rights of Woman*)中有深刻说明。

像世界各地的其他皇室女儿一样，印度诗人米拉·巴伊(Mira Bai)也有机会学习文学。她虔信克利须那神，并放弃了自己皇室公主的身份。她是16世纪印度虔诚文学唯一的女诗人。她写作的关于庆祝妇女的赞歌以及民间传统的诗，通常是直接写给一位女性朋友或一群女性。在她所处的时代，一个皇室的已婚妇女若不遵守贞洁、质朴及足不出户这些约束女性的规则，无疑是对皇室贵族的一种侮辱。她的作品中大部分都表达了对情爱的追求，因此她的作品被认为具有很强的颠覆性。

在美洲，女性作家的历史也很丰富，只是直到最近才被发现并得到称赞。由殖民地化、种族灭绝、强制破坏引起的社会和文化态度，以及原住民传统和价值观的削弱，导致由女性作家创作的作品中属于文学经典的并不多。在古代中美洲即墨西哥中部和南部地区，包括墨西哥湾、尤卡坦半岛、危地马拉、萨尔瓦多和洪都拉斯的部分地区，它们在公元前1000至公元1521年都是文明高度繁荣的地区，正是阿兹特克王妃玛翠秀兹特(Macuixochitl，也称为“五朵花”)整理了13个阿兹特克诗人的诗歌，她是唯一一位编辑整理这些诗歌的女性。这些诗歌后经由20世纪60年代墨西哥本土学者的领头人唐米格尔·波蒂略(Don Miguel León Portillo)出版。作为阿兹特克帝国7个皇帝的大国师(great adviser) 2814
的女儿，她取得了特别高的地位，这是其他古代阿兹特克贵族的女儿们不能达到的。尽管在征服者的战利品中，有一些年表提供了一些关于描写女性及她们在美洲殖民地经历的二手资料，但是玛翠秀兹特的作品仍是从殖民前中美洲保留下来的仅有的女性文献。在拉美文学和世界文学里提到的女性人物，最出名的应该是拉·马琳切(La Malinche)。她是一位印第安女性，在西班牙入侵时期，她还是入侵者头领埃尔南·科尔特斯(Hernán Cortés)的翻译、向导、情人及红颜知己。一些人认为她是墨西哥文学里讲述的第一个女性，但墨西哥前现代时期的大多数人都认为她是一个叛国者、妓女和背叛国家的代表。她的故事一直有许多相互矛盾的描述和解释的主题。随着奇卡纳(Chicana)和墨西哥作家及评论家如阿德莱德·德尔·卡斯蒂约(Adelaida R. Del Castillo)、切利·莫拉加(Cherrie Moraga)、埃莱娜·波尼亚托夫斯卡(Elena Poniatowska)等的增多，才给了马琳切更多正面的描写。

17世纪美洲第一位女权主义者，毫无疑问也是最伟大诗人之一的就是墨西哥女诗人胡安娜·伊内斯·德·拉·克鲁兹(Juana Ines de la Cruz)。她1651年生于墨西哥城南面一个小村庄圣米格尔·勒潘特拉(San Miguel Nepantla)，教名为胡安娜·伊内斯·拉米雷兹(Juana Ines Ramirez)；她是一名耶稣会修女，也是一位拥有超前思想和造诣的天才。随着她的作品《给菲洛蒂亚的回信》(*Respuesta a Sor Filotea*)、《以鲜血表白信仰》(*Protesta Que Rubrica con Su Sangre*)、《艾特的戈里克书信》(*Carta Atenagorica*)的出版，她成为美洲第一个公开反对妇女的不公正待遇并倡导女性有获得知识权利的女性。她写了许多令人称赞的诗歌，其中最著名是她写的四行诗(*Redondillas*)。她还写了一些喜剧来批评中世纪的妇女所处的从属地位，并在这些喜剧中颠覆了中世纪文学中女性的惯有形象。在她那个时代，而且她还是一名修女，能攻读世俗诗、修辞学、音乐、戏剧及探索科学知识，都是前所未闻的。最终，她因与一位耶稣会牧师对布道的分析相左而受到责难。由于她坚持写作反对宗教教育的作品，教会大主教便强迫她变卖其书籍、科学仪器和其他财产。有一年，修道院发生了严重的传染病，她不幸染病逝世。她经常被比作希腊诗人萨福，对之后不计其数的女性作家产生了影响。

19世纪和20世纪早期

18世纪晚期和19世纪，女性发表作品的数量激增。经过几个世纪争取更多的识字受教育权、法定权利、劳动权的努力，全世界的女性为争

米格尔·卡布雷拉(Miguel Cabrera)的《索尔·胡安娜·伊内斯·德·拉·克鲁兹》(*Sor Juana Inés de la Cruz*, 1750)，油画。胡安娜·伊内斯·拉米雷兹是一名耶稣会修女。她反对中世纪文学中刻画的女性形象，最终因与一位牧师关于布道观点的分析不一致而受到责难

取人权和公民权而发起的斗争得到壮大，并达到了一个新的高度。美国有一个很有影响力的女性团体，它的成员包括伊丽莎白·卡迪·斯坦顿（Elizabeth Cady Stanton）和卢克丽霞·莫特（Lucretia Mott）。这个团体1848年在纽约塞内卡瀑布城（Seneca Falls）召集的第一次女权大会上起草了《情感和决议宣言》（Declaration of Sentiments and Resolutions）。这份宣言概括了
2815 此次大会掀起的女性解放运动浪潮的主要议题和目标。国际女性参政权运动第一次在瑞典（1862年，女性获得地方选举权）、苏格兰（1881年，女性获得地方选举权）等国家获得一定的选举权，而新西兰是19世纪末以前（具体在1893年）第一个也是唯一一个给予妇女选举权的国家。在美国，当南方白人女性创立纪念社会同盟以保存“失败事业”的记忆时，刚获得解放的南方黑人女性为了“提高黑人地位”也建立了非常多的组织。后来在1866年，伊丽莎白·卡迪·斯坦顿和苏珊·安东尼（Susan B. Anthony）建立了美国平等权利协会。该协会的目的是统一黑人（男人）的斗争和妇女争取选举权的斗争。正是在这种环境下的分歧和合作，非裔美国女性的作品开始激增。这些作家创作了多种文学体裁的作品，包括诗歌、散文、短篇小说、历史作品、口述作品（包括奴隶的讲述）、自传、长篇小说、神学作品、社会批评、经济和哲学专著等。尽管已知最早的非裔美国人出版的诗集《各种宗教与道德题材的诗歌》（*Poems on Various Subjects, Religious and Moral*）早在1773年由非裔女诗人菲利斯·惠特利（Phillis Wheatley）发表，但是如斯托夫人的《汤姆叔叔的小屋》（1852）和哈里特·威尔逊（Harriet Wilson）的《我们的黑鬼》（*Our Nig*）等长篇小说直到19世纪中叶才出现。这可能是因为南北战争前，美国的大多数非裔都处于被奴役的地位。当有人向索杰纳·特鲁斯（Sojourner Truth）提到已故的贺拉斯·格里利（Horace Greeley）时，她回答道：“你称他是一个自我奋斗的男人，那好，我也是一个自我奋斗的女人。”确实，索杰纳·特鲁斯1850年出版的回忆录《索杰纳·特鲁斯的讲述：一个北方的奴隶》（*The Narrative of Sojourner Truth: A Northern Slave*）被认为是非裔美国女性创作的第一部获得表彰的作品。由安·柏拉图（Ann Plato）于1841年发表的散文集，则是非裔美国人出版的第一本散文集。

另外一些重要的非裔美国女性作家还包括哈里特·雅各布斯（Harriet Jacobs）、南希·普林斯（Nancy Prince）、伊丽莎白·凯克莉（Elizabeth Keckley）和埃伦·克拉夫特（Ellen Craft）。雅各布斯出生于1813年，她的作品《一名女奴的生活纪实》（*Incidents in the Life of a Slave Girl*, 1861），被认为是叙述美国内战前奴隶生活最深刻的作品。这本书曾被认为是出自一个白人女性之手，因为雅各布斯在叙述中对具体的人名做了虚构处理，而且还用笔名琳达·布伦特（Linda Brent）代替真名。直到19世纪80年代人们重新发现了她的作品，才知道真相。南希·普林斯的著作《南希·普林斯夫人的生活和旅行记录》（*Narrative of the Life and Travels of Mrs. Nancy Prince*, 1850），是一部讲述美国内战前一名自由的黑人妇女生活的自传。该书对自传游记这种体裁做出了重要贡献。因为在书里，南希记载了18年里她去俄国、牙买加和美国其他地方旅行的过程。这些记录为1824年圣彼得堡大洪水、亚历山大一世皇帝和伊丽莎白皇后去世及1826年的十二月党人起义等历史事件提供了第一手资料。伊丽莎白·凯克莉的《幕后故事》（*Behind the Scenes*）及讲述她的白宫经历的《30年奴隶和4年白宫生涯》（*Thirty Years a Slave and Four Years in the White House*），颠覆了19世纪女性的主要形象，特别是非裔美国妇女的形象。她是玛丽·托德·林肯（Mary Todd Lincoln）的知心好友，她

文学就是我的天国。

——海伦·凯勒(Helen Keller, 1880—1968)

因为公开其朋友是一个白人女性(而且这个女性还是林肯总统的夫人)而受到激烈批评。林肯总统最年长的儿子罗伯特·林肯曾发动了一场抵制凯克莉作品的运动,这场运动使得她的书无法出版。她于1863年为年轻的黑人女孩建立了一所学校,还建立了"第一黑人违禁品救济组织"(First Black Contraband Relief Organization),并担任该组织的会长。她曾代表威尔伯福斯大学参加1893年在芝加哥召开的哥伦布世界博览会。艾伦·克拉夫特和她的丈夫逃离奴隶制的惊人故事记录在其著作《为自由奔跑一千英里》(*Running a Thousand Miles for Freedom*)中。他们的故事被认为是"在一个种族、性别及阶层都有着严格划分并很难打破的社会,黑奴跨越种族、装扮异性并装成中等阶级的最早的例子之一"(Brusky 2000)。艾伦敢于用她那较白的肤色而把自己乔装成一个白人男性,而她的丈夫威廉·克拉夫特则扮成她的奴隶,这样他们就可以乘坐火车和轮船。他们的逃亡,特别是艾伦的乔装,说明了种族、性别和
2816 阶级三者之间的紧密关系。因为他们要想不受怀疑地旅行,其装扮必须在这三个领域都同时取得成功。由于自己黑人妇女的身份,她想用公开的方式讲述她的故事。虽然是通过威廉的口吻讲述,但我们从《为自由奔跑一千英里》中看到了他们逃跑的艰辛。即使她是一个特别大胆和勇敢的女性,用这种方式逃离奴隶制也是异常艰难的。事实上,她使用药膏来掩盖自己的声音,这样她就可以避免说话。艾伦的故事是从威廉的视角,通过这个滤镜来表达的。

19世纪中叶,当代奇卡纳(Chicana,墨西哥裔美国人)传统的早期作品之一出版。玛丽亚·安帕罗·鲁伊兹(Maria Amparo Ruiz)在1885年出版小说《有谁会想到它?》(*Who Would Have Thought It?*)和1872年出版《非法占地者和邓先生》(*The Squatter and the Don*,以笔名罗伊尔[C. Loyal]发表)后,成为第一个以流离失所的上加利福尼亚人视角发表小说的作家。1846年美国入侵墨西哥,到1848年双方签订《瓜达卢佩-伊达戈尔条约》(Treaty of Guadalupe-Hidalgo),美国获取上加利福尼亚地区。她的小说和其他作品严厉谴责美国这个新的统治者及美国对征服民众的横征暴敛。她的作品对美国史关于这一时期的主流历史叙事起到了抗衡的作用。

19世纪,西班牙诞生了一位声名卓著的女作家艾米利亚·帕尔多·巴桑。她或许也是西班牙最重要的文学家之一。她1852年出生,是西班牙的一位女伯爵。她曾写了500多篇短篇小说和论文、40多部小说及7部喜剧。她不仅担任过许多杂志的编辑,还在许多杂志上发表过文章,其中包括《加利西亚杂志》(*La Revista de Galicia*)和《新剧场批评》(*Nuevo Teatro Critico*)。1892年,她建立了女性图书馆。从她

乔治·查理·贝斯福德(George Charles Beresford)于1902年在工作室拍摄的弗吉尼亚·伍尔夫(Virginia Woolf, 1882—1941)的照片。伍尔夫的《一间自己的屋子》(*A Room of One's Own*)是女性文学的一篇代表作

8 岁发表第一部作品起，她便收获了无数的殊荣。其中最重要的也许是获得教皇本笃十五世赐予的教会与教皇十字奖章(Crux Pro Ecclesia et Pontifice)。在她所有作品中，最著名的应是1883 年发表的《关键问题》(*The Critical Issue*)。这是一篇关于西班牙从法国和俄国的文学运动中引进自然主义文学的文章，引发了一场非常重要的文学讨论。在这场运动中，倡导尊重个人的自由意志。1916 年，她成为马德里中央大学当代文学专业的教授，这个职位是专门为她开设的。

艾德琳·弗吉尼亚·史蒂芬(Adeline Virginia Stephen)，也叫弗吉尼亚·伍尔夫，生于 1882 年，她创造了一种全新形式的小说。这种新的小说把女性意识同她对心理、生理状态的精确描述结合起来。她像马塞尔·普鲁斯(Marcel Proust)和詹姆斯·乔伊斯(James Joyce)一样，抛弃现实主义文学传统。在故事叙述中，她运用许多并列的观点、不同的视角及时间和空间的转移等方法，给平铺直叙的情节增加了更多的复杂性。《一间自己的屋子》也许是她最著名的作品。在这部作品中，她探讨了女性文学史，并且主张女性的经济独立和她们写作的私人空间。她是布鲁姆斯伯里团体(Bloomsbury Group)的发起人，也是一位成功的出版商。1917 年，她和丈夫莱昂纳德·伍尔夫(Leonard Woolf)创立了霍加斯出版社(Hogarth Press)。同时，她还是一名为妇女争取选举权而奔走的活动家和女权主义者。尽管她身体条件非常糟糕，并患有严重的抑郁症和精神病，她仍志愿到为工人提供教育机会的莫利大学执教，直到 1941 年她自杀逝世。 2817

玛雅·安杰卢(Maya Angelou)在 1993 年 1 月 19 日比尔·克林顿总统的就职典礼上朗读她的诗作《令人激动的早晨》(*On the Pulse of Morning*)。白宫办公室

当代女作家

法国作家西蒙娜·德·波伏娃(Simone de Beanvoir)于 1953 年出版的《第二性》(*The Second Sex*)，掀起了第二次女权运动的浪潮。在《第二性》中，她深入讨论了女性受压迫的境遇和“他者”的身份。事实上，这本著作综合了历史学、哲学、经济学、生物学等领域对性权力的假设。20 世纪七八十年代是女性文学理论和女性研究非常重要的时期。这一时期法国的海伦娜·西苏(Helene Cixous)、意大利的特雷莎·德·劳拉提斯(Teresa De Lauretis)、比利时的吕斯·伊里加雷(Luce Irigaray)、美国的堂娜·哈洛维(Donna Haraway)、孟加拉流放者佳雅特丽·查克拉沃尔蒂·斯皮瓦克(Gayatri Chakravorty Spivak)、保加利

亚的朱莉娅·克里斯托娃(Julia Kristeva)等做出了重要贡献。20世纪80年代末期,有色人种和第三世界的妇女如斯里兰卡的库玛里·贾亚瓦迪那(Kumari Jayawardena),印度裔美国女作家钱德拉·塔尔佩德·莫汉蒂(Chandra Talpade Mohanty)、美国的艾拉·肖哈特(Ella Shohat)、保拉·莫亚(Paula Moya)。印度的拉塔·曼尼(Lata Mani)、越南裔美国作家郑明河(Minh-ha),美国的格洛丽亚·安扎尔朵(Gloria Anzaldua)、切利·莫拉格(Cherrie Moraga)等,发表了许多文章来建构理论,并对下述理论进行挑战和对话,扩展了女权主义理论的讨论:男同性恋、女同性恋、酷儿(queer)、黑人的女权主义理论以及奇卡纳和拉丁女权主义理论。这些讨论极大地丰富了后殖民时期和第三世界的女性文学。

20和21世纪的女性继续公开反对压迫,要求重新定义那些自认为可接受的文学形式和主题,并要求她们的作品得到更广泛认可。但是我们急需修订一本文学经典,应包含文学史上那些长期被忽略、甚至是遗漏的女性作家的作品。一本遵循这种平等性和包容性的著作是林玉玲(Shirley Geok-Lin)和诺曼·A.斯宾塞(Norman A. Spencer)合著的《一个世界的文学》(*One World of Literature*)。这本初版于1993年的选集向我们展示了一大批20世纪的男女作家,并成为收录世界范围内女性作家著作全文或节选的最完整选集之一。这本选集编辑了许多优秀作家的作品,包括博茨瓦纳的贝茜·海德(Bessie Head)、波多黎各的罗萨里奥·费莱(Rosario Ferré)、安提瓜的牙买加·金凯德(Jamaica Kincaid)等作家的作品。对那些对世界文学中的女性作家感兴趣的人来说,这应该是一本必读作品。这部选集呈现了许多优秀女作家的作品,她们在其他国家和世界很少为人所知。加纳的阿玛·阿塔·艾杜(Ama Ata Aidoo)、沙特阿拉伯的法吉雅·阿布-哈立德(Fawziyya Abu-Khalid)、中国的丁玲、印度的阿米巴伊(Ambai)和阿姆瑞塔·普利塔姆(Amrita Pritam)、日本的石垣凛(Ishigaki Rin)、马来西亚的林玉玲(作者本人)、澳大利亚的伊丽莎白·乔利(Elizabeth Jolley)、瑞典的玛格丽特·埃克斯托姆(Margareta Ekstrom)等作家的作品,如南非的诺贝尔奖获得者纳丁·戈迪默(Nadine Gordimer)、印度的马哈思维塔·黛维(Mahasweta Devi)、中国的张爱玲、智利的伊莎贝尔·阿连德(Isabel Allende)以及加拿大的玛格丽特·阿特伍德(Margaret Atwood)作家的著作一样,在国际上都取得了很高的成就。林玉玲和诺曼·斯宾塞在书中提道:"我们生活的这个时代,理解全球文化的多样性显得比以往任何时候都更为关键……我们每个人都会受到来自其他文化和国家的个体、事件和思想的影响,这是个真理,20世纪晚期几乎人人都能清楚地感受到这个真理。"(Lim and Spencer 1993)正是胸怀这种精神,她们的著作开始打破世界文学中的下述局面:文学世界中的女性文学、女性文学作品及其评论,以及独立自主的女性代表,一直深受同质性、片面性、父权思想、民族中心主义、西方中心论的重压和束缚。 2818

进一步阅读书目:

Archer, L.J., Fischler, S., & Wyke, M. (Eds.). (1994). *Women in Ancient Societies:"An Illusion of the Night"*. Basingstoke, U.K.: Macmillan.

Arkin, M., & Shollar, B. (Eds.). (1989). *Longman Anthology of Literature by Women: 1875–1975*. New York: Longman.

Barnard, M. (1986). *Sappho: A New Translation*. Berkeley: University of California Press.

Barnstone, A. B., & Barnstone, W. (Eds.). (1980). *A Book of Women Poets: From Antiquity to Now*. New York: Schocken.

Bruner, C. H. (Ed.). (1983). *Unwinding Threads: Writing by Women in Africa*. London: Heinemann.

Brusky, S. (2000). The Travels of William and Ellen Craft. *Prospects*, *25*, 177 – 192.

Capel, A. K., Markoe, G. E., & Markoe, G. (Eds.). (1997). *Mistress of the House, Mistress of Heaven: Women in Ancient Egypt*. New York: Hudson Hills.

Cranston, E. A. (1983). Heian Literature. In *Kodansha Encyclopedia of Japan: Vol. 5. Literature* (p. 33). Tokyo: Kodansha.

Craft, W. (1860). *Running a Thousand Miles for Freedom*. London: William Tweedie.

Damrosch, D., Alliston, A., Brown, M., Dubois, P., & Hafez, S. (2004). *The Longman Anthology of World Literature* (Vols. A – C). New York: Longman.

Flores, A., & Flores, K. (1986). *Hispanic Feminist Poems from the Middle Ages to the Present: A Bilingual Anthology*. New York: Feminist Press.

Gilbert, S. M., & Gubar, S. (1996). *The Norton Anthology of Literature by Women: The Traditions in English*. New York: Norton.

Hallo, W. W. (1968). Individual Prayer in Sumerian: The Continuity of a Tradition. *Journal of the American Oriental Society*, *88*.

Hallo, W. W., & Van Dijk, J. A. (1968). *The Exaltation of Inanna*. *New Haven*, CT: Yale University Press.

Hirschfield, J. H. (1988). *The Ink Dark Moon: Love Poems by Ono No Komachi and Izumi Shikibu, Women of the Ancient Court of Japan* (M. Aratani, Trans.). New York: Scribner's.

Kato, S. (1979). *A History of Japanese Literature*. Tokyo: Kodansha.

Kourilsky, F., & Temerson, C. (Eds.). (1988). *Five Plays by Contemporary French-speaking Women Playwrights from Different Cultural Backgrounds: Denise Bonal (Algeria); Michele Fabien (Belgium); Abla Farhoud (Lebanon and Quebec); Fatima Gallaire-Bourega (Algeria and France); Simone Schwarz-Bart (Guadeloupe and France)*. New York: Ubu Repertory Theater Publications.

Lawall, S. (Ed.). (2002). *The Norton Anthology of World Literature*. New York: Norton.

Lesko, B. (1987). *Women's Earliest Records: From Ancient Egypt and Western Asia*. Atlanta, GA: Scholars Press.

Lim, S. G.-L., & Spencer, N. (1993). *One World of Literature*. Boston: Houghton Mifflin.

Meyer, D., & Fernandez, M. (1983). *Contemporary Women Authors of Latin America: New translations*. New York: Brooklyn College Press.

Plant, I. M. (2004). *The Women Writers of Ancient Greece and Rome*. Norman: University of Oklahoma Press.

Rayor, D. J. (Trans.). (1991). *Sappho's Lyre: Archaic Lyric and Women Poets of Ancient Greece*. Berkeley: University of California Press.

Rexroth, K., & Chung, L. (Trans. & Eds.). (1972). *The Orchid Boat: Women Poets of China*. New York: McGraw-Hill.

Seidensticker, E. G. (1979). Tale of Genji. *Kodansha Encyclopedia of Japan* (Vol. 7, p. 331). Tokyo: Kodansha.

Zgoll, A. (1997). *Der Rechtsfall der En-hedu-Ana im Lied nin-me-săra*. *Munich*, Germany: Ugarit Verlag.

克劳迪娅·威茨(Claudia M. HUIZA) 文

张娟娟 译,刘文明 校

Women's and Gender History 妇女史和性别史

2819 19世纪早期，历史书写主要关注于国家和政治，并且强调男性的作用。在妇女运动的推动下，20世纪60年代出现了对妇女史的新兴趣，许多人想知道如何把妇女史从经济史、社会史、政治史和思想史中分离出来。妇女史和性别史可以提供一种关于社会和历史的新视野。

妇女史和性别史可以被定义为女人和男人之间关系的历史、对女性气质和男性气质的理解不断变化的历史，以及性别在社会组织中的重要性的历史。因为，无论何时何地，任何社会都是由女人和男人构成的，性别与其他范畴如种族、民族、阶级、公民权、民族主义、帝国主义和宗教相互作用，也与其他价值体系相互作用。性别一直在劳动分工以及跨文化相遇中发挥重要作用，并且在文化等级观念和权力关系中被用作一种比喻。

世界历史中的性别视角至少可以追溯到启蒙时期的世界历史。18世纪末，一些历史学家关注服装、礼仪和人们的生活方式。一些著作提出物质条件、宗教和制度对于界定妇女地位的重要性；一些著作对不同文化中的妇女生活进行了比较；一些著作甚至把非欧洲民族说成具有女性特点，暗指不够文明。然而，到19世纪早期，当历史研究局限于民族国家历史之时，大多数历史学家专注于政治史，性别问题留给了其他学科来探讨，如社会人类学和社会学。20世纪60年代，普世史又引起了人们的关注，尤其在美国。其时，历史研究由于忽视妇女和把男性看作人类的普世代表而受到批评。由于妇女运动的鼓舞，也由于心态史、人口史、家庭史等历史研究新方法的推动，现在人们对妇女史的兴趣在各国发展起来。到20世纪90年代，这种研究方法也在日益发展的普世史领域中出现了。

理论框架

大多数历史研究都停留在对性别的二分法理解：一个人要么被看作女人，要么被看作男人。一些人也想当然地认为，生物因素不仅决定了一个人的生理性别，也决定了一个人的社会性别。历史学家通过探讨历史上对性别差异的理解，对这种二分法提出了挑战。他们从亚里士多德关于单一性别存在的假设出发，先把妇女看作胚胎的、尚未形成的男性；进而探讨基督教创立的二分法，把男人等同于精神，把女人等同于物质；然后追溯到18世纪末两性模式的兴起——这种模式通过达尔文主义和医学科学达到了顶点，并且在最近由于社会生物学而出现了复兴。

中国云南省泸沽湖摩梭人母系社会中传统小舟上的一名妇女和男子。摩梭人是少数几个现存的母系社会之一。萨拉·古维拉摄

人类学和跨文化史已经对这种性别的二分法理解提出了质疑。在世界许多地区，尤其在
2820 非洲，也包括阿拉斯加、亚马孙地区和亚洲部分地区，个人的劳动任务、行为及衣着可能被看作具有其对立面性别的特点。一些文化把年龄看作决定性的性别，把儿童和老人理解成属于不同性别的人，其间的差异超过了成年的男性和女性之间的差异。这种现象加上男同性恋和女同性恋史、性史的研究，我们就会知道，世界历史需要弄清在理解男性气质和女性气质方面存在的差异。

日益增多的研究表明，性别区分制度对女人和男人都有影响。这些研究显示，男子作为性别化的人，男性史也需要进行研究。生理性别（即生理结构上的差异）和社会性别（即在文化和历史上建构起来的男女之间的差异）之间的区分，开启了本质主义与建构主义之争。20世纪90年代，“酷儿”（queer）理论和后结构主义使性别史研究的方法进一步多样化。语言学转向注重文字及可视材料的文本，而不是关注事件、人物或群体；这也有助于把性别作为历史领域中一种等级关系的比喻来研究，而这些领域最初似乎与性别没有关系。

一些历史学家担心，这些研究方法会使妇女史丧失把妇女作为历史中能动者来研究的可能性，对历史的关注会缩减到对妇女生活史的关注。“性别史”一词有时也被看成违背了把妇女还原到历史中的最初目标，削弱了妇女史的政治潜能。然而，借助于日益发展的跨学科研究方法，这种划分渐渐变得不那么明显了。现在，性别史和男性史常常被视为妇女史的发展结果，并与妇女史平行发展；对性别的文化研究结合了多种历史研究的方法。

把性别作为一个分析范畴运用到世界历史之中，可能是把性别理解成一个过程的一条富有成效的途径，在这个过程中，性别的意义和重要性可能随着时间而变化，其他分析范畴如种族划分、种族、阶级、民族认同和文化认同的重要性可能以不同方式与性别相互影响。性别也可被看作任何文化和任何社会中的一个基本社会结构，它一直与其他社会结构相互影响，从而决定个体的社会化、工作和职责的分配，以及家庭和社会中的权利分配。在物质生活、意识形态及政治学的研究中，性别发挥着作用。当社会变化之时，性别关系也变了；而性别关系的变化也影响到其他经济的、社会的和政治的关系。

从母权制到父权制?

早期全球妇女史和性别史的一个焦点是父权制的起源问题。尽管许多文化中显然把更多直接权力分配给了男子而不是妇女，但历史学家仍然想知道是否曾经并非如此。一些人假设在非洲、早期美洲和欧洲存在过史前母系社会。19世纪德国学者巴霍芬（J. J. Bachofen，1815—1887）把这种社会看成一种被更先进的父权制取代的原始社会。社会主义者弗里德里希·恩格斯（Friedrich Engels，1820—1895）认为，农业和私有制导致了核心家庭，在这种家庭中，男子控制了妇女的性行为以确保生育合法的后代。

美国历史学家格尔达·勒纳（Gerda 2821
Lerner，1920—　）曾提出一种理论，认为父权制以男子之间交换妇女为基础，并且早于其他等级制度。其他理论则考察了男子体力和妇女需要保护对于父权制发展的重要性，或者探讨宗教和其他意识形态力量、犁耕文化等物质结构、私有制、识字水平，尤其是国家形成和政治制度对性别关系的影响。无论怎样的理论，原始资料的缺乏都使之不可能确定男权社会是如何演进而来的。但是，这种社会的复杂结构和随着时间推移它们当中的变化，仍然是诱人的研究领域。

汉斯·巴尔东(Hans Baldung, 1484—1545)的《亚当与夏娃》(*Adam and Eve*,日期未明)。木板油画。佛罗伦萨乌菲齐美术馆。关于亚当和夏娃的《圣经》故事将这对夫妻被逐出天堂归咎于夏娃

性别化的全球人类经历

性别作为一个分析范畴的运用,意味着对经济史、社会史、政治史、思想史与私人生活史之间的划分提出疑问。其中的一个基本问题就在于将住户和家庭单位的重要性切换到一切社会的发展。事实上,人类的全部经历都非常适合于性别分析。家庭结构、经济和社会生活、政治和价值体系、宗教、教育和性行为,在不同文化和不同时期中都不同程度地随性别而变化。也许20世纪人口政策的性别化影响就是一个好例子。当男子和妇女同样专注于家庭经济和国家的未来时,妇女也亲身经历了人口政策。技术和经济变革(例如工业革命)是建立在性别化劳动力的存在基础之上的,且人们会向其提供不分男女的廉价日常劳动力以及那些昂贵的仅限男性的专业化劳动力。

在民族国家和民族认同的形成中,男女被以不同的方式编排进去:男子承担着军事保护、国家扩张、国家经济发展的责任,妇女担负了生育后代和对国家的新成员进行社会教养的责任。前工业社会有时会通过家庭联系而给予妇女政治权利,而"现代化"的民主国家在很长时间内只将这种权利赋予男子。不管阶级、种族和肤色,除了极少数例外,妇女都是获得选举权的最后一个群体。宗教体系和其他意识形态始终以不同方式维护性别差异和性别化权力关系。

重新思考核心概念

性别分析导致对一些核心概念的重新思考。公共领域中有酬劳动的"工作"是一个被广泛接受的定义,要对此定义进行修改以便将妇女在家庭和家务中的无薪酬工作包括进去。这种工作的重要性,以及廉价妇女劳动力的重要性,在任何对物质生活的分析中都必须加以考虑。

"权力"的概念也必须将家长的权力结构置于阶级和种族的分析之中,并且要考虑到权力的精神来源(例如对情感、骑士精神、荣誉的要求)所产生的影响。政治必须被置于一个比政府当局更广泛的情境之中来思考。还必须考虑到公民社会以及亲属关系。 2822

"通道"(access)也许是妇女史和性别史研究中另一个有用的概念,它可以是通向某些空间的物理通道,也可以是通向某些特权(如教育和政治权利)的非物质通道。为什么妇女通向公共空间的通道和物理流动会受到比男子更多的限制?为什么这种情况因社会地位和不同文化而变化?这是怎样变化的?物理障碍(例如缠足、闺房、后宫)的历史和道德上限制妇女行动的

历史包括了对通道的一种性别化理解。不用说，教育制度和政治制度也在相同性别化空间的观念中被塑造。为什么一些男性和女性群体都努力维持这种传统，而另一些群体则力争废除它们？

对“认同”的理解也可能要被给予特别考虑。假性别(Juggling gender)、阶级、种姓等级、种族划分和民族都可能消解个人身份。但历史学家在分析几种身份并存的情形时，他们可能提出其中一种身份优先于其他身份。为什么一个人的行为有时表现为一个妇女，而在其他时候又主要表现为某一社会群体或某一特定民族的成员？性别是怎样影响阶级认同的？种姓等级的认同又是怎样因性别而变化的？

总之，对一些历史分析中必不可少的概念进行再思考，有助于提出一种全球人类经历的更加多样化的新知识。

扬·范·艾克(Jan van Eyck)的《乔瓦尼·阿尔诺菲尼和他的新娘》(*Giovanni Arnolfini and His Bride*，1434)。木板油画。伦敦国家美术馆。在中世纪欧洲的家长制下，妇女不许拥有财产，她们的父亲或男性亲属决定其婚嫁

跨文化互动

性别在不同文化的相遇中扮演着重要角色，例如，11世纪以来印度和撒哈拉以南非洲的伊斯兰教对性别的理解具有不同影响，或者唐宋时期中国军事扩张把一种严格的父权文化传播到了东亚大部分地区。然而，汉人与蒙古人的接触出现了互不喜欢另一种文化中的性别关系的现象，双方几乎没有产生什么影响。殖民地和帝国的接触是探讨得最多的跨文化相遇。启蒙时期的历史学家把性别用作沟通文化差异的一种比喻。他们有时把非欧洲文化不仅描述为“可恶的”和“暗色的”，而且描述为具有“胜过女性的懦弱”等无同情心的特点。后来的男性殖民者建构起关于殖民地妇女的观念，用来表示“真正的女性气质”，因为她们服务和服从于男性。她们与相应的西方妇女不同，因为西方妇女日益拒绝如此，并要求具有与男性相同的权利。 2823

具有讽刺意味的是，女传教士满怀激情试图传播西方价值观，但对不同于自身的文化中的两性劳动缺乏全面了解，时常在殖民地妇女中鼓励维多利亚时代女性的行为。她们这样做的原因之一，在于其中许多人故意要摆脱维多利亚时代的观念所带来的束缚。

对男性气质的西方式理解也在起作用。英国人把体格上强健的男性身体和自我控制约束的能力，看作那些想要统治一个国家的人所必需的。英国当局把孟加拉中产阶级男性看作卑微的、虚弱的、女人气的，缺乏自我控制，不能自我管理，更不用说管理整个社会。

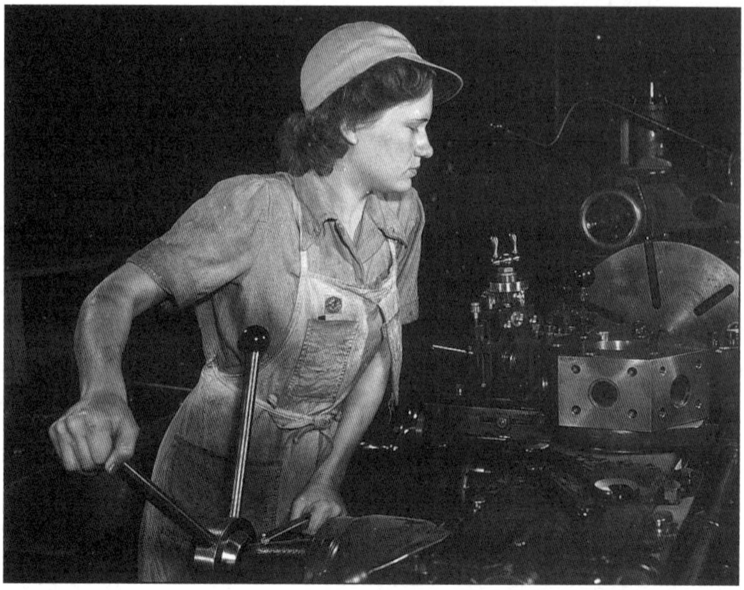

1944年在加利福尼亚州伯班克市维加飞机公司的女工人。第二次世界大战之后，人们又希望妇女重回其作为妻子和母亲的“传统”角色。霍华德·霍勒姆(Howard R. Hollem)摄。美国国会图书馆

对性别不同理解的互动，为我们研究文化相遇提供了一种有趣的方法。对英国统治和西方化日益增长的反对，强化了孟加拉中产阶级男性把家庭作为一个避难所的需要。这为妇女获得更多教育铺平了道路，这样她们就能够成为有知识的母亲和妻子，在家庭范围内维持孟加拉的历史传统。但从长远来看，这也导致了印度妇女组织的形成，并且一度导致了印度妇女和英国妇女在争取选举权上的合作。然而，第一次世界大战末期，英国的镇压政策破坏了这些跨文化的联系，印度妇女反对被当成年轻女儿并由充当保护者的英国母亲来给予教育。第二次世界大战之后，西方女权主义的传播也产生了关于妇女之间合作与冲突的类似问题。

批评性对话?

正如其他许多领域一样，世界各地历史科学的不均衡发展，对于世界历史的性别分析具有启示意义。妇女史和性别史最初形成于美国和加拿大，不久发展到西欧的大学，稍后传播到了东欧、亚洲、非洲和拉丁美洲的大学。但是，由于来自世界这些地区的许多历史学家都是在美国或欧洲大学受的教育，因此西方的研究方法和理论在全世界妇女史和性别史研究中产生了巨大影响。

当研究在文化上相互冲突的历史现象，尤其是如果它们对当今社会产生了影响时，就需要对此有特别的意识。它们当中包括萨蒂(寡妇殉夫)、戴面纱、女性割礼等传统。对于一个历史学家来说，在分析这些传统时，重要的是把试图理解和解释那些异域的、有时甚至令人厌恶的行为，与接受这种行为区别开来；理解不等于接受。历史学家也许需要公开承认其自身所处文化和阶级的局限，有时甚至是其性别的局限，以便致力于超越这种局限。像20世纪80年代那样对下层群体(Subaltern，一个术语，指那些在社会、政治或地理上处于现存权力结构之外的人)的研究，有助于抵消西方历史的浪潮。不再把殖民主义和帝国主义只看作宗主国和殖民地之间的两极分化，而是强调作为中心与边缘之间的互动，这种趋势鼓励了对话。不同文化背景中的历史学家之间的批评性对话，在国际会议、学术期刊，尤其是致力于妇女史和性别史的期刊中成倍增长，也通过妇女史研究的国际联合会的工作而得到迅速发展。这种发展也预示了全球妇女史和性别史将会得到进一步研究。 2824

性别作为一个分析范畴这一显著特征，使其成为研究任何时期、社会或地区的世界史学

关于妇女在整个历史上服从于男子的教条，必须被看作人类所创造的最不可思议的神话之一。

——玛丽·里特·比尔德(Mary Ritter Beard, 1876—1958)

家的一种极好的工具。妇女史和性别史产生了一种关于全球历史新知识的财富。通过探索世界史中的这个领域，可以收获良多，而不去探索则必有所失。

进一步阅读书目：

Blom, I. (Ed.). (1993). *Cappelens Kvinnehistorie* [The Cappelen Women's World History] (Vols. 1-3). Oslo, Norway and Copenhagen, Denmark: J. W. Cappelens forlag/Politikens forlag.

Blom, I. (1995). Feminism and Nationalism in the Early Twentieth Century: A Cross-cultural Perspective. *Journal of Women's History*, 7(4), 82-94.

Blom, I. (1997). World History as Gender History: The Case of the Nation State. In S. Tønnessen, et al. (Eds.), *Between National Histories and Global History: Conference Report for the 23rd Meeting of Nordic Historians* (pp. 71-92). Helsinki, Finland: Finnish Historical Society.

Blom, I., Hagemann, K., & Hall, C. (Eds.). (2000). *Gendered Nations: Nationalisms and Gender Order in the Long Nineteenth Century*. Oxford, U.K. and New York: Berg.

Daley, C., & Nolan, M. (Eds.). (1994). *Suffrage and Beyond: International Feminist Perspectives*. New York: New York University Press.

Greenspan, K. (1994). *The Timetables of Women's History: A Chronology of the Most Important People and Events in Women's History*. New York: Simon & Schuster.

Jayawardena, K. (1986). *Feminism and Nationalism in the Third World*. London: Zed Books.

Jayawardena, K. (1995). *The White Woman's Other Burden: Western Women and South Asia during British Rule*. New York and London: Routledge.

Midgley, C. (1998). *Gender and Imperialism*. Manchester, U.K.: Manchester University Press.

Miles, R. (1988). *The Women's History of the World*. London: Penguin Group.

Offen, K., Pierson, R.R., & Rendall, J. (Eds.). (1991). *Writing Women's History: International Perspectives*. Bloomington: Indiana University Press.

Pierson, R.R., & Chaudhuri, N. (1998). *Nation, Empire, Colony: Historicizing Gender and Race*. Bloomington: Indiana University Press.

Seager, J., & Olson, A. (1986). *Women in the World: An International Atlas*. London and Sydney: Pan Books.

Sinha, M. (1995). *Colonial Masculinity: The "Manly Englishman" and the "Effeminate Bengali."* Manchester, U.K.: Manchester University Press.

Sivard, R.L. (1985). *Women—A World Survey*. Washington, DC: World Priorities.

Smith, B. (Ed.). (2005). *Women's History in Global Perspective* (3 vols.). Urbana: University of Illinois Press.

Smith, B. (Ed.). (2008). *The Oxford Encyclopedia of Women in World History* (4 vols.). Oxford, U.K.: Oxford University Press.

Sogner, S. (Ed.). (2001). *Making Sense of Global History*. Oslo, Norway: Universitetsforlaget.

Stearns, P.N. (2000). *Gender in World History*. London and New York: Routledge.

UNESCO. (1983). *Bibliographic Guide to Studies on the Status of Women: Development and Population Trends*. New York: Unipub.

Wiesner, M.E., Wheeler, W.B., Doeringer, F.M., & Curtis, K.R. (2002). *Discovering the Global Past: A Look at the Evidence* (2nd ed.). Boston and New York: Houghton Mifflin.

Wiesener-Hanks, M.E. (2001). *Gender in History*. Oxford, U.K.: Blackwell Publishers, Inc.

艾达·布罗姆(Ida Blom) 文

刘凌寒 译，刘文明 校

Women's Emancipation Movements 妇女解放运动

2825 性别歧视无处不在，因此妇女解放运动遍及全世界，但是斗争的经历和潜在的解决方式大相径庭。正因如此，性别不平等问题最好的解决途径是，同一文化中的女性共同致力于倡导所有人均可接受的变革。性别或许是普遍的，但是性别不平等却无普适的解决路径。

19 和 20 世纪的妇女解放运动，或称"妇女问题""妇女权利""女权主义"，挑战了西方家庭经济。在这种家庭中，妇女的首要角色是贤妻良母，带薪工作只是其次。人们将家庭领域视为妇女主要的场所，因此妇女在外工作遭到轻视且报酬微薄。这种分工导致了政治体制上的男权统治，由此造成改变妇女在社会地位上的希望渺茫。在过去两个世纪中，妇女（和一些男性）力图改变这种政治、经济和社会体制，并取得了不同程度的成功。但她们很少将种族、阶级考虑在内，通常下意识地认为世界其他地区的妇女与其处于同样的境况。也就是说，欧美女权主义者的立场是认为全世界妇女都受到同样的压迫，亟待推翻，且在任何情况下共同的策略都是有用的。

现今研究妇女生活的学者认识到地理环境是一个影响因素。尽管许多女权主义者宣称共同的不公正理论，倡导普适的变革政纲，但是她们的经验仅限于工业化和民主化的国家。为此，women's movements（复数）这一术语更适合 20 世纪。复数 movements 承认了不同解决方案的有效性，复数 women's 而不是单数 woman 表明在地理环境差别很大的地区，并非所有的妇女都面临同样的问题。这些地区的文化在寻找解决方案时认为，与政府或社会对立是不可取的，而人们不再使用 rights 这一单词恰好表明了这点。各民族除性别相同外别无其他类似之处，妇女运动反映了她们不同的历史、文化和政治体制。

英国和美国

19 世纪，选举权是妇女权利组织的重中之重，但很多中产阶级妇女也将社会改革界定为女性特征。随着工业变革引起的城市化过程迅速发展，中产阶级的影响逐渐扩大；妇女通过解决社会转型所导致的问题参与到社会改革中，期望通过行使投票权影响立法改革。

19 世纪，除了争取参政权和参与善举外，大西洋两岸的妇女还热衷于女性特质问题。她们
激烈地辩论是什么令女性区别于男性，讨论女 2826
性渴望什么，还认为所有阶级和种族的妇女都一样，只有性别是社会结构最大的不同。

除细小差别外，英美两国妇女的关切点几乎一致。美国妇女往往宣称自身某些高尚的道德，因为美国比英国更民主、更平等；然而英国改革家却辛辣地讽刺美国多州存在奴隶制。

到 1924 年，两国妇女均获得参政权（尽管直到 1928 年英国 30 岁以下妇女才争取到投票权），开启了大量妇女被工厂雇用的历程，还修改了最具压迫性的婚姻法。此时许多女权组织转向公共健康问题，尤其是节育问题，争取扩大妇女的立法权。然而，没有出现任何一个问题像参政权那样把所有妇女都联合起来。她们好似对业已取得的成就有所失望，对未来的目标很模糊。

两国妇女运动都不激进，成效甚微。妇女失望的主要原因在于妇女被赋予选举权后缺失社

在树林中为殉夫自焚者举行的纪念仪式。印度的传统主义者和极端主义者在萨蒂习俗(殉夫自焚)实施上存在分歧。克劳斯·克罗斯特迈尔摄

会变革。看起来两国多数妇女没有争取到改革家的支持，也没有赢得对妇女问题进行激进改革的平台。尽管法律改变了，但是男性并不接受女性与其在政治和经济上的平等地位。妇女最大的失望在于女权组织没能补救婚姻上的不平等。

1923年和20世纪最后25年，《平等权利修正案》两次未能在美国获得通过，法律变革内在的缺点暴露无遗。妇女没能在法律舞台上获得平等权利，导致维多利亚时代无限的乐观主义逐渐褪去。

政治多样性：拉丁美洲

尽管拉丁美洲在地理位置上与美国毗邻，但是政治、种族和经济结构的差异引发了两地女权问题上关切点的不同。拉丁美洲的妇女运动离不开军事独裁的背景和争取政治自由的斗争。

多数人没有意识到历史上拉丁美洲国家的妇女 2827
在政治领域很活跃，且那些研究拉丁美洲政治的学者也往往忽视妇女对政治的参与，而历史上这点很重要。

早在19世纪的巴西，女权报纸在传播女权主义的观念上扮演了重要角色。20世纪中叶以来，城市生活为邻近妇女联合起来争取更好的待遇和更低的物价提供了条件，甚至在未赢得选举权前她们就参与罢工、加入政党，而这在美国和英国则姗姗来迟。厄瓜多尔虽无自由民主的传统，却成为拉丁美洲第一个给予妇女参政权的国家（1929），哥伦比亚是最后一个（1957）；然而拉美妇女参政运动的成就不甚理想。西方的妇女参政运动主要由中产阶级女性发动，目的是要求改革而非激烈的社会变革。而妇女参政没有在拉美社会引起显著变革，部分因为投票的妇女支持维持现状，屈从于政治上保守的天主教。她们的态度没有大幅度转变，部分原因在于她们未能利用自身的选举权来共同致力于谋求其经济和教育的改善。

在拉丁美洲，妇女参政权获得甚晚，且未能真正地改变妇女生活，因此很少有人预见1970年代妇女运动的兴起，而它对动摇军事政体无疑是重要的。除了政治上的鼓动，妇女人权组织、女权组织和城市贫民妇女组织开始合作。

比如，阿根廷妇女早先从未卷入政治活动，也不认为自己是女权主义者。此时却开始登上政治舞台，抗议她们的丈夫和家庭成员的消失。这些人史称“失踪者”，被军事政体视为敌人。其

> 男性反对女性解放的历史或许远比女性解放历史本身更值得玩味。
> ——弗吉尼亚·伍尔夫(Virginia Woolf, 1882—1941)

女眷的证词受到全世界媒体的注意,这影响了军事统治。

其他女权主义组织由左派女性创建,她们对左派未能严肃对待妇女问题深感失望。她们为解决妇女问题和终结军事独裁而抗争。

到1980年代后期,拉美妇女运动最令人瞩目的成就是在推翻军事独裁政体和重建市民社会方面做出的贡献。20世纪接近尾声时,这种合作的经验引领了许多人关注阶级和种族问题;贫民妇女提高了组织能力,为削减政府开支而斗争;妇女游行迫使政坛领导人改变方针政策。

后殖民主义和文化:南亚

南亚表明社会公正和家庭生活的平等与文化密切相关。与欧美妇女运动不同,印度及其周边国家的妇女运动不得不与强烈的民族主义、多样的宗教习俗、世俗主义和两极分化的政治观点周旋,以此来提出一项指引变革妇女生活的议程。

印度改革家除了面临多语言和多种姓的社
2828 会之外,还要反抗传统的陈规陋俗。后殖民社会的复杂性隐藏一种危险,即主张现代化的方针政策可能被解释为与传统之间的冲突。倡导女性平等权利的改革看起来与之前的殖民国家所持观念有关联。

南亚妇女权利拥护者不仅遭遇反对者对改革的质疑,而且还面临着有尖锐冲突的主要宗教之间的紧张关系。比如,面对女权主义者的反抗,印度传统主义者仍然支持萨蒂习俗(寡妇在丈夫火葬柴堆上自焚)。同样,锡克教极端主义者继续否认妇女的继承权。所有集团都狐疑妇女发动改革的努力,往往反对任何在他们看来对宗教传统和宗教权威产生腐蚀的改革。

南亚女权主义者面对着超乎纯粹政策改革之外的多种复杂状况。印度独立前,许多女权主义者相信独立的民族自然会给妇女带来平等的机会;而独立后的数十年表明情况比想象的复杂得多,尤其是妇女们争取的目标总是不一致。不管这些目标是什么,南亚女权主义者必须认清自身和西方女权主义者之间存在显著区别。印度社会曾经历过殖民统治和帝国主义统治时期,这种特性是转移对女性同情的控诉的唯一途径。

刻板形象和多样性:非洲

被殖民的经历还影响了现今非洲的多重方面,包括对非洲妇女的认知。西方人常常把非洲妇女当作受害者或遭忽视的傻子,不能掌握新技术,或是被压迫的受害者而不是变革的能动者。当然,典型的非洲女性并不存在,这种对整个大陆妇女简单的认知是错误的、事与愿违的。

非洲妇女与世界其他地区妇女的最大差异

20世纪以降,军队里越来越多的女性被允许参加进攻性的陆地作战。上述3位妇女是德国机关枪手,在第一次世界大战期间被美国军队俘虏

在于，西方视婚姻和家庭为合伙关系，男人是主要的家庭生计维持者，财产是共有的；而在非洲农民和商人家庭里妇女是主要经济收入者，这种繁杂的权力结构挑战了西方人对婚姻和家庭关系的理解。如果妇女像在南亚那样挑战社会关系网络的话，其反对者会借助于风俗传统来反对“殖民”的影响。

在非洲，女孩的教育往往是性别平等的倡导者和长期权力结构之间争论的问题。学校既强化女权主义的社会观念，又巩固女孩的持家意识。比如说，营养教育项目关注如何最优化地使用贫乏的资源，但是如果学校鼓励女孩探究食物匮乏的原因则触犯了政策。非洲政府屡屡公布反映投资教育的数据来证明女孩和妇女教育的巨大改善。然而，解析政府出版的数据是成问题的，因为其数据存在较多疑点，不太可信。数据能制造精确和确切的假象，这种假象在投射积极形象的同时掩盖了政治盲点，以此服务于政治目的。

即使那些受过良好教育的非洲女孩，依然不能将教育转化为自决。职业女性偶尔发现由于社会影响，大多数影响她们家庭生活的决定均来自其丈夫。接受教育越多，或许意味着越不能掌控自己的生活。可能不存在单一的普遍性。

非洲妇女通常被描绘为贫穷的和被忽视的无权群体；相反，西方妇女被描绘为受过教育的、现代的和自由做决定的群体。这些描绘经常导致强化家长制意识形态和性别不平等教育
2829 项目的出台。非洲妇女有途径参与强调妇女健康和生育问题的项目，这些项目虽益处多多，但是强调这些问题正表明了家庭里男女不平等的权力关系，也并未能提供消除这种性别刻板形象的途径。

非洲人应该从多层面解决妇女问题。地方妇女需要草根运动的支持和国际组织的认同。由于妇女问题的评价标准往往反映的是西方的分析和模式，非洲妇女很少被要求帮忙设计项目和策略。非洲妇女应该为自己的未来规划自己的目标；她们应该相信自己的洞察力以作为解决性别平等问题的基础。

社会主义和国家权力

国际政治和历史大事件总是影响今天人们对妇女的态度。经历过激进政治改革的国家说明了个人与政治的互动。

在社会主义社会，对妇女的看法反映的是德国政治思想家卡尔·马克思和德国社会主义者弗里德里希·恩格斯的看法，即妇女的屈从地位其实是另一种阶级压迫。恩格斯认为废除私有财产，让女性共同回归公共劳动中，她们才能获得经济独立和平等。这一框架的缺陷在于，男性对女性性活动和继承权的控制先于中产阶级家庭和工业化的存在。

社会主义大家庭的观念很快被确立为预期的目标，所以 1936 年苏联禁止堕胎，国家鼓励妇女承担照料子女的主要职责，也允许她们在公共领域有自己的职业。这种妇女扮演双重角色的苏联模式很快被东欧国家采纳，且立为国家政策之基。但妇女由于主要负责私人领域的活动，常常因不由政府管理的青少年犯罪和酗酒等社会问题而受到谴责。

因为社会上将身为人母视为女性的专权，关于产假和照料子女的激进措施虽得以推行，但成效甚微。由于繁重的家庭责任，大多数女性在工作和政治领域很难有所建树。若从性别视角而言，此种改革并非真正的改革。

文化和变革：中国

中国对性别的看法融合了社会主义国家的观念，但又凸显该国的地域和社会特性。中国人传统的观念是妇女在社会上处于被动地位，这一看法因“女权主义”术语更复杂化。他们认为

> 妇女权利的扩大是社会进步的基本原则。
>
> ——弗吉尼亚·伍尔夫(Virginia Woolf，1882—1941)

女权主义是西方的概念，所以对这个中产阶级的概念较为避讳。中国第一次妇女解放运动的
2830 涌现是国家制定政策的结果。1949年随着中华人民共和国的成立，新型社会主义中国政府决定禁止缠足、卖淫等压迫妇女的习俗。官方政策提倡妇女充分就业，妇女被给予接受教育、选举和充分就业的权利。

20世纪50年代，中国在男女平等方面推行大刀阔斧的改革，妇女逐步取得了平等地位，所以当时中国没有产生致力于变革的妇女组织。

虽有立法，女性的法律地位和社会地位之间仍存在巨大的鸿沟。性别问题影响男女权力关系，因为正如在苏维埃国家里，妇女主要负责道德伦理和家庭秩序的观念被当作“科学事实”。女性特质使她们陷入被生育问题主宰的生活中，这一观念也渗透在中国教育和就业种种途径之中。

1995年第四次世界妇女大会在北京举行，这次大会的种种经历为妇女运动的文化差异提供了前车之鉴。兴起于此次妇女大会的中国妇女运动的特点是，其组织者对推动社会变革感兴趣，不再仅仅依靠政府来改善妇女状况。然而，运动组织者及其策略有趣地反映了中国路径。与西方不同，中国的妇女运动没有大规模群体游行和井然有序的行动方式，更多关注服务和志愿工作。大学里女性研究中心的很多人关注学术研究。组织者为妇女提供帮助，或增加她们的知识；她们关切政府无法解决的问题。

性别的历史与未来

世界上的妇女根据其历史、阶级或收入水 2831
平、本国的政治基础、宗教信仰、对社会的预期而被划分为不同类型。然而，每种文化中一个根本的共通点是社会性别提供了性别歧视和权利剥夺的基础。我们不能为提高各地区的妇女地位开同一个药方，但是认识到社会性别是着手政治、经济改革的至关重要的方面则为必要的开端。性别不平等问题最好的解决途径是在同一文化中女性共同致力于倡导权力结构的主导者可接受的变革，而不是提供一个可能导致非预期结果的普适方案。性别不平等无处不在，因此从范围而言，妇女解放运动是全球性的。但她们所遇到的问题和着手解决的途径大相径庭。性别或许是普遍的，但是性别不平等却无普适的解决路径。

进一步阅读书目：

Bloch, M., Beoku-Betts, J. A., & Tabachnick, B. R. (Eds.). (1998). *Women and Education in Sub-Saharan Africa: Power, Opportunities, and Constraints*. Boulder, CO: Lynne Rienner.

Bolt, C. (1995). *Feminist Ferment: "The Woman Question" in the USA and England*. London: UCL Press.

Bryceson, D. F. (Ed.). (1995). *Women Wielding the Hoe: Lessons from Rural Africa for Feminist Theory and Development Practice*. Oxford, U.K.: Berg.

Chaudhuri, M. (1993). *Indian Women's Movement: Reform and Revival*. London: Sangam Books.

Connolly, L. (2002). *The Irish Women's Movement: From Revolution to Devolution*. New York: Palgrave.

Evans, H. (1997). *Women and Sexuality in China: Dominant Discourses of Female Sexuality and Gender since 1949*. Cambridge, U.K.: Polity Press.

Gilmartin, C.K., Hershatter, G., Rofel, L., & White, T. (Eds.). (1994). *Engendering China: Women, Culture, and the State*. Cambridge, MA: Harvard University Press.

Hahner, J.E. (1990). *Emancipating the Female Sex: The Struggle for Women's Rights in Brazil, 1850 - 1940*. Durham, NC: Duke University Press.

Hodgson, D.L., & McCurdy, S.A. (Eds.). (2001). *"Wicked" Women and the Reconfiguration of Gender in Africa*. Portsmouth, NH: Heinemann.

Jaquette, J. S. (Ed.). (1989). *The Women's Movement in Latin America: Feminism and the Transition to Democracy*. Boston: Unwin Hyman.

Jaquette, J.S. (Ed.). (1994). *The Women's Movement in Latin America: Participation and Democracy*. Boulder, CO: Westview Press.

Kumar, R. (1993). *The History of Doing: An Illustrated Account of Movements for Women's Rights and Feminism in India 1800–1990*. London: Verso.

Rai, S., Pilkington, H., & Phizacklea, A. (Eds.). (1992). *Women in the Face of Change: The Soviet Union, Eastern Europe and China*. London: Routledge.

Wesoky, S. (2002). *Chinese Feminism Faces Globalization*. New York: Routledge.

辛西娅·柯伦(Cynthia Curran) 文
高照晶 译,刘文明 校

Women's Reproductive Rights Movements
妇女生育权运动

20世纪妇女生育权问题被提上日程。早期的女权主义者要求了解妇产科医学和避孕信息。之后妇女生育权运动力求使妇女能够掌握自己的身体,自主决定避孕或妊娠。女权主义者和活动家们争取这些权利,以期为妇女制造充分参与社会、增强力量和提高其社会地位的机会。 2832

1968年联合国召开国际人权大会,以压倒之势宣称生育权应该被视为基本的人权。这一定论建立在妇女有权掌握自己的身体、是自由意志的体现这一思想基础之上。而事实是,在多数国家,妇女的生育权掌握在丈夫或政府手中。实际上,生育作为妇女最隐私的经历被经济、政治和社会机制所控制和塑造。因此,世界上的女权主义者抛开意识形态和政治差别,以争取生育权的愿望为纽带联合起来。生育权是妇女充分参与社会的必要前提条件。

什么是生育权?

生育权包含决定生育的时间和空间、了解妇产科医学与避孕信息、自由选择不同的节育手段、终止妊娠(如果她希望如此)等权利。因这些权利不可改变地与妇女在社会上的政治、经济和社会地位紧密交织,所以这是一项重要的女权主义者的议程。在美国和欧洲,相对而言,妇女能够控制生育问题,享有较高的社会地位。然而,在一些发展中国家,比如孟加拉国、尼泊尔或中非共和国,妇女无权接触这些基本信息,她们处于经济、社会和政治上的劣势地位。信息的匮乏导致了妻子和母亲的无知、生育疾病增加和高母婴死亡率。因此,女权主义者都认为,世界各地区的妇女应该能够控制自己的身体,应该被赋予选择避孕和明智地终止妊娠等权利,她们在这种共同观点下联合起来。

20世纪以前的生育选择

数百年来世界各地的妇女使用阴道药栓、

1910 年荷兰的节育大会。玛格丽特·桑格在美国提出的生育权主张包括她 1915 年出版的小册子《荷兰的节育方法》（*Dutch Methods of Birth Control*）。纽约公共图书馆

阴道药物冲洗法、利用身体周期变化、延长哺乳期和药物搭配等手段来抑制受孕、减少生育。在严格的父权制国家，父母更偏爱男孩而非女孩，他们通过溺死女婴来减少女性人口或维持期许的性别比例。试图控制生育不是新事物，新鲜的是女权主义者携手努力让妇女有权决定是否生育以及生育的频度与数量，这对女性的身体与生活产生了深远的影响。女权主义者坚持认为，生育选择应该由女性而非丈夫或政府掌控。

2833 赋予妇女生育权的观念首次出现在 1760 年代工业革命推动下的重大变革之中。随着越来越多的妇女在工厂做工，妊娠与分娩对她们就业极其不利。由是，她们把目光转向不可靠的节育和不安全的堕胎手段来达到控制生育的目的。在美国和大不列颠，人们所达成的共识是，孕妇若进入“胎动期”（胎儿开始在腹中蠕动），堕胎即可构成犯罪。这一时期天主教会对堕胎问题并没有一个强硬的立场。

然而，19 世纪 70 年代随着节育和堕胎愈加频繁，男性医师、工业家和优生学家这三个群体联合起来呼吁堕胎非法，要求确立男性对女性生育更多的控制。男性医师鼓励分娩迅速医疗化，想以此垄断女性医疗健康，这导致的后果是女性产婆的边缘化；工业家希望通过雇佣更多的女工和童工来提高生产率、增加利润；优生学家倡议以“他人”为代价快速实现欧洲后裔的人口增长。美国政府对此做出的回应是 1873 年《康斯托克法》（the Comstock Act）的出台，限制任何被认为“淫秽材料”的传播；在该限制性法律的条款内有关于堕胎与节育的信息。结果，妇女无权过问妇产科医学与避孕信息。

1900 年至 1950 年代

伴随 20 世纪开始的是为生育权而战的第一

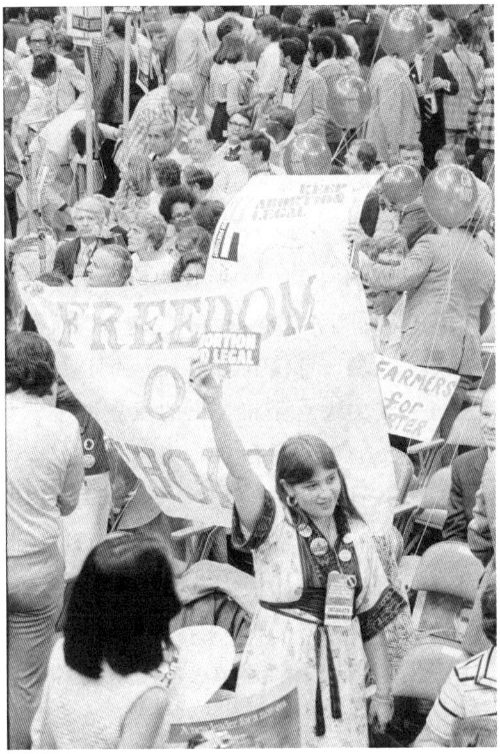

1976 年 7 月 14 日，纽约市的示威游行者在民主党全国代表大会上抗议埃伦·麦科马克(Ellen McCormack，反对堕胎的倡议者)的候选资格。沃伦·勒夫乐摄。美国国会图书馆

2834 次抗争，它以女性需要接触妇产科医学与避孕信息的形式出现。美国活动家玛格丽特·桑格(Margaret Sanger, 1879—1966)、社会党人爱玛·戈德曼(Emma Goldman, 1869—1940)与英国活动家玛丽·斯特普(Marie Stopes, 1880—1938)举行公共论坛来倡导生育权，这对提高妇女的社会地位至关重要。她们宣称工人阶级与贫穷妇女都应有知情权。尽管在《康斯托克法》之下桑格、戈德曼被公众嘲弄、骚扰，甚至被捕，但是她们成功地推翻了该法案。桑格创立了美国节育联盟(American Birth Control League)，它是今日计划生育联盟的先驱。在英国，玛丽·斯特普继续开展运动，要求政府提供更多的资金来开设诊所为女性提供信息，帮助她们做出明智的生育选择。

但是在美国和欧洲开设节育诊所的企图遇到了来自政府和教会的巨大阻力，尤其是第一次世界大战之后。人口出生率的锐减促使美国和多数欧洲政府试图通过鼓励生育来控制妇女的生育力，他们对于多生育的妇女给予奖励。的确，在第一次世界大战随后的数十年中，妇女的生育能力与国家的活力和威望休戚相关。大多数欧洲政府开展综合性福利项目来帮助和鼓励生育。同一时期，优生学家大力游说以期影响西方政府，希望通过限制被认为"社会不宜"群体的出生率来控制生育。属于这些群体的妇女往往在不卫生的条件下私密堕胎和做非自愿的绝育手术。

堕胎权

20 世纪 60 年代是生育权运动的主要分水岭。大西洋两岸的妇女发现女权主义理论，即生

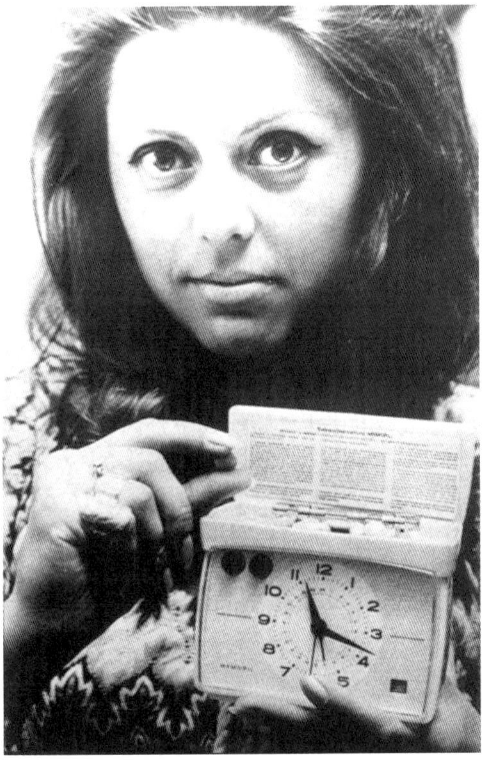

1970 年代早期，荷兰女性对于储存(并提醒服用)避孕药有一种新奇的方法。设有闹铃的药盒可设置为 24 小时间隔定时响铃，每次红灯闪时抽屉会砰地打开；当取出药丸后转变为绿灯，抽屉咯哒一声关闭。荷兰国家档案馆

育自由与性自由，有助于改善她们的生活质量。她们开始质疑自己作为妻子与母亲的角色，清晰地阐述她们需要控制自己的身体以求解放。口服避孕药的发明（1960 年经美国食品与药品管理局许可）迈出了朝此方向努力的重要一步，使妇女（如果她们选择这样做的话）有性活动的自由而不用担心怀孕。

在美国，1960 年代的妇女运动往往将生育权与其在社会上的政治、社会与经济权力挂钩。女权主义者要求可以便捷地接触避孕和妇产科医学信息。她们揭露出女性（主要是贫苦女性和有色女性）非法堕胎的条件极其危险，而且堕胎过程中没有麻醉，环境不卫生，这严重危害了母亲的健康。

2835 因此，到 1970 年代，堕胎问题作为美国妇女生育权运动的核心问题凸显出来。女权主义的温和派与自由派要求改革已不合时宜的法律；激进派要求的更是废除全部堕胎法，解除政府和医疗机构对堕胎的限制。她们打出“个人的就是政治的”口号，激烈地宣称所有女性，无论其种族、民族和阶级，均应有权控制自己的身体，有权选择堕胎。

堕胎问题日益政治化影响了公众舆论。至 1970 年，越来越多的美国人认为堕胎是个人的隐私，妇女有权决定其最佳状态。1973 年美国最高法院“罗诉韦德案”（*Roe v. Wade*）的立法赋予妇女及其医生妊娠前 3 个月内堕胎的选择权。尽管堕胎权至今仍在美国继续争论着，但毕竟这是堕胎合法化的重要一步。

世界各地的女性活动家仿效美国的案例，一直游说堕胎合法化。根据联合国的调查，德国、印度、阿根廷和沙特阿拉伯等国家大约 46% 的妇女仅在某些条件下被许可堕胎，如乱伦、强奸所导致的怀孕，母亲或胎儿的健康受到损害等。在南非、挪威、荷兰或前东欧国家里，38%左右的妇女一经要求便可堕胎。而在其他国家，如智利、马耳他、安道尔共和国等，则坚决禁止妇女堕胎。

常见的节育手段

做出节育这一明智选择是生育权运动的另一关键问题。妇女生育权运动的活动家们倡议道，因受孕影响妇女的健康，所以妇女才应该是做出关于采纳哪种节育手段的决定者。而在很多国家，妇女的节育权不仅被限制，而且政府、医药公司和其丈夫总是将自己的意志强加于女性。通常而言，节育手段有 4 种：屏障避孕法、激素法、机械性避孕法和绝育。第一种方法包括隔膜、避孕套和子宫帽。这些避孕手段可有效避孕，且避孕套还有防止性传播疾病的额外益处。激素法有避孕药、皮下埋植避孕法和避孕针。节育环（IUD）属于机械性避孕法，通过防止卵子进入子宫壁来达到避孕的效果。此外还有宫内节育器，实际上是节育环，通过分配荷尔蒙来避孕。 2836
绝育包含被称为输卵管结扎的程序，在该程序内输卵管被结扎，由此防止卵子与精子的结合，从而达到避孕的目的。

人口控制计划

自 20 世纪 90 年代中期以来，生育权运动关注点转移到人口控制计划。尽管《消除对妇女一切形式歧视公约》制定出台，告诫政府不要推行激进的人口控制计划来促进国家利益，但是发展中世界的大多数国家均已制定了类似计划。政府要么鼓励生育，要么实行计划生育。女权主义者对两者均持批判态度，因为尽管两者目标相反，但都严格制约了妇女的选择。

鼓励生育的政府希望增加国家人口：它们一般视堕胎和避孕为非法，力求完全管制女性生育。众所周知，旷日持久的战事，出生率的降低，甚至在某些情况下政府不希望的种族、民族或宗教群体人数的持续增长，都被认为会引起鼓励生育者的回应。例如，1966年罗马尼亚领导人尼古拉·齐奥塞斯库(Nicolae Ceausecu)禁止堕胎，鼓励妇女尽可能多地生育，因为他想要提高国家生产能力。

妇女担负着孕育未来一代的职责，但其控制自己身体的权利却掌握在公众和私人力量手中，这是一个悖论。生育权，包括其所有的衍生权，是女性在社会中是否平等的反映和决定因素。

进一步阅读书目：

Dixon-Mueller, R. (1993). *Population Policy and Women's Rights: Transforming Reproductive Choice*. Westport, CT: Praeger.

Hartmann, B. (1987). *Reproductive Rights and Reproductive Wrongs*. New York: Harper & Row.

Hartmann, B. (1995). *Reproductive Rights and Wrongs: The Global Politics of Population Control*. Boston: South End Press.

Jacobson, J. L. (1992). Women's Reproductive Health: The Silent Emergency. *New Frontiers in Education*, *22*, *1–54*.

钱德里卡·保罗(Chandrika Paul) 文
高照晶 译，刘文明 校

Women's Suffrage Movements 妇女参政运动

19世纪庞大的妇女群体开始在影响其日常生活的事情上寻求参政和立法保护。到19世纪中叶，斗争日益政治化，妇女参政，即选举权，演变为该运动的核心。新西兰成为第一个给予妇女参政权的国家(1893)。 2837

世界妇女为选举权(参政权)抗争了数百年。一直以来，她们积极参与政治生活，力图在塑造社会结构上发出自己的声音。至1990年代，世界大多数妇女赢得了地方和国家的选举权，且在很多国家她们以当选的政治家身份担任显赫高官。截至2010年初，沙特阿拉伯和阿拉伯联合酋长国的妇女仍无选举权(但男性公民有)。

苏珊·布朗奈尔·安东尼(Susan B. Anthony)，她与伊丽莎白·卡迪·斯坦顿同为美国平等权利协会奠基者。该组织致力于白人妇女、黑人妇女和黑人男性公民的普选权

背景

19世纪，世界许多地区的妇女为了获得法律的保护和日常生活事务中的法律追索权，努力争取财产权和离婚权等个人自由。到19世纪中叶，妇女运动愈加政治化，各种运动的核心是

涌入立法机关，为选举权请愿；她们继续呼吁男性政治家支持女性参政。历史学家、政治学家和社会学家认为，急剧工业化、战争和其他社会剧变引起的文化转型，有助于参政的转型和全球妇女政治认同的塑造。有些人提出，在因去殖民化或战争而经历重组的国家，政府渐进地推行更加平等的政策，这些民主国家逐渐意识到妇女作为选民和政治领袖的价值，因此越来越进步。 2838

伊丽莎白·卡迪·斯坦顿(Elizabeth Cady Stanton)是1848年在纽约州塞内卡瀑布城召开的第一届世界妇女权利大会的主要成员之一

革命和参政

随着时间的推移，妇女成功地争取到了选举权，而其历程坎坷。虽然妇女为更广泛的权利组织起来，但从第一次世界大战到后殖民时期，大多数女权运动的领导人意识到，如果她们要想拥有权利、促进积极的变革，公民权是必需的。1945年，即第二次世界大战后的日本，大约67%刚获得公民权的女性选民有权选举；到20世纪70年代，"战斗中的女性"(*tatakau onnatachi*)反对性别歧视法，寻求平等待遇，使自己成为了解政治的选民。

获得妇女参政权。从19世纪下半叶至20世纪，妇女在争取人权和政治权包括选举权方面阔步前进。新西兰(1893)、澳大利亚(1902)、芬兰(1906)、挪威(1913)、大不列颠(1918)、俄国(1917)、德国(1919)和美国(1920)是第一批给予妇女选举权的国家。

在各种妇女运动的早期，成千上万的妇女举行示威游行，以使社会听到其声音；她们洪水般地

1912年5月6日纽约市妇女选举权大游行。20世纪早期，多数妇女参政权论者采取这种游行作为宣传其事业的途径，连媒体的负面报道也有助于其口号的传播

妇女往往通过参加民族独立斗争进入政治领域，恰如埃及、越南和南非的妇女。在这些国家，女性与男性同心协力投入民族独立斗争中。在这种背景下，民族主义推动了妇女参政，允许给予其选举权。比如，投身到摆脱英帝国统治、建立现代民族国家的埃及民族主义者，将改变对妇女生活的限制视为其斗争的一部分。因而女权主义活动家成为反对殖民主义运动的核心力量。第二次世界大战之后，埃及妇女迫切要求争取包括选举权在内的权利，自由民族主义者（男性）支援像巴希扎特·巴蒂亚（Bahithat Al Badiya）这样的妇女所做的努力，她推动了女权主义的政治议程——为埃及女性争取平等和机会。然而，到 1950 年代，伊斯兰教传统主义者对妇女参政发起攻击，部分自由民族主义者向右翼传统主义者做出让步。尽管面临他们的抵制，1956 年埃及妇女还是获得了选举权。同年，若干妇女担任了次要民选官员。1979 年总统颁布法令，埃及议会为女性保留 30 位议席；总统有权任命一些议会代表，一定比例必须是女性。不幸的是，伊斯兰激进主义的高涨导致宪法压制了妇女公共和政治领域的空间。 2839

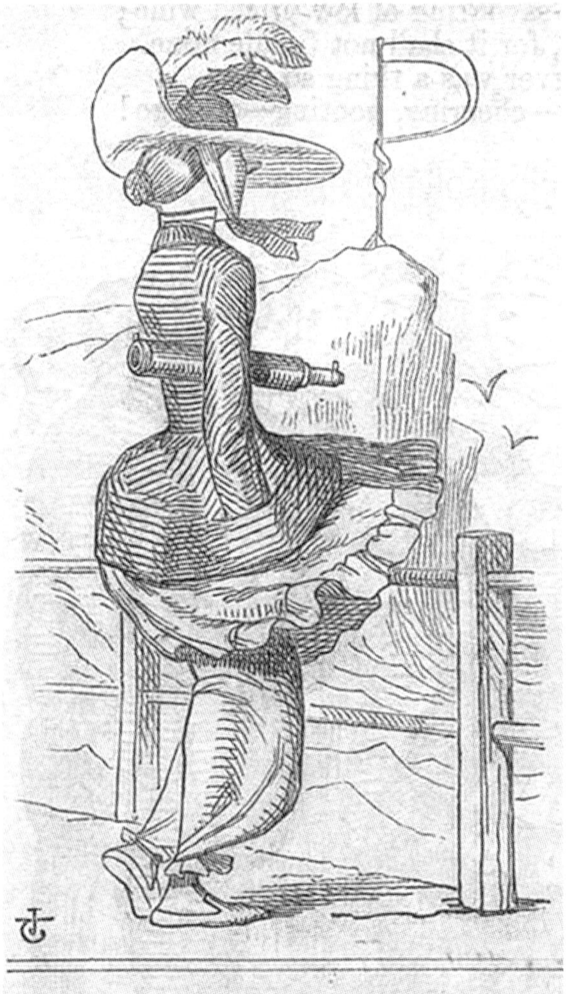

1851 年《笨拙杂志》（*Punch Magazine*）上的插图提醒女性，灯笼裤可以使女性“穿行于适合女性的各种场合”

与埃及相似，越南妇女在“二战”前夕也支援反殖民主义革命。她们的抗争最终于 1954 年打败了法国军队，但越南发生南北分裂，直到 20 年后在共产主义者的领导下才重新统一。在共产主义的越南民主共和国，社会主义领导人在政治空间上为越南妇女的行动主义铺平了道路。妇女新近形成的作为战士和解放者的公共身份，与其作为母亲和国家传统捍卫者的个人身份融合在一起了。学者们认为，历史上社会革命推动了阶级关系与国家相对权力的变革。然而，像越南等国家的历史表明，革命并没有触动革命前后社会之间广泛的延续性。尽管国家鼓励妇女参加革命，但 1976 年国家重新统一后几乎无人运用手中的权力进行选举或者担当政治职位。随着越南民族主义者掌权，他们占据传统男权统治地位，解散妇女革命活动，剥夺其已获得的政治权利，而这是越南民族起义环境下必要的组成部分。因此，随着参加革命的那代女性相继离世，妇女追求政治权利的希望随之破灭。

在南非种族隔离制度下，妇女为获得选举权不得不承受种族主义和男权主义这把双刃剑。1930 年南非白人妇女赢得了选举权，亚裔或混血（有色人种）女性在 1984

那些谨言慎行、总是想方设法维护他们的名声和社会地位的人，绝不可能引起改革。
——苏珊·布朗奈尔·安东尼（Susan Brownell Anthony，1820—1906）

年获得，而南非黑人直到1994年种族隔离制度废除之后才获得该政治权利。1950年代，通过纳尔逊·曼德拉领导的非洲国民大会（ANC），黑人组织了起来。格雷鲁德·肖普（Gertrude Shope）是非洲国民大会的成员兼南非妇女联合会（FEDSAW）一个分会的主席，她发动黑人妇女为平等权利与选举权抗争。白人政治领袖行动迅速，镇压了非洲国民大会和其他组织，结果曼德拉被捕入狱，肖普遭流放。流放海外之时，肖普担任非洲国民大会妇女部门领袖的秘书。1970年代反抗性别歧视的运动卷土重来，抗议者人群扩大，包括那些希望靠取得选举权和政治权利来结束日常生活中遭受不断压迫的女性。1991年，种族隔离制度开始坍塌之时，肖普当选非洲国民大会妇女联盟（the ANC's Women League）的主席。1994年在南非第一次民主选举
2840 中，女性获得了接近25%的立法席位。虽有种种成就，但持续的贫穷和社会性疾病（最引人注目的是艾滋病流行）继续给南非妇女的生活带来消极影响。

1910至1915年妇女参政权论者在伦敦被捕。乔治·格兰瑟姆·本恩摄影集（*George Grantham Bain Collection*）。美国国会图书馆

欧洲和北美

相较于其他地区的妇女而言，欧洲和北美的妇女在争取公民权问题上面临的困难要小得多，原因有以下几点：欧美更自由的政策；限制较少的宗教传统；妇女作为雇佣劳动者涌现于公共领域。尽管英美国家的妇女被视为世界妇女参政运动的领袖，但是美国妇女参政战绩平平，1992年初选中妇女选举仅占55%，妇女仅有17%的立法席位。在欧洲国家里，德国向来保持着良好记录，1919年给予妇女选举权，1990年妇女选举超过73%，立法席位占28%。

妇女政治活动的前景

在思想解放的国家，大多数女权主义者的目标是：鼓励世界上的女性参与政治选举，增加政治职位女性担任者的数量，制定通过保护妇女与儿童免受暴力的法律，提高公众对性别压
迫的意识，推动所有公民的平等。鉴于妇女即使 2841
在最严酷的环境和压迫沉重的社会中仍在为实

现这些目标而奋斗，我们可以预见未来几年妇女争取政治权利的运动会有更大的进步。

进一步阅读书目：

Abu-Zayd, G. (n. d.). *In Search of Political Power—Women in Parliament in Egypt, Jordan and Lebanon.* Retrieved July 20, 2004, from http://www.idea.int/women/parl/studies1a.htm

Anderson, B. S. (2000). *Joyous Greetings: The First International Women's Movement, 1830 -1860.* Oxford, U.K.: Oxford University Press.

Brown, S. M. (2000). *Women Across Cultures: A Global Perspective.* Columbus, OH: McGraw-Hill.

Carmody, D. L. (1989). *Women and World Religions.* Upper Saddle River, NJ: Prentice Hall.

Chaftetz, N., & Dworkin, A. G. (1986). *Female Revolt: Women's Movements in World and Historical Perspective.* Totowa, NJ: Rowman & Allanheld.

Dahlerup, D. (1986). *The New Women's Movement: Feminism and Political Power in the USA and Europe.* London: Sage Publications.

Daley, C., & Nolan, M. (1994). *Suffrage and Beyond: International Feminist Perspectives.* New York: New York University Press.

D'Amico, F., & Beckman, P. R. (1995). *Women in World Politics: An Introduction.* Westport, CT: Bergin & Garvey.

Davis, R. (1997). *Women and Power in Western Democracies.* Lincoln: University of Nebraska Press.

DeBeauvoir, S. (1952). *The Second Sex.* New York: Vintage Books.

Desai, N. (1988). *A Decade of Women's Movement in India.* Mumbai (Bombay), India: Himalaya Publishing House.

Gelb, J. (1989). *Feminism and Politics.* Berkeley and Los Angeles: University of California Press.

Henig, R., & Henig, S. (2000). *Women and Political Power: Europe since 1945.* London: Routledge.

Inglehart, R. (1990). *Cultural Shift in Advanced Industrial Society.* Princeton, NJ: Princeton University Press.

Kelly, R. (2001). *Gender, Globalization, and Democratization.* Lanham, MD: Rowman & Littlefield.

Meyer, M., & Prugl, E. (1999). *Gender Politics and Global Governance.* Lanham, MD: Rowman & Littlefield.

Myakayaka-Manzini, M. (n. d.). *Women Empowered: Women in Parliament in South Africa.* Retrieved July 20, 2004, from http://www.idea.int/women/parl/studies5a.htm

Nelson, B., & Chowdhury, N. (1994). *Women and Politics Worldwide.* New Haven, CT: Yale University Press.

Peters, J., & Wolper, A. (1995). *Women's Rights, Human Rights: International Feminist Perspectives.* New York: Routledge.

Pharr, S. (1981). *Political Women in Japan.* Berkeley and Los Angeles: University of California Press.

Rawkow, L., & Kramarae, C. (1990). *The Revolution in Words: Righting Women, 1868 - 1871.* New York: Routledge.

Rinaldo, P. M. (1992). *Trying to Change the World.* Briarcliff Manor, NY: DorPete Press.

Rupp, L. J. (1997). *World of Women: The Making of an International Women's Movement.* Princeton, NJ: Princeton University Press.

Smith, B. G. (2000). *Global Feminisms since 1945.* New York: Routledge.

United Nations. (2000). *The World's Women: Trends and Statistics.* New York: United Nations.

丹尼斯·约翰逊(Denise R. Johnson) 文

高照晶 译，刘文明 校

World Blocs—First, Second, Third, and Fourth
世界集团——第一、第二、第三、第四集团

2842 冷战分明地把世界分为两大集团：第一世界（美国和西欧）和第二世界（苏维埃社会主义共和国联盟及其盟国）。到 1950 年代中期，一些不结盟的发展中国家暂且称为第三世界。第四世界则意味着那些在世界上无国无权的原住民。

1946 年 3 月英国前首相温斯顿·丘吉尔宣称，一幅从波罗的海到亚得里亚海横贯欧洲大陆的"铁幕"已经降落下来。丘吉尔在美国的长篇演说中讲道，铁幕把原先的盟友分化为两个迥异的集团，即第一世界和第二世界。第一世界主要包括美国和西欧国家，它们保证遵守一种部分受到管制的市场资本主义，并且将在 1949 年形成对抗第二世界的北大西洋公约组织（NATO，简称北约）。

第二世界抵制市场资本主义，实行社会主义计划体制，且逐渐与最大的社会主义国家苏联联合在一起。"华沙、柏林、布拉格、维也纳、布达佩斯、贝尔格莱德、布加勒斯特和索菲亚，这些著名的城市及其人口无一不环绕在我必须称之为苏联势力范围的地方，一切不仅以这种或那种形式屈服于苏联的势力影响，而且还受到来自莫斯科日益增强的高压控制。"丘吉尔在密苏里州威斯敏斯特学院的演说中如是说（Churchill 1945）。作为对 1949 年北约成立的回应，1955 年苏联创立华沙条约组织，即与阿尔巴尼亚、保加利亚、捷克斯洛伐克、民主德国、匈牙利、波兰和罗马尼亚签订军事协定。

冷战

当 1946 年美国总统哈里·杜鲁门宣布支持土耳其和希腊的反共军队，当 1947 年美国 CIA 帮助意大利和法国的保守党在选举中打败了民众支持的共产党，当苏联将东欧国家的管理纳入自己的战略轨道，当 1948 年 6 月第二世界开始封锁柏林使很多人心生敌意时，第一和第二世界公开较量。在这场格斗中，杜鲁门的顾问伯纳德·巴鲁克使用"冷战"这一术语来描述，专栏作家沃特尔·李普曼将该术语推而广之。冷战界定了大多数人如何看待 1946 至 1991 年苏联解体这一时期：因核武器而加剧的东西方冲突，支配了这一至关重要的 50 年。

然而，"东西方的较量"（East-Western conflict）一词扭曲了冷战史，因为它好像将第一、第二世界的对抗置于平等的状态下。在 1968 年富有洞见的文章中，瑞典社会学家戈兰·瑟伯恩（Göran Therborn）把冷战描述为一场双方貌似平等地表现和经历着实则不平等的较量。尽管苏联和美国互相把对方视为平等的对手，但前者的经济基础远逊于后者。苏联历史以封建经济的解体为开端，不久受到内战的洗 2843
劫，而后又遭到纳粹战争机器凶残进攻的破坏。

第一世界的统治阶级把苏联的资源短缺与压迫当作一种教育性的有益工具来鞭策他们本国工人阶级的领导，这样第一世界在经济和政治基础上都优于第二世界。瑟伯恩进一步指出，不平等的冲突以平等的方式对抗，例如冷战；这只能大大加剧这种不平等。

第三世界

第一和第二世界仅占地球人口的约 1/3。

1963 年约翰·肯尼迪总统在人群簇拥下从台上俯视柏林墙，这是第一世界与第二世界之间冷战的顶峰。美国国家档案馆

那么在东西方圈外的 2/3 人口是怎样的呢？到 1950 年代中期，被殖民强国以这种或那种方式支配的多数人口，已经或正在争取赢得自身的独立。这些新兴国家把自身界定在冷战双方之外。1952 年法国人口学家阿尔伯特·索维（Albert Sauvy）创造了“第三世界”这一术语来指代这些国家集团。他明确地使用这一术语来唤起法国大革命，这场革命对于去殖民化进程是一种重要激励。1789 年之前，法国君主制将其顾问分为三个等级：第一等级是神职人员；第二等级是贵族；第三等级是中产阶级。在革命动乱时期，第三等级组成国民议会，由全体国民来管理。
2844 同样地，索维提出，第三世界应该说出自己的思想，寻找联合的基础，而后在世界事务的机制中占有自己的位置。这是第三世界的光明前景。

1955 年，29 个第三世界国家在印度尼西亚的万隆汇聚一堂，制定了一套方案替代冷战的两极分化。它们要求建立和平共存，摆脱殖民主义和不公正的世界，其中经济合作与发展是首要任务，政治与文化自由优先于公司权利。在万隆会议上，所有代表团无论支持还是反对共产主义，都在世界事务中发出了清晰的声音；这种声音拒绝顺从冷战带来的恐惧，拒绝一个或其他超级大国的要求。第三世界排斥“中立主义”（neutralist）一词，因为其带有弃权的意味；它们赞成如“不结盟”（nonaligned）等术语，以此表明它们支持对话与辩论，而不是以战争相威胁的手段来挽救人类现代性的前景。

第三世界的努力孕育了甚至可以说“产生了”(produced)联合国。1945 年在旧金山联合国成立大会上，拉丁美洲代表团坚持要求在宪章中全方位地申明人权。他们艰辛地为教育、工作、健康医疗和社会安全的申明而抗争。几个月后，在伦敦的联合国教科文组织成立大会上，印度和阿拉伯国家的第三世界代表团成功地令该组织制定了强有力的社会公正议程。在联合国内部，非洲-亚洲-阿拉伯集团(以及后来的拉丁美洲)在国际安全与冷战危机的辩论上为联合国大会提供了一种重要的势力均衡方案。在联合国论坛、万隆会议和不结盟运动会议(从 1961 年开始)上，第三世界反复强调核裁军的重要性。第三世界国家认为安理会的核偏见意味着联合国对核裁军存在制度上的偏见，这就是为什么它们致力于修改安理会成员国议事规则(和它的否决权制度)。最终，迫于第三世界的 77 国集团的压力，联合国有了以下事务的议程：社会与经济发展(联合国贸易和发展会议，U. N. Center on Trade and Development)、批判跨国公司(联合国跨国公司中心，U. N. Center for Transnational Corporations)、制定有关食品安全的国际政策(联合国粮食和农业组织，Food and Agricultural Organization)和其他类似事务。第三世界推动这些方针政策，帮助多边机构的成立，是现代世界的重要组成部分。

和第一、第二世界一样，第三世界与其说是 2845
一个地理实体，不如说是一个政治实体。用“第三世界”这一术语来指代贫穷与腐败是对它的一种曲解，因为它出现于 1950 年代和 1960 年代反殖民和反帝国主义的力量中。第三世界的议程没有达成，与第一、第二世界的顽固抵制和向前殖民强国(主要是第一世界)倾斜不公平的国际金融机制有莫大的关联，因为它涉及的是那些将自身视为第三世界的国家内部的各种问题。缺乏投资资金、缺少土地改革、缺乏体制的公正、没能处理好内部权力机制，都是第三世界政治进程受阻的因素。随着 1970 年代第三世界开始瓦解，很多国家欢迎国际贷款机构如国际货币基金组织和世界银行的投资。这些变革导致国家本位发展与第三世界权利议程

1955 年亚非会议期间印度尼西亚万隆独立大厦(Gedung Merdeka，英文 Independence Building)；29 个第三世界国家汇聚于此商议取代冷战两极格局的其他路径

的终结。

第四世界

1950 年代，在第三世界理念崩溃之前，那些并不坚守从第三世界议程中获益的人已开始提及第四世界的概念。1957 年天主教牧师约瑟夫·温兰辛克斯(Joseph Wrensinksi)在巴黎以"急难救助"(Aid to All Distress，法语 Aide à Toute Détresse)或 ATD 为宗旨举行集会。与索维一样，温兰辛克斯从法国大革命里寻找依据，当时法国的第四等级游离于政府体制之外，代表所有饱受贫困的人。对温兰辛克斯及其领导的 ATD 第四世界运动而言，第四世界代表那些生活在世界各个角落无钱无势的人。1974 年，

《纯真年代？一个阿富汗难民搬运工》(*Age of Innocence? An Afghan Refugee Porter*)，这张照片让人想起了那些代表第四世界的无家可归的和贫穷的人。纳西尔·汗(Nasir Khan)摄

加拿大不列颠哥伦比亚省的舒斯瓦普族人(Shuswap)首领乔治·曼纽尔(George Manuel)写过一本书，名为《第四世界》(*The Fourth World*)。在书中，作者把第四世界界定为世界上的原住民，他们不再有权利拥有自己的土地和其上的财产。曼纽尔笔下的世界上 1 200 万原住民，与温兰辛克斯眼中的国际贫穷者有重叠，但并不完全一致。曼纽尔把原住民本土性这一重要动力添加到讨论中，以确保数以百万计殖民主义和民族主义支配下的人口不会在迈向现代性的计划过程中被遗忘。

萨帕塔民族解放军(Zapatista Army for National Liberation，简称 EZLN)的副司令马科斯(Marcos)在贫穷的墨西哥恰帕斯州很活跃，他使用"第四次世界大战"(Fourth World War)这一术语来描述第四世界的生存状况。第三次世界大战是从 1946 至 1990 年的冷战。马科斯指出，冷战之后，地球上的全部资源被视为公共财产或托管给保留区的原住民，新自由主义占用这些资源已无任何阻碍。新自由主义力量想开发每一处资源以谋求利益。这场第四次世界大战不是国家之间的战争，而是公
司与人民之战。在 1999 年的演讲中，马科斯 2846
说道："在新自由主义者眼中，所有东西都是作为商品被销售、被开发。但是这些原住民走过来，说不，说大地是母亲，是文化的仓储，这里上演着历史，生活着死去的人们。极其荒诞之事不能登录在电脑中，不能列入股票交易。你不可能劝服他们回到本善，学会正常地思考。他们真不想这样做。他们甚至会揭竿起义。"随着《北美自由贸易协定》生效，1994 年萨帕塔民族解放军(EZLN)在恰帕斯起义，是第一次反对压迫第四世界的重要声音。但它不是单独行动，2003 年国际组织在恰帕斯州北部的坎昆市举行会议，确立国际贸易规则，它们不得不与由埃及、印度、巴西和南非领导的 12 个原第三世界国家(the G－12)谈判；后者要

求更加公平的体制——一种不仅对原第三世界，而且对第四世界内部也有利的机制。

既然第四世界的框架是一种政治理论，那么对它的界定就是政治上的，并具有争论性，它的未来也不能停留在冷静的分析计算上。我们应该观察第四世界是否按照一定轨道发展、第三世界是否重现，以及第一世界能否维持脆弱的联合。

进一步阅读书目：

Churchill, W.(1945). Sinews of Peace Address. Retrieved August 2, 2004, from http://www.hpol.org/churchill/

Hadjor, K.B.(1992). *Dictionary of Third World Terms*. New York: I.B. Tauris.

Hall, A.(2003). *The American Empire and the Fourth World: The Bowl with One Spoon* (McGill-Queen's Native and Northern Series No. 34). Montreal: McGill-Queen's University Press.

Kurian, G.T.(1992). *Encyclopedia of the Fourth World* (4th ed.). New York: Facts on File.

Manuel, G.(1974). *The Fourth World: An Indian Reality*. Don Mills, Canada: Collier-Macmillan Canada.

Marcos.(2003). *What are the Fundamental Characteristics of the Fourth World War?* (Irlandesa, Trans.). Retrieved August 2, 2004, from http://www.eco.utexas.edu/Homepages/Faculty/ Cleaver/MarcosFourthWorldWar.html

Prashad, V.(2005). *The Rise and Fall of the Third World*. New York: New Press.

Ryrie, W.(1999). *First World, Third World*. Houndmills, U.K.: Macmillan.

韦嘉·普瑞沙德(Vijay Prashad) 文

高照晶 译，刘文明 校

World History, Writing of　世界历史的书写

2847 世界历史是最古老、最持久和最具弹性的历史书写形式之一。多样性是其最显著的特征：运用不同时期和不同地点的史料，综合大量不同学科的方法，作者具有不同的背景、设想和世界秩序观，各种叙事风格和组织概念相结合。

世界历史不可能有一种简单的方法论定义，因为不同的世界历史在风格、结构、范围等方面都差异很大。而且，用来描述它的名称也种类繁多，包括“普世史”(universal history)、“普同史”(ecumenical history)、“地区史”“比较史”“世界体系史”“宏观史”“跨国史”“大历史”，以及“新世界史”和“新全球史”。然而，尽管术语不同，各种世界历史的目的都试图由以往的历史学家或人们给有意义的“世界”提供一种建构(由此也是一种指南)——“一个把存在或活动当作一个整体意义体系的领域”(Hughes-Warrington 2004)。因此，从这一意义上说，一切历史都是世界史。各种历史的差异在于试图建构世界的明确程度不同。

世界史的起源和古代普世史

通常被称为“历史之父”的希罗多德，也认识到了历史是理解世界的一种手段。希罗多德在其《历史》中对希腊军事和政治史的界定，在某种

程度上是通过将其与野蛮的“他者”区分开来而确定的，由此建立起了世界历史书写与现实所期待的世界秩序之间的关联。然而，对这一领域的研究通常是在较晚时候随着“普世史”风格体裁的出现而开始的。“普世史”至少具有四层含义：首先，它指已知世界或宇宙一种综合的，并且也许是统一的历史。其次，它是阐发被认为属于整个世界的真理、理想、原则的一种历史。第三，一种由各种单一思想成果结合起来而构成的世界的历史。第四，一种通过一直延续而传承下来的世界的历史。

通常认为，普世史的出现是由于希腊作家埃福罗斯（Ephorus，前 405—前 330）和马其顿的亚历山大征服引起的世界主义氛围。拉乌尔·毛特利（Raoul Mortley）也试图证明亚里士多德哲学对这一风格体裁出现的影响，但是，希腊文献幸存下来的不到 5%，使得要想做出一般性解释变得困难。此外，现存史书是否原本是普世史的一部分，这一点并不总是清楚的。例如，有评论者认为罗马统治时期的史学家阿里安（Arrian，约 92—180）的《亚历山大远征记》（*Anabasis Alexandri*）和《印度志》（*Indica*）原来是统一的整体。甚至何塞·米格尔·阿朗索-努涅斯（José Miguel Alonso-Núñez）认为最初的普世史学家是那些书写“始于人类开端并且是他们所知道的世界各地的历史”的人，这一比较保守的描述也成问题，因为它掩盖了那些编写传记作品的人（尤其是妇女）的贡献。尽管传记作品在时间和空间上都 2848
不详尽，但它试图阐明普世的社会、道德或政治原则。

海因里希·纽特曼（Heinrich Leutemann）的《希罗多德对集会的希腊人宣读其〈历史〉》（*Herodotus Reading His History to the Assembled Greeks*，约 1885）。希罗多德是公元前 5 世纪的希腊历史学家，他为历史书写确立了至今仍受认可的方法论

这一领域的任何历史都必须考虑到中国和伊斯兰教的大量普世史书写传统，它们至少可以分别追溯到公元前 3 世纪和公元 9 世纪。也很可能，普世史体裁既与口头的和成文的创世神话有关，也与自采集时代以来世界各民族讲述的初始故事有关。因此，普世史及随后的世界史不能简单地说是传播到了世界各地的西方文献形式。

古代的普世史书写往往在政治扩张运动之后出现繁荣，因为这时出现了编年表的标准体系，以及诸如基督教和伊斯兰教这种一神教的传播。作者们没有遵循一种单一的范本，他们的作品在范围、结构和世界视野方面差异很大。采用一种特定的普世史视角可能有许多原因，包括思想的和实用的原因。例如，波里比阿（Polybius，约前 203—前 120）和西西里的狄奥多罗斯（Diodorus，约前 90—前 21）

认为，把历史当作一个联结的整体来收集资料可以得到历史的真相。但是，波里比阿所做的是以观察罗马权力的散布为基础，而狄奥多罗斯则假想了一种普世的人类本性存在。

在不同的文化和宗教群体中，差异也很明显。例如，恺撒利亚的尤西比乌斯（Eusebius of Caesarea，约 263—339）、希波的圣奥古斯丁（St. Augustine of Hippo，354—430）、鲍罗斯·奥罗修斯（Paulus Orosius，活跃于 414—417）、弗雷森的主教奥托（Bishop Otto of Freising，约 1111—1158）都认为，上帝在世界上的创造和基督教取得胜利的历史分为 7 个阶段来叙述，这都改编自像约瑟夫斯·本·马提亚（Josephus ben Matthias）的《犹太古事记》（*Jewish Antiquities*，93）这样的犹太作品。像阿布·贾发·塔巴里（Abu Ja'far al-Tabari，约 839—923）这样的伊斯兰作家也把普世史看作由前后相继的时代构成，尽管他们常常是分 3 个而不是 7 个阶段，并且对事件的描述赋予未来审判的预言。而且，这些描述在某种程度上由于其解释框架出自“伊斯纳德”（*isnads*，连续传承链）而获得了普世史的地位。因此，对于大多数阿拔斯王朝的伊斯兰作者来说，普世史具有编年的和历史编纂的连续性。当然也有例外，例如阿布·哈桑·阿里·伊本·侯赛因·马苏第（Abu Al-husan ‘ali ibn Al-husayn Al Mas'udi，约 888－957）的《黄金草原与宝石矿》（*Muruj adh-dhahab wa ma'adin al-jawahir*）就得到了很高评价。后来的作者在叙述和方法论上避免了“伊斯纳德”的影响，而是以马苏第的方法为基础。例如，伊本·赫勒敦把哲学、地理学和社会理论结合在他的《世界通史》（*Kitab al-‘Ibar*）之中。

2849 以编年的方法编纂普世史也出现在中国，就像司马光（1019—1086）的《资治通鉴》所做的那样。然而，它是那种共时的、百科全书式的中国官修史书结构，与其他历史编纂传统不同。始撰于司马谈（卒于前 110 年）而成于司马迁的《史记》，班固（32—92）的《汉书》，陈寿（卒于 297 年）的《三国志》和范晔（398—445）的《后汉书》，这最初的 4 部官史确立起了历史编纂的一种 4 分结构：本纪、表、书和列传。每部书的第一部分是记载皇室的大事，第二部分按月份记载官府的事件，第三部分涉及广泛的活动，第四部分描述具有德行的著名人物和集体传记。虽然有所修改，但这种结构一直沿用到官修史书《清史稿》。

互动、交流与普世史

采集和农耕时代思想文化、经济及社会政

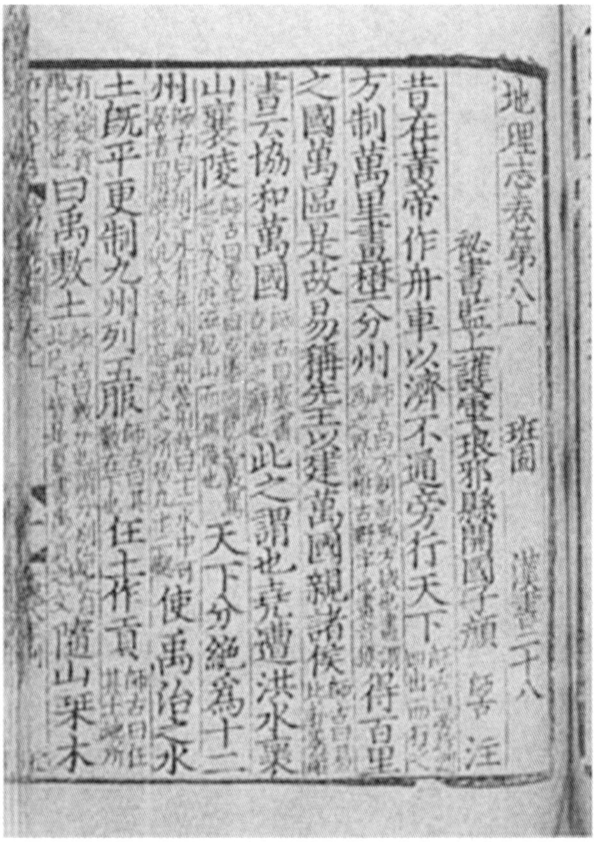
地理志卷第八上 漢書二十八
秘書監上護軍琅邪縣開國子顏師古注 班固
昔在黃帝作舟車以濟不通旁行天下
方制萬里畫野分州 得百里
之國萬區是故易稱先王以建萬國親諸侯
書云協和萬國 此之謂也堯遭洪水褱
山襄陵 天下分絕爲十二
州 使禹治之水
土既平更制九州列五服 任土作貢
曰禹敷土 隨山栞木

班固《汉书》中的一页

治网络的发展，推动人们对普世史（以及后来的世界史）视角进行捍卫、扩大和修正。对于新近相遇的民族，开始用标签和分类方法分别给予尊重、收容或征服。例如，在许多欧洲的普世史中，种族和性别的类型用于这样的描述：女人气的东方停滞不前，男子气的西方进步完善。一些作者用其他文化来批评自身的文化：例如伏尔泰（1694—1778）在《风俗论》（一部论普世史的著作）中用中国历史强调基督教欧洲的蒙昧、迷信和无理性。也可以在欧洲之外找到相应的例子，如魏源（1794—1856）在《海国图志》中基于“师夷长技以制夷”的观点对欧洲和中国的历史道路进行了比较。普世史也用来促进特定社会群体的利益和理想：如菲利普·梅兰希通（Philip Melancthon，1497—1560）和主教雅克-贝尼格尼·鲍修埃（Jacques-Bénigne Bossuet，1627—1704）把普世史看作是维护基督教信仰的极好手段。克里斯蒂娜·德·皮桑（Christine de Pizan）在《女士之城》（*The City of Ladies*）中促进了一种不同的事业，她讲述了一种女战士、贤妻、圣女的等级化普世史，以使女性读者去追求女性美德之城。另一方面，约瑟夫·史威特南（Joseph Swetnam）在其小册子《审讯放荡不羁的女人》（*The Arraignment of Lewd, Idle and Forward Women*，1615）中声称，女人正如在犹太-基督教创世故事中是由肋骨造成的，因此“天生就没有正形”。

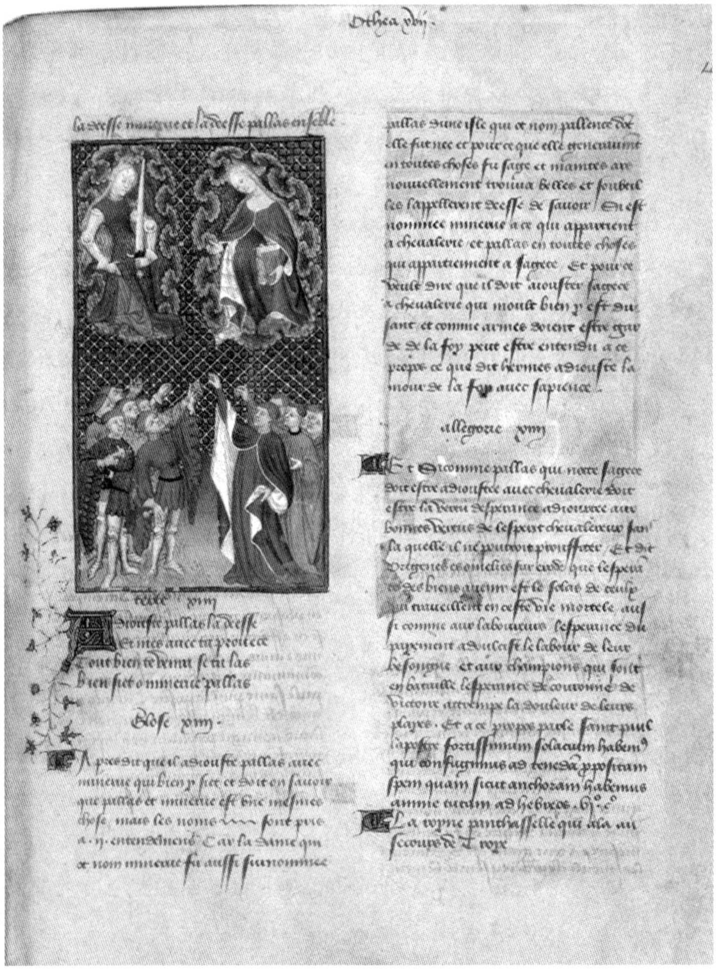

克里斯蒂娜·德·皮桑的《女士之城》（1405）中的一页。皮桑希望她那由女战士、贤妻、圣女构成的“城市”，能够赋予中世纪妇女以权利并对抗性别歧视和厌女观

在 15 世纪欧洲印刷术得 2850
到改进以后，普世史著作数量激增。对于许多作者来说，越来越需要确定普世史研究、书写和阅读的适当方式。例如，让·博丹（Jean Bodin，1530—1596）在《易于理解历史的方法》（*Method for the Easy Comprehension of History*）中进一步认为，普世史的逻辑顺序是编年的，从一般到具体，从欧洲向外到已知世界的其他地区。在他看来，“错误的顺序”会削弱智力。相反，克里斯托弗·塞勒里乌斯（Christopher Cellarius）则主张把历史分为“古代”“中世纪”和“新时期”三个阶段。

哲学转向

整个 17 世纪，更多普世

史学家努力为历史确立起一种“科学的”或“哲学的”基础。但这些术语在各地含义不同。例如在苏格兰，弗朗西斯·哈奇森、亚当·斯密、亚
2851 当·弗格森、约翰·米勒、威廉·罗伯逊、杜加德·史都华、大卫·休谟等“臆测的历史学家”，致力于解释人类社交性的起源——一种不仅可以说明人类社群而且可以说明人类进步的“道德意识”。另一方面，意大利学者詹巴蒂斯塔·维柯把拉丁语、罗马法、荷马史诗看作对国家历史进程进行“科学”研究的切入点。丰特内勒、埃蒂耶纳·博诺·德·孔狄亚克、孔多塞侯爵、安纳-罗伯特-雅克·德·杜尔哥、让·埃蒂耶纳·蒙蒂克拉等法国历史学家，探寻从最初的野蛮时期开始，一直到启蒙时期的高度“文明”的“人类精神”或思想的历史。在德国，约翰·戈特弗里德·赫尔德采取一种有机的观点，把文化特色按照童年、少年、成年、老年来排列。伊曼纽

1962年威廉·麦克尼尔在将《西方的兴起》(1963)手稿交给芝加哥大学出版社之前拿着这些手稿。麦克尼尔常被认为是20世纪世界历史研究的开创性人物

尔·康德在人类的“非社会的社会性”的漫长历史中寻找理性。利奥波德·冯·兰克在世界文化中寻找“神圣图画文字”或上帝的标记。格奥尔格·威廉·弗里德里希·黑格尔判定“自由意识的进步”在世界历史中从东方到西方的移动。到19世纪，卡尔·马克思把黑格尔的哲学方案颠倒了过来，提出生活的物质条件塑造了人类自由，而不是相反。中国的历史学家，包括郭嵩焘、薛福成、王韬、严复、梁启超，也日益将世界历史看作一种争取技术优势的叙事。

大众阅读的兴起

为大众消费而设计的普世史也产生了。读者、评论者和出版者要求具有道德教益的作品，这促进了具有公开说教性的文本的出版，而且常常以传记体编目形式出现。这种书在中产阶级妇女中特别受欢迎，因为这些书旨在描述一个女人充当男人贤内助的世界秩序，这正是她们所需要的书。著名的例子包括玛丽·海(Mary Hay)的《妇女传或古今各国杰出妇女回忆录》(*Female Biography, or Memoirs of Illustrious and Celebrated Women, of all Ages and Countries*, 1803)，露西·艾金(Lucy Aikin)的《妇女书信集，以各种诗歌展现不同时代和国家中她们的品性和状况》(*Epistles on Women, Exemplifying Their Character and Condition in Various Ages and Nations with Miscellaneous Poems*, 1801)，安娜·詹姆森(Anna Jameson)的《杰出女王传》(*Memoirs of Celebrated Female Sovereigns*, 1832)，洛尔·朱诺(Laure Junot)的《著名妇女回忆录》(*Memoirs of Celebrated Women*, 1834)，玛丽·伊丽莎白·翰威特(Mary Elizabeth Hewitt)的《历史上的女英雄》(*Heroines of History*, 1852)，莎拉·约瑟法·黑尔(Sarah Josepha Hale)的《妇女的记录》(*Woman's Record*, 1853)，玛丽·考登·克

唯一的善是知识，唯一的恶是无知。

——希罗多德（Herodotus，约前484—前430/420）

拉克（Mary Cowden Clarke）的《世界著名妇女》（*World-Noted Women*，1858），莎拉·斯特里克利·埃利斯（Sarah Strickley Ellis）的《伟人的母亲》（*The Mothers of Great Men*，1859），克拉
2852 拉·贝尔福（Clara Balfour）的《值得仿效的妇女》（*Women Worth Emulating*，1877）。虽然这些著作由于方法论的贫乏而时常受到冷落，但其中许多书充当了女权主义和改革主义思想的宣传渠道。例如，吕底亚·玛丽亚·柴尔德（Lydia Maria Child）的《不同时代和国家的妇女地位史》（*The History of the Condition of Women, in Various Ages and Nations*，1835），由于反对奴隶制和支持妇女选举权而变得重要。

一种原型世界史？

从18世纪起，随着历史教学、研究和书写的职业化，关于普世史的观念被认为与专门的国家研究越来越不合拍了。虽然通过撰写多作者、多卷本的普世史概要或百科全书取得了一些调适，但这也反过来促使韦尔斯（G. H. Wells，1866—1946）把世界史部分地定义为“只有当所有主题都通过一个大脑思考时才能获得的统一呈现”。许多历史编纂的评论者认为，韦尔斯的努力类似于卡纽特（Canute）对抗潮流的努力。在他们看来，普世史是一种原型世界史；在20世纪，严谨的分析形式和更注重原始证据取代了抽象思考，因此它被放在了一边。然而，普世史以各种形式幸存了下来，例如历史哲学（如雷蒙·阿隆1961年的《普世史的黎明》[*The Dawn of Universal History*]，丹尼尔·丹尼特2002年的《自由的演进》[*Freedom Evolves*]，概述1963年联合国教科文组织的《人类史》[*History of Humankind*]），“大历史”分支领域中科学与历史的融合（弗雷德·斯皮尔1996年的《大历史的结构》[*The Structure of Big History*]，大卫·克里斯蒂安2004年的《时间地图》[*Maps of Time*]），当然，还有百科全书之类的著作。

普世史并没有在20世纪消失，它只是成了日益称之为“世界史”的众多书写方法之一。与韦尔斯的《世界史纲》（*Outline of History*）大致同时代的还有奥斯瓦尔德·斯宾格勒的《西方的没落》（*The Decline of the West*，1918—1922），西格蒙德·弗洛伊德的《文明及其不满》（*Civilization and Its Discontents*，1930），阿诺德·汤因比的《历史研究》（*A Study of History*，1932—1961），贾瓦哈拉尔·尼赫鲁（Jawaharlal Nehru）的《世界历史一瞥》（*Glimpses of World History*，1934），路易·芒福德（Lewis Mumford）的《技术与文明》（*Technics and Civilization*，1934），戈登·柴尔德（V. Gordon Childe）的《人类创造自身》（*Man Makes Himself*，1936），皮提雷姆·索罗金（Pitirim A. Sorokin）的《社会和文化的动力》（*Social and Cultural Dynamics*，1937），诺伯特·埃利亚斯（Norbert Elias）的《文明的进程》（*The Civilizing Process*，1939），何塞·卡尔·波兰尼的《大转型》（*The Great Transformation*，1944），玛丽·里特·比尔德（Mary Ritter Beard）的《历史上作为一种力量的妇女》（*Woman as Force in History*，1948），卡尔·雅斯贝斯的《历史的起源与目标》（*The Origin and Goal of History*，1947），何塞·奥尔特加·伊·加塞特（José Ortega y Gasset）的《普世史诠释》（*An Interpretation of Universal History*，1949），克里斯托弗·道森的《世界历史的动力》（*The Dynamics of World History*，1956）。尽管他们关注广泛，包括心理学、宗教、政治、哲学、社会学、文化、考古学的和技术的问题，但贯穿这些著作的共同兴趣是文明的轨迹。例如，斯宾格勒认为，西方文明是“浮士德式的”，因为其人民的无限抱负很可能走向了衰落。同样，当汤因比

着手撰写《历史研究》时，他在西方文明中发现了一些自杀倾向。但是，当他在撰写12卷中的第6卷时，他修正了他的看法，得出结论认为未来将会是一个普世教会的时代，或是无私或同情的时代。

现代化、依附论和世界体系分析

现代化学者的著作对“现代”或“西方”文明也提供了一种更乐观的评估：他们对西方的历史发展道路特别感兴趣，认为它可以用于研究和促进“发展中”世界的发展。对现代化分析做了重要贡献的有：罗斯托（W. W. Rostow）的《这一切是怎么开始的：现代经济的起源》（*How It All Began: Origins of the Modern Economy*, 1975），西里尔·布莱克（Cyril Black）的《现代化的动力：一个比较历史的研究》（*The Dynamics of Modernization: A Study in Comparative History*, 1966），莱因哈特·本迪克斯（Reinhard Bendix）的《国家建设与公民权》（*Nation-Building and Citizenship*, 1977），琼斯（E. L. Jones）的《欧洲的奇迹：欧洲和亚洲历史上的环境、经济和地缘政治》（*The European Miracle: Environments, Economies, and Geopolitics in the History of Europe and Asia*, 1986）。

2853 但有一个完全不同的新马克思主义学者群体不同意这种看法，他们指出现代化学者不能解释拉丁美洲的经济发展，并提出了一种替代的理论：依附论及后来的世界体系理论。现代化学者关注的是特定文明的内部特征；而依附论和世界体系理论则强调对经济网络和政治交易的研究，尤其是角色、功能、权力的不平等分配造成了依附状态。依附论首先在拉丁美洲学者的著作中发展起来，例如保罗·巴兰（Paul Baran）的《增长的政治经济学》（*The Political Economy of Growth*, 1957），然后这一理论因安德烈·贡德·弗兰克（Andre Gunder Frank）的著作而闻名全球，包括他的《世界积累：1492—1789》（*World Accumulation, 1492－1789*, 1978）和《依附性积累和低度发展》（*Dependent Accumulation and Underdevelopment*, 1979）。反过来，弗兰克的著作又影响了伊曼纽尔·沃勒斯坦在其3卷本的《现代世界体系》（*The Modern World System*, 1974—1989）和《资本主义历史》（*Historical Capitalism*, 1983）等一系列著作中进一步阐述了世界体系理论。在《现代世界体系》中他提出，体系起源于15世纪欧洲，由“核心”（发达工业国家）、“边缘”（从事原料生产的弱国）、“半边缘”（介于中间的国家）构成。

世界体系分析由一系列方法论结合而成，包括：人类学（埃里克·沃尔夫[Eric Wolf]：《欧洲与没有历史的人民》[*Europe and the People without History*]，1982），考古学（卡德里亚斯主编：《实践中的世界体系理论：领导权、生产和交换》[*World-Systems Theory in Practice: Leadership, Production, and Exchange*]，1999），地理学（保罗·诺克斯和彼得·泰勒：《世界体系中的城市》[*World Cities in a World-System*]，1995），文化史（约翰·奥伯特·沃尔：《作为一个特定世界体系的伊斯兰世界》，载《世界史杂志》，1994）。随着列夫顿·斯塔夫里阿诺斯（《全球分裂》[*Global Rift*]，1981）、珍妮特·阿布-卢格霍德（《欧洲霸权之前》[*After European Hegemony*]，1989）、弗兰克（《白银资本》[*ReOrient*]，1997）、弗兰克和巴里·吉尔斯（《世界体系：500年还是5000年?》[*The World System: Five Hundred Years or Five Thousand?*]，1993）、克里斯托弗·蔡斯-邓恩和托马斯·豪尔（《资本主义世界之前的核心、边缘关系》[*Core/Periphery Relations in Precapitalist Worlds*]，1991）等对7 000年前的非洲-欧洲交换体系进行探讨，世界体系研究的范围和广度又得到了扩展。

转向关系

后殖民学者也修改了依附论和世界体系理论。首先引起世界史学者注意的是爱德华·萨义德《东方主义》(1978)的出版,后殖民理论以文化分析加强了对殖民主义进行政治和经济的批评。表述和语言对于"他者"的建构非常重要:例如,马歇尔·霍奇森(Marshall Hodgson)(《世界历史再思考》[*Rethinking World History*],1993)、迪佩什·查卡拉巴提(Dipesh Chakrabarty)(《地方化欧洲》[*Provincializing Europe*],2000)和拉纳吉特·古哈(Ranajit Guha)(《作为有限世界史的历史》[*History at the Limit of World History*],2003)认为,世界史的语言、概念、分期和结构可以最小化,甚至可以掩盖那些西方"之外"的历史活动。对后殖民主题感兴趣的世界史学者,如迈克尔·亚达斯(Michael Adas)(《伊斯兰教和欧洲扩张》[*Islamic and European Expansion*],1993)和玛格丽特·斯特罗贝尔(Margaret Strobel)(《性别、性和帝国》[*Gender, Sex, and Empire*],1993),试图不再以殖民化主体的经验为依据,而是承认种族、阶级、民族、宗教、性活动、认知、社会、政治、经济的分层及性别关系的特性。

依附论、世界体系和后殖民的世界史,构成了20世纪广泛转向全球各民族间关系研究的一部分。这种转变从麦克尼尔漫长的职业生涯中清晰可辨,他被当作20世纪世界史研究的中心或"先辈"人物。虽然传播的主题塑造了其主要的世界史著作《西方的兴起》,但他对世界历史互动网络兴趣的深度和广度,更多地体现在其《瘟疫与人》(*Plagues and Peoples*,1976)、《竞逐权力》(*The Pursuit of Power*,1982)、《团结起来》(*Keeping Together in Time*,1990)和《人类之网》(*The Human Web*,2003,与J. R. 麦克尼尔合著)中。人类在全球范围内的大规模互动,也是新全球史研究的主题。像布鲁斯·马兹利什(Bruce Mazlish)和拉尔夫·布尔津斯(Ralph Buultjens,《概念化全球史》[*Conceptualizing Global History*],1993),安东尼·霍普金斯(Anthony Hopkins,《世界历史上的全球化》[*Globalization in World History*],2001),罗兰·罗伯逊(Roland Robertson,《全球化》[*Globalization*],1992),曼纽尔·卡斯特(Manuel Castells,《信息时代》[*The Information Age*],1996—1998),阿尔君·阿帕杜莱(Arjun Appadurai,《消散的现代性》[*Modernity at Large*],1996)这些新全球史学家,以经济学、人类学、政治学、文化的证据来追踪20世纪进程中的全球化现象——一个整体的人为地球的出现。 2854

跨国史、比较史、新帝国史和新世界史的历史学者也对人类互动感兴趣,但他们的著作所关注的空间和时间的范围都比其他世界史学者小。出现这种压缩的诸多原因中,其中之一可以从以下看法得到解释:最近史料的爆炸性增加要求进行大范围的综合,后现代和后殖民的学者认为大范围叙事是表述文化帝国主义的手段。这些作者特别感兴趣的现象包括:政府间组织、国际主义运动、技术交流和传播、移民和流散族群、文化杂交、跨国公司等。例如,费尔南·布罗代尔(《菲利普二世时代的地中海和地中海世界》[*The Mediterranean and the Mediterranean World in the Era of Philip II*],1949),菲利普·柯丁(《大西洋奴隶贸易》[*The Atlantic Slave Trade*],1969;《种植园综合体的兴衰》[*The Rise and Fall of the Plantation Complex*],1990;《世界历史上的跨文化贸易》[*Cross-Cultural Trade in World History*],1984),尼尔斯·斯蒂恩加德(Niels Steensgard,《17世纪的亚洲贸易革命》[*The Asian Trade Revolution of the Seventeenth Century*],1974),乔杜里(K. N. Chaudhuri,《印度洋的贸易和文明》[*Trade and Civilisation in the Indian

Ocean]，1985；《欧洲之前的亚洲》[*Asia before Europe*]，1990)，埃里克·琼斯、莱昂内尔·弗罗斯特(Lionel Frost)和科林·怀特(Colin White，《形成圆圈》[*Coming Full Circle*]，1993)，约翰·桑顿(John Thornton，《1400—1680年大西洋世界形成中的非洲和非洲人》[*Africa and Africans in the Making of the Atlantic World, 1400－1680*]，1992)，亚当·麦基翁(Adam Mckeown，《中国移民网络》[*Chinese Migrant Networks*]，2001)等，分析了以地中海、印度洋、大西洋和太平洋区域为中心的贸易和文化流散族群。

世界历史视野的扩大

研究妇女史和性别史的世界史学者也关注权力关系。性别史不是妇女的历史，而是研究被建构的性别之间的不同关系。例如，米歇尔·福柯注意到了从古代到现代历史上"性活动"的变化形态(《性史》[*The History of Sexuality*]，1976—1984)，艾达·布洛姆(Ida Blom)论证了不同的性别制度如何塑造了人们对民族国家的理解(《作为性别史的世界史》["World History as Gender History"]，in Dunn，2000，446－461)。最近，玛莉莲·莫里斯(Marilyn Morris，《性别考察》["Sexing the Survey"]，*World History Bulletin*，1998)、梅里·韦斯纳-汉克斯(Merry Weisner-Hanks，《历史中的性别》[*Gender in History*]，2001)和朱迪思·津泽(Judith Zinsser，《性别》["Gender"]，in Hughes-Warrington，2004)开始关注世界历史书写中的性别问题，认为一些概念、叙述方式甚至分期框架会忽视许多女性和男性的经历。

20世纪下半叶，世界史学者也对以下现象越来越感兴趣：有机和无机环境既塑造了人类活动，同时也被人类活动所塑造。例如，贾雷德·戴蒙德(Jared Diamond)考察了环境因素在"发展中的"和"发达的"世界之间出现分化中的作用(《枪炮、病菌和钢铁》[*Guns, Germs and Steel*]，1998)，布莱恩·法根(Brian Fagan)探讨了厄尔尼诺等气候现象在塑造历史事件中的作用(《洪水、饥荒和皇帝》[*Floods, Famines and Emperors*]，2001)。与此相反，迈克·戴维斯(Mike Davis)强调殖民国家对厄尔尼诺现象进行机会性利用而建立起了世界市场经济(《维多利亚晚期的活动》[*Late Victorian Holocausts*]，2001)，约翰·麦克尼尔概述了人们日益意识到人类活动对地球的影响——从地球土壤层(地球陆地部分的地壳、岩石和土壤)到同温层的影响(《阳光下的新事物》[*Something New Under the Sun*]，2000)。一些作者利用自然科学中的概念模式和理论来解释历史变迁：例如，罗伯特·莱特(Robert Wright)在《非零》(*Nonzero*，2000)中参照了博弈论；史蒂芬·古尔德(Stephen J. Gould，《奇妙的生命》[*Wonderful Life*]，1989)和默里·盖尔·曼(Murray Gell Mann，《夸克与美洲豹》[*The Quark and the Jaguar*]，1994)对进化是否意味着更复杂持不同看法；埃里克·柴森(Eric Chaisson)探讨了从大爆炸到人类进化过程中日益增加的能量流(《宇宙的演变》[*Cosmic Evolution*]，2000)。更极端的是像多雷昂·萨甘和林恩·马古利斯(Dorion Sagan and Lynn Margulis，《微观世界》[*Microcosmos*]，1986)这样的作者，甚至质疑人类行动的特权，赞成一种以细胞为中心的世界史。 2855

专业的和通俗的世界历史

20世纪出现了世界历史的组织、杂志、会议、网络论坛和教学，这一领域不会并且可能将来也不会仅仅引起受过训练的专业人员的兴趣。许多作者为世界上的非专业读者撰写世界历史著作，约翰·罗伯茨(John M. Roberts，《新企鹅世界史》[*The New Penguin History of the World*]，2003)和马克·克伦斯基(Mark Kurlansky，《盐的世界史》[*Salt：A World History*]，2002)就是其中两位。世界历史现在而且将来可能继续会以多样性为特征：首先，利用不同时间和地方的资料；其次，广泛采用其他学科的许多方法；第三，由各种背景、设想和世界秩序的作者撰写；最后，结合了各种叙事风格和组织概念。因此，有理由将这种历史称为"各种世界历史"(World histories)而不是"世界历史"(world history)。

进一步阅读书目：

Alonso-Núñez, J.M.(1990). The Emergence of Universal Historiography from the 4th to the 2nd Centuries BC. In H. Verdin, G. Schepens, & E. de Keyser (Eds.), *Purposes of History in Greek Historiography from the Fourth to the Second Centuries BC*. Leuven, Belgium: Orientaliste.

Alonso-Núñez, J.M.(2001). *The Idea of Universal History in Greece: From Herodotus to the Age of Augustus*. Amsterdam: JC Gieben.

Bentley, J.(1996). *Shapes of World History in Twentieth-century Scholarship*. Washington, DC: American Historical Association.

Breisach, E.(1994). *Historiography: Ancient, Medieval and Modern*. Chicago: University of Chicago Press.

Burke, P.(1985). European Views of World History from Giovo to Voltaire. *History of European Ideas, 6*(3), 237-251.

Chakrabarty, D.(2000). *Provincializing Europe: Postcolonial Thought and Historical Difference*. Princeton, NJ: Princeton University Press.

Clarke, K.(1999). *Between Geography and History: Hellenistic Constructions of the Roman World*. Oxford, U.K.: Oxford University Press.

Costello, P.(1994). *World Historians and Their Goals: Twentieth Century Answers to Modernism*. DeKalb: Northern Illinois University Press.

Dirlik, A., Bahl, V., & Gran, P. (Eds.).(2000). *History after the Three Worlds: Post-Eurocentric Historiography*. Lanham, MD: Rowman and Littlefield.

Dumont, G.-H.(2001). *UNESCO History of Humanity: Description of the Project*. Retrieved July 5, 2004, from http://www.unesco.org/culture/humanity/html_eng.projet.html

Dunn, R. (Ed.).(2000). *The New World History: A Teacher's Companion*. New York: St. Martin's Press.

Geyer, M., & Bright, C.(1987). World History in a Global Age. *American Historical Review, 100*, 1034-1060.

Guha, R.(2002). *History at the Limit of World-history*. New York: Columbia University Press.

Hegel, G.W.F.(1956). *The Philosophy of History* (J. Sibree, Trans.). New York: Dover.

Hodgson, M.(1993). *Rethinking World History: Essays on Europe, Islam and World History* (E. Burke III, Ed.). Cambridge, U.K.: Cambridge University Press.

Hughes, J.D.(2002). *An Environmental History of the World*. London: Routledge.

Hughes-Warrington, M.(2002). Big History. *Historically Speaking, 4*(2), 16-17, 20.

Hughes-Warrington, M. (Ed.).(2004). *World Histories*. London: Palgrave Macmillan.

Hughes-Warrington, M.(2005). World History. In M. Spongberg, B. Caine, & A. Curthoys (Eds.), *The Palgrave Companion to Women's Historical Writing*. London: Palgrave Macmillan.

Manning, P.(2003). *Navigating World History: Historians Create a Global Past*. New York: Palgrave. 2856

Mazlish, B., & Buultjens, R. (Eds.).(1993) *Conceptualizing Global History*. Boulder, CO: Westview.

Momigliano, A.(1978). Greek Historiography. *History and Theory, 17*(1), 1-28.

Mortley, R.(1996). *The Idea of Universal History from Hellenistic Philosophy to Early Christian Historiography*. Lewiston, NY: Edwin Mellon.

Pomper, P., Elphick, R., & Vann, R. (Eds.).(1998). *World History: Ideologies, Structures, Identities*. Malden, MA: Blackwell.

Robinson, C.(2003). *Islamic Historiography*. Cambridge, U.K.: Cambridge University Press.

Schneide, A., & Schwierdrzik, S. W. (Eds.). (1996). Chinese Historiography in Comparative Perspective [Special Issue]. *History and Theory, 35*(4).

Steensgaard, N. (1973). Universal History for Our Times. *Journal of Modern History, 45*, 72 - 82.

Stuchtey, B., & Fuchs, E. (Eds.). (2003). *Writing World History 1800 - 2000*. Oxford, U.K.: Oxford University Press.

Wells, H.G. (1920). *The Outline of History*. London: George Newnes.

World History Connected. (2009). Retrieved April 28, 2010, from http://worldhistoryconnected.press.illinois.edu/

玛尔妮·休-沃林顿(Marnie Hughes-Warrington) 文

刘凌寒 译,刘文明 校

World War I 第一次世界大战

2857 作为 19 世纪欧洲帝国主义、局部战争和对抗集团所带来的不可避免的结果,第一次世界大战影响至深。它改变了欧洲的领土边界,摧毁了三大帝国。等级特权与性别歧视的观念开始松动,政治意识形态变得激进,国际战争债务导致了可怕的战后经济状况。

第一次世界大战(1914—1918)达到帝国主义竞争阶段的高潮。战争最深层的原因在于欧洲主要强国为控制 19 世纪后期欧洲新占领的领土(尤其是非洲、亚洲和太平洋地区)而争夺不休。这种紧张关系还与它们之间的军备竞赛和工业发展的普遍竞争意识有关。19 世纪中叶经济自由主义时期的衰退,代之以关税体制竞争时期的来临。1914 年之前的 20 年间大国竞争引发了一系列局部战争和外交危机。部分冲突反映了全球竞争,比如苏丹的法绍达危机(1898)、南非战争(1899—1902)、日俄战争(1904—1906)、摩洛哥危机(1905 和 1911)和意大利入侵利比亚(1911)。大国竞争反映了东南欧存在已久的紧张局势,如奥地利吞并波斯尼亚-黑塞哥维那(1908—1909)。这些紧张局势又反过来巩固了欧洲已然分裂的竞争对手集团与俄国、法国和英国之间的结盟体系(三国协约),而德国、奥地利-匈牙利和意大利联结于另一结盟体系(三国同盟)。

某些破坏性的政治和经济学说也诱发了不同学者的观点。社会达尔文主义和地理政治学理论宣称控制资源的战争不可避免,使得许多人接受武装冲突的观念。政治压力集团和新式廉价报纸宣扬帝国主义和军国主义价值观。疾速工业化使国内政治紧张局势进一步恶化,尤其是在德国和俄国内部,这也诱使反动分子将胜利的短期战争视为转嫁改革或革命运动的手段。

另一方面,世界上当时也存在着消解战争的力量。自由主义和社会主义的国际主义者要求以自由贸易或工人阶级的团结来促进和平。主要强国之间经济依存度日趋增加,导致许多人认为战争不可能爆发。一些人希望 1899 和 1907 年召开的两次海牙和平会议是在表明新的国际秩序正在形成。

战争本身起源于欧洲。1914 年 6 月 28 日,奥匈帝国王位继承人弗朗茨·斐迪南大公在波斯尼亚的萨拉热窝被塞尔维亚民族主义者刺杀。奥匈帝国政府决定借端对其东南欧的对手塞尔维亚进行军事制裁。纵然塞尔维亚之耻有卷入更大范围战争的危险，但德国承诺给予其军事援助。7 月 23 日奥匈帝国向塞尔维亚发出
2858 最后通牒，要求严厉制裁该国极端民族主义者。7 月 26 日俄国政府以同样强势之态度表现出支持塞尔维亚，并发布“战争准备期”的命令。随后一周的一系列外交事件加速了局部战争（塞尔维亚与奥匈帝国之间）上升为大陆战争（一边是德国和奥匈帝国，一边是俄国和法国），最后演变为一场世界大战（英国对德国宣战）。双方均犯了毁灭和平希望的错误。德国首脑在迫切开战与和谈解决之间摇摆不定，未能在其盟友奥匈帝国问题上调停成功。同样，英国和法国也没能劝阻俄国仓促行动，总是把保护其同盟体系作为头等大事。7 月 30 日俄国鲁莽地宣布全国总动员。德国错误地认为英国将保持中立，分别于 8 月 1 日和 3 日急于向俄国与法国宣战，并且于 3 日入侵保持中立的比利时。英国被德国的入侵激怒而不安，决定保持其反对主要帝国及商业对手所结成的英比同盟，8 月 4 日，英国对德国宣战。

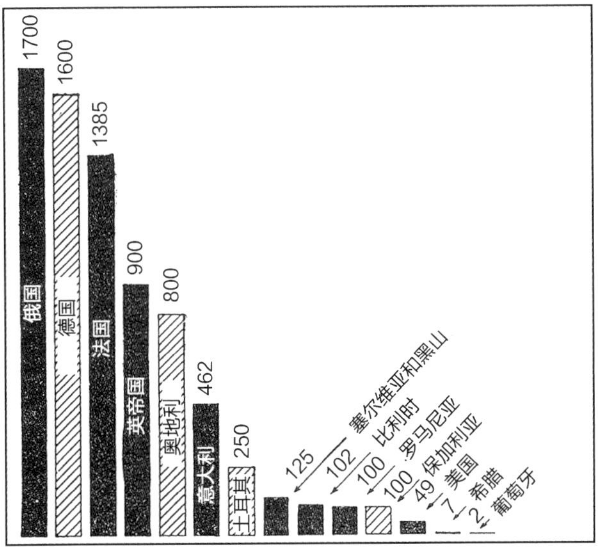

该图表显示的是第一次世界大战期间各国的战场阵亡人数（以千为单位）。很多人希望国际联盟维护和平的努力能阻止未来灾难性的战争伤亡

没有速胜

前 3 个月的战事以速决战为特征，然而，在早期战役中，发动进攻的国家未能取得速胜。在西线，1914 年 9 月德国入侵比利时和法国，在法国的马恩河战役中受阻。在东线，8 月下旬俄国入侵东普鲁士，因坦能堡（Tannenberg）会战受阻。11 月在比利时打响的第一次伊普尔战役，在西线形成一条绵亘的战壕线，战争呈胶着状态。此时战争已升级为全球性战争。日本 8 月加入协约国作战，以获得德国在太平洋和中国所占有的权益。11 月土耳其希望损害其宿敌俄国的利益而肥己，最终加入轴心国（德国和奥匈帝国）。在此次大战前 3 个月里，英国及其帝国主义盟友征服了德国殖民帝国的大片领土。

1915 年的惊骇之事多种多样。在土耳其，由战争引起的种种暴行中最骇人听闻的惨况发生了：亚美尼亚人经历了奥斯曼帝国对其蓄意的种族灭绝。在西线，英法联军发动的一系列进攻未能击退德国军队。同样，土耳其在 4 月击溃了协约国通过登陆加利波利来控制达达尼尔海峡的进攻，英法联军于 12 月撤退。5 月，意大利在诱使下投向协约国一方参战，但未取得任何军事突破。在东线，德国和奥匈帝国的作战更显成功。夏季，俄属波兰被占领。9 月，保加利亚加入轴心国一方参战。随后德国领导的在塞尔维亚的进攻也很成功。10 月协约国停止了从希腊的萨洛尼卡发动的反攻，英国军队也从巴格达撤退。虽然“世界地图”有利于轴心国，但协约国发动的经济战争相当成功。1915 年 3 月英国决定对德国进行经济封锁，这逐渐削弱了德国的力量。

大规模的消耗战，即以物资消耗为基 2859
础的战争，是 1916 年战事的特征。在西线，德国企图夺取法国的凡尔登（2 月至 7

月），英国在法国的索姆河发起反击（7 月至 11 月），均以消耗巨大的惨败告终。8 月，罗马尼亚加入协约国一方参战，但很快被德国军队侵占。俄国在奥匈帝国加利西亚省的进攻较为成功（6 月至 8 月）。5 月英德舰队在丹麦日德兰半岛附近开展的大规模海战虽然并非决定性战役，但是此后德国舰艇无法冲破英国的海面封锁。此外，德国被迫减少潜水艇对大西洋商船的拦截，以对美国的压力做出回应。美国压倒性地倾向协约国一方，继续增加所抛售的战争物资。1916 年轴心国再次主导了领土条款，但是协约国的封锁导致轴心国国内食物和物资的紧缺状况日趋恶化。

为追求国家内部的团结，交战双方都向其国民承诺是在打防御战争。然而，从外交角度来说，双方都是在做相关许诺盟国吞并领土的交易，或巩固、扩大其同盟。根据 1915 年 3 月海峡问题秘密协定，英法同意俄国占领土耳其的君士坦丁堡。1915 年 4 月，根据《伦敦条约》，英国同意意大利吞并亚得里亚海岸的大片领土。10 月，英国承诺，如果阿拉伯掀起民族起义，英国将支持奥斯曼统治下的阿拉伯民族独立。可惜，那时并未划清未来独立的阿拉伯民族国家的精确边界。1916 年 2 月英法达成瓜分德国广大旧殖民地的协定。按照 1916 年 5 月《塞克斯-皮科协定》（the Sykes-Picot Agreement），英法在瓜分奥斯曼帝国问题上达成协议。同样，德国在所谓的“1914 年 9 月计划”（即“史里芬计划”）里制定吞并东西两面的计划。德国海陆军首脑坚定不移地要求占领保加利亚和法国以保战略安全。1915 年 9 月为获得保加利亚对轴心国的依附，德国允诺保加利亚获得马其顿地区。最重要的是，1915 和 1916 年德国与奥匈帝国还以牺牲俄国利益来换取两国对东欧的侵吞。向此目标迈出的重要一步是，1916 年 11 月德国和奥匈帝国瓜分了俄属波兰地区，宣布新的波兰王国诞生。

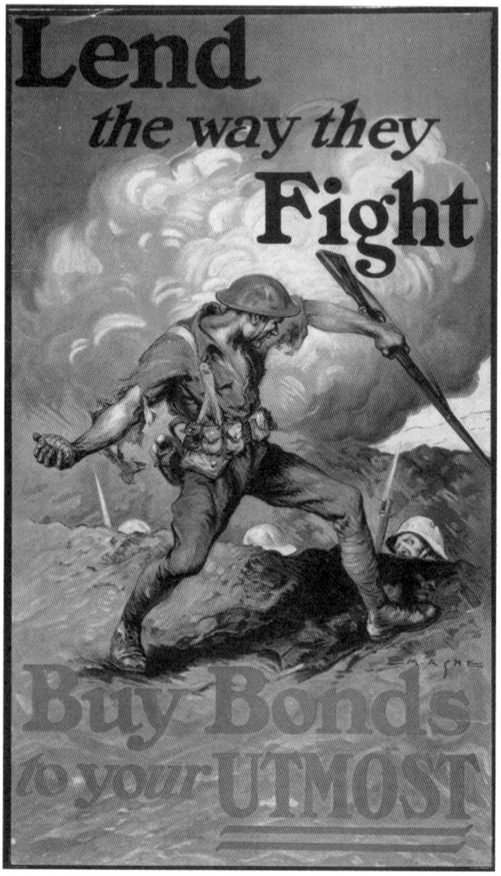

美国政府鼓励市民购买战争债券。美国国会图书馆

政治思想极端化

战争使政治思想极端化。对战争的日益需要意味着自由主义理念不受欢迎。在每个处于战争状态的国家中，政治右翼集团里兴起了更 2860
独裁的政策和消耗一切的军事动员。极端爱国主义报纸不停地叫嚣压制异议者、驱逐外国人和清除激进的经济民族主义者，要不惜一切取得胜利。希望加紧战争紧张态势的政客和军事首领们声名鹊起，取代温和派。例如，在德国，1916 年 8 月鲁登道夫（Ludendorff）和兴登堡（Hindenburg）将军被任命为陆军最高指挥官，最终他们的政治阴谋致使 1917 年 7 月德国总理贝特曼-霍尔维格（Bethmann-Hollweg）下台。在

在这张第一次世界大战期间法国战争债券的海报上，胜利女神被拟人化，她手持桂冠和利剑，在战士的上方盘旋。美国国会图书馆

战争目的，希望增加它们和谈的压力。12月30日，英俄法拒绝了德国的提议。1917年1月22日，威尔逊在美国参议院发表"没有胜利者的和平"的重要演说，以此来推动和平谈判。然而，德国对此努力不加理睬，宣布从1917年2月1日起恢复无限制潜艇战。这一恢复威胁到了美国与协约国有利可图的战争物资贸易，威尔逊因此与德国断交。但直到3月中旬沙皇体制在第一次俄国革命中崩溃，威尔逊才最终做出参战的决定。威尔逊把此次大战当作一场民主圣战，1917年4月6日对德宣战，美国卷入了第一次世界大战之中。

1917年战争僵局呈胶着状态。公众不断施压要求转变战争目的，争取和平，而重大战役随之进行着——在某种程度上是为了抢先阻止公众日益施加的压力。德国在大西洋的U型潜艇战最初很成功，但还是遭到护航体系的反击。4月，法国企图在尼维勒将军指挥下在西线发动攻势，但很快畏缩不前。7月，俄国发起最后一次大规模攻势，但两周内就停

英国，阿斯奎斯(H. H. Asquith)组阁的自由党政府逐渐放弃了自由言论、志愿服役和自由贸易，而从1916年起引入征兵制。1916年6月英法俄代表团在巴黎召开盟国会议，《巴黎决议》以此会议条款为基础，威胁德国说战后对其进行经济抵制。大卫·劳合·乔治承诺发动更激烈的大战，直到给予德国致命一击，因此他1916年12月取代了阿斯奎斯英国首相之职。

无论如何，1916年末，外交家试图通过和谈方式解决战争。12月12日德国提议以外交手段结束战争，12月18日美国总统伍德罗·威尔逊这个虔诚的自由国际主义者，鼓动双方详细阐明各自

堑壕战导致毁灭性的人口伤亡，而"社会主义的堑壕"动摇了阶级特权的观念。美国国会图书馆

止了。英国接下来在比利时的佛兰德斯发起大进攻(7月至10月),同样徒劳无功。10月,意大利军在卡波雷托(Caporetto)的卡博雷德(Kobarid)村庄遭遇败北,损失惨重。英国在12月成功占领耶路撒冷是1917年协约国取得的少有的军事胜利之一。只有美国承诺给予援助,协约国才有胜利的希望。

政治领域的竞争加剧了政治右翼与左派的
2861 分歧,前者要求不惜一切代价取得战争的胜利,而后者要求通过和谈或革命赢取和平。1917年4月(和1918年1月)德国举行大规模罢工,7月,力求民主改革与和平的德国自由党和社会党人,成功地经由德意志帝国国会通过了《和平决议》。新的俄国政府推动召开盟国会议以期改变战争目的,但未获成功。欧洲社会主义者提议在瑞典斯德哥尔摩举行代表大会,起草达成妥协的和平基本条款,但是西方强国拒绝让本国社会党代表出席会议。4月,英国经历了严重的工业危机;8月,英国劳工党转而支持斯德哥尔摩国际社会主义者代表大会的想法。然而,社会主义者温和派与改革派之间继续争论不休,加之美国、英国和法国政府决定不给本国社会党代表人发放护照,大会组织者最终放弃了在斯德哥尔摩召开具有广泛代表性的社会主义者代表大会的努力。这进一步加剧了国内政治紧张局势。例如,法国社会党9月脱离政府以抗议兼并主义政纲。“1917年8月教皇和平倡议”(Papal Peace Note of August 1917)是战争期间争取和平的许多外交机会之一。俄国布尔什维克领导的十月革命最终导致了12月的东线停战协议。

战争目标的扩大

然而,在此幕后,1917年的外交再次扩大了战争目标。2月,法俄在《都墨各协定》(Doumergue Agreement)中达成以德国为代价在东西部划分各自的势力范围。英日在处置德
国在太平洋的殖民地上达成协议。4月,英法允 2862
许意大利在掠夺奥斯曼帝国上分一杯羹。1917年4月、5月和8月,在德国的巴特·克罗伊茨纳赫(Bad Kreuznach)召开的三次会议上,德国与奥匈帝国再次在关于领土兼并,主要是东欧的问题上达成一致意见。另一方面,外交官也秘密地从事外交斡旋。9月,德国外交大臣库尔曼(Kuhlmann)秘密到达英国,提议放弃德国在西线的利益以保全东线自由掌控。

1917年冬季至1918年俄德之间的和平谈判又一次为总体和平创造了机会。但西方强权

L'EMPRUNT
DES
"DERNIÈRES
CARTOUCHES"
FRANÇAIS,
ENCORE UN EFFORT..!
TEL

1916年极端爱国主义报纸上不停地叫嚣要不惜一切代价取得战争的胜利,如镇压异议者、驱逐外国人和激进的经济民族主义等。这份海报意在要求法国“再试一次”,海报中一名小女孩被招来支援战争。美国国会图书馆

> 在多年上阵服役并阅读历史哲学之后，我在东线战场眼睁睁地看着打仗、服役，近乎癫狂。
>
> ——威尔弗雷德·欧文(Wilfred Owen，1893—1918)

抵制任何社会主义者充当中间人达成的和平妥协。相反，1918 年 1 月，劳合·乔治(卡克斯顿大厅演说)和威尔逊(十四点原则演说)在各自的演说中重申了他们自由民主的理念。德国最后与战败的俄国单独媾和，1918 年 3 月签订《布列斯特-立托夫斯克条约》(the Brest-Litovsk Treaty)。

尽管德国内部不满情绪滋长，德国最高统帅部还是坚持要求在美国大部队到达之前对法国发动大规模进攻以求胜利。1918 年 3 月 21 日德国发起进攻，并取得初步胜利。但是 7 月和 8 月，联军反攻击溃了德国进攻，从此德国的败退一发不可收拾。到 9 月，德国爆发严峻的军事危机，以致最高统帅部垮台。由自由主义者、民主主义者和社会党人组成的改革政府在巴登的马克斯亲王(Prince Max of Baden)领导下成立，追求国内民主化与和平谈判。该政府与威尔逊接洽希望停战。1918 年 11 月 11 日双方签署停战协定。

大战对 20 世纪欧洲与世界其他地区产生的影响至深。战争改变了欧洲的领土边界：沙俄、德国和奥匈帝国三大保守帝国解体。东欧诞生了新的国家，尤其是波兰、捷克斯洛伐克和南斯拉夫。巨大的社会变革凸显出来。"战壕的社会主义"挖掘了等级特权观念的坟墓。人们对民主的预期提高了，但脑子很清醒，不再抱有不切实际的幻想。性别关系中"各自领域"的观念，既受到女性更广泛参与到工作中这种经历的挑战，又被褒扬男性军国主义的战争宣传强化。战争使战前阶段的政治意识形态激进化。自由主义渐次枯萎、衰落，民主社会主义与革命社会主义之间的分歧变得不可逾越。战争期间的宣传手段被肆意滥用，来笼络大战之间那些被独裁者蛊惑的群体。战争庞大的开支导致国内外巨额债务，引发战后持续的经济混乱。用文化术语来说，战争激起了一种普遍的犬儒主义、代际紧张、对宗教的质疑和深刻的反军国主义。 2863
一种生机勃勃的和批判性的现代主义出现了。

进一步阅读书目：

Chickering, R. (1998). *Imperial Germany and the Great War, 1914 - 1918*. Cambridge, U. K.: Cambridge University Press.

Ferguson, N. (1998). *The Pity of War*. London: Allen Lane.

Fischer, F. (1967). *Germany's Aims in the First World War*. London: Chatto and Windus.

French, D. (1986). *British Strategy and War Aims, 1914 - 1916*. London: Allen and Unwin.

French, D. (1995). *The Strategy of the Lloyd George Coalition, 1916 - 1918*. Oxford, U.K.: Clarendon Press.

Goemans, H. E. (2000). *War and Punishment: The Causes of War Termination and the First World War*. Princeton, NJ: Princeton University Press.

Herwig, H. (1997). *The First World War: Germany and Austria-Hungary*. London: Arnold.

Kirby, D. (1986). *War, Peace and Revolution: International Socialism at the Crossroads*. New York: St Martin's Press.

Knock, T. J. (1992). *To End All Wars: Woodrow Wilson and the Quest for a New World Order*. Princeton, NJ: Princeton University Press.

McCullough, E. E. (1999). *How the First World War Began: The Triple Entente and the Coming of the Great War of 1914 - 1918*. Montreal: Black Rose Books.

Millman, B. (2001). *Pessimism and British War Policy 1916 - 1918*. London: Frank Cass.

Stevenson, D. (1988). *The First World War and International Politics*. Oxford, U.K.: Oxford University Press.

Strachan, H. (Ed.). (1998). *The Oxford Illustrated History of the First World War*. Oxford, U. K.: Oxford University Press.

Strachan, H. (2001). *The First World War: Vol. I. To Arms*. Oxford, U.K.: Oxford University Press.

Turner, J. (1992). *British Politics and the Great War: Coalition and Conflict 1915 - 1918*. New Haven, CT: Yale University Press.

Verhey, J. (2000). *The Spirit of 1914: Militarism, Myth and Mobilization in Germany*. Cambridge, U. K.: Cambridge University Press.

Welch, D. (2000). *Germany, Propaganda and Total War, 1914 - 1918*. New Brunswick, NJ: Rutgers University Press.

Wilson, K. (Ed.). (*1995*). *Decisions for War, 1914*. London: UCL Press.

Winter, J., & Baggett, B. (1996). *1914 - 1918: The Great War and the Shaping of the 20th Century*. London: BBC Books.

Zeman, Z. A. B. (1971). *A Diplomatic History of the First World War*. London: Weidenfeld and Nicolson.

道格拉斯・牛顿(Douglas Newton) 文
高照晶 译,刘文明 校

World War II 第二次世界大战

2864 第二次世界大战是人类历史上范围最广的殊死搏斗。战争牵涉多国,在欧洲、北非和中东、亚洲和太平洋前线打响。由大不列颠、苏联和美国领导的反法西斯同盟战胜了德国、意大利和日本主要轴心国集团。

第二次世界大战的爆发在某种程度上源于第一次世界大战的结果。结束第一次世界大战的和平会议促成了一种胜利者的和平,而战败国感觉处理不公。从 20 世纪 20 年代开始并延续到 30 年代的世界经济大萧条,促成了意大利、日本和德国的极权政体。1930 年代后期当民主国家未能达成共识以有力的共同方案阻止侵略时,战争爆发了。随着 1941 年 6 月苏联参战和 7 月美国参战,战争规模扩大。1945 年 9 月最终停战之时,世界范围内数以百万计的人口死亡,在亚非的欧洲殖民帝国很快崩溃,苏维埃社会主义共和国联盟与美国两个超级大国发现它们无力弥合两者的分歧,将世界多数地区拖入冷战之中,直到苏联的解体才告终结。

走向战争

1931 年 9 月 18 日,日本关东军声称中国土匪炸毁南满铁路主干道,然后在一年内日本控制了东北三省,并成立伪满洲国傀儡政权。接着日本侵入内蒙古和长城之外的中国省份。1937 年 7 月,小规模敌对行动扩大为战争。 2865

日本入侵中国东北鼓动了其他独裁者忽视国际联盟,挑战整个《凡尔赛和约》架构。1933 年 1 月阿道夫・希特勒当选德国总理,他极力扩充海陆军,建立空军,重新占领非军事化的莱茵地区,却并未引起法国或大不列颠的严正抗议。1938 年 3 月希特勒强迫德国与奥地利联合,即德奥合并(Anschluss);9 月他与法国和英国签署和平协定,把捷克斯洛伐克的苏台德地区割让给德国。1939 年 3 月德国军队占领立陶宛的默麦尔(Memel)和捷克斯洛伐克全境。1939 年夏季,法英两国与苏联接触和谈判,确保波兰领土完整,但是 8 月下旬苏联与纳粹德国签订条约,令世界震惊。

敌对行动展开

希特勒诉诸战争。1939 年 9 月 1 日德国军队对波兰发动闪电战,3 周内粉碎了波兰军队。

冬季过后，1940 年 4 月 9 日德国袭击挪威和丹麦，控制了挪威港口和瑞典的铁矿石运输。5 月 10 日德军如过无人之境，顺利开进并碾轮般荡平低地国家，接着穿过被认为不可能逾越的阿登森林，紧随先头部队之后是装甲部队，数周内开到英吉利海峡。英国海员从敦刻尔克运送 30 万英国人和同盟国战士撤退，这种英勇不
2866 凡的努力阻止了德国的完全胜利。德国转向南线袭击法国，逼迫法国投降。希特勒显然想借“海狮作战计划”入侵不列颠，纳粹德国空军（德语，Luftwaffe）为控制英国上空而战。德国空军的出动是为正在推进的陆军提供战术支持，而非为了战略上的空战；其作战目标变更过于频繁，从沿海雷达站到战斗机空军基地，再到工厂、城市。到 1940 年夏末，德军空袭均告失败。奇怪的是，从 1940 年夏末一直到 1941 年春，德国军队再没发动新的进攻，这或许代表着重大机遇的错失。

德国进而转向东线战场。1941 年 4 月 7 日德军进攻南斯拉夫和希腊，并迅速征服两国。6 月 22 日希特勒开展“巴巴罗萨行动”突袭苏联，出兵 300 多万人，装备共计坦克 3 300 辆、火炮 7 700 门、飞机 2 500 架，并从卫星国调动军队。德军缺乏敌军的准确信息，大大低估了自己将面临的挑战。但是初夏的战争情形貌似德国会大获全胜：德国陆军北部集团军群向列宁格勒推进，中央集团军群在进入莫斯科的路途上形成了对苏联陆军几个大的包围圈，南部集团军群接近基辅。等到夏末，德军休息调整，希特勒命令中央集团军群的装甲部队向南北突进以加强外围攻势。海因茨·古德里安（Heinz Guderian）率领的装甲部队南下在基辅包围 66.5 万名苏联士兵，这是史上俘获最多战俘的战役。德国继续向莫斯科推进之时，苏联早已枕戈待旦。“台风行动”（Operation Typhoon）在距克里姆林宫咫尺之遥时失败了，苏联发起反击，致使德国军队在毫无防备的情况下陷入绝境。冬末，当苏联进攻势头逐渐降低时，德军已经遭受了惨重的损失，这似乎表明苏联得救了。

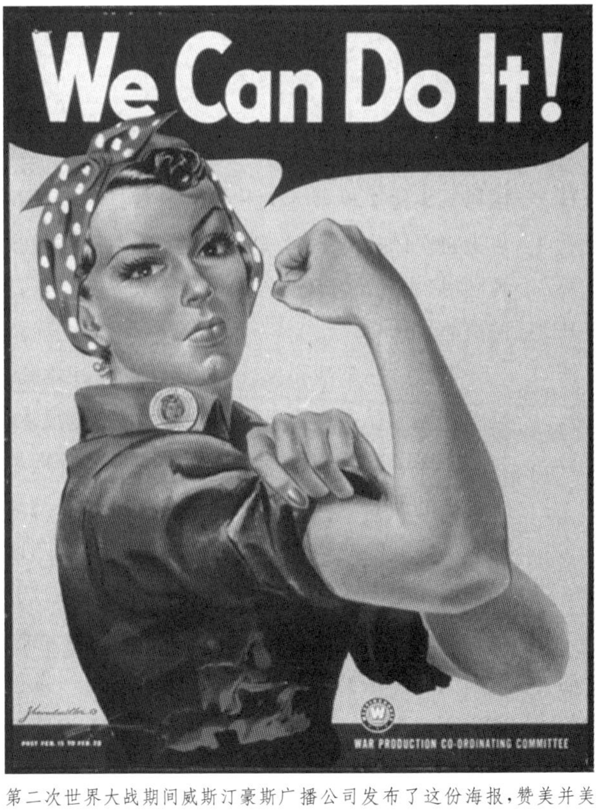

第二次世界大战期间威斯汀豪斯广播公司发布了这份海报，赞美并美化了工人阶级女性的角色，表明当她们决心为赢取战争做贡献时，无须以女性气质为代价。美国国家档案馆

太平洋战场

1939 年 8 月日本在诺门罕战役（Battle of Nomonhan，或 Khalkin Gol）中被苏联打败，迫使日本向南寻找原料。日本军事首脑决定把目标瞄准美国在夏威夷珍珠港的太平洋舰队，发动一场离心式袭击。1941 年 12 月 7 日，日本奇袭珍珠港，随后取得一连串引人注目的胜利，包括占领中国香港、马来半岛、英国据点新加坡、马里亚纳和吉尔伯特群岛、菲律宾、婆罗洲、荷属东印度群岛和其他岛屿群，

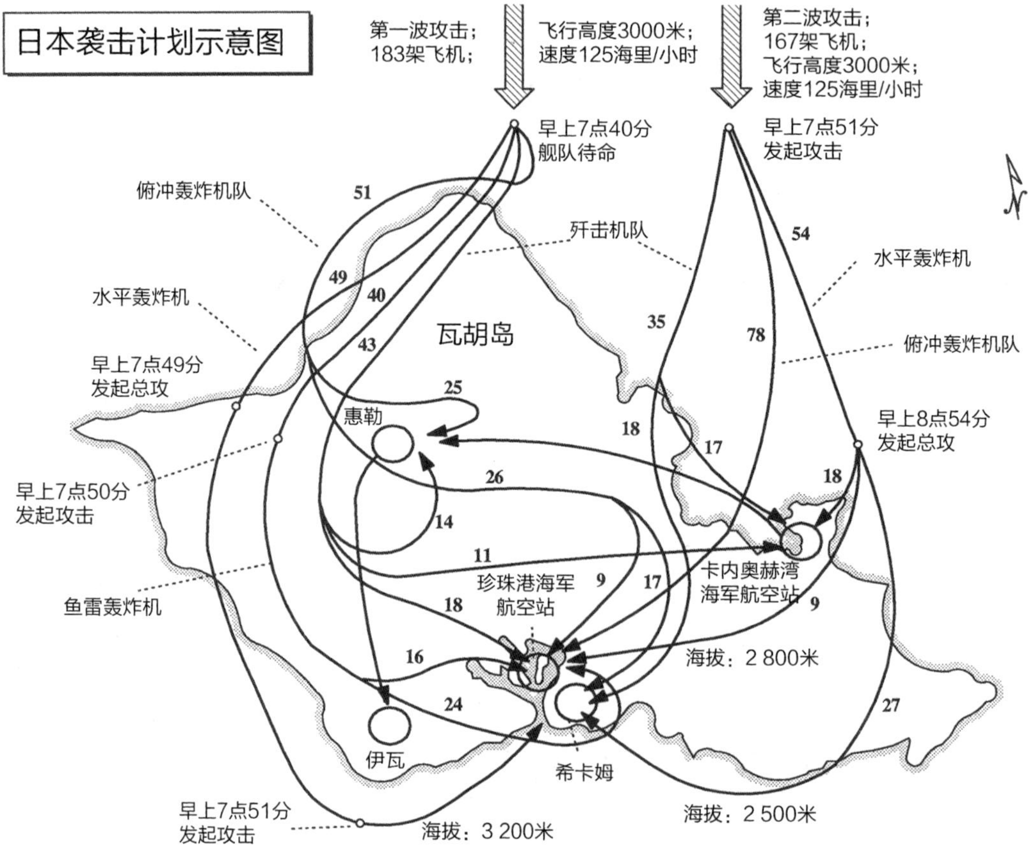

1941 年 12 月 7 日日本奇袭珍珠港，此为日本袭击计划示意图

从而获得广阔的资源区及领土，并以此作为日本既得利益的屏障。

然而，日本首脑患了“胜利病”，非但没有构筑纵深防御来抵御美国的反击，反而继续展开
2867 攻势。他们企图孤立澳大利亚、威逼印度。结果，1942 年 6 月初日本袭击中途岛时出现纰漏，导致 4 艘航空母舰被击毁，这致命性地削弱了日本海军的实力。

苏联反击

1942 年夏季，希特勒再次在东线战场发动进攻，但是仅有实力南下攻击，目的在于争夺苏联斯大林格勒及其在里海海岸的石油设施。但该战线过长，超过了德国后勤供给能力。弗里德里希·保卢斯将军做出致命的决定，命令德国第 6 集团军攻打斯大林格勒。在瓦西里·崔可夫将军的指挥下，苏联第 62 集团军顽强地拼死防御，表现出寸土必争、逐屋甚至逐楼层抵抗的决心。

斯大林格勒战役从 1942 年夏季拉开帷幕，延续到同年秋季。格奥尔基·朱可夫计划反攻，将苏联军队部署于德军在斯大林格勒的阵地易受攻击的两翼。苏联的行动意图是摧毁罗马尼亚和匈牙利的战略要地，迅速冲破德国第 6 集团军和第 4 装甲军，实现两翼包围。11 月 12 日苏联发起反攻，几天后，苏联先遣队在卡拉奇会师，切断了德军退路。1943 年 2 月初，最后一批德军幸存者投降。苏军胜利后，再次反攻，迫使德军从高加索撤军。

春季冰雪融化阻碍了战事。德军在库尔斯克的防御有一个突出部，希特勒计划展开两翼

将军们认为战争的发动就像中世纪的锦标赛。我不需要骑士，我需要的是革命者。

——阿道夫·希特勒(1889—1945)

包围摧毁苏军阵地，然后即令继续防御。但是希特勒多次延迟“堡垒计划”(Operation Citadel)，等待新的重型德国坦克的支援。而这一延迟得以让朱可夫预测德军预期的推进进度。1943 年 7 月 5 日苏德展开了有史以来最大规模的坦克战。德军在北侧的钳形攻势很快受阻，而南侧的进攻部队均为德国陆军的精锐部队，在因盟军登陆西西里而令希特勒暂缓进攻计划之前，南侧攻势已经向前推进。此后，苏军掌握主动权，1943 年早秋来临之时业已驱逐乌克兰东部的德军。1943 年冬，德军继续向前推进至西乌克兰，在德国陆军中央集团军群的南翼形成巨大的突出部。

显然，东线的军事力量与空间比率有利于苏联。如果德军没有进攻库尔斯克，而是将其有限的生产能力运用到防御上，那么德国的战术优势或许可以抵御苏联的后勤供给优势。但是希特勒在库尔斯克扔掉了耗资巨大的装甲车和火炮，而苏联恰恰是在德军供给线不足之时阻止了其进攻。

格林(F. Gerling)所绘的这张第二次世界大战时期苏联的海报，图中的信息鼓励着苏联百姓“购买 $5\frac{1}{2}$ 的战争券。修筑通往胜利之路”。美国国会图书馆

1944 年 6 月 20 日苏联发动“巴格拉季昂行动”(Operation Bargration)。苏军让德军大吃一惊，愚弄东线的德军指挥官相信苏联将向南进攻；德军在那里集中有限的装甲武装，仅留没有坦克的中央集团军群严守以待。苏军发起进攻，在德国步兵团能够反击或撤退之前，如
2868 波涛奔腾之势占领了德军阵地。8 月，苏军向前推进，从 1939 年前俄罗斯已据之地一路推进到维斯瓦河和华沙，直到苏联军队超过其供给线才停止进攻。

空战和海战

同一时期，轴心国也在其他战场撤退。为回应苏联开辟“第二战场”的要求，美国和英国开展了战略轰炸行动。在远程战斗机出现之前，美国第 8 空军进行的日间轰炸损失惨重，而英国皇家空军的夜间轰炸并未给德国工业目标造成多大损伤。但是希特勒想要维持本土战场的支援，逐渐从东线战场、而后从法国和意大利撤退歼击机中队以保卫德国。1943 年年中之后，加上美国远程战斗机的出现，战局开始有利于反法西斯同盟国。

同样，美国赢得大西洋战场的胜利。德国 U 型潜水艇起初在易受攻击的美国东海岸、之后在加勒比与南大西洋海域占据优势。但不久美国建造了更多的货船，还打造了可容纳 20 架飞

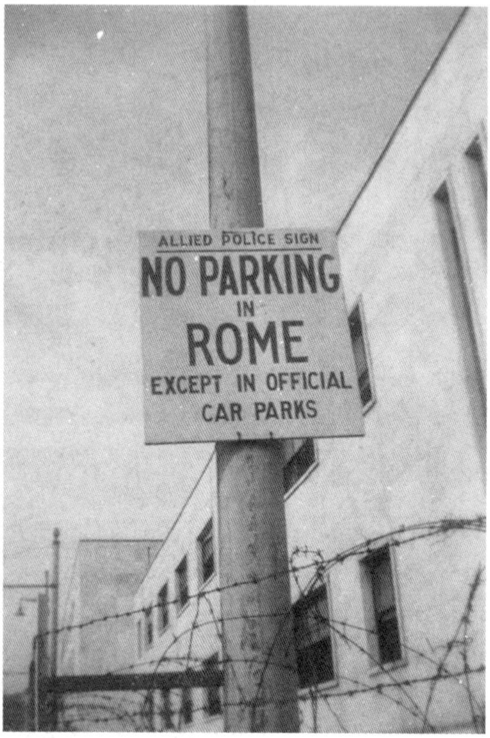

第二次世界大战期间罗马的“禁止停车”标示牌。1944 年 6 月 5 日同盟军进驻该城

机的护航航空母舰。美国第 10 舰队排列在这些航空母舰和它们的辅助舰队周围，追踪德国潜艇，阻止后者在公海海域潜行或为充电而浮出水面。同盟军击沉了超过 80%的德国潜艇。

地面战争

最后，西部盟军开始与德军较量。1942 年 11 月，他们在法属西北非发起了“火炬行动”，以支援英国第 8 军团在埃及西部沙漠的阿拉曼附近对隆美尔非洲军团的进攻。到 1943 年 5 月初，他们迫使非洲的轴心国军队投降。7 月 10 日盟军攻入西西里岛，代号为“哈士奇行动”；6 周后攻入意大利。意大利政府于 9 月投降，大多数意大利陆军师被解散。在陆军元帅阿尔伯特·凯塞林（Field Marshal Albert Kesselring）指挥下的德军防御很出色，但退守亚平宁半岛的行动缓慢且军费开支巨大，然而德国资源的耗尽意味着德军将领不能指望从其他战区增强 2869
支援。1944 年 6 月 6 日，盟军实施霸王行动（Operation Overlord），即登陆法国，由美国陆军将军德怀特·艾森豪威尔指挥作战。3 个空降师夜间伞降登陆，5 个步兵师在金海滩、剑海滩、朱诺滩、奥马哈滩、犹他滩 5 个滩头突击上岸。诺曼底灌木丛生，盟军将人员与装备运载至不断开拓的滩头堡。1944 年 7 月末美国军队发起眼镜蛇行动，当美国军队沿科唐坦半岛推进至

在美英军队从德国手中解放了北非之后，夏尔·戴高乐在此检阅部队

1944 年 6 月 6 日,即诺曼底登陆之日,美国军队在涉水,而德国军队在开火。FDR 图书馆

阿夫朗什时发生了战斗,美国第 3 集团军在乔治·巴顿将军的指挥下训练有素,很快向西突入布列塔尼半岛,向东深入巴黎上游的塞纳河。德国部队被围困在法莱斯,龙骑兵行动(即攻入法国南部的行动),派遣美国与自由法国部队沿罗纳河谷至第戎附近与巴顿军队会师,切断了德军在法国的退路。

中途岛之战以后,美国抓住了对日本作战的主动权。起初,从 1942 年 8 月到 1943 年 2 月美日两军在瓜达尔卡纳尔(Guadalcanal)背水一战;接着美国向前推进至两个轴心地区。1943 年海军上将切斯特·尼米兹指挥海军突入吉尔伯特群岛和塔瓦拉环礁,1944 年 2 月推进到马绍尔群岛和夸贾林环礁,6 月到达马里亚纳群岛。在菲律宾海海战中(又称马里亚纳猎火鸡大赛[Marianas Turkey Shoot])美军陆续占领关岛、塞班岛

(Saipan)和天宁岛(Tinian)。道格拉斯·麦克阿瑟陆军上将指挥混合部队向所罗门群岛链方向用兵,避开了日本在新几内亚湾的主力,而封锁了驻扎在新不列颠省拉包尔的 10 万日军。1944 年 10 月麦克阿瑟进占菲律宾,尽管那里的战斗可能持续到战争结束。同时,中太平洋进攻于 1945年 1 月推移至小笠原群岛(Ryukyus)的硫磺岛,4 月攻入琉球群岛的冲绳岛。

菲律宾海的进攻态势切断了东南亚的日军;英印军队的进攻虽因地形复杂推进缓慢,却使日军在缅甸节节败退。中国国民党军队想占领大量日占区,同时又想保存力量而与共产党开展新内战。

欧洲战场的胜利

1944 年秋,盟军给德国施加的压力继续存

约 1944 年 8 月 14 日,法军在抵抗德国进攻之后回到法国,平民向其中一支军队致敬欢迎。美国国家档案馆

在。尽管阿尔伯特·斯皮尔创造了战争物资生产的神话，但盟军对德国战略轰炸导致其伤亡
2870 惨重。苏联红军在欧洲中心地带滞留，横扫巴尔干半岛，并使德军深陷波罗的海一带。到1944年12月，苏联红军到达1939年的德波边界及匈牙利的布达佩斯附近，等待发动另一轮攻势。在西线，因供给困难，艾森豪威尔命令军队停止进攻，以熬过冬季。1944年12月下旬，希特勒孤注一掷，进攻阿登高地虚弱的美军，以期向安特卫普推进，切断英军，逼迫美军投降。但是德军进攻缺乏充足的燃料供给，尤其在巴斯托尼附近，美军激战防御。当天空晴朗之时，盟军的空军接连轰击德军编队。随着苏联发起冬季攻势，盟军推进至莱茵地区，1945年3月穿过莱茵河，先到雷马根，然后沿莱茵河上游最终到达北部。同时，苏联红军攻入柏林，分别在朱可夫和伊万·科涅夫元帅的指挥下的苏军展开攻入柏林的竞赛，结果朱可夫一方以惨重代价获胜。4月下旬美军与苏联红军在易北河的托尔高(Torgau)完成会师，随之德国分裂。希特勒在德国地下碉堡中自杀身亡。5月7日德国指挥官在法国兰斯向艾森豪威尔投降，随后的8日在柏林向苏联指挥官投降。

日本投降

日本继续负隅顽抗，美国专家希望给予日本本土以血腥而损失惨重的一击。1945年7月科学家在新墨西哥州阿拉默多尔引爆了第一颗原子弹，几周后美国向广岛(8月6日)和长崎(8月9日)投下两颗原子弹，迫使日本1945年9月2日在东京湾投降，第二次世界大战宣告结束。

后果

2871

第二次世界大战的结束带来了广泛而深刻的影响，其中很多是致力于防止未来类似的冲突。轴心国集团所犯下的包括大屠杀在内的战争罪行在纽伦堡审判和东京审判中得到惩罚。世界反法西斯国家成立了以维护国际和平与安全为宗旨的联合国，并通过了作为所有人类基本权利保障的《世界人权宣言》。国际经济与金融机制受到彻底检查，并越来越受到世界银行、国际货币基金组织和世界贸易组织(关税与贸易总协定的前身)的管理与调节。以色列国家成立了，许多先前的殖民地赢得了民族独立，而德国与朝鲜这样的国家在意识形态与政治形态上出现了分裂。女性基于在世界大战中卓越的贡献，开始发现她们在社会上所扮演的新的及不断扩展的角色。战时的技术发明与管理体制被运用到和平年代，这恐怕没有比喷气发动机和当下必不可少的计算机更重要的了。尤为重要的是，欧洲与日本从战争期间吸取教训，在马歇尔计划的扶持下得以重建，并迅速完成现代化，崛起成为重要的经济大国。

进一步阅读书目：

Crozier, A. J. (1997). *The Causes of the Second World War.* Malden, MA: Blackwell Publishers.

Delaney, J. (1996). *The Blitzkrieg Campaigns: Germany's "Lightning War" Strategy in Action.* New York: Sterling.

Donnelly, M. (1999). *Britain in the Second World War.* New York: Routledge.

Dupuy, T. N., & Martell, P. (1982). *Great Battles on the Eastern Front: The Soviet-German War, 1941 - 1945.* Indianapolis, IN: Bobbs-Merrill.

Glantz, D. M. (2001). *Barbarossa: Hitler's Invasion of Russia, 1941.* Stroud, U.K.: Tempus.

Glantz, D. M., & House, J. M. (1995). *When Titans Clashed: How the Red Army Stopped Hitler.* Lawrence:

University Press of Kansas.
Hart, B. H. L. (1971). *History of the Second World War*. New York: Putnam.
Howard, M. E. (1968). *The Mediterranean Strategy in the Second World War*. New York: Praeger.
Hoyt, E. P. (1993). *199 Days: The Battle of Stalingrad*. New York: Tor.
Iriye, A. (1987). *The Origins of the Second World War in Asia and the Pacific*. New York: Longman.
James, D. C., & Wells, A. S. (1995). *From Pearl Harbor to V-J Day: The American Armed Forces in World War II*. Chicago: Ivan Dee.
Keegan, J. (1990). *The Second World War*. New York: Penguin Books.
Kitchen, M. (1990). *A World in Flames: A Short History of the Second World War in Europe and Asia, 1939 – 1945*. New York: Longman.
Levine, A. J. (1995). *The Pacific War: Japan Versus the Allies*. Westport, CT: Praeger.
Morison, S. E. (1963). *The Two-ocean War: A Short History of the United States Navy in the Second World War*. Boston: Little, Brown.
Overy, R. (1995). *Why the Allies Won*. London: Jonathan Cape.
Smith, E. D. (1979). *Battle for Burma*. New York: Holmes & Meier.
Spector, R. H. (1985). *Eagle Against the Sun: The American War with Japan*. New York: Free Press.
Tucker, S. C. (2004). *The Second World War*. New York: Palgrave MacMillan.
Weinberg, G. L. (1994). *A World at Arms: A Global History of World War II*. New York: Cambridge University Press.
Williamson, M., & Millett, A. R. (2000). *A War to be Won: Fighting in the Second World War*. Cambridge, MA: Belknap Press of Harvard University Press.
Wynn, K. (1997). *U-Boat Operations of the Second World War*. Annapolis, MD: Naval Institute Press.
Zapantis, A. L. (1987). *Hitler's Balkan Campaign and the Invasion of the USSR*. New York: Columbia University Press.
Ziemke, E. F. (1968). *Stalingrad to Berlin: The German Defeat in the East*. Washington, DC: Government Printing Office.
Ziemke, E. F., & Bauer, M. F. (1987). *Moscow to Stalingrad: Decision in the East*. Washington, DC: Government Printing Office.

查理・多布斯(Charles M. Dobbs) 文
高照晶 译,刘文明 校

Writing Systems and Materials 书写系统和材料

纵观历史,文字在知识的产生、思想的进步以及社会的发展中扮演着重要角色。虽然有关文字发展的很多细节仍旧成谜,但我们有足够的证据来追溯文字演变的主要阶段,以及考察曾经发展起来并且仍在继续发展的书写系统和材料的巨大多样性。 2872

有人称书面交流的最早证据是发现于法国南部、可追溯到2万年前的洞穴墙壁上的动物状绘画。这类艺术表现形式也许被用来传达自然世界的谜团与规律,或者用视觉形式的叙述来描绘人类与其生活的直接环境间的关系。这类岩画中有着几处非常独特的标志,比如代表着人身体部位（比如人的手部）的点和符号，有的让人联想起英文字母表里的字母 P。的确，人们已经发现了各种不同寻常的史前符号，这也许能很好地证明某种形式的书面交流已成为人类经历增加后其活动的本质特征这一观点。

古文字

很多人认为是居住在现伊拉克地区的古代苏美尔人于约公元前 3500 年创造了最早的规范文字体系。在其发展的最初阶段，文字体系由数值符号和对自然界中各种物体进行简单视觉表现的图画文字组成，将之刻于泥板上，之后风干、烘干以备保存。最初，苏美尔的记录员用的是削尖的芦苇笔。之后，苏美尔文字书写有了三项重大发展。第一项是将最初的象形文字沿逆时针方向旋转了 90 度，这种修改被认为简化了书写。第二是改用有角度（楔形尖的）的芦苇笔，这被归为技术进步。做出这一改变的原因我们仍不知道，但这一变化使人们可以在常见的软黏土板上做出一系列楔形压痕，这样就形成了原始的象形文字。第三是这些楔形文字的根本简化，简化后它们和最初的象形文字已没有什么相似之处了。最初，这些符号细节十分复杂，其意图似乎是尽最大可能用楔形文字复制原始象形文字。随着时间的推移，这无疑被证明是站不住脚和没必要的，因为管理层对记录员的要求——以及他们对书写系统本身的熟悉程度——增加了。伴随着这一变化，原始象形文字开始代表苏美尔语的语义（整个词）、词素（说话中用来构词和界定句法关系的独特部分）以及音素（用来构造词素和语义的特殊发音）。而且，这一简化和缩写的变化也许和苏美尔语的极简主义有关。

学者们发现苏美尔文本有时书写非常简 2873
洁，文本的某些部分被省略了。人们认为这可能表示文本自身就是用于推动读者回忆的助忆工具，读者有着填补文本空缺的能力。有人认为在苏美尔之前的古代近东，文字系统由雕刻过的黏土牌及用来插放牌子的封套（bullae，黏土封套）组成。最早的此类文字系统可追溯到公元前 8000 年，可能是用于经济交往和记录。这些黏土牌及其封套上的雕刻，也许是苏美尔书写系统建立的基础。

象形文字也起源于图画，之后在公元前第 4 个千年的埃及（约前 3000 年）发展出了几种不同形式（包括僧侣体、世俗体和科普特文）。印度河河谷的哈拉帕文明于公元前 2500 年左右产生了

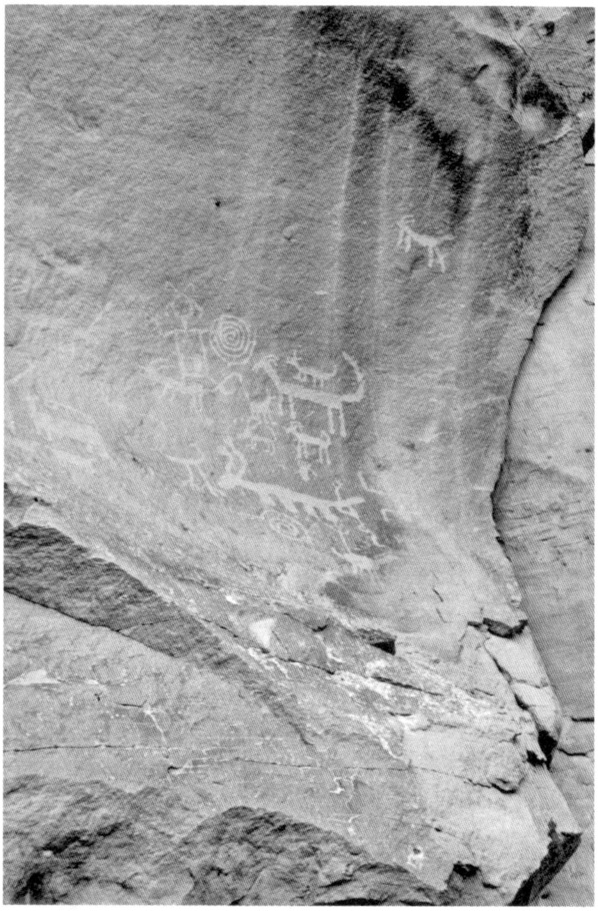

生活在新墨西哥州的古代美洲原住民制作的此类石刻，与描绘动物的洞穴壁画一样被看作最早的书面交流形式

行为、目光、言词和脚步，共同构成了你用于拼写的字母表。

——约翰·卡斯巴·拉瓦特(Johann Kaspar Lavater，1741—1801)

其独特的书写系统，由象形文字和符号共同组成。除了这些极其古老的例子，人们在古代历史早期还创造了更多的书写系统，包括原始埃兰文(Proto-Elamite，约前 3050—前 2900，伊朗)；费斯托斯圆盘文字(the Phaistos Disc script)、线形文字 A、线形文字 B(Linear A，and Linear B，分别存在于公元前 19、前 18 和前 14 世纪，克里特岛)；原始西奈文(Proto-Sinaitic，公元前第 2 个千年早期，埃及)；克里特象形文字(Cretan Hieroglyphic，约前 2100—前 1700)；乌加里特文(Ugaritic，公元前 14 世纪，叙利亚)；甲骨文(Oracle-Bone Script，约公元前 1300，中国)；希伯来文(Hebrew，约公元前 10 世纪，以色列)；婆罗米文和伽卢文(Brahmi and Karosthi，约公元前 300，印度)；伊特鲁里亚文(Etruscan，公元前 8 世纪，意大利)；萨波特克文(Zapotec，公元前 6 世纪，墨西哥)；奥尔梅克文/地峡文字(Epi-Olmec/Isthmian，约前 2 世纪，墨西哥特万特佩克地峡[Isthmus of Tehuantepec])；玛雅文(Mayan，约公元前 500，墨西哥)；麦罗埃文(Meroitic，约公元前 4 世纪，苏丹)；腓尼基文(Phoenician，公元前 10 世纪，黎巴嫩)以及希腊文(Greek，约公元前 8 世纪)。

这一名单尚未列完，但以上古文字具有足够的代表性，能够让人们领略到全球书写系统的古老和极端多样性。

从历史角度看，我们可以毫不夸张地说，文字交流是人类交往的重要组成部分，也是复杂社会发展的主要因素。文字书写在 21 世纪的人类生活中仍旧占据着重要地位，其新系统、媒介、技术持续不断发展。近期，一本百科全书列出了全球古今约 400 种不同的书写系统，有力地证明了文字书写是全世界的而非孤立的人类现象。

分析书写系统

大量不同的类型学方法被用于书写系统的分类，每项分类都是基于其功能方式的理论假设、与口语的关系以及给定的分类方案强调的 2874
特性。对一些分类来说，区别主要在于书写系统的表意或表音。前者使用视觉图形直接表达意思，而后者引入符号来表现实际说话的声音。有的是区分原始书写(比如使用象形符号的书写系统)和完全书写，而后者又可进一步划分为音节系统和辅音系统。还有的区分是根据书写的实义和虚义。实义书写用书面符号来表示形态学本质与词语意义。古代苏美尔地区的楔形文字就是这类书写系统的代表。虚义书写系统用符号表示单个独特的音位单位。腓尼基语、希腊语、拉丁语和英语字母语言在本质上是虚义的。

用于书面交流的材料曾经并且仍旧在某种程度上由某地特定地理位置所具有的原材料、书写类型与目的，以及规定书写方式的文化习俗所决定。在全球范围内都发现有以下材料的使用：骨头、皮肤(人皮与兽皮)、贝壳、石头、黏土、织物、竹子、树皮、金属(贵重金属和普通金属)、陶瓷碎片(比如破碎陶器)、莎草纸、羊皮纸、纸张和电磁储存设备。书写方法包括雕刻、冲压、绘画、刻字、凿刻、焚烧、缝制、编织、喷涂、切割与文身。书写工具变化多样，并仍处于变化之中。比较重要的书写工具有石头、芦苇、灯芯草、刷子、鹅毛笔、钢笔(有金属笔尖和纤维笔尖)、石墨铅笔、粉笔、蜡笔和电子数据输入设备(比如计算机键盘，以及与能够将口述语言转化为电子文本的声音识别软件相连的麦克风)。技术进步、全新书写形式的出现和对书写表达规范的修改，只是造成这一变化的部分原因。

对全球书写系统的细致研究凸显了三条规律的重要性，想要了解全球文字书写发展的人们应当将其牢记于心。第一，书写系统随着其所处的社会变化而发生改变；第二，书写系统取决于影响其他文化产品创作的社会、政治、宗教和艺术习俗；第三，尽管人们能够借助历史资料探

> 不要认为书中所写都能作为证据，因为用言语说谎的人也会毫不犹豫地用文字说谎。
>
> ——迈蒙尼德(Maimonides，1135—1204)

书面汉字由表意文字与象形符号组成，为概念和物体提供了一种纯语音文字无法提供的视觉表现

寻书写系统在地理位置毗连区域的传播扩散，或者对其通过贸易、殖民及其他形式的文化交流活动进行传播做出理论假设，但关于书写的发展仍有很多未解的疑问。以下是一些较重要的问题。引发书写交流的因素包括 2875
心理因素吗？人性中是否存在只有通过书写才能进行完整表达的交际冲动？象形文字和其他视觉艺术表现形式有何关系？社会精英应为创造书面交流体系负多大责任，这些系统又是如何作用于政治和宗教组织的建立的？

此外，当代书写系统中存在一些同样具有挑战性的问题，其中很多是上文中古代先驱者已注意到的问题的发展。这些问题需要格外注意。字母文字书写系统表达特定概念和想法的能力是否有限？在社会经济、政治全球化发展的背景与缺少国际通用语的情况下，象形文字书写系统是否能提供一个跨文化、跨语言交流的可用并且有效的方法？

当然，这些问题没有简单的答案。但是，要找到这些答案，人们可以在将来对书写的研究中制定系统的研究计划，充分利用社会科学和人类学所提供的知识。毫无疑问，书写在21世纪的交往中将具有突出作用。将来，也许会出现旨在促进公平正义、平等主义、互惠关系及其他维持全球社会发展所需价值观的全新书写体系试验。

进一步阅读书目：

Coulmas, F. (2002). *The Blackwell Encyclopedia of Writing Systems*. Oxford, U.K.: Blackwell Publishing.

Guthrie, S. (1993). *Faces in the Clouds: A New Theory of Religion*. New York and Oxford, U.K.: Oxford University Press.

Nakanishi, A. (2003). *Writing Systems of the World: Alphabets, Syllabaries, Pictograms*. Boston: Tuttle Publishing.

Robinson, A. (1995). *The Story of Writing*. London: Thames & Hudson.

Robinson, A. (2002). *Lost Languages: The Enigma of the World's Undeciphered Scripts*. New York: McGraw-Hill.

Sampson, G. (1985). *Writing Systems: A Linguistic Introduction*. Stanford, CA: Stanford University Press.

休·佩吉(Hugh R. Page Jr.) 文

李磊宇 译，刘文明 校

Y

Yongle Emperor 永乐皇帝

2877 明朝建立者的儿子朱棣在 1402 年篡夺其侄子的皇位而成为永乐皇帝。在统治期间，他派遣海军远到印度洋、迁都北京、指导重大学术事业，扩大了明朝的权力和影响。

明朝的永乐皇帝（1402—1424 年在位）是中国历史上最具活力和侵略性的统治者之一。他建立的规模宏大的帝国，深刻影响了其后中国及东亚达几代人之久。他把中国的势力扩大到蒙古和越南，并派遣规模巨大的海上远征队到达印度洋。他还开启了塑造中国精华文化的巨大文献工程，改革了帝国官制，并建造了新的首都。

无名宫廷画师所作《永乐皇帝像》。画在丝绸上的彩墨画。朱棣在篡夺侄子的皇位后成为明朝第三位皇帝

然而永乐皇帝（尽管这是他最为人熟知的名字，但“永乐”实际上是他的年号，明朝统治者姓“朱”，永乐皇帝名“棣”）本来并不是指定的皇位继承人。他的父亲洪武帝，即明朝的建立者，选定皇长孙做自己的继任者。但是建文帝（1398—1402 年在位）——永乐皇帝的侄子，缺乏永乐皇帝的雄才大略和军事才能。在洪武帝去世后的一年里，朱棣发动叛乱，起兵攻打建文帝并取得胜利。建文帝很有可能死于南京皇宫的大火中。1402 年 7 月 17 日，时年 42 岁的朱棣登上皇帝宝座。

历史学家通常认为永乐皇帝的登基代表了明朝的第二次建立。他在位时对洪武帝建立的制度进行了一些重大改革。同他的父亲一样，永乐皇帝也不信任在官僚政治中占有举足轻重地位的儒家士大夫们。但为了巩固统治，他恢复了洪武时期废除的部门，允许文官独立处理日常事务。他把都城迁到北京，因为北京靠近他的势力范围；他征调 100 万劳工营建了包括紫禁城在内的北京城，现在紫禁城的遗迹就是他统治时留下的。为提高京城和行省的文官的素质，永乐皇帝下令对儒家经典进行编订和注疏，成为科举考试的标准参考书。他任命 2 000 多名学者编修《永乐大典》，这是一部范围广泛、材料丰富的大部头集子，数量达到了约 11000 卷（约有 5 000 万字）。由于此书卷帙浩繁，复制副本的代价极为高昂，因此在 1408

学者是国家的财富。

——中国谚语

年成书后,其中的大部分历经漫长岁月而遗失了。

在政治改革和开展文学研究方面,永乐皇帝同传统的中国皇帝并无差别。但在对外政策上,他任用武将和太监,使得宦官势力迅速膨胀。他是一个武夫,只有元朝开国皇帝忽必烈(1260—1294年在位)才能与之相提并论。1410年后,他率领约20万精兵多次进军大草原,3次打败蒙古可汗,每次获胜的情况都不同。这些战役耗尽了永乐皇帝的精力,1424年他在从蒙
2878 古班师回朝的途中驾崩了。由于他采取的是进攻政策,因此他收缩了明太祖确定的在北方边境的军事据点。这一政策的后果是:在中国没有跟他一样好战的皇帝时,北方边境就极易遭受侵扰。从某种程度上说,晚明时期修筑的用于防御的长城,就是一个世纪前好战的永乐皇帝军事战略的结果。

1406年,永乐皇帝派20万远征军攻打安南(今天的越南北部),并冒险把这一地区并入帝国的版图。这次入侵取得大胜,但最终却招致当地人的反抗。永乐皇帝最终发现明朝士兵被越南的游击战弄得筋疲力尽。20年的安南战争消耗了明朝大量的人力和财力,于是在1427年明朝廷决定撤兵。

在发动安南战争的同时,永乐皇帝还做了另一件令他留传至今的事——派遣当时世界上规模最大的海上探险队。船队从1405到1424年间共进行了6次远航,由200多艘帆船和28 000名水手组成,航行到了东南亚、印度、伊朗、阿拉伯和东非。所有这些远航都由著名的宦官郑和带领。海上远航的目的除宣扬国威外,还试图加强中国的宗主权(特别是对东南亚沿海地区);另一方面也旨在打击中国的私人海上贸易。

永乐皇帝亲征蒙古、入侵安南、郑和下西洋、营建北京,这一切都极大地耗费了明朝的资源,使得国库亏空并引起普遍的不满。永乐皇帝施行强权统治,将其非凡的冒险事业交给了与儒家上层文人团体有矛盾的武将和宦官。他去世后留下了一个在蒙古人的进犯面前显得虚弱的帝国;他激发了越南民族意识的兴起,而这种意识很快证明对邻国是致命的;他也致使后来的皇帝不再寻求对南洋的控制。永乐皇帝的独裁专制、坚决果断和敢作敢为成就了他的辉煌统治,但也给明朝后来的君主们留下了一份令人不安的遗产。

进一步阅读书目:

Chan, D. B. (1976). *The Usurpation of the Prince of Yen, 1398-1402*. San Francisco: Chinese Materials & Research Aids Service Center.

Chan, H. (1988). The Chien-wen, Yung-lo, Hung-hsi, and Hsuan-te Reigns, 1399-1435. In F. W. Mote & D. Twitchett (Eds.), *The Cambridge History of China: Vol 7. The Ming Dynasty, 1368-1644*, part 1 (pp. 182-304). Cambridge, U.K.: Cambridge University Press.

Dreyer, E. (1982). *Early Ming China: A Political History, 1355-1435*. Stanford, CA: Stanford University Press.

Farmer, E. (1976). *Early Ming Government: The Evolution of Dual Capitals* (Harvard East Asian Monographs No. 66). Cambridge, MA: Harvard University Press.

罗伯特·芬雷(Robert Finlay) 文
张娟娟 译,刘文明 校

Z

Zheng He 郑　和

郑和(约 1371—1435)是一位外交官、探险家、航海家。他在 1405 至 1433 年间率领船队七下“西洋”。他的远征以及 4 次海战和陆战,把 30 多个国家纳入中国的朝贡体系中。 2881

在 1405 至 1433 年间,明朝皇帝派遣郑和进行了 7 次壮观的海上探险,航行到达的地区有东南亚、印度、伊朗、阿拉伯以及东非。前 6 次航行都是在永乐皇帝时期,最后一次航行则是由宣德皇帝(1426—1435 年在位)下令进行的。虽然郑和只是明帝国的一名大臣和穆斯林宦官,但他最终比那些主权国家的君主们还有名。在印度尼西亚,他被当作一个守护神;在清朝的小说中,他被视为民间英雄;在中华人民共和国的教科书里,他被誉为爱国模范;在近代历史研究中,他被认为是中国的瓦斯科・达・伽马和克里斯托弗・哥伦布。

郑和在出生时名叫马和,成长于中国西南部的云南。郑和的先祖可追溯至萨义德・阿扎儿(Sayyid Ajall, 1210—1279),是来自布哈拉(Bukhara,今乌兹别克斯坦)的穆斯林,曾被元朝的建立者忽必烈可汗任命为云南行省平章。1381 年明朝军队进攻云南,11 岁的马和同许多男孩一起被阉割成太监并记入太监名册。凭着自己的智略和才干,马和在燕王(即后来的永乐皇帝)府带兵。在靖难之变中,永乐皇帝为表彰马和在关键战役中立下的战功,赐马和“郑”姓(“郑”为当时马和立下战功的地名)。

当永乐皇帝决定进行海上探险时,他下令由郑和带领船队。船队通常由 200 多艘船只和 28 000 人组成。毋庸置疑,这些船不仅是当时世界上最大的船只,同时也是木船史上最大的船只。但是对于一些别的方面,比如关于最大船只(亦称“宝船”)的尺寸大小、使用什么样的航海图以及航行的时间和地点,一直存在争议。特别是对于规模如此巨大的航行的目的,至今仍莫衷一是。1477 年一位著名的大宦官提议恢复海上远航,此举遭到了强大的文官集团的反对。他们甚至下令销毁永乐皇帝时期海上探险的相关记载。部分原因是强大的儒家士大夫集团认为宦官集团控制了海外贸易,于是他们反对恢复远航活动。

明帝国航海壮举的消失,无疑是历史上的一大损失。但永乐皇帝有充分的理由让郑和下西洋。永乐皇帝篡夺了侄子建文帝的皇位。为确保继位合乎正统性,永乐皇帝通过郑和下西洋宣扬国威,使海外国家前来朝贡,从而达此目的。永乐皇帝是一个好战的统治者,他曾带兵五

郑和时代一艘远洋船的木刻画。水墨画。来自茅元仪的《武备志》

历史是危险时候航行的指南。历史就是我们是谁、我们为何如此以及我们成为如此的途径。
——大卫·麦卡洛(David C. McCullough, 1933—)

2882 伐蒙古可汗,1406 年他又下令攻打越南。明朝不仅控制着爪哇王国和泰王国,而且还对马六甲及爪哇北部海湾的港口地区进行保护。而明朝能对上述这些地区进行控制,其海外舰队发挥了坚实的作用。由于船上拥有强大及富有作战经验的军队,因此郑和在航行中几乎没有遇到反抗。1407 年,郑和介入爪哇满者伯夷国(Majapahit)的内部权力之争;此后不久,郑和的军队摧毁了陈祖义的 10 艘战船并杀死了许多追随他的海盗。陈祖义是盘踞在苏门答腊岛巴邻旁国(Palembang)的中国海盗首领。1411 年,郑和击退了斯里兰卡(锡兰)国王亚列苦奈儿(Vira Alakasvara)的进攻,并把这位倒霉的国王生擒到了中国。

这些战争活动与郑和下西洋的商业贸易分不开。从帝国的安全方面考虑,永乐皇帝严禁私人进行海外贸易。因此郑和的船队上装载着中国的货物,尤以丝绸和瓷器为甚。把这些物品卖给那些急需的异域人,而返航的中国船只则装载了黑胡椒、香料、檀香木、宝石、印度棉花以及一些奇珍异兽(特别是长颈鹿和大象)。

不论是作为远航船队的正使还是军队的指挥官,抑或是贸易专员,郑和终归只是永乐皇帝的一个臣子,而不是一个为了开辟新航线和探索未知地域的冒险家。郑和不仅对君主忠诚,而且还出色地践行着君主的旨意。永乐皇帝死后,远航活动就只再进行了一次,即宣德皇帝下令送回那些在中国羁旅多年的外国使节。郑和极有可能就死于最后的这次远航。他可能被葬于紧邻南京的某地,该地离他的宝船出航西洋的地方很近。

进一步阅读书目:

Fei Xin. (1996). *Hsing-ch'a-sheng-lan: The Overall Survey of the Star Raft* (J. V. G. Mills, Trans. & R. Ptak, Ed.). Weisbaden, Germany: Otto Harrass-owitz.

Finlay, R. The Treasure-ships of Zheng He: Chinese Maritime Imperialism in the Age of Discovery. *Terrae Incognitae: The Journal for the History of Discoveries, 23*, 1 - 12.

Levathes, L. (1994). *When China Ruled the Seas: The Treasure Fleet of the Dragon Throne, 1405 - 1433*. New York: Oxford University Press.

Lo, J. (1976). The Termination of the Early Ming Naval Expeditions. In J. B. Parsons (Ed.), *Papers in Honor of Professor Woodbridge Bingham, a Festschrift for His Seventy-fifth Birthday* (pp. 127 - 140). San Francisco: Chinese Materials Center.

Ma Huan. (1970). *Ying-yai Sheng-lan: The Overall Survey of the Ocean's Shores. [1433] (J. V. G. Mills, Ed. & F. Ch'eng-chün, Trans.)*. Cambridge, U.K.: Cambridge University Press.

Needham, J. (1971). *Science and Civilisation in China: Vol. 4. Physics and Physical Technology: Part 3. Civil Engineering and Nautics*. Cambridge, U.K.: Cambridge University Press.

罗伯特·劳利(Robert Finlay) 文
张娟娟 译,刘文明 校

Zhu Yuanzhang 朱元璋

朱元璋(中国明朝的建立者,1328—1398)从充满苦难和厄运的生活中成长起来,成为中国历史上最强大、最独裁的皇帝之一。他建立明朝(1368—1644)后进行了长达30年的统治。他统治的特征可以从两项激进政策看出:朱元璋进行的土地改革影响最为深远;通过残忍和可怕的清洗来达到对政府的专制管理。 2883

朱元璋是明朝的开国皇帝,1368至1398年在位,年号洪武,去世后谥号为太祖。

朱元璋出生于淮河沿岸名为濠州县(今安徽省境内)的一个贫困农民家庭,是家中第三个儿子。在他青年时期,一场旱灾和瘟疫夺去了他的父母和大哥的生命,使他的生活更为贫苦。在邻居的帮助下,他在佛寺找到了栖身之所,成了一个和尚。但是不久之后,寺庙也断粮了,他被迫离开,去农村乞讨。

明朝佚名宫廷画师所画的《朱元璋画像》。绘于丝绸上的彩墨画。朱元璋是明朝的建立者,称为洪武皇帝。台北故宫博物院

朱元璋在3年的游荡生活中饱受饥饿的折磨,尝尽世人冷眼,同时也看到了中国中东部地区饥荒带来的惨状及政府统治的崩溃。在那时,他同旨在推翻元朝的红巾军起义者建立了联系。之后,他重返寺庙,努力学习以提高自身的阅读和写作技能。1352年,在元政府军烧毁了他的寺庙后,他加入了红巾军起义的队伍中。随着地位的迅速上升,他建立并扩大了自己的武装力量。他在长江下游地区建立了一个根据地,1356年占领了今天称为南京的这座战略城市。

在国内战乱时期,他建立了自己的军事武装,招募文人知识分子,并加入争夺皇位的竞争中。由于他越来越受到民众的拥护,并拥有许多具有卓越军事才能的将领,最终他打败了其他所有对手而登上皇帝宝座。他是中国历史上唯一一位出生于赤贫农家的皇帝。他于1368年称帝。他在此前一年派军攻占元大都(今北京),并把元朝统治者赶回了蒙古。

朱元璋建立起了严厉而强大的统治,通过军事武装、严刑峻法来加强皇权。虽然他意识到需要依靠士人精英阶层来维护政权,但曾经赤贫的经历使他对这些人始终怀有疑心。他如此追逐权力,所以不惜一切代价去镇压那些他疑心会反对他的人。他在位30年,可从两项激进政策看出他统治的风格:第一,朱元璋进行的土地改革影响最为深远;

第二，通过残忍和可怕的清洗来达到对政府的专制管理。

作为一个土地改革者，这位新皇帝希望恢
2884 复和平，提高土地的产量。跟之前的皇帝相比，他更加同情农民，并努力改善他们的生活。在华北平原，他让元末战争期间成千上万流离失所的人返回其抛荒的土地。仅在1374年一年，他就下令华东地区的14万家庭重新安居在他的家乡附近。随后，他在这个主要农业区进行了集中的赋税调查，确立起土地所有制度。记载税收信息的册子以黄色封皮故名“黄册”；而记录土地信息的图册因所绘的田亩形状像鱼鳞而称为“鱼鳞图册”。这些册子存放于中央及地方政府部门中，是中国近代以前最为全面的土地调查。即便是11世纪时英格兰征服者威廉的“末日审判书”，也不及它的范围之广和影响之深远。

此外，朱元璋还建立了一种称为“里甲”制度的农村财政管理体制。该制度规定，每110户家庭被编为一“里”（行政社区），最富有的10户轮流担任每年的“里长”。剩下的100户被分成10甲，每甲10户，每年轮甲首一人。小家庭作为附属也包括在其中。在朱元璋统治后期，他还建立了与里甲制度有紧密关联的“乡老”（里老）制度，用于处理农村的纠纷、犯罪及惩治扰乱治安者。

所有这些农村调查和组织的主要目的是：通过严密的户籍登记和税收政策来均分农民的土地赋役负担，避免贪官污吏从他们身上巧取豪夺、中饱私囊。建立乡老制度的目的还在于防止当地官员徇私舞弊、贪赃枉法。乡老们具有进行社会教化（比如尊敬父母）、督课农桑、主持水利的职责。如果他们需要上诉，可以直接去南京亲自上奏。另一项重要的农业政策是实行军屯，解决军粮问题，这样就能确保军队给养不用依赖农村财政体制。在整个统治期间，朱元璋不断完善这些措施。

朱元璋对于官员和文人集团的严厉政策，与他从小所受的压迫和遭受的苦难分不开。作为普天之下的君主，他讨厌奢侈浪费，厌恶卖弄炫耀。他执政后不久，在华东地区发生一次极为严重的旱灾时，他身着素服、脚穿草鞋到室外求雨。直到天空开始降雨，他才返回。他把这些朴素的品格也运用到行政官僚体系中。他精减地方官员，对他们进行严密审查，并怀疑他们的诚
实正直。但是相比之下，中央官员受到皇帝迫害 2885
的程度最深。因被疑贪污或谋反，成千上万的官员及其家族在几次清洗中被捕入狱和处死。一位著名的诗人，因其诗歌有批评朱元璋之嫌而被处以极刑。在许多方面表现不佳及一些倒霉的官员经常被嘲讽、羞辱甚至是公开鞭打。只有宅心仁厚、宽宏大量的马皇后能抑制朱元璋的愤怒。在1382年马皇后死后，他更加孤独和喜怒无常。

朱元璋统治的一个独特方面是定都南京，这里曾是以前一些未统一全国的王朝的故都。他把南京建成一座以皇宫为中心的坚固要塞，每一处都充分利用位置风水和战略特征。南京紧邻着帝国财政重要来源的华东地区，而且定都南京也使他能控制那些竞争者占有的富庶地区。在他死后，篡位的永乐皇帝（朱元璋的第四个儿子，也是在世的最年长的儿子）把重要的首都迁到了他北方的根据地，后被称为北京（即北方的都城；与此相对，南京也就是南方的都城）。但南京仍然是一个重要的行政中心。

进一步阅读书目：

Carrington-Goodrich, L., & Fang, C. (Eds.). (1976). *Dictionary of Ming Biography*. New York: Columbia University Press.

Farmer, E.L. (1995). *Zhu Yuanzhang and Early Ming Legislation: The Reordering of Chinese Society Following*

the Era of Mongol Rule. Leiden, The Netherlands: E.J. Brill.
Mote, F.W.(1977). The Transformation of Nanking, 1350－1400. In G.W. Skinner (Ed.), *The City in Late Imperial China* (pp.101－153). Stanford, CA: Stanford University Press.
Mote, F.W.(1999). *Imperial China, 900－1800*. Cambridge, MA: Harvard University Press.
Watt, J.R.(1984). The Agrarian Policies of Chu Yuan-chang. *The American Asian Review, 2*(4),70－122.

约翰·沃特(John R. Watt) 文
张娟娟 译,刘文明 校

Zimbabwe,Great 大津巴布韦

大津巴布韦是约1290到1450年处于繁荣时期的南部非洲国家。建有巨大石墙的都城遗迹反映了其当时的宏伟及制造工艺的精湛。该国由一小批政治精英所统治,并作为黄金出口国控制着印度洋上的经贸网络。 2886

大津巴布韦是南部非洲国家,其繁荣时期约为1290到1450年。前往其原首都遗址的游客会看到两处令人触动的景象。第一处出现在热带草原上,令人印象深刻的石头建筑,仍能向游客传递出当地往日的富庶与重要地位。在当地的绍纳语(Shona)中,津巴布韦意为"石头房屋"。这一地区有很多"津巴布韦",特别是在林波波河以北、赞比西河以南的这一区域。因此,大津巴布韦是该地区政治权力与建筑风格的突出范例。事实上,大津巴布韦是19世纪晚期欧洲殖民者到来以前撒哈拉以南非洲最大的石头建筑。虽然大津巴布韦只占现在津巴布韦国家领土的一部分,但其留存的珍贵遗产使得这一于1980年新获独立的国家被命名为津巴布韦共和国。在遗迹中发现了8只石刻津巴布韦鸟艺术品,其图像被印在了该国国旗上。

第二处位于遗址博物馆,不熟悉津巴布韦历史的游客也许会对该馆展出的各种人工制品感到吃惊。这些物品包括当地生产的工具,还有从印度洋沿岸进口的奢侈品,比如印度的玻璃念珠和中国的瓷器。虽然从大津巴布韦到海边的距离步行需要数周时间,但建设大津巴布韦的集权化政权是以其和印度洋经济的联系为基础的,统治者们出口黄金以交换棉布与奢侈品。

起源

巨石建筑体现出大津巴布韦的文化成就、财富和经济成就,有力地反驳了19世纪70年代起一系列欧洲旅行家、考古学家和历史学家将其当成文明局外人的偏见。尤其是殖民地时代(1890—1980)的白人殖民者声称,一定存在某个优秀种族,比如古代埃及人或腓尼基人,建造了这些巨石建筑。然而,具有讽刺意味的是,正是考古学家在20世纪早期证实是绍纳人建造了这座城市。

和在其他地方的农业社会情况相同,大津巴布韦最初是作为远距离贸易的参与者而建立起集中政权的。这一政权能够产生足够的财富来维持政治精英在高度分层社会中的地位。丰富的金矿资源吸引了大量来自东非海岸的斯瓦

希里商人，后者于 13 世纪与东非的基尔瓦(Kilwa)间建立起了商路，基尔瓦城成为大津巴布韦在印度洋沿岸最重要的贸易伙伴。大津巴布韦因此参与到印度洋经济中，其出口贵重金属，特别是黄金，自 14 世纪也开始出口铜，用以
2887 交换棉布和奢侈品。政治精英通过对商人征税构建起与矿工、农民的恩庇侍从关系网。这些网络建立在累积财富的再分配上，特别是牲畜的分配。首都异常高的人口密度和全国范围内的劳动力分工依赖于可持续农业。人们信仰一致，祭拜祖先与尊崇同一位至高神有助于政治团结，这进一步巩固了皇帝的权威：皇帝在一群男性长者的建议下做决策。

城市

就像津巴布韦历史学家英诺森·皮卡拉伊(Innocent Pikirayi)所指出的那样，人们应当了解，大津巴布韦的首都不仅仅是一个大型村庄，而且是一座真正的大都市。不同阶层的人们居住的地方距离很近，建筑风格及其布局体现了权力关系。与其他地方围墙用作防御建筑的津巴布韦相比，大津巴布韦的石墙用作标志城市的 3 个不同区域。那里有一处山坡建筑，用花岗岩堆成带斜坡的高地，高地之上建有围墙，是皇帝所居及其宫廷之处。有趣的是，这一建筑中没有水源。因此，虽然通往坡顶的路只需少量卫兵把守，但其在遭遇围攻时固守不了多长时间。坡顶建筑的底部是所谓的大围墙，那里居住着政治精英和商人，或如一些历史学家所言是皇室妇女的居住地。今天，坡顶周围的高墙仍在原地，这些墙有 5 米多高，墙内建有巨大的石塔。石塔是发挥政治作用还是宗教作用仍有争议。农民居住在坡顶建筑和大围墙之间，在下游河谷另一边的开阔草原上。那时所有房屋都建在泥土和板条筑成的简陋小屋周围。我们有把握假设该城代表了全国的财富与实力，在统一其居民的同时，确保了社会阶级分层。

衰落

两个原因造成了大津巴布韦在 15 世纪的衰落。最重要的原因是其精英阶层在与他国，尤其是北方崛起于 15 世纪中叶的穆胡姆塔巴帝国(Munhumutapa)的竞争中，失去了对黄金贸易的控制权。随后，商路改道，这一地区被从印度洋贸易中分离出来。第二个原因是在每年只有一次雨季的该地区，相对过高的人口密度最终导致了很大的环境压力。在大津巴布韦的鼎盛时期，城中居住着 18000 人，分布在大约 720 公顷的区域里。一旦国家不能继续维持其精英阶层，城市就失去了存在的意义。人们开始向外迁移，权力分散化最终导致了帝国分裂为小规模的区域群落，并导致了该区域内其他国家的

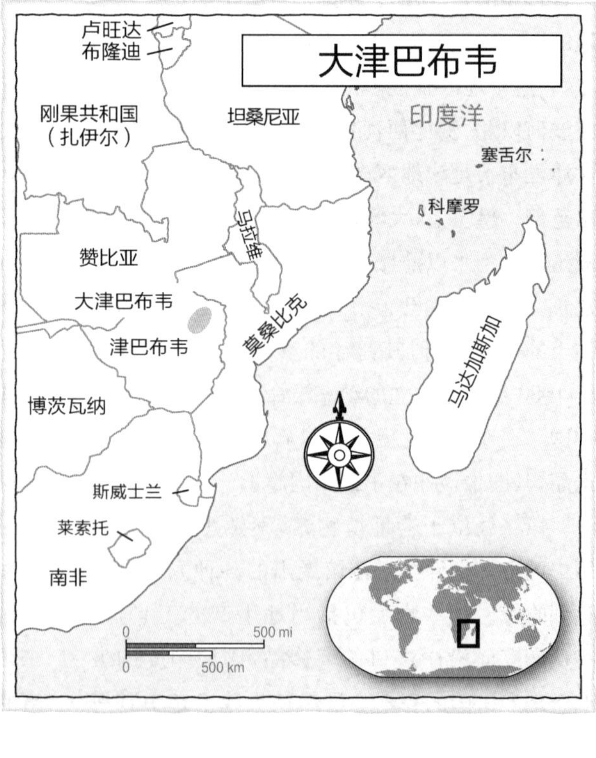

若有建设美好南非的梦想，就有通往这一目标的道路。其中两条道路分别叫作善良与宽恕。
——纳尔逊·曼德拉(Nelson Mandela, 1918—)

崛起。

启示

大津巴布韦是一座石头建成的城市，一小群政治精英通过黄金出口、控制该国对印度洋贸易的参与来获得权力。该国体现了10至15世纪该区域国家建设的最常见模式。大津巴布韦的衰落对其他地区的农业社会具有典型意 2888
义，人口过度集中导致的生态危机和在远距离贸易中的边缘化致使其衰落。而该地区的独特之处在于其城市建筑和布局完全体现不出任何防卫作用，反而是不同人口群体间权力关系的表现和写照。

进一步阅读书目：

Beach, D. (1980). *The Shona and Zimbabwe, 900 - 1850: An Outline of Shona History*. Gweru, Zimbabwe: Mambo Press.

Beach, D. (1994). *The Shona and Their Neighbours*. Oxford, U.K.: Blackwell.

Beach, D. (1998). Cognitive Archaeology and Imaginary History at Great Zimbabwe. *Current Anthropology, 39*(1), 47 - 72.

Carroll, S. T. (1988). Solomonic Legend. The Muslims and the Great Zimbabwe. *The International Journal of African Historical Studies, 21*(2), 233 - 247.

Garlake, P. (1973). *Great Zimbabwe*. New York: Thames & Hudson.

Garlake, P. (1982). *Great Zimbabwe: Described and Explained*. Harare, Zimbabwe: Zimbabwe Publishing House.

Huffman, T. N. (1996). *Snakes and Crocodiles: Power and Symbolism in Ancient Zimbabwe*. Johannesburg, South Africa: Witwatersrand University Press.

Mudenge, S. (1988). *A Political History of Munhumutapa c. 1400 - 1902*. London: James Currey.

Pikirayi, I. (2001). *The Zimbabwe Culture: Origins and Decline in Southern Zambezian States*. Walnut Creek, CA: Altamira Press.

Pwiti, G. (Ed.). (1997). *Caves, Monuments, and Texts: Zimbabwean Archaeology Today* (Studies in African Archaeology No. 14). Uppsala, Sweden: Department of Archaeology and Ancient History, Uppsala University.

海克·施密特(Heike I. Schmidt) 文
李磊宇 译，刘文明 校

Zionism 犹太复国主义

犹太复国主义指的是散布在欧洲的犹太人建立国家的运动。锡安(zion)一词指的是《圣经》中上帝赐给犹太人的 2889
应许之地，但是犹太复国主义运动几乎完全是政治性的，与宗教无关，因为犹太人认为只有在他们的弥赛亚降临时，他们才会居住在锡安这片土地上。

犹太人建立国家的要求始于公元70年，那时罗马人毁灭了耶路撒冷的第二圣殿。从那时起，犹太人组成少数群体散居在许多国家中。不管其生活的文化环境和政治制度如何多种多样，数世纪以来，他们都将自身的民族特性、宗教和语言文化保持了下来。他们因对本民族强烈的认同而遭到歧视，例如众所周知的“反犹主义”（anti-Semitism），甚至受到所迁居的许多国家的迫害。因而，犹太复国主义的主要目标是找到一片可以建立家园的土地（最好是在犹太人祖先的故土，即巴勒斯坦），在那里他们可以获得政治独立，使用希伯来语，为散居了若干世纪的犹太人提供一个聚居地。

19世纪的作家们在欧洲散播着犹太复国主义的理念。摩西·赫斯（Moses Hess）的两部著作《罗马和耶路撒冷》（*Rome and Jerusalem*，1862）和《圣地移民计划》（*Plan for the Colonization of the Holy Land*，1867）阐释了犹太人返回巴勒斯坦的前景。列奥·平斯克（Leo Pinsker）在其《自我解放》（*Auto-Emancipation*，1882）中写道：“犹太人是个死去的民族，无论在哪里，他们都是异乡人，他们因而遭到歧视……恰当并且唯一的出路是建立一个犹太国家，一个他们自己的家园。”

奥地利记者西奥多·赫茨尔（Theodore Herzl，1860—1904）投身犹太复国主义运动的最前线，于1897年在瑞士巴塞尔组织召开了第一届犹太复国主义者大会。大会代表要求在巴勒斯坦建立一个公认的犹太国家。之后的余生中，赫茨尔与各国领袖协商谈判，为犹太复国主义运动争取支持。1903年，英国政府提出在东非乌干达地区划出一大片土地给犹太人建立家园。同年赫茨尔把这一提议提交给犹太复国主义大会，即建立犹太人“暂居之地”的建议。这遭到大会代表的强烈反对，他们坚持主张只有巴勒斯坦才是散居世界各地的犹太人的唯一避难所。1904年赫茨尔去世，他为复国主义运动做出了自己的贡献，因而被誉为“现代犹太复国主义运动之父”。

1881到1903年之间，犹太人的第一批现代移民迁居巴勒斯坦，开辟了小规模但意义深远的新局面。第一批移民被称为“锡安热爱者”（Chovevei Zion，英文为Lovers of Zion），只有13名男性和1名女性，他们在1882年7月7日抵达雅法。其他人随后而至，即在第一次向以色列移民浪潮的兴起期间陆续移民巴勒斯坦。1904年第二次移民潮又掀起一波向巴勒斯坦迁居的热潮，其中多数是俄国的犹太人，还有一些颇有影响力的以色列国家领袖如大卫·本-古里安（David Ben-Gurion）和伊扎克·本-兹维（Izhak Ben-Zvi）。到第一次世界大战爆发时，约有9万犹太人在巴勒斯坦定居下来。

外交

犹太复国主义者们为了达到其政治目的，即在巴勒斯坦建立犹太国家，致力于使用外交手腕，他们与英国和其他协约国（俄国、法国、英国、意大利和美国）展开外交往来。英国人希望在巴勒斯坦地区同时获得犹太人和阿拉伯人的支持。因为当时巴勒斯坦受奥斯曼土耳其人的政治控制，而奥斯曼帝国与德国结盟对抗协约国。战后胜利的协约国造成了巴勒斯坦的分裂局面，而战争期间英国人分别和阿拉伯人、犹太人签订的秘密协议模棱两可，更使该地区的分裂局面复杂化。 2890

在阿拉伯领导人谢里夫·侯赛因（Sherif Hussein）与英国驻埃及高级专员亨利·麦克马洪爵士（Sir Henry McMahon）的通信中，后者承诺了支持阿拉伯人在巴勒斯坦建立独立的国家。但同时，英法签订了《塞克斯-皮科协定》（the Sykes-Picot Agreement），将该地区划为托管区域，受英法政府的支配或直接控制。1916年签订的《塞克斯-皮科协定》的某些条款与侯赛因和麦克马洪通信的内容相矛盾。

这一时期，俄国出生的化学家哈伊姆·魏茨曼（Chaim Weizman）成为世界犹太复国主义者组织（World Zionist Organization）的主席，他和多位英国领导人来往，为犹太复国主义者赢取同情。英国首相大卫·劳合·乔治（David

Lloyd George)认为巴勒斯坦就是《圣经》中所描述的犹太人的家园。同样，英国外交大臣亚瑟·贝尔福(Arthur Balfour)也支持犹太复国主义观点，希望在巴勒斯坦建立犹太国家，这样也能扩大英国在该地区的影响。1917 年 11 月 2 日的《贝尔福宣言》公开表达了英国支持犹太人在巴勒斯坦建立国家的主张。

在英国托管期间，首次明确规定了现代历史上的巴勒斯坦的地理范围。1922 年，国际联盟批准认可了巴勒斯坦的受托管地位。托管的前兆中包括《贝尔福宣言》，因此就将在巴勒斯坦建立犹太国家的复国理念提升到了国际法的高度。

英国统治之下的犹太人向巴勒斯坦移民浪潮持续不断。1920 年代，阿拉伯人和犹太人之间的政治经济竞争加剧。1929 年 8 月两者的紧张状态达到顶峰，在犹太人斋戒期间耶路撒冷爆发了动乱。60 多名犹太人和阿拉伯人死亡。英国宣布进行军事戒严，并派出调查委员会举行听证会，发布了调查报告，即众所周知的《帕斯菲尔德白皮书》(Passfield White Paper)。文件声明动乱是阿拉伯人害怕犹太人取得优势地位而引起的，并呼吁在一项新的政策出台之前暂停犹太人迁入该地区。白皮书引起犹太复国主义者和移民的强烈抗议，因而第二年被废止。

德国纳粹兴起后，其领袖阿道夫·希特勒于 1933 年在欧洲掀起了新的一波排犹运动，大量犹太人迁移到巴勒斯坦。到 1939 年，巴勒斯坦 30%的居民是犹太人。犹太人的移民引起阿拉伯人的强烈反应，阿拉伯人害怕自己会成为少数群体，开始向英国求助。

1939 年，英国规定巴勒斯坦的犹太人不得超过该地总人口的 1/3，试图以此方法解决阿拉伯人与犹太人之间的矛盾。另外，英国还宣布 10 年内巴勒斯坦将会建成一个独立的国家。许多犹太复国主义者认为该规定不可接受，因为独立后的国家将会受人口占多数的阿拉伯人的控制，建立犹太国的运动将会以失败告终。许多巴勒斯坦的犹太人主张立即起义以反抗英国人。但是大卫·本-古里安领导的最主要的复国主义集团反对起义，他们的主张相反，犹太人应该积极抵制关于限制犹太人移民的规定。

第二次世界大战期间，犹太复国主义者支持盟国(法国、英国、中国、苏联和美国)对抗德国。复国领导人直到 1942 年才意识到大屠杀和德国的计划是为了消灭犹太人。欧洲的战争和大屠杀使复国主义者认识到要在巴勒斯坦建国，赢取美国的支持是关键。但美国的重心在“二战”上，认为巴勒斯坦是英国政府的责任，因而对该地区持中立态度。1942 年，世界犹太复国主义者组织在比特摩尔(Biltmore)召开会议，参会领导人一致要求在巴勒斯坦建立犹太共和国，并设法对美国施压以使其支持自己的目标。
然而，英国和美国政府都反对该复国方案，因为 2891
阿拉伯国家控制着重要的石油油田，两国都希望和阿拉伯国家保持紧密的联系。

联合国第 181 号决议

第二次世界大战进入尾声之时，英国政府试图终结犹太人和阿拉伯人在巴勒斯坦地区日益升级的武力冲突。但英国政府未能调和双方的冲突，就于 1942 年将问题随意抛给联合国。深思熟虑之后，联合国于 1947 年 11 月 29 日出台了第 181 号决议，提出划分巴勒斯坦，分别建立阿拉伯国和犹太国两个国家，耶路撒冷为永久性托管城市。这一决议确保了犹太国的建立。阿拉伯人立即发起武力反对该划分方案。1948 年 5 月 15 日英国军队赶忙撤离该地区，拒绝执行联合国的决议；犹太复国主义者宣布以色列国家诞生。1948 年 5 月 15 日爆发了第一次阿以战争，埃及、黎巴嫩、叙利亚和伊拉克组成阿拉伯联军攻打以色列。在签订一系列的停火、休战协议后，以色列赢得了独立，犹太人复国的梦想实现了。

以色列的建国为那些将以色列视为祖国的犹太人提供居所,但犹太复国主义运动还在继续。对该运动的形式化的支持也持续不断,如复国主义者建设创办经济和政治上的项目工程来支持他们的事业,他们不断提醒着人们以色列是一个国家的定义,也是他们犹太人的文化与历史的表现形式。复国主义运动中最激进的部分是他们将 1948 年的独立战争和 1967 年的“六日战争”中以色列取得的军事胜利视为神迹和《圣经》中所记述的弥赛亚降临的前兆。因此,一些复国主义者将保卫《圣经》中所说的以色列土地、对抗巴勒斯坦人的民族主义意识和伊斯兰教的宗教运动的战争当作一种“圣战”。另外,他们还认为生活在约旦河西岸和加沙地带的巴勒斯坦居民妨碍了犹太人彻底实现建国目标,至少是和平实现。相对温和的复国主义者所持的政治目标较为单纯,即继续保持犹太人家园的安全,维持文化认同,与邻邦和平共处。然而,中东之外的一些国家坚持认为,犹太复国主义自身已经从一开始的政治目标转变为一种以宗教意识形态为驱使力的意识形态目标。

为了在阿拉伯世界树立影响力,苏联把持联合国于 1975 年 11 月 10 日出台了联合国第 3379 号决议草案,该决议谴责犹太复国主义是种族主义和种族歧视的一种形式。看到这份谴责以色列国家的决议,美国及其西方盟友对之强烈质疑。1991 年该决议被撤销,联合国开始在正在进行中的中东和平谈判发挥作用。

犹太复国主义运动将会在中东和平谈判中扮演重要角色,因为最近的恐怖袭击活动导致以色列开始呼吁该运动早期的那种民族整体精神。无论是犹太人,还是阿拉伯人都用复国主义说辞来形容该地区紧张的政治局面。犹太复国主义运动的未来前景如何,关键在其宗教认同和其建立家园的愿望二者如何结合。

进一步阅读书目:

Bickerton, I.J., & Klausner, C.L.(1998). *A Concise History of the Arab-Israeli Conflict* (3rd ed.). Upper Saddle River, NJ: Prentice Hall.

Cohen, R.(2009). *Israel is Real: An Obsessive Quest to Understand the Jewish Nation and Its History*. New York: Farrar, Straus, and Giroux.

Halpern, B., & Reinharz, J.(1998). *Zionism and the Creation of a New Society*. New York: Oxford University Press.

Hertzberg, A. (Ed.).(1959). *The Zionist Idea: A Historical Analysis and Reader*. Garden City, NY: Doubleday & Herzl Press.

Levin, N.G., Jr. (Ed.).(1974). *The Zionist Movement in Palestine and World Politics, 1880 - 1918*. Lexington, MA: D.C. Heath.

Radosh, A., & Radosh, R.(2009). *A Safe Haven: Harry S. Truman and the Founding of Israel*. New York: Harper.

马克·麦克卡隆(Mark McCallon) 文
汪辉 译,刘文明 校

Zoroastrianism 琐罗亚斯德教

琐罗亚斯德(Zoroaster)是波斯先知,他教导人们世界上有两位对立的神,一位是善神,一位是恶神,他们为争夺世 2892
界的控制权而相互争斗。他要求信徒追随善神,并向信徒许诺:在世界终结后,他们将获得永恒的生命。今天,在伊朗、印度和北美还生活着大约20万琐罗亚斯德教信徒。琐罗亚斯德教表现出善与恶的二元对立,基督教和伊斯兰教也有这个特点。

琐罗亚斯德教流行于伊朗地区,是一个古老宗教。查拉图斯特拉(Zarathushtra,希腊人称之为琐罗亚斯德)是该宗教的创始人,生活在大约公元前1000年的波斯东部地区。一些印度人迁移到了印度西北部地区,于是伊朗人的宗教与印度人的宗教建立起紧密关系。印度-伊朗宗教是多神教,其中包括两组神,即阿胡拉(Ahuras)和台瓦(Daivas)。琐罗亚斯德改革了传统的印度-伊朗宗教,将阿胡拉视为善神,将台瓦视为恶神。阿胡拉·马兹达(Ahura Mazda,智慧之神)是善神的领袖,他是至高神、至善神和创世神。阿胡拉·马兹达得到了一群神的帮助,后者是他的僚神或大天使。在琐罗亚斯德的时代,这些僚神或大天使没有固定的数量,他们主要包括古钖拉(Khshathra,代表控制和支配)、汉鲁凡戴(Haurvatat,代表健康)、爱尔麦蒂(Spenta Armaiti,代表奉献与忠诚)、阿米雷戴(Ameretat,代表永恒)、沃夫·马南(Vohu Manah,代表高尚的思想)、艾霞(Asha,代表真理和秩序),以及斯彭塔·曼纽(Spenta Mainyu,圣灵)。

台瓦是一群堕落的神,他们反对阿胡拉·马兹达。在印度宗教中,台瓦拥有很高的地位。对于阿胡拉·马兹达的每位大天使而言,有一个恶魔会给世界带来死亡和毁灭。安格拉·曼纽或阿里曼(Angra Mainyu,Ahriman)是台瓦的首领,他的名字意为“恶灵”。台瓦试图扰乱宇宙的秩序,阿胡拉与他们进行着长期斗争。用琐罗亚斯德自己的话说,人们可以自由选择追随善神或恶神。但如果一个人选择了台瓦和安格拉·曼纽,那么他或她就会在末日时受苦,并坠入琐罗亚斯德教的地狱,那里一片漆黑,还散发着恶臭。但如果一个人选择阿胡拉·马兹达,那么他或她就会在末日时得到幸福,会住进一个耳边回荡着悦耳歌声的华丽居所,那里便是天堂。在历史上,琐罗亚斯德教首次阐述了这些概念。随后,在波斯的阿契美尼德王朝(Achaemenid Persian Empire)统治亚洲和东地中海的时候,这些概念影响到了亚伯拉罕系宗

在琐罗亚斯德教的众神中,智慧之神阿胡拉·马兹达是至高神、至善神和创世神

> 让我们用这种方式帮助未来的生命。
>
> ——琐罗亚斯德(约公元前 1000 年)

教(Abrahamic religions)。

2893 琐罗亚斯德的预言包括了 17 首神歌,被收录在《伽泰》(*Gathas*)中。《伽泰》是《阿维斯塔》(Avesta)的一部分;后者是一部更大的作品集,创作于 6 世纪的萨珊帝国时期。《阿维斯塔》包括多方面的内容,其中部分内容可以追溯到波斯历史的不同时期。在琐罗亚斯德去世后,教团又将 7 首神歌编成了《亚斯那》(*Yasna Haptanhaiti*);这部著作称颂了阿胡拉,进一步巩固了琐罗亚斯德教的信仰。到阿契美尼德王朝时期,琐罗亚斯德教中又出现了一些印度-伊朗宗教的神祇,这些神祇本来并不是琐罗亚斯德信仰的核心。一些神祇,如阿娜希塔(Anahita)、密特拉(Mithra)、乌鲁斯拉格纳(Verethragna)、斯拉欧加(Sraosha)和提西塔雅(Tishtarya),也会出现在《亚旭特》(Yashts,即赞美诗,《阿维斯塔》的一部分)中,受到人们的崇拜。这些赞美诗主要是向神明祷告,祷告的目的不同,祈求的神明不同,作用也各异。例如,阿娜希塔掌管水和丰产;密特拉掌管誓约,随后发展为太阳神;乌鲁斯拉格纳则是战神。在《阿维斯塔》的《祛邪典》(Widewdad)中,还涉及了纯洁与堕落,以及伊朗的早期神话。

能够背诵宗教经典并负责汇编所有圣歌的教职人员被称为“博士”(Magi)。按照希罗多德的说法,他们是教团的核心,是宗教领域的专家,从阿契美尼德王朝时期就开始发挥作用了。祭典豪摩(Haoma)的节日是与博士相关的节日之一。在这个庆典中,博士们将植物汁兑到奶里,然后喝下去,以便获得力量和幻觉。火是另一个神圣的要素,在对火进行祭拜之前,博士会先唱诵圣歌。因此,放置圣火的地方和博士进行宗教仪式的地方被称为“火寺”。

到 3 世纪,也就是萨珊波斯时期,圣歌被汇编到一起,那些不得体的圣歌则被剔除出去。博士与政权关系密切,因此萨珊帝国成为一个琐罗亚斯德教国家,《阿维斯塔》被重新整理。7 世纪,阿拉伯人征服了波斯,琐罗亚斯德教的信徒变得越来越少。在这个伊斯兰帝国,琐罗亚斯德教信徒成了少数派,其中一些人继续留在波斯,另一些人则去了印度。今天,世界上大约还有 20 万人信奉琐罗亚斯德教,主要集中于伊朗、印度和北美。他们不再劝人入教,自身又面临着低出生率的问题,因此信众的数量在持续减少。

进一步阅读书目:

Boyce, M. (1984). *Textual Sources for the Study of Zoroastrianism.* Chicago: University of Chicago Press.

Kellens, J. (2000). *Essays on Zarathustra and Zoroastrianism* (P. O. Skjaervo, Trans. & Ed.). Costa Mesa, CA: Mazda Publishers.

Malandra, W. W. (1983). *An Introduction to Ancient Iranian Religion: Readings from the Avesta and the Achaemenid Inscriptions.* Minneapolis: University of Minnesota Press.

图华治·达里亚(Touraj Daryaee) 文

邢 科 译,刘文明 校

索引

说明

- 以黑体显示的姓名、术语和页码范围，表示它们是百科全书的辞条；
- 页码之前以黑体显示的罗马数字是百科全书的卷数（第 1—6 卷）；
- 索引中的页码均为原书的页码，即译本的边码。

A

Abbasid caliphate 阿拔斯哈里发 **III**: 1382 - 1383, **III**: 1396
  Arab caliphates 阿拉伯哈里发 **I**: 138 - 139
  art 艺术 **I**: 286
  empire 帝国 **II**: 897
  Islamic law 伊斯兰法 **III**: 1390
  Kanem-Bornu 卡内姆-博尔努王国 **III**: 1438
  Mongol destruction of 蒙古的破坏 **IV**: 1740
  religion and war 宗教和战争 **V**: 2104, **VI**: 2718 2719
Abbaya 阿拉伯长袍 **II**: 583
Abd al-Rahman 阿卜杜拉·拉赫曼 **V**: 2358
Abduh, Mohammad 穆罕默德·阿卜杜 **III**: 1384
Abelard, Peter 彼得·阿伯拉尔 **VI**: 2646
Abhinavagupta 阿毗那婆笈多 **IV**: 1963
Abolitionists 废除主义者 **I**: 419, **I**: 423, **IV**: 1479 - 1480, **V**: 2151
Abomey 阿波美 **III**: 1063
Aboriginal peoples 土著居民 **III**: 1320 - 1321, **III**: 1326
  food and foraging 食物和觅食 **III**: 1041, **III**: 1048 - 1051
  kinship 亲属关系 **III**: 1455
  land warfare 领土冲突 **VI**: 2714
  languages 语言 **IV**: 1496 - 1497
  leisure activities 休闲活动 **IV**: 1532
  亦可参阅：**Australia, aboriginal（澳大利亚原住民）**
Abortion 堕胎 **VI**: 2829, **VI**: 2833 - 2836
Abraham 亚伯拉罕 I: 3 - 5, **I**: 308, **V**: 2100
  亦可参阅：**Judaism; Islam（犹太教；伊斯兰教）**
Abramatic, Jean-François 让-弗朗索瓦·阿布拉马提克 **III**: 1362
Absolutism 绝对主义 I: 6 - 9, **II**: 892 - 894
  亦可参阅：**Elizabeth I; Napoleon; Parliamentarianism（伊丽莎白一世；拿破仑；代议制政体）**
Abu-Khalid, Fawziyya 法吉雅·阿布-哈立德, **VI**: 2817
Abu'l Fazl 阿布勒·法兹勒 **II**: 866
Abu Sufyan 阿布·苏富扬 **V**: 2104
Acacia trees 金合欢树 **III**: 1181
Achaemenids 阿契美尼德王朝 **I**: 180 - 181, **I**: 284
Achard, Franz Carl 弗朗茨·卡尔·阿哈德 **V**: 2415
Acolhua people 阿科尔华人 **I**: 361, **I**: 362
Acousmaticoi 声闻家 **IV**: 1969
Acropolis 卫城 **I**: 172 - 173, **I**: 176

亦可参阅:Parthenon(帕特农神庙)
Acton, Lord 阿克顿勋爵 **II**:918
ACT - UP (AIDS Coalition to Unleash Power) 释放压力艾滋病联合会 **III**:1099
Adam, Robert 罗伯特·亚当 **I**:151
Adams, John 约翰·亚当斯 **I**:101,**III**:1417
Addams, Jane 简·亚当斯 **VI**:2691
Addictions 成瘾
alcohol 酒精 **I**:84 - 88
drugs 毒品 **II**:812 - 817
gambling 赌博 **III**:1091 - 1093,**III**:1324
Adler, Victor 维克托·阿德勒 **II**:706
Adolescence 青春期 I:10 - 14,**II**:511
亦可参阅:**Childhood; Initiation and rites of passage(童年;成人与过渡仪式)**
Advaita Vedanta 不二论 **IV**:1963
Advanced Research Projects Agency (ARPA) 高级研究计划局 **III**:1358,**III**:1359
Aeneid《埃涅阿斯纪》**II**:448
Aestheticism 唯美主义 **I**:264
Afa, Liang 梁发 **V**:2437
Afghanistan (2009 statistics) 阿富汗(2009 年的统计) **I**:313 - 314
Akbar, rule of 阿克巴的统治 **I**:71
art 艺术 **I**: 178 - 185。亦可参阅: **Art—South Asia(南亚艺术)**
Bamiyan Buddhas 巴米扬大佛 **I**: 184, **I**: 314,**I**:430
colonial period 殖民地时期 **I**:420
constitutional democracy in 宪政民主 **II**:742
Islam in 伊斯兰教 **III**:1386,**III**:1399
Mughal Empire and 莫卧儿帝国 **IV**:1754
Soviet invasion of 苏联入侵 **II**:600,**II**:759, **VI**:2660
United States and 美国 **I**:105,**II**:658
warfare 战争 **VI**:2732,**VI**:2700
AFL (American Federation of Labor) 美国劳工联合会 **IV**:1486
Afrasan people 阿非人 **I**:33,**I**:34
Africa 非洲 I:15 - 22
adolescence 青春期 **I**:13
HIV/AIDS pandemic 艾滋病流行 **I**: 39, **III**:1242,**III**:1244
Aksum, kingdom of 阿克苏姆王国 **I**:74 - 77
Arab caliphate in 阿拉伯哈里发 **I**:139
architecture 建筑风格 **I**:165
area studies, rise of 区域研究的兴起 **I**:20 - 21
art of 艺术。亦可参阅:**Art — Africa(非洲艺术)**
Berlin West African (Congo) Conference 柏林西非(刚果)会议
亦可参阅:**Berlin Conference(柏林会议)**
biological exchange 生物交换 **I**:396 - 402
children 儿童 **II**:509
coffee production 咖啡生产 **I**:27,**II**:591 - 595
Cold War 冷战 **II**:598
colonial period 殖民地时期。亦可参阅: **Africa—colonial(非洲——殖民时代)**
comparative history 比较史学 **II**:633 - 634
consumerism 消费主义 **II**:654
crusades 十字军东征 **II**: 672, **II**: 673, **II**: 676,**II**:678
cultural area 文化区 **II**:684
early conceptions of 早期概念 **I**:15 - 16
early interregional networks 早期区域网络 **III**:1367 - 1368
early modern era, use of term "早期现代时期"术语的使用 **II**:832
early twentieth-century black scholarship 20 世纪早期有关非洲的研究 **I**:19 - 20
education in 教育 **VI**:2648 - 2649
empires, sub-Saharan 撒哈拉以南地区的

帝国 **II**:898
energy use 能源使用 **II**:911
ethnicity 种族 **II**:946
extinctions 物种灭绝 **III**:1003－1007
festivals 节庆 **III**:1026－1028
foragers, modern 现代的食物采集者 **III**:1040－1041,**III**:1047,**III**:1050
games 游戏 **III**:1089－1091
genocide 种族灭绝 **III**:1113。亦可参阅:Rwanda
gold mining 开采金矿 **VI**:2680
human evolution 人类进化 **III**:1105
indigenous peoples 土著 **III**:1325－1326
Kanem-Bornu 卡内姆-博尔努王国 **I**:50,**III**:1437－1441
labor union movement 工会运动 **IV**:1483,**IV**:1488
language families 语系 **IV**:1497
liberal democracies 自由民主政体 **III**:1151
malaria in 疟疾 **IV**:1585
map, nations 地图,国家 **I**:17
migrations 迁移 **II**:761－762,**II**:765。亦可参阅:**Migration—overview; Slave trades(移民概述;奴隶贸易)**
origins of name 名字的起源 **I**:15
plant diseases 植物病害 **II**:802
postcolonial period 后殖民时期。亦可参阅:**Africa—postcolonial(非洲——后殖民时代)**
racial and civilizational views of 种族和文明的观点 **I**:16－19
railroads 铁路 **V**:2084,**V**:2086
rainforest 热带雨林 **I**:58
religions 宗教。亦可参阅:**African religions(非洲宗教)**
slave trade 奴隶贸易。亦可参阅:**Slave trades(奴隶贸易)**
socialism 社会主义 **III**:1154,**V**:2288
trade in 贸易 **III**:1367
United Nations role 联合国的作用 **VI**:2844
warfare 战争 **VI**:2692－2695
women's rights 妇女权利 **VI**:2828,**VI**:2829
Younger Dryas ice age 新仙女木冰期 **II**:579
亦可参阅:**Africa—equatorial and southern (4000 BCE－1100 CE); African American and Caribbean religions; Pan-Africanism(赤道非洲和南部非洲,前4000—公元1100;非裔美洲人和加勒比宗教;泛非主义)**
Africa—colonial 非洲——殖民时代 I:23－29,**II**:602－604,**II**:605,**II**:946,**III**:1311,**III**:1304－1305
art and 艺术 **I**:167
British Empire 英帝国 **I**:419－423
in context of twentieth century 在20世纪的背景下 **I**:26－28
creation of colonial order, 1880 to 殖民秩序的建立,从1880年起 **IV**:1914,**I**:23－24
French Empire 法兰西帝国 **III**:1060－1063,**III**:1065
German Empire 德意志帝国 **III**:1126－1129
legacies of 遗产 **I**:28
map (1914) 地图(1914) **I**:25
political economy (1914 to 1940) 政治经济学(1910—1940年) **I**:24－26
Portuguese Empire 葡萄牙帝国 **V**:2028
亦可参阅:**Africa—postcolonial; Apartheid; Nkrumah, Kwame; Pan-Africanism; Senghor, Léopold(非洲——后殖民时代;种族隔离;夸梅·恩克鲁玛;泛非主义;利奥波德·桑戈尔)**
Africa—equatorial and southern (4000 BCE－1100 CE) 赤道非洲和南部非洲(前4000—公

元 1100)**I**:**30** - **35**
agricultural and technological change 农业和科学技术的发展 **I**:34
biological exchange from Bantu expansion 班图人扩张引起的生物交换 **I**:398
changes in equatorial rain forests 赤道雨林地区的变化 **I**:32
chiefdoms and states, 300 - 1100 CE 公元 300—1100 年间的酋邦和国家 **I**:34 - 35
early agricultural spread—equatorial rain forests 早期农业传播——赤道雨林地区 **I**:30 - 31
woodland savannas and western rift 热带稀树草原和西方裂谷 **I**:32
Africa—postcolonial 非洲——后殖民时代 I:**36** - **40**
economic strategies 经济策略 **I**:39
ethnic conflicts 民族冲突 **I**:37 - 38
impact of colonialism 殖民主义的影响 **I**:36
military governments 军政府 **I**:37
national unity, development of 国家统一,发展,**I**:37 - 38
one-party states 一党制国家 ,**I**:39
Organization of African Unity (OAU) 非洲统一组织 **I**:36 - 37
in twenty-first century 在 21 世纪,**I**:39
African American and Caribbean religions 非裔美洲人和加勒比宗教 I:**41** - **48**
African religions in the New World 在新世界的非洲宗教 **I**:41 - 42
African religions in the United States 在美国的非洲宗教 **I**:45 - 46
Caribbean religions 加勒比宗教 **I**:43 - 45
music of 音乐 **I**:47
African Americans 非裔美国人 **II**:946
in American Revolution 在美国独立战争中 **V**:2169
music 音乐 **I**:47
in trade unions 在工会中 **IV**:1484,**IV**:1485
women writers 女作家 **VI**:2815 - 2816
African Independent Churches 非洲独立教会 **V**:2130
African Methodist Episcopal Church 非洲卫理公会 **I**:47
African Methodist Episcopal Zion Church 非洲人美以美锡安会 **I**:46
African National Congress (ANC) 非洲国民大会 **I**:28,**I**:39,**I**:136,**IV**:1488,**VI**:2839
African religions 非洲宗教 I:**49** - **53**
in Benin 在贝宁 **I**:387
Catholicism 天主教 **V**:2199,**V**:2200
Christianity 基督教 **I**:16,**I**:23,**I**:40,**I**:50,**I**:51,**I**:43,**I**:74,**I**:76,**I**:77,**I**:165,**II**:886
Islam 伊斯兰教 **I**:16,**I**:40,**I**:50 - 51,**I**:43,**I**:165,**II**:837,**III**:1437,**III**:1438 - 1440
Mormonism 摩门教 **IV**:1507,**IV**:1509
possession cults 附体教 **I**:52
secret societies 秘密会社 **I**:49,**III**:1027
supreme deity 至高神明 **I**:49 - 50
亦可参阅:**African American and Caribbean religions(非裔美洲人和加勒比宗教)**
African states, ancient 古代的非洲国家
Aksum 阿克苏姆 **I**:74 - 77
Benin 贝宁 **I**:165,**I**:385 - 388
Meroë 麦罗埃 **IV**:1647 - 1649
Nubia 努比亚 **II**:683,**IV**:1848 - 1850
Sokoto caliphate 索科托哈里发 **V**:2355 - 2357
Zimbabwe, Great 大津巴布韦 **I**:165,**VI**:2886 - 2888
亦可参阅:**Egypt; Hausa states; Kongo; Mali; Songhai; Wagadu Empire(埃及;豪萨城邦;刚果;桑海;韦加度帝国)**
African Union 非洲联盟 I:**54** - **56**,**III**:1356,**VI**:

2694
Afrikaner Nationalist Party 阿非利堪国家党 **I**:133
Afrique Equatoriale Française 法属赤道非洲 **I**:27,**III**:1063
Afrique Occidentale Française 法属西非 **III**:1063
Afroasiatic languages 亚非语系的语种 **IV**:1497
Afrocentrism 非洲中心论 **I**:19
Afro-Eurasia 亚非欧大陆 I:57 – 62,**III**:1042
as arena of history 历史的竞技场 **I**:60 – 62
biological exchange 生物交换 **I**:396 – 401,**II**:607 – 610
caravans 商队 **II**:463 – 465
climate change, impacts of 气候变化的影响 **I**:580,**I**:581
disease, spread of 疾病的传播 **I**:422
extinctions 物种灭绝 **III**:1003 – 1006
geographical profile 地理概述 **I**:57 – 58
long economic social cycles 经济、社会的长周期 **IV**:1566
making continents of Europe and Asia 形成了欧洲和亚洲 **I**:59 – 60
trade 贸易 **III**:1042 – 1044,**V**:2261。亦可参阅:**Silk Roads**(丝绸之路)
亦可参阅:**Geographic constructions of the world; Human evolution**(**世界地理构成;人类进化**)
Age of Exploration 地理大发现时代 **IV**:1863,**V**:2377
Age of Reason 理性时代 **I**:8
Agrarian era (and periodization) 农耕时代(以及历史分期) **IV**:1952 – 1953
亦可参阅:**Agricultural societies**(**农业社会**)
Agrarian regime (agricultural revolution) 农耕体制(农业革命) **I**:129 – 130
Agricola, Georgius 格奥尔格·阿格里科拉 **III**:1460
Agricultural societies 农业社会 I:63 – 70,**II**:858 – 859,**III**:1040 – 1045,**III**:1261,**III**:1264
children in 儿童 **II**:509 – 511
comparative history 比较史学 **II**:633,**II**:635
contrasting ecologies 生态差异 **I**:63 – 64
current trends 当前趋势 **I**:69
extinctions and 物种灭绝 **III**:1005 – 1006
fire, use of 火的使用 **III**:1036
industrial agriculture 产业化农业 **I**:68 – 69
knowledge, spread of 知识的传播 **V**:2260
metallurgy in 冶金术 **IV**:1662 – 1664
New World 新世界 **I**:66 – 68,**II**:834
Old World 旧世界 **I**:64 – 66,**II**:834
population issues 人口问题 **II**:468 – 469,**V**:2011 – 2012
secondary-products revolution 次级产品革命 **V**:2284 – 2286
warfare in 战争 **VI**:2771
亦可参阅:**Cereal grains; Tropical gardening**(**谷物;热带园艺**)
Agriculture 农业
Americas, the, 美洲 **I**:108
China 中国。亦可参阅:**China**(**中国**)
deforestation 森林砍伐 **VI**:2503 – 2505
diseases 疾病 **II**:781,**II**:784,**II**:789 – 791
and domestication 驯化 **IV**:1671
Green Revolution 绿色革命 **III**:1167 – 1172,**V**:2468,**V**:2469
human genetics and 人类遗传学 **III**:1107 – 1108
human mobility, effect on 对人类流动性的影响 **IV**:1669,**IV**:1670
low-input sustainable (LISA) 低投入可持续农业 **III**:1170 – 1171
in North African French colonies 在北非法

属殖民地 **III**:1061－1062

periodization and 历史分期 **IV**:1951

property rights and 财产权 **V**:2179,**V**:2180

technology, use of 技术的使用 **V**:2461－2462

United States 美国 **I**:68－69,**II**:1169,**II**:1170,**II**:1171

亦可参阅:**Cereal grains; Food(谷物;食品)**

Aidoo, Ama Ata 阿玛·阿塔·艾杜 **VI**:2817

Ainu 阿伊努人 **III**:1320,**VI**:2724

亦可参阅:**Hokkaido, Japan(日本北海道)**

Air pollution 空气污染。亦可参阅:Environmental issues(环境问题)

Airplane 飞机。亦可参阅:**Aviation(航空)**

Akan 阿坎人 **I**:42

Akbar 阿克巴 **I**:7,**I**:**71－73**,**I**:272,**I**:274,**I**:310,**II**:837,**II**:866

Akhenaten, pharaoh 法老埃赫那吞 **II**:876

Akkadia 阿卡德帝国 **II**:768,**II**:897

language 语言 **II**:683,**II**:697

亦可参阅:**Art—South Asia; Mughal Empire(南亚艺术;莫卧儿帝国)**

Aksum 阿克苏姆 I:74－77

al-Afghani, Jamal al-Din 哲马尔丁·阿富汗尼 **III**:1385

al-Ala Mawdudi, Abu 阿布·阿拉·马杜迪 **III**:1386

Albania 阿尔巴尼亚 **II**:948,**III**:976,**V**:2172

亦可参阅:**Europe, Eastern(东欧)**

al-Banna, Hasan 哈桑·班纳 **III**:1386

Albert, Prince 阿尔伯特王子 **VI**:2663－2664

Alberti, Leon Battista 莱昂·巴蒂斯塔·阿尔贝蒂 **I**:**150**,**I**:215

Albigensian Crusade 阿尔比十字军 **II**:677

Albuquerque, Afonso de 阿方索·德·阿尔布克尔克, **V**:2025,**V**:2026

al-Bustani, Butrus 布特鲁斯·布斯塔尼 **II**:771

Alchemy 炼金术 I:**78－83**,**II**:708,**II**:711,**V**:2258,**V**:2270

Alcoholic beverages 酒精饮料 I:**84－88**,**II**:814－816

al-Din, Rashid 拉希德·丁 **I**:61

Alexander I (czar) 亚历山大一世(沙皇) **II**:644,**II**:645,**IV**:1790,**IV**:1940－1941

Alexander II (pope) 亚历山大二世(教宗) **III**:1173

Alexander of Macedon 马其顿的压力山大。亦可参阅:**Alexander the Great(亚历山大大帝)**

Alexander the Great 亚历山大大帝 I:**89－91**,**II**:851,**II**:916,**III**:1166,**III**:1365,**IV**:1573,**V**:2325

Achaeminids and 阿契美尼德王朝 **I**:180

Aristotle and 亚里士多德 **I**:161

art 艺术 **I**:268－269,**I**:284

in Babylon 在巴比伦 **I**:370－371

conquests, impact of 征服的影响 **III**:983

form of government 政府的组织形式 **III**:1150

interregional networks 区域网络 **III**:1367

scientific expeditions 科学探险队 **III**:993

warfare methods 作战方法 **VI**:2847

亦可参阅:**Macedonian Empire(马其顿帝国)**

Alexander VI (pope) 亚历山大六世(教宗) **III**:1379

Alexandria (Egypt) 亚历山大里亚(埃及) **III**:1220－1221,**III**:1366,**IV**:1574－1575,**VI**:2538,**VI**:2544,**VI**:2555

Alexis I (czar) 阿列克谢一世(沙皇) **I**:260

Alexius I, Byzantine emperor 拜占庭帝国皇帝阿历克塞一世 **II**:674

Algarotti, Francesco 弗朗西斯科·阿尔加罗蒂 **V**:2274

Algebra 代数学 **I**:92－93

Algeria 阿尔及利亚 **I**:24,**I**:27,**III**:1059－1062,

III:1064,**VI**:2732
Arab League 阿拉伯联盟 **I**:140
Algorithm 算法 **I**:92－93
al-Hakim II, Caliph 哈里发哈基姆二世 **IV**:1552
Alhambra, Granada, Spain 西班牙格林纳达阿尔罕布拉宫 **I**:149
Ali, caliphate of 哈里发阿里 **I**:138
Ali ibn Dunama 阿里·依本·杜纳玛 **III**:1438
Ali Muhammad (Islamic reformer) 阿里·穆罕默德(伊斯兰改革家) **III**:1021,**III**:1384
al-Jazeera 半岛电视台 **IV**:1627
al-Kanemi dynasty 卡内米王朝 **III**:1439－1440
al-Khwarizmi 花剌子米 I:92－93,**I**:139,**II**:771,**IV**:1632
亦可参阅:**Islamic world(伊斯兰世界)**
Allah 真主 **V**:2111
亦可参阅:**Islam(伊斯兰教)**
Allen, Richard 理查德·艾伦 **I**:46
Allen, William 威廉·艾伦 **VI**:2509
Allende, Isabel 伊莎贝尔·阿连德 **VI**:2818
Alliances, steppe 草原同盟。亦可参阅:**Steppe confederations(草原同盟国)**
Allocative knowledge 配置的知识。亦可参阅:**Knowledge economy(知识经济)**
Almagest of Ptolemy 托勒密《天文学大成》**II**:663
al-Mamun, Caliph 哈里发阿尔-麦蒙 **I**:105,**I**:139
Almeida, Francisco de 弗兰西斯科·德·阿尔梅达 **V**:2025
al-Muqaddasi 穆卡达西 **V**:2322
al-Nasir, Gamal Abd 贾迈勒·阿卜杜·纳西尔 **III**:1386
Alphabets 字母
Arabic, Greek and Hebrew 阿拉伯语、希腊语和希伯来语 **II**:620
Cyrillic (Slavic) 西里尔字母(斯拉夫字母) **I**:440,**II**:620,**III**:979
Latin 拉丁语 **II**:620,**IV**:1501
亦可参阅:**Script decipherment(解读文字)**
Alps 阿尔卑斯山 **IV**:1747,**IV**:1748,**IV**:1750,**IV**:1751
al-Qadir, Abd 阿卜杜拉·卡迪尔 **III**:1384
al-Qaeda 基地组织 **III**:1386,**IV**:1714,**V**:2125,**VI**:2488,**VI**:2660
Arab League and 阿拉伯联盟 **III**:141
fascism and 法西斯主义 **III**:1018
al-Rashid, Harun 哈伦·拉希德 **III**:1199－1201
al-Razi 拉齐斯 I:94－96,**III**:1399
亦可参阅:**Islamic world(伊斯兰世界)**
Al Shifa《治疗论》**III**:1336
Alsace-Lorraine 阿尔萨斯-洛林 **VI**:2601
al-Shafi'I, Abu 'Abd Allah 阿布·阿卜杜拉·沙斐仪 **III**:1383,**III**:1386,**III**:1390,**III**:1391
Altamont Pass (CA) wind turbine 阿尔塔蒙特山口风力发电机(加州) **VI**:2807
Altar of Peace (*Ara pacis*) 和平祭坛 **I**:175
al-Tazi, Abelhadi 阿拜尔哈迪·艾尔-塔兹 **III**:1294
Alvarez, Walter 沃特尔·阿尔瓦雷兹 **I**:391
al-Wahhab, Muhammad ibn Abd 穆罕默德·伊本·阿卜杜拉·瓦哈卜 **III**:1385
Amazonia 亚马孙河流域 I:97－100
agriculture and diet 农业和饮食 **I**:98－99
early settlements 早期定居点 **I**:97－98
environmental history studies, challenges in 环境史研究的挑战 **I**:99－100
soil in 土壤 **I**:98
亦可参阅:**Agricultural societies; Manioc(农业社会;树薯)**
Amazon River basin 亚马孙盆地
debt peonage 债役雇农制 **IV**:1480

environmental issues 环境问题 **III**:1069
festivals 节庆 **III**:1026
foragers, modern 现代的食物采集者 **III**:1047
rubber 橡胶 **V**:2216
Amber, trading of 琥珀贸易 **VI**:2539
American Cancer Society 美国癌症协会 **VI**:2515
American Civil War 美国内战 **VI**:2635
American Empire 美帝国 I:101 - 106, II:629
亦可参阅:**Globalization; Modernity; Postmodernism; Revolution — United States; Western civilization(全球化;后现代主义;美国革命;西方文明)**
American Equal Rights Association 美国平等权利协会 **VI**:2815
American Federation of Labor (AFL) 美国劳工联合会 **IV**:1486
American hydroelectric plant 美国水电站 **VI**:2793
American Indian Movement (AIM) 美国印第安人运动 **III**:1324
American Indians 美洲印第安人。亦可参阅:Native Americans(美洲原住民)
American Library Association 美国图书馆协会 **IV**:1556
American Muslim Mission 美国穆斯林传教会 **I**:46
American Railroad Union 美国铁路工会 **IV**:1486
American Revolution 美国独立战争。亦可参阅:**Revolution — United States(美国革命)**
"American way of war," "美式战争" **VI**:2744 - 2745
Americanization of global culture 美国化的全球文化 **III**:1142 - 1143
Americas, the 美洲 I:107 - 112
agriculture 农业 **I**:108
Columbian exchange 哥伦布大交换 **I**:108 - 109
discovery of 发现 **III**:1367
empires, imperialism, and colonization 帝国,帝国主义和殖民地化 **I**:109 - 111
origins and isolations 起源和隔离 **I**:107 - 108
reflections, myths, and notions of liberty 反思,神话和自由的观念 **I**:111 - 112
repopulation of 增殖 **IV**:1672
亦可参阅:**Art — Pre-Columbian Central and South America; Columbian exchange (前哥伦布时代中南美洲艺术;哥伦布大交换)**
Amerigo Vespucci 亚美利哥·韦斯普奇 **VI**:2633
Amerindian villages 美洲印第安人乡村
metals in 金属 **VI**:2673
disaster in 灾难 **VI**:2674
Amida Buddha 阿弥陀佛 **I**:224, **I**:225
Amin, Idi 阿明·伊迪 **I**:39
Ammurapi 阿穆拉匹 **VI**:2623
Amnesty International 国际特赦组织 **III**:1097, **III**:1100
Amorites 阿摩利人 **I**:368, **I**:368
Ampère, André-Marie 安德烈·玛丽·安培 **II**:889
Amundsen, Roald 罗尔德·阿蒙森 **I**:119
Anabaptists 再洗礼派 **V**:2098
Analytic philosophy 分析哲学 **V**:1978 - 1979
Anasazi culture 阿那萨齐文化 **I**:66, **I**:146, **I**:231
Anatolia 安纳托利亚 **V**:2463
art 艺术 **I**:282, **I**:284
borders, ancient 古代的边界 **III**:1073
coin circulation 流通的货币 **VI**:2673
crusades 十字军东征 **II**:675
Cyrus, invasion by 居鲁士的入侵 **II**:695

language 语言 **III**:1351
Mongols 蒙古人 **IV**:1740
Anaxagoras 阿那克萨戈拉 **IV**:1965,**IV**:1969
Anaximander 阿那克西曼德 **IV**:1968,**IV**:1969
Anaximenes 阿那克西美尼 **IV**:1968
ANC 亦可参阅:African National Congress (ANC)(非洲国民大会)
Ancestor worship, Chinese 中国人的祖先崇拜 **II**:528
Ancient scripts 古代的文字。亦可参阅:**Script decipherment(解读文字)**
Andamanese (Andaman Islanders) 安达曼语(安达曼岛人) **III**:1048
Andean states 安第斯国家 **I:113 - 116**
亦可参阅:**Art — Pre-Columbian Central and South America; Inca Empire; Spanish Empire(前哥伦布时代中南美洲艺术;印加帝国;西班牙帝国)**
Anderson, Benedict 本尼迪克特·安德森 **V**:2049
Anderson, Perry 佩里·安德森 **II**:633
Andes 安第斯山脉 **I**:68,**I**:108,**I**:109,**I**:110,**I**:131,**V**:2327
art in 艺术。亦可参阅:**Art — Pre-Columbian Central and South America(前哥伦布时代中南美洲艺术)**
potatoes in 马铃薯 **V**:2039
Andreessen, Marc 马克·安德森 **III**:1362
Androgyny 雌雄同体 **V**:2290
Anger, Jane 简·安杰 **IV**:1515
Angkor Empire 吴哥帝国 **III**:1447 - 1449
Angkor Thom 吴哥城 **I**:279,**III**:1448
Angkor Wat 吴哥窟 **I**:280,**III**:1448
Anglicanism 英国圣公会 **V**:2056
Anglo-Portuguese Treaty (1884)《英葡条约》(1884年) **I**:389
Anglo-Saxon map 盎格鲁-萨克逊地图 **II**:474
Angola 安哥拉 **I**:34,**II**:658
colonial period 殖民地时期 **I**:24,**I**:28
decline of the Kongo 刚果的衰落 **III**:1464 - 1465
slave trade 奴隶贸易 **I**:41
Animal husbandry 畜牧学 **IV**:1671
亦可参阅:**Domestication, plant and animal(动植物的驯养)**
Animals 动物。亦可参阅:Diseases — animal; Domestication, plant and animal; Ecological imperialism; Horses; Sheep and goats(动物疾病;动植物的驯养;生态帝国主义;马;绵羊和山羊)
Animism 泛灵论 **I:117 - 118**,**II**:914 - 915,**V**:2260,**V**:2271
亦可参阅:**Shamanism(萨满教)**
Antarctica 南极洲 I:119 - 122,**III**:1077,**III**:1135 - 1136
glaciology, geology, and climate 冰川学、地理学和气候 **I**:119 - 120
life forms 生命形态 **I**:120 - 121
population and government 人民和政府 **I**:121 - 122
Antarctic Ocean 南极海 **IV**:1860
Antarctic Treaty 南极条约 **I**:121 - 122,**III**:1135
Anthony, Susan B. 苏珊·安东尼 **III**:1020,**VI**:2820
Anthropocene 人类世 I:123 - 124
亦可参阅:**Anthroposphere(人类圈)**
Anthropogenic ecosystems 人为生态系统 **II**:949 - 950
Anthropology 人类学 I:125 - 127,**III**:987,**V**:2344
attitudes on civilization, barbarism, and savagery 对文明、野蛮、蒙昧的态度 **II**:568 - 570
comparative ethnology 比较民族学 **II**:955 -

956
cultural ecology 文化生态学 **II**:847 - 850
culture, defining 文化界定 **II**:649
Eurocentrism in 欧洲中心主义 **III**:965 - 966
themed histories 主题史 **II**:688 - 689
亦可参阅:**Archaeology; Ecology, cultural; Ethnology; Paleoanthropology; Social sciences.(考古学;文化生态学;民族学;古人类学;社会科学)**
Anthroposphere 人类圈 I:128 - 132
亦可参阅:**Anthropocene(人类世)**
Anti-Hussite crusades 反胡斯十字军 **II**:677
Antioch 安条克 **II**:675
Antipater of Thessalonica 塞萨洛尼卡的安提帕特 **VI**:2792
Anti-Semitism 反犹主义
ancient world 古代世界 **IV**:1800 - 1801
anticonsumerism, role of 反消费主义的作用 **II**:653
Catholic Church, role of 天主教的作用 **II**:762, **II**:772
Einstein attacks on 反犹主义者对爱因斯坦的攻击 **II**:886 - 887
Nazism and 纳粹主义 **III**:1016, **III**:1154 - 1155, **III**:1237, **V**:2364, **VI**:2890。亦可参阅:Nazi Germany(纳粹德国)
Antoninus, Marcus Aurelius 马可・奥勒留・安东尼 **VI**:2788
Antony, Mark 马克・安东尼 **II**:447
Anzaldua, Gloria 格洛丽亚・安扎尔朵 **VI**:2817
AOF (Afrique Occidentale Française) 法属西非 **III**:1063
Apartheid 种族隔离 I:133 - 137
African Union 非洲联盟 **I**:55
art and 艺术 **I**:167
baaskap period 白人绝对统治时期 **I**:134 - 136
colonialism and 殖民主义 **I**:28
dance 舞蹈 **II**:706
early years 早年 **I**:133
end of 结束 **I**:136 - 137
nonviolence 非暴力事件 **IV**:1844
opposition 反对派 **III**:136
structure 结构 **I**:133 - 134
Verwoerd, Hendrik 亨德里克・维沃尔德, **I**:134 - 136
women's suffrage 妇女的选举权 **VI**:2823, **VI**:2827, **VI**:2837 - 2841
亦可参阅:Mandela, Nelson; **Race and racism; Tutu, Desmond(纳尔逊・曼德拉;种族和种族主义;德斯蒙德・图图)**
Apeirōn 无极 **IV**:1968, **IV**:1969
Apocalyptic thought 天启 **II**:837
Apollo-Soyuz project 阿波罗-联盟号计划 **V**:2368
Apophatic theology 否定神学 **II**:541 - 542
Appeasement, doctrine of 绥靖政策 **III**:1372
Apple computers 苹果电脑 **V**:2452 - 2453
Aquinas, Thomas 托马斯・阿奎那。亦可参阅:**Thomas Aquinas, Saint(圣托马斯・阿奎那)**
Aquino, Corazon 科拉松・阿基诺 **IV**:1841
Arab caliphates 阿拉伯哈里发 I:138 - 139, II:879, III:1438, V:2104, V:2333
亦可参阅:**Islamic world; Muhammad(伊斯兰世界;穆罕默德)**
Arab League 阿拉伯联盟 I:140 - 142
亦可参阅:**Islamic world(伊斯兰世界)**
Arab world 阿拉伯世界。亦可参阅:**Islamic world; Middle East(伊斯兰世界;中东)**
Arabian Nights, The《天方夜谭》**III**:1201
Arabic alphabet 阿拉伯字母 **II**:620
Arabic dictionaries/encyclopedias 阿拉伯语词典/百科全书 **II**:768, **II**:771

Arab-Israeli conflict 阿以冲突 **II:**599,**II:**780,**II:**883,**IV:**1922 - 1923,**V:**2158,**VI:**2721
Aragon (Iberian Peninsula) 阿拉贡(伊比利亚半岛) **III:**1379 - 1380,**V:**2372
Aramaic language and scripts 阿拉米语和字体 **I:**369,**V:**2276 - 2277
Arbenz, Jacobo 雅各布·阿本斯 **III:**1175
Archaeology 考古学 I:143 - 144
Babylon 巴比伦 **I:**371
Bactrian-Margiana archaeological complex 巴克特里亚-马吉安那考古群落 **I:**178
dating methods 测年方法 **II:**718 - 723
亦可参阅:**Script decipherment; Paleoanthropology(解读文字;古人类学)**
Archē 始元 **IV:**1968
Archers, use in war 弓箭手在战争中的使用 **IV:**1706
Architecture 建筑风格 I:145 - 155
ancient temple ziggurats, tombs, and palaces 古代金字形塔庙、陵墓和宫殿 **I:**146 - 147,**I:**170 - 171,**III:**1448 - 1449,**IV:**1472
Art Noveau 新艺术 **I:**152
Baroque 巴洛克艺术 **I:**150
Christian 基督教的 **I:**148,**I:**210 - 212
as expression of freedom 自由的表现力 **III:**1055
historic revivals 历史性复兴 **I:**151
Islamic 伊斯兰教的 **I:** 148,**I:** 165,**I:** 271 - 272
Middle Ages 中世纪 **I:**148 - 149,**I:**212
modernism 现代主义 **I:**152 - 153
prehistoric and nonurban 史前的和非城市的 **I:**145 - 146
Renaissance 文艺复兴 **I:**149 - 150
Roman innovations 罗马人的创新 **I:** 147 - 148
twenty-first century 21 世纪 **I:**153 - 154
亦可参阅:**Art — Ancient Greece and Rome; Art — European; Art — Japan; Art — Pre-Columbian Central and South America (古代希腊和古代罗马艺术;欧洲艺术;日本艺术;前哥伦布时代中南美洲艺术)**
Architecture, vernacular 乡土建筑 I:156 - 160
Arctic expeditions 北极探险 **III:**996
Ardashir I 阿达希尔一世 **V:**2250
Area studies, African 非洲区域研究 **I:**20
Arendt, Hannah 汉娜·阿伦特 **II:**562
Argentina 阿根廷 **I:**111,**III:**1068,**VI:**2635
nonviolent resistance in 非暴力抵抗 **IV:**1843
potatoes in 马铃薯 **V:**2039
railroads 铁路 **V:**2086
Argunov, Ivan 伊凡·阿古诺夫 **I:**262
Arians 阿里乌派 **II:**922
Ariès, Philippe 菲利普·阿里耶斯 **II:**508
Aristide, Jean-Bertrand 让-贝尔特兰德·阿里斯蒂德 **IV:**1628
Aristotelian cosmos 亚里士多德的宇宙哲学 **II:**664
Aristotle 亚里士多德 I:161 - 163,**VI:**2646
barter system and 物物交换制 **I:**383
Byzantine Empire, cultural export of 拜占庭帝国的文化输出 **I:**438
on citizenship 论公民 **II:**559
on government 论政府 **III:**1052,**III:**1154
science and 科学 **III:**1087
secularism 世俗主义 **V:**2384
on sexual passion 论情欲 **V:**2292
亦可参阅:**Greece, ancient; Plato; Philosophy, Greek and Roman; Political thought(古代希腊;柏拉图;希腊罗马哲学;政治思想)**
Arkwright, Sir Richard 理查德·阿克莱特爵士

III:1330
Arma 鲁马人 **V**:2361
Armenia 亚美尼亚
art 艺术 **I**:286
Christianity in 基督教 **II**:683
diasporas and 流散族群 **II**:760 - 762
early modern era 早期现代时期 **II**:837
economic development 经济发展 **III**:977 - 978
ethnicity 种族 **II**:947
genocide 种族灭绝 **III**:1114 - 1115
Arms and armaments 武器装备
energy used for 能源使用 **II**:912。亦可参阅:**Nuclear weapons(核武器)**
European warfare, use in 在欧洲战争中的使用 **VI**:2743 - 2744
land mines 地雷阵 **IV**:1697
Mesoamerican 中美洲 **VI**:2750
metallurgy and 冶金术 **IV**:1664
Middle ages 中世纪 **IV**:1706 - 1708
modern warfare 现代战争 **IV**:1708
naval armaments 海军装备 **VI**:2739
steppe nomads and 草原游牧 **VI**:2771
亦可参阅:**Bows and arrows**; Gunpowder; **Tech nology — firearms**; *entries under* **Warfare(弓箭;火药;火器技术;战争词条**下的词目)
Armstrong, Edwin Howard 埃德温·霍华德·阿姆斯特朗 **V**:2078
Armstrong, Neil 尼尔·阿姆斯特朗 **V**:2367
ARPANET 阿帕网 **III**:1358 - 1360,**III**:1361
Arrowheads 箭头 **I**:411,**V**:2461
Art Bulletin《艺术通报》**I**:302
Art History《艺术史》**I**:302
Art — Africa 非洲艺术 I:164 - 169
ancient 古代 **I**:164 - 165
European modernism influenced by 对欧洲现代主义的影响 **I**:217,**I**:218 - 219
Paleolithic 旧石器时代的 **I**:239 - 243
亦可参阅:**Africa(非洲)**
Art—ancient Greece and Rome 古代希腊和古代罗马艺术 I:170 - 177
classical period 古典时期 **I**:172 - 173
Egyptian influences 埃及的影响 **I**:171 - 172
evolving balance in Roman art 古代罗马艺术表现出来的各种元素的均衡发展 **I**:174 - 176
Greek influence on Rome 古代希腊对古代罗马的影响 **I**:173 - 174
Temples, architecture of 神庙的建筑风格 **I**:147 - 148,**I**:170 - 171
West Asian art, influence on 对西亚艺术的影响 **I**:284
亦可参阅:**Greece, ancient; Roman Empire (古代希腊;罗马帝国)**
Art—Central Asia 中亚艺术 I:178 - 186
Achaemenids and Greeks 阿契美尼德人和希腊人 **I**:180 - 181
first millennium CE 公元 1 千纪 **I**:183 - 184
Kushans 贵霜人 **I**:181 - 183
modern era 现代时期 **I**:184 - 185
pre-Achaemenid 前阿契美尼德王朝时期 **I**:178 - 180
Art—China 中国艺术 I:187 - 203
Buddhism and 佛教 **I**:190 - 193
early imperial artifacts (Qin and Han) 早期帝国的器物(秦朝和汉朝) **I**:188 - 190
emergence of literati art (Song) 文人艺术的出现(宋朝) **I**:193 - 197
Qing period (1644 - 1911/1912) 清朝时期(1644—1911/1912 年) **I**:197 - 199
painting and calligraphy 字画 **I**:190
post-imperial, modern China 后帝国时期,现代中国 **I**:199 - 203
pre-imperial era (*circa* 3000 - 221 BCE) 前帝国时期(约公元前 3000—前 221 年) **I**:

187 - 188
亦可参阅: **Art—East Asian and European connections; Porcelain(艺术——东亚与欧洲的纽带;瓷器)**
Art—East Asian and European connections 艺术——东亚与欧洲的纽带 I:204 - 209
Chinese blue and white 中国青花瓷 **I:**204 - 205
Chinoiserie 中国风 **I:**205 - 206
influence of Asian spiritual systems 亚洲思想体系的影响 **I:**208 - 209
influential role of museums 博物馆的重要作用 **I:**207 - 208
Japonisme 日本风 **I:**206 - 207
亦可参阅: **Art—China; China; Japanese Empire; Porcelain(中国艺术;中国;日本帝国;瓷器)**
Art—Europe 欧洲艺术 I:210 - 220
Baroque 巴洛克艺术 **I:**215
early Christian art 早期基督教艺术 **I:**210 - 212
medieval art, Eastern and Western 中世纪艺术,东方和西方 **I:**212 - 214
modern 现代 **I:**215 - 216
Native North American art, influence of 北美土著艺术的影响 **I:**233
Paleolithic art 旧石器时代艺术 **I:**244
Renaissance 文艺复兴 **I:**214 - 215
tribal migration 部落迁徙 **I:**212
West Asian art, influence on 对西亚艺术的影响 **I:**288 - 289
亦可参阅: **Europe; Europe, Eastern; Eurasia, Inner; Renaissance; Western civilization(欧洲;东欧;欧亚内陆;文艺复兴;西方文明)**
Art—Japan 日本艺术 I:221 - 230
Asuka period 飞鸟时代 **I:**222 - 223
Edo period 江户时代 **I:**227 - 228
Heian period 平安时代 **I:**224
Jōmon culture 绳纹文化 **I:**221
Kamakura period 镰仓时代 **I:**224 - 225
Kofun period 古坟时代 **I:**222
modern period 现代时期 **I:**228 - 229
Momoyama period 桃山时代 **I:**225 - 227
Muromachi period 室町时代 **I:**225
Nara period 奈良时代 **I:**223 - 224
Yayoi culture 弥生文化 **I:**221 - 222
Art—Native North American 北美土著艺术 I:231 - 237
early European/indigenous interactions 早期欧洲人和土著居民的互动 **I:**232 - 233
cultural evolutionism (19th c.) 文化进化论(19 世纪) **I:**233
modern influences 现代影响 **I:**233 - 235
pre-European contact 与欧洲人接触之前 **I:**231
present-day identities and artists 当代的身份认同和艺术家 **I:**235 - 237
亦可参阅: **Native American religions(美洲印第安宗教)**
Art—Paleolithic 旧石器时代艺术 I:239 - 247
aesthetics and meaning, origins of 美学和意义的起源 **I:**239 - 241
beyond Africa 非洲以外 **I:**243 - 244
Blombos cave 布隆伯斯洞穴 **I:**240 - 242
icons 图标 **I:**242 - 243
interdisciplinary studies 跨学科研究 **I:**246 - 247
interpretations 解释 **I:**244 - 246
亦可参阅: **Art—world art studies; Art—world history and art; Paleoanthropology(艺术——世界艺术研究;世界历史与艺术;古人类学)**
Art—Pre-Columbian Central and South America 前哥伦布时代中南美洲艺术 I:248 - 258
overview 综述 **I:**248 - 249
Mesoamerica 中美洲 **I:**249 - 254

South America 南美洲 **I:**254 – 258
亦可参阅：**Aztec Empire; Inca Empire; Mesoamerica(阿兹特克帝国；印加帝国；中美洲)**
Art—Russia 俄罗斯艺术 I:259 – 267
early religious art 早期宗教艺术 **I:**259 – 260
eighteenth century 18 世纪 **I:**260 – 262
modern 现代 **I:**263 – 265
revolution and Soviet Socialist Realism 革命和苏维埃社会主义现实主义 **I:** 265 – 267
Art—South Asia 南亚艺术 I:268 – 276
painting 绘画 **I:**272 – 276
sculpture 雕塑 **I:**267 – 272
亦可参阅：**Harappan state and Indus civilization(哈拉帕国家和印度河文明)**
Art—Southeast Asia 东南亚艺术 I:277 – 282
Chinese influences 中国的影响 **I:**281
earliest art 早期艺术 **I:**277
Indian influences 印度的影响 **I:**278 – 281
modern art 现代艺术 **I:**282
tribal arts 部落艺术 **I:**281 – 282
Art—West Asia 西亚艺术 I:283 – 289
earliest artifacts 早期人工制品 **I:**283 – 284
early Islam 早期伊斯兰教 **I:**286 – 288
Eastern influences 东方的影响 **I:**288 – 289
Greek influences 希腊的影响 **I:**284 – 286
Persian traditions 波斯传统 **I:**284
亦可参阅：**Assyrian Empire; Babylon; Mesopotamia; Persian Empire; Sumerian civilization(亚述帝国；巴比伦；美索不达米亚；波斯帝国；苏美尔文明)**
Art—world art studies 艺术——世界艺术研究 I:290 – 297
comparative aesthetics 比较美学 **I:**294 – 296
field, key aspects 关键领域 **I:**291 – 292
field, resources and approaches in 领域、资源和途径 **I:**292 – 293
future 未来 **I:**296
trends and challenges 趋势和挑战 **I:**293 – 294
亦可参阅：**Art—Paleolithic; Art—world history and art; Museums(旧石器时代艺术；艺术——世界历史与艺术；博物馆)**
Art—world history and art 艺术——世界历史与艺术 I:298 – 307
archeology 考古学 **I:**301
art history 艺术史 **I:**302 – 303
art in the world history classroom 世界史教学中的艺术 **I:**300 – 301
cultural, visual, and media studies 文化 视觉和媒体研究 **I:**302
illustration and content 插图和目录 **I:**298 – 299
research 研究 **I:**299 – 300,**I:**303 – 306
亦可参阅：**Art—East Asian and European connections; Art—world art studies; Porcelain; World history, writing of (艺术——东亚与欧洲的纽带；艺术——世界艺术研究；瓷器；世界历史的书写)**
Arth, Malcolm J. 马尔科姆·阿特 **III:**1089
Arts and Crafts Movement 工艺美术运动 **I:** 152,**I:**233
Aryan Nations of Christ 基督的雅利安诸民族 **III:**1017
ASEAN (Association of Southeast Asian Nations) 东南亚国家联盟 **III:** 1119, **III:** 1368,2561
Ashante (Ghana) 阿散蒂人(加纳) **I:**50
Ashikaga Takauji 足利尊氏 **I:**225,**VI:**2725
Ashikaga Yoshimasa 足利义政 **I:**225
Ashikaga Yoshimitsu 足利义满 **I:**225
Ashur 阿舒尔 **I:**318 – 319
Ashurbanipal 亚述巴尼拔 **I:**321
Ashur-dan II 阿舒尔-丹二世 **I:**320

Ashurnasirpal II 亚述纳齐尔帕二世 **I:**320
Asia 亚洲 I:308 - 314
agriculture 农业 **I:**64 - 66
HIV/AIDs 艾滋病 **I:**1243
ancient cities of 古城 **II:**553
architecture 建筑风格 **I:**145
art 艺术 **I:**178 - 186,**I:**259 - 267,**I:**268 - 276,**I:** 277 - 282。亦可参阅:**Art—Central Asia; Art—Russia; Art—South Asia; Art—Southeast Asia(中亚艺术;俄罗斯艺术;南亚艺术;东南亚艺术)**
biological exchanges 生物交换 **I:**396 - 402
Central, indigenous peoples and 土著和中亚 **III:**1320 - 1327
child labor 童工 **II:**512
colonial period (post-19th c.) 殖民时期(19世纪以后) **II:**313 - 314,**II:**602,亦可亦可亦可参阅:**British East India Company (英属东印度公司)**
Columbian exchange, effect of 哥伦布大交换的影响 **II:**607 - 608
comparative history 比较史学 **II:**630 - 635
cultural areas 文化区域 **II:**682,**II:**683 - 684
culture, study of 文化研究 **II:**686
script decipherment 解读文字 **V:**2281
disease in 疾病 **II:**791
earliest civilization 最早的文明 **I:**309 - 311
early modern era, use of term "早期现代时期"术语的使用 **II:**831
ethnicity in 种族 **II:**946
food trade and networks 食物贸易和贸易网 **III:**1009 - 1011
foragers, modern 现代食物采集者 **III:** 1047
geographic constructions and 地理建构 **III:** 1117
iron in 铁 **III:**1376
Islam in 伊斯兰教 **VI:**2718
labor union movements 工会运动 **IV:**1482, **IV:**1488
leisure activities 休闲活动 **IV:**1533
letters and correspondence 书信与通信 **IV:** 1543 - 1545
liberal democracies 自由民主政体 **III:** 1151 - 1154
libraries 图书馆 **IV:**1550 - 1558
migrations 移民。亦可参阅:**Migrations, Asian(亚洲移民)**
plant diseases in 植物病害 **II:**798
railroads 铁路 **V:**2085,**V:**2083
religions 宗教。亦可参阅:Asia, religions in(亚洲的宗教)
social welfare 社会福利 **V:**2212
socialism 社会主义 **III:**1154
state formation 国家构成 **V:**2406
trade 贸易。亦可参阅:*entries under* Trading patterns; **Silk Roads**(贸易模式中的辞条;**丝绸之路**)
unification of states 国家的联合 **II:**836
warfare in 战争 **VI:**2723 - 2728
women's rights 妇女权利 **VI:** 2828, **VI:**2830
Younger Dryas ice age 新仙女木冰期 **II:**579
亦可参阅:**Afro-Eurasia; Cold War; Eurasia, Inner; Harappan state and Indus civilization;** Middle East; *specific countries* (**亚非欧大陆;冷战;欧亚内陆;哈拉帕国家和印度河文明;中东;**特定国家)
Asia, religions in 亚洲的宗教 **I:** 308 - 309, **V:**2201
Christianity 基督教 **I:**309
Islam 伊斯兰教 **II:**837

Mormonism 摩门教 **IV**:1509

亦可参阅:**Buddhism; Chinese traditional religions; Confucianism; Daoism; Hinduism; Islam; Missionaries(佛教;中国传统宗教;儒学;道教;印度教;伊斯兰教;传教士)**

Aski Muhammad the Great 阿斯基·穆罕默德大帝 **V**:2360

Askiya Dawud 阿斯基亚·达乌德 **V**:2360 - 2361

Askiya Ishaq II 阿斯基亚·伊沙克二世 **V**:2361

Asoka 阿育王 I:268,**I**:269,**I:315 - 317**

亦可参阅:**Mughal Empire(莫卧儿帝国)**

Asquith, H. H. 阿斯奎斯 **VI**:2860

Associated Press (AP) 美联社 **IV**:1622

Assyrian Church of the East 东方亚述教会 **II**:538

Assyrian Empire 亚述帝国 I:318 - 323

Babylon during 巴比伦 **I**:369 - 370

balance of power in 均势 **I**:320

Cyrus the Great and 居鲁士大帝 **II**:697

ethnic nationalism 种族民族主义 **IV**:1800

Palace of King Sargon II 国王萨尔贡二世的宫殿 **I**:147

warfare 战争 **VI**:2729

亦可参阅:**Mesopotamia(美索不达米亚)**

Astor, John Jacob 约翰·约伯·奥斯塔 **III**:1079

Astronomy 天文学 **I**:394,**III**:996,**V**:2270 - 2274

亦可参阅:**Galileo Galilei; Newton, Isaac(伽利雷·伽利略;艾萨克·牛顿)**

Asuka period 飞鸟时代 **I**:222 - 223

AT&T 美国电话电报公司 **V**:2473

Atahualpa 阿塔瓦尔帕 **I**:257,**III**:1316

Ataraxia 心神安宁 **IV**:1972

Atatürk, Mustafa Kemal 穆斯塔法·凯末尔·阿塔图尔克 **III**:1386,**VI**:2721

Athens 雅典 **II**:559,**II**:740,**II**:872,**II**:916,**III**:1160 - 1163,**V**:2108

Acropolis and Parthenon 卫城和帕特农神庙 **I**:147

Atlantic Deep Water Circulation energy exchange 大西洋深海环流能量交换 **II**:574

Atlantic Ocean 大西洋 **III**:1000

trade across 跨大西洋贸易 **III**:1367

Atlantic slave trade 大西洋奴隶贸易。亦可参阅:**British Empire; Dutch Empire; French Empire; Labor systems, coercive; Slave trades(英帝国;荷兰帝国;法兰西帝国;强制劳动制度;奴隶贸易)**

Atlatls (weapon) 梭镖投射器(武器) **VI**:2750,**VI**:2753

Atmosphere as global commons 作为全球共有的大气层 **III**:1135

Atom bomb 原子弹。亦可参阅:Nuclear weapons(核武器)

Atonement (Christian orthodoxy) 赎罪(东正教) **II**:542 - 543

Attahiru dan Ahmadu 阿泰荷鲁·丹·阿赫马杜 **V**:2357

Attila the Hun 匈奴王阿提拉 **IV**:1930

Atwood, Margaret 玛格丽特·阿德伍德 **VI**:2818

AU 非洲联盟。亦可参阅:**African Union(非洲联盟)**

Audubon Society 奥杜邦协会 **II**:927

Augustine, Saint 圣奥古斯丁 I: 324 - 326, **II**: 542,**IV**: 1932,**IV**: 1972,**V**: 2101 - 2103,**V**: 2117,**V**:2196

亦可参阅:**Religion—Roman Catholicism(罗马天主教)**

Aung San Suu Kyi 昂山素季 **IV**:1841,**IV**:1842

Aural signaling 音频信号 **II**:621

Aurangzeb 奥朗则布 I:7,**I**:274 - 275,**I:327 - 329**

亦可参阅:**Mughal Empire(莫卧儿帝国)**

Aurelius, Marcus 马克·奥勒留 **IV**:1522
Aurobindo, Sri 室利·阿罗频多 **IV**:1963
Auschwitz (concentration camp) 奥斯维辛(集中营) **III**:1250, **III**:1251
Austerlitz, battle of 奥斯特里兹战役 **IV**:1786
Australia 澳大利亚 I:107, I:330 – 335, II:834
  agriculture in 农业 **IV**:1953
  backyard composting in 后院堆肥 **VI**:2784
  biological exchange 生物交换 **I**:398, **I**:400, **I**:401
  class and race, politics and governance 阶级和种族,政治和治理 **I**:332 – 335
  colonial period 殖民时期 **I**:422, **I**:423, **II**:602, **II**:605
  economy 经济 **I**:331 – 332
  El Niño / La Niña 厄尔尼诺/拉尼娜 **I**:330
  extinctions 物种灭绝 **I**:107
  gay rights movement 同性恋权利运动 **III**:1099 – 1100
  genocide in 种族灭绝 **III**:1113
  gold/silver mining 金/银矿 **III**:1146
  immigration to 移民 **II**:901, **III**:1050, **IV**:1684
  multiculturalism 多元文化主义 **I**:335
  paleolithic art 旧石器时代艺术 **I**:243
  petroglyphs 岩画 **I**:231
  solid wastes, collection of 固体垃圾的收集 **VI**:2781
  in Southeast Asia Treaty Organization (SEATO) 东南亚条约组织 **II**:599
  亦可参阅:**Australia, aboriginal; Pacific, settlement of(澳大利亚原住民;移居太平洋)**
Australia, aboriginal 澳大利亚原住民 I:336 – 339
  colonization period 殖民时期 **I**:337
  land and resource management 土地和资源管理 **I**:336 – 337
  society, religion, demography 社会、宗教、人口 **I**:336
  Tasmanians 塔斯马尼亚人 **I**:337
  亦可参阅:**Australia; Indigenous peoples(澳大利亚;土著)**
Australopithecus afarensis 南方古猿阿法种 **III**:1104, **III**:1270, **IV**:1904
Austria 奥地利
  at Congress of Vienna 维也纳会议 **II**:644 – 645
  in European Union 欧洲联盟 **III**:978
  salt beds 盐床 **V**:2248
  亦可参阅:**Austro-Hungarian Empire; World War I(奥匈帝国;第一次世界大战)**
Austroasiatic languages 南亚语系的语言 **IV**:1497
Austro-Hungarian Empire 奥匈帝国 I:340 – 345, II:764, V:2084
  亦可参阅:**World War I(第一次世界大战)**
Austronesian 南岛民族
  emigration 移民 **IV**:1681
  languages 语言 **IV**:1497
Authoritarianism 威权统治
  Africa 非洲 **I**:28
  Europe and elsewhere 欧洲和其他地区。亦可参阅:**Absolutism(专制主义)**
Automobile 汽车 I:346 – 354, VI:2522
  alternative fuels 替代燃料 **I**:352
  current use 当前使用的 **I**:348 – 349
  electric 电 **I**:348 – 349, **I**:353
  future 未来 **I**:353
  gas-powered 气驱动的 **I**:349
  Model T Ford 福特T型汽车 **I**:350
  pollution caused by 污染归因于 **I**:351 – 352
  post-World War II 第二次世界大战后 **I**:351
  steam 蒸汽 **I**:346 – 347
  亦可参阅:**Oil; Transportation—overview**

（石油；运输概述）
Averroes 阿威罗伊 **III**:1336
Aviation 航空 I:355 – 359，VI:2593 – 2395
air warfare 空战 **I**:62 – 64，**VI**:2696 – 2701。亦可参阅：Kamikaze attacks（神风式袭击）
commercial aviation 商用航空业 **I**:355 – 356，**I**:358
electronic navigation and 电子导航 **IV**:1833
postwar 战后 **I**:357
social impact 社会影响 **I**:358 – 359
technological developments 技术发展 **I**:356 – 357，**I**:358
亦可参阅：**Space exploration; Warfare—air（空间探索；空战）**
Axial flow turbines, invention of 轴流涡轮机的发明 **VI**:2792
Aymara 艾马拉人 **III**:1321
Ayurvedic medicine 阿育吠陀医学 **III**:1216
Ayyubid dynasty 阿尤布王朝。亦可参阅：**Saladin（撒拉丁）**
Azerbaijan 阿塞拜疆 **II**:947
Azores 亚速尔群岛 **III**:985，**III**:1223
potatoes in 马铃薯 **V**:2040
Aztec Empire 阿兹特克帝国 **I**:67，**I**:110，**I**:232 – 233，**I:360 – 365**，**II**:898
conquest of 征服 **I**:363 – 364，**III**:1320，**III**:1321
foods of 食物 **III**:1040
religions 宗教 **II**:837，**V**:2108
warfare and 战争 **VI**:2751，**VI**:2753 – 2754，**VI**:2813
亦可参阅：**Art—Pre-Columbian Central and South America; Mesoamerica; Motecuhzoma II; Trading patterns, Mesoamerica（前哥伦布时代中南美洲艺术；中美洲；蒙特祖玛二世；中美洲贸易模式）**
Azzam, Abdul Rahman 阿卜杜拉·拉赫曼·阿萨姆 **I**:140

B

Bab, the 巴孛 **I**:373 – 375
Babur, Zahir-ud-Din Muhammad 扎伊尔乌丁·穆罕默德·巴布尔 **II**:833
Babylon 巴比伦 I:367 – 372，**IV**:1655，**IV**:1659，**V**:2110
art 艺术 **I**:284
Assyrian Empire 亚述帝国 **I**:369 – 370
balance of power in 均势 **I**:502
Cyrus the Great 居鲁士大帝 **II**:695
education 教育 **II**:870
ethnic nationalism 种族民族主义 **IV**:1800
first dynasty 第一王朝 **I**:368 – 369
Hittites and Kassites 赫梯人和加喜特人 **I**:369
neo-Babylonian period 新巴比伦时期 **I**:370
Persian and Hellenistic periods 波斯和希腊化时期 **I**:370 – 371
present 现在 **I**:371
亦可参阅：**Hammurabi; Mesopotamia; Persian Empire（汉谟拉比；美索不达米亚；波斯帝国）**
Bacon, Francis 弗朗西斯·培根 **II**:772，**III**:1337，**IV**:1821，**V**:2256，**VI**:2659，**VI**:2686
Bacon's Rebellion 培根起义 **VI**:2747
Bactria 巴克特里亚 **I**:80，**I**:181
Bactrian camel, domestication of 双峰驼的驯化 **II**:753
Bactrian-Margiana archaeological complex (BMAC) 巴克特里亚-马吉安那考古群落 **I**:178

Baden-Powell, Robert 罗伯特·巴登-鲍威尔 **V:**2294
Baekeland, Leo 利奥·巴克兰德 **V:**1990
Baez, Joan 琼·贝兹 **IV:**1776
Baghdad Pact 巴格达条约 **V:**2157–2158
Baha'u'llah (Baha' Allah) 巴哈欧拉 **I:**373–376
Bahrain 巴林 **I:**140
Bai, Mira 密罗·跋伊 **VI:**2813
Bailey, Gauvin Alexander 戈万·亚历山大·贝利 **I:**305
Baird, John Logie 约翰·洛吉·贝尔德 **IV:**1625, **V:**2479
Baird, Robert D. 罗伯特·贝尔德 **V:**2127
Baird Television Ltd. 贝尔德电视有限公司 **V:**2479–2480
Bakelite 胶木 **V:**1990
Bakhtiar, Shahpur 沙普尔·巴赫蒂亚尔 **V:**2158
Bakker, Jim 吉姆·巴克尔 **IV:**1946
Bakr, Abu 阿布·巴克尔 **I:**138
Bakunin, Mikhail 米哈伊尔·巴枯宁 **VI:**2486
Balboa, Vasco Nuñez de 瓦斯科·努涅斯·德·巴波亚 **II:**834
Balfour, Arthur 亚瑟·贝尔福 **VI:**2890
Balfour Declaration 贝尔福宣言 **VI:**2890
Bali 巴厘岛。亦可参阅:Indonesia(印度尼西亚)
Balkan languages 巴尔干半岛的语言 **IV:**1689
Balkan states 巴尔干半岛诸国 **II:**836, **IV:**1495, **VI:**2675, **VI:**2718, **VI:**2720
  亦可参阅:**Europe, Eastern(东欧)**
Balkan wars 巴尔干战争 **I:**344, **III:**1115
Ballast water 压舱水 **IV:**1861
Ballet 芭蕾 **II:**706
Ballooning 充气 **I:**358
Ballroom dancing 交谊舞 **II:**706
Baltic crusades 波罗的海十字军 **II:**676
Baltic states 波罗的海诸国 **II:**948
  ethnic nationalism 种族民族主义 **IV:**1802
  languages 语言 **IV:**1688
Bam, Iran, earthquake 伊朗巴姆地震 **II:**842
Bamboo 竹子 **IV:**1914
Ban Gu's Standard History of the Former Han 班固的《汉书》**IV:**1964
Ban Zhao 班昭 **IV:**1544
Banda, Hastings 黑斯廷斯·班达 **III:**1445
Bands, tribes, chiefdoms, and states 营居群、部落、酋邦和国家 I:377–381, II:847, **II:**881–884
  亦可参阅:**Foraging societies, contemporary; Pastoral nomadic societies; State, the(当代狩猎-采集社会;游牧社会;国家)**
Bangladesh 孟加拉国 **I:**313
  vernacular architecture 乡土建筑 **I:**158
  亦可参阅:**Art—South Asia; Delhi sultanate(南亚艺术;德里苏丹国)**
Bangshi Das 班锡·达斯 **IV:**1768
Banks, Joseph 约瑟夫·班克斯 **III:**995
Bantu people 班图人 **I:**30–35
  languages 语言 **IV:**1496
  migrations 迁移。亦可参阅:**Africa—equatorial and southern (4000 BCE–1100 CE)(赤道非洲和南部非洲,前4000—公元1100)**
Bantustans 班图斯坦 **I:**135
Banu Dugu dynasty 巴努杜古王朝 **III:**1437
Baptist religion 浸礼会 **I:**44, **I:**45–46, **V:**2122
Barak, Ehud 艾胡德·巴拉克 **IV:**1922
Baran, Paul 保罗·巴兰 **III:**1359
Barbarism 野蛮 **I:**4, **II:**899–900, **III:**964, **IV:**1951
  亦可参阅:**Civilization, barbarism, and savagery(文明、野蛮和蒙昧)**
Barberini, Cardinal Maffeo 马菲奥·巴尔贝里尼红衣主教 **III:**1087

Barbie dolls 芭比娃娃 **V**:1991
Barfield, Thomas 托马斯·巴菲尔德 **III**:961, **V**:2408
Bari, Judi 朱迪·巴里 **II**:931
Baron's crusade 男爵的十字军东征 **II**:677
Baroque era 巴洛克时期 **I**:150,**I**:214 – 215, **I**:259
Barrett, David J. 大卫·巴雷特 **IV**:1946
Barrow, Isaac 艾萨克·巴罗 **VI**:2509
Barter 物物交换 I:382 – 384
Barton, Clara 克拉拉·巴顿 **V**:2094
Baruch, Bernard 伯纳德·巴鲁克 **VI**:2842
Bary, Anton de 安东·德·贝里 **II**:798,**II**:802
Basil I 巴西尔一世 **I**:442
Basilicas 长方形会堂 **I**:148,**I**:150,**I**:211
Basil II 巴西尔二世 **I**:442
Bastide, Rober 罗杰·巴斯蒂德 **V**:2130
Bateson, Gregory 格雷戈里·贝特森 **II**:848, **II**:849
Bathing 沐浴 **III**:1285,**VI**:2788
Báthory, István 伊斯特万·巴托里 **III**:980
Batista, Fulgencio 富尔亨西奥·巴蒂斯塔 2741,**V**:2144
Battle of Salamis 萨拉米海战 **V**:2326,**V**:2232
Battle of Little Bighorn 小巨角战役 **III**:1229
Battuta, Ibn. 伊本·白图泰。亦可参阅:**Ibn Battuta(伊本·白图泰)**
Batwa people 巴特瓦人 **I**:30 – 35
Bauer, Georg 格奥尔格·鲍威尔 **V**:2327
Bauer, Otto 奥托·鲍威尔 **VI**:2600
Bayer (company) 拜耳(公司) **V**:1991
Bay of Pigs 猪湾 **II**:600,**V**:2145
Bazargan, Mehdi 迈赫迪·巴扎尔甘 **V**:2159
BBC. 英国广播公司。亦可参阅: British Broadcasting Corporation(英国广播公司)
Beagle, voyage of HMS《贝格尔号航海记》**II**: 715,**III**:995
Beans 豆类 **I**:66,**II**:806,**III**:1042
Beer, fermentation of 啤酒发酵 **II**:809
  亦可参阅:**Alcoholic beverages(酒精饮料)**
Behn, Aphra 阿弗拉·班恩 **VI**:2813
Beijing 北京
  architecture 建筑风格 **I**:154,**I**:192
  famine 饥荒 **III**:1009 – 1010
  Forbidden City 紫禁城 **I**:150
  imperial China 帝制中国 **II**:522,**II**:524, **III**:1444,**V**:2166
  Olympics (2008) 奥运会(2008 年) **I**:203, **II**:256,**V**:2386
  亦可参阅: **Cities**; Tiananmen Square; **Taiping Rebellion(城市**;天安门广场;**太平天国运动)**
Belafonte, Harry 哈里·贝拉方特 **IV**:1775
Belarus Belorussia 白俄罗斯 **II**:947,**III**:988, **III**:975,**III**:969
Bel Geddes, Norman 诺曼·贝尔·格迪斯 **V**:1990
Belgian Congo 比属刚果。亦可参阅:Congo Free State (Belgian Congo)(刚果自由邦)
Belgium 比利时
  architecture 建筑风格 **I**:153
  colonies 殖民地 **I**:23,**I**:24,**II**:602
  Congress of Vienna, actions of 维也纳会议活动 **II**:644
  in European Union 欧洲联盟 **III**:989
  human rights 人权 **III**:1281
  亦可参阅:**Warfare—Europe; World War I(欧洲战争;第一次世界大战)**
Belgorod Line 别尔哥罗德线 **III**:1074
Belisarius 贝利撒留 **III**:1432
Bell, Alexander Graham 亚历山大·格拉汉姆·贝尔 **II**:621 **II**:622
  亦可参阅:**Telegraph and telephone(电报与电话)**

Bellarmine, Cardinal Robert 红衣主教罗伯特·贝拉明 **III**:1087
Belyayev, Pavel 帕维尔·贝尔亚耶夫 **V**:2367
Bendix, Reinhard 赖因哈德·本迪克斯 **II**:631
Benedict, Ruth 鲁斯·本尼迪克特 **II**:686
Benedict XV, Pope 教宗本笃十五世 **V**:2197
Ben-Gurion, David 大卫·本-古里安 **VI**:2889
Benin 贝宁 I:165,**I:385 – 388**
Benkert, Karl Maria 卡尔·玛丽亚·本克特 **III**:1097,**V**:2294
Bennett, H. H. 贝内特 **II**:939
Bentham, Jeremy 杰里米·边沁 **IV**:1547 – 1548
Benz, Karl 卡尔·奔驰 **II**:909,**V**:2467
Ben-Zvi, Izhak 伊扎克·本·兹维 **VI**:2889
Bergesen, Albert 阿尔伯特·柏格森 **IV**:1566
Berkeley, George 乔治·贝克莱 **III**:1122
Berlin airlift and blockade 柏林空运和封锁 **II**:597,**IV**:1847
Berlin Conference 柏林会议 I:23,**I**:**389 – 390**, **II**:603,**III**:1304
　亦可参阅:**Africa—colonial(非洲——殖民时代)**
Berlin Wall 柏林墙 **II**:597,**II**:600,**II**:628
Berners-Lee, Tim 蒂姆·伯纳斯-李 **III**:1362
Berosus 贝洛索斯 **II**:916
Bessemer, Henry 亨利·贝塞麦 **III**:1378
Besson, Jacques 雅克·贝松 **III**:1460
Beta-carotene β-胡萝卜素 **III**:1170
Bethmann-Hollweg, German Chancellor 德国总理贝特曼-霍尔维格 **VI**:2860
Bevan, Edward John 爱德华·约翰·贝文 **V**:1989
Beyer, Peter 彼得·拜耳 **V**:2127
Bhabbha, Homi K. 霍米·巴巴 **IV**:1880
Bhagavad Gita《薄伽梵歌》**III**:1040,**III**:1212, **III**:1215,**IV**:1963,**VI**:2689
Bhangra《班戈拉舞曲》**IV**:1770
Bhopal, India 印度博帕尔 **III**:1169
Biafra 比夫拉 **II**:947
Bianzhong 编钟 **IV**:1770
Bible 圣经 **IV**:1570,**V**:2112
　Native American religions and 美洲印第安宗教 **IV**:1811
　亦可参阅:**Script decipherment**; Hebrew Bible; New Testament; Old Testament(**解读文字**;希伯来圣经;新约全书;旧约全书)
Bicycles 自行车 **VI**:2594
Big bang theory 大爆炸理论 **II**: 670, **VI**: 2643 – 2645
Big history 大历史 I:391 – 395
　themes 主题 **I**:394
　universal history 普世史 **I**:391 – 394
　and world history 世界史 **I**:395
　亦可参阅:**Cosmology; Universe, origin of; World history, writing of(宇宙论;宇宙的起源;世界历史的书写)**
Biko, Steve 史蒂夫·比科 **III**:136
Bilharzia (schistosomiasis) 血吸虫病 **II**:790,**II**:793
Bill of Rights, U. S.《美国人权法案》**II**:741
bin Laden, Osama 奥萨马·本·拉登 **VI**:2488
Bingen, Hildegard von 希尔德加德·冯·宾根 **I**:220,**VI**:2812
Bingham, Hiram 海勒姆·宾厄姆 **III**:1318
Biological exchanges 生物交换 I:396 – 402
　biological invasion and 生物入侵 **I**:398 – 399
　globalization 全球化 **I**: 400 – 401,**II**: 834, **II**:859
　intracontinental biological exchange 大洲内的生物交换 **I**:396 – 398
　perspectives 视野 **I**:401 – 402
　亦可参阅:**Columbian exchange; Diseases—overview(哥伦布大交换;疾病概述)**

Biomass fuels 生物燃料 **II**:905 - 906
Biotechnology 生物技术 **V**:2469
Birds 鸟类
extinctions of 物种灭绝 **III**: 1005, **IV**: 1899 - 1900
hygiene of 卫生学 **III**:1284
and oils spill 漏油 **IV**:1884 - 1885
亦可参阅:**Nature(自然)**
Birkenau (concentration camp) 比尔克瑙(集中营) **III**:1250
Birth control 节育 I:403 - 407,**II**:504,**II**:506
亦可参阅:**Women's reproductive rights movements(妇女生育权运动)**
Birth rates 人口出生率 **II**:505
亦可参阅:**Population growth(人口增长)**
Bismarck, Otto von 奥托・冯・俾斯麦 **I**:343, **I**:389,**II**:778
Bison 北美野牛 **II**:786,**II**:787,**III**:1006
Black, Joseph 约瑟夫・布莱克 **III**:1329
Blackbeard (Edward Teach) 海盗黑胡子(爱德华・蒂奇) **V**:1986
Black Death 黑死病。亦可参阅:Bubonic plague (腺鼠疫)
Blackstone, Sir William 威廉・布莱克斯通爵士 **V**:2181
Black Tuesday (October 29, 1929) 黑色星期二(1929年10月29日)
亦可参阅:Stock market crash (1929)(股市崩盘,1929年)
Blair, Tony 托尼・布莱尔 **III**:964 - 966
Bleriot, Louis 路易・布莱里奥 **VI**:2696
Bligh, Captain William 威廉・布莱船长 **IV**: 1764,**V**:1984
Blight, potato 马铃薯枯萎病 **II**: 760 - 761, **II**: 801 - 802
亦可参阅:**Potatoes(马铃薯)**
Blitzkreig 闪电战 **VI**:2699,**VI**:2864
Bloch, Marc 马克・布洛赫 **II**:630
Bloedel, MacMillan 麦克米伦・布罗德尔 **II**:930
Blue laws 蓝色法规 **IV**:1534
Blue Mountains 蓝岭 **I**:331
Blyden, Edward 爱德华・布莱登 **IV**: 1907, **IV**:1908
BMAC (Bactrian-Margiana archaeological complex) 巴克特里亚-马吉安那考古群落 **I**:178
Boas, Franz 弗朗・博厄斯 **I**:126,**II**:569 - 570, **II**:847,**IV**:1531
Boccioni, Umberto 翁贝托・博乔尼 **I**:218
Bock's Car 伯克之车 **IV**:1852
Bodhidharma 菩提达摩 **I**:432
Boelcke, Oswald 奥斯瓦尔德・波尔克 **VI**:2700
Boer War 布尔战争 **IV**:1708,**VI**:2690
Boffrand, Germain 热尔曼・鲍夫朗 **I**:151
Bolívar, Simón 西蒙・玻利瓦尔 I:408 - 410,**II**: 664,**V**:2170,**VI**:2739
亦可参阅:**Warfare—Post-Columbian Latin American(后哥伦布时代拉丁美洲战争)**
Bolivia 玻利维亚 **I**:98,**VI**:2635
indigenous peoples 土著 **III**:1325,**III**:1327
potatoes in 马铃薯 **V**:2039
silver mines 银矿 **III**:1304
Bollywood 宝莱坞 **III**:1143,**III**:1368
Bolt, Beranek, and Newman (BBN) 博尔特・贝特拉克・纽曼公司 **III**:1360
Bonaparte, Joseph 约瑟夫・波拿巴 **VI**:2731
Bonaparte, Napoleon 拿破仑・波拿巴。亦可参阅:**Napoleon** (Napoleon I)(**拿破仑,拿破仑一世**)
Boniface VIII, Pope 教宗卜尼法斯八世 **V**:2196
Book of Changes《易经》。亦可参阅:***I Ching*** **(《易经》)**
Book of Kells, The《凯尔斯书》**I**:212

Boone, Elizabeth 伊丽莎白·布恩 **I:**254
Booth, John Wilkes 约翰·威尔克斯·布斯 **IV:**1560
Borders 边境。亦可参阅:**Frontiers vs. borders(边疆与边境)**
Borgia, Cesare 切萨雷·波吉尔 **II:**917
Bori cult 博瑞教 **I:**52
Boris I (Bulgarian czar) 鲍里斯一世(保加利亚大公) **III:**979
Borivoj, Duke 勃里沃基公爵 **III:**979
Borlaug, Norman 诺曼·博洛格 **III:**1168
Bosnia 波斯尼亚 **I:**341, **III:**976, **III:**977, **III:**979, **III:**980, **III:**981
ethnic nationalism 种族民族主义 **IV:**1799
European Union and 欧洲联盟 **III:**991
genocide and 种族灭绝 **III:**1115
Organization of the Islamic Conference (OIC) and 伊斯兰会议组织 **III:**1399
Bos taurus 家牛 **II:**807
Boston Tea Party 波斯顿倾茶事件 **V:**2448
Botha, P. W. 波塔 **I:**136
Botswana 博茨瓦纳 **I:**34, **III:**1048
Bottger, Johann Friedrich 约翰·弗里德里希·波特格尔 **I:**205
Boucher, Francois 弗朗索瓦·布歇 **I:**205
Bougainville, Louis Antoine de 路易·安托万·德·布干维尔 **III:**995
Boullée, Étienne-Louis 埃蒂耶纳·路易·布雷 **I:**151
Bourbon, island of 波旁岛。亦可参阅:Réunion Island(留尼汪岛)
Bourbon dynasty 波旁王朝 **V:**2375
Bourdieu, Pierre 皮埃尔·布迪厄 **V:**2350
Bouvet, Joachim 白晋 **III:**1290
Bovine spongiform encephalopathy (BSE) 疯牛病 **II:**787
Bowmen, rock paintings of 弓箭手岩画 **I:**411
Bows and arrows 弓箭 I:411 - 414
in China 中国 **I:**412
in Eurasia and Africa 欧亚大陆和非洲 **I:**413
innovation 创新 **I:**412 - 414
origins 起源 **I:**411 - 412
亦可参阅:**Warfare—Pre-Columbian Mesoamerica and North America; Warfare—Pre-Columbian South America; Warfare—South Asia; Warfare—steppe nomads(前哥伦布时代中美洲和北美洲战争;前哥伦布时代南美战争;南亚战争;草原游牧战争)**
Boxer Rebellion 义和团运动 **II:**524, **II:**703, **III:**1409, **VI:**2705
Boycotts 抵制 **II:**653
Boy Scouts 童子军 **V:**2294
Brahe, Tycho 第古·布拉赫 **II:**663, **V:**2262 - 2263, **V:**2267
Bramante, Donato 多纳托·伯拉孟特 **I:**150
Brancaccio, Pia 皮娅·伯兰卡齐奥 **I:**299
Brandis, Dietrich 迪特里希·布兰迪斯 **II:**927
Braque, Georges 乔治·布拉克 **I:**217
Brass 黄铜 **IV:**1665
Braudel, Fernand 费尔南·布罗代尔 **II:**632, **IV:**1862
Braun, Wernher von 沃纳·冯·布劳恩 **V:**2364 - 2365, **V:**2366
Bray, Thomas 托马斯·布瑞 **IV:**1554
Brazil 巴西 **I:**111, **II:**576, **IV:**1733, **VI:**2515
agriculture and 农业 **I:**109
automobile use 汽车使用 **I:**351
coffee production and use 咖啡的生产和使用 **II:**593, **II:**594
energy use 能源利用 **II:**910
festivals 节庆 **III:**1025
independence from Portugal 从葡萄牙独立

出来 **V**:2027 – 2029
indigenous peoples 土著 **III**: 1050, **III**: 1324, **III**: 1327
labor union movement 工会运动 **IV**:1488
railroads 铁路 **V**:2084
religions 宗教 **V**:2130, **V**:2201, **V**:2129, **V**: 2131, **V**:2137
slavery, slave trade, and forced labor 奴隶制,奴隶贸易和强制劳动 **I**:41
亦可参阅:Amazon River basin; **Amazonia**(亚马孙盆地;**亚马孙河流域**)
Breasted, James Henry 詹姆斯·亨利·布雷斯特德 **V**:2280
Brecht, Bertolt 贝托尔特·布莱希特 **IV**:1775
Brenner, Robert 罗伯特·布伦纳 **II**:633
Brentano, Franz 弗朗茨·布伦塔诺 **V**:1978
Bretton Woods conferences 布雷顿森林会议 **I**: 104, **III**:1352 – 1353, **VI**:2528
Brezhnev, Leonid 列昂尼德·勃列日涅夫 **II**:758
Briand, Aristede 阿里斯蒂德·白里安 **III**:1372
Bricks, building with 用砖块建造
ancient Greece and Rome 古代希腊和古代罗马 **I**:175 – 176
Aztec Empire 阿兹特克帝国 **I**:281, **I**:284
Mesopotamia 美索不达米亚 **I**: 146 – 147, **I**:148
Southeast Asia 东南亚 **I**:256
vernacular architecture and 乡土建筑 **I**: 156, **I**:159
west African Islamic architecture 西非伊斯兰建筑 **I**:166
Bridge, Anne (Lady O'Malley) 安妮·布里奇(马尔里女士) **I**:304
Bridges 桥
transportation and 运输 **VI**:2592
use in war 在战争中的使用 **IV**:1695 – 1696
亦可参阅:**Roads**(**道路**)
Bridgewater Canal 布里奇沃特运河 **III**:1331
Britain 英国 **V**:2224
absolutism in 绝对主义 **I**:7 – 9
architecture 建筑风格 **I**:150, **I**:152, **I**:153, **I**:205, **I**:206
aviation 航空 **I**:84。亦可参阅:**Warfare—air**(**空战**)
blue laws 蓝色法规 **IV**:1534 – 1535
Catholic missionaries to/from 天主教传教士 **III**:987
Celtic culture 凯尔特文化 **II**:484 – 486
cinchona, production of 金鸡纳树的生产 **II**:548
Civil Wars, English 内战,英国 **II**:922
coal, shipping of 煤炭航运 **II**:588
coffee use and production 咖啡的使用和生产 **II**:592, **II**:593
at Congress of Vienna 在维也纳会议上。亦可参阅:**Congress of Vienna**(**维也纳会议**)
constitutional democracy in 宪政民主 **II**:741
Dutch Republic and 荷兰共和国 **I**:8
Eastern Europe and 东欧 **III**:981
economic development 经济发展 **II**:860, **II**: 862
education 教育 **VI**:2648 – 2649
ethnic nationalism 种族民族主义 **IV**:1802
in European Union 欧洲联盟 **III**:990 – 992
gay rights movement 同性恋权利运动 **III**:1099
Glorious Revolution 光荣革命 **III**:1151
Hadrian's Wall 哈德良城墙 **III**: 1067, **III**:1074
HIV/AIDs 艾滋病 **I**:85
immigration to 移民 **IV**:1686, **IV**:1687
labor union movement 工会运动 **IV**:

1482 – 1484
in League of Nations 国际联盟 **IV**:1528 – 1529
as liberal democracy 自由民主制 **III**:1052
liberalism 自由主义 **IV**:1547
libraries 图书馆 **IV**:1556,**IV**:**1557**
mass media 大众传媒 **IV**:1619 – 1623
porcelain 瓷器 **V**:2023,**V**:2024
railroads 铁路 **V**:2083 – 2084,**V**:2086
socialism 社会主义 **III**:1154
in Southeast Asia Treaty Organization (SEATO) 东南亚条约组织 **II**:599
unification of 统一 **III**:1838
Victoria, queen of Great Britain 维多利亚女王 **VI**:2663
women writers 女作家 **VI**:2813 – 2814,**VI**:2817 – 2818
women's rights 妇女权利 **VI**:2825 – 2826
World War I and II (and African colonies) 第一次和第二次世界大战(以及非洲殖民地) **I**:26,**I**:27
World War I and II (logistics) 第一次和第二次世界大战(后勤) **VI**:2731 – 2732
Younger Dryas ice age 新仙女木冰期 **II**:579
亦可参阅:**British Empire**; Scotland(**英帝国**;苏格兰)
British Broadcasting Corporation (BBC) 英国广播公司 **V**:2079 – 2080,**V**:2478
British Commonwealth of Nations 英联邦 **I**:421
British East India Company 英属东印度公司 I:77,**I**:**415 – 417**,**III**:1304 – 1306,**III**:1307,**V**:2235
creation of 创造 **I**:458
expansion of influence 扩张的影响 **VI**:2763 – 2764
imperialism and 帝国主义 **III**:1306
imperialistic ideologies and 帝国主义的意识形态 **I**:422
Indian famine and 印度饥荒 **III**:1010
亦可参阅:**British Empire(英帝国)**
British Empire 英帝国 I:**418 – 424**,**II**:603 – 604,**II**:897,**II**:903
African colonies 非洲殖民地 **I**:23,**I**:24,**I**:26,**I**:27,**I**:28,**I**:133,**I**:389,**I**:404,**I**:422,**I**:423
Asian colonies 亚洲殖民地 **I**:272,**I**:275,**I**:313,**I**:422,**I**:423,**V**:2399 – 2412。亦可参阅:**British East India Company(英属东印度公司)**
Congress of Vienna, actions of 维也纳会议活动 **II**:645 – 646
decolonization 去殖民化 **II**:725,**II**:726
Elizabeth I and 伊丽莎白一世 **II**:894
English language, empire of 英语帝国 **I**:422 – 423
ethnocentrism 民族中心主义 **II**:952,**II**:953
expansion of 扩张 **III**:971,**III**:979
famine and 饥荒 **III**:1010
first three empires 前三个帝国 **I**:418 – 420
fourth and fifth empires 第四和第五帝国 **I**:420 – 421
French Empire, relationship with 法兰西帝国与英帝国的关系 **II**:757,**III**:1058 – 1061
ideologies of 意识形态 **I**:422
map, voyages of exploration 探险航海地图 **I**:421
in Palestine 巴勒斯坦 **VI**:2889 – 2890
parliamentarianism, effect of 代议制政体的影响 **IV**:1921 – 1922,**IV**:1923
slave trade 奴隶贸易 **I**:424,**I**:426,**V**:2335 – 2336
Sokoto caliphate, conquest of 对索科托哈

里发的征服 **V**:2356 - 2537
sources of British power 英国权力的来源 **I**:418
Spanish Empire and 西班牙帝国 **V**:2375
warfare in North America 北美的战争 **VI**:2747
亦可参阅: **Africa—colonial; Churchill, Winston; Elizabeth I; European expansion(非洲——殖民时代;温斯顿·丘吉尔;伊丽莎白一世;欧洲扩张)**
British Industrial Revolution 英国工业革命 **III**:1378
British Library 大英图书馆 **IV**:1555
British Sky Television (BSkyB) 英国天空电视台 **V**:2480
Briullov, Karl 卡尔·布留洛夫 **I**:262
Broadcasting 广播 **II**:623
Brockdorff-Rantzau, Ulrich von 乌尔里希·冯·勃洛克道夫-伦佐 **VI**:2600
Brockhaus, David Frederich 大卫·弗里德里希·布罗克豪斯 **II**:773
Bronze 青铜 **IV**: 1663, **IV**: 1664, **IV**: 1665, **V**: 2463, **VI**:2540
Bronze Age 青铜时代 **VI**:2560, **VI**:2564
Assyria 亚述 **I**:319
borders, ancient 古代的边界 **III**:1073
China, art of 中国艺术 **I**:187 - 188
culture areas during 文化区 **II**:683
erosion in 侵蚀 **II**:937
migration and Tarim Basin mummies 移民和塔里木盆地木乃伊 **I**:184
Southeast Asia, art of 南亚艺术 **I**:277
Bronze coinage, in Greece 古代希腊青铜币 **II**:694
Brook, Timothy 蒂莫西·布鲁克 **I**:299
Brotherhood of Sleeping Car Porters 卧车列车员兄弟会 **IV**:1487
Brothers Karamazov, The《卡拉马左夫兄弟》 **III**:1055
Brucellosis 布鲁氏菌病 **II**:787
Brunelleschi, Filippo 菲利波·布鲁内勒斯基 **I**: 149, **I**:215, **V**:2135
Bruno, Giordano 乔尔丹诺·布鲁诺 **VI**:2641
Brutalist movement 野兽派运动 **I**:153
Bubonic plague (Black Death) 腺鼠疫(黑死病) **I**:39, **I**:397, **II**:852, **II**:880, **V**:2012, **V**:2197
impact of 影响 **II**:783, **III**:1319
mortality rate 死亡率 **II**:781
transmission 传播 **II**:782, **II**:791, **II**:794, **II**:792
亦可参阅: **Diseases—overview(疾病概述)**
Buchenwald (concentration camp) 布痕瓦尔德(集中营) **III**:1249
Buckle, Henry Thomas 亨利·托马斯·巴克尔 **V**:2057, 2053
Buddha 佛陀 **I**:309, **I**:**425 - 426**, **V**:2105
亦可参阅: **Buddhism(佛教)**
Buddhism 佛教 **I**:**427 - 435**, **II**: 532 - 533, **IV**: 1577, **IV**: 1960, **IV**: 1961 - 1963, **V**: 2109, **V**: 2111, **V**:2311
architecture 建筑风格 **I**:148, **I**:149
art 艺术 **I**:182 - 184, **I**:190 - 193, **I**:269, **I**: 278 - 281, **I**: 303 - 305。亦可参阅: Stupas, Buddhist(舍利塔,佛教徒)
Bamiyan Buddhas 巴米扬大佛 **I**: 184, **II**:460
basic beliefs 基本信仰 **I**:427 - 433
change and 改变 **I**:434
China 中国 **I**:431 - 434, **II**:517, **II**:519, **II**: 521, **II**:524, **II**:638, **II**:597, **V**:2417
Chinese traditional religion and 中国传统宗教 **II**:528 - 534
Christianity and 基督教 **II**:902
Confucianism and 儒家 **II**:638

cultural influence 文化影响 **II**:683,**II**:684
dance and 舞蹈 **II**:703,**II**:706
Daoism and 道教 **II**:708,**II**:712,**II**:709
education 教育 **II**:870
expansion 扩张 **I**:311,**II**:836
freedom, concept of 自由的概念 **III**:1055
India, growth in 在印度的发展 **I**:428 - 429,**V**:2098
indigenous peoples and 土著 **III**:1323
Indus Valley,pre-Achaemid 印度河谷,前阿契美尼德王朝时期 **I**:179
in Japan 在日本 **I**:431 - 432
Kanishka as patron 赞助人迦腻色迦 **IV**:1473
in Korea 在朝鲜 **IV**:1467
literature 文学 **IV**:1551 - 1552,**IV**:1556
Mahayana 大乘佛教 **I**:310,**I**:311,**I**:429, **II**:683,**V**:2109,**V**:2111
missionaries and 传教士 **IV**: 1722, **IV**: 1723 - 1724
pilgrimage and 朝圣 **V**:1981 - 1983
sacred law 神圣法 **IV**:1525
Silk Roads and spread of 丝绸之路和佛教的传播 **I**:429 - 430
spread of, map 传播,地图 **I**:432
Srivijaya 室利佛逝 **II**:900,**V**:2390
Theravada 小乘佛教 **I**:310,**I**:429
time, conceptions of 时间概念 **VI**:2506
Vajrayana (Tantric) 藏传佛教(密宗) **I**: 310,**I**:429
warfare 战争 **V**: 2105 - 2106, **VI**: 2690, **VI**:2768
in West 在西方 **I**:433 - 434
White Lotus Society 白莲教 **II**:837
Zen (Chan) 禅宗 **I**:433 - 434,**VI**:2015 - 2016
亦可参阅:**Asoka; Buddha(阿育王;佛陀)**
Buffalo, domestication of 水牛的驯化 **II**:808
Buffon, Georges-Louis Leclerc de 乔治-路易·勒克莱尔·德·布封 **II**:923
Bühlow, Bernard von 伯纳德·冯·比洛 **II**: 1126 - 1127
Bukharin, Nicolay 尼古拉·布哈林 **II**: 614, **II**:615
Bulatov, Eric 艾瑞克·拉托夫 **I**:266
Bulgaria 保加利亚 **III**: 978 - 980, **III**: 991, **V**:2172
language migration patterns 语言迁移模式 **IV**:1688 - 1689
Bulgars 保加利亚人 **I**:442
Bunyon, John 约翰·班扬 **V**:2052
Bureaucracy 官僚机构 **I**:7,**I**:8,**I**:9
Burkina Faso 布基纳法索 **III**:1286
Burlingame, Anson 蒲安臣 **II**:777
Burma 缅甸。亦可参阅:Myanmar(缅甸)
Burr, Aaron 亚伦·伯尔 **III**:1417
Burton, Richard 理查德·伯顿 **III**:1201
Burundi (Africa) 布隆迪(非洲) **III**:1114
Buryat 布里亚特人 **III**:1322,**III**:1323
Bush, George H. 乔治·赫伯特·布什 **II**:759
Bush, George W. 乔治·沃克·布什 **I**:105,**II**: 572,**III**:964,**III**:966,**V**:2369
Bush, John J. 约翰·杰·布什 **III**:1089
Byrd, Richard E. 理查德·伯德 **I**:119
Byzantine Empire 拜占庭帝国 I: 436 - 445, **III**:1200
art 艺术 **I**:211 - 212,**I**:284,**I**:286
boundaries of 边界 **I**:437
caesaropapism 政教合一 **V**:2096
cereal crops 粮食作物 **II**:489 - 491
cultural areas 文化区域 **II**:683
cultural exports 文化输出 **I**:438
end of 结束 **I**:425,**II**:482
foundations of 基础 **I**:440
God-anointed emperors 接受过涂油礼的皇

帝 **I**:438
Heraclius 希拉克略 **I**:442
iconoclastic controversy 圣像破坏之争 **I**:442
libraries 图书馆 **IV**:1553
Macedonian dynasty 马其顿王朝 **I**:442 - 456
map 地图 **I**:440
neighboring countries and 邻国 **I**:438
sailing ships 帆船 **V**:2233
Seljuks 塞尔柱王朝 **I**:443
siege 围攻 **I**:443
亦可参阅: **Constantine the Great**; Constantinople; **Crusades, the**; **Justinian I(君士坦丁大帝**;君士坦丁堡;**十字军东征;查士丁尼一世)**
Byzantine rite 拜占庭仪式。亦可参阅:**Christian orthodoxy**; Eastern Orthodox Church(**东正教**;东正教)

C

Cable television 有线电视 **V**:2480
Cabral, Pedro Alvares 佩德罗·阿尔瓦雷兹·卡布拉尔 **V**:2025
Cadamosto, Alvise 阿尔维斯·卡达莫斯托 **III**:1208
Caenorhabditis elegans 秀丽隐杆线虫 **III**:1283
Caesar, Augustus 奥古斯都·恺撒 II:447 - 449
亦可参阅:**Roman Empire(罗马帝国)**
Caesar, Julius 尤里乌斯·恺撒 II:447,**II:450 - 453,IV**:1618,**IV**:1694
亦可参阅:**Roman Empire(罗马帝国)**
Caesaropapism 政教合一 **V**:2096
Cahill, James 高居翰 **I**:195,**I**:196
Cahokia 卡霍基亚 **I**:109
Mississippian culture and 密西西比文化 **IV**:1730
Cai Guo-Qiang 蔡国强 **I**:203
Calculators, mechanical 机械式数字计算器 **V**:2450
Calendars 日历 **VI**:2506,**VI**:2510
China 中国 **II**:522
Christian orthodox 东正教 **III**:540
Mayan 玛雅 **I**:251 - 252,**IV**:1652
亦可参阅:**Dating methods, archaeological and historical(考古学和历史学的测年方法)**
Caliphates 哈里发。亦可参阅:**Arab caliphates(阿拉伯哈里发)**
Calixtus 加利斯都 **V**:2129
Calles, Plutarcho Elias 普罗塔科·埃利亚斯·卡利斯 **V**:2161
Calligraphy 书法 **I**:190,**I**:195,**I**:197,**I**:208,**I**:227,**I**:286,**I**:289
Calonne, Charles Alexande de 查理·亚历山大·德·卡隆 **V**:2147
Calvin, John 约翰·加尔文 **V**:2057,**V**:2060,**V**:2118
Cambodia 柬埔寨 **I**:279,**II**:599,**III**:1447 - 1448
art 艺术 **I**:277,**I**:279
emigration from 移民 **IV**:1686
French influence in 法国的影响 **III**:1060 - 1061,**III**:1063 - 1065,**III**:1449
genocide in 种族灭绝 **III**:1114,**III**:1281
religions 宗教 **I**:429
Camels 骆驼 I: 454 - 455, IV: 1925, **IV**: 1927 - 1928,**VI**:2588 - 2589
亦可参阅:**Caravan(商队)**
Cameron, Edwin 埃德温·卡梅伦 **III**:1100
Cameroon 喀麦隆 **I**: 30, **I**: 146, **III**: 1065, **III**:1127

Campanella, Tommaso 托马索·康帕内拉 **VI**:2659
Campidoglio 卡比托利欧 **I**:150
Canada 加拿大 **V**:2169
art 艺术 **I**:231 – 235
birth control and contraception issues 节育和避孕问题 **I**:403
citizenship 公民权 **II**:562
colonial period 殖民地时期 **I**:423, **II**:604, **II**:605
constitutional democracy in 宪政民主 **II**:741 – 742
energy use 能源利用 **II**:911
fur trade 皮草贸易 **III**:1079 – 1081
gay rights movement 同性恋权利运动 **III**:1100
gold/silver mining 金/银矿 **III**:1146
immigration to 移民 **IV**:1686
indigenous peoples 土著 **III**:1320
legal system 法律制度 **IV**:1512
parliamentarianism in 代议制政体 **IV**:1919
railroads 铁路 **V**:2084, **V**:2085
religions 宗教 **V**:2112, **V**:2200, **V**:2318。亦可参阅:**Native American religions(美洲印第安宗教)**
television 电视 **V**:2480
亦可参阅:**Hudson's Bay Company(哈德孙湾公司)**
Canadian Arctic Expedition 加拿大北极探险 **III**:996
Canals 运河 **IV**:1512, **VI**:2789
Canary Islands 加那利群岛 **II**:704, **III**:1207, **VI**:2530
potatoes in 马铃薯 **V**:2040
Cancer 癌症 **VI**:2515
Candlin, George T. 乔治·坎德林 **IV**:1945
Candomble religion 康多布勒教 **V**:2130
Cannibalism 人食人 **VI**:2759
Canoes 独木舟 **IV**:1897 – 1898
Canon law 教会法 **IV**:1512, **IV**:1514, **IV**:1527, **V**:2196
Capac, Huayna 瓦伊纳·卡帕克 **I**:257, **III**:1316
Capac, Manco 曼科·瓦伊纳 **I**:257
Cape Verde Islands 佛得角群岛 **III**:985, **III**:987, **III**:1207
Capitalism 资本主义 II:456 – 462, II:625
Australia 澳大利亚 **I**:331
property rights 财产权 **V**:2181
tourism 旅游业 **VI**:2519 – 2523
trading patterns and 贸易模式 **VI**:2556 – 2562
亦可参阅:**Economic cycles; Economic growth; Smith, Adam(经济周期;经济增长;亚当·斯密)**
Capitoline Triad 卡皮托林三神庙 **I**:174
Capra, Fritjof 菲杰弗·卡普拉 **III**:1291
Caravaggio 卡拉瓦乔 **I**:215
Caravan 商队 II:463 – 465, V:2320, **V**:2333, **VI**:2579 – 2583
亦可参阅:**Silk Roads; Trading patterns, Trans-Saharan(丝绸之路;跨撒哈拉贸易模式)**
Caravaque, Louis 路易·卡哈瓦格 **I**:260
Carbon 碳 **III**:1374
Carbon-dating methods 碳定年法 **II**:719 – 720
Carbon dioxide 二氧化碳 **II**:577 – 578
Carburetor 汽化器 **I**:349
Cards, playing 玩纸牌 **III**:1090
Caribbean region 加勒比地区
extinctions 物种灭绝 **I**:107
colonial period 殖民时期 **I**:423, **V**:2372
landfills in 垃圾填埋 **VI**:2783
materials recovery in 废物利用 **VI**:2784
slavery and slave trade 奴隶和奴隶贸易 **I**:

423, **II**: 828, **IV**: 1478 - 1479, **V**: 2337 (map)
trading patterns 贸易模式 **VI**:2537
U. S. imperialism and 美帝国主义 **I**:101
vernacular architecture 乡土建筑 **I**:158
亦可参阅:**African American and Caribbean religions**; specific countries(**非裔美洲人和加勒比宗教**;各个具体国家)
Carlson, Carolyn 卡罗琳·卡尔森 **III**:1291
Carnot, Sadi 萨迪·卡诺 **III**:1329
Carrack 大帆船 **V**:2234
Carranza, Venustiano 韦努斯蒂亚诺·卡兰萨, **V**:2162 - 2163, **VI**:2741
Carrying capacity 环境承载力 II:466 - 470
亦可参阅:**Malthus, Thomas; Population and the environment; Population growth(托马斯·马尔萨斯;人口和环境;人口增长)**
Carson, Rachel 雷切尔·卡逊 **II**:928
Carter, Jimmy 吉米·卡特 **II**:759
Cartesianism 笛卡儿主义 **II**:745
Carthage 迦太基 **II**:553 - 554
Cartography 制图学 II:471 - 480
distributional map types 分布地图类型 **II**:473
dynamic patterns, mapping of 动态模式绘图 **II**:476 - 477
essential concepts 基本概念 **II**:472 - 473
historical maps in world history 世界历史中的历史地图 **II**:478 - 479
new techniques 新技术 **II**:479
political implications and motivations 政治意涵和动机 **II**:477 - 478
sovereignty, problems of 主权问题 **II**:476
亦可参阅:**Early modern world; Henry the Navigator; Geographic constructions of the world(早期近代世界;航海家亨利;世界地理构成)**
Carvajál, Gaspar de 加斯帕·德·卡瓦哈尔 **VI**:2759
Casa del Obrero Mundial 世界工人之家 **V**:2163
Casas, Bartolomede las 巴托洛梅·德·拉斯·卡萨斯 **I**:112
Casinos 赌场 **III**:1093, **III**:1324
Cassatt, Mary 玛丽·卡萨特 **I**:206, **I**:216
Cassava (manioc) 树薯(树薯) **I**:400
亦可参阅:**Manioc(树薯)**
Cassiodorus 卡西奥多鲁斯 **II**:772
Caste system (India) 种姓制度(印度) **III**:1213 - 1215, **V**: 2003, **V**: 2096, **V**: 2100, **V**: 2104, **VI**:2762
亦可参阅:**Mahavira(摩诃毗罗)**
Castiglione, Giuseppe 郎世宁 **I**:198
Castile 卡斯提尔 **III**:1379
Castlereagh, Viscount (Robert Stewart) 卡斯尔雷子爵(罗伯特·斯图亚特) **II**:644, **IV**:1940
Castles, architecture of 建筑风格城堡 **I**:149
Castro, Fidel 菲德尔·卡斯特罗 **V**: 2144 - 2146, **V**:2141, **V**:2173
Catacombs, painting in 绘画陵寝 **I**:210
Catal Huyuk (Turkey) 加泰土丘(土耳其) **VI**:2489, **VI**:2786
Catalonia 加泰罗尼亚 **II**:836
Cathars 纯洁派 **II**:677
Catherine of Aragon 阿拉贡的凯瑟琳 **III**:1379
Catherine the Great 叶卡捷琳娜大帝 I:9, **I**:261, **II:481 - 483**, **II**:923, **III**:980
Catholic Corpus Christi Day 天主教圣体节 **II**:706
Catholicism, Roman 罗马天主教。亦可参阅:**Roman Catholicism(罗马天主教)**
Catlin, George 乔治·卡特林 **II**:926
Cato, Marcus Porcius 马尔库斯·波尔基乌斯·伽图 **II**:450, **III**:1335

Cato, Marcus Terentius (Cato the Elder) 马尔库斯·特伦提乌斯·伽图(老伽图) **II:**770
Cattle 牲畜
plague 瘟疫 **II:**782
use of 用途 **IV:**1928
亦可参阅:**Domestication, plant and animal (动植物的驯养)**
Caucasian mummies, discovery of 高加索木乃伊的发现 **II:**753
Cavalry 骑兵 **III:**1263 – 1264
亦可参阅:**Horses(马)**
Cavendish, Henry 亨利·卡文迪什 **V:**2271
Caventou, Jean-Bienaimé 让-皮艾米·卡文顿 **V:**2068
Cave of a Thousand Buddhas, writings at 千佛洞内的文献 **IV:**1552
Cavour, Count Camillo 卡米洛·加富尔伯爵 **II:**778
Cawdrey, Robert 罗伯特·考德里 **II:**769
CD – ROM dictionaries/encyclopedias 光驱辞典/百科全书 **II:**770
Ceausecu, Nicolae 尼古拉·齐奥塞斯库 **VI:**2836
Cecil, William 威廉·塞西尔 **II:**892 – 894
Celestial navigation 天文导航 **IV:**1828
Celsus, Aulus Cornelius 奥鲁斯·科尼利厄斯·塞尔苏斯 **III:**1335
Celts 凯尔特人 II:484 – 486,**IV:**1688,**VI:**2542
Censorship, of mass media 审查制度,大众传媒 **IV:**1619 – 1621,**IV:**1625
Central America 中美洲。亦可参阅: Latin America; **Mesoamerica(拉丁美洲;中美洲)**
Central Europe 中欧。亦可参阅: **Europe, Eastern(东欧)**
Cereal grains 谷物 I:66,**II:487 – 494,**
biological exchanges 生物交换 **I:**400
carrying capacity and 环境承载力 **II:**468
diseases 疾病 **II:**798 – 802
in Pacific settlements 在太平洋定居点 **IV:**1897
trading patterns in 贸易模式 **VI:**2541
亦可参阅:**Agricultural societies(农业社会)**
Cerf, Vinton 温顿·瑟夫 **III:**1360
Cerro Sechin 塞钦山 **VI:**2756
Ceylon 锡兰。亦可参阅:Sri Lanka(斯里兰卡)
Chad 乍得 **III:**1063
Chadwick, Edwin 埃德温·查德威克 **VI:**2778
Chaffee, Roger 罗杰·查菲 **V:**2367
Chagall, Marc 马克·夏卡尔 **I:**265
Chagas disease 美洲锥虫病 **III:**1316
Chaisson, Eric 埃里克·简森 **I:**391,**I:**394
Chaldeans 迦勒底人 **I:**370
Challenger space shuttle 挑战者号航天飞机 **V:**2368
Chamberlain, Neville 内维尔·张伯伦 **II:**779
Chambers, Ephraim 伊弗雷姆·钱伯斯 **II:**772
Champollion, Jean-François 让-弗朗索瓦·商博良 **I:**144,**V:**2279
Chandler, Tertius 特蒂乌斯·钱德勒 **II:**551
Chaplin, Ralph 拉尔夫·卓别林 **IV:**1776
Chappe, Claude 克劳德·沙普 **II:**621,**V:**2471
Chardin, Jean 让·夏尔丹 **VI:**2598
Chariots, use of 战车的使用 **III:** 1248, **III:** 1260 – 1261,**V:**2463,**VI:**2587,**VI:**2686 – 2687
Charisma, religious 宗教魅力 **IV:**1710
Charismatic movement 灵恩运动 **IV:**1945
Charlemagne 查理曼 I: 442, **II: 495 – 497, III:** 1200,**IV:**1512
Charles II, king of England 英格兰国王查理二世 **III:**1266
Charles III, king of Spain 西班牙国王查理三世 **I:**9
Charles IV, Holy Roman Emperor 神圣罗马帝国皇帝查理四世 **III:**980

Charles IV, king of Spain 西班牙国王查理四世 **V**:2371
Charles V (Holy Roman Emperor)**查理五世**(神圣罗马帝国皇帝) II:498 – 500, V:2372 – 2374
Charles V, king of Spain 西班牙国王查理五世 **IV**:1581
Charles VII, king of France 法国国王查理七世 **III**:1421, **III**:1422
Charles VIII, king of France 法国国王查理八世 **V**:2136
Charles X, king of France 法国国王查理十世 **III**:1059
Chartres Cathedral 沙特尔大教堂 **I**:214
Chauhan, Prithviraj 普利色毗罗阇・兆汗 **II**:735
Chavez, Cesar 塞萨尔・查韦斯 **IV**:1841, **IV**:1843
Chavín de Huántar 查文・德・万塔尔 **I**:109, **I**:113, **I**:249, **I**:255 – 256, **VI**:2537, **VI**:2756
Chen Kaige 陈凯歌 **V**:2066
Chen Yucheng 陈玉成 **V**:2439
Chernobyl incident 切尔诺贝利事件 **IV**:1853
Chess (game) 国际象棋(游戏) **III**:1090, **III**:1092, **III**:1093
Chiang Kai-shek 蒋介石 **II**:524 – 525, **II**:596, **III**:1431, **V**:2141, **V**:2433, **VI**:2705
Chiapas uprising 恰帕斯起义 **VI**:2845
Chicago, Judy 朱迪・芝加哥 **I**:219 – 220
Chicana writers 卡奇诺作家 **VI**:2816 – 2817
Chicherin, Georgi 格奥尔基・契切林 **II**:614
Chiefdoms 酋邦 **I**:380 – 381, **II**:847
Childe, V. Gordon 维尔・戈登・柴尔德 **IV**:1951
Child nurture 儿童养育 II:501 – 507
  affects of migration 迁移的影响 **II**:503 – 504
  burden of civilization 文明的负担 **II**:501 – 502
  changing/disappearing role models 变化或消失了的榜样 **II**:505 – 506
  disruptive patterns 破坏性模式 **II**:504 – 505
  falling birthrates worldwide 全球出生率下降 **II**:505
  future 未来 **II**:504
  nurture-sustainable villages 可持续养育的乡村 **II**:502 – 503
  nurturing environments 培养环境 **II**:501
  rebellious youth 叛逆青年 **II**:506 – 507
  亦可参阅:**Childhood; Population growth; Villages**(**童年;人口增长;乡村**)
Childhood 童年 II:508 – 513
  child labor 童工 **II**:512
  soldiers, children as 当兵的儿童 **IV**:1481
  亦可参阅:**Child nurture**(**儿童养育**)
Chile 智利 **I**:110, **V**:2300
  indigenous peoples 土著 **III**:1321, **III**:1323
  nonviolent resistance 非暴力抵抗 **IV**:1844
  potatoes in 马铃薯 **V**:2039
  silver mining 银矿 **III**:1146
Chimpanzees 黑猩猩 **III**:1104, **III**:1105, **III**:1270, **III**:1284
Chimu state 奇穆国家 **I**:115
China 中国 **I**:311 – 313, **II**:**514 – 527**, **II**:576, **II**:859, **II**:861, **II**:918, **V**:2328, **V**:2377, **VI**:2515
  agriculture 农业 **I**:64, **I**:65, **I**:108, **I**:109, **II**:489, **II**:514 – 515, **II**:859, **VI**:2884
  architecture 建筑风格 **I**:149, **I**:150, **I**:154, **I**:192
  art 艺术 **I**:292, **I**:300, **I**:304 – 305。亦可参阅:**Art—China; Art—East Asian and European Connections; Porcelain**(**中国艺术;艺术——东亚与欧洲的纽带;瓷器**)
  automobile use 汽车的使用 **I**:351 – 352
  biological exchanges 生物交换 **I**:396 – 397, **I**:400

borders and frontiers 边界和边疆 **III**:1067－1068,**III**:1074－1075
children 儿童 **II**:511
cities, ancient 古代城市 **II**:553－554
cities, modern 现代城市 **II**:556－557
coal 煤炭 **II**:589
coffee use 咖啡的使用 **II**:594
Columbian exchange, effect of 哥伦布大交换的影响 **II**:609
comparative history 比较史学 **II**:630－634
consumerism 消费主义 **II**:650－651,**II**:655
cultural areas 文化区域 **II**:683－684
dams, construction of 水坝的建设 **VI**:2793
dance and military drill 舞蹈与军事训练 **II**:705
deforestation 森林砍伐 **II**:730
dictionaries/encyclopedias and 辞典/百科全书 **II**:768,**II**:770－771
diseases in 疾病 **II**:784
dress 衣着 **II**:584－585,**II**:586
early China 早期中国 **I**:514
earthquake, Sichuan Province (2008) 四川大地震(2008年) **II**:843
economic development 经济发展 **III**:997,**IV**:1858
education 教育 **II**:869
empire in 帝国 **I**:110,**I**:131,**I**:311。亦可参阅:*specific dynasties*(各个具体王朝)
energy use 能源利用 **II**:911
ethnicity 种族 **II**:949－951
ethnocentrism 民族中心主义 **II**:952－954
explorations 探险。亦可参阅:**Explorations, Chinese(中国航海探险)**
festivals 节庆 **III**:1026
firearms, invention and spread of 火器的发明和传播 **IV**:1706
food supply 粮食供给 **III**:1009－1010
forced labor 强迫劳动 **IV**:1480,**IV**:1481,**V**:2332
games in 游戏 **III**:1099
Grand Canal 大运河 **II**:491
Great Wall 长城。亦可参阅:Great Wall of China(中国万里长城)
guilds 行会 **II**:505
guns and gunpowder 枪支和火药 **II**:521
household rituals 家庭礼仪 **II**:528－529
I Ching (*Book of Changes*)《易经》**VI**:2875－2877
indigenous peoples 土著 **III**:1069
industrial technologies 工业技术 **IV**:1952,**V**:2466
irrigation in 灌溉 **II**:515－516,**V**:1996－1997
Japanese invasion 日本侵略 **II**:597,**II**:712
labor union movement 工会运动 **IV**:1488
language politics 语言政治学 **IV**:1502
leisure activities 休闲活动 **IV**:1533
libraries 图书馆 **IV**:1551－1552,**II**:1555
long cycles 长周期 **IV**:1565
Malabar Coast 马拉巴尔海岸 **V**:2377
mathematics 数学 **IV**:1631－1632
migrations 迁移 **I**:513,**IV**:1681
military training and discipline 军事训练和纪律 **IV**:1704,**IV**:1706
money and coinage 货币和造币 **II**:519－520,**II**:693
papermaking in 造纸业 **II**:620－621,**II**:859,**IV**:1553,**IV**:1914
population 人口 **II**:794,**II**:609
porcelain 瓷器 **I**:198。亦可参阅:**Porcelain(瓷器)**
potatoes in 马铃薯 **V**:2042－2043
printing 印刷术 **II**:620
railroads 铁路 **V**:2083－2087
record keeping, ancient 古代的信息存储

III:1335
religions 宗教 IV:1960,IV:1964－1967,V:2198。亦可参阅:**Buddhism; Chinese traditional religions; Confucianism; Daoism; Missionaries(佛教;中国传统宗教;儒学;道教;传教士)**
rice cultivation 稻株栽培 II:516
rocketry 火箭技术 V:2363,V:2364
Russia/Soviet Union, relations with 与俄罗斯/苏联的关系 II:528,V:2225
sailing ships 帆船 V:2234
scratch plows in 犁铧 V:1995,V:1996
Southeast Asian art, influence on 对东南亚艺术的影响 I:281,I:287
space exploration 空间探索 V:2369
sweet potato production in 番薯生产 V:2037
tea 茶 V:2447－2449
thought, ancient 古代的思想 IV:1964－1967
trading patterns 贸易模式 V:2333－2337。亦可参阅:**Silk Roads(丝绸之路)**
vernacular architecture 乡土建筑 I:158
villages, transportation, and taxes (ancient) 村庄,运输和税收(古代的) VI:2673
warfare in 战争 V:2055
women in 妇女 VI:2829－2830
World War II 第二次世界大战 VI:2731,VI:2867
writing 文字 II:618,II:684,IV:1502
Zheng He, explorations of 郑和下西洋。亦可参阅:**Zheng He(郑和)**
亦可参阅:**Afro-Eurasia; Cold War;** Cultural Revolution; **Decolonization; Migration, Asian; Steppe confederations; Taiping Rebellion(亚非欧大陆;冷战;去殖民化;亚洲移民;中国革命;草原同盟国;太平天国运动)**
China Seas, trading patterns 中国海洋贸易模式。亦可参阅:**Trading patterns, China Seas(中国海洋贸易模式)**
Chinese traditional religion 中国传统宗教 II:528－534
Buddhism 佛教 II:532－533
Daoism 道教 II:530－531
household rituals 家庭仪式 II:528－529
public rituals 公共仪式 II:529－530
Supreme Deity 至高神明 II:530－531
Syncretism 融合 II:533
亦可参阅:**Buddhism; Confucianism; Daoism(佛教;儒学;道教)**
Chinggis Khan 成吉思汗 II:535－537,III:1376,V:2410
亦可参阅:**Mongol Empire; Warfare—steppe confederations(蒙古帝国;草原同盟国战争)**
Chinoiserie 中国艺术风格 I:205－206
Chipko movement 抱树运动 II:931
Chlorofluorocarbons (CFCs) 氯氟烃 III:1136
Cholera 霍乱 II:794－796
Cholera epidemics 霍乱蔓延 VI:2778
Ch'onha chido《天下图》III:1117
Choson (Yi) dynasty 朝鲜王朝(李朝) IV:1469－1470,VI:2724
Christ 基督。亦可参阅:Jesus(耶稣)
Christian,David 大卫·克里斯蒂安 I:xlvii,I:xlviii,I:xlix,I:l,I:li,I:291,I:299,I:301,I:391,I:392,III:1041
Christian cosmology 基督教宇宙论 I:392
Christian orthodoxy 东正教 II:538－543
apophatic theology 否定神学 II:541－542
atonement 赎罪 II:542－543
Eastern and Oriental Orthodox churches 东

方正统教会和东正教 **II:**538
Grace versus Free Will 恩典对自由意志 **II:**543
Great Schism 东西方教会大分裂 **II:**539 - 540
liturgical theology 礼仪神学 **II:**540 - 541
moral theology 伦理神学 **II:**543
mystical theology 神秘神学 **II:**541
Original Sin 原罪 **II:**542
science and religion 科学和宗教 **II:**543
Soteriology 救赎论 **II:**543
spiritual theology 灵修神学 **II:**543
theological authority 神学权威 **II:**538
Trinity 三位一体 **II:**542
亦可参阅:**Roman Catholicism(罗马天主教)**
Christianity 基督教 **I:**309,**V:**2108 - 2110
in Africa 在非洲。亦可参阅:**African religions(非洲宗教)**
Aksum, role of 阿克苏姆的作用 **I:**74 - 77
architecture 建筑风格 **I:**148,**I:**210 - 212
Asia 亚洲。亦可参阅:**Asian religions(亚洲宗教)**
Byzantine Empire 拜占庭帝国 **I:**436 - 444, **II:**647 - 649
Celts and 凯尔特人 **II:**484
coffee use 咖啡的使用 **II:**591 - 592
colonial resistance and 殖民地的反抗 **II:**604
creation myth 创世神话 **II:**666,**VI:**2641
cultural areas, effect on 对文化区域的影响 **II:**684
Daoism and 道教 **II:**712
dictionaries/encyclopedias, impact on 对辞典/百科全书的影响 **II:**772
early Christian art 早期基督教艺术 **I:**210 - 212,**I:**259
in early modern era 在早期现代时期 **II:**836
Eastern Europe 东欧 **III:**978 - 980
ecumenicism 普世教会主义 **II:**865 - 867
education of children 儿童的教育 **II:**510 - 511
empires and 帝国 **II:**902
as engine of history 作为历史发展的动力 **II:**916 - 918
fascism and 法西斯主义 **III:**1017
foragers, forced conversions of 食物采集者信仰的被迫改变 **III:**1049 - 1050
freedom and 自由 **III:**1052 - 1053,**III:**1055
genocide and 种族灭绝 **III:**1111 - 1112
government, effect on form of 对政府形式的影响 **III:**1150
libraries 图书馆 **IV:**1551
as mass movement 作为群众运动 **V:**2114
medieval expansion of Christendom 中世纪基督教国家的扩张 **III:**983 - 984。亦可参阅:**Crusades, the(十字军东征)**
medieval world view 中世纪的世界观 **I:**59
music and 音乐 **IV:**1767
mysticism and 神秘主义 **IV:**1780 - 1783
Native Americans and 美洲原住民 **II:**786
Nestorian 聂斯脱利教 **II:**678
Christian orthodoxy 东正教 **II:**538 - 543。亦可参阅:Eastern Orthodox Church(东正教)
pacifism and just wars 和平主义和正义战争 **V:**2102 - 2103。亦可参阅:**Crusades, the(十字军东征)**
Paul, Saint 圣保罗 **IV:** 1526,**IV:** 1932 - 1933,**V:**2196
pilgrimage and 朝觐 **V:**1980 - 1983
Russia 俄罗斯 **I:**259
sacred law 神圣法 **IV:**1527
and universities 大学 **VI:**2646
slavery and 奴隶制 **I:**43,**I:**45,**V:**2337
Taiping Rebellion 天平天国运动 **V:**2437 - 2438

in twenty-first century 在 21 世纪 **V**:2113
war and 战争 **VI**: 2690。亦可参阅: **Crusades, the**(十字军东征)
亦可参阅:**Roman Catholicism**; Divine right of monarchs; **Missionaries**; **Protestantism**(罗马天主教;君权神授;传教士;新教)
Christmas Island 圣诞岛 **IV**:1895
Christophe, Henry 亨利·克里斯托弗, **V**:2153
Chronometers, marine 航海天文钟 **VI**:2591
Chronometric procedures 精确计时的程序 **II**:718
Chronometric revolution 计时革命 **I**:394
Chuno 丘纽(一种马铃薯制品) **V**:2039
Churchill, Winston 温斯顿·丘吉尔 I:422, II:545 - 547, **II**:596, **II**:739, **III**:989, **IV**:1846, **VI**:2842
亦可参阅:**British Empire**; **World War II**(英帝国;第二次世界大战)
Church of England 英国国教 **V**:2056
Church-state law 教俗法。亦可参阅: **Law, sacred**(圣典)
Church year 教会年历 **II**:540
Cicero, Marcus Tullius 马尔库斯·图利乌斯·西塞罗 **II**:450, **II**:559
Cigarettes 卷烟。亦可参阅:**Tobacco**(烟草)
Cigars 雪茄。亦可参阅:**Tobacco**(烟草)
Cinchona 金鸡纳树 II:548 - 549, **V**:2069
亦可参阅:**Malaria**; **Quinine**(疟疾;奎宁)
CIO (Congress of Industrial Organizations) 产业工会联合会 **IV**:1487
Circumcision 割礼 **I**: 11, **III**: 1342, **III**: 1344, **III**:1424
Cities 城市 II:550 - 558
亦可参阅:**Urbanization**(城市化)
Citizenship 公民 II:559 - 563, **II**:902, **V**:2400
Catholic Church, role of 天主教的作用 **V**:2196
classical origins 古典起源 **II**:559
comparative history 比较史学 **II**:631
complexities and expansions 复杂性和扩张 **II**:562
defined 定义 **II**:559
medieval eclipse and neoclassical renaissance 中世纪的式微和新古典主义复兴 **II**:559 - 560
modern welfare state and liberal democracy 现代福利国家和自由民主 **II**:562
nationalism 民族主义 **II**:561
sovereignty, "civil society," and revolutions 主权、"市民社会"和革命 **II**:560 - 561
twentieth century 20 世纪 **II**:561
亦可参阅: **Government**; **Greece, ancient**; **State, the**(政府;古代希腊;国家)
Civil disobedience 非暴力反抗 II: 564 - 567, **II**:604
亦可参阅: **Gandhi, Mohandas**; **King, Martin Luther, Jr.**(莫汉达斯·甘地;马丁·路德·金)
Civil rights 公民权利
gay and lesbian 同性恋 **III**:1097 - 1100
movements and musical protests 运动和音乐抗议 **IV**:1775 - 1777
and women's literature 女性文学 **VI**:2814
亦可参阅: **Civil disobedience**; **Human rights**; **King, Martin Luther, Jr.**; **Nonviolence**(非暴力反抗;人权;马丁·路德·金;非暴力)
Civil unions 同性结合 **III**:1100
Civil War 内战
Africa 非洲 **VI**:2694
China 中国 **VI**:2705
English 英国 **II**:922
Russian 俄罗斯 **III**:1077
Rwanda 卢旺达。亦可参阅:Rwanda(**卢旺**

达)
Spain 西班牙 **III**:1372
Civil War, U. S. 美国内战 **II**:1278,**IV**:1480,**IV**:1560,**IV**:1708,**VI**:2691
logistics 后勤 **VI**:2731
naval warfare 海战 **VI**:2735
Civilization, barbarism, and savagery 文明、野蛮和蒙昧 II:568 - 573,**II**:900 - 901,**III**:971 - 972,**III**:1067,**IV**:1551
亦可参阅:**Anthropology; Ecology, cultural; Ethnocentrism; Race and racism(人类学;文化生态学;民族中心主义;种族和种族主义)**
Civilization, burden of 文明的负担 **II**:501 - 502
Clark, Joe 乔·克拉克 **IV**:1923
Clark, William 威廉·克拉克 **III**:995
Clarkson, Thomas 托马斯·克拉克森 **II**:935
Classical civilizations 古典文明。亦可参阅:**Aztec Empire; China; Egypt; Greece, ancient; Harappan state and Indus civilization; Inca Empire; Mesoamerica; Mesopotamia; Persian Empire; Roman Empire(阿兹特克帝国;中国;埃及;古代希腊;哈拉帕国家和印度河文明;印加帝国;中美洲;美索不达米亚;波斯帝国;罗马帝国)**
Clausewitz, Carl von 卡尔·冯·克劳塞维茨 **VI**:2729
Clayton Act《克莱顿法案》**IV**:1487
Clemenceau, Georges 乔治·克里孟梭 **III**:1370,**IV**:1528,**VI**:2600
Clement IV (pope) 克雷芒四世(教宗) **V**:2006
Clement VII (pope) 克雷芒七世(教宗) **IV**:1579
Clements, Frederic 弗里德里克·克莱蒙次 **IV**:1825
Cleopatra 克利奥帕特拉 **II**:451
Cleveland, Grover 格罗弗·克利夫兰 **IV**:1486
Climate change 气候变化 II:574 - 582,**II**:863,**III**:1003
Atlantic circulation energy exchange 大西洋深海环流能量交换 **II**:574 - 575,**II**:579
atmospheric commons and 大气层的统一性 **III**:1136
and deforestation 森林砍伐 **VI**:2608
desertification 荒漠化 **II**:747 - 751
El Niño 厄尔尼诺 **II**:576 - 578
fossil fuel issues 化石燃料问题 **II**:577 - 578
future of 未来 **II**:581
ice ages, little 小冰河期 **II**:579 - 580
Indo-European civilizations, impacts on 对印欧语系文明的影响 **II**:579
Mayan civilization, rise and fall of 玛雅文明的兴衰 **II**:580
solar energy, role of 太阳能的作用 **II**:575 - 579
world history, impact on 对世界历史的影响 **II**:579 - 580
亦可参阅:**Energy; Ice ages; Oceans and seas(能源;冰期;海洋)**
Clinton, Bill 比尔·克林顿 **III**:1363,**IV**:1628
Clitoridectomy, as initiation rite 作为成人礼的阴蒂切除术 **III**:1342
Clive, Robert 罗伯特·克莱夫 **VI**:2762
Clocks 钟表 **VI**:2506,**VI**:2507 - 2508,**VI**:2510
Clothing and costume 服装 II:583 - 587
gender 性别 **II**:584 - 585
religious tradition 宗教传统 **II**:585 - 586
social status and occupations 社会地位和职业 **II**:585 - 587
亦可参阅:**Festivals; Textiles(节庆;纺织品)**
Clusius, Carolus 卡罗鲁斯·克鲁休斯 **V**:2040
Coal 煤炭 II:588 - 590,**II**:862
亦可参阅:**Energy; Industrial Revolution;**

Oil(能源;工业革命;石油)
Cocoa 可可 **I**:26,**I**:27
Code Napoléo《拿破仑法典》。亦可参阅:**Napoleonic Code(《拿破仑法典》)**
Code of Hammurabi《汉谟拉比法典》。亦可参阅:**Hammurabi(汉谟拉比)**
Coercive labor systems 强制劳动制度。亦可参阅:**Labor systems, coercive(强制劳动制度)**
Coffee 咖啡 I:27,**I**:41,**I**:387,**I**:400,**II**:**591 - 595**,**III**:1058
亦可参阅:**Slave trades(奴隶贸易)**
Cohen, Mark 马克·科恩 **II**:804
Cohen, Robin 罗宾·科恩 **II**:763
Cohen, Stan 史丹·科恩 **V**:2351
Coinage 造币 **II**:693
Achaemenidean/Graeco-Bactrian 阿契美尼德王朝/希腊-巴克特利亚 **I**:180
creation of 创造 **II**:693
early circulation 早期的流通 **VI**:2673
kingdom of Lydia 吕底亚王国 **V**:2325
Kushan 贵霜 **I**:182,**IV**:1473
Persian Empire 波斯帝国 **V**:2325
Sasanian Empire 萨珊帝国 **V**:2250
亦可参阅:**Currency(货币)**
Coke, Sir Edward 爱德华·科克爵士 **V**:1985
Colbert, Jean-Baptist 让-巴蒂斯特·柯尔伯 **I**:8,**IV**:1645,**VI**:2493
Cold War 冷战 II:**596 - 601**,**II**:629,**II**:910,**V**:2228
Africa 非洲 **I**:23 - 24,**II**:599
Asia 亚洲 **II**:597 - 599
coffee production and 咖啡生产 **II**:593
containment policy 遏制政策 **II**:656 - 659
decolonization and 去殖民化 **II**:724,**II**:727
end of 结束 **II**:600 - 601
in Europe and United States 在欧洲和美国 **II**:596
first, second, third, and fourth worlds 第一、第二、第三、第四集团 **VI**:2842 - 2846
geographic constructions and 地理建构 **III**:1120 - 1121
imperialism and 帝国主义 **III**:1306
international organizations and 国际组织 **III**:1357
Latin America 拉丁美洲 **II**:600,**II**:601,**IV**:1877
Middle East 中东 **II**:599
military strategy and tactics 军事战略和战术 **IV**:1703
peacemaking after 调停 **IV**:1940 - 1942
space exploration 空间探索 **V**:2365 - 2369
U. S. imperialism and 美帝国主义 **I**:105
Warsaw Pact and 华沙条约组织 **VI**:2775 - 2776
亦可参阅:**Détente; Europe, Eastern; (缓和战略;东欧;)**
Coleman, A. P. 科尔曼 **III**:1300
Coleridge, Samuel Taylor 塞缪尔·泰勒·柯勒律治 **III**:1056,**III**:1337
Colhua people 科尔华人 **I**:361
Collective learning 集体学习 **I**:394
Colleges and universities 高等学校
libraries 图书馆 **IV**:1552 - 1553,**IV**:1555
Western civilization, teaching of 西方文明教学 **VI**:2802 - 2805
亦可参阅:**Universities(大学)**
Collier, Mary 玛丽·科利尔 **VI**:2813
Collingwood, R. G. 科林伍德 **I**:393
Collins, Michael 迈克尔·科林斯 **V**:2367
Colombia 哥伦比亚 **I**:98,**II**:815,**III**:1068,**IV**:1481
Colonialism 殖民主义 II:**602 - 606**
Africa 非洲。亦可参阅:**Africa—colonial; Africa—postcolonial(非洲——殖民时代;**

非洲——后殖民时代)
Asian 亚洲。亦可参阅:**Asia(亚洲)**
aviation and 航空 **I:**357
biological exchanges, role in 生物交换的作用 **I:**399–402
borders and 边界 **III:**1076
civil law and 民法 **IV:**1511–1512
coffee production 咖啡生产 **I:**27,**II:**593–594,**III:**1058
comparative history 比较史学 **II:**630
costs and benefits of 成本与收益 **II:**604
crusades, effect of 十字军东征的影响 **II:**672–679
defined 定义 **II:**602
early modern Europe, concept of 早期现代欧洲的概念 **II:**831
ethnicity and 种族 **II:**946–947
exploitative 剥削的 **II:**603
extent and causes of Western colonialism 西方殖民主义的范围和原因 **II:**602–603,**II:**901
famine and 饥荒 **III:**1009–1012
food, role of 食物的作用 **III:**1043–1044
foragers, impact on contemporary 对当代食物采集者的影响 **III:**1049–1050
genocide and 种族灭绝 **III:**1113–1115
informal 非正式的 **II:**602
labor union movement, effect of 工会运动的影响 **IV:**1489
League of Nations mandates 国际联盟托管 **III:**1065,**VI:**2890
libraries, spread of 图书馆的传播 **IV:**1554
resistance 反抗 **II:**604
role of music in 音乐的作用 **IV:**1768–1769
settlers and settler colonies 移居者和定居点 **II:**604
sexuality issues 性问题 **V:**2289–2291
亦可参阅:**Decolonization; Empire; Imperialism; Postcolonial analysis(去殖民化;帝国;帝国主义;后殖民分析)**
Colored Farmers Alliance 有色人种农民联合会 **III:**1485
Colosseum amphitheater, Rome 罗马圆形大剧场 **I:**148,**I:**175
Colossus of Rhodes 罗德斯岛巨型雕像 **III:**1221
Columbia Broadcasting System (CBS) 哥伦比亚广播公司 **V:**2480
Columbian exchange 哥伦布大交换 **II:607–610**,**II:**986,**III:**1042,**V:**2334
亦可参阅:**Biological exchanges(生物交换)**
Columbia space shuttle 哥伦比亚号航天飞机 **V:**2368
Columbus, Christopher 克里斯托弗·哥伦布 **I:**248,**II:611–613**,**V:**2012,**V:**2037,**VI:**2515,**VI:**2633
disease transmission 疾病传播 **II:**794。亦可参阅:**Columbian exchange(哥伦布大交换)**
European expansion and 欧洲扩张 **II:**985–986,**III:**1223
indigenous peoples and 土著 **III:**1321,**III:**1322
navigation and 航海 **IV:**1828,**V:**2465
Renaissance and 文艺复兴 **V:**2135
亦可参阅:**Spanish Empire(西班牙帝国)**
Comaroffs, John 约翰·科马罗夫 **II:**686
Combination Acts of 1799 and 1799 年的《结社法》 **IV:**1800,**IV:**1483
Combustion 氧化 **VI:**2783
COMECON (Council for Mutual Economic Assistance) 经济互助委员会 **VI:**2552–2553
Committee of Public Safety 公共安全委员会 **V:**2150
Common Market 欧洲共同市场。亦可参阅:

European Economic Community (EEC)(欧共体)
Common property 公共财产。亦可参阅:**Rights, property(财产权)**
Communication media 传播媒介 II:616 - 624
computers and the internet 计算机和互联网。亦可参阅:**Technology—computer; Internet(计算机技术;互联网)**
electrical telecommunication 电信技术 **II:**622 - 623
electronic mass communication 电子大众传媒 **II:**623,**V:**2078 - 2082
future of 未来 **II:**623
language 语言 **II:**616 - 617
motion pictures and sound recording 电影和录音 **II:**623
nationalism and 民族主义 **IV:**1796
optical and aural signaling 光学的和音频的信号 **II:**621
paper 纸。亦可参阅:**Paper(纸)**
postal systems 邮政系统 **II:**620
printing 印刷术。亦可参阅:**Printing(印刷术)**
visual communication 可视通讯 **II:** 618 - 619
writing 写作。亦可参阅:**Writing systems and materials(书写系统和材料)**
亦可参阅:**Art—Paleolithic; Language; Language, classification of; Language, standardization of; Letters and correspondence(旧石器时代艺术;语言;语言分类;语言的标准化;书信与通信)**
II:625 - 629,**IV:**1615 - 1616,**VI:**2487
Africa 非洲 **III:**1154,**V:**2287 - 2288
containment of 遏制 **II:**656 - 658
Cuba 古巴 **II:**600,**II:**601。
enemies, search for 敌人,寻找 **II:**628
famine and 饥荒 **III:**1011 - 1012
labor union movement 工会运动 **IV:**1488
in Latin America 在拉丁美洲 **II:**600
radio services 无线电业务 **V:**2080
religion and 宗教 **V:**2113
socialist movements 社会主义运动 **II:**625 - 626
women's rights under 妇女权利 **VI:**2829
亦可参阅:**Cold War; Europe, Eastern (冷战;东欧)**
Communist countries, Cold War between 共产主义国家之间的冷战 **II:**854
Comoros, Arab League 科摩罗,阿拉伯联盟 **III:**1140
Company of the East 法属东印度公司 **III:**1058
Comparative history 比较史学 II:630 - 635
beyond East-West divide 超越东方-西方划分 **II:**633
European context 欧洲情境 **II:**630
global context 全球情境 **II:**631
亦可参阅:**History, social; World history, writing of(社会史;世界历史的书写)**
Compasses 罗盘 **VI:**2591
Compound bows 复合弓 **I:**412
Computer 计算机。亦可参阅:**Technology—computer(计算机技术)**
Comstock Act《康斯托克法》**I:**403,**VI:**2833
Comte, Auguste 奥古斯特·孔德 **III:**965,**V:**1977,**V:**2343,**V:**2345,**V:**2348 - 2349
CONAIE (Confederación de Natonalidades Indígenas del Ecuador) 厄瓜多尔土著民族联合会 **III:**1325
Concentration camps 集中营 **III:** 1239, **III:**1248 - 1250
Condamine, Charles de la 查理·德·拉·孔达明 **V:**2215
Condorcet, Marquis de 孔多塞侯爵 **V:**2347

Confucianism 儒学 I:311,**I:**312,**II:**517－518,**II:636－640**,**II:**683－684
Chinese traditional religion and 中国传统宗教 **II:**528,**II:**531
Daoism and 道教 **II:**708,**II:**709,**II:**711
development of 发展 **II:**711
early 早期 **II:**636
ecumenicism 普世教会主义 **II:**865
education 教育 **II:**870
Enlightenment and 启蒙运动 **II:**923
law, contract 合同法 **IV:**1514－1515
ethnic nationalism and 种族民族主义 **IV:**1799
imperialism and 帝国主义 **II:**902
literature 文学 **IV:**1551
modern 现代 **II:**639
Neo-Confucianism 新儒家 **II:**638－639,**V:**2292,**V:**2312
state 国家 **II:**637－638
亦可参阅:**Mencius; Philosophy, Asian(孟子;亚洲哲学)**
Confucius 孔子 II:636－637,**II:641－643**,**IV:**1766,**IV:**1964－1966
Congo 刚果。亦可参阅:**Kongo(刚果)**
Congo (Kongo), Democratic Republic of 刚果民主共和国 **I:**23,**I:**41,**I:**318
art 艺术 **I:**165,**I:**166,**I:**167
labor union movement 工会运动 **IV:**1488
Congo (Kongo) Free State (Belgian Congo) 刚果自由邦(比属刚果) **I:**23,**III:**1063,**III:**1113,**V:**2200
Congo River and Congo Basin 刚果河和刚果盆地 **V:**2184
亦可参阅:**Africa—equatorial and southern (4000 BCE－1100 CE); Berlin conference (赤道非洲和南部非洲,前 4000—公元 1100;柏林会议)**
Congress of Industrial Organizations (CIO) 产业工会联合会 **IV:**1487
Congress of Vienna 维也纳会议 II:644－646
diplomacy and 外交 **II:**776
peacemaking and 调停 **IV:**1940－1943
亦可参阅:**Austro-Hungarian Empire; Napoleonic Empire(奥匈帝国;拿破仑帝国)**
Conklin, Harold 哈罗德·康克林 **II:**849
Conscription 征兵
Europe 欧洲 **VI:**2710
Islamic world 伊斯兰世界 **VI:**2720
Conservationism 自然保护论。亦可参阅:Environmental issues(环境问题)
Conservative (Tory) Party 保守(托利)党 **IV:**1920
Constant, Benjamin 本杰明·贡斯当 **IV:**1546
Constantine the Great 君士坦丁大帝 I:211－212,**I:**436,**I:**444,**II:647－649**,**V:**2102
亦可参阅:**Byzantine Empire; Roman Empire(拜占庭帝国;罗马帝国)**
Constantinople 君士坦丁堡
Byzantine Empire, capital of 拜占庭帝国的首都 **I:**436,**I:**438,**I:**440,**II:**649
Cathedral of 大教堂 亦可参阅:Hagia Sophia(圣索非亚大教堂)
Council of 议会 **II:**865
crusades 十字军东征 **II:**675,**V:**2117
Latin Empire of 拉丁帝国 **I:**443－444
Ottoman conquest 奥斯曼征服 **II:**833,**IV:**1888,**IV:**1890,**V:**2111,**V:**2136
Constructionism, cultural/social 文化/社会的建构主义 **III:**1453
Consumerism 消费主义 II:650－655,**II:**861
children and 儿童 **II:**512,**II:**652,**II:**654
sports, commercialization of 体育的商业化 **V:**2385

亦可参阅：**Capitalism; Industrial Revolution; Modernity; Progress（资本主义；工业革命；现代性；发展）**
Containment 遏制 II:656－659
亦可参阅：**Cold War; Diplomacy（冷战；外交）**
Continents, myth of 关于大陆的神话 **I:** 58, **III:**967
Contraception 避孕
亦可参阅：**Birth control; Women's reproductive rights movements（节育；妇女生育权运动）**
Cook, James 詹姆斯·库克 **I:**330, **III:**995, **III:**1224, **IV:**1764, **IV:**1831
Cook, Thomas 托马斯·库克 **V:**2379, **VI:**2522
Cooke, William 威廉·库克 **V:**2471
Cooper, Gordon 戈登·库柏 **V:**2366
Cooperative Workers of America 美国工人合作协会 **IV:**1485
Copernicus, Nicolas 尼古拉·哥白尼 **II:**663, **II:**921, **III:**1086－1087, **III:**1133 **IV:**1632, **IV:**1834, **VI:**2641
harassment of 烦恼 **V:**2113
Scientific Revolution, role in 科学革命的作用 **V:**2262－2263, **V:**2271
Copper 铜 **IV:**1662－1664, **V:**2463, **VI:**2540
Coptic Church 科普特教会 **I:**51, **II:**591, **V:**2104
Coptic language 科普特语 **V:**2279
Copyrights 版权 **V:**2181
Corinth, architecture of 科林斯的建筑风格 **I:**170－171, **I:**173
Corn 玉米。亦可参阅：**Cereal grains（谷物）**
Coronado, Francisco Vásquez 弗朗西斯·巴斯克斯·科罗纳多 **VI:**2746
Corporations, multinational 跨国公司 II:660－662
亦可参阅：**Globalization（全球化）**
Corrido 科里多 **IV:**1766
Corsairing 海盗船。亦可参阅：**Piracy（海盗）**
Cortés, Hernán 埃尔南·科尔特斯 **I:**233, **I:**248, **I:**254, **I:**364, **I:**365, **II:**498, **II:**784, **III:**1112, **III:**1321, **VI:**2814
Corvée labor 服役劳工。亦可参阅：**Labor systems, coercive（强制劳动制度）**
Cosmology 宇宙学 II:663－665
astrology 占星术 **II:**663
chemical elements origin 化学元素的起源 **II:**664
current status 目前状况 **II:**665
definition 定义 **II:**663
geocentric universe 地心说 **II:**663
geographic constructions and 地理建构 **III:**1117－1118
heliocentric universe 日心说 **II:**663
life cycles of stars 恒星的生命周期 **II:**664
Native American religions and 美洲印第安宗教 **IV:**1814－1815
亦可参阅：**Big history; Universe, origin of（大历史；宇宙的起源）**
Cossacks 哥萨克 **III:**1068
Côte d'Ivoire (Ivory Coast) 科特迪瓦（象牙海岸）**II:**594, **III:**1062, **III:**1063
Cotton 棉花 **I:**26, **I:**399
Coulomb, Charles August 查理·奥古斯特·库伦 **II:**889
Council of Chalcedon 迦克顿会议 **II:**539
Council of Constantinople 君士坦丁堡会议 **II:**539
Council of Ephesus 以弗所会议 **II:**539
Council of Europe 欧洲委员会 **III:**989
Council of Nicea 尼西亚会议 **II:**865
Council of Trent 特伦托会议 **II:**499, **V:**2195, **V:**2197
Counter-Reformation 反宗教改革运动 **II:**917
Cousteau, Jacques 雅克·库斯托 **III:**997

Craft, Ellen 爱伦·克拉夫特 **VI**:2815
Crassus, Marcus Licinius 马尔库斯·李锡尼·克拉苏 **II**:450
Creation myths 创世神话 II:666 – 671
  Native American 印第安人 **IV**:1813 – 1814
  origins of the universe and 宇宙的起源 **VI**:2640 – 2641
Cresques, Abraham 亚伯拉罕·克瑞斯奎 **IV**:1604
Cretaceous era extinctions 白垩纪大灭绝 **III**:1002 – 1003
Crete 克里特岛 **VI**:2777
Creutzfeldt-Jakob syndrome 克雅氏病 **II**:787
Crick, Francis 弗朗西斯·克里克 **III**:1105, **V**:2264
Crimean War 克里米亚战争 **II**:778, **V**:2226, **VI**:2713
Croatia 克罗地亚 **I**:343, **I**:344, **III**:976, **III**:979, **III**:991
  ethnicity 种族 **II**:947
  language 语言 **IV**:1501
Crocker, Steve 史蒂芬·克罗克 **III**:1360
Croesus, king of Lydia 吕底亚国王克洛伊索斯 **II**:696, **III**:1147, **III**:1351, **IV**:1954
Croll, James 詹姆斯·克罗尔 **III**:1300
Cro-Magnons 克罗马农人 **III**:1276, **IV**:1905
Cromartie, Ann 安·库洛马迪 **VI**:2813
Cromwell, Oliver 奥利弗·克伦威尔 **IV**:1619, **IV**:1920, **V**:2041
Crosby, Alfred 阿尔弗雷德·克罗斯比 **III**:986, **II**:901
Cross, Charles 查理·克罗斯 **V**:1989
Cross-bows 复合弓 **I**:412
Cross-cultural research 跨文化研究 **II**:688 – 689, **II**:955
Crowell, Elizabeth 伊丽莎白·克罗韦尔 **V**:2478
Crucé Emeric 埃默里克·克吕塞 **IV**:1935
Crummell, Alexander 亚历山大·克拉梅尔 **IV**:1908
Crusades, the 十字军东征 II:672 – 679, **III**:985, **V**:2117
  in Baltic 在波罗的海 **II**:676
  Baron's Crusade 男爵的十字军东征 **II**:677
  Byzantine Empire and 拜占庭帝国 **I**:438, **I**:443, **II**:672, **II**:675
  Christian theory of just war 基督教的正义战争理论 **V**:2102 – 2103, **VI**:2689
  in Europe 在欧洲 **II**:676, **II**:677
  explorations and colonization 探险和殖民 **II**:678
  as genocide 种族灭绝 **III**:1112
  Jerusalem crusades 耶路撒冷十字军 **II**:674 – 676
  Mongols, against 对蒙古人的抵抗 **II**:677 – 678
  North Africa campaigns 北非战役 **II**:676
  Reconquista 收复失地运动 **II**:672 – 673
  steppe nomads in 草原游牧 **VI**:2773
  亦可参阅: **Byzantine Empire; Islamic world; War and religion; Warfare—Europe(拜占庭帝国;伊斯兰世界;战争和宗教;欧洲战争)**
Crutzen, Paul J. 保罗·克鲁岑 **I**:123
Cuba 古巴 **I**:102, **II**:626, **II**:629, **V**:2375
  Afro-Cuban music 非洲—古巴音乐 **I**:47
  indigenous peoples of 土著 **III**:1323
  Santeria religion 萨泰里阿教 **I**:43, **I**:44, **I**:45, **V**:2130
  slave trade 奴隶贸易 **I**:41, **I**:42
Cuban Missile Crisis 古巴导弹危机 **II**:600, **II**:758
Cubism 立体主义 **I**:217, **I**:264
Cubo-Futurism 三体未来主义 **I**:264

Cugnot, Nicholas 尼古拉·屈尼奥 **I**:346
Culin, Stuart 斯图亚特·丘林 **III**:1092
Cultural areas 文化区域 II:680 - 685
ancient world 古代世界 **II**:683
Asian 亚洲 **II**:683 - 684
Enlightenment attitudes and 启蒙运动的看法 **II**:917 - 918,**II**:924
geographical approaches 地理方法 **II**:685
historical emergence of 历史性的出现 **II**:684
natural regions 自然区域 **II**:680 - 681
linguistic areas 语言学领域 **II**:682 - 683
and origins of communities 社群的起源 **IV**:1779 - 1801
亦可参阅:**Cartography; Engines of history; Frontiers(制图学;历史发展的动力;边界)**
Cultural ecology 文化生态学。亦可参阅:**Ecology, cultural(文化生态学)**
Cultural evolution 文化演进 **II**:847 - 850
亦可参阅:**Agricultural societies; Bands, tribes, chiefdoms, and states; Foraging societies, contemporary; Modernity; Race and racism(农业社会;营居群、部落、酋邦和国家;当代狩猎-采集社会;现代性;种族和种族主义)**
Cultural materialism 文化唯物论 **II**:847
Culture 文化 II:686 - 690
globalization and 全球化 **III**:1143 - 1144
microlevel histories 微观史学 **II**:689
and other world historical traditions 其他世界史传统 **II**:689 - 690
study of world history and 世界历史研究 **II**:686 - 689
themed histories 主题史 **II**:688 - 689
universal histories 普世史 **II**:687 - 688
and world history study 世界史研究 **II**:686 - 687
亦可参阅:**Anthropology; Ecology, cultural; Ethnocentrism(人类学;文化生态学;民族中心主义)**
Cumming, Thomas 托马斯·卡明 **III**:1181
Cumont, Franz 弗朗茨·库蒙特 **V**:2128
Cuneiform languages 楔形文字语言 **II**:693,**IV**:1657,**V**:2277 - 2278
Cunningham, Merce 摩斯·康宁汉 **III**:1291
Currency 货币 II:692 - 694
early systems 早期制度 **II**:692
modern money 现代的货币 **II**:694
money and coinage 货币和造币 **II**:693 - 694
uses of money 钱的用途 **II**:693
亦可参阅:Coinage; **Barter; International monetary systems(造币;物物交易;国际货币体系)**
Curtin, Philip 菲利普·柯廷 **I**:61
Cyclical time 周期性的时间 **VI**:2506
Cyprus 塞浦路斯 **III**:991
Cyrillic alphabet 西里尔字母。亦可参阅:Alphabets(字母表)
Cyrus II 居鲁士二世 **V**:2097
Cyrus the Great 居鲁士大帝 II:695 - 697
亦可参阅:**Persian Empire(波斯帝国)**
Czech lands 捷克之地 **III**:978,**III**:979,**III**:980,**IV**:1801
Czech Republic 捷克共和国 **II**:981
automobile use in 汽车的使用 **I**:352
in European Union 在欧洲联盟 **II**:991
Paleolithic-era art and artifacts 旧石器时代艺术和手工制品 **I**:242,**I**:245
Czechoslovakia 捷克斯洛伐克 **III**:981,**V**:2172
ethnic nationalism 种族民族主义 **IV**:1801

D

da Gama, Vasco 瓦斯科·达·伽马 II:699－700,V:2377,**VI:**2633

Dachau (concentration camp) 达豪(集中营) **III:**1249

Dahomey 达荷美共和国 **III:**1062

Daimler, Gottlieb 戈特利布·戴姆勒 **I:**346,**I:**349,**II:**910,**V:**2467

Dai Xu 戴熙 **IV:**1633

D'Alembert, Jean Le Rond 让·勒朗·达朗贝尔 **II:**921,**III:**1336,**V:**2274

Daly, Herman 赫尔曼·戴利 **II:**930

Damaratus 达玛拉都斯 **I:**173

Dampier, William 威廉·丹皮尔 **I:**330

Dams 水坝

construction of 建造 **VI:**2793

Green Revolution and 绿色革命 **III:**1169

hydroelectricity and 水力发电 **VI:**2793

life span of 使用期限 **VI:**2794

water management and 水资源管理 **VI:**2796,**VI:**2797

Dance and military drill 舞蹈与军事训练 II:701－707

bonding communities and combatants 维系团体和战士 **II:**704－706

origins 起源 **II:**701－702

and society 社会 **II:**706－707

spiritual and religious importance of dance 舞蹈对精神和宗教的重要性 **II:**702－704

亦可参阅:**Festivals; Military training and discipline(节庆;军事训练和纪律)**

Dante Alighieri 阿利盖利·但丁 **IV:**1934

Dao (the Way) 道 **IV:**1960,**IV:**1964

亦可参阅:**Daoism(道教)**

Daodejing (*Tao-te Ching*—The Way and the Power)《道德经》**IV:**1504－1506

Daoism 道教 I:311,**II:**530－531,**II:**638,**II:708－714,IV:**1504－1506,**V:**2109

basic concepts 基本概念 **II:**709

Chinese popular religion and 中国大众宗教 **II:**528,**II:**531－532

Chinese syncretism and 中国的融合 **II:**709

development of 发展 **II:**711－712

mysticism and 神秘主义 **IV:**1780

spread/influence of 传播/影响 **II:**712－713

亦可参阅:**Laozi; Philosophy, Asian(老子;亚洲哲学)**

Daoists 道教 **I:**190,**IV:**1966－1967

Dar al Harb 争战之地 **III:**1075

Dar al-Islam 伊斯兰家园 **III:**1075,**III:**1397－1398

Darby, Abraham 亚伯拉罕·达比 **III:**1331,**III:**1377

D'Argenson, Marquis 阿冉松侯爵 **II:**922

Darius I, king of Persia 大流士一世,波斯国王 **IV:**1954－1955,**V:**2097

Darwin, Charles 查尔斯·达尔文 I:393,**II:715－717,III:**1124,**III:**1402,**IV:**1612,**IV:**1822－1823,**V:**2054,**VI:**2672

亦可参阅:**Human evolution(人类进化)**

Das, Guru Amar 古鲁·阿玛尔·达斯 **V:**2317

Dating methods, archeological and historical 考古学和历史学的测年方法 II:718－723

亦可参阅:**Archaeology; Periodization(考古学;历史分期)**

Daughters of the Bilitis 碧丽提丝的女儿 **III:**1098,**III:**1100

Davidoff, Leonore 莉奥诺·达维多夫 **V:**2350

Davidson, Robert 罗伯特·戴维森 **I:**235,**I:**236

Davies, Donald 唐纳德·戴维斯 **III:**1359,**III:**1361

Davies, Stuart 斯图亚特·戴维斯 **II:**806

Davis, Angela Y. 安吉拉・戴维斯 **IV**:1639
Davis, Isaac 艾萨克・戴维斯 **III**:1436
Davison, Henry 亨利・戴维森 **V**:2094
Dawkins, Richard 理查德・道金斯 **III**:1083
Dayton Peace Accords 代顿和平协定 **II**:948
D-Day (June 6, 1944) 诺曼底登陆日(1944 年 6 月 6 日)
air warfare 空战 **VI**:2700
military engineering 军事工程 **IV**:1697
military strategy/tactics 军事战略/战术 **VI**:2712,**VI**:2877,**VI**:2878
DDT, use of 滴滴涕杀虫剂的使用 **II**:796,**II**:928
De Augmentis Scientarum《学术的进步》**III**:1337
De Forest, Lee 李・德福雷斯特 **V**:2078
De Gaulle, Charles 查理・戴高乐 **II**:991,**III**:990–992,**III**:1381
De Klerk, F. W. 德克勒克 **I**:136
de Landa, Bishop Diego 迭戈・德・兰达主教 **III**:1335
De Pisan, Christine 克里斯蒂娜・德・皮桑 **III**:2813
De Quiroga, Vasco 瓦斯科・德・基罗加 **I**:112
De re metallica《论矿冶》**V**:2327
De Sacy, Antoine Isaac Sylvestre 安托万・艾萨克・西尔韦斯特・德・萨西 **V**:2277
Dead, festivals of 有关死亡的节日 **II**:1025
Death rates 死亡率。亦可参阅:**Population growth(人口增长)**
Debret, Jean Baptiste 让・巴蒂斯特・德伯莱 **I**:412
Debs, Eugene V. 欧仁・德布斯 **IV**:1486
Debt peonage 债务奴役制 **IV**:1477,**IV**:1480
亦可参阅:**Labor systems, coercive(强制劳动制度)**
Decca navigation system 台卡导航系统 **IV**:1831
Declaration of Independence, U. S.《独立宣言》,美国 **II**:741,**III**:1416
Decline and Fall of the Roman Empire《罗马帝国衰亡史》**II**:897,**II**:917,**V**:2276
Decolonization 去殖民化 II:605–606,**II:724–728,V**:2032
British Empire 英帝国 **II**:725,**II**:727
China 中国 **II**:724–725,**II**:727
France 法国 **II**:727
interwar years 两次世界大战之间 **II**:727
Iran 伊朗 **II**:724
nation-states and 民族国家 **IV**:1808
Portuguese Empire 葡萄牙帝国 **V**:2028–2029
Syria 叙利亚共和国 **II**:724
亦可参阅:**Africa—postcolonial; Colonialism; Postcolonial analysis(非洲——后殖民时代;殖民主义;后殖民分析)**
"Deep Blue"(computer)"深蓝"(计算机)**III**:1092
Defoe, Daniel 丹尼尔・迪福 **III**:1402
Deforestation 森林砍伐 II:729–734,II:926
atmospheric commons and 大气层的统一性 **III**:1136
Pacific Islands 太平洋岛屿 **IV**:1901
亦可参阅:**Agricultural societies; Amazonia(农业社会;亚马孙河流域)**
Degas, Edgar 埃德加・德加 **I**:216
Degeyter, Pierre 皮埃尔・狄盖特 **IV**:1774
Deineka, Alexander 亚历山大・杰涅卡 **I**:265
Delany, Martin 马丁・德拉尼 **IV**:1907
Delaunay, Robert 罗伯特・德劳内 **I**:218
Delaunay, Sonia 索尼娅・德劳内 **I**:218
Delhi sultanate 德里苏丹国 II: 735–737,IV:1754
Delitszch, Friedrich 弗里德里希・德里兹赫 **V**:2279
Democracies 民主国家 **II**:738–742

Africa 非洲 **I:**38－39
freedoms of 自由 **III:**1054
liberal 自由主义者 **II:**560－563
parliamentary 议会的 **IV:**1919－1924
Democracy 民主 II:738－743
亦可参阅:**Government; Parliamentariani-sm; Revolution—United States(政府;代议制政体;美国革命)**
Democratic Party and organized labor 民主党和劳工组织 **IV:**1487
Democratic Republic of the Congo 刚果民主共和国
亦可参阅:Congo, Democratic Republic of the(刚果民主共和国)
Democratic Unionist Party (DUP) 民主统一党 **VI:**2486
Democritus 德谟克利特 **IV:**1969
Dendrochronology 树木年代学 **II:**720－721
Deng Xiaoping 邓小平 **IV:**1606,**V:**2142
Denmark 丹麦
Congress of Vienna and 维也纳会议 **II:**645
crusaders 十字军 **II:**676
Hanseatic league and 汉萨同盟 **III:**1191
nonviolent resistance in 非暴力抵抗 **IV:**1843－1844
recycling policies in 资源回收政策 **VI:**2784
resistance to nazi regime 对纳粹政权的抵抗 **III:**1252
slave trade and 奴隶贸易 **V:**2334
wind-driven electricity generation in 风力发电 **VI:**2807
Deoxyribonucleic acid (DNA) 脱氧核糖核酸 **III:**1105,**III:**1106
Depressions, economic 经济大萧条 **VI:**2529
亦可参阅:Great Depression; **Long cycles(大萧条;长周期)**
Dernburg, Bernard 伯纳德·登伯格 **III:**1127
Derrida, Jacques 雅克·德里达 **V:**2035
Descartes, René 勒内·笛卡儿 II:744－746,IV:1821,**IV:**1835,**V:**1975－1976,**V:**2273
Descola, Philippe 菲利普·德斯寇拉 **II:**849
Desertification 荒漠化 II:747－751
亦可参阅:**Climate change; Deforestation; Deserts; Salinization; Water; Water management(气候变化;森林砍伐;沙漠;盐渍化;水;水资源管理)**
Deserts 沙漠 II:752－756
hunter-gatherer societies 狩猎-采集社会 **II:**752－753
nomadic pastoralists 游牧民 **II:**753－755
trading routes and oases 商路和绿洲 **II:**755
亦可参阅:**Camels; Caravan; Desertification; Pastoral nomadic societies(骆驼;商队;荒漠化;游牧社会)**
Després, Remi 雷米·德普雷 **III:**1361
Dessalines, Jean-Jacques 让-雅克·德萨林 **V:**2153
Détente 缓和战略 II:757－759
亦可参阅:**Cold War(冷战)**
Devi ,Mahasweta 马哈思维塔·黛维 **VI:**2818
Dewey, Melvil 梅尔维尔·杜威 **III:** 1337,**IV:**1556
Dexter, Miriam Robbins 米利亚姆·罗宾斯·德克斯特 **I:**301
Dholavira 朵拉维拉 **III:**1194
Di Cosmo, Nicola 尼古拉·迪·科斯莫 **III:**959,**III:**961
Diahs, Bartolomeu 巴托罗梅·迪亚士 **III:**1208
Diamond, Jared 贾雷德·戴蒙德 **II:**634
Diarrhea 痢疾 **III:**1286
Diasporas 流散族群 II:760－767
African 非洲 **II:**762－763
Armenian 亚美尼亚人 **II:**762－763
early use of the term 术语的早期使用

II:760
imperial 帝国的 **II**:765
interregional networks and 区际网络 **III**:1367
Jewish 犹太人 **II**:760 – 764
migration/ethnicity, debates on 关于移民/种族的辩论 **II**:765 – 766
proletarian (labor) 无产阶级 **II**:765
recent changes in meaning of 近来含义的变化 **II**:763 – 765
trade 贸易 **II**:763 – 764
亦可参阅:**European expansion; Migration, Asian; Migration—overview; Pacific, settlement of(欧洲扩张;亚洲移民;移民概述;移居太平洋)**
Díaz, Porfirio 波尔菲里奥·迪亚兹 **V**:2162, **VI**:2741
Dick, Philip K. 菲利普·肯克雷德·迪克 **III**:1291
Dictionaries and encyclopedias 词典和百科全书 II:768 – 775
Eastern traditions 东方的传统 **II**:770 – 771, **II**:772
English 英国人 **II**:769 – 770
Greeks and Romans 希腊人和罗马人 **II**:769
Renaissance to modern era 文艺复兴到现代 **II**:772 – 773
Trends, present/future 现在/未来的趋势 **II**:773 – 775
Western, the church and 西方,教会 **II**:772
亦可参阅:**Libraries; Mass Media; Writing systems and materials(图书馆;大众传媒;书写系统和材料)**
Diderot, Denis 丹尼斯·狄德罗 **II**:772, **III**:1336, **V**:2129
Dien Bien Phu 奠边府 **VI**:2769
Diesel, Rudolf 鲁道夫·狄塞尔 **I**:349, **II**:910
Diet of Worms 沃尔姆斯会议 **II**:499
Digital Equipment Corporation 数字设备公司 **III**:1361
Dimethyl sulfide 二甲基硫醚 **III**:1083
Dimitrov, Giorgi 格奥尔基·季米特罗夫 **II**:615
Din, Rashid al 拉斯特 **I**:61
Ding Ling 丁玲 **VI**:2817
Dinosaurs 恐龙世纪 **III**:1003
Diocletian 戴克里先 **VI**:2789 – 2790
Diop, Cheikh Anta 谢克·安塔·迪奥普 **I**:19
Diphtheria 白喉 **II**:792
Diplomacy 外交 II:776 – 780
亦可参阅:**Berlin Conference; Cold War; Congress of Vienna; Containment; Détente; Treaty of Versailles(柏林会议;冷战;维也纳会议;遏制;缓和战略;《凡尔赛和约》)**
Dipylon pots 狄甫隆陶罐 **I**:170
"Disappeared, the" (*desaparacidos*) 失踪者 **IV**:1843, **VI**:2827
Disciplinary history 学科史 **II**:570 – 572
Discipline 纪律
of children 儿童 **II**:510
military drill and 操练 **II**:704 – 706
military training and 军事训练 **IV**:1704 – 1710
Diseases and imperialism 疾病与帝国主义 **II**:845 – 846
Diseases—animal 动物疾病 II:781 – 788
亦可参阅:**Biological exchanges; Columbian exchange(生物交换;哥伦布大交换)**
Diseases—overview 疾病概述 II:789 – 797
demographic interconnections and 人口学意义上的互相联系 **II**:786, **II**:608, **II**:834 – 835
foragers/farmers and 食物采集者/农民 **II**:789 – 790

global regime 全球政权 **II:**794 - 796
indigenous peoples 土著 **II:**794 - 795,**III:**1304,**IV:**1672 - 1673,**VI:**2727
population, impact on 对人口的影响 **II:**781,**V:**2325
regional agrarian regimes 区域土地制度 **II:**791 - 794
亦可参阅:**HIV/AIDS; Malaria(艾滋病;疟疾)**

Diseases—plant 植物疾病 II:798 - 803
of corn 玉米 **II:**802,**III:**1168
of staple crops 主要作物 **II:**801 - 803
of staple grasses 主要稻亚科植物 **II:**798 - 801
亦可参阅:**Biological exchanges; Cereal grains; Columbian exchange; Famine(生物交换;谷物;哥伦布大交换;饥荒)**

Disraeli, Benjamin 本杰明·迪斯雷利 **IV:**1920
Divine right of monarchs 君权神授 **I:**6 - 7,**II:**530,**V:**2096
Djibouti 吉布提 **III:**140
Dogon (Mali) 多贡(马里) **I:**50
architecture 建筑风格 **III:**145
creation myth 创世神话 **II:**667 - 669
Dome of the Rock (Jerusalem) 圆顶清真寺(耶路撒冷) **I:**286
Domesday Book《末日审判书》**VI:**2792
Domesticated animals 驯养家畜 **II:**608,**II:**858,**II:**1041
agricultural societies 农业社会 **I:**63 - 70,**V:**2285,**V:**2323
diseases 疾病 **II:**781
extinctions and 物种灭绝 **III:**1002 - 1007
nomadic societies 游牧社会 **IV:**1926 - 1929
skeletal remains as archaeological evidence 作为考古证据的骨骼残骸 **II:**807
transportation 运输 **VI:**2584 - 2595
亦可参阅:**Domestication, plant and animal; Horses; Sheep and goats(动植物的驯养;马;绵羊和山羊)**

Domestication, plant and animal 动植物的驯养 II:804 - 811
animal 动物 **II:**806 - 808
crops 农作物 **I:**64 - 65,**II:**608
human-caused environmental destruction 人为的环境破坏 **II:**810
plant 种植 **II:**805 - 806
silent domestication 无声的驯化 **II:**808 - 809
weeds 野草 **II:**809 - 810
亦可参阅:**Agricultural societies; Cereal grains; Horses; Sheep and goats(农业社会;谷物;马;绵羊和山羊)**

Dominican Republic 多米尼加共和国 **I:**42
Domino Theory 多米诺理论 **II:**596
Doña Beatrice 多娜·比阿特丽斯 **III:**1465
Dong Qichang 董其昌 **I:**196 - 197
Dong Xiwen 董希文 **I:**201
Dong Zhongshu 董仲舒 **II:**637 - 638
Doolittle, W. Ford 福特·杜利特尔 **III:**1083
Doric architecture 多利安式建筑风格 **I:**170 - 173
Doryphoros 多律弗路斯 **I:**175
Dostoyevsky, Fyodor 费奥多尔·陀思妥耶夫斯基 **III:**1055
Dōtaku bells 铜铎 **I:**222
Douglas, Stephen A. 史蒂芬·阿诺德·道格拉斯 **IV:**1559
Douglass, A. E. 安德鲁·艾利考特·道格拉斯 **II:**721
Douhet, Giulio 朱里奥·杜黑 **VI:**2699
Doumer, Paul 保罗·杜梅 **III:**1064
Douwes, Cornelius 科内利斯·杜维斯 **IV:**1831
Dowager Cixi, Empress 慈禧太后 **V:**2440
Dowd, Charles 查理·多德 **VI:**2508
Dowie, J. A. 道伊 **IV:**1944

Draconian code 德拉古法典 **II**:740
Drainage systems 排水系统。亦可参阅:**Water management(水资源管理)**
Drake, Francis 弗朗西斯·德雷克 **II**:892-893
Dravidian languages 达罗毗荼语言 **IV**:1497
Dreaming and animism 梦和泛灵论 **I**:117
Dreamtime (Aboriginal creation story) 梦幻时光(土著的创世故事) **I**:336
Drugs, psychoactive 精神药物 II:812-817
double standard 双重标准 **II**:816-817
drug commerce 药品贸易 **II**:813-814
restriction and prohibition 限制和禁止 **II**:814-816
tobacco 烟草 **II**:812-813,**VI**:2515-2518
亦可参阅:**Alcoholic beverages; Coffee(酒精饮料;咖啡)**
Druids 德鲁伊人 **II**:486
Dryas ice ages 仙女木冰河期 **II**:579-581
Du Bois, W. E. B. 杜波依斯 II:818-820, **IV**:1908
scholarly work of 学术工作 **I**:59
亦可参阅:**Pan-Africanism; Race and racism(泛非主义;种族和种族主义)**
Dubois, Pierre 皮埃尔·杜波伊斯 **IV**:1934, **IV**:1935
DuFay, Charles Francois, de Cisternay 查理·弗朗索瓦·奇斯特雷·杜菲 **II**:888
Dulles, John Foster 约翰·福斯特·杜勒斯 **II**:658
Dumbarton Oaks Conference 敦巴顿橡树园会议 **VI**:2628
Dunlop, John 约翰·邓洛普 **V**:2216
Dunning, Eric 埃里克·邓宁 **V**:2384
DuPont company 杜邦公司 **V**:1991
Durer, Albrecht 阿尔布雷特·丢勒 **I**:232,**I**:233,**I**:346
Durkheim, Emile 埃米尔·涂尔干 **II**:832,**III**:965,**V**:2346
Dust Bowl (U. S., 1930s) 尘暴区(美国,20 世纪 30 年代) **II**:494,**II**:750-751
Dutch East India Trading Company 荷属东印度贸易公司 II:821-825,**V**:2235,**V**:2374,**V**:2378-2379
powers of 权力 **III**:1305
trading patterns 贸易模式 **VI**:2547,**VI**:2573
warfare 战争 **VI**:2727
亦可参阅:**Mercantilism(重商主义)**
Dutch Empire 荷兰帝国 II:826-829,**II**:835,**II**:901,**V**:2402
Africa, colonial settlement of 非洲的殖民定居点 **I**:23
cinchona, production of 金鸡纳树的生产 **II**:548-549
coffee production 咖啡生产 **II**:591-595
Indonesia, influence in 在印度尼西亚的影响 **I**:312
Japanese invasion of 入侵日本 **V**:2069
Japanese trade 日本贸易 **I**:205
slave trade 奴隶贸易 **V**:2335
warfare in North America 在北美的战争 **VI**:2747
亦可参阅:**Dutch East India Company; Spices(荷属东印度贸易公司;香料)**
Dutch language 荷兰语 **IV**:1500
Dutch Republic 荷兰共和国 **I**:8
Duvalier family 杜瓦利埃家族 **V**:2154
Dyak peoples of Borneo 婆罗洲的迪雅克人 **I**:157
Dyer, Reginald 雷金纳德·戴尔 **III**:1371
Dylan, Bob 鲍勃·迪伦 **IV**:1776
Dynamite 炸药 **II**:910

E

EAEC (European Atomic Energy Community) 欧洲原子能共同体 **III**:989 - 990
Early modern world 早期近代世界 II:831 - 838
deductive approach 演绎法 **II**:832,**II**:837
global demographic interconnections and 全球人口相互联系 **II**:834 - 835
global economy, development of 全球经济的发展 **II**:835
global sea passages, development of 全球海上通道的发展 **II**:834
inductive approach 归纳法 **II**:832 - 834
large and efficient states, development of 高效大国的发展 **II**:835
libraries 图书馆 **IV**:1553 - 1555
origins of concept 概念的起源 **II**:831
religious revival 宗教的复兴 **II**:597
亦可参阅: **Cartography; Geographic constructions of the world; Renaissance(制图学;世界地理构成;文艺复兴)**
Earthquakes 地震 II:839 - 843
Haiti 海地 **II**:843
Kobe 神户 **II**:842,**II**:1995
Sichuan Province 四川省 **II**:843
vernacular architecture and 乡土建筑 **I**:159
East Africa Community 东非共同体 **I**:39
East African Hadza 东非哈扎人 **I**:157
East Germany 东德 **I**:596,**II**:991,**V**:2172
亦可参阅: Germany; **German Empire(德国;德意志帝国)**
East India Company 东印度公司。亦可参阅: **British East India Company(英属东印度公司)**
East Timor, genocide in 在东帝汶发生的种族灭绝 **III**:1281
Easter Island 复活节岛 **V**:2282
Eastern and Oriental Orthodox churches 东方正统教会和东正教
亦可参阅: **Christian orthodoxy(东正教)**
Eastern Europe 东欧。亦可参阅: **Europe, Eastern(东欧)**
Eastern Mediterranean scripts, decipherment of 东地中海地区文字的解读 **V**:2280 - 2281
Eastern Orthodox Church 东正教 **II**:538,**V**:2117,**V**:2223,**V**:2224
caesaropapism 政教合一 **V**:2096
cultural and geographic areas, effect on 对文化和地理区域的影响 **II**:683
Eastern Europe 东欧 **III**:978
ecumenicism 普世教会主义 **II**:865 - 868
Great Schism from Roman Catholic Church 从天主教的大分裂 **II**:676,**III**:979,865,**V**:2110,2196,**VI**:2549
Raskol schism 俄罗斯东正教的分裂 **II**:837
亦可参阅: **Christian orthodoxy(东正教)**
East-West conflict 东西方冲突 **VI**:2842
亦可参阅: **Cold War(冷战)**
Éboué, Félix 菲利克斯·埃布埃 **I**:27
EC (European Community) 欧洲共同体 **III**:991
Ecological imperialism 生态帝国主义 II:844 - 846
animals 动物 **II**:844 - 845
crops 农作物 **II**:844
diseases 疾病 **II**:845 - 846
failure of 失败 **II**:846
亦可参阅: **Biological exchanges; British Empire; Diseases—overview; Green Revolution(生物交换;英帝国;疾病概述;绿色革命)**
Ecology, cultural 文化生态学 II:847 - 850
亦可参阅: **Anthropology(人类学)**
Economic Community of West African States 西

非国家经济共同体 **I**:39

Economic cycles 经济周期 II:851 - 855

ancient 古代的 **II**:851

crops vs. coins 农作物对金钱 **II**:851 - 852

future 未来 **II**:854

Industrial Revolution 工业革命 **II**: 853 - 854

John Law (banker) 约翰·劳(银行家) **II**:852

plague 瘟疫 **II**:852

tulip mania 郁金香狂热 **II**:852

亦可参阅:**Currency; Famine; Long cycles (货币;饥荒;长周期)**

Economic development 经济发展

Africa 非洲 **I**:38 - 39

comparative history 比较史学 **II**:633

early modern world 早期近代世界 **II**:835

Eastern Europe 东欧 **III**:977 - 979

energy resources and 能源 **II**:912

long cycles 长周期 **IV**:1565 - 1567

themed histories 主题史 **II**:688 - 689

亦可参阅:**Capitalism; Consumerism; Economic growth; Trade cycles (资本主义;消费主义;经济增长;贸易周期)**

Economic freedom 经济自由 **III**:1054 - 1055

Economic growth 经济增长 II:856 - 864

in the contemporary world 在当代世界 **II**: 863 - 864

definitions (extensive and intensive) 定义(广泛和深入的) **II**:856 - 858

Industrial Revolution 工业革命 **II**:862 - 863

Industrious Revolution 勤勉革命 **II**:860 - 862

Neolithic revolution 新石器时代的革命 **II**: 858 - 860

亦可参阅:**Industrial Revolution; Trade Cycles(工业革命;贸易周期)**

Economics, study of 经济学研究 **V**:2344

ECSC (European Coal and Steel Community) 欧洲煤钢共同体 **III**:989 - 990

Ecuador 厄瓜多尔

indigenous peoples 土著 **III**:1320 - 1326

Valdivia culture 瓦尔迪维亚文化 **I**:113

women's rights 妇女权利 **VI**:2826

Ecumenicism 普世教会主义 II:865 - 868

亦可参阅:**Religious freedom; Religious synchronicity(宗教自由;宗教融合)**

Edessa 埃德萨 **II**:675,**II**:676

Edict of Milan 米兰敕令 **II**:647,**V**:2116

Edict of Nantes 南特敕令 **I**:7

Edison, Thomas 托马斯·爱迪生 **II**:623,**II**:890,**II**:910,**V**:2467

Edo period 江户时代 **I**:227 - 228

Education 教育 II:869 - 874

agricultural societies 农业社会 **II**:509 - 511

China 中国 **II**:872

continuity and change 连续性和改变 **II**:873

Greece and Rome 古代希腊和古代罗马 **II**:872

India 印度 **II**:872

industrializing societies 工业化社会 **II**:511

Islam 伊斯兰教 **II**:873

religious groups 宗教团体 **II**:953

亦可参阅:**Adolescence; Childhood; Dictionaries and encyclopedias; Initiation and rites of passage; Libraries; Missionaries; Unive-rsities; Western civilization(青少年;童年;词典和百科全书;成人仪式;图书馆;传教士;大学;西方文明)**

Edwards, Jonathan 乔纳森·爱德华兹 **V**:2060

Edward VII, king of Great Britain 英国国王爱德华七世 **II**:757

EEC (European Economic Community) 欧洲经济共同体 **III**:989 - 990

Effendi, Said 赛义德·艾芬迪 **II**:772

Efficient states, development of 高效国家的发展 **II:**835
EFTA (European Free Trade Association) 欧洲自由贸易联盟 **III:**990
Egalitarianism 平均主义 **II:**561
Egypt 埃及 **II:**619 - 620, **II:**682, **II:875 - 884,** **II:**898 - 899, **II:**916, **V:**2111, **VI:**2777
archeological studies 考古研究 **III:**1143
architecture 建筑风格 **I:**146, **I:**147
art 艺术 **I:**165, **I:**284
borders 边界 **III:**1073
cereal crops 粮食作物 **II:**488
climate change, impacts of 气候变化的影响 **II:**580
education 教育 **II:**871, **III:**1022
ethnic nationalism 种族民族主义 **IV:**1799 - 1800
famine 饥荒 **III:**1009, **III:**1011
forced labor 强制劳动 **IV:**1479
Greek and Roman art influenced by 对古代希腊和古代罗马艺术的影响 **I:**170 - 171
guilds in 行会 **III:**1178
libraries 图书馆 **IV:**1550
mathematics in 数学 **IV:**1630 - 1632
Ramses II 拉美西斯二世 **II:** 876, **V:**2088 - 2089
religions 宗教 **V:**2096 - 2097
sailing ships 帆船 **V:**2232
science 科学 **V:**2262
亦可参阅: **Hatshepsut; Paleoanthropology; Script decipherment(哈特舍普苏特;古人类学;解读文字)**
Eiffel Tower 埃菲尔铁塔 **I:**152, **I:**265
Einstein, Albert 阿尔伯特·爱因斯坦 **II:885 - 887**, **IV:**1851, **V:**2257, **VI:**2509
Eisai, Myozen 明菴荣西 **I:**433
Eisenhower, Dwight D. 德怀特·艾森豪威尔 **II:**658, **IV:**1697, **IV:**1853, **V:**2365, **VI:**2869
Ekstrom, Margareta 玛格丽特·埃克斯托姆 **VI:**2818
El Mirador 埃尔·米拉多尔 **V:**2397
El Niño 厄尔尼诺现象 **II:**575 - 577, **III:**1012
El Niño / La Niña climate cycle 厄尔尼诺/拉尼娜气候周期 **I:**330
El Salvador 萨尔瓦多 **IV:**1878
art 艺术 **I:**251
Electrical telecommunication 电信技术 **II:**622
亦可参阅: **Telegraph and telephone(电报与电话)**
Electricity 电 **II:888 - 891**, **II:**909 - 910
亦可参阅: **Energy; Technology—computer(能源;计算机技术)**
Electronic and Musical Industries Ltd. (EMI) 百代唱片公司 **V:**2480
Electronic mass communication 电子大众传媒 **II:**623
亦可参阅: **Radio; Television(无线电;电视)**
Electronic media 电子媒体 **V:**2050
Elias, Norbert 诺伯特·埃利亚斯 **V:**2260, **V:**2350, **V:**2351, **V:**2384
Eliot, T. S. 艾略特 **VI:**2480
Elizabeth I (queen of England) **伊丽莎白一世**(英格兰女王) **II:892 - 896**
亦可参阅: **British Empire; Enlightenment, the; Scientific Revolution(英帝国;启蒙运动;科学革命)**
Elizabeth II, queen of Great Britain 伊丽莎白二世(英国女王) **III:**1326
Elizabeth Petrovna, empress of Russia 俄罗斯女皇伊丽莎白·彼得罗夫娜 **I:**261, **II:**481
Elkins, James 詹姆斯·埃尔金斯 **I:**302, **I:**303
Emigration 移民。亦可参阅: **Migration—overview(移民概述)**
Empedocles 恩培多克勒 **IV:**1969

Empire 帝国 II:897 - 903
costs, benefits, consequences 成本、收益、结果 **II:**902 - 903
etymology and uses 语源学和使用 **II:**897 - 898
ideologies of 意识形态 **II:**902
land-based 以陆地为基础的 **II:**899 - 900
Napoleonic 拿破仑一世的 **IV:**1788 - 1792。亦可参阅:**Napoleon(拿破仑)**
state building, empire building as 官式建筑,帝国建筑 **II:**898 - 899
transoceanic 横跨海洋的 **II:**900 - 902
亦可参阅:**Engines of history; Imperialism; Religion and government; Slave trades;** *individual empires* **(历史发展的动力;帝国主义;宗教和政府;奴隶贸易;各个帝国)**
Empiricism 经验主义 **V:**1975
EMS (European Monetary System) 欧洲货币体系 **III:**990
Encyclopedia Britannica《大英百科全书》**II:**772 - 773,**III:**1336
Encyclopedias 百科全书。亦可参阅:**Dictionaries and encyclopedias(词典和百科全书)**
Energy 能源 II:863,**II:904 - 913**
biomass fuels 生物质燃料 **II:**905 - 906
human and animal muscles 人类和动物肌肉 **II:**906 - 907
mechanical prime movers 机械的原动力 **II:**909 - 910
modern systems 现代体系 **II:**910 - 913
preindustrial inanimate prime movers 工业化前单调的原动力 **II:**908 - 909
亦可参阅:**Coal; Natural gas; Oil;** Solar energy; **Water energy; Water management; Wind energy(煤炭;天然气;**太阳能;**水能;水资源管理;风能)**
Engels, Friedrich 弗里德里希·恩格斯 **II:**687,**IV:**1613
on women's rights 关于妇女权利 **VI:**2820,**VI:**2829
Engines 发动机 **II:**908 - 910
亦可参阅:Steam engines(蒸汽机)
Engines of history 历史发展的动力 II:914 - 920
animism, importance of 泛灵论的重要性 **II:**914 - 915。亦可参阅:**Animism**
eighteenth and nineteenth centuries 18 和 19 世纪 **II:**917 - 918
Greek and Roman influences 古代希腊和古代罗马的影响 **II:**914 - 916
Judaism, Christianity, and Islam 犹太教、基督教和伊斯兰教 **II:**916 - 918
population growth 人口增长 **V:**2018 - 2022
twentieth century and beyond 20 世纪及以后 **II:**918 - 919
亦可参阅:**Anthroposphere; Biological exchanges; Columbian exchange; Diseases—overview(人类圈;生物交换;哥伦布大交换;疾病概述)**
England 英格兰 **VI:**2516
English language 英语
areal interaction of 区域的相互作用 **IV:**1495
dominance of 优势 **I:**422 - 423
in India 在印度 **IV:**1544
Standard (British) 标准(英国) **IV:**1500
Enlightenment, the 启蒙运动 II: 921 - 925, V:2113
absolutism and 专制主义 **I:**6 - 9
Africa, treatment of 对待非洲 **I:**15
citizenship and 公民 **II:**559 - 560
defined 定义 **II:**804,**IV:**1563,**V:**2169
education and 教育 **II:**873
freedom and 自由 **III:**1056

History, the (Raynal)《历史》(雷纳尔) **V:**2089
imperialism and 帝国主义 **III:**1305
influence of Confucius 孔子的影响 **II:**641
libraries 图书馆 **IV:**1554 - 1557
physical and human nature 肉体和人性 **II:**921
religion and government/politics 宗教和政府/政治 **II:**922 - 923,**V:**2098
wider world and 大千世界 **II:**923 - 925
亦可参阅:**Darwin, Charles; Descartes, René; Mathematics; Science—overview; Scientific Revolution(查尔斯·达尔文;勒内·笛卡儿;数学;科学概述;科学革命)**
Enola Gay 埃诺拉·盖伊 **IV:**1852,**VI:**2700
Environmental anthropology 环境人类学 **II:**849
亦可参阅:**Extinctions(物种灭绝)**
Environmental issues 环境问题
atmospheric commons and 大气层的统一性 **III:**1136
automobile use 汽车的使用 **I:**352
desertification 荒漠化 **II:**747 - 752
frontiers and environmental degradation 边疆和环境恶化 **III:**1069 - 1070
亦可参阅:**Climate change; Coal; Deforestation; Energy; Erosion; Extinctions; Green Revolution; Mountains; Natural gas; Nature; Oceans and seas; Rivers; Salinization; Timber; Water; Water energy; Water management; Waste management; Wind energy(气候变化;煤炭;森林砍伐;能源;侵蚀;灭绝;绿色革命;山地;天然气;自然;海洋;河流;盐渍化;木材;水;水能;水资源管理;废物管理;风能)**
Environmental Justice Movement 环境正义运动 **II:**930
Environmental movements 环保运动 II:926 - 933
emergence of 浮现 **II:**928 - 932
sustainable use 可持续利用 **II:**927 - 928
亦可参阅:Environmental issues(环境问题)
Environmental Protection Agency (EPA) 美国环境保护署 **VI:**2780,**VI:**2784
Environmentalism 环境保护主义 **II:**926
Epicureanism (and Epicurus) 伊壁鸠鲁学说(和伊壁鸠鲁) **IV:**1971 - 1972
Epidemics 流行病。亦可参阅:**Diseases—overview(疾病概述)**
Equal Rights Amendment《平等权利修正案》**VI:**2826
Equiano, Olaudah 奥拉达·艾奎亚诺 II:934 - 935
亦可参阅:**Slave trades(奴隶贸易)**
Erasmus, Desiderius 德西迪厄斯·伊拉斯谟 **V:**2057,**V:**2129
Eratosthenes of Cyrenaica 昔兰尼加的埃拉托色尼 **II:**916
Erie Canal 伊利运河 **VI:**2789
Eritrea 厄立特里亚 **I:**74,**I:**75,**I:**76
Erosion 侵蚀 II:750 - 751,**II:936 - 941**,**VI:**2504
desertification 荒漠化 **II:**747 - 751
history 历史 **II:**936 - 937
measuring and predicting 测量和预测 **II:**939 - 940
in perspective 在展望中 **II:**940
processes 过程 **II:**937 - 939
亦可参阅:**Agricultural societies; Climate change; Deforestation; Waste management; Water(农业社会;气候变化;森林砍伐;废物管理;水)**
Esarhaddon 以撒哈顿 **I:**321
Eskimos 爱基斯摩人。亦可参阅:Inuit (Eskimos) 因纽特人(爱基斯摩人)
Esperanto 世界语 II:942 - 943
Estonia 爱沙尼亚 **II:**676,**III:**981,**II:**948

亦可参阅:**Europe, Eastern(东欧)**
Ethanol 乙醇 **I**:84
Ethiopia 埃塞俄比亚
African Union 非洲联盟 **I**:55
Aksum, kingdom of 阿克苏姆王国 **I**:74,**I**:75,**I**:76
art 艺术 **I**:165
coffee use and production 咖啡的使用和生产 **II**:592,**II**:593
colonial period 殖民时期 **I**:23 - 24
diaspora 离散人群 **II**:762
Haile Selassie 海尔・塞拉西一世 **I**:44,**IV**:1910
Italian invasion of 意大利的入侵 **II**:779,**IV**:1910,**VI**:2693
religions 宗教 **I**:51,**I**:82,**I**:176,**I**:184
World War II 第二次世界大战 **I**:27
Ethnic cleansing 种族清洗 **III**:981,**IV**:1800,**IV**:1802
Ethnic nationalism 种族民族主义。亦可参阅:**Nationalism, ethnic(种族民族主义)**
Ethnicity 种族 II:944 - 948
defined 定义 **II**:944
globalism, in age of 在全球主义时代 **II**:946 - 948
law and 法律 **II**:945
nationalism and 民族主义 **II**:945 - 946。亦可参阅:**Nationalism, ethnic**
premodern world 前现代世界 **II**:944 - 945
亦可参阅:**Ethnocentrism; Indigenous peoples(民族中心主义;土著)**
Ethnobotany 民族植物学 II:949 - 951
anthropogenic ecosystems 人为生态系统 **II**:949 - 950
of environmental history 环境史 **II**:950 - 951
imperial boundary maintenance 帝国边界的保持 **III**:1073 - 1075
plant species management 植物物种管理 **II**:949
wild versus domesticated plants 野生植物对驯养植物 **II**:950
Ethnocentrism 民族中心主义 II:952 - 954,II:956,III:1117 - 1118,V:2091
Ethnoembryologies 人种胚胎学 **III**:1454
Ethnography, cultural and geographic areas 民族志、文化和地理区域 **II**:680 - 685
Ethnology 民族学 II:955 - 956
Etruscans 伊特鲁利亚 **I**:173,**I**:174
Euclid 欧几里得 **IV**:1576,**IV**:1632,**IV**:1633,**IV**:1630
Eurasia 欧亚大陆
agriculture and 农业 **I**:108,**I**:109,**IV**:1953
art 艺术 **I**:231 - 233
comparative history 比较史学 **II**:633 - 634
imperial boundary maintenance 帝国边界的保持 **III**:1073 - 1075
Inner 内陆。亦可参阅:**Eurasia, Inner(欧亚内陆)**
iron in 铁 **VI**:2673
scratch plows in 犁铧 **V**:1995
亦可参阅:**Afro-Eurasia; Silk Roads; Steppe confederations(亚非欧大陆;丝绸之路;草原同盟国)**
Eurasia, Inner 欧亚内陆 III:957 - 963
agriculture in 农业 **III**:961 - 962
cultural exchange 文化交流 **III**:960 - 961
delineating 描绘 **III**:957 - 958
military power of pastoral states 游牧国家的军事力量 **III**:961
pastoralism 畜牧业 **III**:958 - 960,**IV**:1925 - 1930
亦可参阅:**Afro-Eurasia; Secondary-products revolution; Silk Roads; Steppe confederations(亚非欧大陆;次级产品革命;丝绸之路;**

草原同盟国)
Euro-American imperialism 欧美帝国主义 **III**:1124
Eurocentrism 欧洲中心主义 III:964 – 966,III: 1032 – 1033
Victorian anthropology and 维多利亚时代的人类学 **II**:570
亦可参阅:**Ethnocentrism; Orientalism; Western civilization(民族中心主义;东方主义;西方文明)**
Europe 欧洲 III:967 – 974
absolutism 专制主义 **I**:6 – 9
ancient and medieval notions of 古代和中世纪的观念 **III**:969 – 970
architecture 建筑风格 **I**:148,**I**:149,**I**:152 – 153
art 艺术。亦可参阅:**Art—Europe(欧洲艺术)**
aviation 航空 **I**:355 – 359
biological exchange 生物交换。亦可参阅:**Biological exchanges(生物交换)**
Catholic Church 天主教 **V**:2194
cereal crops 粮食作物 **II**:487 – 488
children 儿童 **II**:510,**II**:511
climate change, impacts of 气候变化的影响 **II**:579,**II**:580
coffee use 咖啡的使用 **II**:591 – 592
colonization by 殖民地化。亦可参阅:**Colonialism(殖民主义)**
contemporary 当代 **III**:973 – 974
continent, as 作为一个大洲 **III**:971 – 973
culture, study of 文化研究 **II**:688
early modern 早期现代。亦可参阅:**Early modern world(早期近代世界)**
economic development 经济发展 **II**:860 – 861
education 教育 **II**:871 – 873,**VI**:2648 – 2649
empires of 帝国。亦可参阅:**European expansion(欧洲扩张)**
engines of history 历史发展的动力 **II**:915 – 918
extinctions 物种灭绝 **III**:1003 – 1006
feudalism 封建主义 **III**:1030
food supply and famine 食物供给和饥荒 **III**:1009 – 1010
gay rights movement 同性恋权利运动 **III**:1100
Germany's Thirty Years War 德国三十年战争 **V**:2328
guilds in 行会 **III**:1178
integrated waste management systems 综合废物管理系统 **VI**:2780
Internet initiative 互联网首创 **III**:1360 – 1362
iron in 铁 **III**:1376 – 1377
labor union movement 工会运动 **IV**:1482 – 1485
libraries 图书馆 **IV**:1553 – 1555
map, trade routes 地图,贸易线路 **III**:970
mathematics in 数学 **IV**:1634
migrations 移民 **IV**:1676 – 1679,**IV**:1681 – 1687,**IV**:1688 – 1693
亦可参阅:**Colonialism(殖民主义)**
nonviolent resistance in 非暴力抵抗 **IV**:1844 – 1845
papermaking in 造纸业 **IV**:1914
printing 印刷术。亦可参阅:**Printing(印刷术)**
radio broadcasting 无线电广播 **V**:2080
railroads 铁路 **V**:2083 – 2087
record keeping (medieval) 信息存储(中世纪) **III**:1336
religions 宗教 **IV**:1507,**IV**:1508,**V**:2111,**V**:2113
sailing ships 帆船 **V**:2233 – 2234
Scientific Revolution 科学革命 **V**:2262 – 2263
serfdom 农奴制 **IV**:1478 – 1479

significant in 象征 **V**:2327
solid wastes, collection of 固体垃圾的回收 **VI**:2781
trade 贸易 **II**:821,**II**:835,**III**:971
亦可参阅:entries under **Trading patterns**(**贸易模式**词条下的词目)
unification of states 国家的联合 **II**:836
warfare in 战争 **VI**:2707 - 2717
wind-driven electricity generation in 风力发电 **VI**:2807
women's rights in 妇女权利 **VI**:2840
亦可参阅: **Afro-Eurasia**; **Cold War**; Marshall Plan; **Renaissance**; *specific countries*(**亚非欧大陆**;**冷战**;马歇尔计划;**文艺复兴**;各个具体国家)
Europe, Eastern 东欧 III:975 - 982
Children, education of 儿童教育 **II**:511
Congress of Vienna, actions of 维也纳会议活动 **I**:646
defined 定义 **III**:975
economic development 经济发展 **III**:977 - 978
Eisenhower presidency and 艾森豪威尔大法官 **II**:658
ethnic nationalism 种族民族主义 **IV**:1801 - 1803
geography and population 地理和人口 **III**:975 - 977
labor union movement 工会运动 **IV**:1484
map 地图 **III**:978
migration 迁移 **IV**:1676
natural resources 自然资源 **III**:976,**III**:977
political history 政治史 **III**:980 - 981
post-World War II 第二次世界大战后 **VI**:2775 - 2776
religions, frontiers between 不同宗教之间的边界 **III**:978 - 980
revolutions 革命 **II**:600
sex trade 性交易 **II**:512
in twenty-first century 在 21 世纪 **III**:981 - 982
亦可参阅:**Europe**; **Eurasia, Inner**(**欧洲**;**欧亚内陆**;)
European absolutism 欧洲专制主义。亦可参阅:**Absolutism**(**专制主义**)
European Atomic Energy Community (EAEC) 欧洲原子能共同体 **III**:989,**III**:990
European Coal and Steel Community (ECSC) 欧洲煤钢共同体 **III**:989 - 991
European Common Market 欧洲共同市场 **III**:1368
European Community (EC) 欧洲共同体 **III**:991
European context, comparative history 欧洲情境,比较史学 **II**:630 - 633
European Economic Community (EEC) 欧洲经济共同体 **III**:989 - 990
European expansion 欧洲扩张 II:900 - 902,**III**:971,**III:983 - 988**
ancient world 古代世界 **III**:983
Austro-Hungarian Empire 奥匈帝国 **I**:340 - 344
consequences of 后果 **III**:987 - 988
decline of empires 帝国的衰落 **III**:987 - 988
internal colonization 内在殖民化 **III**:984
medieval Christendom 中世纪基督教国家 **III**:983 - 984
overseas expansion 海外扩张 **III**:985 - 987
scientific explorations 科学考察 **III**:993 - 997
亦可参阅: **British Empire**; **Colonialism**; **Dutch Empire**; **French Empire**; **German Empire**; **Portuguese Empire**; **Roman Empire**; **Spanish Empire**(**英帝国**;**殖民主义**;

荷兰帝国;法兰西帝国;德意志帝国;葡萄牙帝国;罗马帝国;西班牙帝国)
European Free Trade Association (EFTA) 欧洲自由贸易联盟 **III:**990
European Informatics Network 欧洲信息学网络 **III:**1361
European Monetary System (EMS) 欧洲货币体系 **III:**990
European Union 欧洲联盟 II:601,**III:**973,**III:989-992,III:**1368
borders 边界 **III:**1077
citizenship 公民 **II:**562
Eastern European nations in 东欧国家 **III:**972,**III:**981
Eusebius 尤西比乌斯 **II:**916
Evangelical, defined 福音派,定义 **V:**2057
Evangelical Movement 福音运动 **I:**419,**I:**422
Evans, Oliver 奥利弗·埃文斯 **I:**347
Evenki of Siberia 西伯利亚的鄂温克人 **I:**157
Ever-Victorious Army 常胜军 **V:**2440
Evolution, cultural 文化的演进 **II:**847-850
亦可参阅:**Agricultural societies; Bands, tribes, chiefdoms, and states; Foraging societies, contemporary; Modernity; Race and racism(农业社会;营居群、部落、酋邦和国家;当代狩猎-采集社会;现代性;种族和种族主义)**
Evolution, human 人类进化。亦可参阅:**Human evolution(人类进化)**
Ewuare 伊吾阿 **I:**385-387
Existentialism 存在主义 **V:**1978
Expeditions, scientific 科学考察 III:993-997
antiquity 古物 **III:**993
discipline-specific (1800-1900) 特定学科的(1800—1900) **III:**995-996
final frontiers (1900-present) 最终的边界(1900年—现在) **III:**996-997
great circumnavigations (1800) 伟大的环球航行(1800)
problem-solving (1500-1750) 解决问题的(1500—1750) **III:**994-995
亦可参阅:**Darwin, Charles; Exploration, Chinese; History, maritime; Navigation; Scientific instruments; Technology—overview; Space Exploration; Zheng He(查尔斯·达尔文;中国航海探险;航海史;航海;科学仪器;技术概述;空间探索;郑和)**
Explorations, Chinese 中国航海探险 **III:998-1001,VI:**2878
亦可参阅:**Trading patterns, China Seas; Zheng He(中国海洋贸易模式;郑和)**
Extended economic zone (EEZ) 专属经济区 **IV:**1865
Extensive economic growth 粗放型经济增长。亦可参阅:**Economic growth(经济增长)**
Extinctions 物种灭绝 III:1002-1007
end-Cretaceous 白垩纪末期 **III:**1002-1003
importance of 重要性 **III:**1002-1006
late prehistoric and historic period 史前晚期和有史以来 **III:**1005
Pacific Islands 太平洋岛屿 **IV:**1901
Pleistocene/Holocene extinctions 更新世/全新世的灭绝 **III:**1004-1006
亦可参阅:**Anthropocene; Biological exchanges; Climate change; Columbian exchange; Deforestation; Ices ages(人类世;生物交换;气候变化;哥伦布大交换;森林砍伐;冰期)**
Eyeglasses 眼镜 **III:**1132

F

Fabrics 纺织品。亦可参阅:**Textiles(纺织品)**
Falkland Islands 福克兰群岛 **VI:**2741
Famine 饥荒 III:1009 - 1013
Irish potato famine 爱尔兰马铃薯饥荒 **II:**609,**III:**1012
亦可参阅:**Potatoes(马铃薯)**
Fan Kuan 范宽 **I:**194
Fang Congyi 方从义 **I:**196
Faraday, Michael 迈克尔·法拉第 **II:**889
Farias, P. F. de Moreas 德·莫莱亚斯·法里亚斯 **V:**2358
Farman, Henry 亨利·法尔曼 **VI:**2696
Farming 农业。亦可参阅:**Agricultural societies (农业社会)**
Farnsworth, Philo 斐洛·法恩斯沃 **IV:**1625, **V:**2479
Farrakhan, Louis 路易·弗拉克汉 **I:**46
Fascism 法西斯主义 III:1014 - 1018,**V:**2113
interwar years 两次世界大战之间 **VI:**2862
labor union movement and 工会运动 **IV:**1484
亦可参阅:**Hitler, Adolf; World War II(阿道夫·希特勒;第二次世界大战)**
Federal systems, dual citizenship in 联邦制,双重国籍 **II:**562
Feierman, Steven 史蒂芬·费尔曼 **II:**571
Female genital mutilation 女性生殖器割礼 **VI:**2823
Feminism 女权主义 III:1019 - 1023
opposition 反对 **III:**1022 - 1023
waves 浪潮 **III:**1019 - 1022
亦可参阅:**Birth control; Imperialism and gender; Liberalism; Matriarchy and patriarchy; Women and literature; Women's and gender history; Women's emancipation movements; Women's reproductive rights movements; Women's suffrage movements(节育;帝国主义与社会性别;自由主义;母权制与父权制;妇女与文学;妇女史和性别史;妇女解放运动;妇女生育权运动;妇女参政运动)**
Feng Yunshan 冯云山 **V:**2437
Fenollosa, Ernest 恩斯特·弗诺罗塞 **I:**207,**I:**208,**I:**228
Ferdinand II, king of Spain 费迪南二世,西班牙国王 **II:**498,**II:**674,**V:**2135,**V:**2372
亦可参阅:**Isabella I(伊莎贝拉一世)**
Ferdinand III, king of Hungary 匈牙利国王费迪南三世 **III:**1178
Fermentation processes 发酵过程 **II:**808
Fermi, Enrico 恩里科·费米 **IV:**1851
Fernandez-Armesto, Felipe 菲利普·费尔南德斯-阿姆斯托 **V:**2378
Ferré, Rosario 罗萨里奥·费莱 **VI:**2817
Ferry, Jules 朱尔·费里 **III:**1061
Fertile Crescent 肥沃新月 64,**IV:**1800,**V:**2284 - 2285
balance of power in 均势 **I:**65
climate change, impacts of 气候变化的影响 **II:**579
libraries 图书馆 **IV:**1550
亦可参阅:**Sumerian civilization(苏美尔文明)**
Fessenden, Reginald 雷金纳德·费森登 **IV:**1623,**V:**2078
Festivals 节庆 III:1024 - 1029
African 非洲 **III:**1026 - 1028
celebrating unity 庆祝统一 **III:**1024 - 1026
of Dionysus 狄奥尼索斯 **V:**2307 - 2308
of drinking, medieval 中世纪饮酒 **I:**85 - 86
Hindu 印度教 **III:**1213

New Years 新年 **III:**1026
亦可参阅:**Pilgrimage(朝觐)**
Feudalism 封建主义 III:1030 - 1033,V:2333 - 2334
Feuerbach, Ludwig 路德维希·费尔巴哈 **IV:**1613
Fibonacci, Leonardo 莱昂纳多·斐波那契 **IV:**1632
Fichte, Johann Gottlieb 约翰·戈特利布·费希特 **V:**1976
Fiefs 采邑 **II:**495
Fiji 斐济 **I:**423,**II:**682,**IV:**1682,**IV:**1685
File Transfer Protocol 文件传输协议 **III:**1360
"Final Solution, the," "最终解决方案" **III:**1250,**III:**1252
Finland 芬兰 **II:**645,**IV:**1529
railroads 铁路 **V:**2085
Finlay, Robert 罗伯特·芬利 **I:**299
Fire 火 I: 129 - 130,**II:** 951,**III: 1034 - 1039**, **V:**2466
current developments 当前的发展 **III:** 1038 - 1039
functions 功能 **III:**1036 - 1037
human monopoly 人类垄断 **III:**1035 - 1036
industrial age 工业时代 **III:**1037 - 1038
origins 起源 **III:**1034 - 1035
socioecological transformations and 社会生态转换 **III:**1037
Triangle Shirtwaist Company fire 三角内衣公司大火 **IV:**1487
First American art 早期美国艺术。亦可参阅: **Art—Native North American(北美土著艺术)**
First Council of Constantinople 第一次君士坦丁堡会议 **II:**539
First Council of Nicaea 第一次尼西亚大公会议 **II:**538
First Indochina War 第一次印度支那战争 **III:**1246
First Nations art 原住民艺术。亦可参阅:**Art—Native North American(北美土著艺术)**
First Opium War 第一次鸦片战争 **V:**2439 - 2440
First Peace of Paris 第一次巴黎和约 **II:**644
First World 第一世界 **III:**1121
Fisher, R. A. 罗纳德·埃尔默·费舍尔 **III:**1105
Fisher, Willard 威拉德·费舍尔 **II:**831
Fisheries 渔业 **III:**1190
Fishing 捕鱼 **IV:**1861
Fitzroy, Robert 罗伯特·菲茨罗伊 **II:**715
Fleming, Sandford 桑福德·弗莱明 **VI:**2508
Fletcher, Joseph 约瑟夫·弗莱彻 **II:**832
Florence, Cathedral of 佛罗伦萨大教堂 **I:**149 - 150
Flute Society, Hopi, **VI:**1812
Fokker, Anthony 安东尼·福克 **VI:**2698
Fokker company 福克公司 **I:**355
Food 食物 III:1040 - 1046
Columbian exchange, effect of 哥伦布大交换的影响 **II:**608 - 610,**II:**834
El Niño episodes, effects on production 厄尔尼诺现象对生产的影响 **II:**576 - 577
population and 人口 **III:** 1043 - 1044, **V:**2053
production in little ice age (1300 - 1850 Ec) 小冰河期期间食物的生产(1300—1850) **II:**580
trading networks 贸易网络 **II:**759 - 761
亦可参阅: **Agricultural societies; Famine; Foraging societies, contemporary; Pastoral nomadic societies(农业社会;饥荒;当代狩猎-采集社会;游牧社会)**
Foot binding 缠足 **V:**2292
Foraging era (periodization of) 食物采集时期(历史分期) **IV:**1952
Foraging societies 食物采集社会 **II:** 956,**II:** 758,**III:**1041,**III:**1045

affluent 富足的 **III**:1048 - 1049
animism 泛灵论 **I**:117,**II**:915
carrying capacity for 环境承载力 **II**:466 - 470
children in 儿童 **II**:509
classic 传统的 **III**:1048
disease and 疾病 **II**:781 - 782,**II**:789 - 790
genetics and 遗传学 **III**:1133
human evolution and 人类演化 **III**:1274 - 1275
population issues 人口问题 **V**:2019
transition to horticulture 过渡到园艺 **II**: 1133,**II**:1344
warfare in 战争 **V**:2055
亦可参阅:**Pastoral nomadic societies(游牧社会)**
Foraging societies, contemporary 当代狩猎-采集社会 III:1047 - 1051
Forbidden City 紫禁城。亦可参阅:Beijing(北京)
Forced labor 强制劳动。亦可参阅:**Labor systems, coercive(强制劳动制度)**
Ford, Gerald 杰拉尔德・福特 **II**:758
Ford, Henry 亨利・福特 **I**:350,**V**:2467
Ford Motor Company 福特汽车公司 **I**: 350, **I**:352
Forests, sustainable use of 森林的可持续利用 **II**:927
亦可参阅:**Deforestation(森林砍伐)**
Formosa 台湾 **II**:836
Fossil fuels 化石燃料 **II**:905,**II**:911
atmospheric commons and 大气层的统一性 **III**:1136
climate change, role in 对环境变化的影响 **II**:576 - 578
coal 煤炭 **II**:588 - 590,**II**:862
economies dependent on 经济对化石燃料的依赖 **II**:863
natural gas 天然气 **IV**:1817 - 1819。亦可参阅:**Energy(能源[量])**
亦可参阅:**Oil; Oil spills(石油;溢油)**
Fossils, hominid 原始人类化石 **IV**:1902 - 1905
Foucault, Michel 米歇尔・福柯 **V**:2350
Fountain of youth 青春之泉 **I**:78
Fourdrinier, Henry and Sealy 亨利・弗得瑞尼尔和希利・弗得瑞尼尔 **IV**:1916
Fourier, Charles 查理・傅立叶 **IV**: 1614, **V**: 2343,**VI**:2659
Fourneyron, Benoit 伯努瓦・福内朗 **VI**:2792
Fourth World 第四世界
亦可参阅:**World blocs—first, second, third, and fourth(第一、第二、第三、第四集团)**
Fox, Dixon Ryan 迪克森・兰・福克斯 **II**:831
France 法国 **II**:599,**III**:976,**III**:976,**V**:2225
absolutism in 专制主义 **I**:6 - 8
AIDs 艾滋病 **III**:1242
architecture 建筑风格 **I**:150 - 151
border with Spain 与西班牙接壤的边界地区 **III**:1076
at Congress of Vienna 维也纳会议。亦可参阅:Congress of Vienna(维也纳会议)
crusades 十字军东征 **II**:676
education in 教育 **VI**:2648 - 2649
ethnic nationalism 种族民族主义 **IV**:1801
in European Union 欧洲联盟 **III**:989 - 992
immigration to 移民 **I**:607
international relations, Great Britain 英国国际关系 **II**:757
labor union movement 工会运动 **IV**:1482
in League of Nations 国际联盟 **IV**:1528 - 1529
little ice age (1300 - 1850 Ec) 小冰河期(1300—1850) **II**:597
Paleolithic art in 旧石器时代艺术 **I**:240,**I**: 244,**I**:246
potatoes in 马铃薯 **V**:2042

slave trade 奴隶贸易 **V**:2087
in Southeast Asia Treaty Organization (SEATO) 东南亚条约组织 **II**:599
terrorism in 恐怖主义 **VI**:2486
World War I 第一次世界大战 **VI**:2626,**I**:103－104
World War II 第二次世界大战 **VI**:2727
亦可参阅:**Decolonization; French Empire; Revolution—France(去殖民化;法兰西帝国;法国革命)**
France, Henri de 亨利·德·法郎士 **V**:2480
Francis, James B. 詹姆斯·比切诺·弗朗西斯 **VI**:2792
Franco-Prussian War 普法战争 **III**:1061,**IV**:1941,**V**:2086
Frank, Andre Gunder 安德烈·贡德·弗兰克 **I**:301,**II**:633,**IV**:1566
Franklin, Benjamin 本杰明·富兰克林 **II**:889,**III**:1035－1036,**IV**:1921,**VI**:2508
Franks 法兰克人 **II**:674－677
Franz Ferdinand, archduke of Austria 奥地利大公弗朗茨·斐迪南 **I**:344,**III**:981,**VI**:2857－2858
Franz Joseph, emperor of Austria 奥地利皇帝弗朗茨·约瑟夫 **I**:340－341,**I**:343－344
Frederick, the Great 腓特烈大帝 **V**:2041
Frederick I, Holy Roman Emperor 神圣罗马帝国皇帝腓特烈一世 **II**:675,**II**:676
Frederick II, Holy Roman Emperor 神圣罗马帝国皇帝腓特烈二世 **II**:677
Frederick III, Holy Roman Emperor 神圣罗马帝国皇帝腓特烈三世 **VI**:2647
Frederick the Great of Prussia 普鲁士菲特烈大帝 **I**:88,**II**:923
Frederick William of Prussia 普鲁士的腓特烈·威廉 **I**:7
Free French 自由法国 **I**:27
Free trade 自由贸易
Berlin West African (Congo) Conference 柏林西非(刚果)会议 **I**:389
coffee production and 咖啡生产 **II**:593
亦可参阅:**European Union(欧洲联盟)**
Freedom 自由 III:1052－1057
definition, modern 现代的定义 **III**:1052－1054
global and traditional western views 全球的和西方传统的观点 **III**:1054－1056
implications 含意 **III**:1056－1057
of press 出版 **IV**:1621－1622
亦可参阅:**Human rights; Law, Natural; Luther, Martin; Religious freedom; Smith, Adam(人权;自然法;马丁·路德;宗教自由;亚当·斯密)**
Freer, Charles Lang 查理·郎·弗瑞尔 **I**:208
French and Indian War 法国—印第安人战争 **I**:419
French Congo 法属刚果 **III**:1063,**V**:2200
French East India Company 法国东印度公司 **III**:1058
French Empire 法兰西帝国 **II**:602,**II**:899,**II**:901,**III**:**1058－1066**
African colonies 非洲殖民地 **I**:23,**I**:24,**I**:26,**I**:27,**III**:1058
British Empire and 英帝国 **I**:418,**I**:422
coffee production 咖啡生产 **II**:593
expansion 扩张 **III**:971
first empire, 1600 第一帝国,1600 年 **III**:1058－1066
new empire, 1885－1963 新帝国,1885—1963 年 **III**:1424－1431
slave trade 奴隶贸易 **V**:2335
Southeast Asia, influence in 在东南亚的影响 **I**:190。亦可参阅:Vietnam
voyages of exploration, map 探险航海地图 **III**:1062

warfare in North America 在北非的战争 **VI**:2747
亦可参阅:**Napoleon; Napoleonic Empire; Revolution—France; Revolution—Haiti(拿破仑;拿破仑帝国;法国革命;海地革命)**
French Enlightenment 法国启蒙运动 **VI**:2647
French Equatorial Africa 法属赤道非洲 **VI**:2727,**III**:1063
French Guyana 法属圭亚那 **III**:1059
French language 法语 **IV**:1495,**IV**:1500
French Revolution 法国革命。亦可参阅:**Revolution—France(法国革命)**
French Wars of Religion 法国宗教战争 **II**:922
French West Africa federation 法属西非联盟 **III**:1062 - 1064
French West Indies (French Antilles) 法属西印度群岛(法属安的列斯群岛) **III**:1058
Fresneau, François 弗朗索瓦・弗雷诺 **V**:2215
Freud, Sigmund 西格蒙德・弗洛伊德 **IV**:1612,**V**:2295
Friedman, Jonathan 乔纳森・弗里德曼 **V**:2127
Friedmann, Alexander 亚历山大・弗里德曼 **VI**:2642
Friendship 7 友谊七号 **V**:*2366*
Frontiers 边界 III:1067 - 1070
cultural and economic exchanges 文化和经济交流 **III**:1068
environmental degradation and 环境退化 **III**:1068 - 1070
military considerations 军事上的考量 **III**:1067 - 1068
North American frontier myth 有关北美边疆的神话 **III**:1069
亦可参阅:**Imperialism; State, the(帝国主义;国家)**
Frontiers vs. borders 边疆与边境 III:1071 - 1078
ancient borders 古代的边界 **III**:1073
comparative frontier studies 比较边疆研究 **III**:1073
Eurasian steppe 欧亚大草原 **III**:1073 - 1075
and Islam 伊斯兰教 **III**:1075 - 1076
military considerations 军事考量 **III**:1074 - 1076
modern international 当代国际的 **III**:1076 - 1078
North American frontier, concept of 北美边疆的概念 **III**:1071 - 1072
亦可参阅:**European expansion; Frontiers; Steppe confederations(欧洲扩张;边疆;草原同盟国)**
Fry, Roger 罗杰・弗莱 **I**:208
Fryer, Alfred 阿尔弗雷德・弗莱尔 **VI**:2783
Fuentes, Marta 玛尔塔・富恩特斯 **IV**:1566
Fujiwara Yorimichi 藤原赖通 **I**:224
Fukuyama, Francis 弗朗西斯・福山 **IV**:1565,**V**:2004
Fulani 富拉尼人 **I**:51,**V**:2355
Fulton, Robert 罗伯特・富尔顿 **III**:1225,**III**:1331
Fur trade 皮草贸易 III:1079 - 1081
亦可参阅:**Hudson's Bay Company(哈德孙湾公司)**
Futurism, Russia 俄罗斯未来主义 **I**:264

G

Ga people 加族 **III**:1028
Gabon 加蓬 **III**:1063
Gaia theory 盖娅理论 III:1083 - 1085
criticism and refinement 批评和改进 **III**:

1083 - 1084
development 发展 **III**:1083
Earth's surface environment 地球表面环境 **III**:1084 - 1085
sustainable development of 可持续发展 **III**:1085
亦可参阅:**Anthroposphere; Biological exchanges; Climate change; Environmental movements; Universe, origin of(人类圈;生物交换;气候变化;环保运动;宇宙的起源)**
Gaius 盖乌斯 **IV**:1511
Galápagos Islands 加拉帕戈斯群岛 **II**:716, **VI**:2672
Galbraith, John Kenneth 约翰·肯尼斯·加尔布雷斯 **V**:2482
Galdan, King 葛尔丹王 **III**:1443
Galen 盖伦 **I**:95, **I**:439
Galileo Galilei 伽利雷·伽利略 II:663, **III:1086 - 1088**, **III**:1133, **V**:2113
Catholic Church and 天主教 **III**:1087, **V**:2197
experimental method 实验方法 **V**:2256
navigation and 航海 **IV**:1831
Scientific Revolution, role in 在科学革命中的作用 **V**:2263, **V**:2271
亦可参阅:**Renaissance; Scientific Revolution(文艺复兴;科学革命)**
Galvani, Luigi 路易吉·伽伐尼 **II**:889
Gambling 赌博 **III**:1091
Games and play 游戏和比赛 III:1089 - 1094, **IV**:1531 - 1535, **V**:2381, **VI**:2521 - 2523
of chance 机会 **III**:1090 - 1091
early athletic games 早期运动游戏 **III**:1089 - 1090
as models 作为典型 **III**:1092
origins and evolution 起源和演化 **III**:1089
of strategy 策略 **III**:1090
亦可参阅:**Leisure; Sports(闲暇;体育)**
Gamow, Arthur 亚瑟·伽莫夫 **VI**:2642
Gandhi, Indira 英迪拉·甘地 **II**:742, **II**:928, **II**:929
Gandhi, Mohandas 莫汉达斯·甘地 II:931, **III:1095 - 1096**, **IV**:1963 - 1964, **V**:2096
assassination 暗杀 **III**:1095, **V**:2125
decolonization and 去殖民化 **III**:1306, **III**:1371
Jainism and 耆那教 **III**:1406
nonviolence 非暴力 **II**:604, **II**:742, **IV**:1840 - 1841, **IV**:1843, **IV**:1844, **VI**:2691
亦可参阅:**British Empire; Civil disobedience(英帝国;非暴力反抗)**
Ganges River 恒河 **I**:309, **V**:2184, **VI**:2798
Ganweriwala 甘维瓦拉 **III**:1194
Gan Ying 甘英 **II**:998
Gao 加奥 **V**:2358 - 2359
Gaozong 高宗 **I**:195
Gaozu, Han 汉高祖 **II**:637, **V**:2410
Garden of Eden 伊甸园 **II**:580
Garvey, Marcus 马尔库斯·加维 **I**:54, **IV**:1910
Gas Dynamics Laboratory (GDL) 气体动力学实验室 **V**:2364
Gauguin, Paul 保罗·高更 **I**:206
Gauss, C. F. 高斯 **IV**:1632
Gautama, Siddhartha 悉达多。亦可参阅:**Buddha(佛陀)**
Gay and lesbian rights movement 同性恋权利运动 III:1097 - 1101
亦可参阅:**HIV/AIDS; Women's and gender history; Sex and sexuality(艾滋病;妇女史和性别史;性与性别)**
Gaza, Israeli occupation of 以色列占领的加沙地带 **IV**:1844, **VI**:2721
Gazetteers 地名词典 **II**:478

GDL (Gas Dynamics Laboratory) 气体动力学实验室 **V**:2364
Geertz, Clifford 克利福德·格尔兹 **II**:686
Gelasius II, Pope 教宗格拉修二世 **II**:674
Gelb, I. J. 盖尔布 **V**:2280
Gelderen, J. van 范·格德伦 **IV**:1566
Gemini Project 双子座计划 **V**:2366
Gender 性别
childhood 童年 **II**:510
consumerism 消费主义 **II**:651
gender-specific dress 不同性别的特定着装 **II**:584
letters and correspondence 书信与通信 **IV**:1544
tourism and 旅游业 **VI**:2521 - 2523
warfare in Asia and 亚洲的战争 **VI**:2768
亦可参阅:**Human rights; Marriage and family; Matriarchy and patriarchy; Sex and sexuality; Women and literature; Women's and gender history(人权;婚姻和家庭;母权制与父权制;性与性别;妇女与文学;妇女史和性别史)**
General Agreement on Tariffs and Trade(GATT) 关税及贸易总协定 III:1102 - 1103
亦可参阅:**International organizations(国际组织)**
General Electric 通用电气 **V**:1991
General Motors 通用汽车 **I**:350,**I**:352
Genesis 创世记 **I**:3 - 4,**II**:666,**V**:2100
Genetics 遗传学 III:1104 - 1109
亦可参阅:**Human evolution(人类进化)**
Geneva Conventions 日内瓦公约 **III**: 1278 - 1279,**III**:1363,**V**:2093
Genoa, Italy 意大利热那亚 **IV**:1915,**VI**:2564
Genocide 种族灭绝 II:568,III:1110 - 1116
colonialism and 殖民主义 **III**:1113
denial of 否认 **III**:1115
famines and 饥荒 **III**:1013
future of 未来 **III**:1115 - 1116
imperial state and 帝制国家 **III**:1112
nation-state and 民族国家 **III**:1115
prosecution of 起诉 **III**:1348
religion and 宗教 **III**:1111 - 1113
亦可参阅:**Holocaust; Human rights; International Criminal Court; World War I; World War II(大屠杀;人权;国际刑事法庭;第一次世界大战;第二次世界大战)**
Geographic constructions of the world 世界地理构成 III:1117 - 1121
classical and Islamic worlds 古典世界和伊斯兰世界 **III**:1117 - 1118
continental scheme 大陆的结构 **III**:1119 - 1120
continents and world areas 大洲和世界范围 **III**:1120
ethnocentrism and cosmology 民族中心主义与宇宙论 **III**:1117
European system, imposition and evolution of 欧洲体系的强力干涉和演变 **III**:1118 - 1119
maritime constructions 海的构造 **III**:1120
new schemes 新结构 **III**:1120 - 1121
亦可参阅:**Cartography; Cultural areas(制图学;文化区域)**
Geographic Information Systems (GIS) 地理信息系统 **III**:1124
Geography 地理学 III:1122 - 1125
cataloguing "known worlds," 为"已知世界"分类 **III**:1123 - 1124
environmental (defined) 环境的(定义) **III**:1122
human (defined) 人类的(定义) **III**:1122
physical (defined) 物质的(定义) **III**:1122
across time and place 跨越时间和地区 **III**:1123

亦可参阅:**Anthropocene; Anthroposphere; Biological exchanges; Cartography; Cultural areas; Gaia theory; Geographical constructions of the world(人类世;人类圈;生物交换;制图学;文化区域;盖娅理论;世界地理构成)**

Geomorphology 地形学 **II:**937,**II:**939

George III, king of England 英国国王乔治三世 **II:**923,**III:**1416

Georgia 格鲁吉亚 **II:**683

Gerard, John 约翰·杰拉尔德 **V:**2040

Gerasimov, Sergei 谢尔盖·格拉西莫夫 **I:**265

Gerber, Henry 亨利·格伯 **III:**1098

German Confederation 德意志联邦 **II:**645

German Democratic Republic 德意志民主共和国 **VI:**2775

German Empire 德意志帝国 **II:**602,**III:1126-1130**,**V:**2225

in Africa 在非洲 **I:**23,**I:**26,**III:**1126-1129

British Empire and 英帝国 **I:**421

China, influence in 在中国的影响 **I:**312

French Empire and 法兰西帝国 **III:**1061,**III:**1064

亦可参阅:**World War I(第一次世界大战)**

Germanic languages 日耳曼语系 **IV:**1497,**IV:**1500,**IV:**1688

Germany 德国 **III:**980,**II:**981

absolutism in German states 绝对主义在德意志各邦 **I:**7

architecture 建筑风格 **I:**150

crusades 十字军东征 **II:**675,**II:**676

Eastern Europe and 东欧 **III:**981

education 教育 **VI:**2648-2649

energy use 能源使用 **II:**911

in Cold War 在冷战中 **II:**596

in League of Nations 在国际联盟中 **IV:**1529

labor union movement 工会运动 **IV:**1483

nationalism 民族主义 **II:**477,**II:**946

Paleolithic art in 旧石器时代艺术 **I:**244

potatoes in 马铃薯 2040

railroads 铁路 **V:**2084,**V:**2085,**V:**2086

recycling policies in 废物回收政策 **VI:**2784

religions 宗教 **V:**2111-2112

reunification of 重新统一 **II:**600

unification 统一 **II:**778

wind-driven electricity generation in 风力发电 **VI:**2807

World War I 第一次世界大战 **I:**26,**VI:**2857-2863

亦可参阅:**German Empire**; Nazi Germany; **World War II(德意志帝国;纳粹德国;第二次世界大战)**

Ghana 加纳 **I:**26,**I:**27,**I:**36,**I:**55,**II:**898,**V:**2334

Akan people, art of 阿坎人的艺术 **I:**166

festivals 节庆 **III:**1026-1027

labor union movement 工会运动 **IV:**1488

religions in 宗教 **I:**51

亦可参阅:**Wagadu Empire(韦加度帝国)**

Ghor, Muhammed of 穆罕默德·古尔 **II:**735

Ghost Dance movement 鬼舞运动 **II:**604,**IV:**1713

Gibbon, Edward 爱德华·吉本 **II:**897,**II:**917

Gilbert, William 威廉·吉尔伯特 **II:**888-889

Gilgamesh, Epic of《吉尔伽美什》史诗 **IV:**1951,**VI:**2788

Gilpin, Joshua 约书亚·吉尔平 **IV:**1916

Ginsberg, Allen 艾伦·金斯堡 **III:**1291

Girardin, Emile 埃米尔·吉拉尔丹 **V:**2049

GIRD (Group for the Study of Reaction Motion) 反作用运动研究小组 **V:**2364

Giza, Great Pyramids of 吉萨大金字塔 **I:**146

Gladstone, William E. 威廉·格莱斯顿

IV:1920
Glagolitic script 格拉哥里字母 **III**:978
Glasnost 公开性 **II**:600
Glass 玻璃 III:1131 - 1134
亦可参阅:**Scientific instruments(科学仪器)**
Glazier, Stephen D. 史蒂夫·格莱齐尔 **V**:2130
Glazunov, Ilya 伊利亚·格拉祖诺夫 **I**:266
Glenn, John H. 约翰·格伦 **V**:2366
Global climate change, threat to economic growth 全球气候变化对经济增长的威胁 **II**:863
亦可参阅:**Climate change(气候变化)**
Global commons 全球共有 III:1135 - 1137
亦可参阅:**Antarctica; Climate change; Oceans and seas; Population and the environment; Space Exploration(南极洲;气候变化;海洋;人口和环境;空间探索)**
Global context, comparative history 全球情境,比较史学 **II**:630 - 632
Global demographic interconnections, early modern world 早期近代世界的全球人口相互联系 **II**:834 - 835
Global financial system 全球金融体系 **II**:854
Global Positioning System 全球卫星定位系统 **I**:358,**III**:1124,**IV**:1832
Global sea passages, development of 全球海上通道的发展 **II**:834
Global warming 全球变暖 **II**:863,**III**:1136。亦可参阅:**Climate change; Global commons(气候变化;全球共有)**
Globalization—historical perspectives 全球化——历史视野 III:973,**III:1138 - 1140**。亦可参阅:**Biological exchanges; Columbian exchange; Industrial Revolution; Migration—overview; Slave trades(生物交换;哥伦布大交换;工业革命;移民概述;奴隶贸易)**
Globalization—modern conceptions 全球化——现代观念 III:1141 - 1145
consumerism 消费主义 **II**:513,**II**:652 - 655
ethnicity and 种族 **II**:946 - 948
international monetary systems 国际货币体系 **III**:1352。亦可参阅:International Monetary Fund(国际货币基金组织)
interregional trade networks 区域贸易网络 **III**:1367
of libraries 图书馆 **IV**:1557
mass media and 大众传媒 **IV**:1627 - 1629
nation-states and 民族国家 **IV**:1808
Goa 果阿 **V**:2026 - 2029,**VI**:2558
Gobi Desert 戈壁沙漠 **I**:57
Gobineau, Joseph-Arthur de 约瑟夫-亚瑟·德·戈宾诺 **II**:946
Godse, Nathuram 纳图拉姆·戈德斯 **III**:1095
Goebbels, Joseph 约瑟夫·戈培尔 **II**:1237,**III**:1239,**V**:2080
Goering, Hermann 赫尔曼·戈林 **VI**:2699
Gold 黄金 III: 1146 - 1147, V: 2325, **V**: 2327, **V**:2329
Australia 澳大利亚 **I**:332
Kanem-Bornu 卡内姆-博尔努王国 **III**:1437,**III**:1439,**III**:1440
Kongo 刚果 **III**:1463
Mining, Africa 非洲矿业 **VI**:2680
trading patterns 贸易模式 **V**: 2388, **VI**:2573,**VI**:2575 - 2577,**VI**:2581,**VI**:2582
亦可参阅:**Currency(货币)**
Gold Coast, Africa 非洲黄金海岸 **I**:26,**I**:27,**I**:55
亦可参阅:Ghana(加纳)
Golden Horde 金帐汗国 **III**:962,**VI**:2512
Golden House (Domus Aurea) 黄金宫殿(尼禄金殿) **I**:175 - 176
Golding, William 威廉·戈尔丁 **III**:1083
Goldman, Emma 爱玛·戈德曼 **VI**:2833

Goldstein, Joshua 约书亚·戈德斯坦 **IV**:1566
Gompers, Samuel 塞缪尔·刚普斯 **IV**:1485
Goncharova, Nathalia 娜塔莉亚·冈察洛娃 **I**:218
Gong Yixin, Prince 恭亲王奕䜣 **V**:2440
Goodall, Jane 简·古道尔 **II**:701
Goody, Jack 杰克·古迪 **II**:633
Goodyear, Charles 查理·固特异 **V**:2215
Google 谷歌 **III**:1337
Gorbachev, Mikhail 米哈伊尔·戈尔巴乔夫 **II**:600,**II**:628 – 629,**II**:759,**V**:2228
Gordimer, Nadine 纳丁·戈迪默 **VI**:2818
Gore, Al 阿尔·戈尔 **II**:930,**II**:932
Gospel music 福音音乐 **I**:47
Gothic architecture 哥特式建筑 **I**:149,**I**:151,**I**:213,**I**:214
Government 政府 III:1148 – 1156
　Africa, authoritarianism in 非洲威权统治 **I**:23 – 28,**I**:29
　Greek discussions 古代希腊的讨论 **III**:1148 – 1150。亦可参阅:**Aristotle; Plato(亚里士多德;柏拉图)**
　liberal democracy 自由民主制 **III**:1151 – 1154。亦可参阅:**Democracy(民主)**
　monarchies before and after the Roman Republic 罗马共和国之前和之后的君主制 **III**:1150 – 1151
　theocracies 神权政体 **V**:2096。亦可参阅:Divine right of monarchs(君权神授)
　totalitarianism, fall of 极权主义的衰落 **III**:1155 – 1156
　亦可参阅:**Fascism; Liberalism; Machiavelli, Niccolò; Political thought; Roman Empire(法西斯主义;自由主义;尼科洛·马基雅维利;政治思想;罗马帝国)**
Grace versus Free Will (Christian orthodoxy) 恩典与自由意志(东正教) **II**:543
Graham, Billy 比利·格雷厄姆 **V**:2124
Grain farming and village life 谷物业与乡村生活 **VI**:2671。亦可参阅:**Agricultural societies; Cereal grains(农业社会;谷物)**
Grain milling and wind power 谷物碾磨和风能 **VI**:2806
Grains 谷物。亦可参阅:**Agricultural societies; Cereal grains; Food(农业社会;谷物;食物)**
Gramsci, Antonio 安东尼奥·葛兰西 **IV**:1881
Granary systems, Chinese 中国的粮仓制度 **III**:1009
Grande Encyclopédie《大百科全书》**III**:1461
Graves, Morris 莫里斯·格拉夫斯 **I**:208
Graves, Robert 罗伯特·格拉夫斯 **VI**:2640
Gray, Stephen 史蒂芬·格雷 **II**:888
Great Bengal Famine of 1770　1770 年孟加拉饥荒 **III**:1010
Great Britain 英国。亦可参阅:Britain(英国)
Great Commentary (on *I Ching*) 经典注释(关于《易经》) **III**:1289
Great Depression 大萧条 **II**:854
　international monetary systems and 国际货币体系 **III**:1353
　interwar years 两次世界大战之间 **III**:1373
　migration 移民 **IV**:1674
Great Frontier 伟大的边疆 **III**:1072
Great Irish Famine 爱尔兰大饥荒 **II**:610,**III**:1012,**VI**:2042
Great Mosque, Córdoba, Spain 西班牙科尔多瓦大清真寺 **I**:148,**IV**:1552
Great Mosque of Damascus 大马士革清真寺 **I**:286
Great Mutiny (India) 民族起义(印度) **I**:416,**III**:1304
Great Northern War 大北方战争 **V**:2224
Great Patriotic War 苏联卫国战争 **II**:615,

V:2226
亦可参阅:**World War II(第二次世界大战)**
Greatrake, Lawrence 劳伦斯·格雷特雷克 **IV**:1916
Great Schism 教会大分裂 **II**:539-540
亦可参阅:**Christian orthodoxy(东正教)**
Great Stupa, Sanchi, India 印度桑奇圆顶大佛塔 **I**:148
Great Wall of China 中国长城 **II**:518-519,**IV**:1477,**IV**:1670-1671,**IV**:1738,**V**:2065
border, role as 作为边界的作用 **III**:1074,**VI**:2705
Sui Wendi, role of 隋文帝的作用 **V**:2417
warfare, role in 在战争中的作用 **VI**:2773,**VI**:2878
Great War, the. 第一次世界大战。亦可参阅:**World War I(第一次世界大战)**
Great Western Schism 天主教会大分裂 **V**:2197
Greece 希腊 **III**:980,**IV**:1529,**V**:2327
automobile use in 汽车的使用 **I**:351
crusades 十字军东征 **II**:676
famine 饥荒 **III**:1011
Truman Doctrine 杜鲁门主义 **II**:567,**VI**:2842
Greece, ancient 古代希腊 I:59,**II**:900,**III**:**1157-1166**,**IV**:1573-1577
Achaemenids and 阿契美尼德王朝 **I**:180
architecture of 建筑风格 **I**:146-147,**I**:170-176
art 艺术。亦可参阅:**Art—ancient Greece and Rome(古代希腊和古代罗马艺术)**
cereal crops 谷物 **II**:487-488
citizenship 公民 **II**:559
constitutional democracy in 宪政民主 **II**:741
cultural areas 文化区域 **II**:683
dance and military drill in 舞蹈与军事训练 **II**:705
diasporas and 流散族群 **II**:760
dictionaries/encyclopedias in 词典/百科全书 **II**:768,**II**:769
education 教育 **II**:871,**II**:872
as engine of history 作为历史发展的动力 **II**:914-916
Europe, concept of 欧洲的概念 **III**:967
festival of Dionysus 酒神节 **V**:2307-2308
Greek tragedy 希腊悲剧 **IV**:1521,**IV**:1565
guilds in 行会 **III**:1178
leisure activities 休闲活动 **IV**:1533
libraries 图书馆 **IV**:1550
mathematics in 数学 **IV**:1630-1631
military training and discipline 军事训练和纪律 **IV**:1704-1705
mining, precious metals 贵金属矿业 **III**:1146
music in 音乐 **IV**:1766-1767
philosophy 哲学。亦可参阅:**Aristotle; Philosophy—Greek and Roman; Plato(亚里士多德;希腊罗马哲学;柏拉图)**
record keeping 信息存储 **III**:1335
religions 宗教 **V**:2107
rise of 上升 **III**:1157
script decipherment 解读文字 **V**:2280-2281
sexuality 性别 **V**:2291-2292
slavery 奴隶 **IV**:1477-1478
syncretism, concept of 融合的概念 **V**:2127-2129
travel guides 旅行指南 **VI**:2597
亦可参阅:**Alexander the Great; Homer; Macedonian Empire; Thucydides; Trading patterns, Mediterranean(亚历山大大帝;荷马;马其顿帝国;修昔底德;地中海贸易模式)**
Greek alphabet 希腊字母 **II**:620

Greek language 希腊语 **IV**:1689,**IV**:1502
Greek Orthodox churches 希腊正教会 **II**:542
亦可参阅:Eastern Orthodox Church; **Christian orthodoxy**(东正教;东正教)
Green architecture 绿色建筑 **I**:154
Green Belt Movement, in Kenya 肯尼亚绿带运动 **II**:931
Green movements 绿色运动 **II**:926
Green parties 绿党 **II**:929
Green Revolution 绿色革命 III:1167 - 1172,V: 2014,**V**:2468 - 2469
亦可参阅:**Agricultural societies; Environmental movements**(农业社会;环保运动)
Green ware (qingci) 生陶器(青瓷) **I**:204
Greenhouse gases 温室气体 **II**:580,**III**:1136
亦可参阅:**Climate change**(气候变化)
Greenland 格陵兰岛 **II**:580
Greenwich mean time 格林威治标准时间 **V**:2085
Gregory IX (pope) 格列高利九世(教宗) **II**:677,**V**:2117
Gregory VII (pope) **格列高利七世**(教宗) **I**:313,**III:1173 - 1174**,**V**:2098
亦可参阅:**Roman Catholicism**(罗马天主教)
Grenada 格林纳达 **I**:44
Gresham's Law 格雷欣法则 **III**:1353
Griaule, Marcel 马塞尔·格里奥尔 **II**:667 - 669
Grimes, Peter 彼得·格兰姆斯 **IV**:1566
Gris, Juan 胡安·格里斯 **I**:217
Grissom, Gus 加斯·格里森 **V**:2367
Grotefend, Georg Friedrich 格奥尔格·弗里德里希·格罗特芬德 **V**:2277
Grotius, Hugo 雨果·格劳秀斯 **IV**:1864 - 1865,**V**:2103
Group for the Study of Reaction Motion (GIRD) 反作用运动研究小组 **V**:2364
Groves, Leslie 莱斯利·格洛夫斯 **IV**:1851
Gu Kaishi 顾恺之 **I**:190
Gu Wenda 谷文达 **I**:202
Guadaloupe 瓜达卢佩岛 **III**:1058,**III**:1059;**III**:1060
Guam 关岛 **I**:103,**III**:1005
Guangzhou (Canton, China) 广州(中国广州) **III**:1256,**V**:2437
Guanyin 观音 **II**:532
Guatemala 危地马拉 **I**:109,**III**:1175
art 艺术 **I**:249,**I**:251
indigenous Maya in modern 玛雅人在现代 **III**:1325,**III**:1327
亦可参阅:Maya(玛雅)
Guevara, Che 切·格瓦拉 III:1175 - 1177, V:2144
Guiana 圭亚那 **I**:97
Guidoni, Capt. Alessandro 亚历山德罗·圭多尼上校 **VI**:2697
Guilds 行会 III:1178 - 1180
亦可参阅:**Labor union movements**(工会运动)
Guinea 几内亚 **III**:1063
Guizot, F 基佐 **IV**:1547
Gulf stream 墨西哥湾流 **II**:575
Gulf War (1991) 海湾战争(1991) **I**:141
U. S. role in 美国的作用 **VI**:2723
warfare, air 空战 **VI**:2700
Gum arabic 阿拉伯树胶 III:1181 - 1182
Gunboat diplomacy 炮舰外交 **II**:778
Gunpowder 火药
development of 发展 **II**:521,**V**:2456,**V**:2466
war and 战争 **VI**:2688,**VI**:2703 - 2704,**VI**:2710
military strategy/tactics and 军事战略/战术 **IV**:1702,**IV**:1707
nomadic military history and 游牧民族军事

史 **VI**:2774
"Gunpowder Empires," "火药帝国" **II**:835,**II**:900,**V**:2457
Guo Xi 郭熙 **I**:195
Guptas, sculpture under 笈多王朝时期的雕塑 **I**:270 - 271
Gurkhas 廓尔喀人 **VI**:2765
Gush Emunim 虔信派 **V**:2122,**V**:2123,**V**:2124
Gutenberg, Johannes 约翰内斯·谷登堡 **II**:620,**IV**:1553,**IV**:1619,**V**:2044,**V**:2112
Guthrie, Woody 伍迪·格思里 **IV**:1775
Gutiérrez, Lucio 卢西奥·古铁雷斯 **III**:1327,**III**:1331
Guttmann, Allen 艾伦·哥特曼 **V**:2383
Guzmán, Jacobo Arbenz 雅各布·阿本斯·古兹曼 **II**:599

H

Habermask Juergen 尤尔根·哈贝马斯 **II**:562
Habsburg monarchy 哈布斯堡君主国 **I**:340 - 344
  Charles V, Holy Roman Emperor 神圣罗马帝国皇帝查理五世 **II**:498 - 500,**V**:2372 - 2373
  Congress of Vienna, actions of 维也纳会议活动 **II**:645
  in Eastern Europe 东欧 **III**:977,**III**:978,**III**:980,**III**:981
  ethnic nationalism 种族民族主义 **IV**:1801
  imperialism and 帝国主义 **III**:1302
  Spanish Empire and 西班牙帝国 **V**:2372 - 2375
  trading patterns and 贸易模式 **VI**:2550 - 2551
Hadrian emperor 哈德良皇帝 **I**:176
Hagens Bethe 贝特·哈根斯 **I**:291
Haggard H. Rider 莱德·哈格德 **III**:1305
Hagia Sophia 圣索非亚大教堂 **I**:148,**I**:213,**I**:286,**I**:287,**I**:309
Hague, the Netherlands 荷兰海牙 **II**:815,**III**:1278,**III**:1346,**III**:1348,**IV**:1518
Hague Opium Convention《国际鸦片公约》**II**:815
Haile Selassie 海尔·塞拉西 **I**:44,**IV**:1911
Haiti 海地
  coffee production 咖啡生产 **II**:592 - 593
  earthquake (2010) 地震(2010年) **II**:843
  as French colony 法国殖民地 **III**:1058
  slave revolt 奴隶起义 **II**:605,**VI**:2636
  Vodun religion 伏都教 **I**:43,**I**:44,**I**:45,**I**:46,**V**:2130
  and yellow fever 黄热病 **II**:795
  亦可参阅:**Revolution—Haiti(海地革命)**
Hajj 朝觐 **III**:1368,**V**:1980
Haldane, J. B. S. 霍尔丹 **III**:1105
Hall, Radclyffe 拉德克里夫·霍尔 **III**:1098
Halley, Edmond 埃德蒙·哈雷 **IV**:1830
Hallucinogens 迷幻药 **II**:816
Hamada, Shoji 滨田庄司 **I**:208
Hamel, Hendrick 亨德里克·哈梅尔 **IV**:1469
Hamilton, Alexander 亚历山大·汉密尔顿 **IV**:1715,**III**:1417,**IV**:513
Hammurabi 汉谟拉比 **I**:368 - 369,**III**:**1185 - 1186**,**IV**:1660
  art 艺术 **I**:282
  Assyrian Empire and 亚述帝国 **I**:318
  Code of 法典 **I**:369,**III**:1427,**V**:2096,**V**:2279,**V**:2289
  亦可参阅:**Babylon; Mesopotamia(巴比伦;美索不达米亚)**
Han dynasty 汉朝 **I**:188,**I**:190,**I**:194,**I**:222,**I**:291,**II**:516 - 517,**II**:898,**III**:1289
  biological exchanges during 生物交换 **I**:396

borders 边界 **II:**899
cultural areas 文化区域 **II:**683
I Ching (*Book of Changes*)《易经》 **III:**1290
Laozi 老子 **IV:**1504 - 1506
leisure activities 休闲活动 **IV:**1533
military training and discipline 军事训练和纪律 **IV:**1705
religions 宗教 **II:** 637 - 638, **II:** 902, **IV:**1551
salt, control of 对盐的控制 **V:**2247 - 2248
Shiji《史记》**I:**305,**VI:**2849,**V:**2330
state Confucianism 官方儒学 **II:**637 - 638
warfare 战争 **VI:**2703
Han Fei 韩非 **IV:**1965
Han people 汉族 **I:**312
ethnicity 种族 **II:**945
Han Wendi 汉文帝 **II:**638
Han Wudi 汉武帝 **II:** 638, **II:** 711 - 712, **III:** **1187 - 1189**, **V:**2321
亦可参阅:**Confucianism(儒家)**
Hancock, Thomas 托马斯・汉考克 **V:**2215
Handscrolls 手卷 **I:**190,**I:**224
Hanging Gardens of Babylon 巴比伦空中花园 **I:**367,**I:**370
Haniwa 埴轮 **I:**222
Hanseatic League 汉萨同盟 III:1190 - 1192,**V:**2233 - 2234,**VI:**2550
Hanshin-Awaji, Kobe, Japan, earthquake 日本阪神大地震 **II:**842,**II:**843,**V:**1995
Hanta virus 汉坦病毒 **II:**781,**II:**788
Harappan state and Indus civilization 哈拉帕国家和印度河文明 **I:**309,**III:1193 - 1198**
art, pre-Achaeminid 前阿契美尼德王朝时期的艺术 **I:**179 、
cities of 城市 **III:**1194
city-states, emergence of 城市国家的出现 **V:**2394,**V:**2395
warfare and 战争 **VI:**2761 - 2766
writing systems 书写系统 **VI:**2873
Haraway, Donna 堂娜・哈洛维 **VI:**2817
Hardenberg, Carl von 卡尔・冯・哈登堡 **II:**644
Hardin, Garrett 加勒特・哈丁 **IV:**1593
Hargreaves, James 詹姆斯・哈格里夫斯 **III:**1330
Harrad, Abbess 哈罗德修女 **III:**1336
Harris, John 约翰・哈里斯 **II:**772,**III:**1336
Harrison, John 约翰・哈里森 **III:** 1331, **IV:**1831
Harry Dexter 哈里・德克斯特 **IV:**1818
Harun al-Rashid 哈伦・拉希德 III:1199 - 1201
亦可参阅:**Islamic world(伊斯兰世界)**
Hasegawa Tōhaku 长谷川等伯 **I:**226
Hatshepsut 哈特舍普苏特 III:1202 - 1204
亦可参阅:**Egypt(埃及)**
Hausa states 豪萨城邦 **I:**52,**III:**1026,**III:**1028, **III:1205 - 1206**,**V:**2355 - 2356
Havel, Vaclav 瓦茨拉夫・哈维尔 **IV:**1841,**IV:**1845,**VI:**2776
Hawaii 夏威夷 **I:**103
Kamehameha I 卡美哈梅哈一世 **III:** 1435 - 1436
missionaries in 传教士 **IV:**1720
muumuu as traditional dress in 传统服饰穆穆袍 **II:**587
Hawken, Paul 保罗・霍肯 **II:**930
Hawthorne, Nathaniel 纳撒尼尔・霍桑 **VI:**2659
Hay, Denys 丹尼斯・海 **V:**2045
Hay, Harry 哈利・海 **III:**1098
Hayek, Friedrich von 弗里德里希・冯・哈耶克 **III:**1053
Hay Ground Hill 干草山 **VI:**2807

Head, Bessie 贝茜·海德 **VI**:2817
Hearn, Lafcadio 小泉八云 **I**:207
Hearst, William Randolph 威廉·伦道夫·赫斯特 **IV**:1622
Hebrew alphabet 希伯来字母 **II**:620
Hebrew Bible 希伯来圣经 **I**:3-4,**IV**:1801
Hebrew language 希伯来语 **VI**:2889
Hebrew people 希伯来人 **V**:2108-2109
亦可参阅:**Judaism(犹太教)**
Hedgewar, Keshav Baliram 凯沙夫·巴黎拉姆·赫奇沃尔 **V**:2124
Hegel, Georg Wilhelm Friedrich 格奥尔格·威廉·弗里德里希·黑格尔 **III**:1056,**IV**:1565,**V**:1977,**V**:2053,**VI**:2648,**VI**:2851
on Africa 非洲 **I**:20
citizenship, concept of 公民的概念 **II**:561
Daoism, opinion of 对于道教的看法 **II**:712
Eurocentrism of 欧洲中心主义 **III**:965
human spirit, advancement of 人文精神的发展 **II**:687
influence on Karl Marx 对马克思的影响 **IV**:1613-1615
Heian period 平安时代 **I**:224
Heidegger, Martin 马丁·海德格尔 **II**:713,**V**:1978,**V**:2034
Helena, St. 圣海伦娜 **II**:647
Helgoland 赫尔戈兰岛 **II**:645
Hellenistic philosophy 希腊化哲学 **IV**:1971
Helsinki Final Act (2731)《赫尔辛基最后议定书》(2731) **II**:758-759
Hemp 大麻 **VI**:2490
Hendrix, Jimi 吉米·亨德里克斯 **IV**:1777
Henry the Navigator 航海家亨利 **II**:638,**III**:**1207-1208**,**VI**:2704
亦可参阅:**Portuguese Empire(葡萄牙帝国)**
Henry IV, Holy Roman Emperor 神圣罗马帝国皇帝亨利四世 **III**:1173,**III**:1174
Henry V, king of England 英格兰国王亨利五世 **VI**:2730
Henry VIII, king of England 英格兰国王亨利八世 **II**:893,**III**:1379
Heracleopolis 赫拉克利奥波利斯 **VI**:2777
Heraclitus of Ephesus 以弗所的赫拉克利特 **IV**:1968-1969
Herder, Johann Gottfried 约翰·戈特弗里德·赫尔德 **II**:918,**II**:954
Herodotus 希罗多德 **I**:367,**II**:914,**III**:**1209-1210**,**V**:2261-2262
on games 运动会 **V**:2381
on Greek military power 希腊军事实力 **VI**:2733
on steppe confederations 草原同盟国 **V**:2406
on travels 旅行 **VI**:2596
Herrold, Charles D. 查理·赫罗尔德 **V**:2078
Herskovits, Melville J. 梅尔维尔·赫斯科维茨 **III**:1334,**V**:2130
Hertz, Heinrich 海因里希·赫兹 **V**:2078
Herzl, Theodor 西奥多·赫茨尔 **VI**:2889
Herzogovina 黑塞哥维那。亦可参阅:**Bosnia(波斯尼亚)**
Hesiod 赫西俄德 **II**:915,**IV**:1950,**IV**:1951
Hess, Moses 摩西·赫斯 **VI**:2889
Heydrich, Reinhard 赖因哈德·海德里希 **III**:1250
Hickey, James Augustus 詹姆斯·奥古斯都·希基 **IV**:1620
Hidemichi Tanaka 田中秀道 **I**:304
Hideyoshi, Toyotomi 丰臣秀吉 **VI**:2724,**VI**:2725
Hieroglyphs 象形文字 **II**:619-620,**V**:2279-2280,**VI**:2873
Hildegard, St. 圣希尔德嘉德 **I**:220
Hill, Joe 乔·希尔 **IV**:1775

Hillman, Gordon 戈登·希尔曼 **II:**806
Himalayas 喜马拉雅山 **II:**463,**IV:**1751
Himmler, Heinrich 海因里希·希姆莱 **III:**1249
Hincks, Edward 爱德华·欣克斯 **V:**2279
Hindi language 印地语 **III:**1143
Hinduism 印度教 I: 310, **III: 1211 – 1218, V:** 2096 – 2097,**V:**2109,**V:**2113
absolutism and 专制主义 **I:**7
architecture 建筑风格 **I:**149,**I:**158
art of 艺术 **I:**268 – 276,**I:**278 – 280
Christianity and 基督教 **II:**902
cultural influence of 文化影响 **II:**684
development of 发展 **I:**427,**VI:**2762
education 教育 **II:**509,**III:**1215
freedom and 自由 **III:**1054
Gandhi and 甘地 **III:**1095
government and 政府 **III:**1213 – 1215
India 印度 **III:**1306
medicine and 医学 **III:**1216
moral function of contracts 契约的道德功能 **IV:**1514
origins 起源 **III:**1211 – 1212
philosophy and 哲学 **III:**1216,**IV:**1963
rituals 仪式 **III:**1213 – 1214
sacred areas 圣地 **III:**1212 – 1213
societal hierarchy 社会等级制度 **III:** 1213 – 1214
tradition, transmission of 传统的传承 **III:**1215
warfare and 战争 **V:**2104 – 2105
world history and 世界历史 **III:**1217
亦可参阅：**Harappan state and Indus civilization(哈拉帕国家和印度河文明)**
Hindustani 印度斯坦人 **IV:**1502 – 1503
Hippocrates 希波克拉底 **II:**798
Hirohito, Emperor 裕仁天皇 **III:**1412
Hiroshige 歌川广重 **I:**207
Hiroshima, atomic bombing of 广岛原子弹爆炸 **III:**1052,**VI:**2700,**VI:**2865
Hirschfeld, Magnus 马格努斯·希施菲尔德 **III:**1098
Hispaniola 海地岛 **I:**42
Historicism 历史主义 **II:**561
History, maritime 海洋史 III:1219 – 1227
ancient world 古代世界 **III:**1220 – 1221
early modern period 早期现代 **III:**1222 – 1224
global trade, beginnings of 全球贸易的开端 **III:**1224 – 1225
medieval period 中世纪时期 **III:**1221 – 1222
naval warfare 海战 **V:**2234,**VI:**2733 – 2735
sailing ships 帆船 **II:**908
transportation and 运输 **VI:** 2584, **VI:**2589 – 2593
亦可参阅：**Columbus, Christopher; da Gama, Vasco; Hanseatic League; Henry the Navigator; Magellan, Ferdinand; Navigation; Piracy; Sailing ships; Zheng He (克里斯托弗·哥伦布;瓦斯科·达·伽马;汉萨同盟;航海家亨利;费迪南·麦哲伦;航海;海盗;帆船;郑和)**
History, oral 口述史 III:1228 – 1230
early uses 早期运用 **III:**1228
limitations, issues, and significance 局限、问题以及重要性 **III:**1229 – 1230
methods and goals 方法和目标 **III:**1228 – 1229
亦可参阅：**Letters and correspondence; History, social(书信与通信;社会史)**
History, social 社会史 III:1231 – 1236
亦可参阅：**Adolescence; Childhood; History, Oral; Sociology; Women's and gender history(青春期;童年;口述史;社会学;妇女史和性别史)**
History, world 世界史。亦可参阅：**World**

history(世界历史)
Hitler, Adolf 阿道夫·希特勒 II:546,**II:**706,**II:**946,**III:1237-1241,VI:**2648,**VI:**2890
build-up to World War II 准备第二次世界大战 **VI:**2865-2866
diplomacy and 外交 **II:**780
rise to power 掌权 **III:**1371-1373
as secular messiah 作为世俗的救世主 **IV:**1711
亦可参阅:**Genocide; Holocaust; World War II(种族灭绝;大屠杀;第二次世界大战)**
Hittites 赫梯 **I:**369
language 语言 **IV:**1689,**V:**2279,**V:**2280
warfare 战争 **IV:**1659
HIV/AIDS 艾滋病 III:1242-1245
Africa 非洲 **I:**39,**III:**1242,**III:**1243
art and 艺术 **I:**167
gay rights movement and 同性恋权利运动 **III:**1099-1100
transmission 传播 **II:**795,**II:**796,**II:**781
亦可参阅:**Diseases—overview(疾病概述)**
Hoare, Samuel 塞缪尔·霍尔 **II:**779
Hobbes, Thomas 托马斯·霍布斯 **II:**922,**II:**924,**III:**1053,**III:**1151,**IV:**1972,**V:**2002
Hobson, John 约翰·霍布森 **III:**1305
Ho Chi Minh 胡志明 **II:**815,**III:1246-1247,IV:**1940
亦可参阅:**French Empire;** Vietnam War(**法兰西帝国;**越南战争)
Hodgson, Marshall 马歇尔·霍奇森 **I:** 61,**V:**2319
Hokkaido, Japan 日本北海道 **III:**1322-1324,**VI:**2598,**VI:**2724
Hokusai 葛饰北斋 **I:**206-207
Holbach, Baron d' 霍尔巴赫男爵 **II:**923
Holbein, Hans 汉斯·荷尔拜因 **III:**1191
Holocaust 大屠杀 II:762,**II:**783-746,**II:**846,**III:**974,**III:1248-1253**
亦可参阅:**Genocide; Hitler, Adolf; Judaism; World War II(种族灭绝;阿道夫·希特勒;犹太教;第二次世界大战)**
Holocene 全新世 **I:**123
Holocene epoch extinctions 全新世灭绝物种 **III:**1004-1006
Holy Alliance 神圣同盟 **IV:**1942
Holy Leagues 神圣联盟 **II:**677
Holy Office, the. 宗教法庭。亦可参阅:Inquisition (Holy Office)(宗教裁判所)
Holy Roman Empire 神圣罗马帝国 **II:**646,**II:**648,**II:**673
crusades 十字军东征 **II:**645
education 教育 **II:**871-872
Peace of Westphalia and《威斯特法利亚和约》**III:**1116
亦可参阅:**Charlemagne;** Habsburg monarchy(**查理曼;**哈布斯堡王朝)
Home, Henry 亨利·霍姆 **II:**923
Home Box Office (HBO) 家庭影院频道 **V:**2480
Homer 荷马 **II:** 768,**III:** 1156,**III:** 1158,**III: 1254-1255**
亦可参阅:**Greece, ancient(古代希腊)**
Hominids, earliest 最早的人科动物 **III:**1269-1272,**IV:**1669-1670
Homo erectus 直立人 **III:**1272-1273,**IV:**1668,**IV:**1894
Homo habilis 能人 **III:**1104,**III:**1270
Homo sapiens 智人 **I:**391,**III:**1284,**III:**1400,**IV:**1669
Homo sapiens sapiens 晚期智人 **III:** 1273-1275,**IV:**1903-1905
ice age 冰期 **III:**1007
precursor to 先驱 **III:**1271
significance of 重要性 **III:** 1274-1275,

III:1276
Homosexuality 同性恋
criminality of 有罪 **III**:1100
亦可参阅:**Gay and lesbian rights movements; Sex and sexuality(同性恋权利运动;性与性别)**
Hon'ami Kōetsu 本阿弥光悦 **I**:227,**I**:228
Honduras, art in 洪都拉斯的艺术 **I**:249,**I**:251
Hōnen 法然 **I**:225
Hong merchants 行商 III:1256 - 1258
亦可参阅:**Trading patterns, China Seas(中国海洋贸易模式)**
Hong Ren'gan 洪仁玕 **V**:2439
Hong Xiuquan 洪秀全 **V**:2437,**V**:2440
Hoof and mouth disease 口蹄疫 **II**:787
Hooker, Joseph 约瑟夫·胡克 **II**:716
Hooker, Richard 理查德·胡克 **V**:2060
Hopewell culture 霍普韦尔文化 **VI**:2534
Hopi 霍皮人 **III**:1043
Horses 马 III:1259 - 1265
breeds 品种 **III**:1262 - 1263
cavalry 骑兵 **III**:1263 - 1264
chariot 战车 **III**:1261 - 1262
collar 颈圈 **V**:2463
evolution of 进化 **III**:1259
iron horseshoe 马蹄铁 **V**:2463
migrations and 迁移 **IV**:1671
in New World 在新世界 **II**:607 - 610
nomadic societies and 游牧社会 **IV**:1926
plows and wagons 犁和马车 **III**:1264
as transportation 作为运输工具 **VI**:2586
war, used in 用作作战 **III**:1260 - 1261,**IV**:1706 - 1707,**VI**:2686 - 2688,**VI**:2771,**VI**:2772
亦可参阅:**Plows; Warfare—steppe nomads(犁;草原游牧战争)**
Hortus Deliciarum《愉悦之园》**III**:1336
Horus 荷鲁斯 **III**:1287
Hōryū -ji 法隆寺 **I**:222,**I**:223
Hoyle, Fred 弗雷德·霍伊尔 **VI**:2642
Hsuan-tsang 玄奘 **I**:430
Hsü Shen 许慎 **II**:528
Hu Shih 胡适 **VI**:2804
Huainanzi《淮南子》**IV**:1966
Huang Binhong 黄宾虹 **I**:200
Huang Yan《皇览》**III**:1335
Huascar 瓦斯卡尔 **III**:1316
Hubble, Edwin 埃德温·哈勃 **II**:664,**V**:2257,**VI**:2642
Hubmaier, Balthasar 巴塔萨·胡伯迈尔 **V**:2098
Hubs 轮毂 **VI**:2792
Hudson, George 乔治·哈德孙 **V**:2084
Hudson's Bay Company 哈德孙湾公司 I:423,**III**:1079,**III:1266 - 1268**
亦可参阅:**Fur Trade(皮草贸易)**
Huerta, Victoriano 维克托里亚诺·韦尔塔 **V**:2163
Huguenots (French Protestants) 胡格诺派(法国新教徒) **I**:7,**III**:1111,**IV**:1619
Hui Shi 惠施 **IV**:1965
Huizong 徽宗 **I**:195
Hula hoops 呼啦圈 **V**:1991
Human Development Index 人类发展指数 **II**:863
Human energy 人体能量 **II**:906 - 907
Human evolution 人类进化 III:1269 - 1277
anatomically modern humans 解剖学意义上的现代人类 **III**:1276
genus *Homo*, appearance of 人属的出现 **III**:1270
global migrations 全球迁徙 **III**:1275 - 1276
hominids, earliest 最早的人科动物 **III**:1269 - 1270

Homo erectus, significance of 直立人的重要意义 **III**:1271,**III**:1272–1274
paleoanthropology and 古人类学 **III**:1269–1273。亦可参阅: **Paleoanthropology(古人类学)**
Upper Paleolithic period 旧石器时代晚期 **III**:1275–1276
Human immunodeficiency virus 人体免疫缺陷病毒。亦可参阅:**HIV/AIDS(艾滋病)**
Human rights 人权 **III:1278–1282**,**V**:2098
children 儿童 **II**:512
gay and lesbian rights 同性恋者的权利。亦可参阅:**Gay and lesbian rights movements(同性恋权利运动)**
indigenous peoples movements 土著运动 **III**:1050
Roosevelt, Eleanor, supported by 埃莉诺·罗斯福的支持 **V**:2210–2211
social welfare 社会福利 **V**:2347–2351
women 妇女 **II**:651。亦可参阅:**Women's emancipation movements; Women's reproductive rights movements; Women's suffrage movements(妇女解放运动;妇女生育权运动;妇女参政运动)**
亦可参阅: Civil rights, **Genocide; Labor union movements; Race and racism; United Nations(公民权利;种族灭绝;工会运动;种族和种族主义;联合国)**
Humanism 人道主义 **II**:641
Hume, David 大卫·休谟 **I**:16,**II**:777,**II**:923,**III**:1351,**V**:1976,**V**:2343
Hundred Years War 百年战争 **III**:1421,**III**:1422,**IV**:1706,**IV**:1797,**V**:2135,**VI**:2712
Hungarian Revolution 匈牙利革命 **VI**:2775
Hungary 匈牙利 **III**:976–981,**IV**:1802,**V**:2172
religions 宗教 **III**:981
亦可参阅: **Austro-Hungarian Empire; Europe, Eastern(奥匈帝国;东欧)**
Hunger 饥饿 **II**:469
亦可参阅:**Famine; Food(饥荒;食物)**
Huns 匈奴 **IV**:1925
Hunter-gatherer societies 采集狩猎社会 **II**:752–755,**VI**:2670–2671
亦可参阅: **Foraging societies, contemporary; Human evolution; Paleoanthropology(当代狩猎-采集社会;人类进化;古人类学)**
Huntington, Samuel 塞缪尔·亨廷顿 **II**:687,**II**:691
Hus, Jan 扬·胡斯 **III**:979,**V**:2057
Hussein, Saddam 萨达姆·侯赛因 **I**:141,**I**:371
Hussein, Sherif 谢里夫·侯赛因 **VI**:2890
Husserl, Edmund 埃德蒙德·胡塞尔 **V**:1977
Hutchinson, G. Evelyn 伊夫林·哈钦森 **III**:1083
Hutton, James 詹姆斯·赫顿 **III**:1083
Hutu 胡图人 **II**:947,**I**:37
Huxley, Aldous 奥尔德斯·赫胥黎 **VI**:2660
Huxley, T. H. 赫胥黎 **III**:1083
Hyatt, Isaiah Smith 以赛亚·史密斯·海厄特 **V**:1989
Hydraulic engineering, environmental consequences 水利工程对环境的影响 **V**:2186–2189
Hydroelectricity 水力发电 **VI**:2793
Hydroelectric power 水电 **VI**:2790
Hydrogen bomb 氢弹。亦可参阅:**Nuclear power(核能)**
Hydrogeneration 水力发电 **VI**:2793
Hydrological cycle 水循环 **IV**:1860
Hygiene 卫生学 III:1283–1287
animal hygiene 动物卫生学 **III**:1283–1284
human hygiene 人体卫生学 **III**:1284–1285
in recent history 在近期 **III**:1286–1287
ritual and religious purification 仪式性的和

宗教的净化 **III:**1285－1286

Hypertexting 超文本 **III:**1338

I

***I Ching* (*Classic of Changes*)《易经》III:1289－1292**

亦可参阅:**Confucianism(儒学)**

IBM (International Business Machines) 国际商业机器公司 **III:**1361

Ibn al-Mukhtar 伊本·艾尔-穆赫塔尔 **V:**2358

Ibn Anas, Malik 马利克·伊本·阿纳斯 **III:**1390,**III:**1391

Ibn Battuta 伊本·白图泰 **I:**204,**III:** **1293－1296**,**VI:**2598

亦可参阅:**Islamic world(伊斯兰世界)**

Ibn Hanbal, Ahmad 阿赫默德·伊本·罕百里 **III:**1390

Ibn Juzayy, Muhammad 穆罕穆德·伊本·朱扎伊 **III:**1294

Ibn Khaldun 伊本·赫勒敦 **II:**690,**II:**917,**III:** **1297－1298**

亦可参阅:**World history, writing of(世界历史的书写)**

Ibn Qurra, Thabit 萨比特·伊本·昆拉 **IV:**1632

Ibn Qutaiba 伊本·库泰巴 **III:**1336

Ibn Rushd (Averroes) 伊本·鲁世德(阿威罗伊) **III:**1297,**VI:**2497－2498

Ibn Sina 伊本·西那 **III:**1299,**VI:**2497

Ibo 伊博人 **I:**50,**II:**947

ICA (International Coffee Agreement) 国际咖啡协定 **V:**594

ICANN (Internet Corporation for Assigned Names and Numbers) 互联网名称和编号分配公司 **III:**1363

ICBM (Iercontinental Ballistic Missile) 洲际弹道导弹 **V:**2365

Ice ages 冰期 **II:** 579－580, **III:** 1003, **III:** **1299－1301**

causes 原因 **III:**1299－1301

evidence 证据 **III:**1299

亦可参阅:**Climate change(气候变化)**

Iceland 冰岛

economic boom and decline (2008) 经济繁荣和衰退(2008年) **III:**1402

potential EU membership in 欧洲联盟成员候选国 **III:**991

tourism in 旅游业 **III:**1402

亦可参阅:**Viking society(维京社会)**

Iconoclasm, period of 圣像破坏运动时期 **I:**213,**I:**442

Iconography 圣像 **I:**210－211

ICRC (International Committee of the Red Cross) 国际红十字委员会

亦可参阅:**Red Cross and Red Crescent movement(红十字和红新月运动)**

Idrisi map 伊垂斯地图 **II:**473

Ieyasu, Tokugawa 德川家康 **VI:**2725

IFLA (International Federation of Library Associations) 国际图书馆协会联合会 **IV:**1557

Iliad, *the*《伊利亚特》**II:**693

Iliad, *the*, and *Odyssey*, *the*《伊利亚特》和《奥德赛》**III:**1159,**VI:**2596,**VI:**2699

亦可参阅:**Homer(荷马)**

Imams 伊玛目 **III:**138

IMF (International Monetary Fund) 国际货币基金组织 **I:**104,**III:**1352

Immigration 移民。亦可参阅:**Migration—overview(移民概述)**

Imperialism 帝国主义 II:492,II:724,II:946,III:1302 - 1306
biological exchanges and 生物交换 I:399,I:400,I:401
capitalism and 资本主义 II:456
China and 中国 II:492
diasporas and 流散族群 II:763 - 764
Eastern Europe 东欧 III:977
gender issues 性别问题 III:1308 - 1314
maps and 地图 II:478
亦可参阅:**Colonialism; Empire; Post-colonial analysis(殖民主义;帝国;后殖民分析)**
Imperialism and gender 帝国主义与社会性别 III:1308 - 1314)
亦可参阅:**Colonialism; Imperialism; Women's and gender history(殖民主义;帝国主义;妇女史和性别史)**
Impressionism 印象主义 I:215
Japonisme and 日本风 I:206 - 207,I:216。亦可参阅:Ukiyo-e(浮世绘)
Russia 俄罗斯 I:264
Inca Empire 印加帝国 I:110,I:115 - 116,I:293,II:898,**III:1315 - 1319**
as agricultural society 作为农业社会 I:68
art 艺术 I:256 - 257
conquest of 征服 III:1304
warfare and 战争 VI:2757
亦可参阅:**Andean states; Art—Pre-Columbian Central and South America; Spanish Empire(安第斯国家;前哥伦布时代中南美洲艺术;西班牙帝国)**
Incineration 焚化 VI:2782 - 2783
Independence movements, music and 音乐与独立运动 IV:1769
India 印度 I:313,II:462,II:861,II:900,VI:2515
absolutism in 绝对主义 I:6,I:7
Akbar, rule of 阿克巴的统治 I:71 - 73
ancient cities of 古代城市 V:2069
art 艺术 I:180,I:278 - 281,I:292。亦可参阅:**Art—South Asia(南亚艺术)**
automobile use in 汽车的使用 I:352
Bai, Mira 拜,米拉 VI:2813
birth control and contraception issues 节育和避孕的问题 I:403 - 407
border with Pakistan 与巴基斯坦的边界 II:477 - 478
ceremonies in 礼节 III:1342
cinchona, production of 金鸡纳树的生产 II:548 - 549
constitutional democracy in 宪政民主 II:742
cultural areas 文化区域 II:683 - 685
dams, construction in 水坝的建造 VI:2793
decolonization and 去殖民化 II:726
early modern era, chronological parameters of 早期现代的编年时间参数 II:832
early modern era, use of term "早期现代时期"术语的使用 II:832
economic system 经济体制 II:461
education 教育 II:869,VI:2648 - 2649
food supply and famine 食物供给和饥荒 III:1010,III:1011,III:1012
French claims in 法国的要求 III:1061,III:1064
gay rights movement 同性恋权利运动 III:1099,III:1100
Great Britain, influence of 英国的影响 I:312
green revolution in 绿色革命 III:1169,III:1170
guilds in 行会 III:1178
independence 独立 I:421,II:947,III:

1215 - 1216,**III**:1306
Khmer kingdom, influence on 对高棉王国的影响 **III**:1447
languages 语言 **IV**:1495 - 1496
leisure activities 休闲活动 **IV**:1533
letters and correspondence 书信与通信 **IV**:1543
libraries 图书馆 **IV**:1550
mathematics in 数学 **IV**:1631
migrations 迁徙 **I**:320 **II**:903
philosophies in 哲学 **IV**:1960 - 1964
railroads 铁路 **V**:2085 - 2087
religions 宗教 **I**:308,**I**:428 - 429,**I**:430,**V**:2111,**V**:2098,**V**:2125,
亦可参阅:**Hinduism; Jainism;** Vedas and vedic culture(**印度教;耆那教;**吠陀和吠陀文化)
script decipherment 解读文字 **V**: 2280 - 2281
secularism 世俗主义 **V**:2384
unification of 统一 **II**:835 - 836
亦可参阅:**British East India Company; Delhi sultanate; Gandhi, Mohandas; Harappan state and Indus civilization; Mughal Empire(英属东印度公司;德里苏丹国;莫汉达斯·甘地;哈拉帕国家和印度河文明;莫卧儿帝国)**
India-China opium trade 中印鸦片贸易 **II**:815
Indian Ocean trading patterns 印度洋贸易模式
亦可参阅:**Trading patterns, Indian Ocean (印度洋贸易模式)**
Indigenous peoples 土著 III:1320 - 1327
adolescence 青春期 **I**:10
Americas 美洲 **III**: 1324,**III**: 1326 - 1328,**III**:1325
Central Asia 中亚 **III**:1322,**III**:1323
defined 定义 **III**:1327
exploited by museums 被博物馆开发利用 **IV**:1762
as Fourth World 作为第四世界 **VI**:2845 - 2846
land use by 土地利用 **II**:836
Latin America 拉丁美洲 **VI**:2739
movements 运动 **III**:1050
nation-states 民族国家 **III**:1323 - 1324
Pacific 太平洋 **III**:1321,**III**:1326
periodization 历史分期 **III**:1320 - 1321
亦可参阅:**Australia, aboriginal; Colonialism; Decolonization; Foraging societies, contemporary; Postcolonial analysis(澳大利亚原住民;殖民主义;去殖民化;当代狩猎-采集社会;后殖民分析)**
Indochina 印度支那。亦可参阅:Cambodia; Laos; Vietnam(柬埔寨;老挝;越南)
Indo-European migration 印欧语系民族的迁徙
亦可参阅:**Migration, Indo-European(印欧人的移民)**
Indonesia 印度尼西亚 **I**:312,**II**:911
art 艺术 **I**:278 - 279
cinchona production 金鸡纳树生产 **II**:548 - 549
coffee production 咖啡生产 **II**:593
rubber 橡胶 **V**:2217
Srivijaya 室利佛逝 **II**:900,**V**:2387 - 2388
sweet potatoes in 番薯 **V**:2037
third-sex categorization 三性分类法 **V**:2290
Indus civilization 印度河文明
亦可参阅:**Harappan state and Indus civilization(哈拉帕国家和印度河文明)**
Indus Valley 印度河谷 **VI**:2777
亦可参阅:**Harappan state and Indus civilization(哈拉帕国家和印度河文明)**
Industrial age waste problems 工业化时代的废料问题 **VI**:2778 - 2779

Industrial Enlightenment 工业启蒙运动 **III**:1461
Industrial Revolution 工业革命 III:1328 - 1333, **VI**:2648, **VI**:2675
coal industry and steam engine 煤矿工业和蒸汽机 **III**:1329
developing world 发展中世界 **III**:1332
and economic cycles 经济周期 **II**:853 - 854
and economic growth 经济增长 **II**:862 - 863
in Great Britain 英国 **II**:853
iron 铁 **III**:1377 - 1378
iron industry 冶铁工业 **III**:1330 - 1331
social consequences 社会后果 **III**:1331 - 1332
textile industry 纺织工业 **III**:1330
waste management before 之前的废物处理 **VI**:2777 - 2778
亦可参阅:**Iron; Railroad; Textiles(铁;铁路;纺织品)**
Industrial Workers of the World (IWW, the Wobblies) 世界产业工人联合会 **IV**:1775 - 1776
Industrialization 工业化 **I**:131, **II**:603, **II**:838, **II**:862 - 864
Arts and Crafts Movement and 工艺美术运动 **I**:152
capitalism and 资本主义 **II**:457
childhood 童年 **II**:509, **II**:511 - 513
coal as fuel for 煤炭作为燃料 **II**:588 - 590
colonialism and 殖民主义 **II**:602
Communism and 共产主义 **II**:625 - 627
consumerism and 消费主义 **II**:650, **II**:652
diasporas and 流散族群 **II**:765
fire, use of 火的用途 **III**:1037 - 1039
food, role of 食物的作用 **II**:761 - 762
imperialism and 帝国主义 **III**:1307
leisure activities and 休闲活动 **IV**:1533 - 1535
slave trade, effect on 对奴隶贸易的影响 **III**:1140
urbanization and 城市化 **VI**:2653 - 2657
war and 战争 **VI**:2731, **VI**:2688 - 2689, **VI**:2710 - 2711, **VI**:2744, **VI**:2772 - 2773, **VI**:2735
water management and 水资源管理 **VI**:2798 - 2800
亦可参阅:**Industrial Revolution(工业革命)**
Industrious revolution 勤勉革命 **II**:860 - 862
Influenza 流行性感冒 **II**:791, **III**:1371
Information storage and recovery 信息存储和修复 III:1334 - 1338
ancient record keeping 古代的信息记录 **III**:1334 - 1335
encyclopedias 百科全书 **III**:1335 - 1337
information access 信息存取 **III**:1337 - 1338
亦可参阅:**Dictionaries and encyclopedias; Libraries(词典和百科全书;图书馆)**
Initiation and rites of passage 成人与过渡仪式 I:11, **III:1339 - 1345**
亦可参阅:**Adolescence(青春期)**
Innocent III (pope) 英诺森三世(教宗) **II**:673, **V**:2118
Innocent IV (pope) 英诺森四世(教宗) **II**:677
Inquisition (Holy Office) 宗教裁判所(宗教法庭) **III**:1422, **IV**:1720, **V**:2026, **V**:2117 - 2118, **V**:2137, **V**:2196 - 2197
Galileo and 伽利略 **II**:1086 - 1088
genocide and 种族灭绝 **III**:1110 - 1116
Spain 西班牙 **III**:1380 - 1382
Insects, disease and 昆虫,疾病 **II**:793, **II**:800, **II**:1040, **II**:1047
hygiene and 卫生学 **III**:1283
亦可参阅:**Malaria(疟疾)**
Installation art 装置艺术 **I**:168, **I**:202, **I**:229, **I**:231, **I**:267, **I**:291
Dinner Party, the《晚宴》**I**:219 - 220
Integrated coastal zone management (ICZM) 海

岸带综合管理 **IV**:1865
Integrated waste management systems 废物综合管理系统 **VI**:2780
Intellectual property rights 知识产权 **V**:2181 – 2183
Intensive economic growth 经济集约型增长。亦可参阅:**Economic growth(经济增长)**
Intercontinental Ballistic Missile (ICBM) 洲际弹道导弹 **V**:2365
Interesting Narrative in the Life of Olaudah Equiano《一个非洲黑奴的自传》
亦可参阅:**Equiano, Olaudah(奥拉达·艾奎亚诺)**
Interface Message Processors (IMPs) 接口信息处理器 **III**:1360
Intergenerational learning 世代间的学习 **I**:246
Intergovernmental Panel on Climate Change (IPCC) 政府间气候变化专门委员会 **II**:932
Internal combustion engines 内燃机 **II**:909 – 910
International anti-tobacco movement 国际反烟草运动 **II**:817
International Coffee Agreement (ICA)《国际咖啡协定》**II**:594
International Committee of the Red Cross (ICRC) 国际红十字委员会 **III**: 1354, **III**:1357
亦可参阅:**Red Cross and Red Crescent movement(红十字和红新月运动)**
International Conference on the Law of the Sea 国际海洋法会议 **IV**:1865
International Congo Association 国际刚果协会 **I**:389
International Court of Justice 国际法院 III: 1346 – 1347
International Criminal Court 国际刑事法院 III: 1348 – 1350
International Federation of Library Associations (IFLA) 国际图书馆协会联合会 **IV**:1557
International Geophysical Year (IGY) 国际地球物理年 **I**:119
International Ladies Garment Workers Union 国际妇女服装工人联合会 **IV**:1487
International Monetary Fund (IMF) 国际货币基金组织 **I**:104,**III**:1352
International monetary systems 国际货币体系 III:1351 – 1353
International organizations 国际组织 III: 1354 – 1357
亦可参阅:**International Court of Justice; International Criminal Court; Red Cross and Red Crescent movement; United Nations(国际法院;国际刑事法院;红十字和红新月运动;联合国)**
International Space Station (ISS) 国际空间站 **V**:2368 – 2369
International Trade Organization (ITO) 国际贸易组织 **II**:1102
International Union for the Conservation of Nature and Natural Resources 国际自然及自然资源保护联盟 **II**:928
International Union for the Protection of Nature 国际自然保护联盟 **II**:928
International Working Men's Association 国际工人协会 **IV**:1614
International Year of Mountains (IYM) 国际山地年 **IV**:1747,**IV**:1753
Internet 互联网 **II**:506,**II**:623 – 624,**II**:774 – 775,**III:1358 – 1364**
and ARPANET 阿帕网 **III**:1358 – 1360
dictionaries/encyclopedias 词典/百科全书 **II**:770,**II**:768 – 775
European initiatives 欧洲首创 **III**:1360 – 1362
expansion 发展 **III**:1362 – 1364

games 游戏 **III:**1092 - 1093,**III:**1094
as technological advancement 作为技术进步 **V:**2463 - 2464,**V:**2467 - 2469
亦可参阅:**Communication media; Information storage and retrieval; Mass media; Technology—computer(传播媒介;信息存储和修复;大众传媒;计算机技术)**
Interregional trade networks 区域贸易网络 III:1365 - 1368
early networks 早期的网络 **III:**1365
medieval networks 中世纪的网络 **III:**1366
modern networks 现代的网络 **III:**1367
亦可参阅:**Migration—overview; Silk Roads; Trade cycles(移民概述;丝绸之路;贸易周期)**
Interstate Commerce Act《洲际商务法案》**V:**2085
Interwar years (1918—1939) 两次世界大战之间 (1918—1939) III:1369 - 1373
亦可参阅:Nazi Germany; **World War I; World War II(纳粹德国;第一次世界大战;第二次世界大战)**
Inuit (Eskimos) 因纽特人(爱基斯摩人) **III:**1047 - 1048,**III:**1320,1324,1327
亦可参阅:Native Americans(美洲印第安人)
Investiture Controversy 主教叙任权之争 **II:**1173 - 1174
Inward-flow turbine invention of 向心式涡轮的发明 **VI:**2792
Iran 伊朗
Bam earthquake 巴姆地震 **II:**842
Central Asian art, role in 在中亚艺术中的作用 **I:**179,**I:**180
Enheduanna 恩赫杜安娜 **VI:**2807
Great Britain, influence of 英国的影响 **I:**302
Islam in 伊斯兰教 **III:** 1384 - 1386, **III:**1390
Zoroastrianism 琐罗亚斯德教 **VI:**2892 - 2893
亦可参阅:**Decolonization; Persian Empire (去殖民化;波斯帝国)**
Iranian language 伊朗语 **IV:**1689
Iraq 伊拉克 **I:**139 - 141,**I:**283,**I:**318,**III:**146 - 147,**I:**308
Arab League 阿拉伯联盟 **III:**140 - 142
architecture 建筑风格 **I:**113 - 116
constitutional democracy in 宪政民主 **II:** 738 - 743
Islam in 伊斯兰教 **III:**1385 - 1387
Mari, library at 位于马里城的图书馆 **IV:**1550
nationalism in 民族主义 **IV:**1793 - 1804
U. S. wars with 与美国的战争 **I:**105,**VI:** 2630,**VI:**2700,**VI:**2717,**VI:**2721 - 2722
warfare in, air 空战 **VI:**2691 - 2693
亦可参阅:**Decolonization; Sumerian civilization(去殖民化;苏美尔文明)**
Iraq-Iran war 两伊战争 **VI:**2721
Ireland 爱尔兰 **I:**421,**II:**484 - 485
Celtic culture 凯尔特文化 **I:**484 - 486
in European Union 欧洲联盟 **II:**991 - 992
Great Britain and 英国 **IV:**1922
migrations 迁移 **II:**761,**II:**765 - 766
missionaries from 传教士 **II:** 978 - 979,985 - 986
potato famine 马铃薯饥荒 **II:**801 - 802,**II:** 1042 - 1043
potatoes in 马铃薯 **V:**2041
railroads 铁路 **V:**2083 - 2087
Victoria, Queen 维多利亚女王 **VI:**2663 - 2665
Irigaray, Luce 吕斯·伊里加雷 **VI:**2817
Irish Republican Army (IRA) 爱尔兰共和军

VI:2486
Iron 铁 **III:1374 – 1378**, **IV**:1663 – 1668
industry and transportation 工业和运输 **III**:1330 – 1331
亦可参阅：**Industrial Revolution; Railroad (工业革命；铁路)**
Iron Curtain 铁幕 **II**:546, **VI**:2842
"Iron Curtain Speech"(Churchill)"铁幕演讲"(丘吉尔) **II**:546
Iroquois 易洛魁人 **III**:1025, **VI**:2743, **VI**:2745
Irrigation 灌溉。亦可参阅：**Water management (水资源管理)**
Isaac II, Emperor 伊沙克二世皇帝 **II**:675
Isabella I 伊莎贝拉一世 **II**:674, **III**: **1379 – 1380**, **IV**:1619, **V**:2135, **V**:2372
亦可参阅：**Columbus, Christopher; Portuguese Empire (克里斯托弗·哥伦布；葡萄牙帝国)**
Isett, Christopher 克里斯托弗·依塞特 **II**:633
Ishtar Gate 伊斯塔尔门 **I**:284
Islam 伊斯兰教 **I**:309, **III:1381 – 1388**, **V**:2110
in Africa 在非洲。亦可参阅：**African religions(非洲宗教)**
African Americans and 非裔美国人 **I**:41
Akbar, actions of 阿克巴的影响 71 – 73
al-Khwarizmi, mathematical research of 花剌子米的数学研究 **I**:92 – 93
Arab League 阿拉伯联盟 **I**:140
Asia, early modern era 早期现代的亚洲 **II**:837
Byzantine Empire 拜占庭帝国 **I**:439
caliphs, era of 哈里发时期 **III**: 1382 – 1383, **III**:1396, **VI**:2626
China 中国 **I**:312
community, formation of 共同体的形成 **IV**:1928 – 1930
conflicts with Christianity 与基督教的冲突 **I**:309 – 310
cultural influence 文化影响 **II**:684
development of 发展 **III**:1383 – 1387
divine right of rulers and 统治者的神授权力 **I**:7
Eastern Europe 东欧 **III**:977, **III**:979
ecumenicism 普世教会主义 **II**:865
empires and 帝国 **II**:902
as engine of history 作为历史发展的动力 **II**:914, **II**:916 – 918
expansion, early modern era 早期现代的扩张 **II**:837
genocide and 种族灭绝 **III**:1111 – 1112
Hausa states and 豪萨城邦 **II**:1205 – 1206
India 印度 **I**:308, **I**:310, **I**:312, **I**:328
as a growing movement (21st c.) 作为一种正在发展的运动(21 世纪) **V**: 2113 – 2114
missionaries and 传教士 **IV**:1725 – 1726
modern era, challenges of 现代时期的挑战 **III**:1384 – 1387
mysticism (Sufism) and 神秘主义(苏非主义) **IV**:1782
Pakistan 巴基斯坦 **III**:1306
pilgrimages 朝觐 **V**:1980 – 1981, **V**:1983
Ramadan 斋月 **IV**:1725
Wagadu Empire 韦加度帝国 **VI**:2682
war and 战争 **V**: 2130 – 2139, **V**: 2423 – 2424, **VI**:2689, **VI**:2718 – 2722
亦可参阅：**Islamic law; Islamic world; Muhammad; Pilgrimage; Rumi (伊斯兰法；伊斯兰世界；穆罕默德；朝觐；鲁米)**
Islamic law 伊斯兰法 **III:1389 – 1394**, **IV**:1526, **V**:2424
亦可参阅：**Islam; Islamic world; Muhammad(伊斯兰教；伊斯兰世界；穆罕默德)**

Islamic world 伊斯兰世界 II:859,**III**:**1395 - 1399**
absolutism in 专制主义 **I**:7
al-Razi 拉齐斯 **I**:94 - 96,**II**:952
Arab caliphates 阿拉伯哈里发 **I**:138 - 139
Arab League 阿拉伯联盟 **I**:140 - 142
art 艺术 **I**:271 - 272,**I**:286 - 289
borders in 边界 **III**:1075 - 1076
coffee use 咖啡的使用 **II**:591
consumerism 消费主义 **II**:654
dance 舞蹈 **II**:702
dress and gender 着装和性别 **II**:584
education 教育 **II**:509,**II**:873
Gandhi and 甘地 **III**:1095
geographic constructions and 地理建构 **III**:1118
Harun al-Rashid 哈伦·拉希德 **III**:1199 - 1201,**V**:2016
libraries 图书馆 **IV**:1557
Mansa Musa 曼萨·穆萨 **IV**:1590,**IV**:1603 - 1605
mathematics 数学 **IV**:1632 - 1633
Mehmed II 穆罕默德二世 **I**:444,**IV**:1641
mosque, architecture of 清真寺的建筑风格 **I**:148
Osman I 奥斯曼一世 **IV**:1885 - 1886
Rumi 鲁米 **V**:2220 - 2222
slavery in 奴隶 **I**:43,**IV**:1478,**V**:2333 - 2334,**V**:2356
Sokoto caliphate 索科托哈里发 **V**:2355 - 2357
'Umar ibn al-Khattab 欧麦尔·伊本·哈塔卜 **VI**:2626 - 2628
亦可参阅:**Akbar; al-Khwaizmi; Aurangzeb; Ibn Battuta; Ibn Khaldun;** Middle East; **Mughal Empire; Süleyman (阿克巴;花剌子米;伊本·白图泰;伊本·赫勒敦;**中东;**莫卧儿帝国;苏莱曼)**

Islands 岛屿 III:**1400 - 1403**
as colonies 作为殖民地 **III**:1401
cultural significance 文化意义 **III**:1402
islomania 岛狂热 **III**:1402
tourism and trade 旅游和贸易 **III**:1402 - 1403
亦可参阅:**Migration—overview; Oceania; Tourism; Trading patterns, Indian Ocean; Trading patterns, Mediterranean (移民概述;大洋洲;旅游业;印度洋贸易模式;地中海贸易模式)**

Israel 以色列 **VI**:2889 - 2891
automobile use 汽车的使用 **I**:351 - 352
citizenship 公民 **II**:562
Cold War 冷战 **II**:599 - 600
Egypt and 埃及 **II**:883
establishment of 建立 **II**:762,**VI**:2486,**VI**:2487,**VI**:2676,**VI**:2721
language 语言 **IV**:1562
Paleolithic art in 旧石器时代艺术 **I**:243
parliamentarianism in 代议制政体 **IV**:1922 - 1923
亦可参阅:Arab-Israeli conflict(阿以冲突)

ISS (International Space Station) 国际空间站 **V**:2369

Istonfret 埃斯多芙莱特 **V**:2088

Italy 意大利 **I**:344,**II**:983
Africa, colonial settlement of 非洲殖民定居点 **I**:23,**I**:26,**I**:55
Congress of Vienna, actions of 维也纳会议活动 **II**:644
crusades and 十字军东征 **II**:675,**II**:677,**II**:678
in European Union 欧洲联盟 **III**:989
fortifications and firearms 防御工事和枪支 **V**:2457

labor union movement 工会运动 **IV**:1484 - 1485
modern art 现代艺术 **I**:217
Palio festival 赛马节 **III**:1025
papal authority in 教宗权威 **II**:677
potatoes in 马铃薯 **V**:2040,**V**:2041
railroads 铁路 **V**:2084
Renaissance art in 文艺复兴艺术 **I**:215 - 215
亦可参阅:**Renaissance(文艺复兴)**
unification 统一 **II**:774
World War I 第一次世界大战 **VI**:2857,**VI**:2858,**VI**:2859,**VI**:2861
World War II 第二次世界大战 **VI**:2864,**VI**:2866
Ivan III (Grand Prince) 伊凡三世(大公) **V**:2223
Ivan IV (Ivan the Terrible) 伊凡四世(恐怖的伊凡) **I**:260,**III**:1068
Ivanov, Alexander 亚历山大·伊万诺夫 **I**:262
Ivory Coast 象牙海岸。亦可参阅:Côte d'Ivoire(科特迪瓦)

J

Jacobs, Harriet 哈丽特·雅各布斯 **VI**:2815
Jade Emperor 玉皇大帝 **II**:530 - 531
Jahangir 贾汗季 **I**:274
Jainism 耆那教 I:272 - 273,**III:1405 - 1407**,**IV**:1551,**IV**:1631,**IV**:1780,**IV**:1960,**IV**:1961,**IV**:1963,**V**:1982
亦可参阅:**Mahavira(摩诃毗罗)**
Jamaica, slave trade 牙买加奴隶贸易 **I**:41
Jambudvipa 南瞻部洲 **III**:1117
James I, king of England 英格兰国王詹姆斯一世 **II**:895,**IV**:1621
Janney, Eli 伊莱·詹尼 **V**:2085
Japan 日本 **I**:311,**I**:313,**I**:431 - 433,**II**:861
architecture 建筑风格 **I**:150,**I**:152,**I**:153
art 艺术 **I**:205 - 207,**I**:294,**I**:305。亦可参阅:**Art—Japan**; Ukiyo-e(**日本艺术**;浮士绘)
automobile industry 汽车产业 **I**:351
backyard composting in 后院堆肥 **VI**:2784
Chinese cultural influence on 中国文化的影响 **II**:641
civil law 民法 **IV**:1512
coffee use 咖啡的使用 **II**:594
comparative history 比较史学 **II**:631
consumerism 消费主义 **II**:652
Daoism in 道教 **II**:712
dictionaries/encyclopedias 词典/百科全书 **II**:768 - 769
early modern era, chronological parameters of 早期现代的编年时间参数 **II**:832
early modern era, use of term "早期现代时期"术语的使用 **II**:833
economic growth 经济增长 **II**:912
empire 帝国。亦可参阅:**Japanese Empire(日本帝国)**
energy use 能源使用 **II**:911
feudalism 封建主义 **III**:1032
firearms in 火器 **V**:2456
foragers, contemporary 当代狩猎-采集者 **III**:1047
forced labor 强制劳动 **IV**:1478 - 1479,**IV**:1480
genocide in 种族灭绝 **III**:1112
guilds in 行会 **III**:1178
Hanshin-Awaji, Kobe, earthquake 阪神大地震 **II**:842

libraries 图书馆 **IV**:1552
Marxist analysis of 马克思主义分析 **II**:633
minka houses 民家住宅 **I**:159
railroads 铁路 **V**:2086
religions 宗教 **I**: 429, **II**: 639, **II**: 641, **V**: 2106, **V**:2109, **V**:2116, **V**:2201
亦可参阅:**Shinto(神道教)**
scientific exploration 科学探险 **III**:997
solid wastes, collection of 固体垃圾的回收 **VI**:2781
space exploration 空间探索 **III**:996 – 997
sweet potatoes in 番薯 **V**:2037
tea and 茶 **V**:2448
trade cycles 贸易周期 **VI**:2528
trading patterns 贸易模式 **VI**: 2544, **VI**: 2546, **VI**:2561
亦可参阅:**Trading patterns, Pacific(太平洋贸易模式)**
亦可参阅: Tokugawa shogunate; **Warfare—Japan and Korea; World War II**(德川幕府;**日本和朝鲜的战争;第二次世界大战**)
Japanese Empire 日本帝国 II:632, **III**:**1408 – 1415**
China (1931 invasion of) 中国(1931 年日本入侵) **IV**:1529
decolonization 去殖民化 **II**:724
Korea and 朝鲜 **III**:1408
legacy of 遗产 **III**:1414
Manchuria-Manchukuo and 伪满洲国 **III**:1411
manorialism in 庄园制度 **IV**:1601 – 1602
military control 军事管制 **III**:1411 – 1413
military training and discipline 军事训练和纪律 **IV**:1708
missionaries in 传教士 **IV**:1719, **IV**:1720, **IV**:1721, **IV**:1723
Pacific war 太平洋战争 **III**:1413 – 1414
Washington conference and 华盛顿会议 **III**:1410
亦可参阅:**Imperialism; Shinto; World War I(帝国主义;神道教;第一次世界大战)**
Japonisme 日本风 **I**:206 – 207, **I**:216
Jaspers, Karl 卡尔·雅斯贝尔斯 **V**:2109
Java 爪哇岛。亦可参阅: Indonesia(印度尼西亚)
Jay, John 约翰·杰伊 **III**:1153
Jayawardena, Kumari 库玛里·贾亚瓦迪那 **VI**: 2817
Jay's Treaty《杰伊条约》**III**:1079
Jazz 爵士乐 **I**:47, **IV**:1624, **IV**:1778
Jefferson, Thomas 托马斯·杰斐逊 III:1337, **III**:**1416 – 1417**, **VI**:2636
constitutional democracy and 宪政民主 **II**:741
Enlightenment and 启蒙运动 **II**:924
government, form of 政府的形式 **III**: 1153, **V**:2059
Louisiana Purchase 路易斯安那购地案 **II**:795
亦可参阅: **Revolution—United States; United States of America(美国革命;美利坚合众国)**
Jehan, Shah 沙贾汗 **I**:310
Jehovah's Witnesses 耶和华见证会 **III**:1114
Jenkins, Charles Francis 查理·弗朗西斯·詹金斯 **IV**:1625, **V**:2479
Jenne-Jeno 杰内-杰罗 **I**:164 – 165
Jerusalem 耶路撒冷 **I**:286, **II**:696, **VI**:2719
亦可参阅:**Crusades, the(十字军东征)**
Jesus 耶稣 III:**1418 – 1420**, **V**:2110
baptism of 洗礼 **VI**:2789
millennial movements and 千禧年运动 **IV**: 1711, **IV**:1713
as "Lamb of God," 作为"上帝的羔羊"

V:2307
pilgrimage and 朝觐 **V**:1981
Protestantism and 新教 **V**:2059
Roman Catholicism and 罗马天主教 **V**:2194－2195
on war 关于战争 **V**:2102
亦可参阅:**Christian orthodoxy; Paul, Saint; Pentecostalism(东正教;圣保罗;五旬节派)**
Jet-driven turbine 喷射驱动涡轮 **VI**:2792
Jevons, William Stanley 威廉·斯坦利·杰文斯 **VI**:2525
Jews 犹太人。亦可参阅:Judaism(犹太教)
Jia Yi 贾谊 **II**:638
Jihad 圣战 **III**:1075,**III**:1381,**III**:1386
Hausa states, and 豪萨城邦 **III**:1206,**III**:1439,**V**:2104,**V**:2355
Jiun Sonja 慈云尊者 **III**:1290
Joan of Arc 圣女贞德 III:1421－1423
亦可参阅:French Empire(法兰西帝国)
João III, king of Portugal 葡萄牙国王若昂三世 **VI**:2737
John Paul II (pope) 约翰·保罗二世(教宗) **III**:1088
Johnson, Lyndon Baines 林登·贝恩斯·约翰逊 **II**:599
Johnson, Samuel 塞缪尔·约翰逊 **II**:770
Johnson, Todd M. 托德·约翰逊 **IV**:1946
John the Baptist 施洗者约翰 **III**:1419,**VI**:2789
John XXIII (pope) 若望二十三世(教宗) **V**:2198
Jolley, Elizabeth 伊丽莎白·乔利 **VI**:2818
Jomini, Antoine-Henri de 安托万-亨利·约米尼 **VI**:2729
Jōmon culture 绳纹文化 **I**:221
亦可参阅:**Korea(朝鲜)**
Jones, C. P 琼斯 **IV**:1945
Jones, William 威廉·琼斯 **II**:923,**IV**:1495－1497
Jordan 约旦 **I**:140,**III**:1390
Joseph II of Austria 奥地利皇帝约瑟夫二世 **I**:91,**II**:923
Journalism and journalists 新闻工作和记者 **IV**:1621－1623,**IV**:1626－1629
Journal of Global History《全球史杂志》**I**:299
Joyce, James 詹姆斯·乔伊斯 **III**:1255
Judaism 犹太教 I:308, III: **1424－1431**, **V**:2109－2111
absolutism and 绝对主义 **I**:7,**I**:8
Babylonia captivity 巴比伦之囚 **IV**:1800,**V**:2110
covenant 契约 **III**:1426－1427
diaspora 流散族群 **V**:2110
duties of 职责 **III**:1427
Eastern Europe 东欧 **III**:978－980
election (doctrine of) 上帝的选民(教义) **III**:1425－1426
as engine of history 作为历史发展的动力 **II**:914,**III**:916－917
European guilds and 欧洲行会 **III**:1178
from Israelites to Jews 从以色列人到犹太人 **III**:1427－1428
missionaries and 传教士 **IV**:1721－1722
modern period 现代时期 **III**:1430－1431
mysticism and 神秘主义 **IV**:1782
origins, impact of 起源的影响 **III**:1424－25
pilgrimage and 朝觐 **V**:1980－1983
rabbis and 拉比 **III**:1429－1430
Sabbatian movement 沙巴蒂运动 **II**:837
sacred law 神圣法 **IV**:1525
warrior ethic, debating 关于战争伦理的辩论 **V**:2100－2101
Zionism 犹太复国主义 **VI**:2889－2891
亦可参阅:**Abraham; Genocide; Holocaust;**

Moses; Zionism(亚伯拉罕;种族灭绝;大屠杀;摩西;犹太复国主义)
Juglar, Clément 克莱门特·尤格拉 **II**:853, **VI**:2525
Julian (the Apostate) 朱利安(叛教者) **I**:440
Jung, Karl 卡尔·荣格 **II**:713
Jungar Empire 准噶尔帝国 **V**:2410
Junks (ships) 舢板 **V**:2465,**VI**:2258,**VI**:2573, **VI**:2574
亦可参阅:**Expeditions, Chinese; Zheng He(中国航海探险;郑和)**
Justinian I 查士丁尼一世 I:213,**I**:436,**I**:441, **IV**:1511,**III**:1262,**III**:1165,**III**:**1432–1433**
亦可参阅:**Byzantine Empire(拜占庭帝国)**

K

Kabakov, Ilya **伊利亚·卡巴托夫 I**:266
Kafka, Franz 弗朗茨·卡夫卡 **II**:713
Kahn, Robert 罗伯特·卡恩 **III**:1360
Kaihō Yōshō 海北友松 **I**:226
Kairouan, Great Mosque at 凯鲁万大清真寺 **I**:165
Kalabari 卡拉巴里人 **I**:42
Kamakura period 镰仓时代 **I**:224–225
Kamehameha I 卡美哈梅哈一世 III:1435–1436
亦可参阅:**American Empire(美帝国)**
Kamikaze attacks 神风式袭击 **III**: 1414, **IV**: 1708,**V**:2313,**VI**:2725 **VI**:2727
Kandinsky, Wassily 瓦西里·康定斯基 **I**:264, **I**:265
Kanem-Bornu 卡内姆-博尔努王国 I: 50, **III**: **1437–1441**
Kangxi Emperor 康熙皇帝 I:7,**III**:**1442–1444**
亦可参阅:**China(中国)**
Kanishka 迦腻色迦 **IV**:1473
Kanmu, Emperor 桓武天皇 **I**:224
Kano Eitoku 狩野永德 **I**:226
Kant, Immanuel 伊曼纽尔·康德 **II**:560, **II**: 840, **II**: 921, **IV**: 1934, **IV**: 1936 – 1938, **IV**:1976
Kaplan, Viktor 维克托·卡普兰 **VI**:2792
Kapleau, Philip 菲利普·开普鲁 **I**:434
Karimi merchants 卡里米商人 **III**:1438
Karl I, emperor of Austria-Hungary 奥匈帝国皇帝卡尔一世 **I**:344
Kasemets, Udo 尤杜·卡塞梅茨 **III**:1291
Kashmir 克什米尔 **I**:158–159,**I**:309,**I**:311
Kaskazi people 卡斯卡兹人 **I**:33–34
Kasparov, Gary 加里·卡斯帕罗夫 **III**:1093
Kassites 加喜特人 **I**:369–370
Kataphatic theology 肯定神学 **II**:541
Kaunda, Kenneth 肯尼斯·卡翁达 **I**:39
Kavadh I 喀瓦德一世 **V**:2252
Kay, John 约翰·凯 **III**:1330
Kazakhstan 哈萨克斯坦 **III**:1119,**III**:1293
Keckley, Elizabeth 伊丽莎白·凯克利 **VI**:2815
Kellogg, Frank 弗兰克·凯洛格 **III**:1372
Kellogg-Briand Pact《凯洛格-白里安公约》**III**: 1372,**IV**:1519
Kenaram 克那拉姆 **IV**:1768
Kennan, George 乔治·凯南 **II**:596,**II**:656–659
Kennedy, John Fitzgerald 约翰·菲茨杰拉德·肯尼迪, **II**:600,**IV**:1878,**V**:2157,**V**:2210
Kentucky bluegrass 肯塔基蓝草 **II**:845
Kenya 肯尼亚 **I**:24,**I**:27,**I**:37,**I**:39
亦可参阅:**Kenyatta, Jomo(乔莫·肯雅塔)**
Kenya Africa Union 肯尼亚非洲联盟 **I**: 39, **III**:1447
Kenyatta, Jomo 乔莫·肯雅塔 III:1445–1446, **VI**:2692

亦可参阅：**Africa—colonial; Africa—postcolonial（非洲——殖民时代；非洲——后殖民时代）**

Kepler, Johannes 约翰内斯·开普勒 **II**:663, **III**:1086, **V**:2263, **V**:2271 - 2273, **V**:2363, **VI**:2509, **VI**:2641

Kertbeny, Karl 卡尔·克特本尼 **III**:1097

Kesselring, Field Marshall Albert 陆军元帅阿尔伯特·凯塞林 **VI**:2868

Keynes, John Maynard 约翰·梅纳德·凯恩斯 **III**:1352, **VI**:2602

Keynesian economics 凯恩斯经济学 **VI**:2528

Keyser, Louisa 路易莎·凯瑟 **I**:235

Khalji, 'Ala'-ud-Din 阿拉-乌德-丁·卡尔吉 **II**:735

Khoikhoi people 科伊科伊人 **I**:34, **II**:835

Khoisan people 科伊桑人 **I**:34

Khomeini, Ayatollah Ruhollah 阿亚图拉·卢霍拉赫·霍梅尼 **II**:706, **V**:2123, **V**:2125, **V**:2158 - 2159

Khosrow I 霍斯劳一世 **V**:2252 - 2253

Khosrow II 霍斯劳二世 **V**:2253

Khrushchev, Nikita 尼基塔·赫鲁晓夫 **I**:266, **II**:600, **II**:758, **V**:2365

Khubilai Khan 忽必烈可汗 **I**:205, **I**:312, **III**:1009, **III**:1408, **III**:1223, **IV**:1738, **V**:2006 - 2007, **V**:2383

Khusrau, Amir 阿密尔·库斯鲁 **II**:736

Kidd, William 威廉·基德 **V**:1985, **V**:1986

Kierkegaard, Søren 索伦·克尔凯郭尔 **V**:1978

Kigen, Dogen 道元禅师 **I**:433

Kincaid, Jamaica 牙买加·金凯德 **VI**:2817

King, Martin Luther, Jr. 马丁·路德·金 II:566, **III**: **1450 - 1452**, **IV**:1841, **IV**:1843 - 1844, **V**:2096, **VI**:2691

亦可参阅：**Civil disobedience; Human rights; Race and racism（非暴力反抗；人权；种族和种族主义）**

King Philip's War 菲利普王战争 **VI**:2747

King, Robert 罗伯特·金 **II**:935

King Xerxes I 薛西斯一世 **V**:2325 - 2326

Kingdom of Lydia 吕底亚王国 **V**:2325

Kinship 亲属关系 **I**:49, **II**:680, **II**:942, **III**:**1453 - 1457**

亦可参阅：**Bands, tribes, chiefdoms, and states; Matriarchy and patriarchy; Women's and gender history（营居群、部落、酋邦和国家；母权制与父权制；妇女史和性别史）**

Kipling, Rudyard 鲁德亚德·吉卜林 **II**:946, **III**:1305

Kippuru (Semitic washing ritual) 赎罪（闪米特人的洗礼仪式）**III**:1285

Kiprensky, Orest 欧莱斯特·吉普林斯基 **I**:262

Kirsch, Philippe 菲利普·基尔希 **III**:1349

Kissinger, Henry 亨利·基辛格 **II**:658, **II**:758 - 759, **II**:780, **IV**:1939

Kitab Uyun al-Akhbar (Arabic encyclopedia)《传统菁华》（阿拉伯百科全书）**III**:1336

Kitty Hawk, North Carolina 北卡罗来纳州基蒂霍克 **VI**:2696

Kleinrock, Leonard 莱昂纳德·克莱瑞克 **III**:1359, **III**:1360

Kleist, Ewald Jurgen von 埃瓦尔德·尤尔根·冯·克莱斯特 **II**:888

Kleptomania 购物癖 **II**:652

Knights of Labor 劳动骑士团 **IV**:1485 - 1486

Knorosov, Yuri 尤里·诺罗索夫 **V**:2282

Knossos, Crete 克里特岛克诺索斯 **V**:2280

Knowledge economy 知识经济 III:**1458 - 1462**

access technologies 检索技术 **III**:1461 - 1462

allocative knowledge 配置知识 **III**:1458 - 1459

Industrial Enlightenment 工业启蒙运动 **III**:1461

propositional knowledge 命题性知识 **III**:1459–1461
亦可参阅:**Enlightenment, the; Dictionaries and encyclopedias; Information storage and recovery; Libraries; Mass media(启蒙运动;词典和百科全书;信息存储和修复;图书馆;大众传媒)**
Knox, Henry 亨利·诺克斯 **IV**:1715
Koch, Robert 罗伯特·科赫 **II**:795,**II**:798
Kofun period 古坟时代 **I**:222
Koguryo kingdom 高句丽。亦可参阅:**Korea(朝鲜)**
Kokubunji system 国分寺制度 **I**:223
Kollowitz, Kathe 凯绥·柯勒惠支 **I**:201
Kondratieff, Nikolai 尼古拉·康德拉捷夫 **II**:853,**IV**:1566,**VI**:2525
Kongo 刚果 **I**:41,**I**:42,**III**:**1463–1465**,**V**:2336
亦可参阅:**Africa—colonial; Decolonization; Portuguese Empire; Slave trades(非洲——殖民时代;去殖民化;葡萄牙帝国;奴隶贸易)**
Kongo (Congo), Democratic Republic of the 刚果民主共和国 **I**:41,**I**:318,**V**:2200
art 艺术 **I**:165,**I**:166,**I**:167
labor union movement 工会运动 **IV**:1488
Kongo [Congo] Free State (Belgian Congo) 刚果自由邦 **I**:23,**III**:1063,**III**:1113,**V**:2200
Kongo (Congo) River and Kongo (Congo) Basin 刚果河和刚果盆地 **V**:2184
亦可参阅:**Africa—equatorial and southern (4000 BCE–1100 CE); Berlin conference(赤道非洲和南部非洲,前 4000—公元 1100;柏林会议)**
Kopytoff, Igor 科普托夫,伊戈尔 **III**:1072
Koran《古兰经》。亦可参阅:Qur'an(《古兰经》)
Korea 朝鲜 **I**:311,**I**:334,**I**:351,**I**:391,**I**:429,**IV**:**1466–1471**
automobile industry 汽车工业 **I**:351
Chinese influence on 中国的影响 **II**:683–684
Choson dynasty 高丽王朝 **IV**:1469–1470
Japanese Empire and 日本帝国 **III**:1048
Koguryo kingdom 高句丽 **IV**:1466,**IV**:1467,**IV**:1468
Korean War in 朝鲜战争 **IV**:1950,**IV**:1470
Koryo kingdom 高丽 **IV**:1468–1469
libraries 图书馆 **IV**:1551
Paekche kingdom 百济 **IV**:1466,**IV**:1467
printing 印刷术 **II**:621
religions 宗教 **I**:429,**II**:639,**II**:712
Shilla kingdom 新罗 **IV**:1466,**IV**:1467
South Korea 韩国 **IV**:1470
亦可参阅:**Japanese Empire**; Korean War; **Warfare—Japan and Korea(日本帝国;朝鲜战争;日本和朝鲜的战争)**
Korean War 朝鲜战争 **II**:597–598,**II**:658,**III**:1356,**VI**:2727
air warfare 空战 **VI**:2700
Korolev, Sergei 谢尔盖·科罗廖夫 **V**:2364,**V**:2365,**V**:2367,**V**:2368
Korovin, Konstantin 康斯坦丁·柯罗文 **I**:263
Koryo kingdom 高丽。亦可参阅:**Korea(朝鲜)**
Kosovo 科索沃 **II**:948, **III**:981, **III**:991, **III**:1115
Kouyate, Mamadou 马马杜·库亚特 **VI**:2692
Koyré, Alexandre 亚历山大·柯瓦雷 **V**:2258
Krafft-Ebing, Richard von 查德·冯·克拉夫-艾宾 **V**:2293
Kramskoi, Ivan 伊凡·克拉姆斯柯依 **I**:262
Krishna 克利须那神 **I**:274,**I**:275
Kristeva, Julia 朱莉娅·克里斯托娃 **VI**:2817
Kroeber, Alfred 阿尔弗雷德·克罗伯 **II**:847
Krupp, Alfred 阿尔弗雷德·克虏伯 **III**:1379
Krupp company 克虏伯公司 **III**:1251
Ku Klux Klan 三 K 党 **III**:1017

Kudara Kannon 百济观音 **I**:223
Kuenyehia, Akua 阿夸・宽耶海亚 **III**:1349
Kuhlman, Kathryn 凯西・库尔曼 **IV**:1945
Kuhn, Thomas 托马斯・库恩 **V**:2257 - 2258, **V**:2342
Kun, Bela 贝拉・库恩 **III**:1370
Kurdistan 库尔德斯坦 **II**:836
Kurds 库尔德人 **IV**:1794
Kuru (disease) 库鲁病 **II**:787
Kushan Empire 贵霜帝国 I: 310, **IV**: **1472 - 1474**, **V**:2321, **V**:2411
art 艺术 **I**:269 - 270, **IV**:1473
Buddhism 佛教 **I**:429, **IV**:1473
coins 硬币 **IV**:1473
Gandharan and Mathuran art 犍陀罗和马图拉艺术 **I**:181 - 183
亦可参阅:**Afro-Eurasia; Silk Roads(亚非欧大陆;丝绸之路)**
Kusi people 库斯人 **I**:33 - 34
Kuwait 科威特 **I**:140, **VI**:2721
Kuznetsov, Pavel 帕维尔・库兹涅佐夫 **I**:264
Kwadi people 卡瓦迪人 **I**:34
Kyoto Protocol《京都议定书》**III**: 1136, **IV**: 1868, **VI**:2630
Kyrgyz 柯尔克孜族 **I**:157
Kyrgyzstan 吉尔吉斯斯坦 **I**:178, **I**:185, **II**:947, **III**:1323, **III**:1325

L

"La Marseillaise,"《马赛曲》**IV**:1773
Labor Party (Australia) 工党(澳大利亚) **I**: 332, **I**:333
Labor systems, coercive 强制劳动制度 IV: **1477 - 1481**, **V**:2179, **V**:2090
abolition of slavery 奴隶制的废除 **IV**: 1479 - 1480
ancient world 古代世界 **I**:8, **IV**:1477 - 1478
Europe 欧洲 **IV**:1478
Japan 日本 **IV**:1478, **IV**:1480
modern systems 现代体系 **IV**:1480
Muslim world 伊斯兰世界 **IV**:1478
New World 新世界 **IV**:1479
state-run systems 国营系统 **IV**:1480
United States 美国 **III**:1416, **IV**:1479 - 1480
Wagadu Empire 韦加度帝国 **VI**:2682
亦可参阅:**Colonialism; Imperialism; Labor union movements; Slave trades(殖民主义;帝国主义;工会运动;奴隶贸易)**
Labor union movements 工会运动 IV:1482 - 1489
Europe 欧洲 **IV**:1482 - 1485
Latin America, Africa, and Asia 拉丁美洲、非洲和亚洲 **IV**:1488
music and 音乐 **IV**:1775 - 1776
outlook 展望 **IV**:1489
United States 美国 **IV**:1482, **IV**:1485 - 1488
亦可参阅:**Industrial Revolution; Labor systems, coercive(工业革命;强制劳动制度)**
Labouchere, Henry 亨利・拉布歇雷 **III**:1097
Lace making 制作鞋带 **VI**:2494
Lafayette, Marquis de 拉法耶特侯爵 **IV**:1715
Lahontan, Louis Armand de 路易・阿曼德・拉翁唐 **II**:924
Laissez-faire economics 自由放任经济 **III**:1053
Lake Mungo 蒙哥湖 **I**:337
Lakshmi Bai, Rani 詹西女王 **VI**:2765
Land-based empires 陆基帝国 **II**:899 - 900
Landes, David 大卫・兰德斯 **II**:633, **II**:687, **III**:688

Landfills 垃圾填埋 **VI**:2782–2783
Land use, early modern world 早期近代世界的土地利用 **II**:836
Language 语言 I:129,**II**:616–617,**II**:923,**IV**:**1490–1493**
Akkadian 阿卡德语 **II**:683,**II**:693 **II**:697
cultural and linguistic areas 文化和语言区域 **II**:682–685,**IV**:1799
Esperanto 世界语 **II**:942–943
and migration 移民 **IV**:1671
and periodization 历史分期 **IV**:1953
politics of 政治 **IV**:1502
亦可参阅:**Communication media; Language, classification of; Language, standardization of**; Sanskrit(**传播媒介;语言分类;语言的标准化**;梵语)
Language, classification of 语言分类 IV:**1494–1498**
accepted language families 公认的语系 **IV**:1497
areal (geographic) linguistics 区域(地理)语言学 **IV**:1494–1495
challenges of 挑战 **IV**:1498
genetic linguistics 发生语言学 **IV**:1495–1496
language families, detection 语系的发现 **IV**:1497–1498
language isolates 孤立语言 **IV**:1496
linguistic typology 语言类型学 **IV**:1494
亦可参阅:**Language, standardization of; Script decipherment(语言的标准化;解读文字)**
Language, standardization of 语言的标准化 IV:**1499–1503**
亦可参阅:**Esperanto(世界语)**
Lantern Pagoda 红灯笼塔 **II**:710
Lao Dan 老聃。亦可参阅:**Laozi(老子)**
Laos 老挝 **I**:313,**II**:599
French influence in 法国的影响 **III**:1061,**III**:1064–1065,**IV**:1513
Laozi 老子 II:708–711,**IV**:**1504–1506**,**IV**:1782,**V**:1966,**V**:2445
亦可参阅:**Confucianism; Daoism; Philosophy, Asian(儒学;道教;亚洲哲学)**
Lapérouse, Jean François de 让·弗朗索瓦·德·拉贝鲁斯 **III**:995
Large states, development of 大国的发展 **II**:835–836
Larionov, Mikhail 米哈伊尔·拉里奥诺夫 **I**:264
Larousse, Pierre 皮埃尔·拉鲁斯 **II**:773
Las Casas, Bartolomé de 巴托洛梅·德·拉斯·卡萨斯 **II**:569,**V**:2373
Lassen, Christian 克里斯蒂安·拉森 **V**:2277
Latin alphabet 拉丁字母表 **II**:620,**IV**:1501
Latin America 拉丁美洲 **I**:111,**III**:1119
biological exchange 生物交换 **I**:397–398,**I**:400
blended economic models 混合经济模式 **II**:459
Bolívar, Simón 西蒙·玻利瓦尔 **I**:410,**II**:925
civil law 民法 **IV**:1512
coffee production 咖啡生产 **II**:593–594
Cold War 冷战 **II**:600–601
colonial period 殖民时期 **II**:602,**II**:605
亦可参阅:**Colonialism; Spanish Empire(殖民主义;西班牙帝国)**
Consumerism 消费主义 **II**:654
cultural area 文化区域 **II**:684
decolonization 去殖民化 **II**:724
early modern era, chronological parameters of 早期现代的编年时间参数 **II**:833
early modern era, use of term "早期现代时

期”术语的使用 **II:**833
education in 教育 **VI:**2648 – 2649
extinctions 物种灭绝 **III:**1004 – 1005
food exchange and trade 食物交流和贸易 **III:**1042 – 1043
foragers, modern 现代的食物采集者 **III:**1047
geographic constructions and 地理建构 **III:** 1120
immigration to 移民 **IV:**1686
indigenous peoples 土著 **III:** 1323 – 1326, **III:**1342
labor union movement 工会运动 **IV:** 1482 – 1489
landfills in 垃圾填埋 **VI:**2783
liberal democracies 自由民主制 **III:**1151
materials recovery in 废物利用 **VI:**2784
missionaries to 传教士 **III:**987
Organization of American States 美洲国家组织 **III:**1356,**IV:**1878
railroads 铁路 **V:**2084
religions 宗教 **IV:**1504,**IV:**1525
slavery and forced labor systems 奴隶和强制劳动制度 **IV:**1479 – 1480
social welfare 社会福利 **IV:**1869
states, formation of 国家的形成 **V:**2401
trade 贸易 **II:**835,**VI:**2536 – 2537
tyrannies 暴政 **III:**1154
United Nations, role in 在联合国中的作用 **VI:**2844
United States and 美国 **I:**103,**II:**658
warfare in 战争 **VI:**2737
women writers 女作家 **VI:**2814
women's rights 妇女权利 **VI:**2828
Latin language 拉丁语 **IV:** 1497, **IV:** 1688, **IV:** 1689 – 1690,**IV:**1691
Latitude and longitude, measuring 测量经纬度 **IV:**1827,**IV:**1829,**VI:**2591
Latitudinal belts 纬度带 **III:**1117
Latter-Day Saints 后期圣徒 IV:1507 – 1510
亦可参阅:**Religious freedom(宗教自由)**
Lattimore, Owen 欧文·拉铁摩尔 **III:**1074
Latvia 拉脱维亚 **II:**948,**III:**981,**III:**991
Laurentian Portolano (map of 1351) 劳伦森航海地图(1351 年) **II:**478
Laurium (silver mines, Attica) 劳里昂(阿提卡的银矿) **V:**2326
Laval, Pierre 皮埃尔·赖伐尔 **II:**779
Lavoisier, Antoine 安托万·拉瓦锡 **V:**2274
Law, sex and sexuality related to 相关的法律、性和性行为 **V:**2289 – 2290
Law, civil 民法 IV:1511 – 1513
and common law 普通法 **IV:**1513
feudalism and 封建主义 **III:**1032
亦可参阅:**Justinian I; Napoleonic Code(查士丁尼一世;《拿破仑法典》)**
Law, contract 合同法 IV:1514 – 1516
亦可参阅:**Rights, property(财产权)**
Law, John 约翰·劳 **II:**852
Law, international 国际法 IV:1517 – 1520, III: 1278 – 1280
International Court of Justice 国际审判法院 **III:**1346 – 1347
International Criminal Court 国际刑事法院 **III:**1348 – 1350
亦可参阅:**International organizations(国际组织)**
Law, Natural 自然法 IV:1521 – 1524
ancient Greece and Rome 古代希腊和古代罗马 **IV:**1521 – 1522
Divine Law vs. 神法 **IV:**1522 – 1523
nineteenth- and twentieth-century challenges to 19 世纪和 20 世纪的挑战 **IV:**1523
亦可参阅: **Aristotle; Locke, John;**

Philosophy, Greek and Roman(亚里士多德;约翰·洛克;希腊罗马哲学)
Law, sacred 神圣法 IV:1525 - 1527
亦可参阅: **Christian orthodoxy; Gregory VII; Islamic law; Judaism; Justinian I; Religion and government(东正教;格列高利七世;伊斯兰法;犹太教;查士丁尼一世;宗教和政府)**
Laws of Manu《摩奴法典》**III**:1285 - 1286
Laws, Curtis Lee 柯蒂斯·李·劳斯 **V**:2134
Layard, Austen Henry 奥斯丁·亨利·莱亚德 **V**:2278
Lazar, Prince 拉扎尔大公 **II**:678
Le Chambon, France 法国勒尚邦 **III**:1252
Le Chapelier Law《夏佩里埃法》**IV**:1483
Le Corbusier 勒·柯布西耶 **I**:153
Leach, Bernard 伯纳德·利奇 **I**:208 - 209
League of Nations 国际联盟 I:421, **IV**: **1528 - 1530**, **IV**:1801, **VI**:2890
as an international organization 作为国际组织 **III**:1355
diplomacy and 外交 **II**:776 - 780
international law and 国际法 **IV**:1519
interwar years 两次世界大战之间 **III**:1370, **III**:1371, **III**:1372, **VI**:2862
nation-states and 民族国家 **IV**:1807
and Roosevelt, F. D. 罗斯福 **V**:2212
亦可参阅: **Treaty of Versailles; United Nations; World War I(《凡尔赛和约》;联合国;第一次世界大战)**
Leakey, Louis and Mary 路易·利基和玛丽·利基 **IV**:1902
Learning, human method of 人类学习的方法 **I**:129
Leavitt, Henrietta 亨利埃塔·勒维特 **V**:2257
Lebanon 黎巴嫩 **I**:140, **III**:1065
Lebensraum 生存空间 **III**:1240, **III**:1249
Leclerc, Charles 查理·勒克莱尔 **V**:2152
Lee, Dat So La 达索拉丽 **I**:235
Leewenhoek, Anthony van 安东尼·范·列文虎克 **V**:2263
Legalists 法家 **IV**:1965, **IV**:1966
Legazpi, Miguel Lopez de 米盖尔·德·雷加斯比 **VI**:2572
Leibniz, Gottfried Wilhelm 戈特弗里德·威廉·莱布尼茨 **II**:923, **III**:1291, **IV**:1793, **V**:1975
Leisure 闲暇 IV:1531 - 1535
dance and drill 舞蹈和操练 **II**:701 - 707
sport 体育 **V**:2381 - 2386
亦可参阅: **Festivals; Games and play; Modernity; Music—overview(节庆;游戏和比赛;现代性;音乐概述)**
Lemkin, Raphael 拉斐尔·莱姆金 **III**:1110, **III**:1114
LeMoli, Gesualdo 杰苏阿尔多·列莫里 **III**:1361
Leningrad, seige of 列宁格勒围城战 **III**:1011
Lenses, glass making and 玻璃制造和透镜 **III**:1132
Leo III (Byzantine emperor) 利奥三世(拜占庭皇帝) **I**:442
Leo III (pope) 利奥三世(教宗) **II**:495, **IV**:1512
Leonardo da Vinci 莱昂纳多·达·芬奇 I:346, **II**:721, **IV**: **1539 - 1542**, **V**:2137
亦可参阅: **Art—Europe; Renaissance(欧洲艺术;文艺复兴)**
Leonov, Aleksei 阿列克谢·列昂诺夫 **V**:2367
Leopold II (Holy Roman Emperor) 利奥波德二世(神圣罗马帝国皇帝) **III**:1179
Leopold II (king of Belgium) 利奥波德二世(比利时国王) **I**:23, **I**:389, **I**:390, **III**:1113
Leprosy 麻风病 **II**:792, **II**:794
Lerner, Gerda 格尔达·勒那 **VI**:2821

Lesbianism 女同性恋。亦可参阅：**Sex and sexuality(性与性别)**

Letters and correspondence 书信与通信 IV:1543 – 1545

亦可参阅：**Missionaries; History, social; Tourism; World history, writing of(传教士;社会史;旅游业;世界历史的书写)**

Lettow-Vorbeck，Paul von 保罗·冯·莱托-福贝克 **III**:1127

Levant 黎凡特 **II**:675，**II**:676，**II**:798，**VI**:2563，**VI**:2564

Levine，Eugene 欧仁·莱文 **III**:1370

Lévi-Strauss，Claude 克劳德·列维·施特劳斯 **II**:568，**II**:686，**II**:849

Levitan，Isaak 艾萨克·列维坦，**I**:263

Leviticus《利未记》**III**:1286

Levitsky，Dmitry 德米特里·列维茨基 **I**:261

Lewis，Archibald 阿奇博尔德·刘易斯 **IV**:1820

Lewis，C. S. 刘易斯 **IV**:1820，**IV**:1821

Lewis，Isaac N. 艾萨克·刘易斯 **VI**:2698

Lewis，John L. 约翰·刘易斯 **IV**:1486

Lewis，Martin 马丁·刘易斯 **III**:957

Lewis，Meriwether 梅里韦瑟·刘易斯 **II**:995

Lexicon，reforming 词典的改进 **IV**:1502 – 1115

Leyden jar 莱顿瓶 **II**:888

Liaodong Peninsula 辽东半岛 **III**:1408，**III**:1409

Li Bai 李白 **IV**:1505

Li Tang 李唐 **I**:195

Li Xiucheng 李秀成 **V**:2439，**V**:2440

Li Zhaodao 李昭道 **I**:193

Libby，Willard 威拉德·利比 **I**:394，**II**:719

Liberal (Whig) Party 自由党(辉格党) **IV**:1920，**V**:2003

Liberal democracies 自由民主国家 **II**: 772，**V**:2173

Liberalism 自由主义 IV:1546 – 1549

Liberia (Africa) 利比里亚(非洲) **I**:49，**I**:55，**II**:763

Libraries 图书馆 IV:1550 – 1558

ancient 古代的 **IV**:1550 – 1552

early modern 早期现代 **IV**:1553 – 1555

Enlightenment，since 自启蒙运动以来 **IV**:1555

globalization 全球化 **IV**:1557

Macedonian 马其顿 **IV**:1575

medieval 中世纪 **IV**:1552 – 1553

national 国家的 **IV**:1554

nature of 性质 **IV**:1550

亦可参阅：**Dictionaries and encyclopedias; Information storage and recovery(词典和百科全书;信息存储和修复)**

Libya 利比亚 **I**:15，**I**:55，**I**:140

Lieber，Francis 弗朗西斯·列贝尔 **III**:1278

Lieberman，Victor 维克托·利伯曼 **II**:631

Liebknech，Karl 卡尔·李卜克内西 **III**:1370

Liggett Group 利哥特烟草公司 **VI**:2515

Lighthouses，ancient 古代灯塔 **IV**: 1575，**III**:1220，**II**:554

Lilienthal，Otto 奥托·李林塔尔 **VI**:2696

Lim，Shirley Geok-Lin 林玉玲 **VI**:2817

Lin Fengmian 林风眠 **I**:200

Lincoln，Abraham 亚伯拉罕·林肯 IV:1559 – 1561，**VI**:2637

Lind，Millard 米勒德·林德 **V**:2101

Lindbergh，Charles 查理·林德伯格 **I**:358

Lindequist，Friedrich von 弗里德里希·冯·林德奎斯特 **III**:1127

Linear A (language) 线形文字 A(语言) **V**:2282，**VI**:2873

Linear B (language) 线形文字 B(语言) **V**:2280 – 2281，**VI**:2873

Linear time 线性时间 **VI**:2506

Linguistics 语言学。亦可参阅：**Language(语言)**

Linnaeus，Carolus 卡罗鲁斯·林奈 **II**:923，**IV**:

1761,**IV**:1821,**V**:2271
Lippmann, Walter 沃特尔·李普曼 **II**:657,**VI**:2842
LISA (low-input sustainable agriculture) 低投入持续农业 **III**:1170-1171
Lissitsky, El 埃尔·利西茨基 **I**:265
Literature 文学 **I**:245,**III**:1501,**VI**:2847
  ancient Greece 古代希腊 **III**:1157
  of early cultures and religions 早期文化和宗教 **IV**:1550-1552
  lierary utopias 文学乌托邦 **VI**:2658
  亦可参阅:**Letters and correspondence; Travel guides; Women and literature(书信与通信;旅行指南;妇女与文学)**
Lithuania 立陶宛 **II**:947,**II**:948,**III**:981
  in European Union 欧洲联盟 **III**:991
  religions 宗教 **III**:978,**III**:980
  亦可参阅:**Europe, Eastern(东欧)**
Little Bighorn, battle of 小巨角战役 **III**:1229
Liturgical theology (orthodox Christian) 礼仪神学(正统基督教的) **II**:540-541
Liturgy, Roman Catholic 罗马天主教礼拜仪式 **V**:2195
Liu Haisu 李海粟 **I**:199-200
Liu Shaoqi 刘少奇 **I**:201-202,**IV**:1606
Liu Xin 刘歆 **IV**:1964
Liverani, Mario 马里奥·利韦拉尼 **III**:1073
Livingstone, David 大卫·利文斯通 **I**:24,**II**:984,**III**:1304,**III**:1305,**VI**:2693
Livy 李维 **II**:916,**II**:1151
Lloyd George, David 大卫·劳合·乔治 **II**:545,**IV**:1528,**VI**:2600,**VI**:2860,**VI**:2890
Lobsters, hygiene of 龙虾的卫生 **III**:1283
Locke, John 约翰·洛克 **II**:739,**IV**:**1562-1564**
  Enlightenment, role in 在启蒙运动中的作用 **II**:921
  亦可参阅:**Political thought(政治思想)**
Lockyer, Norman 诺曼·洛克耶 **III**:996
Logos 逻各斯 **IV**:1968
London, German air attack on 德国对伦敦的空袭 **VI**:2699
London Television Service 伦敦电视服务公司 **V**:2480
Long cycles 长周期 IV:1565-1567
  亦可参阅:**Economic cycles; Progress; Time, conceptions of(经济周期;发展;时间概念)**
Long-distance migration 长距离迁徙 **IV**:1674
Longhouses 长屋 **I**:157
Longinus, "On the Sublime," 朗吉努斯《论崇高》 **I**:295
Looms 织布机 **VI**:2489-2490
LOR (Lunar Orbit Rendezvous) 月球轨道交会 **V**:2366
Loran navigation system 远距离无线电导航系统 **III**:1831
Losenko, Anton 安东·罗森科 **I**:261
Lotka, Alfred 阿尔弗雷德·洛特卡 **III**:1083
Lotteries 彩票 **III**:1093
Loubet, Émile 埃米勒·卢贝 **II**:757
Louisiana 路易安那州 **VI**:2635
Louisiana Territory 路易安那领地 **II**:795,**II**:781,**III**:1058
Louis IX, king of France 法国国王路易九世 **II**:676
Louis-Philippe of Orléans 奥尔良的路易-菲利普 **III**:1059
Louis XIII, king of France 法国国王路易十三 **II**:776
Louis XIV, king of France 法国国王路易十四 **I**:6-9,**I**:150,**IV**:1619,**V**:2375
Louis XV, king of France 法国国王路易十五 **II**:923,**II**:1058,**V**:2147
Louis XVI, king of France 法国国王路易十六

II:923
Louis XVIII, king of France 法国国王路易十八 **II**:645 – 646
Lounsbury, Floyd 弗洛伊德・劳恩斯伯里 **V**:2282
Louverture, Toussaint 杜桑・卢维杜尔 **V**:2152
Lovelock, James 詹姆斯・洛夫洛克 **III**:1083
Low-input sustainable agriculture (LISA) 低投入持续农业 **III**:1170 – 1171
Lozier, Bouvet de 布维特・德・洛伊埃 **III**:994
Lu Feng-tso 陆凤藻 **II**:771
Lu Jia 陆贾 **II**:637
Lu Xun 鲁迅 **I**:200
Lucretius 卢克莱修 **IV**:1972
"Lucy" skeleton "露西"骨骼化石
　亦可参阅:*Australopithecus afarensis*(南方古猿阿法种)
Lugard, Frederick 弗里德里克・卢加德 **V**:2356
Lunardi, Vincent 文森特・卢纳尔迪 **I**:358
Lunar Orbit Rendezvous (LOR) 月球轨道交会 **V**:2366
Lunar Society 月光社 **III**:1461
Luo Guangzhong 罗贯中 **IV**:1565
Lüshi chunqiu (Daoist philosophy)《吕氏春秋》(道教哲学) **IV**:1966
Luther, Martin 马丁・路德 IV:1568 – 1570, **V**:2112
　at Diet of Worms 在沃尔姆斯会议 **II**:499
　Hus, influence of 胡斯的影响 **III**:979
　letters of 信件 **IV**:1543
　on mathematics 数学 **IV**:1634
　Ninety-Five Theses, posting of 发布《九十五条论纲》**IV**:1569,**V**:2197
　religious freedom and 宗教自由 **III**:1052, **V**:2118
　亦可参阅:**Protestantism(新教)**
Luxembourg, in European Union 欧洲联盟卢森堡,在 **III**:989
Luxemburg, Rosa 罗莎・卢森堡 **III**:1370
Lyautey, Louis-Herbert-Gonzalve 路易・赫伯特・贡萨伏・利奥泰 **III**:1061
Lyell, Charles 查理・莱伊尔 **II**:715,**IV**:1822
Lyon, Phyllis 菲莉丝・里昂 **III**:1098
Lyotard, Jean-François 让・弗朗索瓦・利奥塔 **V**:2034

M

Maathai, Wangari 旺加里・马塔伊 **II**:931
Macao 澳门 **V**:2029
MacArthur, Douglas 道格拉斯・麦克阿瑟 **II**:598,**VI**:2727,**VI**:2869
Macartney, George 乔治・马戛尔尼 **II**:952
Macaulay, Thomas 托马斯・麦考莱 **II**:952, **IV**:1881,**VI**:2648
Macedon, Alexander III of 马其顿的亚历山大三世 **V**:2325
Macedonia (former Yugoslav state) 马其顿(前南斯拉夫国家) **III**:980
Macedonian dynasty, Byzantine Empire 拜占庭帝国的马其顿王朝 **I**:442 – 443
Macedonian Empire 马其顿帝国 II:974,1166, 1957,**IV**:**1573 – 1577**
　Egypt in 埃及 **II**:631,**IV**:1574
　Philip II 腓力二世 **II**:863,**II**:864,**IV**:1574, **IV**:1706,**IV**:1956
　亦可参阅:**Alexander the Great; Greece, ancient(亚历山大大帝;古代希腊)**
Machiavelli, Niccolò 尼科洛・马基雅维利 II:560,**II**:776,**II**:917,**III**:1151,**IV**:**1578 – 1580,**

V:2345
亦可参阅:**Government; Renaissance(政府;文艺复兴)**
Machu Picchu 马丘比丘 **III**:1318
Macintosh, Charles 查理·麦金托什 **V**:2215
Macmillan, Harold 哈罗德·麦克米伦 **I**:422
Macuixochitl 5 - Flor 玛翠秀兹特,五朵花 **VI**:2813 - 2814
Madeira 马德拉群岛 **II**:985
Madero, Francisco 弗朗西斯科·马德罗 **V**:2162 - 2163
Madison, James 詹姆斯·麦迪逊 **II**:1153,**IV**:1716,**V**:2059
Mae Stang, Dorothy 桃乐西·梅·斯唐 **II**:931
Magadha Empire 摩揭陀帝国 **VI**:2762
Magellan, Ferdinand 费迪南·麦哲伦 **II**:834,**II**:986,**IV**:**1581 - 1582**,**IV**:1830
亦可参阅:**European expansion; History, maritime; Spanish Empire(欧洲扩张;海洋史;西班牙帝国)**
Maginot Line 马其诺防线 **IV**:1697
Magisterium, Roman Catholic 罗马天主教教权 **V**:2195
Magna Carta 大宪章 **II**:741,**II**:1278,**IV**:1920
Mahan, Alfred Thayer 阿尔弗雷德·塞耶·马汉 **IV**:1702
Mahavira 摩诃毗罗 **III**:1405,**IV**:**1583 - 1584**
亦可参阅:**Jainism; Nonviolence(耆那教;非暴力)**
Mahayana Buddhism 大乘佛教 **I**:183,**II**:532。亦可参阅:**Buddhism(佛教)**
Mahmud II, Ottoman sultan 奥斯曼苏丹马哈茂德二世 **III**:1384,**VI**:2720
Maine, Henry 亨利·梅因 **III**:965
Mair, Victor 维克托·马尔 **I**:301
Maize 玉米 **I**:66,**II**:491 - 492,**II**:609,**II**:806,**II**:834,**II**:951
Malagasy language 马拉加斯语 **IV**:1497
Malaku Bayyan 马鲁古·贝恩 **IV**:1910 - 1911
Malaria 疟疾 **II**:795,**IV**:**1585 - 1587**
imperialism, impact on 对帝国主义的影响 **III**:1306,**VI**:2745
prevention 预防 **II**:796
亦可参阅:**Cinchona; Diseases—overview; Quinine(金鸡纳树;疾病概述;奎宁)**
Malaspina, Alejandro 阿里桑德罗·马拉斯皮纳 **II**:995
Malawi 马拉维 **I**:34,**I**:39
Malaysia 马来西亚 **II**:900,**IV**:1768 - 2390
foragers, modern 现代的食物采集者 **II**:1047
Great Britain, influence of 英国的影响 **I**:312
Maldive Islands 马尔代夫岛 **III**:1293,**III**:1222
Malevich, Kazimir 卡济米尔·马列维奇 **I**:264
Mali 马里 **II**:898,**III**:1063,**III**:1296,**IV**:**1588 - 1591**,**IV**:1603
ancient art 古代艺术 **I**:165
Bamana people, art of 巴马纳人艺术 **I**:166
religions in 宗教 **I**:50
slave trade 奴隶贸易 **I**:41
亦可参阅:**Mansa Musa(曼萨·穆萨)**
Malikism 马利克教派 **III**:1200
Malinche, La 拉·马琳切 **VI**:2814
Malinowski, Bronislaw 布罗尼斯拉夫·马林诺夫斯基 **V**:2349
Malta 马耳他 **II**:645,**II**:672,**II**:991
Malthus, Thomas 托马斯·马尔萨斯 **II**:466 - 467,**II**:716,**IV**:**1592 - 1593**,**IV**:1823,**V**:2019
亦可参阅:**Carrying capacity; Global commons; Population growth; Population and the environment(环境承载力;全球共有;人口增长;人口和环境)**
Mamluk Empire 马穆鲁克帝国 **III**:1294,

V:2024
Mammals, hygiene of 哺乳动物的卫生 **III**:1284
Mamontov, Savva 萨瓦·马蒙托夫 **I**:263
Mancala (game) 非洲棋(游戏) **II**:1090
Manchester Literary and Philosophical Society 曼彻斯特文学与哲学学会 **III**:1461
Manchu rule 满族统治 **II**:524,**II**:945,**VI**:2457,**III**:1068,**V**:2290
  and art 艺术 **I**:197 - 198
  亦可参阅:Qing dynasty(清朝)
Mandala 曼陀罗 **I**:149
Mandate of Heaven 天命 **I**:311,**II**:517,**II**:521,**II**:914,**III**:1188,**IV**:1642 - 1643,**IV**:1965,**V**:2096
Mandela, Nelson 纳尔逊·曼德拉 **I**:28,**I**:39,**I**:136,**IV**:1844,**VI**:2839
Mandeville, Bernard 伯纳德·曼德维尔 **IV**:1972
Mandeville, John 约翰·曼德维尔 **VI**:2658
Mandioca 树薯 **IV**:1597
Manetho 曼涅托 **II**:916
Manhattan Project 曼哈顿计划 **II**:887,**V**:2264
Mani (Persian prophet) 摩尼(波斯预言家) **III**:1179,**V**:2250
Mani, Lata 拉塔·曼尼 **III**:1153
Manioc 树薯 IV:1597 - 1598
  亦可参阅:**Domestication, plant and animal; Food(动植物的驯养;食物)**
Manor houses, architecture of 庄园房屋的建筑风格 **I**:149
Manorialism 庄园制度 IV:1599 - 1602
  亦可参阅:**Feudalism(封建主义)**
Mansabdari system 曼萨布达尔制 **VI**:2764
Mansa Musa 曼萨·穆萨 IV:1590,**IV:1603 - 1605**
  亦可参阅:**Africa; Islamic world; Mali(非洲;伊斯兰世界;马里)**
Manutius, Aldus 奥尔德斯·曼努休斯 **V**:2046
Maodun 冒顿单于 **V**:2409 - 2410
Maori 毛利人 **III**:1326,**IV**:1681,**IV**:1682,**IV**:1713 - 1714
Mappe-Monde of St. Sever 圣西维尔世界地图 **II**:472
Marathas 马拉塔人 **I**:416
Marconi, Guglielmo 古列尔莫·马可尼 **II**:623,**IV**:1623,**V**:2078,**V**:2467
Marcos, Ferdinand 费迪南·马科斯 **III**:1281,**IV**:1842
Marcos, Subcomandante 副司令马科斯 **VI**:2845
Mare Liberum (Free Sea)《论海上自由》**IV**:1865
Marggraf, Andreas Sigismund 安德烈斯·西吉斯蒙德·马格拉夫 **V**:2415
Margulis, Lynn 林恩·马古利斯 **III**:1083
Marine protected areas (MPA) 海洋保护区 **IV**:1865
Mark I 马克1号 **III**:1337
Markets of Trajan 图拉真集市 **I**:176
Marquis de Lafayette 拉法耶特侯爵 **VI**:2635
Marsh, George Perkins 乔治·珀金斯·玛什 **II**:927
Marshall, George 乔治·马歇尔 **II**:596,**II**:657
Marshall, T. H. 马歇尔 **II**:562
Marshall Plan 马歇尔计划 **I**:104,**II**:596,**II**:657
Martel, Charles (French king) 查理·马特(法国国王) **III**:1262
Martin, Del 迪尔·马丁 **III**:1098
Martinique 马提尼克 **III**:1059
Mary, queen of Scots 苏格兰女王玛丽 **II**:894
Mary Tudor, queen of England 英格兰女王玛丽·都铎 **II**:893,**II**:894
Maryland 马里兰 **VI**:2515
Masaccio 马萨乔 **I**:215
Masks, use of in festivals 节庆庆典时用的面罩 **III**:1027 - 1028
Mason, Charles H. 查理·梅森 **IV**:1945

Mass media 大众传媒 IV:1618 - 1629
in British Empire 英帝国 **IV**:1619 - 1620
censorship 审查制度 **IV**: 1621 - 1623, **IV**:1627
European, early 早期欧洲 **IV**:1618 - 1619
future prospects 展望 **IV**:1626
print 印刷业 **IV**:1618 - 1622,**IV**:1626
rich/poor nations, compared 穷国和富国的对比 **IV**:1625 - 1626
telegraphy and wire services as 通讯社 **IV**:1622
violence and 暴力 **IV**:1627
亦可参阅: **Internet; Printing; Radio; Technology — computer; Telegraph and telephone; Television(互联网;印刷术;无线电;计算机技术;电报与电话;电视)**
Mathematicoi (Pythagorean philosophical school) 数学家(毕达哥拉斯学派) **IV**:1969
Mathematics 数学 IV:1630 - 1634,**V**:2261
ancient Greece 古代希腊 **III**:1165
亦可参阅: **al-Khwarizmi; Enlightenment, the; Galileo Galilei; Newton, Isaac; Scientific Revolution(花剌子米;启蒙运动;伽利略·伽利雷;艾萨克·牛顿;科学革命)**
Mather, Stephen Tyng 史蒂芬·廷·马瑟 **II**:927
Matriarchy and patriarchy 母权制与父权制 III: 1455 - 1457,**IV**:**1635 - 1640**,**VI**:2820
亦可参阅: **Women and literature; Women's and gender history; Sex and sexuality(妇女与文学;妇女史和性别史;性与性别)**
Mattachine Society 马塔辛协会 **III**:1098
Matthias Corvinus, king of Hungary 匈牙利国王马提亚·科尔维努斯 **IV**:1554
Matulu, Tshimbumba Kanda 特斯布穆巴·坎达·玛图鲁 **I**:168
Maugham, W. Somerset 萨默赛特·毛姆 **III**:1119
Mau Mau Revolt 茅茅起义 **I**:27,**III**:1078
Mauritania 毛里塔尼亚 **I**:140,**III**:1063
Mauritius 毛里求斯 **II**:645
Mauryan Empire 孔雀帝国 **I**:268 - 269,**I**:315 - 317,2762
Mause, Lloyd de 劳合·德·毛斯 **II**:508
Maxwell, James Clerk 詹姆斯·克拉克·麦克斯韦 **II**:889
May Day parades 五一劳动节游行 **II**:706
May, Joseph 约瑟·梅 **V**:2479
Maya 玛雅人 **I**:251 - 252,**IV**:1651
agriculture and 农业 **I**:68
ancient script decipherment 解读古文字 **V**: 2281 - 2282
calendars 日历 **VI**:2506
climate change, impacts of 气候变化的影响 **II**:580
foods 食物 **III**:1043
state societies, emergence of 国家组织社会的出现 **V**:2394,**V**:2397
warfare 战争 **VI**:2752
writing 书写 **II**:620
Maybach, Wilhelm 威廉·迈巴赫 **I**:349,**II**:910
Mayer, Johann Tobias 约翰·托拜厄斯·迈尔 **IV**:1830
Mbeki, Thabo 塔博·姆贝基 **I**:39,**I**:137
McCarthy, Joseph 约瑟夫·麦卡锡 **I**: 104, **III**:1098
McCormick 味好美食品 **V**:2378
McGloughlin, Martina 玛蒂娜·麦克格罗林 **III**:1169
McKinley, William 威廉·麦金莱 **VI**:2487
McMahon, Henry 亨利·麦克马洪 **VI**:2890
McNeill, John R. 约翰·麦克尼尔 **I**: xlviii,**I**: xlvix,**I**:l,**I**:li,**III**:1123

McNeill, William H. 威廉·麦克尼尔 **I**:xlvii, **I**:xlviii－xlix,**I**:lvi,**I**:lvii－lviii,**I**:61,**I**:298, **I**:301,**III**:1072,**V**:2319,**V**:2323
Mead, Margaret 玛格丽特·米德 **II**:686
Mears, John 约翰·米尔斯 **I**:391
Measles 麻疹 **II**:608,**II**:731,**II**:809,**II**:834, **II**:846
indigenous people, impact on 对土著的影响 **VI**:2744
transmission 传播 **II**:782,**II**:791
Mecca 麦加 **III**:1293－1294,**III**:1295,**III**:1297, **III**:1368,**III**:1381－1382,**III**:1390,**III**:1395, **III**:1438－1439
亦可参阅:**Muhammad; Pilgrimage(穆罕默德;朝觐)**
Media, mass 大众传媒。亦可参阅:**Mass media(大众传媒)**
Medici family 美蒂奇家族 **IV**:1553,**V**:2134
Medicine 医学
al-Razi's influence on 拉齐斯的影响 **I**:94－96
Ayurvedic《阿育吠陀》**III**:1216
亦可参阅:**Cinchona; Diseases—overview;** Galen; Hippocrates; Ibn Sina; **Quinine(金鸡纳树;疾病概述;**盖伦;希波克拉底;伊本·西那;**奎宁)**
Medieval era 中世纪时期。亦可参阅:Middle Ages(中世纪时期)
Mediterranean Sea 地中海 **IV**:1862,**V**:2377
亦可参阅:**Trading patterns, Mediterranean(地中海贸易模式)**
Mehmed II 穆罕默德二世 **I**:444,**IV**:**1641－1642**
亦可参阅:**Ottoman Empire(奥斯曼帝国)**
Mehta, Deepa 迪帕·梅塔 **III**:1099
Mehta, Ved 韦德·梅塔 **I**:393
Mein Kampf《我的奋斗》**III**:1239
Meissen porcelain 梅森瓷器 **I**:205,**V**:2024
Melbourne 墨尔本 **I**:332
Melville, Herman 赫尔曼·梅尔维尔 **III**:1402
Menchú, Rigoberta 门丘·里戈贝塔 **III**:1325
Mencius 孟子 **II**:637,**II**:642,**IV**:**1643－1644**,**V**:1279－1280,**V**:2345
亦可参阅:**Confucianism; Philosophy, Asian(儒学;亚洲哲学)**
Mendel, Gregor Johann 乔治·约翰·孟德尔 **III**:1105
Mendes, Chico 奇科·门德斯 **II**:931
Menelik II, emperor of Ethiopia 埃塞俄比亚皇帝孟尼利克二世 **V**:24,**IV**:1910
Menes, pharaoh 法老美尼斯 **V**:2400
Mennonites 门诺派信徒 **V**:2058
Menshikov, Aleksandr 亚历山大·孟斯基科夫 **IV**:1958
Mercantilism 重商主义 **III**:1054,**III**:1303,**IV**:**1645－1646**
urbanization and 城市化 **VI**:2653
亦可参阅:**Dutch East India Company(荷属东印度公司)**
Mercator, Gerardus 杰拉特·墨卡托 **II**:473
Mercenaries 雇佣兵 **IV**:1705
Merneptah, pharaoh 法老麦伦普塔赫 **V**:2088
Meroë 麦罗埃 **IV**:**1647－1649**
亦可参阅:**Trading patterns, Trans-Saharan(跨撒哈拉贸易模式)**
Merriam, George and Charles 乔治·梅里安和查理·梅里安 **II**:770
Merriam, Levi 列维·梅里安 **V**:1989
Mesoamerica 中美洲 **I**:108,**I**:109,**I**:110,**I**:248, **IV**:**1650－1654**
art 艺术,**I**:295。亦可参阅:**Art—Pre-Colombian Central and South America(前哥伦布时代中南美洲艺术)**
calendrical knowledge 历法知识 **V**:2261
caravans 商队 **II**:465
interregional networks 区际网络 **III**:1367

script decipherment 解读文字 **V**:2282
state societies, emergence of 国家组织社会的出现 **V**:2394,**V**:2396
trading patterns 贸易模式 **VI**:2535 – 2536,**VI**:2567 – 2571
women writers 女作家 **VI**:2813
writing 书写 **IV**:1543
亦可参阅:**Aztec Empire(阿兹特克帝国)**
Mesopotamia 美索不达米亚 I:308,**II**:916,**IV**:**1655 – 1661**
architecture 建筑风格 **III**:145
art 艺术 **I**:283
Assyrian Empire and 亚述帝国 **I**:319
borders, ancient 古代的边界 **III**:1073
Bronze Age 青铜时代 **IV**:1659
calendrical knowledge 历法知识 **V**:2261
city-states, emergence of 城邦的出现 **V**:2394 – 2395
climate change, impacts of 气候变化的影响 **II**:579
cultural area 文化区域 **II**:682
deforestation in 森林砍伐 **VI**:2503 – 2504
disease transmission 疾病传播 **II**:791
education 教育 **II**:871
Indus, trade with 与印度河流域的贸易 **III**:1196
mathematics in 数学 **IV**:1630
science 科学 **V**:2261,**V**:2262
scripts, ancient 古代的文字 **V**:2278
slavery in 奴隶 **IV**:1478
technological advances 技术进步 **V**:2462 – 2464
亦可参阅:**Babylon; Hammurabi; Persian Empire; Sasanian Empire; Silk Roads; Trading patterns, ancient Europe; Trading patterns, Mediterranean(巴比伦;汉谟拉比;波斯帝国;萨珊帝国;丝绸之路;贸易模式;古代欧洲;地中海贸易模式)**
Metallurgy 冶金术 IV:**1662 – 1668**
in ancient world 古代世界 **IV**:1664
in the Andes 安第斯山脉 **VI**:2536
contemporary 现代 **IV**:1666 – 1668
in middle ages 中古时期 **IV**:1664 – 1666
naval warfare and 海战 **VI**:2735
in Neolithic societies 新石器时代社会 **IV**:1662 – 1664
in the Renaissance 文艺复兴 **IV**:1665 – 1666
trade and 贸易 **II**:822 – 823
trading patterns and 贸易模式 **VI**:2537
Methadone 美沙酮 **II**:816
Methodism 卫理公会 **I**:45
Methodius, brother of Cyril 圣西里尔的哥哥圣默多狄 **I**:439,**III**:979
Methyl iodide 碘甲烷 **III**:1083
Metternich, Klemens von 克莱门斯·冯·梅特涅 **II**:644,**II**:777,**IV**:1940
Mexica people 墨西加人 **I**:248,**I**:252 – 255,**I**:362
Mexico 墨西哥 **I**:109,**I**:110,**I**:111,**II**:498
agriculture 农业 **I**:66 – 68
art in 艺术 **I**:249,**I**:250,**I**:251,**I**:254
economic system 经济体系 **II**:457
indigenous peoples 土著 **III**:1326
labor union movement 工会运动 **IV**:1488
landfills in 垃圾填埋 **VI**:2783
population decline (Colombian exchange) 人口下降(哥伦布大交换) **II**:835 – 836
railroads 铁路 **V**:2084
revolutions 革命 **VI**:2741
亦可参阅:**Revolution—Mexico**; Zapatista movement(**墨西哥革命;萨帕塔运动**)
silver mines 银矿 **III**:1302

solid wastes, collection of 固体垃圾的回收 **VI**:2781
women writers 女作家 **VI**:2813 - 2814
亦可参阅: Maya; **Mesoamerica**; Teotihuacán(玛雅;**中美洲**;特奥蒂瓦坎古城)
Michelangelo 米开朗基罗 **I**:150,**I**:215,**V**:2137
Michelin, Edouard and André 爱德华·米其林和安德烈·米其林 **V**:2216
Michelson, Albert 阿尔伯特·米切尔森 **V**:2258
Microlevel histories 微观层面的历史 **II**:687,**II**:689
Micronesia 密克罗尼西亚 **III**:1128
Middle Ages 中古时期
architecture 建筑风格 **I**:148 - 149
civil law, development of 民法的发展 **IV**:1512
education, Europe 欧洲的教育 **II**:871 - 872
Europe, concept of 欧洲的概念 **III**:970
feudalism 封建主义 **III**:1030
leisure activities 休闲活动 **IV**:1531,**IV**:1533
libraries 图书馆 **IV**:1552 - 1553
sailing ships 帆船 **V**:2233 - 2234
亦可参阅: **Crusades, the; Early modern world(十字军东征;早期近代世界)**
Middle East 中东
biological exchange 生物交换 **I**:399
borders, ancient 古代的边界 **III**:1073
coffee use 咖啡的使用 **II**:592
Cold War 冷战 **II**:598
cultural and geographic areas 文化和地理区域 **II**:684
fascism in 法西斯主义 **III**:1017
geographic constructions and 地理建构 **III**:1120
U. S. and 美国 **I**:105
亦可参阅: **Crusades, the; Islamic world;** *specific countries* **(十字军东征;伊斯兰世界;各个国家)**
"Migrant stock"(in census counts)移民总量(人口调查统计上的)**IV**:1678 - 1679
Migration—overview 移民概述 IV:1669 - 1680
border controls and 边境控制 **III**:1076 - 1978
domestication, states, and migration 归化、国家和迁徙 **IV**:1670 - 1672
early human 早期人类 **IV**:1669 - 1670
following World War II 随着第二次世界大战 **IV**:1677 - 1679
genetic analysis and 遗传分析 **III**:1106 - 1107
human evolution and 人类进化 **III**:1275
industrial era and 工业时代 **IV**:1672
mass migration from 大规模迁移 **IV**:1672 - 1677
law preferences 法律偏好 **IV**:1679
United States 美国。亦可参阅: United States, immigration to(移居美国)
亦可参阅: **Africa—equatorial and southern (4000 BCE - 1100 CE); Diasporas; European expansion; Interregional trade networks; Migration, Asian; Migration, Indo-European(赤道非洲和南部非洲,前4000—公元1100;流散族群;欧洲扩张;区域贸易网络;亚洲移民;印欧人的移民)**
Migration, Asian 亚洲移民 IV:1681 - 1687
Chinese emigration 中国移民 **IV**:1682 - 1683,**IV**:1685
Indian emigration 印度移民 **IV**:1684 - 1685
Japanese and Korean emigration 日本和朝鲜移民 **IV**:1686
long history of 悠久历史 **IV**:1681 - 1682
overseas Chinese communities 海外华人社

区 **IV**:1683 - 1684
overseas Indian communities 海外印度人社区 **IV**:1685 - 1686
southeast Asian emigration 南亚移民 **IV**:1686 - 1687
亦可参阅:**Diasporas; Migration—overview(流散族群;移民概述)**
Migration, Indo-European 印欧人的移民 IV:1688 - 1693
language families of 语系 **IV**:1688 - 1689
determining homeland of 确定故乡 **IV**:1690 - 1691
expansion of 扩张 **IV**:1691 - 1692
Neolithic model of 新石器时代的典范 **IV**:1692
steppe model of 草原地带的典范 **IV**:1692 - 1693
亦可参阅:**Language, classification of(语言分类)**
Milankovitch, Milutin M. 米卢廷·米兰科维奇 **II**:578,**III**:1300 - 1301
Militarists 军国主义者 **IV**:1967
Military engineering 军事工程 IV:1694 - 1698
Military strategy and tactics 军事战略和战术 IV:1699 - 1703
oil and 石油 **IV**:1867
Ottoman Empire 奥斯曼帝国 **IV**:1889
亦可参阅:**Cold War; Dance and military drill; Technology—firearms; War and peace—overview; Warfare—air(冷战;舞蹈与军事训练;火器技术;战争与和平概述;空战)**
Military training and discipline 军事训练和纪律 IV:1704 - 1709
Milky Way galaxy 银河系 **II**:664
Mill, James 詹姆斯·密尔 **IV**:1881
Mill, John Stuart 约翰·斯图亚特·密尔 **V**:2049
Miller, Mary Ellen 玛丽·埃伦·米勒 **I**:250
Millet 小米 **II**:806
Millet 小米。亦可参阅:**Cereal grains(谷物)**
MILNET 军事网络 **III**:1360
Milosevic, Slobodan 斯洛博丹·米洛舍维奇 **IV**:1800,**IV**:1845
Minerals, exploitation of in oceans 海洋矿产的开发 **IV**:1862
Ming dynasty 明朝 **I**:196,**I**:311 - 313,**II**:479,**II**:521 - 522,**II**:609,**IV**:1800
architecture 建筑风格 **I**:150
astronomical instruments 天文仪器 **V**:2267
and Daoism 道教 **II**:712
frontiers 边界 **III**:1067 - 1068
granary system 粮仓体系 **III**:1009
Mongol Empire and 蒙古帝国 **VI**:2704
rice cultivation 稻株栽培 **II**:490
Yongle emperor 永乐皇帝 **VI**:2877 - 2878
Zhu Yuanshang 朱元璋 **VI**:2883 - 2885
Minh-ha, Trinh T. 郑明河 **VI**:2817
Minka houses 民家住宅 **I**:159
Miranda, Francisco de 弗朗西斯科·德·米兰达 I:409,IV:1715 - 1717
亦可参阅:**Spanish Empire(西班牙帝国)**
Mirrors, and glass making 镜子与玻璃制作 **III**:1132,**III**:1133
Mir space station 和平号空间站 **V**:2369
Missionaries 传教士 II:496,II:522,II:598,IV:1718 - 1727,V:2267
Africa 非洲 **V**:2323
Buddhist 佛教徒 **I**:309 - 310,**IV**:1723 - 1724
Byzantine 拜占庭 **I**:438
in China 中国 **I**:304,**II**:522 - 523,**II**:923,**V**:2097,**V**:2267
in Central and South America 中南美洲 **I**:257 - 258

colonialism and 殖民主义 **II**:902,**III**:984 - 985,**III**:987,**III**:1049,**IV**:1721,**IV**:1768

as cultural imperialism 文化帝国主义 **IV**: 1719 - 1720

dictionaries and 词典 **II**:768 - 769

Eastern Europe 东欧 **III**:978 - 979

ecumenicism and 普世教会主义 **II**: 865 - 868

India 印度 **I**:415

Islamic world 伊斯兰世界 **IV**: 1721,**IV**: 1725 - 1726

libraries, spread of 图书馆的传播 **IV**:1554

Mormon (Latter-Day Saints) 摩门教徒(后期圣徒) **IV**:1508

outlook for 前景 **IV**:1726

sport and 体育 **V**:2385

亦可参阅:**Buddha; Jesus; Muhammad; Paul, Saint; Ricci, Matteo; Thomas Aquinas, Saint(佛陀;耶稣;穆罕默德;圣保罗;利玛窦;圣托马斯·阿奎那)**

Mississippian culture 密西西比文化 I:413,**IV**: **1728 - 1731**,**VI**:2534

Missouri Compromise《密苏里妥协案》**VI**:2635

Mitchell, Billy 比利·米切尔 **VI**:2699

Moa 恐鸟 **III**:1005

Mobutu Sese Seko 蒙博托·塞塞·塞科 **I**:27

Moche society 莫切社会。亦可参阅:**Andean states(安第斯国家)**

Modelski, George 乔治·莫德斯基 **IV**:1566,**V**: 2067

Model T automobile 福特 T 型车 **I**:350

Modern era 现代时期

亦可参阅:**Early modern world; Modernity; Progress(早期近代世界;现代性;发展)**

Modernism 现代主义

architecture 建筑风格 **I**:151 - 153

art 艺术 **I**:165 - 168,**I**:185,**I**:199 - 203,**I**: 215 - 217,**I**:228 - 229,**I**:233 - 234,**I**:263 - 265,**I**:282,**I**:289

Modernization 现代化 **III**:972

fascism as response to 作为现代化回应的法西斯主义 **III**:1015 - 1016

Modernity 现代性 IV:1732 - 1736

ecumenicism in 普世教会主义 **II**:865

ethnic nationalism 种族民族主义 **IV**:1801 - 1803

leisure activities 休闲活动 **IV**:1533 - 1535

parliamentarianism and 代议制政体 **IV**: 1921 - 1922

postmodernism 后现代主义 **V**:2004

progress and 发展 **V**:2052

亦可参阅:**Postmodernism; Progress; Western civilization(后现代主义;发展;西方文明)**

Mohammad Mirza 'Ali (Bab, the) 穆罕默德·米尔扎·阿里(巴孛) **I**:373

Mohanty, Chandra Talpade 钱德拉·塔尔佩德·莫汉蒂 **VI**:2817

Mohenjo Daro 摩亨佐·达罗 **III**:1195,**V**:2395, **VI**:2777

Moldboard plows 铧式犁 **V**:1997 - 1998

Moldova 摩尔多瓦 **II**:981,**II**:1501,**II**:1802

Moltke, Helmuth Karl von 赫尔穆特·卡尔·冯·毛奇 **VI**:2731

Momoyama period (Japan) 安土桃山时代(日本) **I**:225 - 227

Monarchies 君主制 **III**:1150 - 1151

absolute 绝对的 **I**:6 - 9

limited, seventeenth century 有限的,17 世纪 **I**:8

sovereignty, theories of 主权理论 **II**:560, **II**:923

亦可参阅:Divine right of monarchs; *specific monarchs*(君权神授;特殊的君主)

Monardes, Nicolas 尼古拉·蒙那德斯 **II**:812
Monet, Claude 克劳德·莫奈 **I**:206
Money 金钱 **III**: 1458 – 1459。亦可参阅: Coinage; **Currency**(造币;货币)
Mongol Empire 蒙古帝国 IV:1737 – 1741
China and 中国 **I**:311 – 312,**II**:520 – 521,**III**:1443,**VI**:2877 – 2878
crusades 十字军东征 **II**:673,**II**:677 – 678
ethnocentrism 民族中心主义 **II**:952 – 953
granary system 粮仓体系 **III**:1009 – 1010
indigenous peoples 土著 **III**: 1322, **III**: 1323,**III**:1324
invasion of Koryo kingdom 入侵高丽 **IV**:1468
military training and discipline 军事训练和纪律 **IV**:1706
religions 宗教 **I**:430,**V**:2097
Silk Roads 丝绸之路 **V**:2323
warfare and 战争 **VI**:2704
亦可参阅: **Chinggis Khan; Steppe confederations; Warfare—steppe nomads(成吉思汗;草原同盟国;草原游牧战争)**
"Monopoly" (game) "大富翁"(一种游戏) **II**:1092
Monotheism 一神教 **I**:3 – 4,**I**:309,**III**:1425,**III**:1424,**V**:2333
亦可参阅: Christianity; **Islam; Judaism**; Supreme being; (基督教;**伊斯兰教;犹太教**;至高神)
Montaigne, Michel de 米歇尔·德·蒙田 **II**:569,**II**:570,**V**:2136
Montenegro 黑山共和国 **III**:978
亦可参阅:**Europe, Eastern(东欧)**
Montesquieu 孟德斯鸠 **III**:965,**III**:1152,**III**:1154,**V**:2347 – 2348
Montezuma II 蒙特祖玛二世。亦可参阅: **Motecuhzoma II(蒙特祖玛二世)**
Montgolfier, Joseph and Etienne 约瑟夫·蒙戈尔斐和埃蒂耶纳·蒙戈尔斐 **VI**:2696
Montreal Protocol《蒙特利尔协定书》**III**:1136
Moraga, Cherrie 切利·莫拉加 **VI**:2814,**VI**:2817
Morales, Evo 艾沃·莫拉莱斯 **III**:1325
Moral philosophy 伦理学 **II**:922
Moral theology 道德神学 **II**:543
More, Sir Thomas 托马斯·莫尔爵士 **III**:1402,**VI**:2658,**VI**:2659
Moreno-Ocampo, Luis 路易·莫雷诺-奥坎波 **III**:1349
Moreri, Louis 路易·莫雷里 **II**:772
Morgan, Lewis Henry 刘易斯·亨利·摩尔根 **IV**:1951
Morisot, Berthe 贝尔特·莫里索 **I**:216
Morley, Edward 爱德华·莫利 **V**:2258
Mormon Church 摩门教 **IV**:**1507**
Morocco 摩洛哥 **III**:1061 – 1062,**III**:1065,**III**:1078,**III**:1129
Arab League 阿拉伯联盟 **III**:140
Paleolithic art in 旧石器时代艺术 **I**:239
Songhai, invasion of 对桑海帝国的入侵 **V**:2361
Morris, Eric 埃里克·莫里斯 **III**:1291
Morris, William 威廉·莫里斯 **I**:152,**VI**:2659
Morris dancers 莫里斯舞表演者 **II**:702
Morse, Samuel F. B. 塞缪尔·摩尔斯 **II**:622,**II**:889
Mosaddeq, Mohammad 穆罕默德·摩萨台 **V**:2155
Moscow 莫斯科 **IV**:1958
Moses 摩西 IV:1742 – 1744,**V**:2101
亦可参阅:**Judaism(犹太教)**
Mosquitos 蚊子。亦可参阅:Insects,disease and (昆虫的疾病)
Most recent common ancestor (MRCA) 最近的

人类祖先 **III**:1104
Motecuhzoma I (Motecuhzoma Ilhuicamina) 蒙特祖玛一世(蒙特祖玛·伊尔维卡米纳)**I**:363
Motecuhzoma II (Motecuhzoma Xocoyotzin) 蒙特祖玛二世(蒙特祖玛·霍科约津) I:363, **IV:1745 – 1746**
Motion pictures 电影 **II**:623
Motorcycles 摩托车 **II**:910
Mott, Lucretia 卢克丽霞·莫特 **III**:1020
Mountains 山地 IV:1747 – 1753
changing attitudes toward 改变态度 **IV**:1749 – 1751
future directions 前途 **IV**:1753
geographical distribution 地理分布 **IV**:1748 – 1749
problems 问题 **IV**:1751 – 1753
亦可参阅:**Climate change; Environmental movements; Erosion; Indigenous peoples; Tourism(气候变化;环保运动;土壤侵蚀;土著;旅游业)**
Moya, Paula 保拉·莫亚 **VI**:2817
Moynihan, Daniel P. 丹尼尔·莫伊尼汉 **IV**:1639
Mozambique 莫桑比克 **I**:34,2029
Mozart, Wolfgang Amadeus 沃尔夫冈·阿玛德乌斯·莫扎特 **IV**:1768
Mozi 墨子 **IV**:1965
Mughal Empire 莫卧儿帝国 I:312,**II**:833,**II**:898,**III**:1010,**IV:1754 – 1757**
British East India Company and 英属东印度公司 **I**:416
ethnicity in 种族 **II**:945
painting 绘画 **I**:274
sculpture 雕塑 **I**:272
unification of India 印度的统一 **IV**:1838
亦可参阅:**Akbar; Aurangzeb(阿克巴;奥朗则布)**
Muhammad Ali (Islamic reformer) 穆罕默德·阿里(伊斯兰改革家) **III**:1021,**III**:1395
Muhammad, Elijah 以利亚·穆罕默德 **I**:46
Muhammad, Wallace D. 华莱士·穆罕默德 **I**:46
Muir, John 约翰·缪尔 **II**:927
Mukhina, Vera 维拉·穆欣娜 **I**:265
Mulay Ahmad 穆莱·艾哈迈德 **V**:2361
Multiculturalism 多元文化主义 **II**:953 – 954
Mumford, Lewis 刘易斯·芒福德 **V**:2185
Mummies and mummification 木乃伊和木乃伊化 **I**:184,**III**:1318,**IV**:1871,**V**:2089
Mumps 流行性腮腺炎 **II**:791
Municipal solid waste (MSW) landfills 城市固体废物填埋 **VI**:2782
Muñoz, Juan Bautista 胡安·巴蒂斯塔·穆尼奥斯 **V**:2371
Murdoch, Rupert 鲁伯特·默多克 **IV**:1628
Muromachi period (Japan) 室町时代(日本) **I**:225
Murray, James 詹姆斯·穆雷 **II**:770
Museums 博物馆 IV:1761 – 1765
亦可参阅:**Art—world art studies; Imperialism; Libraries(艺术——世界艺术研究;帝国主义;图书馆)**
Mushashi, Miyamoto 宫本武藏 **IV**:1700
Music—overview 音乐概述 IV:1766 – 1771
as commercial industry 工商业 **IV**:1769 – 1770
future 未来 **IV**:1770
and morality, early history 早期历史和道德 **IV**:1766 – 1777
role in colonialism 在殖民主义中的作用 **IV**:1768 – 1769
and spirituality 精神 **IV**:1767 – 1768
and stories 故事 **IV**:1766
Music and political protest 音乐和政治抗议 IV:1772 – 1779

亦可参阅：**Labor union movements; Peacemaking in the modern era**（**工会运动；现代国际社会调停**）
Muslim Brotherhood 穆斯林兄弟会 **V**:2123－2125
Muslim conquerors and 穆斯林征服者 **II**:859－860
Musschenbroek, Peter van 彼得・范・穆森布罗克 **II**:888
Mussolini, Benito 贝尼托・墨索里尼 **II**:779, **III**:1014－1015, **III**:1305, **III**:1372
Mutations 突变 **III**:1106
Muteferrika, Ibrahim 易卜拉欣・穆特弗利卡 **II**:772
Mützel, Gustav 古斯塔夫・穆策尔 **I**:331
Myanmar (Burma) 缅甸 **I**:313, **III**:1211, **VI**:2556, **VI**:2766
art of 艺术 **I**:277
Great Britain, influence of 英国的影响 **IV**:1682
nonviolent resistance in 非暴力抵抗 **IV**:1841
religions 宗教 **I**:429
unification 统一 **II**:836
Mycenae 迈锡尼 **III**:1158－1159, **V**:2280
Treasury of Atreus 阿特柔斯宝库 **I**:146
Mystical theology (in Christian orthodoxy) 神秘神学（在东正教中）**II**:541
Mysticism 神秘主义 IV:1780－1783
亦可参阅：**Buddhism; Daoism; *I Ching*; Jainism; Philosophy, Asian**（**佛教；道教；《易经》；耆那教；亚洲哲学**）

N

NAACP (National Association for the Advancement of Colored People) 全国有色人种促进会 **II**:818－819
Nabonidus 那波尼德 **III**:143
Nader, Ralph 拉尔夫・纳德 **II**:930
Nagasaki, atomic bombing of 原子弹轰炸长崎 **III**:1414, **VI**:2870
Nainsukh 莱恩苏坤 **I**:275
Namibia 纳米比亚 **I**:34, **III**:1128
Nampeyo 南培尧 **I**:236
Nanak, Guru 古鲁・那纳克 **II**:736, **IV**:1780, **V**:2316－2317
Nanjing, Japanese attack on 日军进攻南京 **III**:1412, **VI**:2726
Napier, John 约翰・纳皮尔 **V**:2450
Napoleon (Bonaparte) **拿破仑**（波拿巴）**III**:1058, **IV**:**1785－1787**, **IV**:1940, **VI**:2636
diplomacy 外交, **II**:778
Egypt, invasion of 入侵埃及 **IV**:1882
Haiti, role in 在海地的作用 **II**:795, **V**:2152
Malta, conquering of 征服马尔他 **II**:672
military strategy and tactics 军事战略和战术 **IV**:1702
Moscow, march to 进军莫斯科 **V**:2225－2226
Spain and 西班牙 **V**:2375
亦可参阅：**Napoleonic Empire**（**拿破仑帝国**）
Napoleon III, emperor 拿破仑三世，皇帝 **III**:1060, **III**:1064, **III**:1120, **IV**:1484
Napoleonic Code《拿破仑法典》**IV**:1512－1513, **IV**:1514, **IV**:1785, **IV**:1787, **IV**:1789, **IV**:1791
Napoleonic Empire 拿破仑帝国 IV:1788－1792
亦可参阅：**Napoleon**（**拿破仑**）
Napoleonic wars 拿破仑战争 **III**:1352, **IV**:1518, **IV**:1797, **IV**:1940, **V**:2378, **VI**:2735
Napster 纳普斯特 **V**:2182
Naram Sin stele 纳拉姆辛的胜利石碑 **I**:413

Nara period (Japan) 奈良时期(日本) **I**:223 - 224
Narses 纳尔西斯 **V**:2252
NASA (National Aeronautics and Space Administration) 国家航空航天局 **V**:2365 - 2366
Nasir, Gamal Abd al- 贾迈勒·阿卜杜·纳西尔 **III**:1386
Nast, Thomas 托马斯·纳斯特 **III**:1304
Nation-state 民族国家 IV:1804 - 1809
亦可参阅: **Nationalism, ethnic; Nationalism-overview(种族民族主义;民族主义概述)**
National Aeronautics and Space Administration (NASA) 国家航空航天局 **III**:1083,**V**:2365 - 2366
National Association for the Advancement of Colored People (NAACP)全国有色人种促进会 II:818 - 819
National Broadcasting Company (NBC) 全国广播公司 **IV**:1624,**V**:2480
National Gay and Lesbian Task Force (NGLTF) 全国男女同性恋者特别行动组 **III**:1099
National Labor Relations Board 国家劳工关系委员会 **IV**:1487
National Labor Union (NLU) 全国劳工联盟 **IV**:1485
National parks 国家公园
in Australia 澳大利亚 **II**:927
in Canada 加拿大 **II**:927
in South Africa 南非 **II**:927
in United States 美国 **II**:927
National Public Radio 国家公共电台 **V**:2081
National Security Council, U. S. 美国国家安全委员会
China, relations with 与中国的关系 **II**:525
NSC - 68 国家安全委员会第 68 号文件 **I**:104
National Television System Committee (NTSC) 国家电视制式委员会 **V**:2480
National Women Suffrage Organization 全国妇女选举权组织 **III**:1020
Nationalism—overview 民族主义概述 II:918, **IV:1793 - 1798**
Catholic Church and 天主教 **V**:2197
Eastern Europe 东欧 **II**:658,**III**:980 - 981
ethnic 种族的 **II**:944 - 946。亦可参阅: **Nationalism, ethnic(种族民族主义)**
libraries, spread of 图书馆的传播 **IV**:1555
maps and 地图 **II**:477
亦可参阅:**Nation-state(民族国家)**
Nationalism, ethnic 种族民族主义 II:945 - 947, **IV:1799 - 1803**
亦可参阅: **Ethnicity; Ethnocentrism; Nationstate(种族;欧洲中心主义;民族国家)**
Nationalist China 中华民族 **II**:597
Nationalization of railroads 铁路国有化 **V**:2085
Native American religions 美洲印第安宗教 IV: 1810 - 1816
differences in 差异 **IV**:1811 - 1812
diversity of 多样性 **IV**:1810
historical consciousness 历史意识 **IV**:1816
history 历史 **IV**:1811 - 1813
linkages 联系 **IV**:1815 - 1816
narratives 叙述 **IV**:1813 - 1814
亦可参阅: **Art—Native North America; Shamanism(北美土著艺术;萨满教)**
Native Americans 美洲土著 **II**:602,**III**:1047 - 1048,**III**:1321
adolescence and 青春期 **I**:10
art 艺术 **I**:231 - 237
birth control and contraception issues 节育和避孕问题 **I**:406
ceremonies among 仪式 **III**:1344
children 儿童 **II**:510
cultural and natural regions 文化区域与自

然区域 **II**:680 - 682
dance and drill among 舞蹈和操练 **II**:705
diseases 疾病 **II**:608,**II**:794 - 795,**II**:786,**III**:1006,**III**:1302
Enlightenment attitudes on 启蒙观念 **II**:924
festivals 节庆 **III**:1025 - 1026
foods 食物 **III**:1042
fur trade and 皮毛贸易 **III**:1079,**III**:1266
genocide and 种族灭绝 **III**:1112 - 1113
languages 语言 **IV**:1495,**IV**:1496
religions 亦可参阅:Native American (religions),宗教(美洲印第安宗教)
sports 体育 **V**:2383
third-sex categorization 三性分类法 **V**:2290
warfare and firearms 战争和火器 **VI**:2743,**VI**:2745
NATO. 亦可参阅:**North Atlantic Treaty Organization (NATO)(北大西洋公约组织,NATO)**
Natural gas 天然气 IV:1817 - 1819
亦可参阅:**Energy(能源)**
Natural Law. 自然法。亦可参阅:**Law, Natural (自然法)**
Natural selection 自然选择 **III**:1105,**IV**:1823,**V**:2054
Nature 自然 IV:1820 - 1826
ecology, age of 生态学时代 **IV**:1824 - 1825
geographic change, agents of 地理变迁中介 **IV**:1825
humans and 人类 **IV**:1824
modern times 现代 **IV**:1822 - 1824
亦可参阅:**Desertification ; Erosion; Mountains; Oceans and seas; Rivers; Trees(荒漠化; 侵蚀; 山地; 海洋;河;树)**
Naukratis 瑙克拉提斯 **I**:171
Naval flag signaling 海军信号旗 **II**:621
Naval warfare 海战。亦可参阅:**Warfare—Naval (海战)**
Navigation 航海 IV:1827 - 1833,VI:2589 - 2592
celestial 天空中的 **IV**:1829 - 1831
electronic 电子的 **IV**:1831 - 1832
technological advancements and 技术进步 **V**:2465 - 2466,**VI**:2560 - 2562
亦可参阅:**Cartography; Henry the Navigator;History, maritime(制图学;航海家亨利;海洋史)**
Nazi Germany 纳粹德国 **III**:1237,**III**:1239,**V**:2112,**V**:2217,**VI**:2487,**VI**:2890
aggression and ideology, effects of 侵略行为和意识形态的影响 **III**:1155
cartography 制图学 **II**:477
Catholic Church, role of 天主教的角色 **V**:2197 - 2198
interwar years 两次世界大战之间 **III**:981,**III**:1015,**III**:1372,**VI**:2862
labor union movement 工会运动 **IV**:1484
in League of Nations 国联 **IV**:1529
radio service 无线电业务 **V**:2080
rocketry 火箭 **V**:2364 - 2365
亦可参阅:**Hitler, Adolf ; Holocaust; World War II(阿道夫·希特勒;大屠杀;第二次世界大战)**
Nazi-Soviet Pact《苏德互不侵犯条约》**II**:615
Neanderthals 尼安德特人
emergence of 出现 **III**:1105,**III**:1273
hygiene and 卫生学 **III**:1285
Near East 近东。亦可参阅:Middle East(中东)
Nebuchadnezzar II, king of Babylon 尼布甲尼撒二世,古巴比伦国王 **I**:370,**IV**:1659
Necker, Jacques 雅克·内克 **V**:2147 - 2148
Nefertari 妮菲塔莉 **V**:2088
Nehru,Jawaharlal 贾瓦哈拉尔·尼赫鲁 **II**:742,

III:1215,**V**:2004
Nelson, Lord Horatio 霍雷肖·纳尔逊勋爵 **IV**:1702,**IV**:1785
Neo-Assyrian Empire 新亚述帝国 **I**:320 - 322, **IV**:1659,**IV**:1800
Neo-Babylonian period 新巴比伦王国时期 **I**:370,**IV**:1800
Neo-Confucianism 新儒家 **II**: 638 - 639, **V**:2292 - 2293,**V**:2312
Neo-Darwinism 新达尔文主义 **III**:1002
Neofascism 新法西斯主义 **III**:1017
Neo-Kantians 新康德主义 **II**:562
Neoliberalism 新自由主义 **IV**:1548
Neolithic era 新石器时代
architecture 建筑 **I**:145
art 艺术 **I**:180 - 181,**I**:283
calendrical knowledge 历法知识 **V**:2261
economic growth 经济增长。亦可参阅:Neolithic revolution(石器革命)
in Korea 朝鲜 **IV**:1466
secondary-products revolution 次级产品革命 **V**:2284 - 2285
亦可参阅:**Agricultural societies; Foraging societies, contemporary; Human evolution; Paleoanthropology(农业社会;当代狩猎-采集社会;人类进化;古人类学)**
Neolithic revolution 新石器革命;**II**:858 - 860
Neoplatonism 新柏拉图主义 **IV**:1973
Nepal 尼泊尔 **II**:836
art 艺术 **I**: 178 - 186。亦可参阅:**Art—South Asia(南亚艺术)**
Buddha, birth of 佛陀的诞生 **I**:425
pastoral nomadic societies in 游牧社会 **IV**:1927
Nero 尼禄 **I**:175 - 176,**V**:2204
Nestorian Christianity 聂斯脱利基督教派 **II**:538,**II**:678
Netanyahu, Binyamin 本雅明·内塔尼亚胡 **V**:1922
Netherlands 尼德兰 the, **III**:1011
absolutism in 专制主义 **I**:7,**I**:8
Congress of Vienna, actions of 维也纳会议的影响 **II**:644
in European Union 欧洲联盟 **III**:989
famine 饥荒 **III**:1011
fisheries 渔业 **III**:1191
immigration to 移民 **II**:605
亦可参阅:**Dutch Empire(荷兰帝国)**
Network Working Group 网络工作组 **III**:1360
Neumann, Johann Balthasar 约翰·巴塔萨·纽曼 **I**:150
Nevins, Allan 阿兰·奈文斯 **III**:1228
New Age 新时代 **I**:52,**V**:2129
New Deal 罗斯福新政 **II**:939,**IV**:1487,**VI**:2635
New Guinea 新几内亚 **II**: 848, **III**: 1320, **III**:1453,**III**:1454
adolescence 青春期 **I**:13
ceremonies in 仪式 **III**:1344
and German Empire 德意志帝国 **III**:1128, **III**:1129
languages 语言 **IV**:1495,**IV**:1497
potatoes in 马铃薯 **V**:2042
sweet potatoes in 番薯 **V**:2037,**V**:2038
New South Wales 新南威尔士州 **I**:331
New Testament《新约全书》**V**:2110,**V**:2194
Abraham in 亚伯拉罕 **I**:3 - 4
catacomb paintings 地下墓穴绘画 **I**:210 - 211
New World 新大陆
agricultural ecology 农业生态学 **I**:63 - 64, **I**:66 - 68
Columbian Exchange 哥伦布大交换 **II**:607 - 610
ethnicity in 种族 **II**:945

extinctions 物种灭绝 **III:**1003 - 1007
food trade and networks 食物贸易和贸易网 **III:**1042 - 1043
language families 语系 **IV:**1497
slave trades 奴隶贸易 **V:**2334 - 2338
亦可参阅: **Imperialism**; Latin America; **Mesoamerica**; North America(**帝国主义**;拉丁美洲;**中美洲**;北美)
New Year festivals, Chinese 中国春节 **II:**531, **II:**710, **III:**1026
New York City 纽约
African American and Caribbean religions in 非裔美洲人和加勒比宗教 **I:**44 - 46
as Western art capital (20th c.) 作为西方艺术之都(20 世纪)**I:**219
New Zealand 新西兰
art 艺术 **I:**234
backyard composting in 后院堆肥 **VI:**2784
biological exchange 生物交换 **I:**398, **I:**400, **I:**401
colonial period 殖民时期 **I:**421, **I:**423, **II:**604, **II:**605
extinctions 物种灭绝 **I:**107, **III:**1005
indigenous peoples 土著 **III:**1323
population growth and 人口增长 **V:**2014 - 2015
solid wastes, collection of 固体垃圾的回收 **VI:**2781
in Southeast Asia Treaty Organization (SEATO) 东南亚条约组织 **II:**599
Newcomen, Thomas 托马斯·纽卡门 **II:**909, **III:**1329, **III:**1377
Newspapers and print media 报纸和印刷媒体 **IV:**1618 - 1622
Newton, Isaac 艾萨克·牛顿 **II:**663, **III:**1328, **III:**1351, **IV:**1631, **IV:**1633, **IV:1834 - 1836**, **V:**2052, **VI:**2509, **VI:**2647
alchemy studied by 炼金术研究 **V:**2258
Cenotaph to 纪念碑 **I:**151
Enlightenment and 启蒙运动 **II:**921 - 922, **V:**2274
scientific expeditions 科学考察 **III:**995
Scientific Revolution, role in 在科学革命中的作用 **V:**2263, **V:**2270, **V:**2273 - 2274
scientific theory and 科学理论 **V:** 2257, **V:**2759
Ngo Dinh Diem 吴庭艳 **II:**598
Nguyen Phan Chanh 阮潘正 **I:**280
Ni Zan 倪瓒 **I:**195, **I:**196
Nicaea, Council of 尼西亚大会 **II:**865
Nicene-Constantinopolitan Creed 尼西亚-君士坦丁堡信经 **II:**539
Nicholas II (czar) 尼古拉二世(沙皇) **IV:**1518, **V:**2166, **V:**2226, **VI:**2697
Nicholas IV (pope) 尼古拉四世(教宗) **II:**678
Nicholas V (pope) 尼古拉五世(教宗) **IV:**1554
Nicot, Frenchman Jean 法国人让·尼古特 **VI:**2515
Nicotiana tabacum 烟草 **VI:**2515
Niebuhr, Carsten 卡斯滕·尼布尔 **V:**2277
Nietzsche, Friedrich 弗里德里希·尼采 **V:**1978, **V:**2034
Niger River 尼日尔河 **I:**30 - 31, **I:**386, **I:**389
Niger-Congo languages 尼日尔-刚果语系 **IV:**1497
Nigeria 尼日利亚 **I:**36 - 40, **I:**37
art of 艺术 **I:**168
energy usage 能源使用 **II:**911
ethnicity 种族 **II:**947
festivals 节庆 **III:**1027 - 1028
Hausa states and 豪萨城邦 **III:**1205, **III:**1206
religions 宗教 **I:**40
sweet potatoes in 番薯 **V:**2037
World War II 第二次世界大战 **I:**27

Nihonga 胶彩画 **I**:228
Nikitin, Ivan 伊万・尼基丁 **I**:260
Nile River valley 尼罗河谷 **II**:579,**III**:1042
亦可参阅:**Egypt(埃及)**
Nilo-Saharan people 尼罗-撒哈拉语系民族 **I**:33
NIMBY syndrome 邻避症候群 **VI**:2782
Nimitz, Admiral Chester 海军上将切斯特・尼米兹 **VI**:2869
Ninety-Five Theses《九十五条论纲》**IV**:1569, **V**:2197
Nineveh 尼尼微 **V**:2278
Nipkow, Paul 保罗・尼普科夫 **V**:2479
Nisbet, Robert 罗伯特・奈斯比特 **V**:2349
Nitten 日本美术展览会 **I**:229
Nixon, Richard M. 理查德・尼克松 **II**:599, **V**:2158
détente and 缓和战略 **II**:757–759
trip to China 中国之行 **IV**:1607
Nkoli, Simon 西蒙・恩科利 **III**:1100
Nkrumah, Kwame 夸梅・恩克鲁玛 **I**:390,**III**:1445,**IV**:**1837–1839**,**IV**:1911
African Union 非洲联盟 **I**:55
colonial Africa 殖民地非洲 **I**:36–37,**VI**:27
亦可参阅:**Africa—postcolonial(非洲—后殖民时代)**
NLU (National Labor Union) 全国劳工联盟 **IV**:1485
Nobel, Alfred 阿尔弗雷德・诺贝尔 **II**:910
Nobunaga, Oda 织田信长 **II**:833,**VI**:2725
Nok culture 诺克文化 **I**:164
Nollet, Abbe 阿贝・诺列特 **II**:888
Nomads 游牧部落。亦可参阅:**Bands, tribes, chiefdoms, and states; Foraging societies, contemporary; Pastoral nomadic societies; Steppe confederations(营居群、部落、酋邦和国家;当代狩猎-采集社会;游牧社会;草原同盟国)**
Non-governmental organizations (NGOs) 非政府组织 **III**:1354
Nonviolence 非暴力 **III**:1405,**IV**:**1840–1845**, **VI**:2691
civil disobedience 非暴力反抗 **II**:564–566, **II**:604
亦可参阅:**Gandhi, Mohandas; Mahavira;** Pacifism; **Peace projects(莫汉达斯・甘地;摩诃毗罗;和平主义;和平计划)**
North America 北美洲
agricultural societies, early 早期农业社会 **I**:66
art, of indigenous populations 土著艺术 **I**:231–237
biological exchange 生物交换 **I**:397,**I**:400–401,**II**:608–610
cereal crops 谷物 **II**:491
colonies 殖民地 **I**:423,**II**:602,**III**:1058。亦可参阅:**Colonialism(殖民主义)**
early modern era, chronological parameters of 早期现代的编年时间参数 **II**:832
European Economic Community and 欧洲经济共同体 **III**:990
extinctions 物种灭绝 **III**:1002–1007
food trading networks 食物贸易网 **III**:1042–1043
fur trade 皮草贸易 **III**:1079–1080
geographic construction of 地理建构 **III**:1119
immigration to 移民 **II**:901,**IV**:1681–1687
liberal democracies 自由民主制 **III**:1151
libraries 图书馆 **IV**:1555–1557
shamanism in 萨满教 **V**:2300
slavery and slave trade 奴隶制和奴隶贸易 **IV**:1479–1480
trade 贸易 **II**:835
warfare, post-Columbian 后哥伦布时代的战争 **VI**:2743–2748

warfare, pre-Columbian 前哥伦布时代的战争 **VI**:2750 - 2754
women's rights in 女权 **VI**:2840
Younger Dryas ice age 新仙女木冰期 **II**:579
亦可参阅:*specific countries*(具体国家)
North Atlantic Treaty Association (NATO) 北大西洋公约组织(北约) II:780, **III**:1368, **IV**: **1846 - 1847**
creation of 成立 **II**:597,**III**:1355,**VI**:2842
impact of 影响 **II**:601
Warsaw Pact and 华沙条约组织 **VI**:2775
亦可参阅:**Cold War, Containment, Diplomacy(冷战;遏制;外交)**
North Carolina 北卡罗来纳州 **VI**:2515
亦可参阅:Korean War(朝鲜战争)
Northern Ireland 北爱尔兰 **IV**:1799
Norway 挪威 **II**:645
nonviolent resistance in 非暴力抵抗 **IV**: 1843 - 1845
parliamentarianism in 代议制政体 **IV**:1922
Norwegian language, written norm for 挪威语书写标准 **IV**:1501
Nubians 努比亚人 IV:1848 - 1850
亦可参阅:**Egypt; Meroë(埃及;麦罗埃)**
Nuclear power 核能 IV:1851 - 1854
accidents 事件 **IV**:1853
atomic futures 原子能的发展趋势 **IV**: 1852 - 1853
beginning of 开端 **IV**:1851 - 1852
growth in international market 国际市场的增长 **IV**:1853 - 1854
亦可参阅:**Energy, Waste management(能源;废物管理)**
Nuclear weapons 核武器
containment 遏制 **II**:600,**II**:601,**II**:658
development 发展 **II**:910,**V**:2264,**V**:2468
Einstein, role of 爱因斯坦的作用 **II**:887
in World War II 第二次世界大战 **VI**:2716, **VI**:2870
Nuremberg Laws 纽伦堡法案 **III**:1239,**III**:1248
Nuremberg war crimes trials 纽伦堡审判 **III**: 1252,**III**:1279,**III**:1348
Nurture-sustainable villages 可持续养育的乡村 **II**:502 - 503
Nurturing environments 培育环境 **II**:501
Nutrition 营养。亦可参阅:**Food(食物)**
Nyerere, Julius 尤里乌斯・尼雷尔 **I**:38 **I**:55, **IV**:1911

O

Oases 绿洲 **II**:755
OAU. 亦可参阅:Organization of African Unity (非洲统一组织)
Oberth, Hermann 赫尔曼・奥波特 **V**:2364
Obregón, Álvaro 阿尔瓦罗・奥布雷贡 **V**: 2162 - 2164,**VI**:2741
Obsidian 黑曜石 **III**:1131,**VI**:2533,**VI**:2534, **VI**:2536,**VI**:2537,**VI**:2540,**VI**:2569,**VI**: 2684,**VI**:2737,**VI**:2753
Ocean dumping 海洋倾倒 **VI**:2782
Oceania 大洋洲 **III**:1320,**IV**:1762
art 艺术 **I**:232 - 233
biological exchange 生物交换 **I**:398
German colonialism and 德国殖民主义 **III**: 1127 - 1128
immigration to 移民 **IV**:1681,**IV**:1683,**IV**: 1686
sexual classification in 性别分类 **V**:2291
亦可参阅:**Biological exchanges; Columbian exchange(生物交换;哥伦布大交换)**

Oceania, ancient 古代大洋洲 IV:1857 - 1859
亦可参阅:**Pacific, settlement of(移居太平洋)**
Oceans and seas 海洋 IV:1860 - 1866
geographic constructions and 地理建构 **III:** 1120
as global commons 全球共有 **III:**1135
management and protection 管理和保护 **IV:**1865 - 1866
marine resources 海洋资源 **IV:**1861 - 1864
scientific expeditions on 科学考察 **III:**993 - 995
sea law and sea powers 海洋法和海上力量 **IV:**1861 - 1865
transportation on 交通 **IV:**1861
亦可参阅:**Climate change; History, maritime; Migration—overview; Natural gas; Oil; Oil spills(气候变化;航海史;移民概述;天然气;石油;溢油)**
Odetta 奥代塔 **IV:**1776
Odio Benito, Elizabeth 伊丽莎白·奥迪奥·贝尼托 **III:**1349
Oduduwa 奥度度瓦 **I:**385
Oedipus the King《俄狄浦斯王》**III:**1243,**III:**1285,**IV:**1521
Oersted, Hans Christian 汉斯·克里斯蒂安·奥斯特 **II:**889
Ogata Kenzan 尾形乾山 **I:**228
Ohain, Pabst von 帕布斯特·冯·奥海因 **I:**357
Ohio valley 俄亥俄山谷 **I:**413 **VI:**2635
Ohm, Georg Simon 格奥尔格·西蒙·欧姆 **II:**889
Oil 石油 IV:1867 - 1869,V:1991 - 1992
亦可参阅:**Energy; Natural gas; Nuclear energy(能源;天然气;核能)**
Oil spills 溢油 IV:1870 - 1876
ancient and medieval history of 古代和中世纪史 **IV:**1871 - 1872
Deepwater Horizon 深水地平线 **IV:**1875
effects of 效果 **IV:**1874
Exxon Valdez 埃克森·瓦尔迪兹号油船 **IV:**1873,**IV:**1874
major spills 重大溢油 **IV:**1873 - 1874
in Persian Gulf 波斯湾 **IV:**1873
post-1820 modern era 1820 年后的现代 **IV:** 1872 - 1873
亦可参阅:**Oil(石油)**
Okeke, Uche 乌切·奥科克 **I:**168
Olber's paradox 奥伯悖论 **II:**664
Old Testament《旧约全书》**II:** 542,**II:** 696,**VI:**2633
亦可参阅:**Judaism(犹太教)**
Older Dryas 老仙女木期 **II:**579
Olmec civilization 奥尔梅克文明 **I:**66,**I:**248 - 251,**I:**256,**IV:**1650,**VI:**2750
Olympic games 奥林匹克运动会 **V:**2382,**V:** 2384 - 2385
Beijing (2008) 北京奥运会(2008 年) **I:** 203,**I:**236,**V:**2386
O'Malley, John W. 约翰·马尔里 **I:**305
Oman 阿曼 **I:**140,**II:**900
Omar, caliphate of 欧麦尔哈里发 **III:**138
Omar Khayyam 奥玛开阳 **IV:**1632
Onians, John 约翰·奥尼恩斯 **I:**293,**I:**303
On Line Transaction Processing (OLTP) 在线交易处理 **III:**1358
On-line. 在线。亦可参阅:**Internet(互联网)**
Onobrakpeya, Bruce 布鲁斯·昂雅克皮亚 **I:**168
OPEC (Organization of Petroleum Exporting Countries) 欧佩克(石油输出国组织) **V:**2158
Open Door policy (U. S.) "门户开放"(美国) **I:** 203,**VI:**2577
Open Door treaties, Japan 门户开放系列条约,

日本 **IV**:1720
Open System Interconnection 开放系统互联 **III**:1361
Opium trade 鸦片贸易 **II**:815,**II**:816,**VI**:2559
Opium Wars 鸦片战争
British East India Company, role of 英属东印度公司的作用 **I**:416,**III**:1303
historical aspects 从历史角度 **II**:816,**III**:1256,**VI**:2547,**VI**:2705
Oppenheimer, J. Robert 罗伯特·奥本海默 **IV**:1852,**IV**:1853
Optical signaling 光信号 **II**:621
Oral History Association 口述史协会 **III**:1229
Orang Asli 原住民 **I**:156
Oranmiyan 奥然密亚 **I**:385
Orbis Terrarum 寰宇 **III**:1400
Organization for Economic Cooperation and Development (OECD) 经济合作与发展组织 **III**:1102
Organization for Security and Cooperation in Europe (OSCE) 欧洲安全与合作组织 **III**:1356
Organization of African Unity (OAU) 非洲统一组织 **I**:36－37,**I**:54－56
亦可参阅:**African Union(非洲联盟)**
Organization of American States (OAS) 美洲国家组织 III:1356,**IV**:**1877－1879**
Organization of Petroleum Exporting Countries (OPEC) 石油输出国组织 **V**:2158,**VI**:2807
Organon《工具论》**VI**:2646
Oriental Exclusion Act《排斥东方法案》**III**:1411
Orientalism 东方主义 II:953－954,**IV**:**1880－1884**
亦可参阅:**Ethnocentrism; Eurocentrism; Postcolonial analysis(民族中心主义;欧洲中心主义;后殖民分析)**
Oriental Orthodox Churches 东正教 **II**:538
Original Sin 原罪 **II**:542
Originum seu Etymologiarum Libri XX《词源研究》**III**:1336
Orlando, Vittorio 维托里奥·奥兰多 **VI**:2600
Orosius 奥罗修斯 **II**:916
Orozco, Jose Clemente 何塞·克莱门特·奥罗斯科 **I**:254
Ortelius, Abraham 亚伯拉罕·奥特柳斯 **II**:471,**II**:834
Orthodox caliphate 正统哈里发 **III**:138
Orthodox Christianity 东正教。亦可参阅:**Christian orthodoxy(东正教)**
Orthodox Church 东正教会。亦可参阅:**Christian orthodoxy(东正教)**
Orthodoxy 正统教派。亦可参阅:**Christian orthodoxy(东正教)**
Orthography, reforms of 正字法改革 **IV**:1501－1502
Orwell, George 乔治·奥威尔 **VI**:2660
Osachi, Hamaguchi 滨口雄幸 **III**:1411
Osman I 奥斯曼一世 IV:**1885－1886**
亦可参阅:**Ottoman Empire(奥斯曼帝国)**
Otto, Nicolaus 尼古拉·奥托 **I**:349,**II**:910
Otto I (emperor) 奥托一世(皇帝) **III**:979
Otto III (emperor) 奥拓二世(皇帝) **III**:979
Ottoman Empire 奥斯曼帝国 II:897,**IV**:1641－1642,**IV**:1676,**IV**:**1887－1893**,**VI**:2634
absolutism 专制主义 **I**:6－9
art 艺术 **I**:287,**I**:288
borders 国界 **III**:1076
Byzantine Empire and 拜占庭帝国 **I**:436,**I**:444
coffee use 咖啡的饮用 **II**:592
collapse of 衰落 **VI**:2648
Eastern Europe 东欧 **III**:977－982
ethnicity in 种族 **IV**:1801
European expansion 欧洲扩张 **III**:985,

III:1065
Marxist analysis of 马克思主义的分析 **II**:633
Mehmed II 默罕默德二世 **IV**:1641 - 1642
Osman I 奥斯曼一世 **IV**:11885 - 1886
religions 宗教 **V**:2111,**V**:2097 - 2099
Russian Soviet Empire and 俄罗斯-苏维埃帝国 **V**:2223 - 2225
slave soldiers, use of 奴隶士兵的使用 **IV**:1478
Outer Eurasia vs. Inner Eurasia, delineating 外欧亚大陆与欧亚内陆,描述 **III**:957 - 962
Ovicaprines 羊 **II**:807
Ovid 奥维德 **II**:448,**VI**:2658
Owen, Robert 罗伯特·欧文 **III**:1154,**V**:2053
Oxford English Dictionary (*OED*)《牛津英语词典》**II**:770,**II**:774
Oxus civilization 奥克苏斯文明 **V**:2320
Ozone layer 臭氧层 **II**:927,**II**:929,**III**:1136

P

Pacific, settlement of 移居太平洋 IV:1895 - 1901
Pacific Islanders 太平洋岛民 **III**:995,**III**:1401
colonial period 殖民时期 **II**:602,**II**:605
Enlightenment image of 启蒙运动的看法 **II**:924
indigenous peoples 土著 **III**: 1320, **III**: 1321,**III**:1322 - 1323
亦可参阅:**Oceania, ancient(古代大洋洲)**
Pacific Ocean 太平洋 **II**:834,**IV**:1860
El Nino episodes 厄尔尼诺现象 **II**:575 - 577
scientific expeditions 科学考察 **III**:995
亦可参阅:**Trading patterns, Pacific(太平洋贸易模式)**
Pacifism 和平主义 **V**:2102,**V**:2105
亦可参阅:**Nonviolence; Peace projects; Peacemaking and the modern world(非暴力;和平计划;调停和现代世界)**
Paekche kingdom (Korea) 百济王国(朝鲜) **IV**: 1466,**IV**:1467
Pahlavi dynasty 巴列维王国 **V**:2155
Paine, Thomas 托马斯·潘恩 **II**:924,**V**:2170
Painting 绘画。亦可参阅:*entries under* **Art**(艺术词条下的词目)
Pakistan 巴基斯坦 **I**:311,**I**:313,**III**:1306,**IV**:1754,**V**:2241
Akbar, rule of 阿克巴的统治 **I**:71
art 艺术 **I**: 178 - 185。亦可参阅:**Art—South Asia(南亚艺术)**
border with India 与印度的边界 **III**:1078
cultural area 文化区域 **II**:684
ethnicity in 种族 **II**:947
in Southeast Asia Treaty Organization (SEATO) 东南亚条约组织 **II**:599
亦可参阅:**Delhi sultanate; Harappan state and Indus civilization; Mughal Empire(德里苏丹国;哈拉帕国家和印度河文明;莫卧儿帝国)**
Paleoanthropology 古人类学 IV:1902 - 1906
genetics and 遗传学 **III**:1108
Indo-European languages and 印欧语系 **IV**:1692
universe, origins of 宇宙的起源 **VI**:2640 - 2645
亦可参阅:**Dating methods, archeological and historical; Human evolution(考古学和历史学的测年方法;人类进化)**
Paleolithic (foraging) era 旧石器(食物采集)时代 **I**:391
animism 泛灵论 **I**:117,**II**:915,**V**:2260

art 艺术 **I**:239 - 243
habitation 居住 **III**:146
shamanism 萨满教 **V**:2300
亦可参阅:**Foraging societies, contemporary; Human evolution; Paleoanthropology(当代狩猎-采集社会;人类进化;古人类学)**
Palestine 巴勒斯坦 **I**:139,**I**:313,**II**:599,**V**:2110 **V**:2109
art 艺术 **I**:285
British mandate 英国托管 **I**:421
Caesarea, library at 凯撒利亚图书馆 **IV**:1551
diasporas and 流散族群 **II**:761
refugees and 难民 **VI**:2721
Zionism 犹太复国主义 **VI**:2889 - 2891
亦可参阅:**Crusades, the(十字军东征)**
Palio festival 派力奥赛马会 **III**:1025
Palladio, Andrea 安德烈·帕拉迪奥 **I**:150
Palme, Olaf 奥洛夫·帕尔梅 **II**:928
Pan-Africanism 泛非主义 **I**:54 - 55,**II**:820,**III**:1445 - 1446,**IV**:**1907 - 1913**
Panama Canal 巴拿马运河 **VI**:2740,**VI**:2789
Pan-American Union 泛美联盟 **IV**:1877
Pangaea 泛古陆 **I**:107,**I**:109,**I**:401
Pang Xunqin 庞薰琹 **I**:200
Pantheon 万神殿 **I**:148,**I**:176
Papacy 罗马教廷。亦可参阅:Popes(教宗)
Paper 纸 **II**:620 - 621,**II**:859,**IV**:1550,**IV**:1553,**IV**:**1914 - 1918**
亦可参阅:**Mass media; Printing; Writing systems and materials(大众传媒;印刷术;书写系统和材料)**
Papua, New Guinea 巴布亚新几内亚。亦可参阅:New Guinea(新几内亚)
Papyrus 纸草 **III**:1334 - 1335,**IV**:1550,**IV**:1914
Paraguay 巴拉圭 **III**:1048
Pardo Bazan, Emilia 埃米利亚·帕尔多·巴桑 **VI**:2816
Parham, Charles 查理·帕罕 **IV**:1944
Paris Peace Conference 巴黎和会 **III**:1410,**IV**:1807,**VI**:2600
Parkes, Alexander 亚历山大·帕克斯 **V**:1989
Parks, Rosa 罗莎·帕克斯 **III**:1450
Parliamentarianism 代议制政体 **II**:739,**IV**:741,**IV**:**1919 - 1924**
Parmenides 巴门尼德 **IV**:1969
Parry J. H. 帕里 **II**:832
Parsons, Charles 查理·帕森斯 **II**:910
Parsons, Talcott 塔尔科特·帕森斯 **II**:832,**III**:965,**V**:2350
Parthenon 帕特农神庙 **I**:147,**I**:172,**I**:175,**V**:1980,**V**:2108
Parthian Empire 帕提亚帝国 **III**:1262,**V**:2321
horses and warfare 马和战争 **III**:1262
Passports 护照 **III**:1077
Pasteur, Louis 路易·巴斯德 **II**:798
Paston, Margaret 玛格丽特·帕斯顿 **IV**:1544
Pastoral nomadic societies 游牧社会 **I**:379 - 380,**III**:1320,**IV**:**1925 - 1931**
architecture 建筑 **III**:145
art 艺术 **I**:212,**I**:282
Celts 凯尔特人 **II**:484 - 486
cultural and geographic areas 文化区域和地理区域 **II**:680 - 681
Eastern Europe 东欧 **III**:975,**III**:976
Egypt 埃及 **II**:875
Enlightenment attitudes about 启蒙运动的看法 **II**:924
frontiers and 边界 **III**:1067
Inner Eurasia 欧亚内陆 **III**:958 - 960
亦可参阅:**Caravan; Steppe confederations; Warfare—steppe nomads(商队;草原同盟**

国;草原游牧战争)
Paternity, ignorance of physical 生理父权的忽视 **III**:1454 - 1455
Patriarchy 父权。亦可参阅:**Kinship; Matriarchy and patriarch(亲属关系;母权制与父权制)**
Patriot Act (2001)《爱国者法案》(2001) **II**:742
Patton, General George 乔治·巴顿将军 **VI**:2869
Paul, Saint 圣保罗 **V**:2196,**V**:2198,**IV**:**1932 - 1933**,**IV**:1527
亦可参阅:Jesus(耶稣)
Paul I (czar) 保罗一世(沙皇) **II**:482
Paul V (pope) 保罗五世(教宗) **III**:1087
Pax Romana 罗马和平 **II**: 448, **III**: 1054, **IV**:1935
Paz, Octavio 奥克塔维奥·帕斯 **III**:1291
Peace projects 和平计划 IV:1934 - 1938
亦可参阅:**War and peace—overview; Peacemaking in the modern era(战争与和平概述;现代国际社会调停 IV:1939 - 1943)**
Pearl Harbor (Hawaii) 珍珠港(夏威夷) **III**:1240,**III**:1413,**VI**:2726,**VI**:2699,**VI**:2865
Peel J. Y. D 皮尔 **V**:2130
Peer-to-peer (P2P, Internet resource sharing) 对等互联网(对等互联网资源共享) **III**:1363
Pei, I. M. 贝聿铭 **III**:1291
Pellagra 糙皮病 **II**:790
Pelletier, Pierre-Joseph 皮埃尔-约瑟夫·佩尔蒂埃 **V**:2068
Peloponnesian war 伯罗奔尼撒战争 **II**:916
Peloponnesian Wars 伯罗奔尼撒战争 **III**:1163 - 1164,**III**:1354,**VI**:2500 - 2501,**VI**:2733
Pelton, Lester A. 莱斯特·佩尔顿 **VI**:2792
Penn, William 威廉·佩恩 **IV**:1934,**IV**:1935
Pentateuch 摩西五经 **IV**:1525
Penzias, Arno 阿诺·彭齐亚斯 **VI**:2642
People's Will 民意党 **VI**:2487
Pequot War 佩科特战争 **VI**:2747
Perestrelo, Bartolomeu 巴托罗梅·佩雷斯特雷罗 **III**:1208
Perestroika 经济改革 **II**:600
Performance art 行为艺术 **I**:202,**I**:219,**I**:229,**I**:231,**I**:290
Pericles 伯利克里 **III**:1163
Periodization 历史分期 **IV**: 1651 - 1652, **IV**: **1949 - 1953**
ethical problems 种族问题 **IV**:1950
organizational problems 组织架构问题 **IV**:1950
schemes of 方案 **IV**:1950 - 1951
theoretical problems 理论问题 **IV**:1949
for world history 世界历史 **IV**:1951 - 1952
Peristyle 列柱廊 **I**:171 - 172
Peron, Juan 胡安·贝隆 **V**:2086
Perov, Vasily 瓦西里·彼罗夫 **I**:263
Perry, Matthew 马修·佩里 **I**: 205, **VI**: 2576, **VI**:2726
Persian Empire 波斯帝国 **II**:914,**III**:1209,**III**:1210,**IV**:**1954 - 1957**,**V**:2226 - 2227,**V**:2325
art 艺术 **I**:181,**I**:282,**I**:284
Babylon, Persian kings in 巴比伦的波斯国王 **I**:370 - 371
crusades 十字军东征 **II**:676 - 679
cultural and linguistic area 文化和语言区域 **II**:682,**II**:684
Cyrus the Great 居鲁士大帝 **II**:695 - 697
food trade and networks 食物贸易和贸易网 **III**:1044
religious tolerance 宗教宽容 **V**:2097
slavery in 奴隶制 **IV**:1477
亦可参阅:Abbasid caliphate; Achaemenids; **Cyrus the Great; Macedonian Empire; Mesopotamia; Zoroastrianism**

(阿拔斯哈里发;阿契美尼德;**居鲁士大帝;马其顿帝国;美索不达米亚;琐罗亚斯德教**)
Persian Wars 波斯战争 **IV**:1700,**IV**:1955
Peru 秘鲁 **I**:109,**II**:498,**VI**:2635
Andean art 安第斯艺术 **I**:250,**I**:254 - 256
Andean states 安第斯国家 **I**:113 - 116
Andes 安第斯山脉 **VI**:2515
extinctions 物种灭绝 **I**:107
indigenous peoples 土著 **III**:1325
potatoes in 马铃薯 **V**:2039
Pests and pesticides 害虫和杀虫剂 **III**:1169
亦可参阅:Insects(昆虫)
Peter, Saint 圣彼得 **V**:2194,**V**:2195,**V**:2196
Peter III (czar) 彼得三世(沙皇) **II**:481
Peter of Cluny 克吕尼的彼得 **V**:2117
Peter the Great (Czar Peter I) **彼得大帝**(沙皇彼得一世) **I**: 7 - 8, **I**: 260, **III**: 980, **IV**: **1958 - 1959**, **VI**:2551
亦可参阅:**Catherine the Great(叶卡捷琳娜大帝)**
Petheo, Bela 贝拉·皮亚诺 **I**:298
Petrarch (Francesco Petrarca) 彼得拉克(弗兰西斯科·彼得拉克) **V**:2134
Indus Valley 印度河谷 **I**:179 - 181
North America 北美洲 **I**:231
Petroglyphs 岩画 **I**:180 - 181,**I**:250,**III**:1335
Petroleum 石油。亦可参阅:**Oil(石油)**
Phaistos Disc 费斯托斯圆盘 **V**:2282,**VI**:2873
Phalanx, as military tactic 作为军事战略的方阵 **IV**:1705 - 1706
Pharaoh Ptolemy 法老托勒密 **III**:1287
Phenomenology 现象学 **V**:1977 - 1978,**V**:2061
Phidias 菲狄亚斯 **I**:172
Philip II, king of France 法国国王菲利普二世 **II**:676
Philip II, king of Spain 西班牙国王菲利普二世 **II**:499,**II**:893,**II**:894,**V**:2374
Philip III, king of Spain 西班牙国王菲利普三世 **V**:2374
Philip IV, king of France 法国国王菲利普四世 **IV**:1935
Philip IV, king of Spain 西班牙国王菲利普四世 **V**:2374
Philip II of Macedon 马其顿王朝的菲力二世 **IV**:1574,**IV**:1706,**IV**:1956
Philip V of Bourbon 波旁王朝的菲利普五世 **V**:2375
Philippines 菲律宾 **I**:103,**V**:2328
coffee production 咖啡生产 **II**:593
emigration from 从菲律宾移民 **IV**: 1681, **IV**:1686
foragers, modern 现代的食物采集者 **III**:1047
human rights 人权 **III**:1281
nonviolent resistance in 非暴力抵抗 **IV**:1841
religions 宗教 **III**: 1211, **V**: 2194, **V**: 2200 - 2201
in Southeast Asia Treaty Organization (SEATO) 东南亚条约组织 **II**:599
World War II, forced labor in 第二次世界大战期间的强制劳工 **IV**:1480
Phillip, Arthur 亚瑟·菲利普 **I**:331
Philokalia《慕善集》**II**:543
Philoponus, John 约翰·斐罗庞努士 1973
Philosopher's stone 点金石 **I**:79,**I**:82
Philosophy 哲学
al-Razi 拉齐斯 **I**:94 - 96
ancient Greece 古代希腊 **III**: 1165 - 1166, **V**:2261 - 2262
亦可参阅: **Aristotle; Herodotus; Law, Natural; Philosophy, Greek and Roman; Philosophy, modern; Plato; Socrates(亚**

里士多德；希罗多德；自然法；希腊罗马哲学；现代哲学；柏拉图；苏格拉底）
Enlightenment，*philosophers* of 启蒙运动时期的哲学家。亦可参阅：**Enlightenment, the**（启蒙运动）
Hinduism and 印度教 **III:**1211－1218
亦可参阅：*specific philosophers*（各个具体哲学家）
Philosophy, Asian 亚洲哲学 IV:1960－1967
ancient Indian thought 古印度思想 **IV:**1960－1964
ancient Chinese thought 古代中国思想 **IV:**1964－1967
亦可参阅：**Confucius; Confucianism; Buddha; Buddhism; Daoism; Gandhi, Mohandas; Hinduism; Jainism**（孔子；儒学；佛陀；佛教；道教；莫汉达斯·甘地；印度教；耆那教）
Philosophy, Greek and Roman 希腊罗马哲学 IV:1968－1974
Epicureanism 伊庇鲁斯学派 **IV:**1971－1972
Hellenistic 希腊化 **IV:**1971
Neoplatonism 新柏拉图主义 **IV:**1973
Plato 柏拉图 **IV:**1970－1971
Pre-Socratic 前苏格拉底时代 **IV:**1968－1970
Roman initiatives 罗马的创新 **IV:**1972－1973
Sophists 诡辩家 **IV:**1970
Stoicism 斯多噶哲学 **IV:**1972
亦可参阅 **Aristotle; Cosmology; Greece, ancient; Herodotus; Plato; Roman Empire; Socrates**（亚里士多德；宇宙学；古代希腊；希罗多德；柏拉图；罗马帝国；苏格拉底）
Philosophy, modern 现代哲学 V:1975－1979
analytic philosophy 分析哲学 **V:** 1978－1979
from Descartes to Kant 从笛卡尔到康德 **V:**1975－1976
existentialism 存在主义 **V:**1978
nineteenth century 19 世纪 **V:**1976－1977
phenomenology 现象学 **V:**1977－1978
亦可参阅：**Descartes, René;** *specific Philosophers*（勒内·笛卡儿；各个具体哲学家）
Phoenicians 腓尼基人 **II:**900，**V:**2231－2232，**V:**2401
Photian Schism 佛提乌分裂 **II:**539
Phrygian language 弗里吉亚语 **IV:**1689
Phusis 菲希斯 **IV:**1970
Physicians 内科医生
al-Razi 拉齐斯 **I:**94－96
Galen 盖伦 **I:**95，**I:**439
Picasso, Pablo 巴勃罗·毕加索 **I:**167，**I:**217
Pictographs 象形文字 **I:** 250。亦可参阅：Petroglyphs（岩画）
Pilgrimage 朝觐 V:1980－1984
to Mecca 去麦加 **III:**1368，**III:**1381
trading patterns and 贸易模式 **VI:** 2567，**VI:**2570
亦可参阅：**Buddhism; Festivals; Hinduism; Islam; Jainism; Judaism; Missionaries; Protestantism; Roman Catholicism**（佛教；节庆；印度教；伊斯兰教；耆那教；犹太教；传教士；新教；罗马天主教）
Pillay, Aliyappin Padmanabha 阿里亚平·帕德马纳巴·皮莱 **I:**404，**I:**406
Pinchot, Gifford 吉福德·平肖 **II:**927
Pinochet, Augusto 奥古斯托·皮诺切特 **IV:**1843－1844，**IV:**1936
Pinsker, Leo 利奥·平斯克 **VI:**2889
Pious caliphate 虔诚的哈里发 **III:**1199－1201
Piracy 海盗 V:1985－1988
亦可参阅：**History, maritime**（海洋史）
Piranesi, Giambattista 詹巴蒂斯塔·皮拉内西

I:151
Pissarro, Camille 卡米耶·毕沙罗 I:216
Pitt, William 威廉·皮特 IV:1716,VI:2748
Pius IX (pope) 庇护九世(教宗) V:2197
Pius X (pope) 庇护十世(教宗) V:2197
Pius XII (pope) 庇护十二世(教宗) V:2197 - 2198
Pizarro, Francisco 弗朗西斯科·皮萨罗 I:248, I:257, II:498, II:784 - 785, III:1316, III:1321, VI:2758
Plagiarism 剽窃 III:1336
Plague 瘟疫。亦可参阅: Bubonic plague; **Diseases—overview**(黑死病;疾病概述)
Planned Parenthood 计划生育 VI:2834
Plantations, trading patterns and 贸易模式和种植园 VI:2559 - 2560
Plant species management 植物物种管理 II:949
亦可参阅:**Domestication, plant and animal**(动植物的驯养)
Plastics 塑料 V:1989 - 1992
亦可参阅:**Rubber**(橡胶)
Plato 柏拉图 IV:1766,IV:1970 - 1971,**V:1993 - 1994**
Aristotle compared 与亚里士多德相比 I:161
education methods, influence 对教育方法的影响 II:768,II:872
on philosophy 关于哲学 III:1165
on sexual passion 关于性欲 V:2292
亦可参阅:**Greece, ancient; Political thought**(古代希腊;政治思想)
Pleistocene epoch 更新世
erosion during 侵蚀 II:960
extinctions 物种灭绝 III:1003 - 1007
Plexiglas 树脂玻璃 V:1990
Pliny the Elder 老普林尼 II:770, II:799, III:1335, V:1997, VI:2597
Plotinus 普罗提诺 1973
Plows 犁 V:1995 - 2000
Chinese irrigation 中国的灌溉 V:1996 - 1997
field draining 排水 V:1998
industrialization 工业化 V:1999 - 2000
moldboard plows 铧式犁 V:1997 - 1998
scratch plows 犁铧 V:1995 - 1996
Western civilization and 西方文明 V:1998 - 1999
亦可参阅: **Agricultural societies; Domestication, plant and animal; Horses**(农业社会;动植物的驯养;马)
Plutarch 普鲁塔克 I:452,IV:1871,V:2127
Pocahontas 波卡洪塔斯 VI:2516,VI:2635
Pogroms 大屠杀 II:762
Poivre, Pierre 皮埃尔·鲍维耶 II:926
Pol Pot 波尔布特 III:1115
Poland 波兰 III:975 - 981, V:2197, V:2224 - 2226
Congress of Vienna, actions of 维也纳会议活动 II:645 - 646
ethnic nationalism 种族民族主义 IV:1802
in European Union 欧洲联盟 III:991
gay rights movement 同性恋权利运动 III:1100
genocide in 种族灭绝 III:1110
German invasion of 德国入侵 III:1249
religions 宗教 III:979
salt beds 盐床 V:2248
silver mining 银矿 III:1146
亦可参阅:**Europe, Eastern**(东欧)
Polanyi, Karl 卡尔·波兰尼 II:692
Polenov, Vasily 瓦西里·巴连诺夫 I:263
Political science 政治学 V:2344 - 2345
Political thought 政治思想 V:2001 - 2005
music and political protest 音乐和政治抗议 IV:1772

亦可参阅：**Aristotle; Confucius; Laozi; Locke, John; Philosophy, Asian; Philosophy, Greek and Roman; Plato; Postmodernism; Socrates(亚里士多德；孔子；老子；约翰·洛克；亚洲哲学；希腊罗马哲学；柏拉图；后现代主义；苏格拉底)**
Pollution 污染。亦可参阅：Environmental issues; **Environmental movements**(环境问题；**环保运动**)
Polo, Marco 马可·波罗 **I**:204,**II**:521,**II**:612,**III**:1296,**III**:1351,**V**:2383,**V**:**2006-2009**
Polybius 波里比阿 **II**:916,**III**:1151
Polyethylene 聚乙烯 **V**:1991
Polygamy 一夫多妻制 **IV**:1508
Polynesia 波利尼西亚。亦可参阅：Oceania(大洋洲)
Polyvinyl chloride (PVC) 聚氯乙烯 **V**:1989
Pomerantz, Kenneth 肯尼斯·彭慕兰 **I**:301,**II**:633
Pompey (Gnaeus Pompeius Magnus) 庞培(格涅乌斯·庞培·马格努斯) **II**:450-451
Poniatowska, Elena 埃梦娜·波尼亚托夫斯卡 **VI**:2814
Pontiac's Rebellion 庞蒂亚克战争 **VI**:2748
Poor Law Commission's Report《济贫法委员会报告》**VI**:2778
Popes 教宗 **IV**:1173-1174 **V**:2096
early history of 早期历史 **V**:2196
infallibility of 教宗无误论 **V**:2197,**V**:2198
papal libraries 教廷图书馆 **IV**:1554
role in Catholic Church of 在天主教中的作用 **V**:2194
亦可参阅：*specific popes*(特定教宗)
Popova, Liubov 留波夫·波波娃 **I**:218,**I**:265
Popper, Karl 卡尔·波普尔 **V**:2257,**V**:2349
Popular culture 大众文化
Postmodernism 后现代主义 **V**:2004,2034-2036
亦可参阅：**Clothing and costume; Consumerism; Festivals; Globalization—modern perceptions; Leisure; Mass media; Modernity; Music—overview; Music and political protest; Sex and sexuality; Women and literature(服装；消费主义；节庆；全球化——现代观念；闲暇；大众传媒；现代性；音乐概述；音乐和政治抗议；性与性别；妇女与文学)**
Popular Front 人民阵线 **II**:615
Population and the environment 人口和环境 V:2010-2017
China 中国 **II**:609
Columbian exchange, effect of 哥伦布大交换的影响 **II**:608,**II**:609,**V**:2334
contraception and birth control 避孕和节育 **I**:403-407
early modern era 早期现代 **II**:834-835
Eastern Europe 东欧 **III**:975-977
famine prevention and 预防饥荒 **II**:803
growth acceleration 加速增长 **V**:2012-2013
human population history 人口史 **V**:2010-2012
industrialization, effect of 工业化的影响 **II**:511
of New World 新大陆 **I**:422,**II**:608,**II**:834,**II**:845
population policy 人口政策 **V**:2013
Western Europe 西欧 **III**:976
world population 世界人口 **II**:860
亦可参阅：**Agricultural societies; Carrying capacity; Deforestation; Diseases—overview; Erosion; Green Revolution; Population growth; Salinization; Tropical gardening(农业社会；环境承载力；荒漠化；疾病概述；侵蚀；绿色革命；人口增长；盐渍化；热带园艺)**

Population growth 人口增长 IV: 1684, **V: 2018 - 2022**

亦可参阅: **Birth control; Carrying capacity; Engines of history; Malthus, Thomas; Population and the environment**(节育;环境承载力;历史发展的动力;托马斯·马尔萨斯;人口和环境)

Porcelain 瓷器 I:204,**V:2023 - 2025**

亦可参阅: **Art—East Asian and European Connections**(艺术——东亚与欧洲的纽带)

Pornography 色情文学 **V:**2293

Poro society (Liberia) 波罗人社会(利比里亚)**I:**49,**III:**1026 - 1027

Portugal 葡萄牙 **I:**111,**II:**836,**V:**2377

agriculture and 农业 **I:**108

civil law 民法 **IV:**1512

Enlightenment in 启蒙运动 **I:**8

in European Union 欧洲联盟 **III:**991

railroads 铁路 **V:**2085 - 2087

Portuguese-Dutch War (1598 - 1663) 葡荷战争(1598—1663 年) **V:**2027

Portuguese Empire 葡萄牙帝国 **II:**609,**II:**974,**III:**988,**V:2026 - 2030**

Africa, colonial settlement of 非洲殖民 **I:** 25 - 29

explorations 探险 **II:**678,**II:**834

Kongo, kingdom of 刚果王国 **III:** 1463 - 1465

slave trade 奴隶贸易 **V:**2335,**V:**2336

亦可参阅: **da Gama, Vasco; Henry the Navigator; History, maritime**(瓦斯科·达·伽马;航海家亨利;海洋史)

Postal systems 邮政系统 **II:**620

Postcolonial analysis 后殖民分析 **V:2031 - 2033**

亦可参阅: **Colonialism; Decolonization; Orientalism**(殖民主义;去殖民化;东方主义)

Postel, John 琼·普斯泰尔 **III:**1360,**III:**1363

Postmodernism 后现代主义 **V:**2004,**V: 2034 - 2036**

亦可参阅: **Modernity; Periodization; World history, writing of**(现代性;历史分期;世界历史的书写)

Potato, sweet 番薯 **V:2037 - 2038**

亦可参阅: **Biological exchanges; Columbian exchange; Food**(生物交换;哥伦布大交换;食物)

Potatoes 马铃薯 **V:2039 - 2043**

blight 枯萎病 **II:**801 - 802

population impacts 对人口的影响 **V:**2042 - 2043

in wartime 战时 **V:**2041 - 2042

亦可参阅: **Agricultural societies; Biological exchanges; Colombian exchange; Diseases—plant; Domestication, plant and animal; Food**(农业社会;生物交换;哥伦布大交换;植物疾病;动植物的驯养;食物)

Potosí 波托西 **IV:** 1479, **V:** 2327, **V:** 2328, **V:** 2329,**VI:**2531,**VI:**2162

Potsdam Conference 波茨坦会议 **II:** 596, **II:** 599,**VI:**2727

Pottier, Eugène 欧仁·鲍狄埃 **IV:**1774

Pouzin, Louis 路易·普赞 **III:**1361

Poverty 贫穷。亦可参阅: **Economic cycles; Labor systems, coercive; World blocs—first, second, third, and fourth**(经济周期;强制劳动制度;世界集团——第一、第二、第三、第四集团)

Powderly, Terrence V. 伦斯·包德利 **IV:**1485

Prague Spring (anti-Warsaw Pact movement) 布拉格之春(反华沙条约运动) **VI:** 2775, **VI:**2776

Precambrian era 前寒武纪 **III**:1002
Precious metals 稀有金属。亦可参阅:**Metallurgy(冶金术)**
Preciviliztion, historical concept of 前文明时代的历史观 **II**:570 - 572
Prehistoric art 史前艺术 **I**:245
Prester John 祭司王约翰 **I**:16
Priestley, Joseph 约瑟夫·普里斯特利 **V**:2271
Primates 灵长类
  and biological exchange 生物交换 **I**:396
  and human evolution 人类进化 **I**:125,**III**:1040, **III**: 1051, **III**: 1104, **III**: 1269, **IV**: 1902
  and hygiene 卫生学 **III**:1284
Primitivism 原始主义 **I**:233,**I**:264
Prince, Nancy 南希·普林斯 **VI**:2815
Printing 印刷术 **II**:620 - 624,**V**:**2044 - 2051**, **VI**:2873
  and communication 传播 **V**:2047 - 2049
  economy of scarcity and abundance 匮乏和充裕的经济 **V**:2047
  industrialization and digitization 工业化和数字化 **V**:2049 - 2050
  and patrons 顾主 **V**:2046 - 2047
  proliferation of shops 连锁经营 **V**:2045 - 2046
  techniques 技术 **V**:2044 - 2045
  亦可参阅:**Communication media; Dictionaries and encyclopedias; Libraries; Mass media; Paper(传播媒介;词典和百科全书;图书馆;大众传媒;纸)**
Prisms 棱镜 **III**:1132
Pritam, Ambai and Amrita 阿米巴伊和阿姆瑞塔·普利塔姆 **VI**:2817
Privateers 私掠船 **V**:1987,**VI**:2735
Private property 私有财产。亦可参阅:**Rights, property(财产权)**
Proclus 普罗克洛斯 **IV**:1973
Procopius 普罗可比乌 **II**:792
Progress 发展 V:2052 - 2055
  亦可参阅:**Engines of history; Industrial Revolution; Modernity; Technology—overview(历史发展的动力;工业革命;现代性;技术概述)**
Prohibition of drugs/alcohol 禁毒/禁酒 **II**:814 - 816
Project Trinity 三位一体工程 **IV**:1851
Proletarian (labor) diasporas 无产阶级的(劳动者的)流散族群 **II**:765
Propaganda 宣传
  African colonialism and 非洲殖民主义 **I**:28
  anti-German (World War I) 反对德国(第一次世界大战) **VI**:2803
  Elizabeth I and 伊丽莎白一世 **II**:893
  Eurocentrism and 欧洲中心主义 **II**:473, **III**:966
  Hitler and 希特勒 **III**:1237,**III**:1241,**III**:1248,**VI**:2715 - 2716
  interwar years (1918 - 1939) 两次世界大战之间 **III**:1369
  maps and 地图 **II**:477
  radio and 无线电 **II**:623,**II**:658,**V**:2080, **V**:2081
  war and 战争 **VI**:2862
Propositional knowledge 陈述性知识。亦可参阅:**Knowledge economy(知识经济)**
Propylaia 山门 **I**:176
Prostitution 卖淫。亦可参阅:**Sex and sexuality(性与性别)**
Protagoras 普罗泰戈拉 **V**:1970
Protestant Reformation 清教改革 **III**: 1329, **V**:2197
  in Eastern Europe 东欧 **III**:980
  freedom, concept of 自由的观念 **III**:1052

genocide 种族灭绝 **III**:1111
leisure activities, role in 对休闲活动的作用 **IV**:1534 – 1535
religious intolerance during 宗教宽容 **V**:2118 – 2119
亦可参阅:**Luther, Martin(马丁・路德)**
Protestantism 新教 **II**:974, **III**:980, 1420, **V**:2118, **V**:**2056 – 2062**
absolutism and 专制主义 **I**:6, **I**:7, **I**:8
African Americans and 非裔美国人 **I**:45 – 46
Catholic Church and 天主教会 **V**:2198, **V**:2200
Eastern Europe 东欧 **II**:974
ecumenicism 普世教会主义 **II**:865 – 866
education of children 儿童教育 **II**:509 – 510
Enlightenment, the 启蒙运动 **II**:922
Evangelical movement 福音运动 **I**:419, **I**:422
Pentecostalism 五旬节派 **IV**:1944 – 1948, **V**:2113
Queen Elizabeth I of England ,role of 英国伊丽莎白一世女王的作用 **II**:892 – 895
亦可参阅:**Luther, Martin; Missionaries(马丁・路德;传教士)**
Proto-Indo-European languages 原始印欧语系的语言 **IV**:1689 – 1691
Proudhon, Pierre-Joseph 皮埃尔-约瑟夫・蒲鲁东 **IV**:1615, **VI**:2486, **VI**:2659
Prussia 普鲁士 **III**:980
absolutism in 专制主义 **I**:7, **I**:8
at Congress of Vienna 维也纳会议 **II**:644 – 646
crusades 十字军东征 **II**:676
potatoes in 马铃薯 **V**:2042
Pryor, Frederic 弗里德里克・普赖尔 **II**:804
Psalter map 帕萨尔特地图 **II**:477
Psychology 心理学 **V**:2345
Psychosocial uses of alcohol 酒精的社会心理学用途 **I**:85 – 86
Ptolemy 托勒密 **V**:2279
Ptolemy map (Claudius Ptolemy) 托勒密地图(克劳狄斯・托勒密) **II**:471
Ptolemy XIII, Pharaoh 法老托勒密十三世 **II**:451
Puberty 青春期。亦可参阅:**adolescence(青春期)**
Puccini, Giacomo 吉亚卡摩・普契尼 **I**:207
Pueblo architecture 普韦布洛建筑 **I**:233
Puerto Rico 波多黎各 **I**:41, **I**:103, **I**:406
Pullman, George 乔治・普尔曼 **V**:2085
Purchas Samuel 塞缪尔・珀切斯 **III**:1208
Pushkin, Alexander 亚历山大・普希金 **I**:262
Putnam, Hilary 希拉里・普特南 **V**:2258
Pyramids 金字塔 **I**:113, **I**:146, **I**:249, **I**:255, **I**:256, **I**:306
Pythagoras of Samos 毕达哥拉斯 **III**:1165
Pythagorean theorem 勾股定理 **IV**:1632
Pythag oreans 毕达哥拉斯学派 **IV**:1969
Pythias 皮提亚斯 **III**:993

Q

Qanun 伊斯兰民法 **III**:1391 – 1392
Qatar 卡塔尔 **I**:138
Qi Baishi 齐白石 **I**:200
Qin dynasty 秦朝 **I**:188, **II**:637, **III**:1067, **IV**:1477, **V**:1505
亦可参阅:**Qin Shi Huangdi(秦始皇)**

Qin Shi Huangdi 秦始皇 V:2065 - 2067

Qingci (green ware) 青瓷(生陶器) **I**:204

Qing dynasty 清朝 **I**:312,**II**:522,**II**:524 - 525,**II**:836,**II**:898,**IV**:1675,**V**:1930,**V**:2439,**V**:2440

art during 艺术 **I**:197 - 199

establishment of 建立 **III**:1068

ethnicity 种族 **II**:585,**II**:945

expansion 扩张 **III**:962

explorations 探险 **III**:1000

frontiers 边界 **III**:1068

indigenous peoples 土著 **III**:1322

Kangxi Emperor 康熙皇帝 **III**:1442 - 1443

overthrow of 推翻 **V**:2431 - 2432

railroads, building of 铁路的修建 **V**:2085

religions 宗教 **II**:712,**V**:2097

warfare 战争 **VI**:2704 - 2705

Quakers 贵格派 **IV**:1937

Quanshi Liangyan《劝世良言》**V**:2437

Quebec, legal system of 魁北克法律制度 **IV**:1513

Queensland 昆士兰州 **I**:332

Queneau, Raymond 雷蒙·格诺 **III**:1291

Quinine 奎宁 **III**:1304,**V**:**2068 - 2069**

亦可参阅:**Cinchona, Malaria(金鸡纳树,疟疾)**

Qur'an《古兰经》**III**:1381,**III**:1383,**IV**:1758,**V**:2111

Abraham 亚伯拉罕 **I**:3 - 5

calligraphy 书法 **I**:289

Islamic law 伊斯兰法 **III**:1389 - 1394,**IV**:1758

language standardization 语言的标准化 **IV**:1500

Pious caliphate 虔诚的哈里发 **III**:138

war 战争 **V**:2103

Qutb, Sayyid 赛义德·库特布 **V**:2125

R

Rabbinic Judaism 拉比犹太教 **III**:1429

Rabih Zubeir 拉比·祖贝尔 **III**:1440

Race and racism 种族和种族主义 **II**:945,**V**:**2071 - 2077**

Africa, views of 对非洲的看法 **I**:16 - 19

Atlantic plantation system, slavery, and racism 大西洋种植园体制,奴隶制和种族主义 **V**:2072 - 2074

civilization, barbarism, and savagery 文明、野蛮和蒙昧 **II**:568 - 573

genesis of 起源 **V**:2071

ideologies of oppression and 反抗的意识形态 **V**:2075 - 2076

intermarriage, laws regarding 关于通婚的法律 **V**:2289

matriarchy and patriarchy 母权制与父权制 **IV**:1638

persistence of prejudice 偏见的延续 **V**:2076

repudiation of racism 种族主义的延续 **V**:2076

scientific verification and theories of race 关于种族的科学论证和理论 **V**:2074 - 2075

women's rights and 女权 **VI**:2838 - 2840

亦可参阅:**Colonialism; Ethnocentrism; Genocide; Holocaust; Slave trades(殖民主义;民族中心主义;种族灭绝;大屠杀;奴隶贸易)**

Rackam, Calico Jack 卡里克·杰克·瑞克姆 **V**:1986

Radar 雷达 **IV**:1831,**V**:2468

Radcliffe-Brown, A. R 拉德克利夫-布朗 **II**:686

Radio 无线电 II: 623, **IV**: 1623 – 1625, **V**: **2078 – 2082**

亦可参阅:**Communication media; Telegraph and Telephone(传播媒介;电报与电话)**

Radio Corporation of America (RCA) 美国国家广播公司 **V**:2480

Radio Free Europe 自由欧洲电台 **II**: 658, **V**:2080

Radio Moscow 莫斯科电台 **V**:2080

Radiocarbon dating methods 放射性碳测年法 **II**:719 – 720

Radiometric dating techniques 放射性碳测年技术 **I**:393

Railroad 铁路 V:2083 – 2087, **VI**:2593, **VI**:2654

construction 建设 **II**:853

unions 联合 **IV**:1485 – 1488

亦可参阅:als **Industrial Revolution; Iron; Transportation—overview(工业革命;铁;交通概述)**

Rainforests 雨林 **I**: 58, **I**: 68, **I**: 97, **I**: 108, **VI**:2608

亦可参阅:**Africa—equatorial and southern (4000 BCE – 1100 CE)(赤道非洲和南部非洲,前4000—公元1100)**

Raison d'état 国家至上 **II**:776

Rakhigarhi 拉希加里 **III**:1193, **III**:1194

Raku techniques 乐烧技术 **I**:208

Raleigh, Sir Walter 沃特尔·雷利爵士 **II**:812, **VI**:2515

Ramanujan, Srinivasa 斯里尼瓦瑟·拉马努金 **IV**:1633

Ramses II 拉美西斯二世 II:876, **V**:**2088 – 2089**

亦可参阅:**Egypt(埃及)**

Randall, Eunice 尤尼斯·兰德尔 **IV**:1624

Random genetic drift 随机遗传漂变 **III**:1106

Ranke, Leopold von 利奥波德·冯·兰克 **VI**:2500

Raphael 拉斐尔 **I**:215

Rappaport, Roy 罗伊·拉帕波特 **II**:848

Rask, Rasmus 拉斯姆斯·拉斯克 **V**:2277

Rastafarianism 拉斯特法里派教义 **I**:43 – 45, **I**: 46, **IV**:1910

Rastrelli, Carlo 卡洛·拉斯特雷利 **I**:261

Rationalism 理性 **V**:1975

Rats 老鼠。亦可参阅:Rodents, disease and(啮齿动物,疾病)

Rawlinson, H. C. 罗林森 **V**:2278

Rawls, John 约翰·罗尔斯 **II**:562, **II**:564

Raymo, Maureen 莫林·雷默 **III**:1300

Raynal, Abbé Guillaume 纪尧姆·雷纳尔神父 II:924, **V**:**2090 – 2092**

亦可参阅:**Enlightenment, the; European expansion(启蒙运动;欧洲扩张)**

Reaction, turbine invention of 反动式涡轮机的发明 **VI**:2792

Reader's Digest, in《读者文摘》**IV**: 1952, **VI**:2515

Reagan, Ronald 罗纳德·里根 **III**:759, **IV**:1628

Realpolitik 现实政治 **II**:778

Reconquista 收复失地运动 **I**: 139, **II**: 672, **II**:673 – 674

Record keeping 纪录保持。亦可参阅:**Information storage and recovery(信息存储和修复)**

Recycling and recovery of wastes 废弃物的回收。亦可参阅:**Waste management(废物管理**

Red Cross and Red Crescent movement 红十字和红新月运动 III:1354, **V**:**2093 – 2095**

Redfield, Robert 罗伯特·雷德菲尔德 **III**:965

Reed, Charles 查理·里德 **II**:806

Reformation 宗教改革。亦可参阅:Protestant Reformation(新教改革)

Refugees 难民

to Australia (post – World War II) 澳大利

亚(第二次世界大战后) **I**:334
as distinct from diaspora populations 与流散族群不同。亦可参阅:**Diasporas(流散族群)**
Convention Relating to the Status of Refugees (1951)《关于难民地位的公约》(1951 年) **III**:1280
High Commissioner for Refugees (League of Nations and UN) 难民事务高级专员(国际联盟和联合国) **III**:1357
Jewish (pre - World War II) 犹太人(第二次世界大战前) **III**:1248
mountain peoples 山地民族 **IV**:1752
Portuguese colonies and 葡萄牙殖民地 **V**:2029
Shaku Zulu Empire and 夏卡·祖鲁帝国 **V**:2298
War Refugee Board (and F. D. Roosevelt) 战时难民事务委员会(罗斯福) **III**:1252
亦可参阅: **Migration—overview; Migration, Asian(移民概述;亚洲移民)**
Reign of Terror, French Revolution 法国大革命时期的恐怖统治 **V**:2150 - 2151
Reilly, Kevin 凯文·瑞利 **I**:300
Reindeer, in pastoral nomadic societies 游牧社会中的驯鹿 **IV**:1929
Relativity, theory of 相对论 **II**:886,**VI**:2642
Religion 宗教。亦可参阅: **Religion and government; Religion and war; Religion—overview; Religious freedom; Religious syncretism;** *individual religions* **(宗教和政府;宗教和战争;宗教概述;宗教自由;宗教融合;**各个具体宗教)
Religion and government 宗教和政府 **V:2096 - 2099**
contract law and 契约法 **IV**:1514,**IV**:1515
Eastern Europe 东欧 **III**:975,**III**:978 - 980
empires and 帝国 **II**:902
Enlightenment, the 启蒙运动 **II**:922 - 923
ethnic nationalism and 种族民族主义 **II**:945
fascism and 法西斯主义 **III**:1016 - 1017
genocide and 种族灭绝 **III**:1111
imperialism and 帝国主义 **III**: 1302, **III**:1305
Shinto 神道教 **V**:2310 - 2314
war and 战争,2423。亦可参阅:**Crusades, the;** Islam**(十字军东征;**伊斯兰教)
water, role in 水的作用 **VI**:2782,**VI**:2793
亦可参阅:**Religious freedom(宗教自由)**
Religion and war 宗教和战争 V:2096,V:**2100 - 2106**
亦可参阅: **Religion and government; Religious freedom(宗教和政府;宗教自由)**
Religion—overview 宗教概述 **V:2107 - 2115**
ancient Greece 古代希腊 **III**:1164
comparative history 比较史学 **II**:633
consumerism and 消费主义 **II**:650,**II**:652
contemporary world, functions of religion in 宗教在当代世界的作用 **V**:2113 - 2114
cultural and geographic areas, effect on 对文化区域和地理区域的影响 **II**:687
divided Christendom 分裂的基督教世界 **V**: 2110 - 2011
early modern world 早期近代世界 **II**:837
Islam, rise of 伊斯兰教的兴起 **V**: 2110 - 2011
Latter-day Saints 后期圣徒 **IV**:1507 - 1509
libraries 图书馆 **IV**:1550 - 1552
Mongol Empire and 蒙古帝国 **IV**: 1740 - 1741
religious expansion and division 宗教扩张和分化 **V**:2111 - 2112
religious survival and revival 宗教幸存与复

兴 **V**:2113
renaissance, enlightenment, and secularism 启蒙运动的复兴,世俗主义 **V**:2112-2113。亦可参阅: **Renaissance**; Secularism(**文艺复兴**;世俗主义)
transmission, trading patterns and 贸易模式和传播 **VI**:2558
亦可参阅: **African religions; African American and Caribbean religion; Buddhism; Christian orthodoxy; Daoism; Hinduism; Islam; Judais; Pentacostalism; Protestantism; Religion and government; Religion and war; Roman Catholicism; Shinto(非洲宗教;非裔美洲人和加勒比宗教;佛教;东正教;道教;印度教;伊斯兰教;犹太教;五旬节派;新教;宗教和政府;宗教和战争;罗马天主教;神道教)**
Religious freedom 宗教自由 III:1052,**III**:1055,**V:2116-2121**
absolutism and 绝对主义 **I**:6-7
internationalization of 国际化;**V**:2116
Locke, John 约翰·洛克 **IV**:1562
medieval church, union of church and state in 中世纪教会的政教合一 **V**:2116
Mormonism 摩门教 **IV**:1509
Raynal, Abbé Guillaume 纪尧姆·雷纳尔神父 **V**:2091
Reformation, intolerance during 宗教改革时期的不宽容 **V**:2118-2119
in United States 美利坚合众国 **V**:2119
亦可参阅: **Religion and government; Religion and war**; Secularism(**宗教和政府;宗教和战争**;世俗主义)
Religious syncretism 宗教融合 V:2127-2131)
African American and Caribbean religions 非裔美洲人和加勒比宗教 **I**:44
Chinese traditional religion 中国传统宗教 **II**:528,**II**:533
Communism and 共产主义 **II**:600
Daoism 道教 **II**:709
Islam 伊斯兰教 **I**:138
Shinto 神道教 **V**:2311
Rembrandt 伦勃朗 **I**:215
Renaissance 文艺复兴 V:2132-2138,VI:2647
architecture 建筑 **I**:149-150,**I**:214-215
dictionaries/encyclopedias and 词典/百科全书 **II**:772
leisure activities 休闲活动 **IV**:1534
and religion 宗教 **V**:2112-2113
亦可参阅: **Art—Europe; Early modern world; Leonardo da Vinci; Machiavelli, Niccolò(欧洲艺术;早期近代世界;莱昂纳多·达·芬奇;尼科洛·马基雅维利)**
Renatus, Flavius Vegitius 弗拉维斯·维盖提乌斯·雷纳特斯 **IV**:1700
Renoir, Auguste 奥古斯特·雷阿诺 **I**:216
Reparations, post-World War I 第一次世界大战后的赔款 **VI**:2601-2602
Repin, Ilya 伊利亚·列宾 **I**:263
Reptiles, and hygiene 爬行动物,卫生学 **III**:1283-1284
Republican Party (and Abraham Lincoln) 共和党(和亚伯拉罕·林肯) **VI**:2635
Request for Comments (RFC) 征求评议文件 **III**:1360
Resource Conservation and Recovery Act (1976)《资源保护和恢复法案》(1976) **VI**:2782
Réunion (island) 留尼旺(岛) **II**:593,**III**:1058,**III**:1063
Reuter, Paul Julius von 保罗·尤里乌斯·冯·路透 **IV**:1623
Revolution, science 科学革命。亦可参阅:

Scientific Revolution(科学革命)
Revolution, secondary-products 次级产品革命
亦可参阅:**Secondary products revolution**(次级产品革命)
Revolution—France 法国革命 **III**: 1058, **V**: **2147 - 2151**
citizenship and 公民 **II**:562
Constituent Assembly and First Constitution 制宪会议和第一部宪法 **V**:2148 - 2149
continuing legacy of 持续的遗产 **V**:2151
dance and drill and 舞蹈和操练 **II**: 705, **II**:706
Enlightenment, influence of 启蒙运动的影响 **II**:923
human rights and 人权 **III**:1278
Legislative Assembly 立法议会 **V**:2149
Napoleon and 拿破仑 **IV**:1805
peacemaking and 调停 **IV**:1941
Reign of Terror 恐怖统治 **V**:2150 - 2151
Republic, birth of 共和国的诞生 **V**: 2149 - 2150
toward constitutional monarchy 走向立宪君主制 **V**:2147 - 2148
warfare abroad 海外战事 **V**:2149
亦可参阅:**Napoleonic Empire; Revolution—Haiti**(拿破仑帝国;海地革命)
Revolution—Haiti 海地革命 **I**: 41, **II**: 605, **III**: 1058, **IV**:1776, **V**:**2152 - 2154**
亦可参阅:**French Empire; Labor systems, coercive; Napoleonic Empire; Raynal, Abbé Guillaume; Slave trades; Sugar**(法兰西帝国;强制劳动制度;拿破仑帝国;纪尧姆·雷纳尔;奴隶贸易;糖)
Revolution—Mexico 墨西哥革命 **I**: 264, **V**: **2161 - 2165**
Revolution—Russia 俄国革命 **II**:779, **V**:**2166 - 2168**, **V**:2226, **VI**:2860
art 艺术 **I**:265
labor union movement and 工会运动 **IV**:1484
Revolution—United States 美国革命 **II**:605, **IV**: 1921, **V**:**2169 - 2171**
citizenship and 公民 **II**:562
Enlightenment, influence of 启蒙运动的影响 **II**:924
French alliance 与法国结盟 **I**:419
Tea, role of 茶叶的角色 **V**:2448, **V**:2449。
亦可参阅:Jefferson, Thomas(托马斯·杰佛逊)
亦可参阅:**United States of America**(美利坚合众国)
Reza Shah Pahlavi 礼萨汗·巴列维 **V**:2155
Reza Shah, Mohammad 穆罕默德·礼萨汗 **V**: 2155 - 2157
Rhazes 拉齐 **I**:94 - 96
Rhinoceroses 犀牛 **III**:1005
Rhodes, Cecil 塞西尔·罗德 **V**:2084
Rhodesia 罗德西亚 **I**:24, **I**:27
亦可参阅:Zimbabwe(津巴布韦)
Ribbentrop, Joachim von 约阿希姆·冯·里宾特洛普 **II**:779
Ricardo, David 大卫·李嘉图 **V**:2351
Ricci, Matteo 利玛窦 **II**: 712, **IV**: 1469, **IV**: 1633, **V**:**2175 - 2177**
亦可参阅:**Missionaries**(传教士)
Rice 大米
cultivation in China 在中国种植 **II**: 490, **II**:516
亦可参阅:**Cereal grains**(谷物)
Rich, John 约翰·里奇 **IV**:1770
Richard I Coeur de Lion (Lion-Hearted) 狮心王查理一世(狮心王) **II**:676
Richardson, Henry H. 亨利·汉德尔·理查德森 **I**:152

Richelieu, Cardinal 红衣主教黎塞留 **II**:776, **II**:778
Richtofen, Ferdinand von 费迪南·冯·李希特霍芬 **V**:2319
Ridgway, General Matthew 李奇微将军 **VI**:2727
Rift Valley (Africa) 裂谷(非洲) **III**:1104
Rig Veda《梨俱吠陀》**IV**:1960 – 1961
Rights, property 财产权 V:2178 – 2183
Rihla, the《伊本·白图泰游记》**III**: 1294 – 1295
Rin, Ishigaki 石垣凛 **VI**:2817
Ringgold, Faith 费丝·林戈尔德 **I**:220
Rites of passage 成年礼。亦可参阅:**Initiation and rites of passage(成人与过渡仪式)**
Rivera, Diego 迭戈·里维拉 **I**:254
Rivers 河流 V:2184 – 2189
  Amazon 亚马逊 **V**: 2184。亦可参阅: Amazon River Basin(亚马孙河盆地)
  arroyo 河谷 **V**:2185
  chemical pollution 化学污染 **V**:2187
  Congo 刚果 **V**:2184。亦可参阅:**Africa—equatorial and southern (4000BCE – 1100CE); Berlin Conference(赤道非洲地区和南部,前 4000—公元 1100;柏林会议)**
  flood 洪水 **V**:2185
  Ganges-Brahmaputra 恒河-雅鲁藏布江 **V**: 2184。亦可参阅:Ganges River(恒河)
  global warming, impacts on 对全球变暖的影响 **V**:2189
  habitat loss 栖息地丧失 **V**:2188 – 2189
  Huang 黄河 **V**:2184
  human manipulation 人类控制 **V**:2185 – 2186
  hydraulic engineering, environmental consequences 水利工程,环境影响 **V**:2186 – 2189
  Mississippi-Missouri 密西西比-密苏里河 **V**:2184
  Natural ("untamed") rivers 天然(未开发的)河流 **V**:2188
  Nile 尼罗河 **V**:2184。亦可参阅:Nile River Valley(尼罗河谷)
  pollution 污染 **V**:2186 – 2188
  亦可参阅:**Biological exchanges; Climate change; Erosion; Nature; Water; Water energy; Water management(生物交换;气候变化;侵蚀;自然;水;水能;水资源管理)**
Roads 道路 V:2190 – 2193
  drains, needs of 排水的需要 **V**:2190
  early 早期 **V**:2190 – 2191
  Incan rulers 印加统治者 **V**:2191
  modern 现代 **V**:2192 – 2193
  road construction 修路 **V**:2190
  Roman 罗马 **V**:2191 – 2192
  亦可参阅: **Automobile; Horses; Transportation—overview(汽车;马;运输概述)**
Robert, Nicholas-Louis 尼克罗斯-路易·罗伯特 **IV**:1916
Roberts, Issachar T. 罗孝全 **V**:2437,**V**:2439
Roberts, John M. 约翰·罗伯茨 **III**:1089
Roberts, Lawrence 劳伦斯·罗伯茨 **III**:1360
Roberts, Oral 欧罗·罗伯茨 **IV**:1945
Robertson, William 威廉·罗伯逊 **II**: 917, **II**:918
Robespierre, Maximilien 马克西米利安·罗伯斯庇尔 **IV**:1716
Robie, F. C. House 罗比住宅 **I**:152
Robinson, James Harvey 詹姆斯·哈维·鲁滨逊 **II**:570
Rock art 岩石艺术 **VI**: 2873。亦可参阅: Petroglyphs(岩画)
Rocketry 火箭技术。亦可参阅:**Space exploration**

（空间探索）
Rockets 火箭 **V:**2468,**VI:**2700
Rococo style 洛可可风格 **I:**151
Rodchenko, Alexander 亚历山大·罗钦可 **I:**265
Rodents, disease and 疫病和啮齿动物 **II:**788, **II:**791,**II:**793
亦可参阅:Bubonic plague(黑死病)
Rödiger, Emil 埃米尔·罗迪格 **V:**2277
Rodríguez, Simón 西蒙·罗德里格斯 **I:**408
Rodriguez Island 罗德里格斯岛 **II:**645
Roe v. Wade《罗伊诉韦德案》**VI:**2835
Roma (Gypsies) 罗姆人(吉普赛人) **III:**1114, **IV:**1926
Roman Catholicism 罗马天主教 V:2194–2201
absolutism and 专制主义 **I:**6–8
in Africa 非洲。亦可参阅:**African religions（非洲宗教）**
African-Americans and 非裔美洲人 **I:**47
basic teachings 基本教义 **V:**2194–2195
contemporary trends/problems 当代趋势和问题 **V:**2194,**V:**2198
Europe, Eastern 东欧 **III:**978,**III:**980
ecumenicism 普世教会主义 **II:**865–867
education of children 儿童教育 **II:** 509, **V:**2196
Enlightenment 启蒙运动 the, **II:**922
feminism 女权主义 **III:**1022
Index of Prohibited Books 禁书目录 **V:**2137
leisure activities, role in 在休闲活动中的作用 **IV:**1531
major historical developments 主要的历史发展 **V:** 2098,**V:** 2136,**V:** 2194–2195。亦可参阅:**Christian orthodoxy**; Protestant Reformation(**东正教**;新教改革)
medieval expansion of 中世纪扩张 **III:**986
non-European 非欧洲人 **V:**2201
Peace of Westphalia and《威斯特伐利亚和约》**III:**1076
Queen Elizabeth I of England role of 英国女王伊丽莎白一世的作用 **II:**893
in twenty-first century 在 21 世纪 **V:**2113
亦可参阅:**Augustine, Saint; Missionaries; Paul, Saint; Pilgrimage;** Popes; **Religion and war; Ricci, Matteo; Urban II(圣奥古斯丁;传教士;圣保罗;朝觐;**教宗;**宗教和战争;利玛窦;乌尔班二世)**
Roman Empire 罗马帝国 II:902,**V:2202–2208**, **V:**2327
Africa in 非洲 **I:**16
agriculture 农业 **I:**65
architecture 建筑 **I:**147–148,**I:**173–176
art 艺术。亦可参阅:**Art—ancient Greece and Rome(古代希腊和古代罗马艺术)**
barbarian invasions 蛮族入侵 **IV:**1553
biological exchange during 生物交换 **I:**396
borders and frontiers 边疆与边境 **III:** 1067–1068
catacombs 地下墓穴 **I:**210
Catholic Church and 天主教 **V:**2198
civil law, basis for 民法的基础 **IV:**1511–1512
contract law 合同法 **IV:**1514–1516
cultural areas 文化区域 **II:**683
dance and drill in 舞蹈和操练 **II:**705
dictionaries/encyclopedias and 词典/百科全书 **II:**769,**II:**770
education 教育 **II:**872
Europe, concept of 欧洲的概念 **III:** 968–970
food trading networks 食物贸易网 **III:** 1043,**III:**1044
glass production 玻璃制造 **III:**1131
Greek and Roman influences 希腊和罗马的

影响 **II**:915 – 916
guilds in 行会 **III**:1178
later empires and 帝国后期 **II**:897
leisure activities 休闲活动 **IV**:1532
libraries 图书馆 **IV**:1553
mass media in 大众传媒 **IV**:1618
military training and discipline 军事训练和纪律 **IV**:1704
Natural Law in 自然法 **IV**:1521 – 1522
religions 宗教 **V**: 2109 – 2110, **V**: 2096 – 2097, **V**:2098
sailing ships 帆船 **V**:2232, **IV**:2233
sanitation and waste disposal 环境卫生和废物管理 **VI**:2778
secularism 世俗主义 **V**:2112
slavery in 奴隶制 **IV**:1478, **V**:2332 – 2333
syncretism, concept of 融合的概念 **V**: 2127 – 2129
trading patterns 贸易模式 **VI**:2542 – 2543
travel guides in 旅行指南 **VI**:2596 – 2597
warfare 战争 **IV**:1659 – 1660
亦可参阅: **Byzantine Empire; Caesar, Augustus; Caesar, Julius; Constantine the Great; Justinian I(拜占庭帝国;奥古斯都·恺撒;尤里乌斯·恺撒;君士坦丁大帝;查士丁尼一世)**
Romance languages 罗曼斯语 **IV**:1497, **IV**:1500
Romanesque architecture 罗马建筑 **I**:148, **I**:213
Romania 罗马尼亚 **III**:976, **III**:978, **V**:2172
ethnic nationalism 种族民族主义 **III**:981
language 语言 **IV**:1501
religions 宗教 **III**:979
亦可参阅:**Europe, Eastern(东欧)**
Romanticism 浪漫主义 **V**:1976, **V**:2129
Rommel, Field Marshall Erwin 陆军元帅马歇尔·埃尔温·隆美尔 **VI**:2868
Roosevelt, Eleanor 埃莉诺·罗斯福 **III**: 1279, **V**:**2209 – 2211**
亦可参阅:**Human rights(人权)**
Roosevelt, Franklin Delano 富兰克林·德拉诺·罗斯福 **IV**:1851, **V**:**2212 – 2214**
atomic bomb, development of 原子弹的发展 **II**:887
Holocaust and 大屠杀 **III**:1252
New Deal 新政 **II**:939, **IV**:1519
Russia and 俄国 **II**:597
亦可参阅:**World War II(第二次世界大战)**
Roosevelt, Theodore 西奥多·罗斯福 **II**: 939, **IV**:1516
Roosevelt Corollary 罗斯福推论 **I**:103
Rosetta Stone 罗塞塔石碑 **I**:144, **V**:2279
Rostow W. W. 华尔特·惠特曼·罗斯托 **III**:966
Rothschild family 罗斯柴尔德家族 **V**:2084
Rouget de, Lisle Claude-Joseph 克劳德-约瑟夫·鲁热·利勒 **IV**:1773
Roupp, Heidi 海蒂·鲁普 **I**:300
Rousseau, Jean-Jacques 让-雅克·卢梭 **II**:560, **II**:922, **II**:924, **V**:1976
Rouvroy, Claude-Henri de 克劳德·亨利·德·鲁夫卢瓦(圣西门) **IV**:1614
Rowland, Benjamin 本杰明·罗兰 **I**:306
Roy, Ram Mohan 兰穆·莫亨·劳易 **IV**:1963
Royal African Company 皇家非洲公司 **V**:2335
Royal Society of England 英国皇家协会 **VI**:2647
Rubber 橡胶 **V**:1989, **V**:**2215 – 2219**
in colonial Africa 殖民地非洲 **I**: 23, **III**: 1063, **III**:1114
trade, Mesoamerica 贸易,中美洲 **VI**:2568
plantations and debt peonage 种植园和债务奴役 **IV**:1480
亦可参阅:**Automobile(汽车)**
Rubin Arnold 阿诺德·鲁宾 **I**:292 – 293

Rublev, Andrei 安德烈·鲁布列夫 **I**: 260, **II**:542
Ruddiman, William 威廉·拉迪曼 **I**:123
Ruiz de Burton, Maria Amparo 玛丽亚·安帕罗·鲁伊兹·德·伯顿 **VI**:2816
Ruma 鲁马 **V**:2361
Rumi 鲁米 V:2220 - 2222
亦可参阅:**Islamic world(伊斯兰世界)**
Runes 如尼文 **V**:2281
Ruskin, John 约翰·罗斯金 **III**:1096
Russell, Bertrand 伯特兰·罗素 **V**:1978
Russell & Company 旗昌洋行 **III**:1256
Russian Civil War 俄国内战 **III**:1077
Russian Orthodox Church 俄罗斯东正教会。亦可参阅:Eastern Orthodox Church(东正教)
Africa, role in 非洲,角色 **I**:28
agriculture 农业 **I**:66
AIDs 艾滋病 **III**:1242
Alcohol, taxation of 征收酒税 **I**:86
Austro-Hungarian Empire and 奥匈帝国 **I**: 344
autocracy and isolation 独裁政治和孤立 **V**: 2223 - 2224
borders 边界 **III**:1073,**III**:1075 - 1076,**III**: 1077
central and eastern Asia, influence in 在中亚和东亚的影响 **I**:312
China and 中国 **II**:525
civil law 民法 **II**:566
collapse of 瓦解 **I**:313
at Congress of Vienna 维也纳会议。亦可参阅:Congress of Vienna(维也纳会议)
consumerism 消费主义 **II**:653
crusades against 十字军东征 **II**:676
Eastern Europe, control of 控制东欧 **III**: 978,**III**:980
energy resources 能源 **II**:912
ethnicity in 种族 **III**:981
expansion of 扩张 **V**:2225 - 2227
famines 饥荒 **III**:1011,**III**:1012
forced labor and serfdom 强迫劳动和农奴制 **III**:1074,**IV**:1478 - 1479,
fur trade 皮草贸易 **III**:1079 - 1080
genocide in 种族灭绝 **III**:1114 - 1115
geographic constructions and 地理建构 **III**: 1120
indigenous peoples 土著 **III**: 1050, **III**: 1322,**III**:1323
international relations and diplomacy 国际关系和外交 **II**:779,**IV**:1529
labor union movement 工会运动 **IV**:1484
language politics 语言政治 **IV**:1502
languages 语言 **IV**:1496,**IV**:1502
modern art 现代艺术 **I**:217,**I**:218
Napoleon's invasion of 拿破仑入侵 **VI**:2731
nuclear weapons 核武器。亦可参阅:nuclear weapons(核武器)
Palestine and 巴勒斯坦 **VI**:2891
post - World War II 第二次世界大战后 **V**: 2226 - 2227,**VI**:2775 - 2776
radio broadcasting 无线电广播 **V**:2079
railroads 铁路 **V**:2084 - 2085,**V**:2086
reform movement 改革运动 **II**:600
religion 宗教 **II**:837
Terror, 1930s 1930年代的大清洗 **II**:628
Truman Doctrine, response to 对杜鲁门主义的回应 **V**:2225 - 2226
Russo-Japanese Wars 日俄战争 **III**: 1409, **V**: 2226,**V**:2313,**VI**:2735
radio use 无线电的使用 **V**:2078
railroads 铁路 **V**:2086
Rwanda 卢旺达 **I**:37,**II**:937,**II**:946,**II**:947
genocide in 种族灭绝 **III**: 1114, **III**: 1115,

III:1281,**III**:1348
mass media in 大众传媒 **IV**:1628
Rye 黑麦。亦可参阅:**Cereal grains(谷物)**

S

SABRE (Semi-Automatic Business Research Environment)半自动商务研究平台 **III**:1358
Sachsenhausen (concentration camp) 萨克森豪森(集中营) **III**:1249
Sacraments, Roman Catholic 天主教圣礼 **V**:2195
Sacred law 神圣法。亦可参阅:**Law, sacred(神圣法)**
Safe conducts (travel documents) 安全通行证(旅行证件)**III**:1073,**III**:1077
SAGE (Semi-Automatic Ground Environment) 半自动地面防空系统 **III**:1358
Sahara Desert 撒哈拉沙漠 **I**:60,**II**:463,**II**:464,**II**:579,**II**:748 – 750
art 艺术 **I**:164
salt 盐 **V**:2246
trading patterns 贸易模式 **VI**:2579 – 2583
Sahlins, Peter 彼得・萨林斯 **III**:1076
Said, Edward 爱德华・萨义德 **II**:953,**II**:964 – 965,**V**:2031
亦可参阅:**Orientalism(东方主义)**
Saifawa dynasty 萨非王朝 **III**:1437 – 1439
Sailing ships 帆船 V:2231 – 2236
亦可参阅:**History, maritime; Navigation; Piracy(海洋史;航海;海盗)**
Saint Domingue 法属圣多明戈。亦可参阅:Haiti(海地)
Saint Lucia island 圣卢西亚岛 **II**:645
Saint Petersburg, Russia 俄国圣彼得堡 **I**:260 – 261,**V**:2224
Saint Vincent Island 圣文森特岛 **I**:44
St. Augustine of Hippo 希波的圣奥古斯丁。亦可参阅:**Augustine, Saint(圣奥古斯丁)**
St. Bartholomew's Day massacre 圣巴托罗缪之夜大屠杀 **III**:1111
St. Isadore of Seville 塞维利亚的圣伊萨多尔 **III**:1336
St. Paul's Cathedral, London 圣保罗大教堂,伦敦 **I**:150
St. Peter, Basilica of 圣彼得巴西利卡教堂 **I**:150
Ste-Geneviève, Church of 圣日内维耶大教堂 **I**:151
Saladin 撒拉丁 II:675,**II**:676,**V**:**2237 – 2239**,**VI**:2719
亦可参阅:**Crusades, the; Egypt(十字军东征;埃及)**
Salazar, António de Oliveira 安东尼奥・德・奥利韦拉・萨拉查 **V**:2029
Salem, Massachusetts (and spice trade) 马萨诸塞州塞勒姆(香料贸易) **V**:2378
Salinization 盐渍化 V:2240 – 2244
Acacia-dominated savannas 以金合欢属植物为主的热带稀树草原 **V**:2244
Amboseli National Park, Kenya 肯尼亚安博塞利国家公园 **V**:2244
Eucalyptus forests 桉树林 **V**:2242 – 2243
in Egypt and Mesopotamia 埃及和美索不达米亚 **V**:2242
geographic distribution of saline and sodic soils 盐碱地的地理分布 **V**:2240 – 22411
in Indus River valley of Asia 亚洲的印度河谷 **V**:2242
in Murray-Darling River basin, Australia

澳大利亚墨累-达令盆地 **V**:2242
natural salinization 自然盐渍化 **V**:2243
saline and sodic soils, reclamation of 盐碱地的整治 **V**:2241
"secondary" salinization 次盐渍化 **V**:2243
亦可参阅:**Agricultural societies; Harappan state and Indus civilization; Water; Water management(农业社会;哈拉帕国家和印度河文明;水;水资源管理)**
Salt 盐 V:2245 – 2249
mining 采矿 **IV**:1588,**IV**:1590,**IV**:1603
trade 贸易 **III**:1437,**III**:1440,**VI**:2568,**VI**:2579,**VI**:2682
亦可参阅:**Oceans and seas; Salinization(海洋;盐渍化)**
SALT I and SALT II 第一阶段和第二阶段限制战略武器条约 **II**:600
Same-sex marriages 同性恋婚姻 **II**:573,**III**:1100
Samkhya 数论 **IV**:1962
Samoan Islands 萨摩亚群岛 **III**:1129
Samokhvalov, Alexander 亚历山大·什莫普拉夫 **I**:265
Samory 萨摩里 **III**:1062
Samuelson, Kjell 谢尔·塞缪尔森 **III**:1361
Samurai warriors 日本武士 **VI**:2724 – 2725,**VI**:2726
Sanctified churches 圣洁教会 **I**:46,**I**:47
Sande society (Liberia) 桑德社(利比亚) **I**:49
Sandfeld K. 德菲尔德 **IV**:1495
San Francisco, earthquake 旧金山大地震 **II**:840,**II**:842
Sanger, Margaret 玛格丽特·桑格 **I**:403 – 406,**VI**:2833
Sangh, Rashtriya Swayamsevak 民族卫队 **V**:2124
Sankara 商羯罗 **IV**:1963
San Martín, José 何塞·圣马丁 **I**:410
Sans-culottes 无套裤汉 **V**:2149
Sanskrit 梵文 **IV**:1473,**IV**:1496 – 1497,**IV**:1689,**VI**:2761
decipherment 解读 **V**:2280 – 2281
as sacred language 神圣的语言 **II**:684
Sant' Andrea, church of 圣安德烈大教堂 **I**:150
Santeria, Cuban 古巴萨泰阿里教 **I**:43,**I**:44,**I**:45,**V**:2130
Sappho 萨福 **VI**:2811
Sarajevo 萨拉热窝 **III**:979
Sargon 萨尔贡 **IV**:1657,**IV**:1742
Sarong 莎笼 **II**:583
Saro-Wiwa, Ken 肯·萨罗-维瓦 **II**:931
Sasanian Empire 萨珊帝国 V:2250 – 2254
亦可参阅:**Manichaeism; Persian Empire; Silk Roads; Zoroastrianism(摩尼教;波斯帝国;丝绸之路;琐罗亚斯德教)**
Satellites 人造卫星 **V**:2468
Sati 殉夫自焚 **VI**:2824,**VI**:2826,**VI**:2828
Saudi Arabia 沙特阿拉伯
Arab caliphate 阿拉伯哈里发 **I**:138
Arab League 阿拉伯联盟 **I**:140
Islam in 伊斯兰教 **III**:1390
Sauma, Rabban (Master) 拉班·扫玛(大师) **II**:678
Saussure, Ferdinand de 费迪南·德·索绪尔 **V**:2350
Sauvy, Albert 阿尔伯特·索维 **VI**:2843
Savagery 蒙昧 **II**:568 – 573
SAVAK 萨瓦克 **V**:2156
Savery, Thomas 托马斯·萨弗里 **III**:1329
Save the Children "拯救儿童" **II**:512
Saxony 萨克森 **II**:645 – 646,**IV**:1569
亦可参阅:Germany(德国)
Scandinavia 斯堪的纳维亚
crusades 十字军东征 **II**:676

early religion 早期宗教 **V**:2100
expansion 扩张 **III**:985
labor union movement 工会运动 **IV**:1484
languages 语言 **IV**:1496
Scarlet Letter, *The*,《红字》**V**:2293
Scheidemann, Philipp 菲利普·谢德曼 **VI**:2600
Schelling, Friedrich 弗里德里希·谢林 **V**:1976
Schistosomiasis 血吸虫病 **II**:790, **II**:793
Schlesinger, Arthur M. 亚瑟·施莱辛格 **IV**:1565
Schlesinger, Arthur M. Jr. 小阿瑟·施莱辛格 **IV**:1565
Schliemann, Heinrich 海因里希·谢里曼 **III**:1254
Schmidt, Moriz 莫里兹·施密特 **V**:2280
Schneider, David 大卫·施耐德 **II**:686
Schöbein, Christian 克里斯提安·斯克宾 **V**:1989
Schooling, formal 正规教育 **II**:506
Schuman, Robert 罗伯特·舒曼 **III**:989
Schuman Declaration 舒曼计划 **III**:989
Schumpeter, Joseph 约瑟夫·熊彼特 **II**:461, **IV**:1566, **VI**:2525, **VI**:2527
Schusky, Ernest 恩斯特·斯库斯基 **III**:1170
Schwarz, David 大卫·斯瓦兹 **VI**:2696
Science—overview 科学概述 V:2255 – 2265
emergence and evolution of 出现和发展 **V**:2260 – 2264
Enlightenment, the 启蒙运动 **II**:921 – 923
freedom, exercise of 践行自由 **II**:1055 – 1056
modern science compared to earlier knowledge systems 与早期知识体系相比的近代科学 **V**:2256 – 2260
outlook 展望 **V**:2264
亦可参阅:**Expeditions, scientific; Galileo, Galilei; Newton, Isaac; Modernity; Scientific Revolution; Time, conceptions of(科学考察;伽利略·伽利雷;艾萨克·牛顿;现代性;科学革命;时间概念)**
Scientific instruments 科学仪器 III:1132 – 1134, **V**:2263, **V:2266 – 2269**
亦可参阅:**Museums; Science—overview; Scientific Revolution(博物馆;科学概述;科学革命)**
Scientific Revolution 科学革命 **IV**:1834, **V**:2255 – 2258, **V**:2262 – 2263, **V:2270 – 2275**
glass making and 玻璃制造 **III**:1132 – 1134
nature and 自然 **IV**:1823 – 1824
population and 人口 **V**:2018 – 2020
亦可参阅:**Enlightenment, the; Galileo Galilei; Newton, Isaac; Science—overview; Scientific instruments(启蒙运动;伽利略·伽利雷;艾萨克·牛顿;科学概述;科学仪器)**
Scotland 苏格兰
absolutism in 专制主义 **I**:8
Celtic culture 凯尔特文化 **II**:484 – 486
fur trade 皮草贸易 **III**:1079
亦可参阅:Britain(英国)
Scott, David 大卫·斯科特 **V**:2367
Scott, Robert 罗伯特·斯科特 **I**:119
Scrapie 痒病 **II**:787
Scratch plows 犁铧 **V**:1995 – 1996
Script decipherment 解读文字 V:2276 – 2283
cuneiform 楔形文字 **V**:2277 – 2278
eastern Mediterranean 地中海东部 **V**:2280 – 2281
hieroglyphs 象形文字 **V**:2279 – 2280
Semetic consonantal 闪米特语 **V**:2276 – 2277
southern and Inner Asian 亚洲南部和内腹 **V**:2281 – 2282
Scythian era 斯基泰时期 **I**:179
Sea passages, development of global 全球海上航道的发展 **II**:834

亦可参阅:**History, maritime; Trade cycles; Transportation—overview(海洋史;贸易周期;运输概述)**
Search engines 搜索动力 **III**:1363
SEATO (Southeast Asia Treaty Organization) 东南亚条约组织 **II**:599
Second Coming 基督复临 the, **IV**: 1710, **IV**:1714
Second Council of Constantinople 第二次君士坦丁堡公会议 **II**:539
Second Council of Nicaea 第二次尼西亚公会议 **II**:539
Second Opium War 第二次鸦片战争 **V**:2440
Second World 第二世界 **III**:1121
亦可参阅:**Cold War; World blocs—first, second, third, and fourth(冷战;世界集团——第一、第二、第三、第四集团)**
Secondary states 次要国家 **I**:381
Secondary-products revolution 次级产品革命 **V: 2284 - 2286**
Secret societies, African 非洲秘密会社 **I**: 49, **III**:1027
Secularism 世俗主义 **II**:652, **V**:2112 - 2113, **VI**: 2646 - 2648
Sedentism 定居生活 **II**:782
Seeger, Pete 彼得·西格 **IV**:1776
Seleucid era 塞琉古王朝时期 **I**:180 - 181; **I**:371
Self-determination 民族自决 **IV**:1793, **IV**:1794, **IV**:1801, **IV**:1806, **IV**:1808, **IV**:1911 - 1912
Selim II, Mosque of 塞利姆二世 **I**:150
Seljuks 塞尔柱王朝 **I**:443, **II**:674, **VI**:2484
Semitic languages 闪米特语 **IV**:1497, **V**:2276 - 2277, **V**:2279
Sen Rikyō 千利休 **I**:227
Sendero Luminoso (Shining Path) in Peru 秘鲁"光明之路"组织 **IV**:1608
Senegal 塞内加尔共和国 **I**:27, **I**:41, **III**:1058, **III**:1062 - 1063, **V**:2287 - 2288
Senghor, Léopold 利奥波德·桑戈尔 **V:2287 - 2288**
Sennacherib 辛那赫里布 **I**:321, **I**:370
Sensationalism in journalism 新闻的轰动效应 **IV**:1621 - 1622
Sephardic Jews 塞法蒂犹太人 **III**:979
Sepoy uprising 印度民族主义 **VI**:2764 - 2765
September 11, 2001, terrorist attacks 2001年9月11日恐怖袭击 **I**:105, **II**:742, **IV**:1714, **VI**: 2487 - 2488, **VI**:2523, **VI**:2717, **VI**:2721 - 22
Sepulveda, Juan Ginés de 胡安·金尼斯·德·塞普尔维达 **II**:569
Serbia 塞尔维亚 **I**:344, **III**:976, **III**:977, **III**:980
ethnicity 种族 **II**:567, **IV**:1799
language 语言 **IV**:1501
Serfdom 农奴制。亦可参阅:**Labor systems, coercive(强制劳动制度)**
Seringueiros 亚马孙丛林伐木者 **II**:931
Servetus, Michael 迈克尔·塞尔韦图斯 **V**:2118
Service, Elman 埃尔曼·塞维斯 **II**:847, **II**:848
Seshat, goddess of writing 写作之神塞莎特 **VI**: 2810
Sesshō Tōyō 雪舟等杨 **I**:225
Seven Years' War 七年战争 **I**: 419, **III**: 1058, **III**: 1062, **III**: 1181, **III**: 1303, **VI**: 2635, **VI**: 2738, **VI**:274
Sevin (chemical) 西维因(化学药品) **III**:1169
Sèvres porcelain 塞弗尔瓷器 **V**:2024
Sewage 污水
farming societies 农业社会 **II**:782, **II**:809
infectious disease 传染病 **II**:796
in oceans, seas, and rivers 海洋和河流 **I**: 121, **III**:1862, **IV**:2187
Sewers (in ancient world) 排水沟(古代世界) **VI**:2730, **VI**:2777
Sex and sexuality 性与性别 **V:2289 - 2296**

cultural variations in sexual categories and norms 性别分类及其标准中的文化差异 **V**:2290 - 2291
gay and lesbian rights movement 同性恋权利运动 **III**:1097 - 1101
genocide and 种族灭绝 **III**:1114
modern sexuality 现代的性行为 **V**:2294 - 2297
premodern 前现代 **V**:2291 - 2294
sex trade 性交易 **II**:512
sport, erotic nature of 体育的色情性质 **V**:2382
亦可参阅:**Gay and lesbian rights movement(同性恋权利运动)**
Sextants 六分仪 **IV**:1831,**IV**:1832
Seychelles 塞舌尔群岛 **II**:645
Shackleton, Ernest 恩斯特·沙克尔顿 **I**:119
Shadhili Sufi 沙兹里苏苏派 **II**:591
Shaf'i, Abu 'Abd Allah. 阿布·阿卜杜拉·沙斐仪。亦可参阅:al-Shafi'I, Abu 'Abd Allah(阿布·阿卜杜拉·沙斐仪)
Shah, Muhammad 穆罕默德·沙阿 **I**:275
Shakarian, Demos 代摩士·撒加林 **IV**:1946
Shakespeare, William 威廉·莎士比亚 **III**:1402
Shaku Zulu 夏卡·祖鲁 V:2297 - 2299
Shamanism 萨满教 V:2300 - 2305
亦可参阅:**Animism(泛灵论)**
Shamir, Yitzhak 伊扎克·沙米尔 **IV**:1922
Shamshi-Adad I 沙姆希-阿达德一世 **I**:319
Shang dynasty 商朝 **I**:65,**I**:187 - 188,**II**:514 - 515,**II**:530
Shapin, Steven 史蒂芬·沙滨 **V**:2258
Shapiro, Elmer 埃尔默·夏皮罗 **III**:1360
Shapley, Harlow 哈罗·沙普利 **II**:664
Shapur I 沙普尔一世 **V**:2250
Sharia 伊斯兰法。亦可参阅:**Islamic law(伊斯兰法)**
Sharon, Ariel 阿里尔·沙龙 **IV**:1923
Sharp, Granville 格兰维尔·夏普 **II**:935
Sheehan, Gary 盖理·希恩 **IV**:1852
Sheep and goats 绵羊和山羊 V:2306 - 2309
goats (*Capra aegargus*) 山羊(野生山羊) **V**:2306
industrial society 工业社会 **V**:2308
mouflon (*Ovis orientalis*) 摩弗伦羊(欧洲盘羊) **V**:2306
romantic image of 浪漫的想象 **V**:2039
social organization 社会组织 **V**:2307 - 2308
亦可参阅:**Domestication, plant and animal; Pastoral nomadic societies(动植物的驯养;游牧社会)**
Shen Zhou 沈周 **I**:196
Shepard, Alan B. Jr. 小艾伦·谢波德 **V**:2365
Sherratt, Andrew 安德鲁·谢拉特 **III**:958, **V**:2259
Shi Dakai 石达开 **V**:2438
Shi Huangdi 秦始皇 **I**:188
Shi Lu 石鲁 **I**:201
Shi'a Muslims 什叶派穆斯林 **III**:1382, **III**:1383,**III**:1390,**VI**:2484
during caliphate period 哈里发时期 **III**:1138
Iranian revolution 伊朗革命 **V**:2155
Sunni-Shi'a split 逊尼派与什叶派的分裂 **II**:917,**VI**:2719
Shidehara, Kijuro 币原喜重郎 **III**:1411
Shiite Muslims 什叶派穆斯林。亦可参阅:Shi'a Muslims(什叶派穆斯林)
Shiji (Records of the Grand Historian)《史记》(《史记》) **VI**:2597,**VI**:2849
亦可参阅:**Sima Qian(司马迁)**
Shikibu Lady Murasaki 紫式部夫人 **I**:224, **VI**:2812
Shilla 新罗 **IV**:1466,**IV**:1467
Shinto 神道教 V:2310 - 2315

亦可参阅:**Japanese Empire(日本帝国)**
Ships 船。亦可参阅:**History, maritime; Sailing ships; Transportation—overview(海洋史;帆船;运输概述)**
Shizi《尸子》**IV:**1966
Shohat, Ella 艾拉·肖哈特 **VI:**2817
Shoji Hamada 滨田庄司 **I:**208
Shōmu, Emperor 圣武天皇 **I:**223,**V:**2311
Shope, Gertrude 格雷鲁德·肖普 **VI:**2839
Shrovetide football 忏悔节足球赛 **III:**1092
Shunga dynasty, sculpture during 巽伽王朝时期的雕塑 **I:**269
Shuttle diplomacy 穿梭外交 **II:**780
Siberia 西伯利亚 **III:**1322,**V:**2300
potatoes in 马铃薯 **V:**2042
Sic et non《是与否》**VI:**2646
Sicily 西西里 **I:**139,**III:**983
Siddhartha Gautama 悉达多。亦可参阅:**Buddha(佛陀)**
Sieges, as military tactic 作为军事策略的包围战 **IV:**1694 – 1695
Siemens, Werner von 维尔纳·冯·西门子 **V:**2084
Sierra Club 塞拉俱乐部 **II:**927
Sierra Leone 塞拉利昂 **I:**55,**III:**1281,**IV:**1481
resettlement project 移民计划 **II:**935
Sieyes, Abbé 西耶斯神父 **V:**2148
Sii Ali Beeri 西·阿里·比瑞 **V:**2359 – 2360
Sikhism 锡克教 IV: 1781 – 1782, **V:** 1982, **V: 2316 – 2318**,**VI:**2764,**VI:**2765
Sikorsky, Igor 伊戈尔·西科斯基 **VI:**2697
Silicone 硅树脂 **V:**1989
Silk 丝绸
handscrolls and hanging scrolls 手卷和立轴。亦可参阅:**Art—China**; handscrolls **(中国艺术;手卷)**
production of 生产 **VI:**2491
trading patterns 贸易模式 **VI:**2579 – 2583
Silk Roads 丝绸之路 II: 463 – 464, **II:** 514, **II:** 519, **III:** 1042, **IV:** 1468, **V:** 2261, **V: 2319 – 2324**,**VI:**2519,**VI:**2549 – 2540,**VI:**2597
ancient cities and 古代城市 **II:**555
biological exchanges 生物交换 **I:**396
Buddhism, spread of 佛教的传播 **I:** 429 – 430
in decline 衰落 **V:**2323
disease transmission and 疾病传播 **II:**791
as early interregional network 早期跨地区网络 **III:**1365
geography and history of early roads 早期道路的地形分布和历史 **V:**2319 – 2321
importance of 重要性 **III:**1191
Indo-European migration and 印欧移民 **IV:** 1689
Inner Eurasia and 欧亚内陆 **III:**961
Kushan Empire 贵霜帝国 **IV:**1471 – 1472
paleoanthropology and 古人类学 **IV:**1903
secondary-products revolution 次级产品革命 **V:**2284 – 2285
strongest period 全盛时期 **V:**2322 – 2324
Turkic Empire and 突厥帝国 **VI:**2617
twenty-first century 21 世纪 **V:**2323
亦可参阅:**Pastoral nomadic societies; Polo, Marco(游牧社会;马可·波罗)**
Silver 银 V:2325 – 2329
ancient civilization, impact on 对古代文明的影响 **V:**2325 – 2327
impact from 1500 to 1800 对 1500—1800 年的影响 **V:**2327 – 2328
impact since 1800s 自 1800 年以来的影响 **V:** 2328 – 2329
mining 矿业 **III:**1146
亦可参阅:**Currency; Trading patterns, ancient American(货币;古代美洲贸易模式)**

Silver, Beverly 贝弗莉·塞尔维 **IV**:1566
Sima Qian 司马迁 II:914,**III**:960,**IV**:1504,**IV**:1964,**V**:**2330 - 2331**,**V**:2409,**VI**:2597
Simeon, Bulgarian Czar 保加利亚皇帝西蒙一世 **III**:980
Simple Mail Transfer Protocol (SMTP) 简单邮件传输协议 **III**:1363
Sinan 斯楠 **I**:150
Singapore 新加坡 **IV**:1681,**IV**:1683
  Great Britain, influence of 英国的影响 **I**:312
  solid wastes, collection of 固体废弃物的回收 **VI**:2779,**VI**:2781,**VI**:2782
Singh, Guru Gobind 古鲁·戈宾德·辛格 **V**:2316,**V**:2317
Single European Act of 1987 1987年《单一欧洲法案》**II**:991
Sinn Fein party 新芬党 **VI**:2486
Sino-Japanese Wars 中日战争 **III**:1408,**III**:1410,**III**:1412 - 1413,**V**:2313,**VI**:2726
Sino-Tibetan languages 汉藏语系 **IV**:1497
Sinti (Gypsies) 信德人(吉普赛人) **III**:1114
Sioux 苏族 **I**:348,**III**:1229,**III**:1306。亦可参阅:**Native American religions(美洲印第安宗教)**
Siva 湿婆神 **I**:270,**I**:278 - 279
Sixtus IV, Pope 教宗希斯特四世 **IV**:1554
Skocpol, Theda 西达·斯考切波 **II**:631
Skylab space station 太空实验室空间站 **V**:2368
Slave trades 奴隶贸易 II:814,**III**:1367,**IV**:1479 - 1481,**V**:2073 - 2075,**V**:**2332 - 2338**,**VI**:2560
  African diaspora and 非洲流散族群 **II**:762 - 763,**II**:765
  ancient Europe 古代欧洲 **V**:2332 - 2334,**VI**:2541
  Benin 贝宁 **I**:387
  biological exchange and 生物交换 **I**:400,**V**:2334
  caravans, use of slaves in 商队对奴隶的使用 **II**:463 - 464,**V**:2333
  Caribbean region 加勒比地区 **I**:420,**II**:827,**IV**:1479 。亦可参阅:**African American and Caribbean religions(非裔美洲人和加勒比宗教)**
  coffee production 咖啡生产 **II**:593
  crusades, effect of 十字军东征的影响 **II**:675
  demographics 人口统计资料 **V**:2337 - 2338
  Eastern Europe 东欧 **III**:977
  firearms, role of 火器的作用 **V**:2345,**V**:2456
  imperialism and 帝国主义 **II**:699,**II**:700,**II**:901,**III**:1058,**III**:1207,**III**:1302,**III**:1304 - 1305,**V**:2334 - 2336
  international law 国际法 **IV**:1518
  as interregional network 区际网络 **III**:1367
  Kanem-Bornu 卡内姆-博尔努王国 **III**:1437,**III**:1438
  Kongo 刚果 **III**:1464
  map, Atlantic slave trade 大西洋奴隶贸易地图 **V**:2337
  migrations and 移民 **II**:765
  New World 新大陆 **V**:2333 - 2335
  Persian Empire 波斯帝国 **IV**:1957
  religion, role of 宗教的角色 **I**:41 - 43,**I**:45,**V**:2333
  South Africa 南非 **I**:133
  sugar production 糖的生产 **II**:861,**III**:987,**III**:1043,**V**:2334 - 2335
  tobacco trade and 烟草贸易 **II**:812
  trans-Saharan 跨撒哈拉 **V**:2333,**VI**:2580,**VI**:2581
  warfare in Africa 非洲战争 **V**:2336,**VI**:2692 - 2693

West Indies slave trade, justifying 西印度群岛奴隶贸易的合法化 **V**:2334

亦可参阅:**Labor systems, coercive(强制劳动制度)**

Slavery 奴隶制

European influence on the Americas 欧洲对美洲的影响 **I**:112

and migration 移民 **IV**:1672

亦可参阅:**Slave trades(奴隶贸易)**

Slavic alphabet 斯拉夫字母 **I**:440,**III**:979

Slavic languages 斯拉夫语 **IV**:1688

Sleeping sickness 昏睡病 **II**:464,**II**:781,**II**:789

Slovakia 斯洛伐克 **III**:975 **III**:976,**III**:991

Slovenia 斯洛文尼亚 **I**:344,**III**:980,**III**:991

Smallpox 天花 **II**:608,**II**:834,**II**:846,**III**:1006

genocide, as instrument of 种族灭绝的工具 **III**:1112

native populations, impact on 对土著人的影响 **II**: 784 - 786,**II**: 794 - 795,**VI**: 2737,**VI**:2744

prevention 预防 **II**:796

transmission 传播 **II**:781,**II**:782,**II**:791,**II**:792,**II**:794 - 795,**II**:796,**II**:809

vaccinations 接种疫苗 **II**:796

Smeaton, John 约翰·斯密顿 **III**:1461

Smith, Adam 亚当·斯密 **I**: 383,**II**: 520,**III**: 1053,**III**: 1054,**V**: **2339 - 2341**,**V**: 2343,**VI**:2673

亦可参阅:**Enlightenment the; Economic growth(启蒙运动;经济增长)**

Smith, George 乔治·史密斯 **V**:2280

Smith, John 约翰·史密斯 **VI**:2633

Smith, Joseph Jr. 小约瑟夫·史密斯 **III**:1118,**IV**:1509

Smith, William 威廉·史密斯 **II**:718,**IV**:1715

Smithsonian Institution 史密森学会 **I**: 208,**IV**:1763

Sobibor (concentration camp) 索比堡(集中营) **III**:1250,**III**:1251

Social change 社会变迁。亦可参阅:**Civil disobedience; Civilization, barbarism, and savagery; Early modern world; Freedom; History, social; Music and political protest; Nonviolence(非暴力反抗;文明、野蛮和蒙昧;早期近代世界;自由;社会史;音乐和政治抗议;非暴力)**

Social contract theories 社会契约论 **II**:560,**III**:1053 - 1054

亦可参阅:Race and racism(种族和种族主义)

Social evolutionary anthropology, Victorian 维多利亚时代的社会进化人类学 **II**:569

Social sciences 社会科学 V:2342 - 2346

亦可参阅:**Anthropology; Sociology(人类学;社会学)**

Social Security Act《社会安全法案》**IV**:1487

Socialist Realism 社会主义现实主义

in Chinese art 中国艺术 **I**:201,**I**:202

in Russian art 俄国艺术 **I**:265 - 267

Socinians 索齐尼派教徒 **II**:922

Sociology 社会学 **III**:965 - 966,**V**:**2347 - 2352**

亦可参阅:**Social sciences(社会科学)**

Socrates 苏格拉底 **III**:1148,**III**:1165,**IV**:1968,**IV**:1970,**V**:**2353 - 2354**

亦可参阅:**Plato; Political thought(柏拉图;政治思想)**

Sogdia 粟特 **I**:180

Soil erosion 土壤侵蚀。亦可参阅:**Erosion(土壤侵蚀)**

Soka Gakkai, in Japan 日本创价学会 **II**:703

Sokoto caliphate 索科托哈里发国 V:2355 - 2357

亦可参阅:**Islamic world(伊斯兰世界)**

Solano López, Francisco 弗朗西斯科·索拉诺·洛佩斯 **VI**:2740

Solar energy 太阳能 **II**:574,**II**:575,**II**:577,**II**:579,**II**:581,**II**:904 - 905,**II**:908
Solf, Wilhelm 威廉·佐尔夫 **III**:1127
Solid Waste Disposal Act (1965)《固体废物管理法案》(1965 年) **VI**:2780
Solid wastes, collection of 固体废弃物的回收 **VI**:2781
Solidarity Forever《永远团结》**III**:1176
Solidarity movement (Poland) 团结工会运动(波兰) **IV**:1845,**VI**:2775,**VI**:2786
Solomon Islands 所罗门群岛 **III**:1128
  sweet potatoes in 番薯 **V**:2038
Solomou, Solomos 索罗莫斯·索洛莫 **IV**:1566
Solon (Athenian lawmaker) 梭伦(雅典立法者) **II**:740 - 741
Somalia 索马里 **I**:55
  Aksum, kingdom of 阿克苏姆王国 **I**:74
  Arab League 阿拉伯联盟 **III**:140
Somoza, Anastasio 安纳斯塔西奥·索摩查 **IV**:1879
Song dynasty 宋朝 **I**:225,**I**:311,**II**:456,**II**:519,**II**:520,**II**:898,**IV**:1965
  advances by 进步 **II**:859,**V**:2456,**V**:2465
  explorations 探险 **III**:998。亦可参阅:**Zheng He**(郑和)
  religions 宗教 **II**:433,**II**:530,**II**:638
  sexuality issues 性问题 **V**:2292
  Song - Yuan period (and literati art) 宋元时期(文人艺术) **I**:193 - 197
  warfare 战争 **VI**:2703
Songhai 桑海 I:50,II:898,II:900,V:2336,V:2358 - 2362
Song Rongzi 宋荣子 **IV**:1964
Sophists 诡辩家 **IV**:1970
Sophocles 索福克勒斯 **III**:1243,**III**:1285,**IV**:1521
Soteriology 救赎论 **II**:543
Soto, Hernando de 埃尔南多·德·索托 **VI**:2746
Soufflot, Jacques-Germain 雅克·热尔曼·舒福利 **I**:151
Sound recording 录音资料 **II**:623
South Africa 南非 **I**:29,**I**:39,**I**:421,**II**:565,**II**:927
  birth control and contraception issues 节育和避孕问题 **I**:404
  dance and drill in 舞蹈和操练 **II**:706
  energy use 能源使用 **II**:911
  gay rights movement 同性恋权利运动 **III**:1100
  gold mining 金矿开采 **VI**:2680
  nonviolence in 非暴力 **III**:1406
  religions 宗教 **V**:2130
  women's rights in 女权 **VI**:2838,**VI**:2839
  World War I 第一次世界大战 **I**:26
  World War II 第二次世界大战 **I**:27
  Zulu people, art of 祖鲁人艺术 **I**:167
South America 南美洲。亦可参阅:Latin America(拉丁美洲)
South American art, pre-Columbian 前哥伦布时代南美艺术
  Chavín 查文 **I**:255
  early origin 早期起源 **I**:255
  European conquerors, aftermath 欧洲征服的余波 **I**:257 - 258
  Inca 印加 **I**:256 - 257
  Moche 莫希文化 **I**:256
  Nazca 纳斯卡 **I**:255 - 256
South Korea 韩国
  border with North Korea 与朝鲜的边界 **III**:1078
  economic growth 经济增长 **II**:912
  亦可参阅:**Korea**;Korean War;**Warfare—Japan and Korea**(朝鲜;朝鲜战争;日本和

朝鲜的战争)
South Sea Company 南海公司 **II:**852 – 853
Southeast Asia 东南亚 **III:**1119
education in 教育 **VI:**2648 – 2649
migration to 移民 **IV:**1674
亦可参阅:**Art—Southeast Asia(东南亚艺术)**
Southeast Asia Treaty Organization (SEATO) 东南亚条约组织 **II:**599
Southeastern Europe 东南欧。亦可参阅:**Europe, Eastern(东欧)**
Southern African Development Coordinating Conference 南部非洲发展协调会议 **I:**39
Southern Baptist Convention 南方浸礼宗 **I:**46
Southern Christian Leadership Conference 南方基督教领袖会议 **III:**1450 – 1451
Southern corn leaf blight 玉米叶枯病 **II:**802 – 803
Sovereignty 主权 **II:**631
in Eastern Europe 东欧 **III:**980 – 981
Enlightenment, the 启蒙运动 **II:**922
Peace of Westphalia《威斯特伐利亚和约》**III:**1076
亦可参阅:Monarchies(君主制)
Soviet Union 苏联
disruption of 解体 **II:**854
Germany's attack 德国的进攻 **VI:**2676
Space, as global commons 作为全球共有空间 **III:**1136 – 1137
Space exploration 空间探索 V:2363 – 2370
Space shuttle 航天飞机 **V:**2368 – 2369
SpaceShip One 太空船一号 **V:**2369
Spain 西班牙
absolutism in 专制主义 **I:**7,**I:**8,**I:**9
border with France 与法国的边界 **III:**1076
caliphate rule in 哈里发统治 **I:**138 – 139
Charles I 查理一世 **II:**498 – 499
civil law 民法 **IV:**1512
Enlightenment in 启蒙运动 **I:**8
human rights 人权 **III:**1281
interwar years 两次世界大战之间 **III:**1373
liberalism in 自由主义 **IV:**1546 – 1547
Pardo Bazan, milia 埃莉利亚・帕尔多・巴桑 **VI:**2816
potatoes in 马铃薯 **V:**2040,**V:**2041
railroads 铁路 **V:**2084,**V:**2085
silver mining 银矿 **III:**1146
terrorism in 恐怖主义 **VI:**2486
wind-driven electricity generation in 风力发电 **VI:**2807
亦可参阅:**Americas, the; Crusades, the; Spanish Empire(美洲;十字军东征;西班牙帝国)**
Spalding A. G. 斯伯丁 **V:**2383
Spanish-American War 美西战争 **IV:**1622,**VI:**2731,**VI:**2735
Spanish-Arabic map of 1109　1109 年的西班牙-阿拉伯地图 **II:**476
Spanish Armada 西班牙无敌舰队 **II:** 892,**VI:**2734
Spanish Cortés, liberalism in 西班牙议会,自由主义 **IV:**1546 – 1547
Spanish Empire 西班牙帝国 I:110,**V:**2335,**V:2371 – 2376**
Bourbon dynasty and American independence 波旁王朝和美洲独立 **V:**2375
Catholicism and 天主教 **V:**2199
Charles V, expansion during reign of 查理五世统治期间的扩张 **V:**2372 – 2373
domains of the monarchy 君主制的统治 **V:**2372
French colonies ceded to 割让给法国的殖民地 **III:**1058
historiographical controversies 历史编撰的争议 **V:**2371 – 2372

Mesoamerica and 中美洲 **IV**:1652－1653
Mexico, colonization of 墨西哥殖民地 **I**:364
North Africa 北美 **III**:1061
Revolt, expansion, and rivalry 反抗、扩张和竞争 **V**:2373－2375
scientific explorations 科学探险 **III**:995
slavery and forced labor systems 奴隶制和强制劳动制度 **V**:2335
warfare in North America 在北美的战争 **VI**:2745－2746
亦可参阅:**Americas, the; Andean states; Isabella I; Magellan, Ferdinand(美洲;安第斯国家;伊莎贝拉一世;费迪南·麦哲伦)**
Sparta 斯巴达 **II**:872,**III**:1149,**III**:1160,**III**:1162,**III**:1163,**IV**:1706
Speer, Albert 阿尔伯特·斯佩尔 **III**:1241,**VI**:2869
Spencer, Archibald 阿奇博尔德·斯宾塞 **II**:889
Spencer, Herbert 赫伯特·斯宾塞 **III**:1314,**V**:2345
Spencer, Norman A. 诺曼·斯宾塞 **VI**:2817,**VI**:2818
Spengler, Oswald 奥斯瓦尔德·斯宾格勒 **I**:298,**II**:687,**IV**:1951,**VI**:2805
Spenser, Edmund 埃德蒙·斯宾塞 **IV**:1794,**IV**:1796
Speusippos 斯彪西波 **III**:1335
Spices 香料 V:2377－2380
in age of exploration 探险时期 **V**:2378－2379
in age of industrialization 工业化时代 **V**:2379
in ancient world 古代世界 **V**:2377
in medieval world 中世纪 **V**:2377－2378
in twentieth century 20 世纪 **V**:2379－2380
亦可参阅:**Dutch East India Company; Dutch Empire; Trading patterns, China Seas; Trading patterns, Indian Ocean(荷属东印度公司;荷兰帝国;中国海洋贸易模式;印度洋贸易模式)**
Spill, Daniel 丹尼尔·施皮尔 **V**:1989
Spinoza, Baruch 巴鲁赫·斯宾诺莎 **V**:1975
Spiral Galaxy 螺旋星云 **I**:392
Spiritual Baptists 精神浸礼宗 **I**:44,**I**:45,**I**:46,**V**:2130
Spiritual Churches 精神教会 **I**:47
Spiritual theology 灵修神学 **II**:543
Spirituality 灵性
Asian 亚洲 **I**:208－209
dance and 舞蹈 **II**:702－704
disease and 疾病 **II**:783,**II**:786,**II**:798
and music 音乐 **IV**:1767－1768
亦可参阅:**Animism; Creation myths; Mysticism(泛灵论;创世神话;神秘主义)**
Spivak, Gayatri Chakravorty 雅特丽·查克拉沃尔蒂·斯皮瓦克 **IV**:1880,**VI**:2817
Sports 体育 V:2381－2386
亦可参阅:**Games and play; Leisure(游戏和比赛;闲暇)**
Sport utility vehicles 运动型多用途车 **I**:352
Sputnik 斯普特尼克号人造卫星 **V**:2468,**VI**:2594
Sri Lanka (Ceylon) 斯里兰卡(锡兰) **II**:645,**III**:998－999,**V**:2111,**VI**:2486,**VI**:2629
art 艺术。亦可参阅:**Art—South Asia(南亚艺术)**
cinchona, production of 金鸡纳树的生产 **II**:548
coffee production 咖啡生产 **II**:593
foragers, modern 现代的食物采集者 **III**:1047,**III**:1050
migrations 移民 **IV**:1684,**IV**:1685

religions 宗教 **I**:429

rubber 橡胶 **V**:2217

Srivijaya 室利佛逝 **II**:900,V:2387 - 2389

Stalingrad, battle of 斯大林格勒战役 **III**:1241, **VI**:2867

Stanley, Henry Morton 亨利·莫顿·斯坦利 **III**:996,**III**:1304,**III**:1305

Stanton, Elizabeth Cady 伊丽莎白·卡迪·斯坦顿 **III**:1020,**III**:1151,**VI**:2839

State Shinto 国家神道。亦可参阅:**Shinto(神道教)**

State societies, the emergence of 国家社会组织的出现 V:2394 - 2398

亦可参阅:**China; Egypt; Harappan state and Indus civilization; Mesoamerica; Mesopotamia; State, the(中国;埃及;哈拉帕国家和印度河文明;中美洲;美索不达米亚;国家)**

State the 国家 **I**:380 - 381,**II**:847,**V**:**2399 - 2405**

early modern world, development in 在早期近代世界的发展 **II**:835 - 836

empire building as state building 作为国家形态的帝国形态 **II**:898 - 899

equatorial and southern Africa 赤道非洲地区和南部 **II**:939 - 940

亦可参阅:**Colonialism; Decolonization; Empire; Engines of history; European expansion; Government; Industrial Revolution(殖民主义;去殖民化;帝国;历史发展的动力;欧洲扩张;政府;工业革命)**

Stateless societies 无国家社会 **III**:1068

Statute of Westminster《威斯敏斯特法》**II**:725

Staupitz, Johannes von 约翰内斯·冯·道比次 **IV**:**1568 - 1569**

Stavrianos, Leften 莱夫顿·斯塔夫里阿诺斯 **I**:299

Stealth bombers 隐形轰炸机 **VI**:2700

Steam engines 蒸汽机 **III**:1329,**V**:2083

development of 发展 **II**:909 - 910

maritime history and 海洋史 **III**:1225,**IV**:1864,**VI**:2566

Stefansson, Vilhjalmur 菲尔加摩尔·史蒂芬森 **III**:996

Stepanova Varvara 瓦尔瓦拉·斯捷潘诺娃 **I**:265

Stephenson, George and Robert 乔治·斯蒂芬森和罗伯特·史蒂芬森 **V**:2084

Steppe confederations 草原同盟国 V:2406 - 2412

Indo-European languages 印欧语系 **IV**:1692

secondary-products revolution 次级产品革命 **V**:2284 - 2285

warfare in 战争 **V**:2407 - 2408,**VI**:2771 - 2774

亦可参阅:**Eurasia, Inner; Pastoral nomadic societies; Secondary-products revolution; State, the(欧亚内陆;游牧社会;次级产品革命;国家)**

Stevens, Edwin 埃德温·斯蒂文斯 **V**:2437

Stevenson, Robert Louis 罗伯特·路易·史蒂文森 **VI**:2708 - 2709

Steward, Julian 朱利安·斯图亚特 **II**:847

Stewart, Maria 玛丽·史都华 **IV**:1907

Stewart, Robert (Viscount Castlereagh) 罗伯特·史都华(卡斯尔雷子爵) **II**:644,**IV**:1942

Stock market crash (1929) 股市崩盘(1929年) **III**:1352,**III**:1372,**VI**:2528

Stoicism 斯多葛学派 **IV**:1972

Stoics and Natural Law 斯多葛派和自然法 **IV**:1521 - 1522

Stonehenge 巨石阵 **I**:146,**V**:2108

Stonewall Riots 石墙暴动 **III**:1098 - 1099

Stopes, Marie 玛丽·斯特普 **I**:403 - 404,**VI**:2833

Stowe, Harriet Beecher 哈里耶特·比切·斯托 **IV**:1478,**VI**:2815
Strait of Gibraltar 直布罗陀海峡 **II**:832,**III**:1222,**VI**:2563
Straits of Magellan 麦哲伦海峡 **IV**:1582
Strategic Arms Limitation Talks 限制战略武器谈判(SALT) **II**:758,**II**:759
Stravinsky, Igor 伊戈尔·斯特拉文斯基 **IV**:1769
Strikes 罢工。亦可参阅:**Labor union movements(工会运动)**
Strong, C. F. 斯特朗 **II**:832
Stupas, Buddhist 佛教舍利塔 **I**:148,**I**:268-269,**I**:430
  Indonesia 印度尼西亚 **I**:278
  Schwe Dagon stupa, Myanmar 缅甸仰光大金塔 **I**:280
Suarez, Francisco 弗朗西斯科·苏亚雷斯 **V**:2102
Subjective idealism 主观唯心主义 **III**:1122
Submarines 潜水艇 **VI**:2859
  亦可参阅:U-boats(德国U型潜水艇)
Subways 地铁 **VI**:2653
Sudan 苏丹 **I**:74,**II**:911,**III**:1064
  Aksum, kingdom of 阿克苏姆王国 7474
  Arab League 阿拉伯联盟 **III**:140
  genocide in 种族灭绝 **III**:1113
  letters, public transcription of 信函的公开抄本 **IV**:1544-1545
  religions 宗教 **I**:49-50
Suez Canal 苏伊士运河 **III**:1357,**VI**:2560,**VI**:2790
Sufism 苏菲主义 **II**:736,**II**:837,**III**:1200,**III**:1294,**III**:1027,**III**:1384,**IV**:1756,**V**:2220,**V**:2355
  music and 音乐 **IV**:1767
Sugar 糖 **III**:1464,**V**:**2413-2416**
  biological exchanges 生物交换 **I**:399,**II**:608
  in Caribbean 加勒比地区 **V**:2413
  Crusades, issue during 十字军东征,问题 **II**:675
  multiple sources 多种原料 **V**:2413-2415
  slavery and 奴隶制 **II**:861,**III**:987,**V**:2375-2376,**V**:2334
  as staple commodity 大宗商品 **V**:2375-2376,**V**:2415
  亦可参阅:**Slave trades(奴隶贸易)**
Sugihara, Chiune 杉原千亩 **III**:1252
Sui dynasty 隋朝 **I**:190,**I**:192,**II**:519,**II**:638,**III**:999
Sui Wendi 隋文帝 V:**2417-2419**
Sui Yangdi 隋炀帝 V:**2420-2422**
  亦可参阅:**China; Sui Wendi(中国;隋文帝)**
Süleyman 苏莱曼 **I**:7,**III**:1392,**V**:**2423-2425**
  亦可参阅:**Ottoman Empire(奥斯曼帝国)**
Sulla 苏拉 **II**:450
Sullivan, Louis 路易·苏利文 **I**:153
Sullivan, Michael 迈克尔·苏利文 **I**:305
Sultanate of Delhi 德里苏丹国。亦可参阅:**Delhi sultanate(德里苏丹国)**
Sumatra 苏门答腊岛 **I**:278,**III**:1000,**V**:2387-2390,**V**:2402
Sumerian civilization 苏美尔文明 **I**:143,**I**:283,**II**:619,**II**:944,**III**:1334 **V**:2400,**V**:**2426-2430**
  cities of 城市 **II**:550-552
  cultural area 文化区域 **II**:683
  dictionaries/encyclopedias in 词典/百科全书 **II**:768
  military training/discipline in 军事训练/军规 **IV**:1706
  mythology of 神话学 **III**:1195
  and record keeping 文字记录 **III**:1334。亦

可参阅:**Script decipherment(解读字体)**
slavery in 奴隶制 **V**:2332
warfare in 战争 **VI**:2729
water management 水资源管理 **V**:2462
writing systems 文字系统 **VI**:2872 - 2873
亦可参阅:**Mesopotamia(美索不达米亚)**
Summa theologiae《神学大全》**VI**:2646
Summers, David 大卫·萨默斯 **I**:303
Summit diplomacy 首脑外交 **II**:779 - 780
Sumner, Thomas 托马斯·萨姆纳 **IV**:1831
Sumner, William Graham 威廉·格雷厄姆·萨姆纳 **V**:2349
Sun King 太阳王。亦可参阅:Louis XIV, king of France(法国国王路易十六)
Sun Quan 孙权 **III**:1000
Sun Wu 孙武 **IV**:1967
Sundials 日晷 **VI**:2507
Sunga dynasty, sculpture during 巽伽王朝时期的雕塑 I 269
Sunjata (Mari Jata) 桑介塔(马里·贾塔) **IV**:1589
Sunni Muslims 逊尼派穆斯林 **III**: 1382, **III**: 1390, **VI**:2627
in caliphate period 哈里发时期 **I**:138
Shi'a-Sunni split 什叶派与逊尼派的分裂 **II**:917, **VI**:2719
Sun-tzu 孙子 **IV**:1699 - 1700, **IV**:1706
Supreme being (deity) 至高神(神) **II**:910
in African religions 非洲宗教 **I**:49 - 50
in Chinese traditional religion 中国传统宗教 **II**:530 - 531
Supreme Harmony, Hall of 太和殿 **I**:150
Surikov, Vasily 瓦西里·苏里科夫 **I**:263
Suriname 苏里南 **II**:827, **II**:828 - 829
Suzuki, D. T 铃木大拙 **I**:433
Suzuki, Shunryu 铃木俊隆 **I**:433
Swaan, Abram de 亚伯拉姆·德·斯瓦安 **V**:2351
Swaggart, Jimmy 吉米·史华格 **IV**:1946
Swan, Joseph 约瑟夫·斯旺 **II**:890
Sweatshops 血汗工厂 **IV**:1487
Sweden 瑞典 **II**:645, **V**:2225
crusaders 十字军 **II**:676
in European Union 欧洲联盟 **III**:991
German states 德国 **I**:7
parliamentarianism in 代议制政体 **IV**:1922
railroads 铁路 **V**:2084
scratch plows in 犁铧 **V**:1995
socialism 社会主义 **III**:1154
Swine flu 猪流感 **II**:782
Swiss Guard 瑞士侍卫兵 **VI**:2709
Switzerland 瑞士 **II**:645, **II**:836
Sybil of the Rhine 莱茵河上的女巫 **VI**:2812
Sydney 悉尼 **I**:331
Sydney Opera House 悉尼歌剧院 **I**:334
Sykes-Picot Agreement《塞克斯-皮科协定》**VI**:2889
Symbols 符号
and language 语言 **I**:129
Paleolithic origins (visual symbolism and iconography) 旧石器时代的起源(视觉象征主义和圣象) **I**:239 - 243
Syncretism 融合。亦可参阅:**Religious syncretism(宗教融合)**
Synthesis 综合 **III**:138
Syphilis 梅毒 **II**:794, **II**:795, **II**:834
Syria 叙利亚 **I**:139, **III**:1065, **III**:1391, **V**:1398, **V**:2111, **V**:2237 - 2238
Arab caliphate in 阿拉伯哈里发 **III**:138
Arab League 阿拉伯联盟 **III**:140
art 艺术 **I**:285, **I**:286
Ebla, library at 艾贝拉图书馆 **IV**:1550
Ugarit 乌加里特 **VI**:2623 - 2625
亦可参阅:**Decolonization(去殖民化)**

Szilard, Leo 利奥·西拉德 **IV**:1851

T

Tacitus 塔西陀 **II**:916,**V**:2205
Tagore, Rabindranath 鲁宾卓纳斯·泰戈尔 **I**:275,**IV**:1963
Tahiti 塔希提岛 **III**:995
Taiping Rebellion 太平天国运动 II: 524, **V**: **2437 - 2441**, **VI**:2705
Taiwan 台湾 **III**:1408,**III**:1414,**VI**:2705
energy use 能源使用 **II**:912
religions 宗教 **II**:528,**II**:712
sweet potatoes in 番薯 **V**:2037
Tajikistan 塔吉克斯坦 **I**: 178 - 185, **I**: 313, **III**:1323
Tajik language 塔吉克语 **IV**:1502
Taj Mahal 泰姬陵 **I**:272,**I**:310,**IV**:1756
Tale of Genji, The,《源氏物语》**I**: 224, **VI**:2812
Taliban 塔利班 **III**:1017,**VI**:2660
Talleyrand, Charles-Maurice de 查理-莫里斯·德·塔列朗 **II**:644,**II**:645
Talmud《塔木德》**VI**:2777
Tamerlane 帖木儿。亦可参阅:**Timur(帖木儿)**
Tang dynasty 唐朝 **II**:898,**V**:2442
art 艺术 **I**:183,**I**:192 - 193,**I**:194,**I**:223
biological exchange during 生物交换 **I**:397
block printing, emergence of 雕版印刷术的出现 **IV**:1544
cereal grains used for taxes 谷物税 **II**:488
explorations 探险 **III**:998 **III**:999
leisure activities 休闲活动 **IV**:1534
religion and 宗教 **II**:429,**II**:638
warfare 战争 **VI**:2703
Tange, Kenzo 丹下健三 **I**:153
Tang Taizong 唐太宗 V:2442 - 2446
Tankha, Brij 布瑞吉·坦克哈 **I**:305
Tannhauer, Gottfried 戈特弗里德·覃霍尔 **I**:260
Tantra 坦陀罗(密教经典) **IV**:1963
Tanzania 坦桑尼亚 **I**:34,**I**:39,**II**:936,**III**:1027, **III**:1127
Tarquinias Priscus,Lucius 卢修斯·塔克文·普里斯库斯 **I**:174
Tasman, Abel Janszoon 阿艾贝尔·扬斯隆·塔斯曼 **I**:330
Tasmanians 塔斯马尼亚人 **I**:337
Tatlin, Vladimir 弗拉基米尔·塔特林 **I**:264,**I**:265
Tawaraya Sōtatsu 表屋宗达 **I**:227,**I**:228
Taxonimical system, Linnean 林奈分类系统 **II**:922
Tazi, Abelhadi al- 阿拜尔哈迪·艾尔-塔兹 **III**:1294
TCP/IP (Transport Control Protocol and Internet Protocol) 传输控制协议和互联网协议 **III**:1360
Tea 茶 V:2447 - 2449
亦可参阅:**British East India Company(英属东印度公司)**
Teach, Edward (Blackbeard) 爱德华·蒂奇(黑胡子) **V**:1986
Technology—computer 计算机技术 V: 2450 - 2455
communication media 传播媒介 **II**:623
dictionaries/encyclopedias and 词典/百科全书 **II**:773 - 774
games and 游戏 **III**:1092,**III**:1093
globalization and 全球化 **III**:1144

mainframe era 大型主机时代 **V**:2451 - 2452
mechanical predecessors 机械的前身 **V**:2450
personal computer 个人电脑 **V**:2452 - 2453
property rights and 财产权 **V**:2181
telephone industry and 电话产业 **V**:2476
ubiquitous computing, era of 普适计算时代 **V**:2454
亦可参阅:**Internet; Information storage and recovery; Mass media(互联网;信息存储和修复;大众传媒)**
Technology—firearms 火器技术 V:2456 - 2460
亦可参阅:**Military strategy and tactics(军事战略和战术)**
Technology—overview 技术概述 V:2461 - 2470
agriculture and hydraulic civilizations 农业文明和水利文明 **V**:2461 - 2463。亦可参阅:**Agricultural societies(农业社会)**
freedom and technology 自由和技术 **III**:1056
future aspects 未来发展 **V**:2469
global interaction and 全球互动 **V**:2465
horses and 马 **V**:2463 - 2464
industrialization and 工业化 **V**: 2466 - 2468。亦可参阅:Industrial technologies; **Industrial Revolution**(工业技术;**工业革命**)
iron and 铁 **V**:2463 - 2464
postindustrial world 后工业世界 **V**:2467 - 2468
trading patterns (Indian Ocean) 贸易模式(印度洋) **VI**:2559 - 2562
亦可参阅:**Automobile; Aviation; Communications media; Domestication, plant and animal; Energy(汽车;航空;传媒;动植物的驯养;能源)**
Tectonic plates 地壳板块 **II**:840
Teenagers 青少年。亦可参阅:**Adolescence(青春期)**
Telegraph and telephone 电报与电话 **II**:621,**V**:2078,**V**:**2471 - 2477**
informational societies and 信息社会 **III**:1459
as mass media 大众传媒 **IV**:1622
亦可参阅:**Communications media(传播媒介)**
Telescopes 望远镜 **III**:1086,**III**:1131,**III**:1132,**VI**:2642 - 2644
Television 电视 **II**:623,**IV**:1623 - 1626,**V**:2080,**V**:2468,**V**:**2478 - 2483**
Temples 庙宇
Angkor Empire 吴哥帝国 **I**:279 - 280,**III**:1448 - 1449
architecture of 建筑 **I**:145 - 147,**I**:170 - 171
Emerald, Buddha Temple of ,Thailand 泰国玉佛寺 **I**:281
Hindu 印度 **I**:270
Ionia, hellenic temples in 爱奥尼亚的希腊化庙宇 **I**:284
Temujin 铁木真。亦可参阅:**Chinggis Khan(成吉思汗)**
Tennyson, Lord Alfred 阿尔弗雷德·丁尼生爵士 **IV**:1701
Tenochtitlán 特诺奇蒂特兰 **I**:254,**I**:360 - 361,**I**:363,**I**:365,**IV**:1745,**VI**:2568
Teotihuacán 特奥蒂瓦坎 **I**: 67,**I**: 110,**I**: 360 - 361,**IV**:1651,**V**:2394,**V**:2396,**VI**:2536
art and pyramids 艺术和金字塔 **I**: 146,**I**:252 - 253
warfare in 战争 **VI**:2751 - 2754
Tepaneca people 特帕奈哥人 **I**:361
Terra Australis 未知的南方大陆 **III**: 994,**III**:995
Terracotta army 兵马俑 **II**:898。亦可参阅:**Qin Shi Huangdi(秦始皇)**
Terrorism 恐怖主义 VI:2484 - 2488

Arab League and 阿拉伯联盟 **I:**140
as culture of war 战争文化 **VI:**2691
military strategy and tactics 军事战略和战术 **IV:**1704
in Northern Ireland 北爱尔兰 **VI:**2486
religious and political causes 宗教和政治起源 **VI:**2845 - 2486
September 11 9月11日。亦可参阅：September 11, 2001, terrorist attacks (2001年9月11日恐怖袭击
social reform and 社会改革 **VI:**2486 - 2487
in Southeast Asia 东南亚 **VI:**2769
state-sponsored terrorism 国家资助的恐怖主义 **VI:**2487
War on Terror 反恐战争 **VI:**2488
亦可参阅：**Genocide; Holocaust; Religion and war; War and peace—overview(种族灭绝;大屠杀;宗教和战争;战争与和平概述)**
Tesla, Nikola 尼古拉·特斯拉 **II:**890,**II:**910, **IV:**1623
Texas, independence from Mexico 德克萨斯州从墨西哥独立 **VI:**2730
Textiles 纺织品 I: 184, **I:** 231, **III:** 1330, **VI: 2489 - 2496**
damask 锦缎 **VI:**2493
dyes and 染色 **VI:**2492 - 2495
industries 工业 **II:**459
jacquard 提花织物 **VI:**2499
lace 花边 **VI:**2493
looms and 织机 **VI:**2489
nineteenth century and after 19世纪及以后 **VI:**2495 - 2496
patterned fabrics 花纹织品 **VI:**2492 - 2494
printed cottons 印花布 **VI:**2494 - 2495
yarns and 纱线 **VI:**2490 - 2492
亦可参阅：**Clothing and costume(服装)**
Thailand 泰国 **II:**478
art 艺术 **I:**276,**I:**280 - 282
immigration to 移民 **IV:**1681
Khmer kingdom 高棉王国 **I:** 280, **III:** 1447 - 1449
religions 宗教 **I:**429
sex trade 性交易 **II:**512
in Southeast Asia Treaty Organization (SEATO) 东南亚条约组织 **II:**599
unification 统一 **II:**836
Thales of Miletus 米利都的泰勒斯 **II:** 888, **V:**2262
Themed histories 专题史 **II:**688 - 689
Theocracies 神权政治 **II:**776,**V:**2096 - 2097
亦可参阅：Divine right of monarchs(君权神授)
Theodosius I 狄奥多西一世 **I:** 440, **V:** 2116 - 2117
Theological authority 神学权威 **II:**538
Thermodynamics, laws of 热力学定律 **II:**904
Third Council of Constantinople 第三次君士坦丁堡公会议 **II:**539
Third Reich 第三帝国 **III:**1249,**VI:**2648
Third World 第三世界 **III:**1121,**VI:**2817
亦可参阅：**World blocs—first, second, third, and fourth(世界集团——第一、第二、第三、第四集团)**
Thirty Years War 三十年战争 **IV:** 1804, **IV:** 1939 - 1940,**V:**2374,**VI:**2713,**VI:**2737
亦可参阅：Treaty of Westphalia(《威斯特伐利亚和约》)
Thomas, Wyville 威维利·托马斯 **III:**996
Thomas Aquinas, Saint 圣托马斯·阿奎那 II: 1151, **IV:** 1522, **V:** 2196, **V:** 2103, **VI: 2497 - 2499**, **VI:**2646
亦可参阅：**Roman Catholicism(罗马天主教)**
Thompson, E. P. 汤普森 **III:**1045,**III:**1233

Thompson, William 威廉・汤普森 **IV**:1566
Thomsen, Christian 克里斯蒂安・汤姆森 **IV**:1951
Thomson, Robert William 罗伯特・威廉・汤姆森 **V**:2216
Thomson, S. Harrison 哈里森・汤姆森 **II**:832
Thongchai, Winichakul 颂猜・温查古 **II**:478
Thoreau, Henry David 亨利・大卫・梭罗 **II**:566,**II**:927,**IV**:1825
Thoth 透特(神) **III**:1287
Three Mile Island 三里岛(TMI) **IV**:1853
Thucydides 修昔底德 **II**:916,**III**:1149,**III**:1210,**III**:1228,**VI**:**2500-2502**
diaspora, etymology of 流散族群的语源 **II**:760
Peloponnesian War 伯罗奔尼撒战争 **III**:1163,**III**:1354,**VI**:2733
Persian wars 希波战争 **III**:1210
亦可参阅:**World history, writing of(世界历史的书写)**
Thuku, Harry 哈利・塔库 **III**:1371
Tiananmen Square 天安门广场 **IV**:1607,**IV**:1841,**IV**:1842
Tibet 西藏 **II**:522,**II**:526
art 艺术 **I**:184
indigenous peoples 土著 **III**:1321
nonviolent resistance in 非暴力抵抗 **IV**:1842
Tiglath-pileser III 提格拉-帕拉萨三世 **I**:320-321
Tikal 蒂卡尔 **V**:2397
Tilden, William 威廉・蒂尔登 **V**:2216
Tilly, Charles 查理・蒂利 **II**:631,**VI**:2686
Timar cavalry system 蒂马尔骑兵制 **IV**:1889
Timber 木材 VI:2503-2505
亦可参阅:**Climate change; Deforestation; Paper; Trees(气候变化;森林砍伐;纸;树)**
Time, conceptions of 时间概念,VI:2506-2511
亦可参阅:**Cosmology; Periodization; Universe, origin of(宇宙学;历史分期;宇宙的起源)**
Time zones 时区 **VI**:2508-2509
Timur 帖木儿 **I**:444,**II**:831,**II**:833,**IV**:1740,**VI**:**2512-2514**,**VI**:2720
亦可参阅:**Steppe confederations(草原同盟国)**
Tin 锡 **V**:2463,**VI**:2540-2541
Tindal, Matthew 马修・廷德尔 **II**:923
Tiriki 吐瑞族 **I**:50
Titicaca, Lake 的的喀喀湖 **I**:114,**I**:115
Tito, Josip Broz 约瑟普・布罗兹・铁托 **II**:948
Tiv People (Nigeria) 蒂夫族(尼日利亚) **I**:32
Tiwanaku 蒂瓦纳库 **I**:114-115
Tlatoani 统治者(纳瓦特尔语)**I**:110
"T-O" maps T-O 地图 **III**:1117
Tobacco 烟草 VI:2515-2518
American South 美洲南部 **VI**:2515-2516
cigars, cigarettes, and cancer 雪茄,烟草和癌症 **VI**:2516-2518
as drug 药物 **II**:812-813,**II**:814,**II**:816-817
early history 早期历史 **VI**:2515
Tobago 多巴哥岛。亦可参阅:Trinidad and Tobago(特立尼达和多巴哥)
Tobey, Mark 马克・托比 **I**:208
Tocqueville, Alexis de 阿列克谢・德・托克维尔 **V**:2345
Tōdai-ji 东大寺 **I**:223
Toga 托加(长袍) **II**:583
Togo 多哥 **III**:1065,**III**:1127,**III**:1206
Tokugawa Ieyasu 德川家康 **I**:225-226 **I**:227
Tokugawa shogunate 德川幕府 **II**:833,**II**:836,**IV**:1721,**V**:2290
Toledo Alejandro 亚历桑德罗・托莱多 **III**:1325
Toledo, Francisco 弗朗西斯科・托莱多

IV:1479
Tolstoy, Leo 列夫·托尔斯泰 **II**:712,**III**:1096
Toltecs 托尔特克人 **I**:360-362,**VI**:2753
Tomlinson, A. J. 汤姆林森 **IV**:1944
Tomosaburo, Kato 加藤友三郎 **III**:1411
Tonga 汤加 **II**:682
Tönnis, Ferdinand 费迪南·滕尼斯 **III**:965
Torah 托拉 **III**:1427-1428,**IV**:1525,**IV**:1647
Toulouse-Lautrec, Henri 亨利·图卢兹-洛特雷克 **I**:207
Tourism 旅游业 **IV**: 1716, **VI**: **2519 - 2524**, **VI**:2566
and islands 岛屿 **III**:1402
and mountains 山地 **IV**:1751,**IV**:1752
亦可参阅:**Pilgrimage; Travel guides(朝觐;旅行指南)**
Toussaint Louverture 杜桑·卢维杜尔 **VI**:2635
Towers, use in war 塔楼在战争中的运用 **IV**:1694
Town meetings, democracy and 民主政治与市民大会 **II**:738
Toynbee, Arnold 阿诺德·汤因比 **I**:61,**I**:298, **I**:393, **II**:687, **III**:965, **III**:1298, **IV**:1951, **VI**:2805
Toyotomi Hideyoshi 丰臣秀吉 **I**:225
Trade 贸易
cycles 周期 **VI**:2525-2529
diasporas and 流散族群 **II**:763-764
disease and 疾病。亦可参阅:**Biological exchanges; Columbian exchange(生物交换;哥伦布大交换)**
Eastern Europe 东欧 **III**:977-978
economic freedom and 经济自由 **III**:1054-1055
European trade routes (1280 to 1500) 欧洲贸易路线(1280—1500年) **III**:972
European expansion and 欧洲扩张 **III**:983-987
food trade and networks 食物贸易和贸易网 **III**:1042
French West Africa 法属西非 **III**:1062
fur trade 皮草贸易 **III**: 1079 - 1080, **III**:1266
General Agreement on Tariffs and Trade《关税贸易总协定》(GATT) **III**: 1102-1103
global 全球 **II**:835
gold and silver 金银。亦可参阅:**Gold; Silver(黄金;银)**
interregional networks and 区际网络 **III**: 1365-1368
Islam's expansion and 伊斯兰扩张 **III**: 1382-1383
and Kanem-Bornu 卡内姆-博尔努王国 **III**: 1437-1441
Khmer kingdom 高棉王国 **III**:1447
land-based empires 陆基帝国 **II**:899-900
and migration 移民 **IV**:1671
Mongol Empire and 蒙古帝国 **IV**:1739
property rights and 财产权 **IV**:1920-1921
salt 盐。亦可参阅:**Salt(盐)**
sex 性别。亦可参阅:**Sex and sexuality(性与性别)**
transoceanic empires 跨洋帝国 **II**:900-902
亦可参阅:**British East India Company; Dutch East India Company; Empire; Hanseatic League; History, maritime; Silk Roads; Slave trades; Spices(英属东印度公司;荷属东印度公司;帝国;汉萨同盟;航海史;丝绸之路;奴隶贸易;香料)**;亦可参阅:entries under **Trading patterns(贸易模式词条下的词目)**
Trading companies, Iberian 伊比利亚贸易公司 **VI:2530-2532**

亦可参阅:**Spanish Empire(西班牙帝国)**
Trade cycles 贸易周期 VI:2525 - 2529
亦可参阅:**Economic cycles; Economic growth; Long cycles(经济周期;经济增长;长周期)**
Trading patterns, ancient American 古代美洲贸易模式 VI:2533 - 2538,VI:2567 - 2570
亦可参阅:**Andean states; Art—Pre-Columbian Central and South America; Aztec Empire; Inca Empire(安第斯国家;前哥伦布时代中南美洲艺术;阿兹特克帝国;印加帝国)**
Trading patterns, ancient European 古代欧洲贸易模式 VI:2539 - 2543
亦可参阅:**Celts; Viking Society(凯尔特人;维京社会)**
Trading patterns China Seas 中国海洋贸易模式 VI:2544 - 2548
亦可参阅:**China; Exploration, Chinese(中国;中国航海探险)**
Trading patterns, Eastern European 东欧贸易模式 VI:2549 - 2555
亦可参阅:**Europe, Eastern; Hanseatic League(东欧;汉萨同盟)**
Trading patterns, Indian Ocean 印度洋贸易模式 V:2388 - 2389,**VI:2556 - 2562**
亦可参阅:**African Union; Cold War; European expansion(非洲联盟;冷战;欧洲扩张)**
Trading patterns, Mediterranean 地中海贸易模式 VI:2563 - 2566
亦可参阅:**Greece, ancient; Islamic world; Ottoman Empire; Roman Empire(古代希腊;伊斯兰世界;奥斯曼帝国;罗马帝国)**
Trading patterns, Mesoamerican 中美洲贸易模式 VI:2567 - 2571
亦可参阅:**Andean states; Aztec Empire; Inca Empire; Trading Patterns, Ancient American(安第斯国家;阿兹特克帝国;印加帝国;古代美洲贸易模式)**
Trading patterns, Pacific 太平洋贸易模式 VI:2572 - 2578
亦可参阅:**Gold; Magellan, Ferdinand; Pacific, settlement of; Silver(黄金;费迪南·麦哲伦;移居太平洋;银)**
Trading patterns, trans-Saharan 跨撒哈拉贸易模式 VI:2579 - 2583
亦可参阅:**Camels; Caravan; Gold; Slave trades(骆驼;商队;黄金;奴隶贸易)**
Trafalgar, battle of 特拉法加战役 **IV:**1786,**VI:**2735
Trajan, emperor 图拉真皇帝 **I:**176
Transoceanic empires 跨洋帝国 **II:**900 - 902
Transportation—overview 运输概述 VI:2584 - 2595,VI:2673 - 2674
Columbian Exchange, effect of 哥伦布大交换的影响 **II:**608
continental variations 大陆变化 **VI:**2588 - 2589
disease and 疾病。亦可参阅:**Biological exchanges(生物交换)**
domesticated animals and 驯养家畜 **VI:**2585 - 2587
food and 食物 **III:**1009
human and animal energy used for 用于交通的人力和畜力 **II:**906 - 908
internal combustion engine 内燃机 **II:**909 - 910
marine 航海 **II:**909,**IV:**1861,**IV:**1863,**VI:**2585,**VI:** 2591 - 2601,**VI:** 2789 - 2790。亦可参阅:**History, maritime(海洋史)**
motorcycles 摩托车 **II:**910
origins 起源 **VI:**2584 - 2585
rail travel 铁路旅行。亦可参阅:**Railroad**

(铁路)
steam engines 蒸汽机。亦可参阅：steam engines(蒸汽机)
twentieth century 20 世纪 **VI**:2593－2595
wheel and 轮子 **VI**:2587－2588
亦可参阅：**Automobile; Aviation; Camels; Caravan(汽车;航空;骆驼;商队)**
Trans-Siberian Railroad 西伯利亚大铁路 **VI**:2593
Transylvania 特兰西瓦尼亚 **III**:980
亦可参阅：Romania(罗马尼亚)
Travel guides 旅行指南 VI:2596－2599
亦可参阅：**Ibn Battuta; Pilgrimage; Polo, Marco; Tourism(伊本·白图泰;朝觐;马可·波罗;旅游业)**
Treaties 条约。亦可参阅：individual names(个别名称)
Treaty, Anglo-Portuguese《英葡条约》(1844) **I**:389
Treaty, Jay's《杰伊条约》**III**:1079
Treaty of Brussels《布鲁塞尔条约》**III**:991
Treaty of Friendship, Co-Operation, and Mutual Assistance.《友好互助合作条约》。亦可参阅：**Warsaw Pact(华沙条约组织)**
Treaty of Hue《顺化条约》**III**:1060
Treaty of Karlowitz《卡尔洛夫奇条约》**III**:1076
Treaty of Paris《巴黎和约》**VI**:2635
in 1763 1763 年 **III**:1058
in 1952 1952 年 **III**:989
in 1973 1973 年 **II**:599
Treaty of Rome《罗马公约》**III**:990,**III**:991
Treaty of Shimonoseki《马关条约》**III**:1408－1409
Treaty of Tordesillas《托德西利亚斯条约》**III**:1380,**V**:2025
Treaty of Utrecht《乌特勒支和约》**V**:2375
Treaty of Versailles《凡尔赛和约》II:779,**III**:1237,**III**:1240,**VI:2600－2602**
Germany and 德国 **III**:1127,**VI**:2860－2861
interwar years 两次世界大战之间 **III**:1370－1372
peacemaking, diplomacy and 外交和调停 **IV**:1941
亦可参阅：**League of Nations, World War I(国际联盟;第一次世界大战)**
Treaty of Waitangi《怀唐伊条约》**III**:1322
Treaty of Westphalia《威斯特伐利亚条约》**VI**:2551,**VI**:2711
borders, issues of 边界问题 **III**:1076
nation-state system 民族国家体系 **IV**:1804－1806,**VI**:2551
peacemaking, diplomacy and 外交和调停 **IV**:1939－1940
religious tolerance 宗教宽容 **V**:2098
Treblinka (concentration camp) 特雷布林卡(集中营) **III**:1250,**V**:2118
Trees 树 VI:2603－2609
before farmers 有农民之前 **VI**:2603－2604
before humans 人类出现之前 **VI**:2603
before intercontinental travel 洲际旅行之前 **VI**:2605－2606
before metals 金属发现之前 **VI**:2604－2605
cultural and spiritual qualities 文化和精神品质 **VI**:2607
desertification and 荒漠化 **II**:750
growth ring dating methods 年轮推测时间法 **II**:721－722
in machinery age 机械时代 **VI**:2607－2609
亦可参阅：**Agricultural societies; Biological exchanges; Deforestation; Diseases—plant; Nature; Timber(农业社会;生物交换;森林砍伐;植物疾病;自然;木材)**

Trenchard, Sir Hugh 休·特伦查德爵士 **VI**:2699
Trenches, use in war 战壕在战争中的应用 **IV**:1695 - 1696
Tretiakov, Pavel 帕维尔·特列季亚科夫 **I**:263
Trevithick, Richard 理查德·特里维西克 **III**:1331
Triangle Shirtwaist Company fire 三角女衫公司大火事件 **IV**:1487 - 1488
Tribes 部落。亦可参阅:**Pastoral nomadic societies; Civilization, barbarism, and savagery(游牧社会;文明、野蛮和蒙昧)**
Trinidad and Tobago 特立尼达和多巴哥 **II**:645
  slave trade 奴隶贸易 **I**:41
  Spiritual Baptist religion 精神浸礼宗 **I**:44
Trinity, Holy (Christian orthodoxy) 神圣三位一体(东正教) **II**:542
Triple Alliance (Aztec Empire) 三方联盟(阿兹特克帝国) **I**:362 - 364,**IV**:1745
Triple Alliance (European) 三国同盟(欧洲) **I**:344,**II**:778
Tripoli 的黎波里 **II**:675
Triremes 三层划桨战船 **III**:1162,**III**:1163,**VI**:2733
Trobriand Islanders 特罗布里恩群岛居民 **III**:1454
Trojan War 特洛伊战争 **III**:1254,**IV**:1700
Troll, Carl 卡尔·特洛尔 **IV**:1747
Tropical gardening 热带园艺 VI:2610 - 2611
  亦可参阅:**Agricultural societies; Domestication, plant and animal(农业社会;动植物的驯养)**
Trotha, General Lothar von 洛塔尔·冯·特罗塔将军 **III**:1113,**III**:1129
Trotsky, Leon 莱昂·托洛茨基 **II**:614 - 615,**II**:779,**IV**:1537,**IV**:1566,**IV**:1615
Trudeau, Pierre Elliot 皮埃尔·艾略特·特鲁多 **II**:742,**IV**:1923
Truman, Harry S. 哈里·杜鲁门 **II**:658,**IV**:1846,**IV**:1865,**VI**:2727
Truman Doctrine 杜鲁门主义 **II**:596,**II**:657,**IV**:1846,**V**:2157
Truth, Sojourner 索杰纳·特鲁斯 **VI**:2815
Truth and Reconciliation Commission 真相与和解委员会 **I**:136
Tsetse flies 采采蝇 **II**:789
Tsuyoshi, Inukai 犬养毅 **III**:1412
Tuberculosis 结核病 **II**:781,**II**:782,**II**:792,**II**:795,**II**:809
Tughluq, Firuz Shah 菲鲁兹沙阿·图格鲁克 **II**:736
Tukulor Empire 图库洛尔帝国 **III**:1062
Tula 图拉 **I**:360
Tulip mania, in Holland 荷兰的郁金香狂热 **II**:852
Tunisia 突尼斯 **III**:1061 - 1062,**III**:1065
  Arab League 阿拉伯联盟 **I**:140
  architecture 建筑 **I**:165
Túpac Amaru 图帕克·阿马鲁 VI:2612 - 2613,VI:2635
  亦可参阅:**Andean states; Spanish Empire (安第斯国家;西班牙帝国)**
Tupperware 特百惠 **V**:1991
Turbines 涡轮 **VI**:2792
Turin map (11th c.) 都灵地图(11 世纪) **II**:475
Turkestan 土耳其斯坦 **V**:2226
Turkey 土耳其 **IV**:1529
  architecture 建筑。亦可参阅:Hagia Sophia (圣索非亚大教堂)
  Armenian diaspora and 亚美尼亚流散族群 **II**:762
  Boghazkoy, library at 波格斯凯图书馆 **IV**:1550
  gay rights movement 同性恋权利运动

III:1101

Islam in 伊斯兰教 III:1386,III:1390

Kemalist revolution 凯末尔革命 II:833

opium production in 鸦片生产 II:815

Truman Doctrine 杜鲁门主义 II:657

亦可参阅:**Delhi sultanate; Ottoman Empire(德里苏丹国;奥斯曼帝国)**

Turkic Empire 突厥帝国 V:2322,V:2410-2411,**VI:2614-2618**

cultural and linguistic area 文化和语言区域 II:682

Timurid renaissance 帖木儿复兴 II:831

亦可参阅:**Silk Roads; Steppe confederations(丝绸之路;草原同盟国)**

Turkistan 突厥斯坦 III:1324,VI:2703

Turkmenistan 土库曼斯坦 I:178-185,I:313,III:1324,III:1326

Turner, Frederick Jackson 弗里德里克·杰克逊·特纳 III:1071,III:1073,III:1069

Tutsi 图西人 I:37,II:947

Tutu, Desmond 德斯蒙德·图图 I:136,IV:1841,**VI:2619-2621**

亦可参阅:**Apartheid(种族隔离)**

Twain, Mark 马克·吐温 II:900

Tyler, Margaret 玛格丽特·泰勒 VI:2813

Tylor, Edward 爱德华·泰勒 IV:1951

Tyndale, William 威廉·廷德尔 V:2057

Typhoid 伤寒 VI:2664

Typhus 斑疹伤寒症 II:795,III:1112

Tyranny 暴政

as a cause for liberalism 作为自由主义的起因 IV:1548

as a form of government 政体形式 III:1149,III:1154-1155,III:1156

Tytler, John 约翰·提勒 II:773

U

U-2 spy planes U-2 侦察机 VI:2700

Ubangi-Shari 乌班吉沙里 III:1063

U-boats U 型潜水艇 VI:2712,VI:2860,VI:2868

UEA (Universal Esperanto-Asocio) 国际世界语协会 II:943

Uganda 乌干达 I:39,V:2200

sweet potatoes in 番薯 V:2037

Ugarit 乌加里特 VI:2623-2625

亦可参阅:**Script decipherment(解读文字)**

Ukiyo-e ("floating world" prints) 浮世绘 I:207,I:216,I:228,I:294,I:305,I:311

Ukraine 乌克兰 II:836,III:977,III:980,III:981

religions 宗教 III:978

in Soviet Union 苏联 V:2226,V:2227

species extinction in 物种灭绝 III:1004

Ulysses《尤利西斯》III:1255

'Umar ibn al-Khattab 欧麦尔·伊本·哈塔卜 VI:2626-2627

亦可参阅:**Islam; Islamic law; Islamic world(伊斯兰教;伊斯兰法;伊斯兰世界)**

Umayyad caliphate 伍麦叶哈里发 I:139,I:286,II:898,III:1382,VI:2718-2719

Umbanda religion 乌姆邦达宗教 V:2130

Ummah 乌玛(穆斯林社团) III:1395-1397,III:1398,III:1399,IV:1758,IV:1759

UMW (United Mine Workers) 矿工联合会 IV:1486

Uncle Tom's Cabin《汤姆叔叔的小屋》IV:1478,VI:2815

UNESCO 联合国教科文组织。亦可参阅:

United Nations Educational, Scientific, and Cultural Organization (UNESCO) 联合国教科文组织
Unified German Empire 统一的德意志帝国。亦可参阅:**German Empire(德意志帝国)**
Union Carbide 联合碳化物公司 **III**: 1169, **V**:1990
Union of Soviet Socialist Republics 苏维埃社会主义共和国联盟。
Union Pacific Railroad 联合太平洋铁路 **VI**:2593
Unionists (Northern Ireland) 联合主义者(北爱尔兰) **VI**:2486
United Arab Emirates 阿拉伯联合酋长国 **I**:140
United East India Company (VOC) 联合东印度公司。亦可参阅:**Dutch East India Company (荷属东印度公司)**
United Farm Workers 农场工人联合会 **IV**:1843
United Kingdom 联合王国。亦可参阅:Britain (英国)
United Mine Workers (UMW) 矿工联合会 **IV**:1486
United Nations 联合国 II: 946, IV: 1865, VI: 2628 - 2631
as an international organization 国际组织 **III**:1354 - 1357
Arab League report 阿拉伯联盟报告 **I**: 141 - 142
Children's Fund (UNICEF) 儿童基金会(联合国儿童基金会) **III**:1357
Convention on the Rights of the Child《儿童权利公约》**II**:512
deforestation programs 森林开采项目 **II**:730
genocide 种族灭绝 **III**:1110, **III**:1279
human rights and 人权 **III**:1279 - 1280
Israel, founding of 以色列建国 **VI**:2890 - 2891
Korean War role 朝鲜战争的作用 **II**:598
on mass media 大众传媒 **IV**:1625 - 1626
on piracy 海盗 **V**:1985
refugees and 难民 **III**:1357
smallpox eradication, WHO and 世界卫生组织和根除天花 **II**:796
on women's rights 女权 **VI**:2832
可参见:**International organizations; League of Nations; North Atlantic Treaty Association (NATO)(国际组织;国际联盟;北大西洋公约组织[北约])**
United Nations Conference on Environment and Development (UNCED) Rio Summit 联合国环境与发展大会(里约峰会) **IV**:1751
United Nations Educational, Scientific, and Cultural Organization (UNESCO) 联合国教科文组织 **II**:943, **IV**:1557
United Nations Environment Programme 联合国环境规划署 **II**:747, **II**:929
United Nations Food and Agriculture Organization (FAO) 联合国粮食和农业组织 **IV**:1597, **IV**:1752, **VI**:2518
United Nations Stockholm Conference on the Environment (1972) 联合国斯德哥尔摩环境会议 **IV**:1751
United States 美国。亦可参阅:**United States of America(美利坚合众国)**
adolescence 青春期 **I**:14
agriculture 农业 **I**: 68 - 69, **II**: 1169, **II**: 1170, **II**:1171
architecture 建筑 **I**:151 - 152, **I**:153, **I**:154
art 艺术 **I**:205, **I**:207, **I**:219 - 220, **I**:231, **I**: 233 - 237
Asia, influence in 在亚洲的影响 **I**:312
automobile use in 汽车的使用 **I**: 349, **I**: 351 - 352
aviation 航空 **I**:355 - 356, **I**:357, **I**:358

birth control and contraception issues 节育和避孕问题 **I:**403 - 407
blue laws 蓝法 **IV:**1534
border controls 边境管理 **III:**1078
children 儿童 **II:**511
Civil War 内战。亦可参阅:Civil War, U. S.(美国内战)
coffee use 咖啡的使用 **II:**593, **II:**594
colonial period 殖民时期 **I:**419, **II:**604, **II:**605, **II:**895
constitutional democracy in 宪政民主 **II:**741
contract law 合同法 **IV:**1514 - 1515
desertification in 荒漠化 **II:**750
education 教育 **II:**873
energy use 能源的使用 **II:**911 - 912
erosion issues 侵蚀问题 **II:**937, **II:**939
ethnicity, role of 种族,作用 **II:**946
fascism in 法西斯主义 **III:**1015
festivals 节庆 **III:**1024
founding of 建立。亦可参阅:**Revolution—United States(美国革命)**
frontier, role of 边疆的作用 **III:** 1072 - 1073
fur trade 皮草贸易 **III:**1079
gold/silver mining 金/银矿 **III:**1146
holocaust, reaction to 对大屠杀的反应 **III:**1252
immigration to 移民 **II:**946, **IV:**1681 - 1687
imperialism 帝国主义。亦可参阅:**American Empire(美帝国)**
Israel and 以色列 **VI:**2891
Japanese trade 对日贸易 **I:**204, **I:**205
labor union movement 工会运动 **IV:**1485 - 1487
in League of Nations 国际联盟 **IV:**1528 - 1529
libraries 图书馆 **IV:**1555 - 1557
little ice age (1300 - 1850 ce) 小冰河期(1300—1850年) **II:**580
mass communication 大众传媒 **II:**622 - 623
Pentecostalism in 五旬节派 **IV:**1945 - 1946
radio broadcasting 无线电广播 **V:**2078 - 2080
railroads 铁路 **V:**2084 - 2086
recycling and recovery in 循环和回收 **VI:**2784
religions 宗教 433 **V:** 2194, **V:** 2200, **III:** 1017, **V:**2098 - 2100, **V:**2119 - 2125
sanitation in 卫生 **VI:**2779
slavery and slave trade 奴隶制和奴隶贸易 **I:**41, **I:**42, **I:**45, **I:**419, **II:**946, **IV:**1560, **VI:**2815 - 2816
solid waste problem in 固体废弃物问题 **VI:**2779
solid wastes, collection of 固体废弃物的回收 **VI:**2781
South Africa and 南非 **I:**28
in Southeast Asia Treaty Organization (SEATO) 东南亚条约组织 **II:**599
war in Vietnam 越南战争 **VI:**2769
wind-generating capacity in 风力发电容量 **VI:**2807
women's rights 女权 **VI:**2825 - 2826
亦可参阅:**Cold War; Decolonization; Space Exploration;** Native Americans; Vietnam War; **World War I; World War II(冷战;去殖民化;空间探索;**美洲印第安人;越南战争;**第一次世界大战;第二次世界大战)**
United States Agency for International Development (USAID) 美国国际农业开发局 **III:**1167
United States Atomic Energy Commission (AEC) 美国原子能委员会 **IV:**1852, **IV:**1853
United States Library of Congress 美国国会图书馆 **IV:**1555
United States National Security Council 美国国

家安全委员会
China, relations with 与中国的关系 **II:**525
NSC-68 国家安全委员会第 68 号文件 **I:**104
United States of America 美利坚合众国 VI: 2632-2639
American Revolution 美国革命 **VI:**2634-2636
Civil War 内战 **VI:**2636-2638
progressive reform and welfare state 渐进式改革和福利国家 **V:**2368-2369
亦可参阅: **Jefferson, Thomas; Lincoln, Abraham; Revolution—Haiti; Revolution—United States(托马斯·杰斐逊;亚伯拉罕·林肯;海地革命;美国革命)**
United States National Environmental Policy Act of 1969 1969 年美国《国家环境政策法》 **II:**929
Universal Declaration of Human Rights《世界人权宣言》**III:**1279, **V:**2098, **V:**2120, **V:**2210, **VI:**2870
Universal Esperanto-Asocio (UEA) 国际世界语协会 **II:**943
Universal history 普世史 **I:**391-394, **II:**630, **II:**687-688
Universal Soil Loss Equation (USLE) 通用土壤流失方程 **II:**939
Universe, origins of 宇宙的起源 VI:2640-2645
亦可参阅: **Big history; Cosmology; Creation myths(大历史;宇宙学;创世神话)**
Universities 大学 VI:2646-2649
Christianity and 基督教 **VI:**2646
Education, around the world 世界各地教育 **VI:**2648-2649
rise of secularism and specialization 世俗主义和专业化的兴起 **VI:**2646-2648
亦可参阅: **Enlightenment, the; Missionaries; Philosophy, modern; Thomas Aquinas, Saint(启蒙运动;传教士;现代哲学;圣托马斯·阿奎那)**
University at Göttingen 哥廷根大学 **VI:**2647
University of Berlin 柏林大学 **VI:**2647
University of Paris 巴黎大学 **VI:**2646
Unkei 运庆 **I:**225
Untouchables 贱民(印度) **III:**1214
Upanishads《奥义书》**IV:**1962
Ur 乌尔 **IV:**1657-1658, **V:**2428
archelogical excavations at 考古挖掘 **I:**143, **I:**283
Ziggurat of Ur-Namu 乌尔纳姆的金字形神塔 **I:**146
Ural Mountains 乌拉尔山脉 **III:**1322
Urban II (pope) **乌尔班二世**(教宗) **II:**674, **V:**2102, **V:**2117, **VI:2650-2651**
亦可参阅: **Roman Catholicism(罗马天主教)**
Urban VIII (pope) 乌尔班八世(教宗) **III:**1087
Urbanization 城市化 VI:2652-2657
population and 人口 **V:**2020-2021
亦可参阅: **Migration—overview; Cities(移民概述;城市)**
Urdaneta, Andrés de 安德烈斯·德·乌尔达内塔 **III:**1224
Urdu language 乌尔都语 **II:**736, **IV:**1500, **IV:**1502, **IV:**1689, **IV:**1756
Uruguay 乌拉圭 **IV:**1488, **VI:**2635
Uruk period 乌鲁克时期 **IV:** 1657, **V:** 2394-2395
USLE (Universal Soil Loss Equation) 通用土壤流失方程 **II:**939
U. S. S. *Maine* 缅因号军舰 **VI:**2740
Ushakov, Simon 西蒙·乌沙科夫 **I:**260
Usman, caliphate of 乌斯曼哈里发 **III:**1138
Utilitarians 功利主义者 **IV:**1548
Utopia 乌托邦 VI:2658-2661

Uzbekistan 乌兹别克斯坦 **I**:314,**III**:1323,**III**:1324,**IV**:1754

artifacts and art in present-day region 该地区的当代工艺品和艺术 **I**:178 - 185

V

V - 1 and V - 2 rockets V - 1 和 V - 2 火箭 **VI**:2700

Vaccinations 接种疫苗 **II**:796

Vaisesika 胜论派 **IV**:1963

Valdemar IV, king of Denmark 丹麦国王瓦尔德玛四世 **III**:1191

Valdivia culture 瓦尔迪维亚文化 **I**:113

Valmy, battle of 瓦尔密战役 **IV**:1793

van Brekelenkam, Gerritsz 格雷茨·冯·雷克伦卡姆 **II**:857

Van Damme, Wilfried 维尔弗里德·范·达默 **I**:303

van der Rohe, Ludwig Mies 路德维希·密斯·范·德罗 **I**:153,**I**:218

Van Diemen's Land 范迪门陆地 **I**:331

van Gogh, Vincent 文森特·梵高 **I**:206 - 207,**I**:208,**I**:264,**I**:294

van Leewenhoek, Anton 安东·凡·列文虎克 **III**:1286

Vandenberg, Arthur H. 亚瑟·亨德里克·范登堡 **IV**:1847

Varro, Marcus Terentius 马尔库斯·特伦提乌斯·瓦罗 **II**:769,**II**:770,**III**:1335

Vatican II Council 第二次梵蒂冈大公会议 **V**:2195,**V**:2198,**V**:2200

Vauban, Sébastien Le Prestre 塞巴斯蒂安·勒普雷斯特雷·沃邦 **IV**:1695,**IV**:1696,**IV**:1701 - 1702

Vedanta 吠檀多派 **IV**:1962

Vedas and vedic culture 吠陀经和吠陀文化 **III**:1211 - 1213

art 艺术 **I**:268,**I**:309

creation myth 创世神话 **II**:668 - 670

Veiling 面纱 **II**:584

Venetsianov, Aleksei 阿列克谢·韦涅齐阿诺夫 **I**:262

Venezuela 委内瑞拉 **I**:44,**I**:98,**I**:111,**III**:1068

Venice 威尼斯 **II**:776,**V**:2006,**V**:2234,**VI**:2565

Ventris, Michael 迈克尔·文特里斯 **V**:2280

Verenigde Oost-Indische Compagnie (VOC) 荷属东印度公司 **V**:2378

亦可参阅:**Dutch East India Company(荷属东印度公司)**

Verger, Pierre 皮埃尔·沃格 **I**:42

Vermeer, Johannes 约翰内斯·维梅尔 **I**:299

Vernacular architecture. 乡土建筑。亦可参阅:**Architecture, vernacular(乡土建筑)**

Vernadsky, Vladimir 弗拉基米尔·沃尔纳德斯基 **III**:1083

Vernon, Raymond 雷蒙·弗农 **II**:661

Versailles 凡尔赛 **I**:150

Versailles, Treaty of.《凡尔赛和约》。亦可参阅:**Treaty of Versailles(《凡尔赛和约》)**

Versailles Peace Conference 凡尔赛和平会议 **I**:421

Verwoerd, Hendrik 亨德里克·维沃尔德 **I**:134

Vespasian, Emperor 韦巴芗皇帝 **I**:175

Vico, Giambattista 詹巴蒂斯塔·维柯 **II**:917,**VI**:2851

Victoria (queen of Great Britain) **维多利亚**(大不列颠女王) **I**:376,**IV**:1921,**VI**:**2663 - 2665**

亦可参阅:**British Empire(英帝国)**

Victorian social evolutionary anthropology 维多利亚时代的社会进化人类学 **II**:569 - 570

Videla, General Jorge 豪尔赫·魏地拉 **IV**:1843
Video games 视频游戏 **II**:1094
Vienna 维也纳 **I**:342,**VI**:2778
Vietnam 越南 **II**:626,**II**:629,**III**:1000,**VI**:2768
art 艺术 **I**:277
Chinese influence on 中国对越南的影响 **II**:684,**VI**:2878
emigration from 从越南移民 **IV**:1686
food and trade networks 食物和贸易网 **III**:1011
French influence in 法国的影响 **III**:1060,**III**:1064－1065
immigration to 移民到 **IV**:1683
Khmer kingdom 高棉王国 **I**:281,**III**:1447－1450
sweet potatoes in 番薯 **V**:2037
unification 统一 **II**:835
women's suffrage 妇女选举权 **VI**:2838,**VI**:2837
亦可参阅:**Ho Chi Minh(胡志明)**
Vietnam War 越南战争 **II**:598－599,**VI**:2700,**VI**:2769－2770
containment policy 遏制政策 **II**:656,**II**:658
Viking society 维京社会 VI:2666－2669
Villa, Francisco "Pancho" 弗兰西斯科·"庞丘"·比利亚 **V**:2162－2163,**VI**:2741
Villages 乡村 VI:2670－2677
agriculture 农业 **VI**:2673－2674
commerce 商业 **VI**:2673－2674
hunting and gathering societies 狩猎和采集社会 **VI**:2670－2671
large-scale mechanized farming 大规模机械化农业 **VI**:2676
life characteristics 生活特征 **VI**:2671－2673
life, changes to 生活变迁 **VI**:2674－2676
monetization of 货币化 **VI**:2673
transportation 运输 **VI**:2673－2674
twenty-first-century, outlook in 展望21世纪 **VI**:2676－2677
village society 乡村社会 **VI**:2671
亦可参阅:**Child nurture; Cities; Population growth; Urbanization(儿童养育;城市;人口增长;城市化)**
Villa-Lobos, Heitor 海托尔·维拉－洛博斯 **IV**:1769
Villistas 维拉帮 **V**:2162－2164
Violence in mass media 大众传媒中的暴力 **IV**:1627
Virgil 维吉尔 **II**:448,**VI**:2658
Virginia 弗吉尼亚 **VI**:2515
Vishnu 毗湿奴 **I**:270－271,**I**:274,**I**:278－279
Visual arts/communication 视觉艺术/交流 **I**:239－243,**I**:290－291,**II**:618－619
亦可参阅:**Architecture(建筑)**; entries under **Art**(词条**艺术**下的词目)
Visvanatha Temple to Shiva, Khajuraho, India 印度克久拉霍供奉湿婆神的维斯瓦纳塔庙 **I**:149
Vitamin A deficiency 维生素A缺乏 **III**:1170
Vitruvius 维特鲁威 **VI**:2792
Vivekananda, Swami 斯瓦米·维维卡南达 **IV**:1780,**IV**:1963
Vodun, Haitian 海地·伏都教 **I**:43,**I**:44,**I**:45,**I**:46,**V**:2130
Volk, Magnus 马格努斯·沃克 **I**:348
Volkswagen 大众汽车 **I**:350,**I**:352
Volta, Alessandro 亚历山德罗·伏特 **II**:889
Voltaire 伏尔泰 **II**:917－918,**II**:923,**III**:1228
von Humboldt, Wilhelm 威廉·冯·洪堡 **VI**:2648
von Leibniz, Wilhelm Gottfried 威廉·戈特弗里德·冯·莱布尼茨 **III**:1291
von Ranke, Leopold 利奥波德·冯·兰克 **I**:392

Vorster，John 约翰·沃斯特 **III:**1136
Voting rights 选举权 **II:**566
亦可参阅：**Women's suffrage movements(妇女参政运动)**
Vrubel，Mikhail 米哈伊尔·弗鲁贝尔 **I:**263

W

Wagadu Empire 韦加度帝国 VI:2679－2683
亦可参阅：**African religions(非洲宗教)**
Wagner Labor Relations Act《瓦格纳劳动关系法》**IV:**1487
Wahabbi sect 瓦哈比教派 **II:**837
Wakefield，Edward Gibbon 爱德华·吉本·韦克菲尔德 **I:**423
Waldmuller，Ferdinand Georg 费迪南·格奥尔格·沃德穆勒 **II:**505
Waldseemüller，Martin (map by) 马丁·瓦尔德泽米勒(所绘制的地图) **I:**108，**VI:**2633
Waldron，Andrew 安德鲁·沃尔德伦 **III:**1075
Wales，nationalism in 威尔士民族主义 **IV:**1794
Walker，David 大卫·沃克 **IV:**1907
Wallace，Alfred Russell 阿尔弗雷德·罗素·华莱士 **II:**716，**III:**1402
Wallace，Henry 亨利·华莱士 **II:**657
Wallenberg，Raoul 拉乌尔·瓦伦堡 **II:**1252
Wallerstein，Immanuel 伊曼纽尔·沃勒斯坦 **II:**632，**II:**688，**III:**986，**IV:**1480，**IV:**1566
Walls，use in war 城墙在战争中的使用 **IV:** 1694，2587，**VI:** 2702，**VI:** 2723，**VI:** 2725，**VI:**2773
亦可参阅：Great Wall(长城)
Walpole，Horace 贺拉斯·沃波尔 **I:**151
Walsea，Lech 莱赫·瓦文萨 **IV:**1841，**IV:**1844
Walsingham，Francis 弗朗西斯·沃尔辛厄姆 **II:**894
Walzer，Michael 迈克尔·沃尔泽 **II:**562
Wang Hui 王翚 **I:**198
Wang Jian 王鉴 **I:**198
Wang Jingwei 汪精卫 **III:**1413
Wang Meng 王蒙 **I:**196
Wang Shimin 王时敏 **I:**198
Wang Xiaoni 王小妮 **VI:**2817
Wang Xichi 王羲之 **I:**190
Wang Yuanqi 王原祁 **I:**198
Wannsee Conference 万湖会议 **II:**1239
War and peace—overview 战争与和平概述 VI:2684－2691
dance，military drill and 军事操练和舞蹈 **II:**704－706
laws of 法律 **III:**1278
music and 音乐 **IV:**1775
亦可参阅：**Peace projects; Peacemaking in the modern era; Religion and war(和平计划;现代国际社会调停;宗教和战争)**
War crimes 战争罪行 **III:** 1252，**III:** 1348，**III:**1413
War of the Roses 玫瑰战争 **V:**2135
War of the Spanish Succession 西班牙王位继承战争 **V:**2375
War on Terror 反恐战争 **VI:**2488
Warburg，Aby 阿比·瓦尔堡 **I:**233
Ward，Frederick Townsend 弗里德里克·汤森得·华尔 **V:**2440
Warfare 战争
air 战争 **I:**357－359。亦可参阅：**Warfare—air(空战)**
ancient 古代 **I:**2729－2730
children as soldiers 童子军 **III:**1098
feudalism 封建主义 **III:**1031

horses in 马 **III:**1260 - 1261
human and animal energy used for 用于战争的人力和畜力 **II:**907
logistics 后勤 **IV:** 1701, **IV:** 1703。亦可参阅: **Warfare—logistics(战争后勤)**
medieval 中世纪 **VI:**2730
modern 近代/现代 **VI:**2730 - 2731
religion and 宗教。亦可参阅: **Religion and war(宗教和战争)**
slave soldiers, use of 奴隶士兵的使用 **II:** 879 - 880, **IV:**1478, **IV:**1481
sport and 体育 **V:**2382
Viking warriors 维京战士 **IV:**1930
亦可参阅: Arms and armaments; Kamikaze attacks; **War and peace—overview; World War I; World War II** (武器和军备;神风式袭击;**战争与和平概述;第一次世界大战;第二次世界大战**);*entries under* **Warfare(词条战争下的词目)**
Warfare—Africa 非洲战争 VI:2692 - 2695
Warfare—air 空战 VI:2696 - 2701
亦可参阅:**Aviation(航空)**
Warfare—China 中国战争 VI:2702 - 2706
亦可参阅:**Warfare—steppe nomad(草原游牧战争)**
Warfare—Europe 欧洲战争 VI:2707 - 2717
亦可参阅: **Cold War; Terrorism; World War I; World War II(冷战;恐怖主义;第一次世界大战;第二次世界大战)**
Warfare—Japan and Korea 日本和朝鲜的战争 VI:2723 - 2728
亦可参阅:**Japanese Empire; Korea; World War II(日本帝国;朝鲜;第二次世界大战)**
Warfare—Logistics 战争后勤 VI:2729 - 2732
亦可参阅:**Military strategy and tactics(军事战略和战术)**
Warfare—naval 海战 2235 **VI:2733 - 2736**
亦可参阅: **History, maritime; Navigation; Piracy; Scientific instruments(海洋史;航海;海盗;科学仪器)**
Warfare—Post-Columbian Latin America 后哥伦布时代拉丁美洲战争 VI:2737 - 2742
亦可参阅: **Revolution—Mexico(墨西哥革命)**
Warfare—Post-Columbian North America to 1775 北美后哥伦布时代至 1775 年的战争 VI: 2743 - 2749
Warfare—Pre-Columbian Mesoamerica and North America 前哥伦布时代中美洲和北美的战争 VI:2750 - 2755
Warfare—Pre-Columbian South America 前哥伦布时代南美战争 VI:2756 - 2760
Warfare—South Asia 南亚战争 VI:2761 - 2767
Warfare—Southeast Asia 东南亚地区战争 VI: 2768 - 2770
Warfare—Steppe nomads 草原游牧战争 V: 2407 - 2408 **VI:2771 - 2774**
亦可参阅:**Steppe confederations(草原同盟国)**
Warham, William 威廉·瓦哈姆 **I:**204
Wari 瓦里 **I:**114 - 115
Warsaw ghetto 华沙犹太人区 **III:**1251, **V:**2392
Washington, Booker T. 布克·华盛顿 **II:**819
Washington, George 乔治·华盛顿 **III:** 1416, **IV:**1715
Waste management 废物管理 VI:2777 - 2785
before Industrial Revolution 工业革命之前 **VI:**2777 - 2778
collection practices 回收实践 **VI:**2781
disposal options 处理方案 **VI:**2782
industrial age waste problems 工业时代的废弃物问题 **VI:**2778 - 2779

public and private 公共的和私人的 **VI**:2780－2781
recycling and recovery 循环和回收 **VI**:2784
waste-to-energy facilities 废弃物转换能源设施 **VI**:2783
waste pickers 拾荒者 **VI**:2782－2783, **VI**:2784
worldwide waste stream 世界范围内泛滥成灾的废弃物 **VI**:2779－2780
亦可参阅:**Population and the environment(人口和环境)**
Water 水 VI:2786－2791,**VI**:2799－2800
亦可参阅:**Desertification; Navigation; Oceans and seas; Rivers; Sailing ships; Salinization; Waste management; Water energy; Water management(荒漠化;航海;海洋;河;帆船;盐渍化;废物管理;水能;水资源管理)**
Water energy 水能 II:908－909,**VI**:2790－2791,**VI**:**2792－2795**
advantages and drawbacks 优缺点 **VI**:2793－2794
hydroelectricity 水力发电 **VI**:2793
wheels and turbines 车轮和涡轮 **VI**:2792
亦可参阅:**Water; Water management(水;水资源管理)**
Water erosion 水蚀。亦可参阅:**Erosion(侵蚀)**
Water management 水资源管理 VI:2796－2801
disease and 疾病 **II**:795－796
drainage systems 排水系统 **VI**:2798－2799
as technologic advancement 技术进步 **V**:2462－2463
亦可参阅:**Agricultural societies; Desertification; Oceans and seas; Rivers; Water energy(农业社会;荒漠化;海洋;河流;水能)**
Water power 水力。亦可参阅:**Water energy(水能)**
Waterloo, battle of 滑铁卢之战 **II**:646,**IV**:1787,**IV**:1940,**VI**:2712
Watermarks 水印 **IV**:1915
Watermills 水磨 **VI**:2806
Waterwheels 水车 **II**:908－909
Watson, James 詹姆斯·沃森 **III**:1105,**V**:2264
Watt, James 詹姆斯·瓦特 **I**:347,**II**:909,**III**:1329,**III**:1377,**III**:1461,**V**:2466
Wealth of Nations, The,《国富论》**I**:383,**III**:1053,**V**:2340－2341,**V**:2343,**VI**:2673
Weapons 武器。亦可参阅:Arms and armaments; **Technology—firearms; Military strategy and tactics**; *entries under* **Warfare(武器和军备;火器技术;军事战略和战术;词条战争下的词目)**
Webb, Walter Prescott 沃特尔·普雷斯科特·韦伯 **III**:1072
Weber, Max 马克斯·韦伯 **II**:632－633,**II**:687,**II**:832,**III**:965,**V**:2346,**V**:2349
Webster, Noah 诺亚·韦伯斯特 **II**:770
Wedgwood, Joseph 约瑟夫·韦奇伍德 **II**:651
Wedgwood, Josiah 约西亚·韦奇伍德 **V**:2024
Wedlake, John 约翰·韦德莱克 **III**:1361
Wegener, Alfred 阿尔弗雷德·魏格纳 **III**:1300
Wei Changhui 韦昌辉 **V**:2438
Wei dynasty 北魏 **I**:191
Weimar Republic 魏玛共和国 **III**:1237, **III**:1239
Wei qi (game) 围棋(游戏) **III**:1090,**III**:1092, **III**:1093
Wei Zheng 魏征 **V**:2443
Weizman, Chaim 哈伊姆·魏茨曼 **VI**:2890
Wells H. G 韦尔斯 **I**:18,**I**:393,**VI**:2655, **VI**:2852
Wendi, Han 汉文帝 **II**:638
Werbner, Richard 理查德·韦伯纳 **V**:2127

Werner, Johann 约翰・维尔纳 **IV**:1830
Wesley, John 约翰・卫斯理 **V**:1989
West, Rebecca 丽贝卡・维斯特 **III**:1019
West Bank, Israeli occupation of 以色列占领约旦河西岸 **IV**:1778,**VI**:2721
West Germany 西德 **II**:596
  亦可参阅:Germany(德国)
West India Company (WIC) 西印度公司 **II**:827 - 828
West Indies 西印度群岛。亦可参阅:Caribbean region(加勒比海地区)
Westergaard N. L. 威斯特加德 **V**:2278
Western Asia, migration in 西亚移民 **IV**:1676
Western Australia 西澳大利亚州 **I**:332
Western civilization 西方文明 II: 570, VI: 2802 - 2805
  亦可参阅: **Civilization, barbarism, and savagery, Modernity World history, writing of(文明、野蛮和蒙昧;现代性;世界历史的书写)**
Westinghouse, George 乔治・威斯汀豪斯 **II**: 890,**V**:2084
Westminster, Statute of《威斯敏斯特法》**I**:422
Westphalia, Treaty of《威斯特伐利亚和约》。亦可参阅:Treaty of Westphalia(《威斯特伐利亚和约》
Whaling 捕鲸业 **IV**:1861
Wheat 小麦。亦可参阅: **Cereal grains; Domestication, plant and animal(谷物;动植物的驯养)**
Wheat rust 小麦锈病 **II**:798 - 799
Wheatley, Phillis 菲利丝・惠特莉 **VI**:2815
Wheatstone, Charles 查理・惠特斯通 **V**:2471
Wheel, invention of 车轮的发明 **VI**:2587 - 2589
Whistler, James McNeill 詹姆斯・麦克尼尔・惠特勒 **I**:207
White, Leslie 莱斯利・怀特 **II**:847,**II**:849
Whitefield, George 乔治・怀特菲尔德 **IV**:1528
White Lotus Rebellion 白莲教起义 **III**:1010
"White Man's Burden, The""白人的负担" **II**: 603,**II**:946,**III**:1305
Whitney, Eli 伊莱・惠特尼 **III**:1330,**VI**:2495
Whittle, Frank 弗兰克・惠特尔 **I**:357
Wichterle, Otto 奥托・威特勒 **V**:1991
Wilde, Oscar 奥斯卡・王尔德 **III**:1097
Wilhelm, Kaiser 德皇威廉 **VI**:2697,**VI**:2803
William III and Mary, king and queen of England 英格兰国王威廉三世和玛丽女王 **III**:1266
William of Orange 奥兰治的威廉 **I**:8
Williams, Eric 埃里克・威廉斯 **IV**:1769
Williams, Henry Sylvester 亨利・西尔维斯特・威廉 **IV**:1908,**IV**:1909
Williams, Roger 罗杰・威廉 **V**:2098
William the Conqueror 征服者威廉 **III**:1222
Wilson, Harriet 哈里特・威尔逊 **VI**:2815
Wilson, Robert 罗伯特・威尔逊 **VI**:2642
Wilson, Woodrow 伍德罗・威尔逊 **I**: 103,**III**: 1355,**V**:2163
  Fourteen Points speech 十四点和平原则演说 **VI**:2860
  interwar years 两次世界大战之间 **III**: 1369 - 1371,**VI**:2600 - 2602
  Mexican revolutions role in 在墨西哥革命中的作用 **VI**:2696
  on nation-states 民族国家 **IV**:1807
  World War I and 第一次世界大战 **VI**: 2803,**VI**:2859
  亦可参阅:**League of Nations(国际联盟)**
Wind energy 风能 VI:2806 - 2809
  electricity 电 **VI**:2807
  modern wind-driven electricity generation 现代风力发电 **VI**:2807 - 2809
  wind turbines, global capacity of 全球风力

发电机的容量 **VI**:2807
windmills 风车 **VI**:2806 - 2807
亦可参阅:**Energy**; **Sailing ships**(能源;帆船)
Windmills 风车。亦可参阅:**Wind energy**(风能)
Windows, and glass making 窗户和玻璃制造 **III**:1131,**III**:1132
Wine, fermentation of 酒的发酵 **II**:809
Wire services, as mass media 作为大众传媒的通讯社 **IV**:1622
Wischmeier, Walter 沃特尔·维斯奇迈尔 **II**:939
Wobblies, the 世界产业工人组织 **IV**:1776, **IV**:1775
Wolff, Samuel de 塞缪尔·德·沃尔夫 **IV**:1566
Wollstonecraft Mary 玛丽·沃斯通克拉夫特 **III**:1020 - 1021,**VI**:2813
Women 女性
Catholic Church and 天主教 **V**:2197, **V**:2198
consumerism and 消费主义 **II**:651
as migrants 移民 **IV**:1679
reproductive rights of 生育权 **I**:403 - 407, **VI**:2825 - 2841
亦可参阅:**Women and literature**; entries under Women's(妇女与文学;词条"女性"下的词目)
Women and literature 妇女与文学 VI:2810 - 2818
亦可参阅:**Imperialism and gender**; **Women's and gender history**(帝国主义与性别;妇女史和性别史)
Women's Liberation movement 妇女争取自由运动 **III**:1022
Women's Rights Convention 妇女权利大会 **III**:1020
Women's and gender history 妇女史和性别史 VI:2819 - 2824
亦可参阅:**Imperialism and gender**; **Matriarchy and patriarchy**; **Sex and sexuality**(帝国主义与性别;母权制与父权制;性与性别)
Women's emancipation movements 妇女解放运动 VI:2825 - 2831
Women's reproductive rights movements 妇女生育权运动 **I**:403 - 407,**VI:2832 - 2836**
Women's suffrage movements 妇女参政运动 VI:2825,**VI:2837 - 2841**
亦可参阅:**Women's emancipation movements**(妇女解放运动)
Wong, Aida 阮圆 **I**:305
Wong, R. Bin 王国斌 **I**:301,**II**:631,**II**:633
Woodson, Carter G. 卡特·伍德森 G **I**:19
Woolf, Virginia 弗吉尼亚·伍尔夫 **VI**:2816 - 2817
Wordsworth, William 威廉·华兹华斯 **II**:927
World art 世界艺术。亦可参阅:**Art—World Art Studies**(艺术——世界艺术研究)
World Bank 世界银行 **I**:104,**III**:1102
World blocs—first, second, third, and fourth 世界集团——第一、第二、第三、第四集团,VI:2842 - 2846
亦可参阅:**Cold War**; **North Atlantic Treaty Organization (NATO)**(冷战;北大西洋条约组织[北约])
World Conference on Disarmament 世界裁军会议 **IV**:1529
World Council of Churches 世界基督教协进会 **II**:866
World Court 国际法院。亦可参阅:**International Court of Justice**(国际法院)
World Esperanto Association 世界语协会 **II**:943
World history 世界历史
as discipline 学科 **I**:395,**II**:570 - 572

engines of 动力。亦可参阅：**Engines of history(历史发展的动力)**
oral history 口述史 **III**：1228－1230，**IV**：1814
political thought shaping 政治思想塑造 **V**：2001－2005
postcolonial analysis and 后殖民分析 **V**：2031－2033
social history 社会史 **III**：1231－1236。亦可参阅：**Adolescence; Child nurture; Childhood; Kinship(青春期;儿童教育;童年;亲属关系)**
writing of 写作。亦可参阅：**World history, writing of(世界历史的书写)**
World History Association 世界历史协会 **I**：299，**I**：300，**I**：301
World history, writing of 世界历史的书写 VI：2847－2856
亦可参阅：**Comparative history; Creation myths; Eurocentrism; Herodotus; Ibn Khaldun; Orientalism; Periodization; Postmodernism; Sima Qian; Women's and gender history(比较史学;创世神话;欧洲中心主义;希罗多德;伊本·赫勒敦;东方主义;历史分期;后现代主义;司马迁;妇女史和性别史)**
World Missionary Conference 世界宣教会议 **II**：866
World music 世界音乐 **IV**：1770
World population 世界人口 **II**：504
World-system theory 世界体系理论 **II**：632，**II**：688，**III**：986，**V**：2351
World War I 第一次世界大战 **II**：918，**IV**：1537，**VI**：2714－2715，**VI：2857－2863**
Africa 非洲 **I**：26，**VI**：2694
air warfare 空战 **I**：355，**VI**：2696－2699
automobile use 汽车的使用 **I**：350－351
Britain 英国 **I**：26，**VI**：2715，**VI**：2731
Churchill, Winston 丘吉尔·温斯顿 **II**：546
dance and drill in 舞蹈和操练 **II**：706
diplomacy and 外交 **II**：778－779
Eastern Europe 东欧 **I**：159
food trade and networking 食物贸易和贸易网 **III**：1012
France 法国 **I**：27，**VI**：2716，**VI**：2731
Germany 德国 **III**：1127，**III**：1129，**VI**：2628，**VI**：2714－2715，**VI**：2731
imperialism and 帝国主义 **III**：1305
Japanese Empire during 日本帝国 **III**：1410
malaria and 疟疾 **IV**：1586
migration after 移民 **IV**：1674
military engineering in 军事工程 **IV**：1695－1696
military strategy and tactics 军事战略和战术 **IV**：1702
nation-states and 民族国家 **IV**：1806，**IV**：1807
naval warfare 海战 **VI**：2735
oil and 石油 **IV**：1868
Ottoman Empire and 奥斯曼帝国 **IV**：1888
Red Cross 红十字会 **V**：2094
Russian involvement 俄国的参与 **VI**：2715
telegraphy during 电报 **V**：2078
U. S. imperialism and 美帝国主义 **I**：103
亦可参阅：**Interwar years (1918－1939); League of Nations; Treaty of Versailles(两次世界大战之间,1918—1939;国际联盟;《凡尔赛和约》)**
World War II 第二次世界大战 **II**：918，**II**：948，**III**：1065，**IV**：1851，**VI：2864－2871**
Africa 非洲 **I**：27，**VI**：2694
air warfare 空战 **I**：357，**VI**：2698－2700。亦可参阅：Kamikaze attacks(神风式袭击)
Australia 澳大利亚 **I**：334

beginning of 开始 **III:**1242
Britain 英国 **I:**27,**VI:**2715 - 2716
casualties, Europe 欧洲的人口伤亡 **VI:** 2712 - 2717
Catholic Church, role of 天主教会的作用 **V:**2197
Churchill, Winston 温斯顿·丘吉尔 **II:** 545,**II:**546
dance and military drill in 舞蹈与军事训练 **II:**706
decolonization and 去殖民化 **II:**726
diplomacy and 外交 **II:**780
Eastern Europe 东欧 **I:**159
food trade and networking 食物贸易和贸易网 **III:**1012
forced labor 强迫劳工 **IV:**1480
France 法国 **I:**27,**VI:**2715 - 2716
imperialism and 帝国主义 **III:**1305
Italy 意大利 **I:**27
Japan's role 日本的角色 **VI:** 2716, **VI:** 2726 - 2727
Latin America and 拉美 **VI:**2783
malaria and 疟疾 **IV:**1586
migration after 战后移民 **IV:**1677 - 1679
military engineering in 军事工程 **IV:** 1696 - 1697
military strategy and tactics 军事战略和战术 **IV:**1702
naval warfare 海战 **VI:**2734
navigation and 航海 **V:**2025
nonviolent resistance in 非暴力抵抗 **IV:** 1844 - 1845
oil and 石油 **IV:**1868 - 1869
peacemaking after 调停 **IV:**1942
postcolonial analysis 后殖民分析 **V:** 2030 - 2033
Russia in 俄罗斯 **II:** 706, **III:** 1011, **V:** 2391 - 2392,**VI:**2732
Shinto, role of 神道教的作用 **V:** 2312 - 2313
South Asian forces in 南亚武装力量 **VI:**2765
trading patterns after 贸易模式 **VI:**2563
U.S. imperialism and 美帝国主义 **I:**103 - 104
war crimes 战犯 **III:**1252,**III:**1281
亦可参阅: **Fascism; Genocide; Hitler, Adolf; Holocaust; Roosevelt, Franklin Delano; United Nations(法西斯主义;种族灭绝;阿道夫·希特勒;大屠杀;富兰克林·德拉诺·罗斯福;美利坚合众国)**
World Wide Web 万维网 **III:**1362。亦可参阅: Internet(互联网)
World Wide Web Consortium (W3C) 万维网联盟 **III:**1362
Worsaae, Jens 杨斯·沃尔索 **IV:**1951
Wounded Knee (SD) 伍德尼(南达科他州) **III:**1324
Wren, Christopher 克里斯托弗·雷恩 **I:**150
Wright, Frank Lloyd 弗兰克·劳合·莱特 **I:** 152,**I:**233
Wright, Orville and Wilbur 奥威尔·莱特和威尔伯·莱特 **I:**355,**V:**2466,**VI:**2696
Wright, Richard 理查德·莱特 **V:**2084
Wright, Sewall 休厄尔·莱特 **III:**1105
Writing systems and materials 书写系统和材料 **II:** 457 - 459, **II:** 619 - 620, **III:** 1334, **VI:** **2872 - 2875**
Asian 亚洲 **II:**459,**II:**683 - 684
importance of 重要性 **IV:**1500 - 1501
Indus peoples and 印度河流域民族 **III:**1193
letters and correspondence 书信与通信 **IV:** 1543 - 1545
in Mesopotamia 美索不达米亚 **IV:**1657

亦可参阅：**Communication media; Dictionaries and encyclopedias; Libraries; Mass media; Paper; Script decipherment; Technology—computer(传播媒介；词典和百科全书；图书馆；大众传媒；纸；解读文字；计算机技术)**
Wu Guanzhong 吴冠中 **I**:198
Wudi 武帝。亦可参阅：**Han Wudi(汉武帝)**
Wurgaft, Lewis 刘易斯·沃噶福特 **V**:2035
Wycliffe, John 约翰·威克里夫 **V**:2057
Wyeth, Nat 奈特·韦思 **V**:1991

X

X, Malcolm 马尔科姆·艾克斯 **I**:46
Xenophanes 色诺芬 **IV**:1969
Xerxes I, king of Persia 薛西斯一世，波斯国王 **I**:370－371，**III**:1160，**IV**:1956
Xi'an 西安 **III**:1189，**V**:2067
Xinjiang region (China) 新疆(中国) **III**:1322，**III**:1324
Xinru Liu 刘欣如 **I**:299
Xiongnu confederation 匈奴联盟 **V**:2409－2410
Xuanzang 玄奘 **I**:430
Xu Bing 徐冰 **I**:202
Xu Guangxi 徐光启 **IV**:1633
Xunzi 荀子 **II**:637，**IV**:1965
Xylography 木版术 **V**:2044

Y

Yahweh 耶和华 **IV**:1743，**V**:2100
Yaks, use of 牦牛的使用 **IV**:1927，**IV**:1929
Yalta Conference 雅尔塔会议 **II**:596，**IV**:1846，**IV**:1942，**VI**:2727
Yanamamo Indians 亚那马莫印第安人 **VI**:2684
Yang Guifei 杨贵妃 **I**:193
Yang Xiuqing 杨秀清 **V**:2438
Yang Zhu 杨朱 **IV**:1965
"Yankee Doodle" (song)《扬基·杜德尔》(歌曲) **IV**:1772
Yankee Imperialism 扬基帝国主义 **III**:1175
Yasakuni Shrine 靖国神社 **V**:2312－2313
Yashovijaya 耶输毗奢耶 **IV**:1963
Yaws 雅司病 **II**:794
Yayoi culture 弥生文化 **I**:221－222
Yazdegerd I 伊斯特格德一世 **V**:2252
Yeast domestication 酵母菌的驯化 **I**:808
Yellow fever 黄热病 **II**:795，**VI**:2744
Yellowstone National Park 黄石国家公园 **II**:787，**II**:927
Yeltsin, Boris 鲍里斯·叶利钦 **II**:601
Yemen 也门
  Aksum, kingdom of 阿克苏姆王国 **I**:74－77
  Arab League 阿拉伯联盟 **III**:140
  coffee use and production 咖啡的使用和生产 **II**:591－595
Yi Song-gye 李成桂 **VI**:2724
Yijing《易经》。亦可参阅：***I Ching*(《易经》)**
Yin and yang 阴和阳 **II**:709，**II**:712，**IV**:1965－1966
YMCA (Young Men's Christian Association) 基督教青年会 **V**:2385，2294，2385
Yoga 瑜伽 **III**:1198，**IV**:1780－1781，**IV**:1962
Yogavasistha 瑜伽维西斯塔 **IV**:1963
Yongle dadian (The Great Encyclopedia)《永乐大典》(大百科全书) **III**:1335

亦可参阅:**Yongle Emperor(永乐皇帝)**
Yongle Emperor 永乐皇帝 VI:2877 - 2878
亦可参阅: **China; Exploration, Chinese; Zheng He(中国;中国航海探险;郑和)**
Yoritomo, Minamoto 源赖朝 **VI:**2724
Yoruba (Nigeria) 约鲁巴人(尼日利亚) **I:**38, **I:**41, **I:**42, **I:**44, **I:**49, **I:**50, **I:**47, **I:**385, **III:**1026 - 1027
Yoshida Shinto 吉田神道 **V:**2312
Yoshihara Jirō 吉原治良 **I:**229
Young, Brigham 杨百翰 **IV:**1508
Young, John 约翰·扬 **III:**1436
Young, Thomas 托马斯·扬 **V:**2279
Younger Dryas ice age 新仙女木冰期 **II:**579
Young Men's Christian Association (YMCA) 基督教青年会 **V:**2294
Yuan dynasty 元朝 **I:**195, **II:**851
Yuezhi 月氏 **IV:**1472
Yugoslavia 南斯拉夫 **III:**978
ethnicity 种族 **II:**948
genocide in 种族灭绝 **III:**1115, **III:**1281, **III:**1348
亦可参阅:Bosnia; Croatia; Kosovo; Serbia (波斯尼亚;克罗地亚;科索沃;塞尔维亚)
Yupanqui, Atahualp 阿塔瓦尔帕·尤潘基 **I:**110

Z

Zaire 扎伊尔 **I:**39, **I:**41
Zambia 赞比亚 **I:**39
Zapata, Emiliano 埃米拉诺·萨帕塔 **V:**2162 - 2163, **VI:**2741
Zapatista movement 萨帕塔运动 **III:**1325, **V:**2162 - 2163, **VI:**2741, **VI:**2845
Zapotecs 萨波特克人 **I:**248, **I:**249, **I:**253, **I:**258, **IV:**1651 - 1652, **IV:**1653
Zebu cattle 瘤牛 **II:**808
Zedler, Johann 约翰·泽德勒 **III:**1336
Zen Buddhism 禅宗。亦可参阅: **Buddhism(佛教)**
Zeng Guofan 曾国藩 **III:**1239
Zeno 芝诺 **IV:**1969 - 1970
Zeno of Citium 基提翁的芝诺 **IV:**1521, **IV:**1972
Zeppelin, Count Ferdinand von 费迪南·冯·齐柏林伯爵 **VI:**2696
Zeppelins 齐柏林飞艇 **VI:**2697
Zhang Ailing 张爱玲 **VI:**2818
Zhang Daqian 张大千 **I:**200
Zhang Qian 张骞 **IV:**1473, **V:**2321
Zhang Zuolin 张作霖 **III:**1411, **V:**2433
Zhan Tianyou 詹天佑 **V:**2084
Zheng He 郑和 **II:**521, **II:**831, **II:**834, **III:**993 - 994, **III:**999 - 1001, **VI:**2545, **VI:**2558, **VI:**2590, **VI:**2704, **VI:**2878, **VI:2881 - 2882**
亦可参阅: **History, maritime(海洋史)**
Zhen Zong 宋真宗 **II:**530
Zhou dynasty 周朝 **I:**188, **I:**311, **II:**515 - 516, **II:**530, **II:**641, **IV:**1965, **V:**2332
Zhou Enlai 周恩来 **V:**2433
Zhuang Zhou 庄周 **IV:**1966
Zhuangzi (philosopher and eponymous text) 庄子(哲学家及同名作品) **I:**708, **II:**710, **IV:**711, **IV:**1965, **IV:**1966
Zhu Da 朱耷 **I:**197, **III:**1335
Zhu Ruoji 朱若极 **I:**197 - 198
Zhu Yuanshang 朱元璋 **II:**524, **VI:2883 - 2885**
亦可参阅: **Taiping Rebellion(太平天国运动)**
Ziggurats 金字形神塔 **I:**146, **I:**370, **I:**371
Zijlmans, Kitty 基蒂·茨尔曼斯 **I:**303

Zimbabwe, Great 大津巴布韦 I: 165, VI: 2886 – 2888

亦可参阅: **Trading patterns, Indian Ocean (印度洋贸易模式)**

Zimbabwe 津巴布韦 **I:**27, **I:**39

art of 艺术 **I:**168

labor union movement 工会运动 **IV:**1488

Zimbabwe African National Union 津巴布韦非洲民族联盟 **I:**39

Zinc 锌 **IV:**1666

Zinovyev, Grigory 格列高利·季诺维也夫 **II:** 614 – 615

Zionism 犹太复国主义 VI:2889 – 2891

亦可参阅: **Judaism(犹太教)**

Zola, Emile 爱弥儿·左拉 **II:**653

Zoroastrianism 琐罗亚斯德教 **IV:** 1594 – 1595, **IV:** 1957, **V:** 2250 – 2251, **V:** 2442, **VI:** 2788, **VI: 2892 – 2893**

亦可参阅: **Persian Empire(波斯帝国)**

Zu Chongzhi 祖冲之 **IV:**1632

Zulu language 祖鲁语 **IV:**1495

Zverev, Anatoly 阿纳托利·兹维列夫 **I:**266

Zwingli, Huldreich 乌尔里希·慈温利 **V:**2057

Zworykin, Vladimir Kosma 弗拉基米尔·兹沃里金 **V:**2479

王晓辉、高照晶 译

刘文明、陈恒 校